2015

中国第三产业统计年鉴

CHINA STATISTICAL YEARBOOK OF THE TERTIARY INDUSTRY

中 华 人 民 共 和 国 国 家 统 计 局　编
Compiled by National Bureau of Statistics of the People's Republic of China

中国统计出版社
China Statistics Press

图书在版编目（CIP）数据

中国第三产业统计年鉴. 2015 / 中华人民共和国国家统计局编. -- 北京 : 中国统计出版社, 2015.12
ISBN 978-7-5037-7713-4

Ⅰ. ①中… Ⅱ. ①中… Ⅲ. ①第三产业－经济统计－统计资料－中国－2015－年鉴 Ⅳ. ①F719-54

中国版本图书馆 CIP 数据核字（2015）第 287311 号

中国第三产业统计年鉴-2015

作　　者 / 中华人民共和国国家统计局
责任编辑 / 佘竞雄
封面设计 / 李雪燕
出版发行 / 中国统计出版社
通信地址 / 北京市丰台区西三环南路甲 6 号　邮政编码 /100073
电　　话 / 邮购（010）63376909　书店（010）68783171
网　　址 /http://www.zgtjcbs.com
印　　刷 / 河北天普润印刷厂
经　　销 / 新华书店
开　　本 /880×1230 毫米　1/16
字　　数 /1564 千字
印　　张 /50.5
版　　别 /2015 年 12 月第 1 版
版　　次 /2015 年 12 月第 1 次印刷
定　　价 /320.00 元

本书附同版本 CD-ROM 一张，光盘内容以书面文字为准。
如有印装差错，由本社发行部调换。

《中国第三产业统计年鉴—2015》

编委会和编辑出版人员

编者说明

一、《中国第三产业统计年鉴—2015》收录了全国和各省、自治区、直辖市2014年第三产业的统计数据以及部分历史数据，是一部反映中华人民共和国第三产业发展全面情况的资料性年刊。

二、本年鉴正文内容分为10个篇章：1.第三产业单位数；2.第三产业就业人员数；3.第三产业增加值；4.第三产业固定资产投资；5.第三产业双向投资与服务进出口情况；6.第三产业能源消费情况；7.第三产业部分行业主要财务指标；8.第三产业部分行业主要业务指标；9.第三产业复合性相关行业情况；10.港澳台第三产业情况。附录部分包括2个篇章：1.世界及主要国家第三产业统计资料摘要；2.中国服务业采购经理指数及世界主要经济体的相关情况。各篇章前设有《简要说明》，对本篇章的主要内容、资料来源、统计范围、统计方法以及历史变动情况予以简要概述，篇末附有《主要统计指标解释》。

三、本年鉴所涉及的全国性统计数据，除森林面积和森林覆盖率外，均未包括香港、澳门特别行政区和台湾省数据。

四、香港、澳门特别行政区的统计是构成国家统计总体的一部分。但根据《中华人民共和国香港特别行政区基本法》和《中华人民共和国澳门特别行政区基本法》的有关原则，香港、澳门与内地是相对独立的统计区域，根据各自不同的统计制度和法律规定，独立进行统计工作。本年鉴中香港、澳门特别行政区统计资料分别由香港特别行政区政府统计处、澳门特别行政区政府统计暨普查局提供，国家统计局国际统计信息中心负责整理、编辑。

五、台湾省数据来自台湾省行政院主计处统计资料，国家统计局国际统计信息中心负责整理、编辑。

六、与2014年版《中国第三产业统计年鉴》相比较，本年鉴内容主要做了如下修订：

1.根据国家统计局2012年12月17日印发的《三次产业划分规定》，本年鉴在第7篇“第三产业部分行业主要财务指标”中，新增农林牧渔服务业产值和增加值资料。

2. 根据第三产业发展情况，本年鉴新增两个篇章，即第5篇“第三产业双向投资与服务进出口情况”、第6篇“第三产业能源消费情况”。

3. 新《国民经济行业分类（GB/T 4754-2011）》已于2011年11月1日正式实施，本年鉴中的数据指标按照新国民经济行业整理提供，但有个别章节和数据表仍沿用旧行业分类标准，具体情况详见篇章前的简要说明和数据表的表底注解。

4. 在第8篇“第三产业部分行业主要业务指标”中，金融业新增“社会融资规模存量及增长率”表等。

七、本年鉴中凡未注明年份的数据，均指2014年的数据。

八、本年鉴所使用的度量衡单位，均采用国际统一标准计量单位。

九、本年鉴中部分数据合计数或相对数由于计量单位取舍不同而产生的计算误差，均未做机械调整。

十、符号使用说明：年鉴各表中的“空格”表示该项统计指标数据不足本表最小单位数、数据不详或无该项数据；“#”表示其中的主要项。港澳台部分的符号使用方法具体见其篇章说明。

目 录

一、第三产业单位数

简要说明 …… 2

1-1 第三产业法人单位数及所占比重 …… 3

1-2 第三产业按行业、东中西部以及东北地区分组的法人单位数 …… 4

1-3 各地区第三产业法人单位数 …… 6

1-4 各地区第三产业法人单位数及所占比重 …… 7

1-5 第三产业按行业、控股情况分组的企业法人单位数 …… 8

1-6 第三产业按地区、控股情况分组的企业法人单位数 …… 9

1-7 第三产业按行业、登记注册类型分组的企业法人单位数 …… 10

1-8 第三产业按地区、登记注册类型分组的企业法人单位数 …… 14

1-9 批发和零售业按地区分组的法人单位数 …… 18

1-10 交通运输、仓储和邮政业按地区分组的法人单位数 …… 19

1-11 住宿和餐饮业按地区分组的法人单位数 …… 20

1-12 信息传输、软件和信息技术服务业按地区分组的法人单位数 …… 21

1-13 金融业按地区分组的法人单位数 …… 22

1-14 房地产业按地区分组的法人单位数 …… 23

1-15 租赁和商务服务业按地区分组的法人单位数 …… 24

1-16 科学研究和技术服务业按地区分组的法人单位数 …… 25

1-17 水利、环境和公共设施管理业按地区分组的法人单位数 …… 26

1-18 居民服务、修理和其他服务业按地区分组的法人单位数 …… 27

1-19 教育按地区分组的法人单位数 …… 28

1-20 卫生和社会工作按地区分组的法人单位数 …… 29

1-21 文化、体育和娱乐业按地区分组的法人单位数 …… 30

1-22 公共管理、社会保障和社会组织按地区分组的法人单位数 …… 31

1-23 按地区、机构类型分组的社会组织法人单位数 …… 32

1-24 按地区、机构类型分组的自治组织单位数 …… 33

主要统计指标解释 …… 34

二、第三产业就业人员数

简要说明 …… 38

2-1 第三产业就业人员数及比重 …… 39

2-2 按登记注册类型分第三产业城镇单位就业人员数(2014 年底) …… 40

2-3 按第三产业行业门类分城镇单位就业人员数 …… 41
2-4 按第三产业行业门类分国有单位就业人员数 …… 41
2-5 按第三产业行业门类分城镇集体单位就业人员数 …… 42
2-6 按第三产业行业门类分其他单位就业人员数 …… 42
2-7 各地区按第三产业行业门类分城镇单位就业人员数(2014 年底) …… 43
2-8 各地区按第三产业行业门类分国有单位就业人员数(2014 年底) …… 45
2-9 各地区按第三产业行业门类分城镇集体单位就业人员数(2014 年底) …… 47
2-10 各地区按第三产业行业门类分其他单位就业人员数(2014 年底) …… 49
2-11 各地区按第三产业行业门类分私营企业和个体就业人员数(2014 年底) …… 51
2-12 各地区按第三产业行业门类分城镇私营企业和个体就业人员数(2014 年底) …… 53
主要统计指标解释 …… 55

三、第三产业增加值

简要说明 …… 58
3-1 第三产业增加值及所占比重 …… 59
3-2 第三产业分行业增加值 …… 60
3-3 第三产业分行业增加值构成 …… 61
3-4 第三产业不变价增加值 …… 62
3-5 第三产业分行业增加值及占 GDP 的比重 …… 63
3-6 第三产业分行业增加值指数 …… 64
3-7 第三产业分行业增加值指数 …… 65
3-8 三次产业贡献率 …… 66
3-9 三次产业对国内生产总值增长的拉动 …… 67
3-10 各地区第三产业增加值 …… 68
3-11 各地区第三产业增加值占地区生产总值的比重 …… 70
3-12 各地区第三产业增加值指数 …… 72
3-13 各地区第三产业分行业增加值(2013 年) …… 74
3-14 各地区第三产业分行业增加值构成(2013 年) …… 75
3-15 各地区第三产业分行业增加值指数(2013 年) …… 76
3-16 各地区第三产业分行业增加值 …… 77
3-17 各地区第三产业分行业增加值构成 …… 78
3-18 各地区第三产业分行业增加值指数 …… 79
主要统计指标解释 …… 80

四、第三产业固定资产投资

简要说明 …… 82
4-1 按行业门类分第三产业全社会固定资产投资 …… 83
4-2 按行业门类分第三产业投资占全社会投资比重 …… 83
4-3 各地区按登记注册类型分第三产业全社会固定资产投资 …… 84
4-4 各地区按行业门类分第三产业全社会固定资产投资 …… 86

4-5 按行业分第三产业固定资产投资(不含农户) …… 88
4-6 按行业门类分第三产业固定资产投资(不含农户) …… 89
4-7 按行业、登记注册类型和控股情况分第三产业固定资产投资(不含农户) …… 90
4-8 按行业分第三产业固定资产投资(不含农户)资金来源和新增固定资产 …… 91
4-9 各地区按行业门类分第三产业固定资产投资(不含农户) …… 93
主要统计指标解释 …… 95

五、第三产业双向投资与服务进出口情况

简要说明 …… 98
5-1 按行业分对外直接投资 …… 99
5-2 按行业分外商直接投资 …… 99
5-3 服务进出口分类金额 …… 100
主要统计指标解释 …… 101

六、第三产业能源消费情况

简要说明 …… 104
6-1 综合能源平衡表 …… 105
6-2 煤炭平衡表 …… 106
6-3 焦炭平衡表 …… 108
6-4 石油平衡表 …… 109
6-5 原油平衡表 …… 111
6-6 燃料油平衡表 …… 112
6-7 汽油平衡表 …… 114
6-8 煤油平衡表 …… 115
6-9 柴油平衡表 …… 117
6-10 液化石油气平衡表 …… 118
6-11 天然气平衡表 …… 120
6-12 电力平衡表 …… 121
主要统计指标解释 …… 123

七、第三产业部分行业主要财务指标

7-1 批发和零售业
简要说明 …… 126
7-1-1 限额以上批发和零售业企业年末资产负债 …… 127
7-1-2 各地区限额以上批发和零售业企业年末资产负债 …… 131
7-1-3 各地区限额以上批发业企业年末资产负债 …… 132
7-1-4 各地区限额以上零售业企业年末资产负债 …… 133
7-1-5 限额以上批发和零售业企业损益及分配 …… 134
7-1-6 各地区限额以上批发和零售业企业损益及分配 …… 138
7-1-7 各地区限额以上批发业企业损益及分配 …… 139

7-1-8 各地区限额以上零售业企业损益及分配…… 140
主要统计指标解释…… 141
7-2 **住宿和餐饮业**
简要说明…… 144
7-2-1 限额以上住宿和餐饮业企业年末资产负债…… 145
7-2-2 各地区限额以上住宿和餐饮业企业年末资产负债…… 147
7-2-3 各地区限额以上住宿业企业年末资产负债…… 148
7-2-4 各地区限额以上餐饮业企业年末资产负债…… 149
7-2-5 限额以上住宿和餐饮业企业损益及分配…… 150
7-2-6 各地区限额以上住宿和餐饮业企业损益及分配…… 152
7-2-7 各地区限额以上住宿业企业损益及分配…… 153
7-2-8 各地区限额以上餐饮业企业损益及分配…… 154
主要统计指标解释…… 155
7-3 **信息传输、软件和信息技术服务业**
简要说明…… 158
7-3-1 电信主要财务情况…… 159
7-3-2 各地区电信主要财务情况…… 159
7-3-3 软件和信息技术服务业主要经济指标…… 160
主要统计指标解释…… 161
7-4 **房地产业**
简要说明…… 164
7-4-1 房地产开发企业经营情况…… 165
7-4-2 按登记注册类型分的房地产开发企业资产总计…… 166
7-4-3 按资质等级分的房地产开发企业资产总计…… 169
7-4-4 按登记注册类型分的房地产开发企业负债合计…… 170
7-4-5 按资质等级分的房地产开发企业负债合计…… 173
7-4-6 按登记注册类型分的房地产开发企业所有者权益…… 174
7-4-7 按资质等级分的房地产开发企业所有者权益…… 177
7-4-8 按登记注册类型分的房地产开发企业营业利润…… 178
7-4-9 按资质等级分的房地产开发企业营业利润…… 181
7-4-10 按登记注册类型分的房地产开发企业利润总额…… 182
7-4-11 按资质等级分的房地产开发企业利润总额…… 185
7-4-12 按登记注册类型分的房地产开发企业主营业务收入…… 186
7-4-13 按资质等级分的房地产开发企业主营业务收入…… 189
主要统计指标解释…… 190
7-5 **租赁和商务服务业**
简要说明…… 192
7-5-1 各地区租赁和商务服务业总产出…… 193
主要统计指标解释…… 194
7-6 **居民服务、修理和其他服务业**
简要说明…… 196
7-6-1 各地区居民服务、修理和其他服务业总产出…… 197
主要统计指标解释…… 198

7-7 教育
简要说明 200
7-7-1 教育经费情况 201
7-7-2 公共财政教育支出增长情况 202
7-7-3 各级教育生均公共财政预算教育事业费增长情况 203
7-7-4 各级教育生均公共财政预算公用经费增长情况 205
主要统计指标解释 207
7-8 卫生和社会工作
简要说明 210
7-8-1 卫生总费用 211
7-8-2 各地区卫生总费用(2013年) 212
7-8-3 政府卫生支出构成 213
7-8-4 政府卫生支出比重 214
7-8-5 各地区居民医疗保健消费支出情况 215
7-8-6 社会服务经费支出情况 216
7-8-7 社会服务机构固定资产原值 217
主要统计指标解释 218
7-9 文化、体育和娱乐业
简要说明 220
7-9-1 各地区广播电视收入情况 221
7-9-2 各地区广播电视行政事业单位财务收支情况 223
7-9-3 各地区广播电视行政事业单位创收情况 224
7-9-4 各地区广播电视企业单位经营情况 226
7-9-5 各地区广播电视企业单位创收情况 227
7-9-6 各地区广播电视企业资产负债情况 229
7-9-7 全国文化事业费基本情况 230
7-9-8 各地区文化事业费 231
7-9-9 各地区文化事业费占财政支出比重 232
7-9-10 文化部门机构(文化、文物)经费收支情况 233
7-9-11 文化文物部门行政、事业单位主要财务情况 235
7-9-12 企业单位主要财务情况 237
7-9-13 各地区文化文物部门所属机构收支基本情况 239
7-9-14 各地区文化部门所属机构收支基本情况 242
7-9-15 各地区文物部门所属机构收支基本情况 245
7-9-16 各地区分类型文化文物部门所属机构总收入 248
7-9-17 各地区分类型文化文物部门所属机构财政拨款 250
7-9-18 各地区分类型文化文物部门所属机构总支出 252
主要统计指标解释 254
7-10 公共管理、社会保障和社会组织
简要说明 258
7-10-1 分地区社会组织主要财务情况 259
7-10-2 分地区自治组织主要财务情况 260
主要统计指标解释 263

7-11　服务业企业
简要说明 …… 266
7-11-1　服务业企业法人单位分地区主要指标 …… 267
7-11-2　服务业企业法人单位分行业主要指标 …… 268
7-11-3　交通运输、仓储和邮政业企业法人单位分地区主要指标 …… 269
7-11-4　信息传输、软件和信息技术服务业企业法人单位分地区主要指标 …… 270
7-11-5　物业管理和房地产中介服务企业法人单位分地区主要指标 …… 271
7-11-6　租赁和商务服务业企业法人单位分地区主要指标 …… 272
7-11-7　科学研究与技术服务业企业法人单位分地区主要指标 …… 273
7-11-8　水利、环境和公共设施管理业企业法人单位分地区主要指标 …… 274
7-11-9　居民服务、修理和其他服务业企业法人单位分地区主要指标 …… 275
7-11-10　教育企业法人单位分地区主要指标 …… 276
7-11-11　卫生和社会工作企业法人单位分地区主要指标 …… 277
7-11-12　文化、体育和娱乐业企业法人单位分地区主要指标 …… 278
7-11-13　规模以上服务业企业法人单位分地区主要指标 …… 279
7-11-14　规模以上服务业企业法人单位分行业主要指标 …… 281
主要统计指标解释 …… 283
7-12　农林牧渔服务业
简要说明 …… 288
7-12-1　各地区农林牧渔服务业产值 …… 289
7-12-2　各地区农林牧渔服务业增加值 …… 290
主要统计指标解释 …… 291

八、第三产业部分行业主要业务指标

8-1　批发和零售业
简要说明 …… 294
8-1-1　限额以上批发和零售业企业商品购、销、存情况(按登记注册类型分) …… 295
8-1-2　限额以上批发和零售业企业商品购、销、存情况(按国民经济行业分) …… 297
8-1-3　各地区限额以上批发和零售业企业商品购、销、存情况 …… 299
8-1-4　各地区限额以上批发业企业商品购、销、存情况 …… 300
8-1-5　各地区限额以上零售业企业商品购、销、存情况 …… 301
主要统计指标解释 …… 302
8-2　交通运输、仓储和邮政业
简要说明 …… 304
8-2-1　交通运输业基本情况 …… 305
8-2-2　各地区交通运输业职工人数(2014 年底) …… 307
8-2-3　运输线路长度 …… 308
8-2-4　客运量 …… 309
8-2-5　客运量构成 …… 310
8-2-6　旅客周转量 …… 311
8-2-7　旅客周转量构成 …… 312
8-2-8　旅客运输平均运距 …… 313

8-2-9 货运量 …… 314
8-2-10 货运量构成 …… 315
8-2-11 货物周转量 …… 316
8-2-12 货物周转量构成 …… 317
8-2-13 货物运输平均运距 …… 318
8-2-14 各地区客运量 …… 319
8-2-15 各地区旅客周转量 …… 320
8-2-16 各地区货运量 …… 321
8-2-17 各地区货物周转量 …… 322
8-2-18 全国铁路基本情况 …… 323
8-2-19 各地区铁路线路年末里程 …… 324
8-2-20 国家铁路基本情况 …… 325
8-2-21 全国铁路机、客、货车拥有量 …… 325
8-2-22 国家铁路客、货车拥有量 …… 326
8-2-23 铁路主要干线客货运输量 …… 327
8-2-24 铁路主要车站旅客发送量 …… 328
8-2-25 铁路主要车站货物发送量 …… 329
8-2-26 按货类分国家铁路货物运输量 …… 330
8-2-27 国家铁路运输主要技术经济指标 …… 331
8-2-28 公路线路年末里程 …… 332
8-2-29 各地区公路线路年末里程 …… 333
8-2-30 民用汽车拥有量 …… 335
8-2-31 各地区民用汽车拥有量 …… 336
8-2-32 私人汽车拥有量 …… 338
8-2-33 各地区私人汽车拥有量 …… 339
8-2-34 进口汽车拥有量 …… 340
8-2-35 各地区进口汽车拥有量 …… 341
8-2-36 新注册民用汽车数量 …… 342
8-2-37 各地区新注册民用汽车数量 …… 343
8-2-38 公路营运汽车拥有量 …… 344
8-2-39 各地区公路营运汽车拥有量 …… 345
8-2-40 内河航道年末里程 …… 346
8-2-41 民用运输船舶拥有量 …… 347
8-2-42 各地区民用运输船舶拥有量 …… 348
8-2-43 沿海规模以上港口码头泊位数(2014 年底) …… 349
8-2-44 内河规模以上港口码头泊位数(2014 年底) …… 349
8-2-45 沿海规模以上港口货物吞吐量 …… 350
8-2-46 内河规模以上港口货物吞吐量 …… 350
8-2-47 沿海规模以上港口分货类吞吐量 …… 351
8-2-48 内河规模以上港口分货类吞吐量 …… 351
8-2-49 民用航空航线及飞机年末数 …… 352
8-2-50 民用航空运输量及通用航空飞行时间 …… 353
8-2-51 民用航空主要机型运用情况 …… 354

8-2-52　各地区城市公共交通运营线路总长度(2014 年底)……355
8-2-53　各地区城市公共交通运营车(船)拥有量(2014 年底)……356
8-2-54　各地区城市公共交通客运量……357
8-2-55　省会城市和计划单列市公共交通运营线路总长度(2014 年底)……358
8-2-56　省会城市和计划单列市公共交通运营车(船)拥有量(2014 年底)……359
8-2-57　省会城市和计划单列市公共交通客运量……360
8-2-58　邮政主要业务量……361
8-2-59　各地区邮政主要业务量……362
8-2-60　邮政邮路……363
8-2-61　分地区邮政邮路……364
8-2-62　邮政业营业网点……365
8-2-63　邮政通信服务水平……366
8-2-64　各地区邮政通信服务水平……367
8-2-65　快递业务量……368
主要统计指标解释……369

8-3　住宿和餐饮业

简要说明……374
8-3-1　限额以上住宿和餐饮业企业经营情况……375
8-3-2　各地区限额以上住宿和餐饮业企业经营情况……377
主要统计指标解释……378

8-4　信息传输、软件和信息技术服务业

简要说明……380
8-4-1　电信主要业务量……381
8-4-2　各地区电信主要业务量……382
8-4-3　各地区固定电话用户情况……384
8-4-4　各地区移动电话用户情况……385
8-4-5　电信主要通信能力……386
8-4-6　各地区电信主要通信能力……387
8-4-7　电信通信服务水平……388
8-4-8　各地区电信通信服务水平……389
8-4-9　各地区互联网上网人数……390
8-4-10　互联网主要指标……391
主要统计指标解释……392

8-5　金融业

简要说明……394
8-5-1　金融机构人民币信贷收支表(年底余额)……395
8-5-2　货币供应量(年底余额)……396
8-5-3　货币供应量同比增长率……397
8-5-4　金融机构法定存款利率……398
8-5-5　金融机构法定贷款利率……399
8-5-6　黄金和外汇储备……400
8-5-7　货币当局资产负债表(年底余额)……401
8-5-8　其他存款性公司资产负债表(年底余额)……402

8-5-9 外资银行资产负债表(年底余额) 403
8-5-10 社会融资规模增量及构成 404
8-5-11 社会融资规模存量及增长率 405
8-5-12 证券市场基本情况 406
8-5-13 上市公司数量 407
8-5-14 上市公司地区分布 408
8-5-15 股票发行量和筹资额 409
8-5-16 股票交易情况 410
8-5-17 全国期货交易所市场概况 411
8-5-18 全国交易所上市基金成交概况 411
8-5-19 保险系统机构、人员数(年底数) 412
8-5-20 保险公司业务经济技术指标 413
8-5-21 保险公司资产情况 414
8-5-22 保险公司资金运用情况 414
8-5-23 各地区原保险保费收入和赔付支出情况 415
主要统计指标解释 416
8-6 房地产业
简要说明 418
8-6-1 房地产开发企业土地开发及购置 419
8-6-2 按资质等级分房地产开发企业土地购置面积 420
8-6-3 房地产开发企业房屋建筑面积和造价 421
8-6-4 房地产开发企业住宅建筑面积和造价 422
8-6-5 按用途分房地产开发企业房屋施工面积 423
8-6-6 按用途分房地产开发企业房屋新开工面积 424
8-6-7 按用途分房地产开发企业房屋竣工面积 425
8-6-8 按用途分房地产开发企业房屋竣工价值 426
8-6-9 房地产开发企业商品房销售情况 427
8-6-10 房地产开发企业成套住宅竣工与销售情况 428
8-6-11 按用途分房地产开发企业商品房销售面积 429
8-6-12 按用途分房地产开发企业商品房平均销售价格 430
主要统计指标解释 431
8-7 租赁和商务服务业
简要说明 434
8-7-1 律师、公证和调解工作基本情况 435
8-7-2 国内公证业务分类 436
8-7-3 涉外公证文书分类 437
8-7-4 调解民间纠纷分类 437
主要统计指标解释 438
8-8 科学研究和技术服务业
简要说明 440
8-8-1 科技活动基本情况 441
8-8-2 全国研究与试验发展(R&D)经费内部支出 442
8-8-3 全国研究与试验发展(R&D)人员全时当量 442

8-8-4 各地区研究与试验发展(R&D)经费内部支出……443
8-8-5 各地区研究与试验发展(R&D)人员全时当量……444
8-8-6 国家财政科技支出……445
8-8-7 研究与开发机构科技活动情况……446
8-8-8 研究与开发机构研究与试验发展(R&D)课题学科分组情况……447
8-8-9 高等学校科技活动情况……448
8-8-10 高等学校研究与试验发展(R&D)课题学科分组情况……449
8-8-11 全国气象部门基本情况……450
8-8-12 各地区气象业务站点及观测项目情况……451
8-8-13 地震台、网基本情况……452
8-8-14 各地区测绘生产完成情况……453
8-8-15 各地区测绘成果提供情况……454
8-8-16 产品质量国家监督抽查情况……455
8-8-17 各地区产品质量情况……455
8-8-18 产品质量省级监督抽查情况……456
8-8-19 各地区出入境货物检验检疫情况……457
8-8-20 各地区技术市场成交额……458
8-8-21 海洋观测预报单位机构、人员情况……459
8-8-22 海洋观测调查情况……459
主要统计指标解释……460

8-9 水利、环境和公共设施管理业

简要说明……462
8-9-1 环境保护基本情况……463
8-9-2 水资源情况……466
8-9-3 供水用水情况……467
8-9-4 各地区废水中主要污染物排放情况……468
8-9-5 全海域未达到第一类海水水质标准的海域面积……469
8-9-6 主要城市空气质量指标……469
8-9-7 各地区废气中主要污染物排放情况……472
8-9-8 各地区固体废物处理利用情况……473
8-9-9 各地区城市生活垃圾清运和处理情况……475
8-9-10 环保重点城市道路交通噪声监测情况……477
8-9-11 环保重点城市区域环境噪声监测情况……478
8-9-12 各地区湿地面积……479
8-9-13 各地区自然保护基本情况……480
8-9-14 地质灾害及防治情况……481
8-9-15 各地区森林火灾情况……482
8-9-16 森林有害生物防治情况……483
8-9-17 地震灾害情况……485
8-9-18 主要海洋灾害情况……485
8-9-19 各地区突发环境事件情况……486
8-9-20 各地区城市市政设施情况……487
8-9-21 各地区城市污水处理情况……488

8-9-22 各地区城市绿地和园林 489
8-9-23 各地区城市设施水平 490
主要统计指标解释 491
8-10 居民服务、修理和其他服务业
简要说明 496
8-10-1 殡葬服务情况 497
8-10-2 婚姻服务情况 498
主要统计指标解释 499
8-11 教育
简要说明 502
8-11-1 各级各类学校、教职工和专任教师情况 503
8-11-2 各级各类学历教育学生情况 504
8-11-3 各级各类非学历教育学生情况 505
8-11-4 各级各类民办教育情况 505
8-11-5 各级各类学校情况 506
8-11-6 各级各类学校专任教师情况 507
8-11-7 各级各类学校招生情况 507
8-11-8 各级各类学校在校学生情况 508
8-11-9 各级各类学校毕业生情况 508
8-11-10 研究生和留学人员情况 509
8-11-11 分学科研究生情况 510
8-11-12 分类型普通高等学校情况 511
8-11-13 普通本科分学科学生情况 511
8-11-14 普通专科分学科学生情况 512
8-11-15 成人本科分学科学生情况 512
8-11-16 成人专科分学科学生情况 513
8-11-17 网络本科分学科学生情况 513
8-11-18 网络专科分学科学生情况 514
8-11-19 普通高中情况 514
8-11-20 中等职业学校分学科学生情况 515
8-11-21 进城务工子女和农村留守儿童在校情况 515
8-11-22 技工学校情况 516
8-11-23 小学学龄儿童净入学率和各级普通学校毕业生升学率 517
8-11-24 各地区普通本专科学生情况 518
8-11-25 各地区普通高等学校(机构)情况 520
8-11-26 各地区普通高中情况 521
8-11-27 各地区中等职业学校情况 522
8-11-28 各地区初中情况 523
8-11-29 各地区普通小学情况 524
8-11-30 各地区特殊教育情况 525
8-11-31 各地区各级学校生师比 526
8-11-32 每十万人口各级学校平均在校生数 527
主要统计指标解释 528

8-12 卫生和社会工作
简要说明 …… 530
8-12-1 医疗卫生机构情况 …… 531
8-12-2 各地区医疗卫生机构情况 …… 533
8-12-3 村卫生室情况 …… 537
8-12-4 卫生人员情况 …… 538
8-12-5 各地区卫生人员情况 …… 539
8-12-6 各地区社区卫生服务中心(站)人员情况 …… 540
8-12-7 各地区乡镇卫生院人员情况 …… 541
8-12-8 各地区村卫生室人员情况 …… 542
8-12-9 乡村医生和卫生员情况 …… 543
8-12-10 每千人口卫生技术人员数 …… 544
8-12-11 各地区每千人口卫生技术人员数 …… 545
8-12-12 医疗卫生机构床位数 …… 546
8-12-13 各地区医疗卫生机构床位数 …… 547
8-12-14 各地区医疗卫生机构门诊服务情况 …… 549
8-12-15 各地区医院住院服务情况 …… 550
8-12-16 社区卫生服务中心(站)医疗服务情况 …… 551
8-12-17 乡镇卫生院医疗服务情况 …… 552
8-12-18 监测地区 5 岁以下儿童和孕产妇死亡率 …… 553
8-12-19 孕产妇保健情况 …… 554
8-12-20 甲乙类法定报告传染病发病率、死亡率及病死率排序 …… 555
8-12-21 城市居民主要疾病死亡率及死因构成 …… 556
8-12-22 农村居民主要疾病死亡率及死因构成 …… 557
8-12-23 新型农村合作医疗情况 …… 557
8-12-24 各地区新型农村合作医疗情况 …… 558
8-12-25 医疗卫生监督处罚案件 …… 559
8-12-26 社会服务基本情况 …… 561
8-12-27 提供住宿的社会服务床位数 …… 562
8-12-28 为残疾人提供服务机构情况 …… 563
8-12-29 各地区为残疾人提供服务机构情况 …… 564
8-12-30 孤儿和家庭儿童收养情况 …… 565
8-12-31 社会救助情况 …… 566
8-12-32 民政部门医疗救助情况 …… 567
8-12-33 优抚安置情况 …… 568
8-12-34 社会捐赠情况 …… 569
8-12-35 社区服务机构基本情况 …… 570
8-12-36 残疾人事业基本情况 …… 571
主要统计指标解释 …… 572
8-13 文化、体育和娱乐业
简要说明 …… 576
8-13-1 图书出版情况 …… 577
8-13-2 图书、期刊和报纸出版情况 …… 578

8-13-3 各地区少年儿童读物和课本出版情况 …… 579
8-13-4 课本出版情况 …… 579
8-13-5 各地区音像制品及电子出版物情况 …… 580
8-13-6 全国图书、期刊、报纸进出口情况 …… 581
8-13-7 全国音像、电子出版物进出口情况 …… 581
8-13-8 版权合同登记及引进和输出情况 …… 582
8-13-9 各地区出版物发行网点数和从业人员 …… 583
8-13-10 各地区出版印刷生产情况 …… 584
8-13-11 国家综合档案馆基本情况 …… 585
8-13-12 档案馆机构和人员情况 …… 586
8-13-13 广播电视事业发展情况 …… 587
8-13-14 各地区广播电视从业人员情况 …… 588
8-13-15 广播电视节目制作时间 …… 590
8-13-16 广播电视节目播出时间 …… 590
8-13-17 各地区广播电视节目综合人口覆盖情况及制作播出情况 …… 591
8-13-18 各地区有线广播电视传输干线网络及用户情况 …… 592
8-13-19 各地区广播电视技术情况 …… 593
8-13-20 电视节目进出口情况 …… 594
8-13-21 电影综合情况 …… 595
8-13-22 主要文化机构情况 …… 596
8-13-23 文化文物机构人员情况 …… 597
8-13-24 全国文化系统艺术表演场馆基本情况 …… 598
8-13-25 全国文化系统艺术表演团体基本情况 …… 599
8-13-26 各地区艺术表演团体、艺术表演场馆演出情况 …… 600
8-13-27 群众文化机构基本情况 …… 601
8-13-28 公共图书馆基本情况 …… 601
8-13-29 各地区公共图书馆基本情况 …… 602
8-13-30 文物业基本情况 …… 604
8-13-31 各地区博物馆基本情况 …… 605
8-13-32 体育系统机构人员情况 …… 606
8-13-33 运动员获世界冠军情况 …… 607
8-13-34 运动员分项创世界纪录情况 …… 607
8-13-35 各地区分技术等级运动员发展人数 …… 608
8-13-36 分项目分技术等级运动员发展人数 …… 609
8-13-37 各地区分等级教练员发展人数 …… 611
主要统计指标解释 …… 612

8-14 公共管理、社会保障和社会组织

简要说明 …… 616
8-14-1 历届全国人民代表大会代表人数 …… 617
8-14-2 历届全国政治协商会议委员人数 …… 617
8-14-3 公安机关立案的刑事案件及构成 …… 618
8-14-4 公安机关受理和查处治安案件数 …… 618
8-14-5 交通事故情况 …… 619

8-14-6 各地区交通事故情况 …… 619
8-14-7 人民检察院直接立案侦查案件情况 …… 620
8-14-8 人民检察院审查逮捕、审查起诉情况 …… 620
8-14-9 人民检察院办理刑事抗诉案件情况 …… 621
8-14-10 人民检察院办理民事、行政抗诉案件情况 …… 621
8-14-11 人民检察院受理举报、控告、申诉案件情况 …… 622
8-14-12 人民检察院处理申诉案件情况 …… 622
8-14-13 人民检察院纠正违法情况 …… 623
8-14-14 人民法院审理一审案件情况 …… 624
8-14-15 人民法院审理刑事一审案件收结案情况 …… 625
8-14-16 人民法院审理刑事案件罪犯情况 …… 625
8-14-17 人民法院审理婚姻家庭、继承一审案件收结案情况 …… 626
8-14-18 人民法院审理合同纠纷一审案件收结案情况 …… 626
8-14-19 人民法院审理权属、侵权纠纷及其他民事一审案件收结案情况 …… 627
8-14-20 人民法院审理行政一审案件收结案情况 …… 627
8-14-21 工会组织情况 …… 628
8-14-22 社会组织情况 …… 629
8-14-23 自治组织情况 …… 630
8-14-24 社会保险基金收支及累计结余 …… 631
8-14-25 社会保险基本情况 …… 632
8-14-26 参加基本养老保险人数 …… 633
8-14-27 各地区城镇职工基本养老保险情况 …… 634
8-14-28 各地区城乡居民基本养老保险情况 …… 635
8-14-29 各地区失业保险情况 …… 636
8-14-30 各地区城镇基本医疗保险参保人数 …… 637
8-14-31 分地区城镇基本医疗保险基金收支情况 …… 638
8-14-32 各地区工伤保险情况 …… 639
8-14-33 各地区生育保险情况 …… 640
主要统计指标解释 …… 641

九、第三产业复合性相关行业情况

9-1 旅游业
简要说明 …… 646
9-1-1 历年入境游客 …… 647
9-1-2 历年入境游客增长速度 …… 648
9-1-3 按国籍分入境外国游客 …… 649
9-1-4 历年国际旅游(外汇)收入及增长速度 …… 650
9-1-5 入境外国游客分组构成 …… 651
9-1-6 国际旅游(外汇)收入 …… 651
9-1-7 各地区接待入境过夜游客情况 …… 652
9-1-8 各地区入境过夜游客人均天花费额 …… 653
9-1-9 国内旅游情况 …… 654

主要统计指标解释…………………………………………………………………………………………655
9-2 文化服务业
简要说明…………………………………………………………………………………………………658
9-2-1 规模以上文化服务业企业基本情况……………………………………………………………659
9-2-2 规模以下文化服务业企业基本情况……………………………………………………………660
9-2-3 文化服务业社团法人单位基本情况(2014 年)…………………………………………………661
9-2-4 文化服务业事业法人单位基本情况……………………………………………………………662
9-2-5 文化及相关产业增加值及占 GDP 比重…………………………………………………………663
主要统计指标解释…………………………………………………………………………………………664
9-3 企业信息化和电子商务
简要说明…………………………………………………………………………………………………666
9-3-1 分地区企业信息化基本情况……………………………………………………………………667
9-3-2 分地区企业信息化应用情况……………………………………………………………………668
9-3-3 分地区电子商务应用情况………………………………………………………………………669
9-3-4 按行业分企业信息化基本情况…………………………………………………………………671
9-3-5 按行业分企业信息化应用情况…………………………………………………………………672
9-3-6 按行业分企业电子商务应用情况………………………………………………………………673
主要统计指标解释…………………………………………………………………………………………674

十、港澳台第三产业情况

10-1 香港第三产业情况
简要说明…………………………………………………………………………………………………678
10-1-1 主要统计指标概况………………………………………………………………………………679
10-1-2 按当年价格计算的生产法本地生产总值………………………………………………………682
10-1-3 按行业划分的就业人数…………………………………………………………………………682
10-1-4 按行业划分的名义和实际工资指数……………………………………………………………683
10-1-5 商品进出口贸易总额……………………………………………………………………………683
10-1-6 商品进口及港产品出口的主要供应地和目的地………………………………………………684
10-1-7 商品转口的主要来源地和目的地………………………………………………………………684
10-1-8 按标准国际贸易分类划分商品进口和出口……………………………………………………685
10-1-9 按服务组成部分划分的服务出口及进口………………………………………………………686
10-1-10 按主要目的地和来源地划分的服务出口及进口………………………………………………687
10-1-11 按当年价格计算货物及服务进出口占本地生产总值比重……………………………………687
10-1-12 按居住国家和地区划分的访港旅客人数………………………………………………………688
10-1-13 按居住国家和地区划分的访港旅客人均消费和逗留时间……………………………………688
10-1-14 按主要货物装卸地点划分的集装箱吞吐量……………………………………………………689
10-1-15 按运输方式划分的进出香港货物………………………………………………………………689
10-1-16 通讯及互联网服务………………………………………………………………………………690
10-1-17 15 岁及以上人口受教育程度……………………………………………………………………691
10-1-18 研究及发展经费支出及人员情况………………………………………………………………691
10-1-19 香港国际收支平衡表……………………………………………………………………………692
10-1-20 香港国际投资头寸 (期末头寸)…………………………………………………………………692

10-1-21 外币兑换率及港汇指数……693
10-1-22 货币供应量(年底数字)……694
10-1-23 股票价格指数、证券交易成交额及市场总值……695
10-1-24 按种类划分的日均产生的固体废物量……696
主要统计指标解释……697
10-2 澳门第三产业情况
简要说明……702
10-2-1 主要统计指标概况……703
10-2-2 本地生产总值(当年价格)……705
10-2-3 支出法本地生产总值……706
10-2-4 生产法本地生产总值……707
10-2-5 生产法本地生产总值结构……707
10-2-6 按行业划分的就业人口……708
10-2-7 按行业划分的月工作收入中位数……708
10-2-8 主要商品进出口总额及占本地生产总值比重……709
10-2-9 按主要原产地和目的地划分的商品进出口……709
10-2-10 按标准国际贸易分类划分的商品进口和出口……710
10-2-11 按居住国家和地区划分的入境旅客人数……710
10-2-12 按居住国家和地区划分的旅客人均消费……711
10-2-13 零售业销售额……712
10-2-14 按出入境方式统计的对外商品贸易……712
10-2-15 海路集装箱总吞吐量……713
10-2-16 通信服务……713
10-2-17 按受教育程度统计 14 岁及以上人口……714
10-2-18 外币兑换率……715
10-2-19 货币供应……715
主要统计指标解释……716
10-3 台湾第三产业情况
简要说明……720
10-3-1 主要统计指标概况……721
10-3-2 本地生产总值部门构成……724
10-3-3 本地居民生产总值……724
10-3-4 劳动力和就业状况……725
10-3-5 服务业就业人员月平均工资……725
10-3-6 货物进出口额……726
10-3-7 出口与进口货物分类……726
10-3-8 货物出口去向和进口来源……727
10-3-9 旅游人数及外汇收入……728
10-3-10 铁路和公路客货运量……728
10-3-11 港口客运量及货运量……729
10-3-12 港口集装箱及货物装卸量……729
10-3-13 民航客运量及货运量……730
10-3-14 邮政及电信营运量……730

10-3-15 入学率和教育经费 731
10-3-16 科技人员数和科研开发经费 731
10-3-17 金融概况 732
10-3-18 国际收支 732
主要统计指标解释 733

附录一、世界及主要国家第三产业统计资料摘要

简要说明 736
附录 1-1 国内生产总值 737
附录 1-2 国内生产总值增长率 738
附录 1-3 国内生产总值产业构成 739
附录 1-4 按生产法计算的第三产业行业增加值 740
附录 1-5 按行业分类的第三产业就业人员 752
附录 1-6 按行业分类的第三产业雇员每月平均工资 758
附录 1-7 货物进口总额 765
附录 1-8 货物出口总额 766
附录 1-9 服务贸易进口总额 767
附录 1-10 服务贸易出口总额 768
附录 1-11 外汇储备和黄金储备 769
附录 1-12 外商直接投资 770
附录 1-13 货币汇率(年平均价) 771
附录 1-14 铁路货运和客运周转量 772
附录 1-15 空运货物周转量和客运量 773
附录 1-16 电话主线和移动电话普及率 774
附录 1-17 互联网服务商 775
附录 1-18 国际互联网用户 776
附录 1-19 国际旅游收支 777
附录 1-20 国际旅游人数 778
主要统计指标解释 779

附录二、中国服务业采购经理指数及世界主要经济体的相关情况

简要说明 782
附录 2-1 中国服务业采购经理指数(经季节调整) 783
附录 2-2 世界主要经济体采购经理指数相关情况 783
主要统计指标解释 784

1 第三产业单位数

简要说明

一、主要内容

本篇资料通过对一定时期第三产业法人单位数量上的描述，反映报告期内第三产业法人单位的数量变化。

二、统计范围与统计口径

第三产业基本单位统计范围包括：我国境内从事社会经济第三产业活动的法人单位，未包括香港、澳门特别行政区和台湾省。

三、资料来源

第三产业基本单位统计2004年、2008年和2013年的数据，来源于第一次、第二次和第三次全国经济普查数据，其余年份来源于基本单位统计年报数据，普查年份没有年报数据。

社会组织法人单位和自治组织单位数由民政部提供。

1-1 第三产业法人单位数及所占比重

单位：个

年 份	全部法人单位数	第一产业	第二产业	第三产业	
					比重(%)
1997	4344278	65307	1492302	2786669	64.1
1998	4417508	59692	1567816	2790000	63.2
1999	4221995	57177	1442405	2722413	64.5
2000	4366141	57542	1500106	2808493	64.3
2001	5107015	59104	1467937	3579974	70.1
2002	5170852	59522	1492241	3619089	70.0
2003	5214144	156033	1537037	3521074	67.5
2004	5168303	1835	1579340	3587128	69.4
2005	5647823	68800	1733605	3845418	68.1
2006	6068912	78205	1889475	4101232	67.6
2007	6495064	98546	2039702	4356816	67.1
2008	7098765	2023	2200376	4896366	69.0
2009	8003868	184764	2386389	5432715	67.9
2010	8754588	242429	2568818	5943341	67.9
2011	9593729	321086	2758483	6514160	67.9
2012	10616530	440853	2949694	7225983	68.1
2013	10856586	1815	2743796	8110957	74.7
2014	13701440	773414	3244154	9683872	70.7

注：2004年、2008年和2013年第一产业法人单位数仅包括兼营第二、三产业的第一产业法人单位。

1-2 第三产业按行业、东中西部以及东北地区分组的法人单位数

单位：个

行业	法人单位数	东部地区	中部地区	西部地区	东北地区
合计	**9683872**	**5124660**	**1954437**	**1965429**	**639346**
农、林、牧、渔服务业	177631	59700	50849	38178	28904
开采辅助活动	3125	378	504	1882	361
金属制品、机械和设备修理业	15719	9891	2244	1950	1634
批发和零售业	**3513338**	**2119398**	**593832**	**580617**	**219491**
批发业	2180624	1426064	308762	306199	139599
零售业	1332714	693334	285070	274418	79892
交通运输、仓储和邮政业	**323044**	**183589**	**61763**	**54052**	**23640**
铁路运输业	3291	1196	803	872	420
道路运输业	171802	87634	39002	32480	12686
水上运输业	12678	8080	2625	1443	530
航空运输业	1759	863	220	513	163
管道运输业	366	146	92	105	23
装卸搬运和运输代理业	86788	62342	9144	10107	5195
仓储业	31017	16100	6213	5209	3495
邮政业	15343	7228	3664	3323	1128
住宿和餐饮业	**235337**	**117454**	**48903**	**56962**	**12018**
住宿业	82909	40020	16970	20706	5213
餐饮业	152428	77434	31933	36256	6805
信息传输、软件和信息技术服务业	**289162**	**194955**	**39185**	**37460**	**17562**
电信、广播电视和卫星传输服务	17750	6900	4595	4462	1793
互联网和相关服务	35086	21422	6709	5321	1634
软件和信息技术服务业	236326	166633	27881	27677	14135
金融业	**91583**	**42902**	**17648**	**23994**	**7039**
货币金融服务	34856	12602	7443	11200	3611
资本市场服务	29396	17091	4576	6288	1441
保险业	15609	6659	3612	3847	1491
其他金融业	11722	6550	2017	2659	496
房地产业	**419618**	**221830**	**82395**	**85070**	**30323**
房地产业	419618	221830	82395	85070	30323

1-2 续表 单位：个

行　　业	法人单位数	东部地区	中部地区	西部地区	东北地区
租赁和商务服务业	**1161947**	**743803**	**179557**	**175802**	**62785**
租赁业	71362	36483	15118	14889	4872
商务服务业	1090585	707320	164439	160913	57913
科学研究和技术服务业	**544309**	**328354**	**97651**	**85086**	**33218**
研究和试验发展	56891	38324	8666	5823	4078
专业技术服务业	257642	149310	43712	49001	15619
科技推广和应用服务业	229776	140720	45273	30262	13521
水利、环境和公共设施管理业	**97522**	**43873**	**23321**	**22716**	**7612**
水利管理业	26494	7990	7760	8202	2542
生态保护和环境治理业	11150	5052	2470	2854	774
公共设施管理业	59878	30831	13091	11660	4296
居民服务、修理和其他服务业	**242251**	**132106**	**46910**	**47367**	**15868**
居民服务业	95853	51591	18607	18371	7284
机动车、电子产品和日用产品修理业	88745	48158	16089	18800	5698
其他服务业	57653	32357	12214	10196	2886
教育	**444038**	**168619**	**123745**	**123073**	**28601**
教育	444038	168619	123745	123073	28601
卫生和社会工作	**265537**	**81839**	**90911**	**70149**	**22638**
卫生	216700	60822	78739	59403	17736
社会工作	48837	21017	12172	10746	4902
文化、体育和娱乐业	**263384**	**123417**	**65058**	**58889**	**16020**
新闻和出版业	8967	4537	1914	1798	718
广播、电视、电影和影视录音制作业	22117	11189	4408	5135	1385
文化艺术业	80521	40581	19495	16326	4119
体育	20144	13126	2806	2783	1429
娱乐业	131635	53984	36435	32847	8369
公共管理、社会保障和社会组织	**1596327**	**552552**	**429961**	**502182**	**111632**
中国共产党机关	36806	9428	9270	14694	3414
国家机构	463104	134558	130916	154301	43329
人民政协、民主党派	6858	2253	1751	2186	668
社会保障	16272	4057	4744	6026	1445
群众团体、社会团体和其他成员组织	369244	145244	78619	122847	22534
基层群众自治组织	704043	257012	204661	202128	40242

1-3 各地区第三产业法人单位数

单位：个

地 区	2006	2007	2008	2009	2010	2011	2012	2013	2014
全 国	**4101232**	**4356816**	**4896366**	**5432715**	**5943341**	**6514160**	**7225983**	**8110957**	**9683872**
北 京	263513	269987	229389	326070	333119	339930	352507	576634	598321
天 津	64945	73215	98185	99464	115642	129983	146761	158130	196037
河 北	157775	164897	186396	214124	226856	238171	253885	320694	360865
山 西	115662	123459	125381	136363	142929	152719	167686	171812	204219
内蒙古	66923	72388	89959	98756	105566	111756	117284	133085	156062
辽 宁	165102	178286	210793	227113	242397	255177	315733	308077	360057
吉 林	66135	68672	92475	95522	85508	89507	94269	104444	125444
黑龙江	86166	89162	111957	121344	130178	136219	140072	140554	153845
上 海	265885	269674	260136	259954	289813	308687	336372	315200	330431
江 苏	267939	292981	336147	386037	479293	556722	636540	657050	852005
浙 江	239312	265194	298851	328369	364092	417817	472890	570774	723735
安 徽	130233	135710	138043	150844	162753	193694	217851	259496	321755
福 建	127690	140569	156314	178045	201768	232899	259971	270572	388842
江 西	85933	88429	102964	113261	124181	133364	166966	183671	227755
山 东	284328	304705	397970	441614	505592	547125	600099	607597	750280
河 南	190390	198698	227803	241904	249744	256627	267180	391220	449315
湖 北	139130	153270	218863	241083	253804	279162	317929	342473	424391
湖 南	137102	139855	184994	194537	209186	224218	245616	323743	327002
广 东	337402	373128	401828	459624	522154	596147	667820	738021	877443
广 西	110849	118180	127997	147604	166446	189951	211760	203069	247266
海 南	22308	23796	24778	25822	30322	34123	38842	39498	46701
重 庆	75490	82382	99975	108699	121050	149740	181851	201560	257403
四 川	227621	235118	242396	256626	267267	275697	302400	306688	353117
贵 州	72624	75697	78319	83325	88095	91544	98388	114743	138414
云 南	79024	84756	98542	114897	130783	149743	160897	158749	207876
西 藏	12912	13053	14582	14940	15244	15428	15553	17929	21882
陕 西	128793	132944	141049	156630	160258	178409	193674	201219	237044
甘 肃	73158	75899	79055	83061	87505	91216	97644	112374	128036
青 海	18924	19533	20686	21533	22915	23900	25467	29035	35818
宁 夏	23466	25353	23903	26354	28000	30801	33250	36076	39976
新 疆	64498	67826	76636	79196	80881	83684	88826	116770	142535

1-4 各地区第三产业法人单位数及所占比重

单位：个

地 区	全部法人单位数	第一产业	第二产业	第三产业	
					比重(%)
全 国	**13701440**	**773414**	**3244154**	**9683872**	**70.7**
北 京	660703	8949	53433	598321	90.6
天 津	264151	5155	62959	196037	74.2
河 北	530948	34108	135975	360865	68.0
山 西	304890	61120	39551	204219	67.0
内蒙古	208636	22892	29682	156062	74.8
辽 宁	500312	17652	122603	360057	72.0
吉 林	172127	12662	34021	125444	72.9
黑龙江	209042	17734	37463	153845	73.6
上 海	434106	6321	97354	330431	76.1
江 苏	1344793	22794	469994	852005	63.4
浙 江	1235667	57578	454354	723735	58.6
安 徽	467775	37105	108915	321755	68.8
福 建	566075	30243	146990	388842	68.7
江 西	326563	26282	72526	227755	69.7
山 东	1042834	34118	258436	750280	71.9
河 南	623772	34473	139984	449315	72.0
湖 北	567795	35773	107631	424391	74.7
湖 南	424939	15675	82262	327002	77.0
广 东	1295271	23233	394595	877443	67.7
广 西	334563	45757	41540	247266	73.9
海 南	63619	9122	7796	46701	73.4
重 庆	378003	55400	65200	257403	68.1
四 川	462084	27765	81202	353117	76.4
贵 州	209860	30956	40490	138414	66.0
云 南	279007	31186	39945	207876	74.5
西 藏	26143	568	3693	21882	83.7
陕 西	310150	18798	54308	237044	76.4
甘 肃	173848	23298	22514	128036	73.6
青 海	52074	8954	7302	35818	68.8
宁 夏	54607	6678	7953	39976	73.2
新 疆	177083	11065	23483	142535	80.5

1-5 第三产业按行业、控股情况分组的企业法人单位数

单位：个

行业	企业法人单位数	国有控股	集体控股	私人控股	港澳台商控股	外商控股	其他
合计	**6896141**	**195100**	**158561**	**5847351**	**42365**	**47014**	**605750**
农、林、牧、渔服务业	68232	1414	2990	45452	82	44	18250
开采辅助活动	3125	205	69	2591	10	10	240
金属制品、机械和设备修理业	15718	399	766	13215	90	114	1134
批发和零售业	**3510668**	**55676**	**62666**	**3066559**	**15188**	**20560**	**290019**
批发业	2178369	34161	33187	1904766	12132	17798	176325
零售业	1332299	21515	29479	1161793	3056	2762	113694
交通运输、仓储和邮政业	**311134**	**17982**	**9465**	**253585**	**2225**	**1592**	**26285**
铁路运输业	3028	727	191	1738	5	7	360
道路运输业	163981	6675	5034	137526	529	295	13922
水上运输业	12027	1048	774	8995	92	68	1050
航空运输业	1671	349	29	1058	20	27	188
管道运输业	366	96	11	212	4	9	34
装卸搬运和运输代理业	85893	2380	2123	73065	1017	619	6689
仓储业	29391	5494	1139	19091	539	552	2576
邮政业	14777	1213	164	11900	19	15	1466
住宿和餐饮业	**230530**	**9339**	**6655**	**192248**	**2168**	**2045**	**18075**
住宿业	81095	7009	3968	62400	703	494	6521
餐饮业	149435	2330	2687	129848	1465	1551	11554
信息传输、软件和信息技术服务业	**280125**	**6938**	**2193**	**241707**	**3608**	**4891**	**20788**
电信、广播电视和卫星传输服务	13448	3673	425	7576	267	174	1333
互联网和相关服务	33801	555	224	29902	158	157	2805
软件和信息技术服务业	232876	2710	1544	204229	3183	4560	16650
金融业	**85730**	**13124**	**4677**	**54384**	**721**	**959**	**11865**
货币金融服务	31091	6016	2788	16661	445	431	4750
资本市场服务	28623	1621	450	23320	120	103	3009
保险业	15057	4812	1274	5815	79	368	2709
其他金融业	10959	675	165	8588	77	57	1397
房地产业	**409795**	**21925**	**16490**	**322596**	**6555**	**3242**	**38987**
房地产业	409795	21925	16490	322596	6555	3242	38987
租赁和商务服务业	**1025732**	**32752**	**30196**	**856630**	**7278**	**8216**	**90660**
租赁业	68518	1025	844	59499	334	238	6578
商务服务业	957214	31727	29352	797131	6944	7978	84082
科学研究和技术服务业	**408386**	**16329**	**9061**	**335585**	**2761**	**3878**	**40772**
研究和试验发展	46996	1481	849	39208	579	980	3899
专业技术服务业	213054	11921	4855	175639	1427	1768	17444
科技推广和应用服务业	148336	2927	3357	120738	755	1130	19429
水利、环境和公共设施管理业	**54616**	**5557**	**2481**	**40770**	**324**	**203**	**5281**
水利管理业	4779	1129	438	2569	13	16	614
生态保护和环境治理业	7263	607	172	5533	75	85	791
公共设施管理业	42574	3821	1871	32668	236	102	3876
居民服务、修理和其他服务业	**220268**	**3703**	**5752**	**190775**	**556**	**607**	**18875**
居民服务业	79578	1255	2138	68916	249	261	6759
机动车、电子产品和日用产品修理业	87071	1366	2415	76518	182	182	6408
其他服务业	53619	1082	1199	45341	125	164	5708
教育	**48867**	**1597**	**1315**	**39710**	**140**	**162**	**5943**
教育	48867	1597	1315	39710	140	162	5943
卫生和社会工作	**27151**	**1285**	**1263**	**20360**	**72**	**73**	**4098**
卫生	25068	1148	1118	18930	54	70	3748
社会工作	2083	137	145	1430	18	3	350
文化、体育和娱乐业	**195950**	**6831**	**2510**	**171148**	**587**	**418**	**14456**
新闻和出版业	4733	2185	260	1849	10	12	417
广播、电视、电影和影视录音制作业	14980	2244	463	10899	110	40	1224
文化艺术业	39903	1437	775	34256	84	61	3290
体育	12069	353	235	10198	187	165	931
娱乐业	124265	612	777	113946	196	140	8594
公共管理、社会保障和社会组织	**114**	**44**	**12**	**36**			**22**
社会保障	114	44	12	36			22

1-6 第三产业按地区、控股情况分组的企业法人单位数

单位：个

地区	企业法人单位数	国有控股	集体控股	私人控股	港澳台商控股	外商控股	其他
全国	**6896141**	**195100**	**158561**	**5847351**	**42365**	**47014**	**605750**
北京	559783	14715	14516	501481	5198	7486	16387
天津	174467	5948	3747	135222	1158	2028	26364
河北	230920	6016	6209	191974	217	219	26285
山西	116930	6096	3659	101586	70	76	5443
内蒙古	93995	3145	1460	78285	59	67	10979
辽宁	266356	8820	7983	224673	995	2010	21875
吉林	73005	3204	1768	58411	96	149	9377
黑龙江	87519	4868	2831	63786	154	173	15707
上海	303970	8868	7067	254449	9210	14401	9975
江苏	702113	12585	12029	633411	3426	4178	36484
浙江	587811	9750	13779	550291	2257	4039	7695
安徽	230646	7604	4312	198382	330	340	19678
福建	288330	8661	5313	239783	2568	1516	30489
江西	134214	5703	3143	107086	252	170	17860
山东	536080	10735	9483	460219	984	1799	52860
河南	238499	7853	6848	179329	265	195	44009
湖北	296305	7893	5534	231052	516	409	50901
湖南	183914	5618	3504	155787	351	252	18402
广东	693702	15294	19264	569529	12174	5391	72050
广西	153553	4941	3441	130481	304	218	14168
海南	32391	1580	890	24687	231	136	4867
重庆	205025	4394	2643	175104	428	330	22126
四川	164389	6201	4298	134567	405	496	18422
贵州	79951	4166	2315	66150	105	83	7132
云南	132706	4454	3260	106310	239	255	18188
西藏	5284	642	279	3982	14	16	351
陕西	141228	5993	4518	120288	198	347	9884
甘肃	59631	2863	2169	46137	61	51	8350
青海	17629	1127	515	14213	23	34	1717
宁夏	23013	702	349	20307	14	19	1622
新疆	82782	4661	1435	70389	63	131	6103

1-7 第三产业按行业、登记注册类型分组的企业法人单位数

单位：个

行业	企业法人单位数	内资					
			国有	集体	股份合作	国有联营	集体联营
第三产业总计	**6896141**	**6794445**	**98604**	**92569**	**42685**	**1734**	**4424**
农、林、牧、渔服务业	68232	68074	916	831	257	14	69
开采辅助活动	3125	3097	117	31	16	5	4
金属制品、机械和设备修理业	15718	15457	217	601	167	1	14
批发和零售业	**3510668**	**3470470**	**30499**	**40612**	**17109**	**740**	**2200**
批发业	2178369	2145269	18557	19712	8254	364	1016
零售业	1332299	1325201	11942	20900	8855	376	1184
交通运输、仓储和邮政业	**311134**	**306287**	**10012**	**5944**	**1909**	**172**	**320**
铁路运输业	3028	3012	394	157	11	5	4
道路运输业	163981	162830	3113	2861	1127	63	179
水上运输业	12027	11707	348	586	91	12	17
航空运输业	1671	1589	118	5	4	1	
管道运输业	366	345	31	6	1	2	
装卸搬运和运输代理业	85893	83951	920	1538	420	33	59
仓储业	29391	28119	4047	732	162	47	51
邮政业	14777	14734	1041	59	93	9	10
住宿和餐饮业	**230530**	**225529**	**6392**	**4545**	**2211**	**73**	**237**
住宿业	81095	79558	4981	2838	944	53	134
餐饮业	149435	145971	1411	1707	1267	20	103
信息传输、软件和信息技术服务业	**280125**	**270712**	**2480**	**677**	**1120**	**56**	**57**
电信、广播电视和卫星传输服务	13448	12862	1604	180	111	34	16
互联网和相关服务	33801	33452	202	53	131	7	4
软件和信息技术服务业	232876	224398	674	444	878	15	37
金融业	**85730**	**83193**	**3998**	**1143**	**2365**	**71**	**52**
货币金融服务	31091	29968	2395	969	1798	38	34
资本市场服务	28623	28296	452	77	151	8	10
保险业	15057	14144	941	59	330	22	4
其他金融业	10959	10785	210	38	86	3	4
房地产业	**409795**	**399179**	**8699**	**8095**	**2791**	**118**	**238**
房地产业	409795	399179	8699	8095	2791	118	238
租赁和商务服务业	**1025732**	**1008683**	**14625**	**17397**	**6401**	**187**	**538**
租赁业	68518	67892	396	407	353	10	19
商务服务业	957214	940791	14229	16990	6048	177	519
科学研究和技术服务业	**408386**	**400628**	**9468**	**4209**	**3068**	**118**	**217**
研究和试验发展	46996	45111	789	396	608	9	34
专业技术服务业	213054	209367	7198	2578	1620	76	116
科技推广和应用服务业	148336	146150	1481	1235	840	33	67
水利、环境和公共设施管理业	**54616**	**53979**	**2771**	**1380**	**309**	**34**	**63**
水利管理业	4779	4743	733	281	24	10	20
生态保护和环境治理业	7263	7071	325	84	43	8	7
公共设施管理业	42574	42165	1713	1015	242	16	36
居民服务、修理和其他服务业	**220268**	**218887**	**2223**	**3992**	**2411**	**55**	**204**
居民服务业	79578	78981	776	1497	948	25	77
机动车、电子产品和日用产品修理业	87071	86630	897	1743	1152	20	81
其他服务业	53619	53276	550	752	311	10	46
教育	**48867**	**48494**	**1150**	**808**	**652**	**20**	**58**
教育	48867	48494	1150	808	652	20	58
卫生和社会工作	**27151**	**26988**	**1083**	**901**	**559**	**14**	**57**
卫生	25068	24930	960	781	539	14	53
社会工作	2083	2058	123	120	20		4
文化、体育和娱乐业	**195950**	**194674**	**3913**	**1390**	**1340**	**56**	**96**
新闻和出版业	4733	4698	1323	168	40	12	8
广播、电视、电影和影视录音制作业	14980	14793	1431	278	105	21	15
文化艺术业	39903	39725	714	435	416	10	21
体育	12069	11659	167	113	150		11
娱乐业	124265	123799	278	396	629	13	41
公共管理、社会保障和社会组织	**114**	**114**	**41**	**13**			
社会保障	114	114	41	13			

1-7 续表 1

单位：个

行　　业	国有与集体联营	其他联营	国有独资公司	其他有限责任公司	股份有限公司	私营独资	私营合伙	私营有限责任公司
第三产业总计	**1071**	**7578**	**21166**	**1312766**	**101023**	**1014559**	**133438**	**3421119**
农、林、牧、渔服务业	6	47	84	4631	530	9139	1123	10278
开采辅助活动		4	16	1069	62	439	105	985
金属制品、机械和设备修理业	5	22	21	2480	183	2933	361	7515
批发和零售业	**456**	**3746**	**3963**	**597292**	**37098**	**571304**	**50835**	**1836856**
批发业	216	2184	2699	360409	20950	252608	26621	1251543
零售业	240	1562	1264	236883	16148	318696	24214	585313
交通运输、仓储和邮政业	**90**	**415**	**1868**	**65639**	**5503**	**33802**	**6955**	**155549**
铁路运输业	5	3	44	808	84	247	36	974
道路运输业	34	185	853	36775	3343	19418	3849	81177
水上运输业	4	16	130	2658	321	867	662	5362
航空运输业		3	72	500	58	69	17	667
管道运输业			6	106	23	47	7	92
装卸搬运和运输代理业	15	149	245	16147	949	7667	1612	50217
仓储业	28	20	480	5589	439	3702	525	10155
邮政业	4	39	38	3056	286	1785	247	6905
住宿和餐饮业	**46**	**226**	**622**	**37129**	**3205**	**70028**	**7263**	**77859**
住宿业	31	79	437	14990	1583	21167	3048	24188
餐饮业	15	147	185	22139	1622	48861	4215	53671
信息传输、软件和信息技术服务业	**35**	**327**	**646**	**61962**	**4297**	**18317**	**3557**	**165496**
电信、广播电视和卫星传输服务	13	37	400	2889	1053	1233	141	4166
互联网和相关服务	5	49	41	6456	497	5595	838	17320
软件和信息技术服务业	17	241	205	52617	2747	11489	2578	144010
金融业	**22**	**73**	**657**	**20362**	**14032**	**4274**	**3809**	**27305**
货币金融服务	11	32	118	7066	5874	1544	384	7692
资本市场服务	4	24	317	7908	894	1709	2510	12618
保险业	5	9	89	2572	6929	339	59	2088
其他金融业	2	8	133	2816	335	682	856	4907
房地产业	**80**	**357**	**3229**	**128327**	**10150**	**27750**	**4977**	**184468**
房地产业	80	357	3229	128327	10150	27750	4977	184468
租赁和商务服务业	**138**	**1202**	**6274**	**224994**	**14072**	**84275**	**30698**	**546682**
租赁业	4	68	92	14588	868	9922	1441	34552
商务服务业	134	1134	6182	210406	13204	74353	29257	512130
科学研究和技术服务业	**63**	**481**	**1401**	**85612**	**5331**	**29616**	**4956**	**213265**
研究和试验发展	10	54	109	9432	635	3092	610	26820
专业技术服务业	37	295	1077	48714	3359	17129	3046	113388
科技推广和应用服务业	16	132	215	27466	1337	9395	1300	73057
水利、环境和公共设施管理业	**20**	**60**	**1139**	**13316**	**1176**	**5310**	**792**	**23557**
水利管理业	5	7	185	1082	115	455	70	1259
生态保护和环境治理业	4	10	104	1672	135	747	106	3165
公共设施管理业	11	43	850	10562	926	4108	616	19133
居民服务、修理和其他服务业	**55**	**255**	**262**	**35780**	**2523**	**55601**	**5933**	**93517**
居民服务业	27	97	90	11783	835	23342	2423	30800
机动车、电子产品和日用产品修理业	20	106	70	13569	1033	24899	2449	34994
其他服务业	8	52	102	10428	655	7360	1061	27723
教育	**19**	**89**	**89**	**7925**	**713**	**10026**	**1963**	**17701**
教育	19	89	89	7925	713	10026	1963	17701
卫生和社会工作	**13**	**52**	**31**	**2414**	**305**	**9525**	**1777**	**5006**
卫生	11	47	24	2137	281	9102	1720	4423
社会工作	2	5	7	277	24	423	57	583
文化、体育和娱乐业	**23**	**221**	**862**	**23821**	**1842**	**82211**	**8332**	**55060**
新闻和出版业	5	9	289	1250	105	257	36	964
广播、电视、电影和影视录音制作业	5	22	197	3743	307	1276	169	6530
文化艺术业	2	48	290	8858	490	5010	1035	20104
体育	4	10	44	2103	147	2336	340	5501
娱乐业	7	132	42	7867	793	73332	6752	21961
公共管理、社会保障和社会组织		**1**	**2**	**13**	**1**	**9**	**2**	**20**
社会保障		1	2	13	1	9	2	20

1-7 续表 2

单位：个

行业	私营股份有限公司	其他内资企业	港澳台商投资	合资经营	合作经营	独资
第三产业总计	**105099**	**436610**	**46729**	**9122**	**1742**	**32657**
农、林、牧、渔服务业	667	39482	92	20	4	59
开采辅助活动	73	171	12	4	1	7
金属制品、机械和设备修理业	187	750	110	29	6	66
批发和零售业	**50772**	**226988**	**17119**	**2305**	**243**	**12930**
批发业	30994	149142	13764	1652	149	10604
零售业	19778	77846	3355	653	94	2326
交通运输、仓储和邮政业	**5484**	**12625**	**2614**	**729**	**326**	**1392**
铁路运输业	36	204	6	4		2
道路运输业	3248	6605	658	163	266	166
水上运输业	221	412	164	112	6	34
航空运输业	19	56	31	16		7
管道运输业	4	20	6	4		1
装卸搬运和运输代理业	1288	2692	1136	259	35	785
仓储业	347	1795	595	167	18	385
邮政业	321	841	18	4	1	12
住宿和餐饮业	**3590**	**12103**	**2430**	**650**	**152**	**1496**
住宿业	1394	3691	851	332	82	381
餐饮业	2196	8412	1579	318	70	1115
信息传输、软件和信息技术服务业	**4075**	**7610**	**3846**	**498**	**46**	**3044**
电信、广播电视和卫星传输服务	165	820	348	54	2	190
互联网和相关服务	620	1634	163	20	2	129
软件和信息技术服务业	3290	5156	3335	424	42	2725
金融业	**1861**	**3169**	**904**	**350**	**16**	**483**
货币金融服务	771	1242	547	201	5	316
资本市场服务	591	1023	155	59	2	76
保险业	247	451	101	57	5	33
其他金融业	252	453	101	33	4	58
房地产业	**8967**	**10933**	**6974**	**2231**	**574**	**3949**
房地产业	8967	10933	6974	2231	574	3949
租赁和商务服务业	**16175**	**45025**	**7734**	**1160**	**150**	**6023**
租赁业	1214	3958	356	168	7	173
商务服务业	14961	41067	7378	992	143	5850
科学研究和技术服务业	**5794**	**37029**	**3016**	**574**	**57**	**2199**
研究和试验发展	796	1717	642	149	12	457
专业技术服务业	3383	7351	1539	266	26	1133
科技推广和应用服务业	1615	27961	835	159	19	609
水利、环境和公共设施管理业	**966**	**3086**	**349**	**106**	**31**	**191**
水利管理业	69	428	15	7		8
生态保护和环境治理业	128	533	86	35	5	43
公共设施管理业	769	2125	248	64	26	140
居民服务、修理和其他服务业	**3366**	**12710**	**609**	**136**	**33**	**392**
居民服务业	1166	5095	274	58	17	176
机动车、电子产品和日用产品修理业	1323	4274	197	54	15	115
其他服务业	877	3341	138	24	1	101
教育	**766**	**6515**	**153**	**38**	**17**	**87**
教育	766	6515	153	38	17	87
卫生和社会工作	**334**	**4917**	**76**	**32**	**8**	**33**
卫生	306	4532	57	26	8	20
社会工作	28	385	19	6		13
文化、体育和娱乐业	**2022**	**13485**	**691**	**260**	**78**	**306**
新闻和出版业	42	190	14	3	3	7
广播、电视、电影和影视录音制作业	238	456	125	47	5	63
文化艺术业	576	1716	92	19	6	59
体育	190	543	210	65	41	96
娱乐业	976	10580	250	126	23	81
公共管理、社会保障和社会组织		**12**				
社会保障		12				

1-7 续表 3 单位：个

行业	股份有限	其他	外商投资	合资经营	合作经营	独资	股份有限	其他
第三产业总计	**1177**	**2031**	**54967**	**12026**	**1455**	**37321**	**1603**	**2562**
农、林、牧、渔服务业	6	3	66	25	4	29	1	7
开采辅助活动			16	8	1	6	1	
金属制品、机械和设备修理业	1	8	151	64	6	76	3	2
批发和零售业	**415**	**1226**	**23079**	**4021**	**309**	**17011**	**512**	**1226**
批发业	265	1094	19336	3133	210	14924	375	694
零售业	150	132	3743	888	99	2087	137	532
交通运输、仓储和邮政业	**86**	**81**	**2233**	**784**	**216**	**1084**	**64**	**85**
铁路运输业			10	3	1	4		2
道路运输业	26	37	493	162	166	121	18	26
水上运输业	10	2	156	110	5	33	5	3
航空运输业	5	3	51	19	1	20	7	4
管道运输业		1	15	10		5		
装卸搬运和运输代理业	29	28	806	256	26	471	21	32
仓储业	15	10	677	213	17	423	13	11
邮政业	1		25	11		7		7
住宿和餐饮业	**81**	**51**	**2571**	**693**	**129**	**1519**	**123**	**107**
住宿业	43	13	686	262	79	285	34	26
餐饮业	38	38	1885	431	50	1234	89	81
信息传输、软件和信息技术服务业	**174**	**84**	**5567**	**1067**	**71**	**4110**	**195**	**124**
电信、广播电视和卫星传输服务	87	15	238	31	3	125	65	14
互联网和相关服务	4	8	186	40	6	127	7	6
软件和信息技术服务业	83	61	5143	996	62	3858	123	104
金融业	**29**	**26**	**1633**	**781**	**28**	**600**	**176**	**48**
货币金融服务	16	9	576	164	5	364	30	13
资本市场服务	5	13	172	71	12	73	7	9
保险业	5	1	812	521	10	123	136	22
其他金融业	3	3	73	25	1	40	3	4
房地产业	**136**	**84**	**3642**	**1284**	**275**	**1844**	**122**	**117**
房地产业	136	84	3642	1284	275	1844	122	117
租赁和商务服务业	**129**	**272**	**9315**	**1342**	**149**	**7055**	**226**	**543**
租赁业	2	6	270	90	6	146	7	21
商务服务业	127	266	9045	1252	143	6909	219	522
科学研究和技术服务业	**59**	**127**	**4742**	**1401**	**103**	**3014**	**89**	**135**
研究和试验发展	18	6	1243	450	21	724	24	24
专业技术服务业	27	87	2148	534	56	1447	43	68
科技推广和应用服务业	14	34	1351	417	26	843	22	43
水利、环境和公共设施管理业	**13**	**8**	**288**	**96**	**31**	**125**	**17**	**19**
水利管理业			21	8	1	9	1	2
生态保护和环境治理业	1	2	106	38	6	53	4	5
公共设施管理业	12	6	161	50	24	63	12	12
居民服务、修理和其他服务业	**21**	**27**	**772**	**186**	**32**	**466**	**36**	**52**
居民服务业	12	11	323	72	8	198	18	27
机动车、电子产品和日用产品修理业	6	7	244	71	14	136	9	14
其他服务业	3	9	205	43	10	132	9	11
教育	**5**	**6**	**220**	**52**	**10**	**117**	**10**	**31**
教育	5	6	220	52	10	117	10	31
卫生和社会工作	**1**	**2**	**87**	**33**	**25**	**16**	**5**	**8**
卫生	1	2	81	31	24	14	5	7
社会工作			6	2	1	2		1
文化、体育和娱乐业	**21**	**26**	**585**	**189**	**66**	**249**	**23**	**58**
新闻和出版业		1	21	7	2	7		5
广播、电视、电影和影视录音制作业	4	6	62	28	2	21	2	9
文化艺术业	4	4	86	18	3	47	3	15
体育	4	4	200	52	32	96	12	8
娱乐业	9	11	216	84	27	78	6	21
公共管理、社会保障和社会组织								
社会保障								

1-8 第三产业按地区、登记注册类型分组的企业法人单位数

单位：个

地区	企业法人单位数	内资	国有	集体	股份合作	国有联营	集体联营
全国	**6896141**	**6794445**	**98604**	**92569**	**42685**	**1734**	**4424**
北京	559783	546446	5671	7475	11807	61	237
天津	174467	170596	2713	2763	484	49	148
河北	230920	230332	3523	4167	1480	40	140
山西	116930	116753	3434	2715	237	57	60
内蒙古	93995	93812	1684	582	425	17	39
辽宁	266356	262698	5176	5563	1344	47	154
吉林	73005	72601	2146	983	403	26	77
黑龙江	87519	87042	3172	1511	992	59	97
上海	303970	279147	2413	4179	1008	72	134
江苏	702113	693459	5811	7236	1789	111	264
浙江	587811	579934	2805	7461	2121	30	96
安徽	230646	229800	4170	2476	1302	60	109
福建	288330	283575	4732	3692	1290	98	180
江西	134214	133679	3747	1552	1356	76	238
山东	536080	532752	5204	4793	1680	65	170
河南	238499	237911	4871	3819	1488	204	384
湖北	296305	294659	4279	2732	1138	85	245
湖南	183914	183133	2390	1592	447	31	151
广东	693702	673761	8010	12254	6166	183	421
广西	153553	152889	2556	2377	370	28	78
海南	32391	31929	956	517	255	13	36
重庆	205025	204100	1781	1267	799	31	113
四川	164389	163296	3110	2370	1325	36	190
贵州	79951	79721	2395	1240	686	50	137
云南	132706	132075	2268	1954	676	55	132
西藏	5284	5238	465	151	49	16	25
陕西	141228	140611	3827	2677	524	58	212
甘肃	59631	59484	1677	1333	530	26	53
青海	17629	17547	723	301	113	7	14
宁夏	23013	22938	394	151	84	6	16
新疆	82782	82527	2501	686	317	37	74

1-8 续表 1

单位：个

地区	国有与集体联营	其他联营	国有独资公司	其他有限责任公司	股份有限公司	私营独资	私营合伙	私营有限责任公司
全国	**1071**	**7578**	**21166**	**1312766**	**101023**	**1014559**	**133438**	**3421119**
北京	85	566	1277	133685	4465	31768	8123	332884
天津	26	483	479	38992	1942	8255	2691	99863
河北	21	92	602	59277	4378	36642	5441	89027
山西	12	14	469	15053	1480	13827	1343	70956
内蒙古	9	41	289	26073	2142	9683	1260	41216
辽宁	34	197	644	55233	5105	40402	1869	125783
吉林	7	53	270	17995	2202	12599	881	25411
黑龙江	19	111	284	26436	2748	14101	1370	22462
上海	140	99	1025	25503	1515	24820	4815	209766
江苏	91	740	1259	62167	7658	96198	10327	452180
浙江	36	75	2673	35494	2819	80398	10456	419642
安徽	34	495	851	41276	4138	29341	6183	114832
福建	46	133	1020	62990	4627	28981	8244	144995
江西	38	149	342	30011	3832	25963	7731	39322
山东	50	92	785	75255	6491	89091	6935	274480
河南	70	547	540	71122	5527	58957	4571	42320
湖北	47	142	562	80675	3978	66626	6397	91739
湖南	29	87	1020	31833	4752	44290	5551	69131
广东	112	2741	1599	155032	9798	73018	15335	346798
广西	6	37	625	26556	3502	29359	1930	75808
海南	9	22	143	12112	822	2166	797	12110
重庆	18	127	721	29180	2747	72381	5106	72233
四川	31	135	879	47279	4050	31902	5061	52794
贵州	28	81	666	26481	1592	22329	2261	16548
云南	17	76	604	31394	2607	23727	2738	53302
西藏		7	54	864	187	1027	226	1770
陕西	23	118	499	58904	2452	23307	2317	35975
甘肃	10	45	214	14447	1722	9084	1277	19670
青海	6	15	115	2256	322	2585	513	8773
宁夏	4	11	110	4179	392	2855	265	11904
新疆	13	47	546	15012	1031	8877	1424	47425

1-8 续表 2 单位：个

地区	私营股份有限公司	其他内资企业	港澳台商投资	合资经营	合作经营	独资
全国	**105099**	**436610**	**46729**	**9122**	**1742**	**32657**
北京	6141	2201	5365	931	183	4141
天津	1452	10256	1354	415	28	832
河北	4777	20725	259	89	21	124
山西	2232	4864	74	31	2	33
内蒙古	1669	8683	79	26	1	40
辽宁	4355	16792	1147	417	38	642
吉林	1655	7893	121	46	5	62
黑龙江	1273	12407	198	62	15	97
上海	2141	1517	9671	1260	164	8165
江苏	13915	33713	3701	867	63	2586
浙江	2502	13326	3423	836	48	1656
安徽	4541	19992	370	111	14	211
福建	4799	17748	2811	675	87	1900
江西	4041	15281	295	103	8	151
山东	8009	59652	1096	353	51	638
河南	2571	40920	305	106	22	157
湖北	3781	32233	613	196	31	334
湖南	5264	16565	426	200	20	173
广东	7658	34636	13110	1675	847	9440
广西	4197	5460	343	118	27	178
海南	588	1383	261	67	12	153
重庆	4318	13278	459	118	8	287
四川	3420	10714	446	129	18	261
贵州	1342	3885	117	51	4	54
云南	2787	9738	273	106	6	132
西藏	73	324	17	3	1	9
陕西	2220	7498	202	60	11	119
甘肃	1383	8013	63	20	1	39
青海	662	1142	35	13	2	13
宁夏	478	2089	19	7		3
新疆	855	3682	76	31	4	27

1-8 续表 3

单位：个

地区	股份有限	其他	外商投资	合资经营	合作经营	独资	股份有限	其他
全国	**1177**	**2031**	**54967**	**12026**	**1455**	**37321**	**1603**	**2562**
北京	74	36	7972	1624	182	5892	143	131
天津	47	32	2517	685	63	1623	80	66
河北	13	12	329	102	33	124	33	37
山西	5	3	103	40	14	30	9	10
内蒙古	8	4	104	32	3	51	9	9
辽宁	32	18	2511	740	61	1522	102	86
吉林	3	5	283	72	15	158	14	24
黑龙江	16	8	279	92	10	120	31	26
上海	64	18	15152	1747	146	13101	76	82
江苏	128	57	4953	1242	92	3228	209	182
浙江	60	823	4454	1727	116	2322	94	195
安徽	25	9	476	119	16	241	38	62
福建	104	45	1944	487	54	1171	129	103
江西	20	13	240	70	7	99	25	39
山东	28	26	2232	646	65	1351	67	103
河南	16	4	283	123	12	112	18	18
湖北	39	13	1033	195	18	286	21	513
湖南	26	7	355	130	21	153	20	31
广东	319	829	6831	1288	397	4267	267	612
广西	12	8	321	98	28	129	24	42
海南	24	5	201	63	13	108	10	7
重庆	28	18	466	126	13	272	21	34
四川	25	13	647	214	24	338	41	30
贵州	6	2	113	34	11	48	13	7
云南	20	9	358	67	6	197	35	53
西藏	3	1	29	11	2	11	3	2
陕西	10	2	415	124	11	216	39	25
甘肃	3		84	27	4	39	8	6
青海	5	2	47	15	4	16	10	2
宁夏	5	4	56	37	1	12	5	1
新疆	9	5	179	49	13	84	9	24

1-9 批发和零售业按地区分组的法人单位数

单位：个

地 区	法人单位数 (2014年)	#多产业法人单位	法人单位数 (2013年)	#多产业法人单位
全 国	**3513338**	**96581**	**2810531**	**71533**
北 京	197293	7426	190705	7545
天 津	80350	987	66138	221
河 北	131451	2973	111227	2683
山 西	62599	2626	45404	2349
内蒙古	48765	1189	39002	989
辽 宁	137479	2333	115758	2052
吉 林	36877	632	28095	480
黑龙江	45135	1178	39955	981
上 海	148697	10003	145683	5292
江 苏	392798	7848	299067	3770
浙 江	335289	8480	253594	7879
安 徽	107659	2881	82267	2495
福 建	155845	4451	97491	3116
江 西	63083	1066	44458	714
山 东	310631	4401	236206	3789
河 南	118451	2221	99916	1594
湖 北	151599	2851	119635	2305
湖 南	90441	1227	91397	1138
广 东	354617	11387	291131	6698
广 西	84623	4166	64262	3194
海 南	12427	633	10880	480
重 庆	104519	2980	80603	2247
四 川	71240	3354	56653	2582
贵 州	36267	1177	28382	791
云 南	66547	2675	41751	2159
西 藏	2253	104	1913	75
陕 西	70968	1509	55337	1090
甘 肃	31611	1114	25811	730
青 海	8169	426	5312	297
宁 夏	12454	391	10963	352
新 疆	43201	1892	31535	1446

1-10 交通运输、仓储和邮政业按地区分组的法人单位数

单位：个

地 区	法人单位数（2014年）	#多产业法人单位	法人单位数（2013年）	#多产业法人单位
全 国	**323044**	**15304**	**262048**	**10771**
北 京	14437	695	14150	656
天 津	13246	223	10440	65
河 北	11511	329	9582	287
山 西	6731	348	5205	272
内蒙古	5622	293	4492	237
辽 宁	14438	453	12109	370
吉 林	4290	154	3146	94
黑龙江	4912	228	4305	189
上 海	15560	1456	15013	650
江 苏	34062	941	25948	464
浙 江	20161	1180	16851	1063
安 徽	12573	572	10242	495
福 建	13425	633	8976	442
江 西	10462	351	8097	228
山 东	27638	580	21632	453
河 南	11185	265	9392	196
湖 北	14207	670	10062	497
湖 南	6605	245	6398	219
广 东	32194	2277	26662	1312
广 西	6647	566	5092	429
海 南	1355	107	1127	76
重 庆	6615	515	5035	373
四 川	9609	568	7846	419
贵 州	3300	179	2648	124
云 南	5210	429	4006	344
西 藏	337	44	254	35
陕 西	6290	238	4885	168
甘 肃	2989	210	2514	151
青 海	879	91	710	81
宁 夏	1115	59	979	56
新 疆	5439	405	4250	326

注：2013年法人单位数不包括铁路运输业数据。

1-11 住宿和餐饮业按地区分组的法人单位数

单位：个

地区	法人单位数(2014年)	#多产业法人单位	法人单位数(2013年)	#多产业法人单位
全国	**235337**	**10890**	**199592**	**8191**
北京	16649	1324	16323	1373
天津	3781	168	2981	43
河北	5101	283	4458	244
山西	3885	208	3411	187
内蒙古	3137	149	2773	123
辽宁	7500	239	6474	217
吉林	2019	46	1594	31
黑龙江	2499	85	2693	64
上海	12958	1216	12514	629
江苏	14353	691	11328	326
浙江	17271	1182	13887	1036
安徽	7192	366	5874	331
福建	9158	393	6430	276
江西	4085	77	3291	49
山东	14296	395	12168	375
河南	12223	201	11136	149
湖北	12083	353	10214	295
湖南	9435	152	9228	131
广东	22232	1372	18606	817
广西	4103	257	3472	198
海南	1655	108	1362	84
重庆	16608	378	12436	247
四川	9310	378	7794	304
贵州	5043	49	4060	33
云南	4915	255	3572	219
西藏	537	16	461	15
陕西	7128	225	5933	158
甘肃	2936	148	2483	96
青海	948	47	734	36
宁夏	765	31	702	29
新疆	1532	98	1200	76

1-12 信息传输、软件和信息技术服务业按地区分组的法人单位数

单位：个

地 区	法人单位数（2014年）	#多产业法人单位	法人单位数（2013年）	#多产业法人单位
全 国	**289162**	**7740**	**226107**	**5481**
北 京	46848	1025	47608	1056
天 津	9386	89	7844	26
河 北	5233	138	4211	125
山 西	2955	121	1744	104
内蒙古	2427	92	1869	86
辽 宁	11279	192	8724	168
吉 林	2933	86	2399	58
黑龙江	3350	108	2703	89
上 海	14876	955	14045	384
江 苏	30926	536	21460	219
浙 江	25388	545	16505	464
安 徽	8843	196	6130	175
福 建	11738	231	6636	138
江 西	4287	97	2506	62
山 东	16620	238	10079	188
河 南	6306	127	4809	113
湖 北	10810	203	7728	162
湖 南	5984	167	5672	130
广 东	32964	1285	27126	794
广 西	3851	152	2546	111
海 南	976	29	855	28
重 庆	8239	225	5775	154
四 川	6047	240	5120	157
贵 州	1907	64	1410	47
云 南	5318	178	3433	127
西 藏	172	34	144	31
陕 西	5163	118	3694	57
甘 肃	1210	80	1047	63
青 海	532	43	373	37
宁 夏	521	28	422	22
新 疆	2073	118	1490	106

1-13 金融业按地区分组的法人单位数

单位：个

地区	法人单位数（2014年）	#多产业法人单位	法人单位数*（2012年）	#多产业法人单位
全国	**91583**	**15329**	**67554**	**12343**
北京	4834	376	1794	271
天津	3344	261	1876	267
河北	4580	651	2597	498
山西	2133	459	1785	371
内蒙古	2264	476	1816	368
辽宁	3571	622	3615	547
吉林	1430	352	1007	262
黑龙江	2038	446	1624	369
上海	2029	359	1479	270
江苏	5840	893	5700	660
浙江	5498	880	3065	743
安徽	3717	606	3069	462
福建	3535	457	3535	409
江西	3076	441	2300	354
山东	5514	1011	6168	719
河南	3226	721	2033	521
湖北	3192	574	3238	455
湖南	2304	525	1989	413
广东	7226	1147	4759	984
广西	2321	447	1643	410
海南	502	87	347	70
重庆	3242	455	1525	370
四川	3195	750	2585	645
贵州	1761	297	1062	247
云南	3022	562	2607	491
西藏	107	38	117	64
陕西	2453	439	1764	346
甘肃	1755	379	928	292
青海	376	100	263	90
宁夏	1475	114	399	72
新疆	2023	404	865	303

注:2013年金融业没有相应分组，此处用2012年数据替代。

1-14 房地产业按地区分组的法人单位数

单位：个

地 区	法人单位数（2014年）	#多产业法人单位	法人单位数（2013年）	#多产业法人单位
全 国	**419618**	**23217**	**343924**	**17032**
北 京	18244	1627	17806	1647
天 津	7256	249	5842	39
河 北	15593	754	13782	677
山 西	8035	479	6747	386
内蒙古	6885	310	6041	262
辽 宁	18170	517	15314	437
吉 林	5400	109	4384	84
黑龙江	6753	186	6024	139
上 海	16068	1364	15129	641
江 苏	36490	1809	29144	864
浙 江	28067	1673	23807	1602
安 徽	15438	994	12522	912
福 建	14794	942	10048	626
江 西	9457	386	7337	224
山 东	28633	974	21817	875
河 南	17160	316	14387	254
湖 北	19929	996	15705	804
湖 南	12376	260	11361	219
广 东	51159	3792	41719	2324
广 西	11513	1080	8447	742
海 南	5526	239	4165	136
重 庆	10814	1103	8709	825
四 川	13620	864	10927	670
贵 州	7367	234	5550	144
云 南	9591	675	7488	522
西 藏	214	10	158	10
陕 西	11233	272	8226	182
甘 肃	4439	197	3845	119
青 海	1477	106	1139	75
宁 夏	1529	116	1371	111
新 疆	6388	584	4983	480

1-15 租赁和商务服务业按地区分组的法人单位数

单位：个

地 区	法人单位数 (2014年)	#多产业法人单位	法人单位数 (2013年)	#多产业法人单位
全 国	**1161947**	**26299**	**916953**	**17818**
北 京	140269	2477	134953	2462
天 津	29363	351	23441	61
河 北	29344	624	24379	557
山 西	16412	538	12053	446
内蒙古	13677	284	10390	226
辽 宁	41114	708	32694	544
吉 林	10231	197	8223	132
黑龙江	11440	182	9757	124
上 海	55448	2803	51181	1299
江 苏	109728	2368	77822	1008
浙 江	98892	2332	73675	2028
安 徽	39947	831	28508	645
福 建	48347	993	29040	593
江 西	24079	306	15567	162
山 东	74033	1013	49917	849
河 南	29737	308	22923	215
湖 北	44965	742	30386	543
湖 南	24417	462	24175	426
广 东	152560	4368	131863	2480
广 西	25498	1042	18610	706
海 南	5819	175	4543	135
重 庆	29351	586	20506	349
四 川	30079	704	25165	482
贵 州	12131	228	9129	129
云 南	21345	586	14332	444
西 藏	1158	12	1004	12
陕 西	17573	274	13100	173
甘 肃	7123	196	6033	111
青 海	2920	118	2094	84
宁 夏	2994	84	2643	76
新 疆	11953	407	8847	317

1-16 科学研究和技术服务业按地区分组的法人单位数

单位：个

地区	法人单位数（2014年）	#多产业法人单位	法人单位数（2013年）	#多产业法人单位
全国	**544309**	**13808**	**455778**	**9929**
北京	75727	1326	71148	1349
天津	18593	174	14491	33
河北	15365	297	13650	284
山西	7966	304	6911	257
内蒙古	6379	137	5512	119
辽宁	20888	329	17888	261
吉林	5601	93	4556	53
黑龙江	6729	133	5916	83
上海	19994	905	17386	390
江苏	52997	1129	40130	503
浙江	35096	1182	25323	1058
安徽	15405	494	12606	439
福建	17502	644	12126	445
江西	8546	183	6936	94
山东	48629	478	40568	427
河南	27150	201	24110	131
湖北	24724	620	20212	461
湖南	13860	332	13489	269
广东	42616	1799	35982	1085
广西	12613	707	10361	545
海南	1835	78	1525	63
重庆	8777	287	6947	199
四川	17782	419	15817	245
贵州	4756	167	3919	117
云南	9847	487	7507	388
西藏	540	24	445	13
陕西	11219	222	9181	122
甘肃	4144	175	3713	113
青海	1581	97	1266	72
宁夏	1325	53	1209	41
新疆	6123	332	4948	270

1-17 水利、环境和公共设施管理业按地区分组的法人单位数

单位：个

地区	法人单位数 (2014年)	#多产业法人单位	法人单位数 (2013年)	#多产业法人单位
全国	**97522**	**3272**	**84803**	**2597**
北京	3989	115	3964	104
天津	1703	42	1416	9
河北	3707	88	3243	75
山西	2705	90	2583	80
内蒙古	2362	79	2129	67
辽宁	4186	82	3745	68
吉林	1606	22	1335	21
黑龙江	1820	61	1708	47
上海	2061	73	2035	34
江苏	8711	193	7501	108
浙江	6565	250	5542	238
安徽	3709	162	3043	150
福建	3975	156	3028	102
江西	2755	65	2414	52
山东	5898	115	5025	99
河南	4614	92	4033	75
湖北	5573	273	4821	225
湖南	3965	126	3866	117
广东	6789	273	5549	159
广西	3129	125	2762	114
海南	475	25	384	20
重庆	2181	93	1710	75
四川	4091	141	3537	105
贵州	1510	45	1224	40
云南	2655	123	2347	105
西藏	81	3	72	1
陕西	3116	72	2661	56
甘肃	1290	111	1156	93
青海	507	17	445	16
宁夏	436	32	395	33
新疆	1358	128	1130	109

1-18 居民服务、修理和其他服务业按地区分组的法人单位数

单位：个

地区	法人单位数（2014年）	#多产业法人单位	法人单位数（2013年）	#多产业法人单位
全国	**242251**	**5883**	**190692**	**4065**
北京	19429	778	18734	799
天津	7663	132	5798	24
河北	7695	167	6292	147
山西	4778	107	2801	84
内蒙古	3697	69	2621	54
辽宁	9339	138	7471	115
吉林	3528	30	2942	23
黑龙江	3001	43	2748	33
上海	12302	736	12073	327
江苏	20725	414	14760	197
浙江	15590	442	12375	405
安徽	7797	174	5473	148
福建	9326	256	5993	159
江西	5517	64	3892	33
山东	16531	171	11901	141
河南	8029	74	6898	51
湖北	13000	171	9419	138
湖南	7789	75	7827	70
广东	21772	848	17589	457
广西	4709	179	3541	124
海南	1073	32	847	20
重庆	10199	146	7613	96
四川	6620	165	5285	126
贵州	4451	44	3418	25
云南	5289	155	3122	104
西藏	210	7	125	4
陕西	5652	91	4236	58
甘肃	2275	52	1805	25
青海	746	19	477	10
宁夏	794	22	691	16
新疆	2725	82	1925	52

1-19 教育按地区分组的法人单位数

单位：个

地区	法人单位数(2014年)	#多产业法人单位	法人单位数(2013年)	#多产业法人单位
全国	**444038**	**31955**	**413908**	**27887**
北京	11260	303	11145	316
天津	4254	273	3803	118
河北	20277	946	19794	909
山西	10345	1148	10068	1120
内蒙古	6894	295	6488	272
辽宁	14196	920	13308	833
吉林	6313	600	5572	514
黑龙江	8092	501	7719	454
上海	5895	148	5708	40
江苏	20279	1121	17858	719
浙江	22464	947	21049	967
安徽	15349	1757	14217	1684
福建	16174	1119	13974	879
江西	14149	1329	13457	1208
山东	24931	2131	24364	2048
河南	42309	1595	40079	1012
湖北	19842	2426	17774	2149
湖南	21751	2084	21741	2013
广东	39650	1415	36113	885
广西	20043	1062	18301	1069
海南	3435	256	3110	230
重庆	10854	1405	10133	1284
四川	25604	2422	23458	2164
贵州	11290	1403	9880	1248
云南	10521	1525	9890	1468
西藏	1042	235	791	21
陕西	15706	703	14851	670
甘肃	10410	999	9421	844
青海	1876	217	1677	177
宁夏	1867	140	1855	145
新疆	6966	530	6310	427

1-20 卫生和社会工作按地区分组的法人单位数

单位：个

地区	法人单位数（2014年）	#多产业法人单位	法人单位数（2013年）	#多产业法人单位
全 国	**265537**	**16329**	**249567**	**14445**
北 京	3885	245	3811	254
天 津	1654	170	1500	71
河 北	9762	341	9432	322
山 西	5487	728	5321	716
内蒙古	4999	219	4775	208
辽 宁	12909	302	11978	262
吉 林	3874	110	3483	88
黑龙江	5855	559	5573	548
上 海	3289	111	3118	47
江 苏	16153	1162	14231	767
浙 江	8041	966	7375	989
安 徽	8994	1226	8574	1175
福 建	8201	354	7483	228
江 西	10130	366	9845	312
山 东	18638	1356	18572	1296
河 南	37933	316	34020	212
湖 北	12353	1175	11427	1083
湖 南	16014	807	16035	763
广 东	11075	935	10362	577
广 西	5745	437	5387	438
海 南			1054	80
	1141	96		
重 庆	5744	561	5337	528
四 川	18868	933	17582	862
贵 州	4537	685	3998	627
云 南	5376	1016	5171	997
西 藏	467	31	318	18
陕 西	14651	294	14694	245
甘 肃	4222	453	3941	394
青 海	1118	118	1050	109
宁 夏	934	53	914	56
新 疆	3488	204	3206	173

1-21 文化、体育和娱乐业按地区分组的法人单位数

单位：个

地 区	法人单位数 (2014年)	#多产业法人单位	法人单位数 (2013年)	#多产业法人单位
全 国	**263384**	**3961**	**230544**	**2982**
北 京	27309	403	26787	404
天 津	3179	49	2544	17
河 北	7901	98	7388	89
山 西	6073	109	5601	103
内蒙古	3357	58	3104	49
辽 宁	8745	87	7967	73
吉 林	3142	41	2736	32
黑龙江	4133	63	3988	50
上 海	6864	250	6266	114
江 苏	18371	245	15410	94
浙 江	17680	306	14697	292
安 徽	11029	106	8852	105
福 建	9927	158	7234	103
江 西	6084	63	5098	34
山 东	13593	143	11541	126
河 南	15757	121	13048	77
湖 北	11787	192	10128	161
湖 南	14328	123	14474	110
广 东	16988	481	14695	287
广 西	7302	101	6665	86
海 南	1605	35	1343	27
重 庆	6896	97	5682	70
四 川	15232	150	12806	112
贵 州	3476	51	2853	39
云 南	6212	140	5432	113
西 藏	485	17	363	14
陕 西	6322	72	5611	55
甘 肃	3774	83	3331	57
青 海	1056	34	888	24
宁 夏	1149	13	1087	12
新 疆	3628	72	2925	53

1-22 公共管理、社会保障和社会组织按地区分组的法人单位数

单位：个

地区	法人单位数 (2014年)	#多产业法人单位	法人单位数 (2013年)	#多产业法人单位
全国	**1596327**	**163783**	**1520075**	**152247**
北京	17187	1370	17142	1383
天津	10959	562	10170	281
河北	81924	4744	81786	4478
山西	58110	14937	57682	14901
内蒙古	36824	3571	35332	3448
辽宁	44530	3089	42346	2875
吉林	30173	1461	27606	1230
黑龙江	36929	3833	35461	3733
上海	13163	390	12677	180
江苏	73537	2552	66234	1556
浙江	81300	2507	78994	2478
安徽	49519	6161	47661	5871
福建	63119	12632	58350	11212
江西	56925	3951	55679	3522
山东	128569	12427	127801	11930
河南	103815	6198	93959	4741
湖北	70884	12173	65648	11647
湖南	90708	11520	89742	11285
广东	74744	9613	68194	7815
广西	51127	5597	49444	5563
海南	8050	828	7280	742
重庆	29163	2594	27518	2462
四川	116370	7273	108476	6858
贵州	39258	5180	36469	4946
云南	46947	5601	45077	5317
西藏	14204	1055	11743	815
陕西	55777	10358	54897	10340
甘肃	47615	5833	44564	5379
青海	13086	1918	12210	1819
宁夏	11389	649	11414	630
新疆	40422	3206	38519	2810

1-23 按地区、机构类型分组的社会组织法人单位数

单位：个

地区	社会组织法人单位数	社会团体	#行业性社团	基金会	公募基金会	非公募基金会	涉外基金会和境外基金会代表机构	民办非企业单位	法人	合伙	个体
全国合计	**606048**	**309736**	**40028**	**4117**	**1470**	**2610**	**37**	**292195**	**228366**	**7033**	**56796**
部本级	2252	1941	401	227	93	97	37	84	82	1	1
北京	9083	3730	149	318	41	277		5035	4150	13	872
天津	4729	2215	248	64	20	44		2450	2370	10	70
河北	17642	9810	1607	49	9	40		7783	4802	367	2614
山西	12330	6855	906	59	24	35		5416	4931	136	349
内蒙古	11790	7044	1804	91	91			4655	2953	181	1521
辽宁	20137	8966	2302	69	69			11102	8440	175	2487
吉林	10521	5671	279	79	24	55		4771	2762	45	1964
黑龙江	12479	5471	438	76	37	39		6932	3743	189	3000
上海	12365	3909	120	199	56	143		8257	7675	37	545
江苏	71571	32706	3445	483	161	322		38382	33607	818	3957
浙江	39844	19430	1643	381	138	243		20033	16400	451	3182
安徽	22549	11977	1497	80	23	57		10492	7425	545	2522
福建	21357	13892	2386	179	36	143		7286	6007	348	931
江西	14236	8030	442	50	18	32		6156	3978	244	1934
山东	41165	17738	6716	92	38	54		23335	17813	443	5079
河南	27572	11183	975	104	39	65		16285	11800	457	4028
湖北	26560	11878	1169	95	22	73		14587	12002	387	2198
湖南	24011	12194	1980	189	111	78		11628	7625	371	3632
广东	47680	22132	1700	558	114	444		24990	22637	103	2250
广西	20321	12311	592	49	20	29		7961	5339	205	2417
海南	4847	2334	293	56	17	39		2457	2244	6	207
重庆	14387	7049	1010	54	28	26		7284	6387	108	789
四川	37800	20030	2486	128	52	76		17642	13724	504	3414
贵州	9424	5624	892	40	30	10		3760	1993	245	1522
云南	19207	12987	982	75	41	34		6145	4212	196	1737
西藏	600	570	79	13	8	5		17	14	2	1
陕西	18050	9907	884	88	30	58		8055	5522	215	2318
甘肃	14400	10742	598	53	22	31		3605	2615	118	872
青海	3362	2209	500	27	13	14		1126	1045	24	57
宁夏	4324	3129	166	55	25	30		1140	917	39	184
新疆	9453	6072	1339	37	20	17		3344	3152	50	142

1-24 按地区、机构类型分组的自治组织单位数

单位：个

地区	自治组织单位数	村委会				居委会			
			1000户居民及以下	1000户-3000户居民	3000户居民及以上		1000户居民及以下	1000户-3000户居民	3000户居民及以上
全国合计	**682144**	**585451**	**450122**	**114850**	**20479**	**96693**	**38063**	**43000**	**15630**
北京	6869	3937	3599	321	17	2932	604	1823	505
天津	5273	3698	3472	214	12	1575	364	964	247
河北	52471	48636	40535	7137	964	3835	1605	1784	446
山西	30354	28072	24273	3198	601	2282	750	1264	268
内蒙古	13427	11192	8474	2445	273	2235	623	1270	342
辽宁	15663	11558	6922	3883	753	4105	719	2010	1376
吉林	11308	9313	6102	2426	785	1995	629	1038	328
黑龙江	11741	8902	5089	3326	487	2839	780	1442	617
上海	5727	1605	1000	557	48	4122	1149	2749	224
江苏	21400	14428	6727	6146	1555	6972	2081	3566	1325
浙江	32318	27997	22351	5236	410	4321	1961	1805	555
安徽	18043	14786	6983	5879	1924	3257	1021	1568	668
福建	16748	14440	11088	3071	281	2308	1139	958	211
江西	20319	17011	10902	5495	614	3308	1711	1385	212
山东	80015	73388	61944	9583	1861	6627	3903	2036	688
河南	51342	46938	32053	12922	1963	4404	2063	1760	581
湖北	29635	25448	19058	5249	1141	4187	1617	1631	939
湖南	46623	41523	33096	6754	1673	5100	2587	1876	637
广东	25933	19347	14254	4341	752	6586	2138	2901	1547
广西	16183	14291	10260	3608	423	1892	668	857	367
海南	3036	2561	2347	171	43	475	246	140	89
重庆	11030	8255	5240	2711	304	2775	829	1194	752
四川	53123	46318	36641	8148	1529	6805	3374	2239	1192
贵州	18763	16747	14555	1788	404	2016	1171	672	173
云南	14238	12035	8456	3318	261	2203	822	976	405
西藏	5464	5255	5211	40	4	209	170	38	1
陕西	28761	26608	23202	2819	587	2153	1008	812	333
甘肃	17297	15957	13103	2422	432	1340	560	620	160
青海	4608	4157	3740	172	245	451	254	171	26
宁夏	2741	2274	1860	374	40	467	111	202	154
新疆	11691	8774	7585	1096	93	2917	1406	1249	262

【主要统计指标解释】

法人单位 指有权拥有资产、承担负债，并独立从事社会经济活动（或与其他单位进行交易）的组织。法人单位应同时具备以下条件：（1）依法成立，有自己的名称、组织机构和场所，能够独立承担民事责任；（2）独立拥有（或授权使用）资产或者经费，承担负债，有权与其他单位签订合同；（3）具有包括资产负债表在内的账户，或者能够根据需要编制账户。法人单位包括五种类型：企业法人、事业单位法人、机关法人、社会团体法人和其他法人。

多产业法人单位 法人单位从事多种经济活动，或者位于多个地点，称为多产业法人。多产业法人由两个或两个以上产业活动单位组成。

（1）企业法人：包括①领取《企业法人营业执照》（或新版《营业执照》）的各类企业；②个人独资企业、合伙企业；③经各级工商行政管理部门核准登记，领取《营业执照》的各类企业产业活动单位或经营单位；④未经有关部门批准但实际从事生产经营活动、且符合产业活动单位条件的企业法人的本部及分支机构。

（2）事业单位法人：包括①经机构编制部门批准成立和登记或备案，领取《事业单位法人证书》，取得法人资格的单位；②事业法人单位的本部及分支机构或派出机构。

（3）机关法人：包括国家权力机关、国家行政机关、国家司法机关、政党机关、政协组织、人民解放军、武警部队和其他机关；还包括机关法人单位的本部，以及国家权力机关分支机构、国家行政机关分支或派出机构、人民法院分支机构、人民检察院分支机构等。

（4）社会团体法人：指中国公民自愿组成，为实现会员共同意愿，按照其章程开展活动的非营利性社会组织。包括①经各级民政部门核准登记，领取《社会团体法人证书》的各类社会团体；②由各级机构编制管理部门直接管理其机关机构编制的群众团体；③经国务院批准可以免于登记的社会团体；④社团法人单位的本部，以及经各级民政部门核准登记，领取《社会团体分支机构登记证书》或《社会团体代表机构登记证书》的社会团体分支机构或代表机构。

其他法人 指除上述类型以外的法人。包括：1．民办非企业单位；2．基金会；3．居委会；4．村委会； 5．宗教组织和活动场所；5．其他组织机构。

国有企业 指企业全部资产归国家所有，并按《中华人民共和国企业法人登记管理条例》规定登记注册的非公司制的经济组织。不包括有限责任公司中的国有独资公司。

集体企业 指企业资产归集体所有，并按《中华人民共和国企业法人登记管理条例》规定登记注册的经济组织。

股份合作企业 指以合作制为基础，由企业职工共同出资入股，吸收一定比例的社会资产投资组建，实行自主经营，自负盈亏，共同劳动，民主管理，按劳分配与按股分红相结合的一种集体经济组织。

联营企业 指两个及两个以上相同或不同所有制性质的企业法人或事业单位法人，按自愿、平等、互利的原则，共同投资组成的经济组织。

国有独资公司 指国家授权的投资机构或者国家授权的部门单独投资设立的有限责任公司。

其他有限责任公司 指国有独资公司以外的其他有限责任公司。

股份有限公司 指根据《中华人民共和国公司登记管理条例》规定登记注册，其全部注册资本由等额股份构成并通过发行股票筹集资本，股东以其认购的股份对公司承担有限责任，公司以其全部资产对其债务承担责任的经济组织。

私营企业 指由自然人投资设立或由自然人控股，以雇佣劳动为基础的营利性经济组织。包括按照《公司法》、《合伙企业法》、《私营企业暂行条例》规定登记注册的私营有限责任公司、私营股份有限公司、私营合伙企业和私营独资企业。

私营独资企业 指按《私营企业暂行条例》的规定，由一名自然人投资经营，以雇佣劳动为基础，投资者对企业债务承担无限责任的企业。

私营合伙企业 指按《合伙企业法》或《私营企业暂行条例》的规定，由两个以上自然人按照协议共同投资、共同经营、共负盈亏，以雇佣劳动为基础，对债务承担无限责任的企业。

私营有限责任公司 指按《公司法》、《私营企业暂行条例》的规定，由两个以上自然人投资或由单个自然人控股的有限责任公司。

私营股份有限公司 指按《公司法》的规定，由五个以上自然人投资，或由单个自然人控股的股份有限公司。

其他内资企业 指上述企业之外的其他内资经济组织。

与港澳台商合资经营企业 指港澳台地区投资者与内地企业依照《中华人民共和国中外合资经营企业法》及有关法律的规定，按合同规定的比例投资设立、分享利润和分担风险的企业。

与港澳台商合作经营企业 指港澳台地区投资者与内地企业依照《中华人民共和国中外合作经营企业法》及有关法律的规定，依照合作合同的约定进行投资或提供条件设立、分配利润和分担风险的企业。

港澳台商独资经营企业 指依照《中华人民共和国外资企业法》及有关法律的规定，在内地由港澳台地区投资者全额投资设立的企业。

港澳台商投资股份有限公司 指根据国家有关规定，经商务部（原外经贸部）依法批准设立，其中港澳台商的股本占公司注册资本的比例达25%以上的股份有限公司。凡其中港澳台商的股本占公司注册资本的比例小于25%的，属于内资企业中的股份有限公司。

其他港澳台商投资企业 指在中国境内参照《外国企业或个人在中国境内设立合伙企业管理办法》和《外商投资合伙企业登记管理规定》，依法设立的港澳台商投资合伙企业等。

中外合资经营企业 指外国企业或外国人与中国内地企业依照《中华人民共和国中外合资经营企业法》及有关法律的规定，按合同规定的比例投资设立、分享利润和分担风险的企业。

中外合作经营企业 指外国企业或外国人与中国内地企业依照《中华人民共和国中外合作经营企业法》及有关法律的规定，依照合作合同的约定进行投资或提供条件设立、分配利润和分担风险的企业。

外资企业 指依照《中华人民共和国外资企业法》及有关法律的规定，在中国内地由外国投资者全额投资设立的企业。

外商投资股份有限公司 指根据国家有关规定，经商务部（原外经贸部）依法批准设立，其中外资的股本占公司注册资本的比例达25% 以上的股份有限公司。凡其中外资股本占公司注册资本的比例小于25%的，属于内资企业中的股份有限公司。

其他外商投资企业 指在中国境内依照《外国企业或个人在中国境内设立合伙企业管理办法》和《外商投资合伙企业登记管理规定》，依法设立的外商投资合伙企业等。

2 第三产业就业人员数

简要说明

一、主要内容

本篇资料主要包括经济活动人口、就业人员、私营企业和个体就业人数等。

二、统计范围与统计口径

《劳动统计报表制度》的调查范围为城镇地区全部法人单位 ；《劳动力调查制度》的调查范围为我国大陆地区的城镇和乡村的16岁及以上人口；《培训、就业统计报表制度》的调查范围为全国的城镇人口；私营企业及个体工商户统计范围为全社会。1990年及以后的经济活动人口、就业人员数据根据劳动力调查、人口普查推算，2001年及以后数据根据第六次人口普查数据重新修订，相应年份的分地区、分类型、分行业的资料相加不等于总计。1998年及以后城镇单位就业人员等指标中不再包括离开本单位仍保留劳动关系的职工。

本篇 “城镇单位”均指”城镇非私营单位”

三、资料来源

1.就业基本情况资料，是国家统计局人口和就业统计司根据《劳动统计报表制度》、《人口变动情况抽样调查方案》及《劳动力调查制度》搜集资料，加工整理。

2.私营企业及个体工商业就业人员资料，由国家工商行政管理总局提供。

2-1 第三产业就业人员数及比重

单位：万人

年 份	经济活动人口	就业人员合计	第一产业	第二产业	第三产业	
						比重(%)
1952	21106	20729	17317	1531	1881	9.1
1957	23971	23771	19309	2142	2320	9.8
1962		25910	21276	2059	2575	9.9
1965		28670	23396	2408	2866	10.0
1970		34432	27811	3518	3103	9.0
1975		38168	29456	5152	3560	9.3
1978	40682	40152	28318	6945	4890	12.2
1979	41592	41024	28634	7214	5177	12.6
1980	42903	42361	29122	7707	5532	13.1
1981	44165	43725	29777	8003	5945	13.6
1982	45674	45295	30859	8346	6090	13.5
1983	46707	46436	31151	8679	6606	14.2
1984	48433	48197	30868	9590	7739	16.1
1985	50112	49873	31130	10384	8359	16.8
1986	51546	51282	31254	11216	8811	17.2
1987	53060	52783	31663	11726	9395	17.8
1988	54630	54334	32249	12152	9933	18.3
1989	55707	55329	33225	11976	10129	18.3
1990	65323	64749	38914	13856	11979	18.5
1991	66091	65491	39098	14015	12378	18.9
1992	66782	66152	38699	14355	13098	19.8
1993	67468	66808	37680	14965	14163	21.2
1994	68135	67455	36628	15312	15515	23.0
1995	68855	68065	35530	15655	16880	24.8
1996	69765	68950	34820	16203	17927	26.0
1997	70800	69820	34840	16547	18432	26.4
1998	72087	70637	35177	16600	18860	26.7
1999	72791	71394	35768	16421	19205	26.9
2000	73992	72085	36043	16219	19823	27.5
2001	73884	72797	36399	16234	20165	27.7
2002	74492	73280	36640	15682	20958	28.6
2003	74911	73736	36204	15927	21605	29.3
2004	75290	74264	34830	16709	22725	30.6
2005	76120	74647	33442	17766	23439	31.4
2006	76315	74978	31941	18894	24143	32.2
2007	76531	75321	30731	20186	24404	32.4
2008	77046	75564	29923	20553	25087	33.2
2009	77510	75828	28890	21080	25857	34.1
2010	78388	76105	27931	21842	26332	34.6
2011	78579	76420	26594	22544	27282	35.7
2012	78894	76704	25773	23241	27690	36.1
2013	79300	76977	24171	23170	29636	38.5
2014	79690	77253	22790	23099	31364	40.6

2-2 按登记注册类型分第三产业城镇单位就业人员数(2014年底)

单位：万人

行　业	合　计	国有单位	城镇集体单位	其他单位
批发和零售业	**888.6**	**99.9**	**35.0**	**753.6**
批发业	397.8	73.0	14.0	310.9
零售业	490.7	26.9	21.1	442.7
交通运输、仓储和邮政业	**861.4**	**395.2**	**17.4**	**448.9**
铁路运输业	190.3	172.6	0.9	16.8
道路运输业	388.1	110.2	9.6	268.3
水上运输业	49.1	10.5	2.5	36.1
航空运输业	50.8	7.6	0.1	43.2
管道运输业	3.8	0.7		3.1
装卸搬运和运输代理业	43.6	4.0	3.4	36.2
仓储业	32.8	13.8	0.6	18.5
邮政业	102.9	75.9	0.3	26.8
住宿和餐饮业	**289.3**	**41.8**	**6.7**	**240.8**
住宿业	153.1	35.6	4.9	112.5
餐饮业	136.2	6.2	1.8	128.3
信息传输、软件和信息技术服务业	**336.3**	**37.5**	**0.8**	**298.0**
电信、广播电视和卫星传输服务	181.8	33.0	0.5	148.2
互联网和相关服务	21.6	1.3		20.2
软件和信息技术服务业	132.9	3.1	0.2	129.6
金融业	**566.3**	**146.1**	**47.0**	**373.3**
货币金融服务	353.0	117.3	45.9	189.8
资本市场服务	20.0	2.7	0.1	17.2
保险业	185.9	25.0	0.8	160.1
其他金融业	7.4	1.1	0.1	6.1
房地产业	**402.2**	**36.5**	**8.9**	**356.8**
租赁和商务服务业	**449.4**	**126.0**	**36.0**	**287.4**
租赁业	9.7	1.0	0.6	8.1
商务服务业	439.8	125.0	35.4	279.3
科学研究和技术服务业	**408.0**	**224.8**	**5.4**	**177.8**
研究和试验发展	84.6	65.4	0.5	18.7
专业技术服务业	265.6	128.7	3.9	133.0
科技推广和应用服务业	57.8	30.7	1.0	26.2
水利、环境和公共设施管理业	**269.1**	**211.9**	**11.2**	**46.1**
水利管理业	50.4	46.8	1.0	2.5
生态保护和环境治理业	12.8	8.9	0.2	3.7
公共设施管理业	205.9	156.1	9.9	39.8
居民服务、修理和其他服务业	**75.4**	**22.5**	**5.7**	**47.3**
居民服务业	29.7	13.3	2.2	14.3
机动车 、电子产品和日用产品修理业	12.9	2.2	1.1	9.6
其他服务业	32.9	7.0	2.5	23.4
教育	**1727.3**	**1602.7**	**22.2**	**102.4**
卫生和社会工作	**810.4**	**703.9**	**54.9**	**51.6**
卫生	789.5	686.4	54.0	49.1
社会工作	20.9	17.6	0.9	2.4
文化、体育和娱乐业	**145.5**	**106.3**	**1.9**	**37.3**
新闻和出版业	34.6	24.3	0.2	10.1
广播、电视、电影和影视录音制作业	44.3	34.9	0.4	9.0
文化艺术业	44.6	38.0	1.0	5.6
体育	13.5	6.4	0.1	7.0
娱乐业	8.5	2.6	0.2	5.7
公共管理、社会保障和社会组织	**1599.3**	**1585.1**	**2.1**	**12.1**
#中国共产党机关	58.4	58.4		
国家机构	1470.9	1468.3		
人民政协、民主党派	10.4	10.4		
社会保障	17.2	16.8		
群众团体、社会团体和其他成员组织	34.1	30.3	0.5	3.2

2-3 按第三产业行业门类分城镇单位就业人员数

单位：万人

行业门类	2003	2004	2005	2006	2007	2008	2009	2010	2011	2012	2013	2014
批发和零售业	628.1	586.7	544.0	515.7	506.9	514.4	520.8	535.1	647.5	711.8	890.8	888.6
交通运输、仓储和邮政业	636.5	631.8	613.9	612.7	623.1	627.3	634.4	631.1	662.8	667.5	846.2	861.4
住宿和餐饮业	172.1	177.1	181.2	183.9	185.8	193.2	202.1	209.2	242.7	265.1	304.4	289.3
信息传输、软件和信息技术服务业	116.8	123.7	130.1	138.2	150.2	159.5	173.8	185.8	212.8	222.8	327.3	336.3
金融业	353.3	356.0	359.3	367.4	389.7	417.6	449.0	470.1	505.3	527.8	537.9	566.3
房地产业	120.2	133.4	146.5	153.9	166.5	172.7	190.9	211.6	248.6	273.7	373.7	402.2
租赁和商务服务业	183.5	194.4	218.5	236.7	247.2	274.7	290.5	310.1	286.6	292.3	421.9	449.4
科学研究和技术服务业	221.9	222.1	227.7	235.5	243.4	257.0	272.6	292.3	298.5	330.7	387.8	408.0
水利、环境和公共设施管理业	172.5	176.1	180.4	187.0	193.5	197.3	205.7	218.9	230.3	243.8	259.2	269.1
居民服务、修理和其他服务业	52.8	54.2	53.9	56.6	57.4	56.5	58.8	60.2	59.9	62.1	72.3	75.4
教育	1442.8	1466.8	1483.2	1504.4	1520.9	1534.0	1550.4	1581.8	1617.8	1653.4	1687.2	1727.3
卫生和社会工作	485.8	494.7	508.9	525.4	542.8	563.6	595.8	632.5	679.1	719.3	770.0	810.4
文化、体育和娱乐业	127.8	123.4	122.5	122.4	125.0	126.0	129.5	131.4	135.0	137.7	147.0	145.5
公共管理、社会保障和社会组织	1171.0	1199.0	1240.8	1265.6	1291.2	1335.0	1394.3	1428.5	1467.6	1541.5	1567.0	1599.3

2-4 按第三产业行业门类分国有单位就业人员数

单位：万人

行业门类	2003	2004	2005	2006	2007	2008	2009	2010	2011	2012	2013	2014
批发和零售业	301.0	259.6	214.7	186.7	174.1	160.7	144.2	137.3	145.7	148.5	110.1	99.9
交通运输、仓储和邮政业	492.8	473.4	443.3	433.0	432.0	424.5	413.9	403.3	415.9	419.5	410.3	395.2
住宿和餐饮业	73.4	70.5	67.5	63.8	58.6	56.6	55.2	54.6	56.3	57.6	45.7	41.8
信息传输、软件和信息技术服务业	72.0	74.1	65.8	65.6	62.5	63.0	64.6	62.5	67.0	65.8	49.5	37.5
金融业	208.1	196.4	177.5	165.1	161.4	155.4	146.0	144.3	146.3	151.9	147.9	146.1
房地产业	52.2	50.9	47.5	45.0	45.2	43.5	43.5	45.4	47.6	46.7	37.1	36.5
租赁和商务服务业	106.0	107.9	114.6	121.0	120.5	125.9	125.4	131.5	127.9	116.7	123.6	126.0
科学研究和技术服务业	185.1	188.6	188.5	193.0	197.5	201.6	209.4	219.6	218.2	232.5	223.7	224.8
水利、环境和公共设施管理业	155.3	158.0	161.0	165.4	169.8	172.8	178.3	189.9	198.0	208.9	207.7	211.9
居民服务、修理和其他服务业	22.1	24.2	24.9	27.7	28.7	28.8	28.3	28.9	30.7	30.4	22.9	22.5
教育	1378.3	1409.7	1424.9	1448.0	1462.9	1481.9	1490.6	1517.4	1540.9	1567.2	1573.8	1602.7
卫生和社会工作	430.9	437.9	452.4	466.8	483.2	501.2	529.9	562.6	606.0	639.5	672.7	703.9
文化、体育和娱乐业	117.0	111.9	110.5	110.1	111.3	110.9	111.9	113.1	113.8	115.0	109.9	106.3
公共管理、社会保障和社会组织	1165.1	1191.8	1234.3	1257.5	1285.0	1328.8	1380.0	1415.6	1452.7	1528.6	1553.6	1585.1

2-5 按第三产业行业门类分城镇集体单位就业人员数

单位：万人

行业门类	2003	2004	2005	2006	2007	2008	2009	2010	2011	2012	2013	2014
批发和零售业	128.6	108.9	89.9	77.4	69.0	58.6	52.5	48.0	46.8	40.9	38.3	35.0
交通运输、仓储和邮政业	38.7	34.1	30.6	27.2	24.6	22.2	20.6	19.8	17.5	17.7	19.0	17.4
住宿和餐饮业	16.2	15.0	13.7	12.7	11.6	11.0	10.4	9.6	10.0	9.3	10.0	6.7
信息传输、软件和信息技术服务业	1.8	1.3	1.4	1.1	0.9	0.8	1.1	1.0	1.3	1.3	0.9	0.8
金融业	67.0	66.6	63.8	62.1	61.3	60.1	53.1	52.1	50.2	50.1	48.7	47.0
房地产业	7.4	7.8	8.2	8.0	7.7	7.4	8.7	9.2	8.6	8.7	8.3	8.9
租赁和商务服务业	30.2	30.7	35.2	34.1	34.4	33.1	36.7	37.6	31.8	33.7	38.1	36.0
科学研究和技术服务业	4.8	4.5	3.8	3.5	3.4	3.4	4.2	4.2	3.7	5.4	5.5	5.4
水利、环境和公共设施管理业	10.7	10.2	9.6	10.0	10.2	10.8	10.5	10.5	10.8	10.6	10.7	11.2
居民服务、修理和其他服务业	15.2	13.5	10.3	9.8	8.9	8.8	8.2	7.8	6.0	6.1	5.4	5.7
教育	57.1	43.1	40.2	36.0	34.3	24.6	17.4	17.5	19.1	19.0	21.8	22.2
卫生和社会工作	51.2	50.0	48.3	48.8	48.7	49.8	49.9	51.4	51.5	52.6	54.0	54.9
文化、体育和娱乐业	3.2	2.8	2.5	2.3	2.3	2.3	2.2	2.2	2.0	2.5	2.0	1.9
公共管理、社会保障和社会组织	5.0	4.8	3.5	3.6	2.9	2.4	2.7	2.2	2.4	2.3	2.1	2.1

2-6 按第三产业行业门类分其他单位就业人员数

单位：万人

行业门类	2003	2004	2005	2006	2007	2008	2009	2010	2011	2012	2013	2014
批发和零售业	198.6	218.3	239.4	251.6	263.8	295.0	324.2	349.9	455.0	522.4	742.4	753.6
交通运输、仓储和邮政业	105.0	124.4	140.0	152.6	166.4	180.6	199.9	208.0	229.4	230.3	417.0	448.9
住宿和餐饮业	82.5	91.6	100.1	107.3	115.7	125.6	136.5	145.1	176.5	198.1	248.7	240.8
信息传输、软件和信息技术服务业	43.0	48.3	62.8	71.5	86.8	95.7	108.1	122.3	144.5	155.7	276.9	298.0
金融业	78.3	93.1	117.9	140.2	167.0	202.0	249.9	273.7	308.9	325.7	341.3	373.3
房地产业	60.6	74.7	90.9	101.0	113.6	121.8	138.7	157.1	192.4	218.3	328.3	356.8
租赁和商务服务业	47.3	55.8	68.7	81.6	92.3	115.7	128.4	140.9	126.9	141.8	260.2	287.4
科学研究和技术服务业	32.0	29.0	35.5	38.9	42.5	52.0	59.0	68.6	76.5	92.8	158.5	177.8
水利、环境和公共设施管理业	6.5	7.9	9.8	11.6	13.5	13.7	16.8	18.5	21.5	24.3	40.8	46.1
居民服务、修理和其他服务业	15.6	16.5	18.7	19.0	19.8	19.0	22.3	23.5	23.1	25.7	44.1	47.3
教育	7.4	14.0	18.1	20.4	23.7	27.5	42.3	46.8	57.7	67.2	91.6	102.4
卫生和社会工作	3.6	6.8	8.2	9.8	11.0	12.6	16.0	18.6	21.6	27.3	43.3	51.6
文化、体育和娱乐业	7.5	8.7	9.6	10.0	11.5	12.7	15.4	16.2	19.2	20.2	35.0	37.3
公共管理、社会保障和社会组织	0.8	2.5	3.0	4.4	3.3	3.8	11.6	10.7	12.5	10.6	11.3	12.1

2-7 各地区按第三产业行业门类分城镇单位就业人员数(2014年底)

单位：万人

地 区	批发和零售业	交通运输、仓储和邮政业	住宿和餐饮业	信息传输、软件和信息技术服务业	金融业	房地产业	租赁和商务服务业
全 国	**888.6**	**861.4**	**289.3**	**336.3**	**566.3**	**402.2**	**449.4**
北 京	72.3	60.2	30.3	61.1	43.2	41.0	70.8
天 津	17.3	14.3	6.0	3.8	8.9	6.7	6.7
河 北	28.2	29.0	6.3	8.6	27.7	10.5	13.8
山 西	19.0	24.6	5.0	5.5	15.6	3.6	8.0
内蒙古	10.5	21.3	4.3	5.0	11.3	5.0	4.5
辽 宁	26.7	37.6	7.4	13.0	24.4	14.5	12.8
吉 林	12.5	16.4	3.0	6.6	11.5	6.3	5.8
黑龙江	18.7	27.7	4.5	7.6	16.9	6.0	6.2
上 海	78.0	51.4	24.4	24.8	33.0	25.6	48.9
江 苏	59.4	49.8	19.8	29.0	33.3	22.1	31.2
浙 江	41.7	32.7	13.8	16.4	38.0	19.7	28.4
安 徽	23.4	21.7	6.0	7.4	17.7	10.4	6.0
福 建	27.0	24.0	9.9	7.1	16.5	14.3	11.7
江 西	17.6	20.8	4.1	7.2	12.2	5.7	4.7
山 东	62.8	49.7	15.6	17.0	38.8	25.6	21.6
河 南	53.3	44.5	11.2	9.7	24.0	18.4	15.1
湖 北	40.3	34.4	10.6	10.5	18.0	12.4	9.4
湖 南	20.7	25.2	8.5	7.6	22.4	12.0	9.1
广 东	95.8	85.4	37.1	34.6	43.2	55.8	60.6
广 西	13.3	20.9	5.0	4.5	11.8	8.0	11.1
海 南	5.9	5.4	6.5	1.6	3.4	7.4	2.5
重 庆	22.8	27.3	6.8	4.7	13.2	12.4	12.1
四 川	32.3	41.3	11.5	16.3	24.2	17.7	12.7
贵 州	13.9	11.1	3.9	3.3	8.4	7.9	4.5
云 南	26.0	17.1	8.7	5.2	10.1	11.1	9.3
西 藏	1.0	0.9	0.5	0.5	0.9	0.1	0.5
陕 西	26.4	28.7	11.8	10.4	16.1	10.7	8.5
甘 肃	8.2	12.4	3.4	2.8	7.2	4.5	3.1
青 海	2.3	4.1	0.6	0.9	2.2	0.8	0.8
宁 夏	2.7	3.9	0.7	0.8	3.4	1.5	1.9
新 疆	8.3	17.4	2.4	2.8	8.9	4.5	7.4

注：城镇单位就业人员数不含私营企业和个体。

2-7 续表 单位：万人

地 区	科学研究和技术服务业	水利、环境和公共设施管理业	居民服务、修理和其他服务业	教 育	卫生和社会工作	文化、体育和娱乐业	公共管理、社会保障和社会组织
全 国	**408.0**	**269.1**	**75.4**	**1727.3**	**810.4**	**145.5**	**1599.3**
北 京	59.8	9.9	8.8	45.8	25.4	17.4	46.7
天 津	10.7	4.1	11.0	17.4	9.3	2.1	15.4
河 北	14.5	11.4	1.5	89.9	35.4	5.3	86.4
山 西	7.3	9.4	1.4	52.7	19.5	4.9	58.5
内蒙古	6.2	8.3	0.9	35.4	14.8	3.5	43.0
辽 宁	16.9	16.1	2.8	59.9	34.5	5.3	53.8
吉 林	7.9	8.2	1.7	36.6	17.9	3.5	35.6
黑龙江	11.5	10.2	4.3	45.4	22.6	4.1	44.8
上 海	22.5	8.6	6.6	29.4	19.0	5.7	20.5
江 苏	21.5	15.0	3.8	94.6	46.7	7.8	69.8
浙 江	16.1	11.7	2.6	70.1	41.6	7.2	67.7
安 徽	9.6	8.2	0.9	64.7	28.2	3.4	47.8
福 建	8.5	5.8	1.5	50.1	21.0	4.0	37.0
江 西	5.5	7.1	0.8	50.9	21.5	3.0	49.0
山 东	18.4	16.8	3.1	120.3	58.7	7.1	111.0
河 南	16.4	13.2	2.4	119.0	50.0	7.5	110.6
湖 北	15.2	10.4	1.6	69.4	38.6	5.7	59.3
湖 南	12.9	9.5	1.8	73.7	38.1	5.3	81.3
广 东	31.9	17.3	7.5	124.5	59.7	11.5	104.3
广 西	9.8	9.6	0.8	61.9	29.9	3.4	46.4
海 南	2.2	2.8	0.4	12.9	5.7	1.2	13.2
重 庆	7.7	5.5	1.5	40.7	17.8	2.6	29.2
四 川	21.1	13.2	1.8	94.6	45.1	6.3	86.3
贵 州	7.7	5.0	1.3	51.1	18.1	2.0	47.7
云 南	10.1	7.6	1.4	59.9	24.6	3.4	51.1
西 藏	1.1	0.2	0.2	4.7	1.8	0.7	13.7
陕 西	17.8	9.8	1.7	59.6	25.5	4.5	56.9
甘 肃	7.0	5.9	0.3	38.1	13.7	2.5	41.9
青 海	2.3	1.0	0.1	7.4	3.8	0.9	9.8
宁 夏	1.4	2.1	0.1	8.9	4.3	0.9	10.1
新 疆	6.6	5.6	0.7	37.9	17.5	3.0	50.6

2-8 各地区按第三产业行业门类分国有单位就业人员数(2014年底)

单位：万人

地 区	批发和零售业	交通运输、仓储和邮政业	住宿和餐饮业	信息传输、软件和信息技术服务业	金融业	房地产业	租赁和商务服务业
全 国	**99.9**	**395.2**	**41.8**	**37.5**	**146.1**	**36.5**	**126.0**
北 京	3.0	10.9	4.1	1.2	1.0	2.9	17.6
天 津	1.1	5.6	0.6	0.1	1.2	1.1	0.9
河 北	3.6	16.7	2.0	1.3	2.4	0.9	5.9
山 西	5.4	18.6	1.7	1.0	5.1	0.9	4.7
内蒙古	2.4	15.5	0.8	1.5	4.3	0.5	2.1
辽 宁	3.6	22.9	2.1	2.0	8.4	2.1	6.2
吉 林	2.4	11.9	1.1	1.3	4.5	0.9	2.5
黑龙江	4.7	25.1	2.2	2.0	5.6	1.5	3.1
上 海	1.6	8.9	1.7	0.3	3.6	1.7	6.0
江 苏	4.5	16.5	2.1	2.7	10.3	1.5	9.0
浙 江	1.7	7.9	1.0	1.3	5.3	1.1	6.9
安 徽	3.4	9.5	0.7	1.8	6.2	1.0	1.9
福 建	3.4	10.0	1.1	1.1	5.6	2.0	3.5
江 西	3.2	12.5	1.0	1.0	5.5	0.9	2.8
山 东	5.6	22.4	3.7	2.3	9.9	2.2	8.8
河 南	10.8	22.9	2.3	2.0	6.7	1.2	4.3
湖 北	4.4	19.3	1.0	1.6	7.1	1.0	3.3
湖 南	3.6	15.6	1.2	1.3	2.5	1.1	2.4
广 东	7.9	18.6	2.7	4.1	10.9	4.3	11.8
广 西	2.7	10.9	1.1	0.8	4.9	1.0	3.8
海 南	0.3	0.9	0.3	0.2	0.8	0.4	0.9
重 庆	1.7	7.9	0.5	0.4	3.8	0.7	2.2
四 川	4.3	20.8	1.1	2.7	10.4	1.0	4.8
贵 州	3.0	5.8	0.6	0.3	1.8	0.5	0.7
云 南	4.4	8.4	1.0	0.7	4.7	0.4	1.8
西 藏	0.4	0.8	0.3	0.3	0.8		
陕 西	3.7	19.5	1.2	0.5	3.6	2.1	2.3
甘 肃	1.4	8.9	1.0	0.9	2.9	0.8	1.8
青 海	0.3	3.2	0.2		1.6	0.1	0.2
宁 夏	0.4	2.7	0.2	0.1	1.4	0.2	0.6
新 疆	1.3	14.1	1.1	0.7	3.0	0.4	3.1

2-8 续表 单位：万人

地区	科学研究和技术服务业	水利、环境和公共设施管理业	居民服务、修理和其他服务业	教育	卫生和社会工作	文化、体育和娱乐业	公共管理、社会保障和社会组织
全国	**224.8**	**211.9**	**22.5**	**1602.7**	**703.9**	**106.3**	**1585.1**
北京	21.5	6.3	1.3	35.4	20.8	11.0	41.3
天津	4.3	3.4	3.9	16.5	8.6	1.4	15.4
河北	7.2	10.4	0.6	88.6	32.0	4.4	86.3
山西	6.0	8.2	0.3	50.9	17.1	4.3	58.5
内蒙古	4.2	7.3	0.5	34.8	13.5	3.4	43.0
辽宁	11.7	14.6	1.7	57.0	31.2	4.1	53.3
吉林	6.3	6.6	0.8	35.8	16.5	2.9	35.5
黑龙江	10.1	9.3	3.6	44.8	21.7	3.6	44.7
上海	7.6	2.4	0.9	26.5	15.9	2.5	19.5
江苏	9.2	9.5	0.5	87.5	34.0	4.6	69.6
浙江	7.2	6.5	0.7	58.9	34.6	5.2	64.6
安徽	6.1	7.2	0.3	60.1	20.4	2.7	47.6
福建	4.5	4.6	0.7	45.9	16.4	2.9	37.0
江西	4.5	6.0	0.3	49.7	19.9	2.6	48.9
山东	9.3	12.3	0.6	110.5	50.1	5.4	110.6
河南	9.4	10.8	0.6	103.2	42.8	6.1	108.5
湖北	8.4	8.7	0.5	65.4	35.1	4.6	59.3
湖南	7.8	8.8	0.3	67.9	33.8	3.6	81.0
广东	9.4	11.6	1.4	108.0	52.1	6.6	104.0
广西	8.0	8.9	0.2	59.6	28.9	2.6	46.3
海南	1.2	1.8	0.1	10.9	4.9	0.6	13.0
重庆	3.8	4.0	0.2	37.6	14.6	1.7	29.2
四川	15.6	10.4	0.5	89.5	37.6	4.9	86.3
贵州	5.7	4.5	0.4	49.5	16.9	1.4	47.7
云南	7.9	5.7	0.2	55.6	21.4	2.4	51.0
西藏	1.1	0.2		4.7	1.8	0.6	13.7
陕西	13.1	8.1	0.7	56.8	23.3	3.4	56.9
甘肃	5.9	5.8	0.2	37.9	13.2	2.3	41.9
青海	1.9	1.0		7.1	3.6	0.7	9.8
宁夏	1.0	1.8		8.5	4.1	0.7	10.0
新疆	5.1	5.2	0.4	37.6	17.2	2.8	50.6

2-9 各地区按第三产业行业门类分城镇集体单位就业人员数(2014年底)

单位：人

地区	批发和零售业	交通运输、仓储和邮政业	住宿和餐饮业	信息传输、软件和信息技术服务业	金融业	房地产业	租赁和商务服务业
全国	**350474**	**173624**	**66960**	**7841**	**469697**	**89229**	**359985**
北京	12149	7513	10176	459	112	17605	45864
天津	6250	5615	1223	117	27	829	7176
河北	19650	5046	1562	332	24919	889	11466
山西	30046	3696	2517	187	39514	1483	4970
内蒙古	3000	1066	837	26	23080	73	1842
辽宁	11901	14005	3230	229	23256	2047	20276
吉林	2416	726	804	8	15582	164	1621
黑龙江	10150	2008	2346	63	19384	929	5160
上海	7084	5909	3208	18	90	8030	28723
江苏	14083	19097	2896	833	21745	4869	30168
浙江	5214	5087	2286	986	6017	2802	20478
安徽	4342	9087	919	199	17797	1482	6752
福建	10271	3374	1214	98	10487	2097	12965
江西	3863	4577	252	259	16601	830	2955
山东	40786	10962	7709	194	34879	11345	18064
河南	60200	18187	6064	1646	32005	3757	11178
湖北	17168	6247	1505	96	12632	1181	3909
湖南	6721	10085	1089	79	10299	897	5871
广东	30453	8828	5845	869	40857	17923	68296
广西	8326	7145	1135	28	14264	2814	10658
海南	1209	229	126	42	636	673	189
重庆	4365	2886	1867	518	11	1419	1198
四川	8730	11134	1796	298	25877	581	12531
贵州	4734	1406	679	33	12665	1089	3405
云南	7731	1972	1996	74	19807	649	2469
西藏	44	14	89				4
陕西	11177	4989	1768	56	18302	1195	10562
甘肃	4606	1726	692	71	14425	464	4345
青海	553	307	434		2473	24	915
宁夏	228		76		1897	406	261
新疆	3024	701	620	23	10057	683	5714

2-9 续表 单位：人

地 区	科学研究和技术服务业	水利、环境和公共设施管理业	居民服务、修理和其他服务业	教 育	卫生和社会工作	文化、体育和娱乐业	公共管理、社会保障和社会组织
全 国	**54238**	**111641**	**56756**	**221752**	**549307**	**19287**	**21360**
北 京	7979	2615	7073	12046	13177	1243	995
天 津	1536	756	8434	585	3434	323	
河 北	1025	2250	946	1706	27387	1046	957
山 西	813	5883	1525	3920	18304	1501	30
内蒙古	868	2549	2628	344	9593	29	
辽 宁	4790	3129	2396	3323	15288	607	1013
吉 林	476	8860	1571	98	7034	94	215
黑龙江	1319	3851	2552	2498	5246	665	278
上 海	1572	5340	5103	3776	21747	1418	8499
江 苏	4020	25527	4625	20924	78345	2995	408
浙 江	2411	8692	1817	21413	35622	474	538
安 徽	1021	1720	835	2695	51033	661	1850
福 建	1342	1520	346	3263	32903	211	2
江 西	67	3237	357	396	5694		70
山 东	3617	5764	3375	31382	53509	874	1884
河 南	3716	2103	2347	62821	23852	1981	3364
湖 北	1584	7147	791	3642	15897	674	376
湖 南	1020	1530	928	7022	21978	468	180
广 东	6072	9143	2177	19577	23795	1203	67
广 西	1145	1006	1446	1321	876	11	84
海 南	710	278	44	465	3382	198	29
重 庆	694	3186	783	985	12454	140	2
四 川	1585	3843	1787	5759	51142	662	5
贵 州	293	197	290	694	854		104
云 南	1350	826	715	8350	3806	97	187
西 藏			20			24	
陕 西	2460	512	1188	2003	8521	517	164
甘 肃	309		251	282	2327	455	6
青 海	167	89	100		226	268	
宁 夏		88	44	362	317	444	48
新 疆	277		262	100	1564	4	5

2-10 各地区按第三产业行业门类分其他单位就业人员数(2014年底)

单位：万人

地区	批发和零售业	交通运输、仓储和邮政业	住宿和餐饮业	信息传输、软件和信息技术服务业	金融业	房地产业	租赁和商务服务业
全国	**753.6**	**448.9**	**240.8**	**298.0**	**373.3**	**356.8**	**287.4**
北京	68.1	48.6	25.1	59.8	42.1	36.3	48.6
天津	15.5	8.2	5.2	3.7	7.7	5.5	5.0
河北	22.6	11.8	4.1	7.3	22.7	9.5	6.7
山西	10.7	5.6	3.1	4.5	6.6	2.5	2.7
内蒙古	7.8	5.7	3.3	3.5	4.8	4.5	2.2
辽宁	22.0	13.3	4.9	11.0	13.7	12.3	4.6
吉林	9.9	4.5	1.9	5.2	5.4	5.4	3.2
黑龙江	13.1	2.5	2.1	5.6	9.3	4.5	2.6
上海	75.7	41.9	22.3	24.5	29.5	23.1	40.0
江苏	53.4	31.4	17.4	26.3	20.8	20.2	19.2
浙江	39.5	24.3	12.6	15.0	32.1	18.3	19.4
安徽	19.6	11.3	5.1	5.5	9.7	9.2	3.5
福建	22.6	13.7	8.7	6.0	9.8	12.2	6.9
江西	14.0	7.8	3.1	6.1	5.0	4.7	1.6
山东	53.2	26.3	11.1	14.7	25.4	22.3	11.0
河南	36.5	19.8	8.4	7.6	14.0	16.8	9.7
湖北	34.1	14.5	9.4	9.0	9.6	11.2	5.7
湖南	16.4	8.6	7.2	6.3	18.8	10.7	6.0
广东	84.9	65.9	33.8	30.4	28.2	49.7	42.0
广西	9.8	9.3	3.8	3.7	5.4	6.6	6.2
海南	5.5	4.5	6.1	1.3	2.5	6.9	1.6
重庆	20.7	19.1	6.1	4.2	9.4	11.5	9.8
四川	27.1	19.4	10.3	13.6	11.2	16.7	6.7
贵州	10.5	5.1	3.3	3.0	5.3	7.3	3.4
云南	20.8	8.5	7.5	4.5	3.4	10.7	7.2
西藏	0.7	0.1	0.2	0.2	0.1	0.1	0.4
陕西	21.6	8.7	10.4	9.9	10.7	8.5	5.1
甘肃	6.4	3.4	2.3	1.9	2.9	3.7	0.9
青海	2.0	0.9	0.4	0.9	0.4	0.7	0.5
宁夏	2.3	1.3	0.5	0.7	1.8	1.2	1.3
新疆	6.6	3.2	1.2	2.0	4.9	4.0	3.8

2-10 续表　　　　　　单位：万人

地　区	科学研究和技术服务业	水利、环境和公共设施管理业	居民服务、修理和其他服务业	教　育	卫生和社会工作	文化、体育和娱乐业	公共管理、社会保障和社会组织
全　国	**177.8**	**46.1**	**47.3**	**102.4**	**51.6**	**37.3**	**12.1**
北　京	37.5	3.4	6.8	9.2	3.3	6.3	5.3
天　津	6.2	0.6	6.3	0.8	0.4	0.6	0.1
河　北	7.2	0.9	0.8	1.2	0.7	0.7	
山　西	1.3	0.6	0.9	1.5	0.6	0.5	
内蒙古	2.0	0.8	0.2	0.5	0.3	0.1	
辽　宁	4.8	1.2	0.9	2.6	1.8	1.1	0.4
吉　林	1.6	0.6	0.8	0.8	0.8	0.5	
黑龙江	1.3	0.5	0.4	0.4	0.3	0.4	
上　海	14.8	5.7	5.2	2.5	0.9	3.0	0.1
江　苏	11.9	2.9	2.8	5.0	4.8	2.8	0.2
浙　江	8.7	4.3	1.8	9.0	3.5	1.9	3.1
安　徽	3.4	0.8	0.6	4.3	2.7	0.6	
福　建	3.9	1.0	0.7	3.8	1.2	1.1	
江　西	1.1	0.8	0.5	1.2	1.0	0.4	
山　东	8.8	3.9	2.2	6.7	3.2	1.7	0.2
河　南	6.7	2.2	1.6	9.5	4.9	1.2	1.7
湖　北	6.6	0.9	1.0	3.5	1.9	1.0	
湖　南	5.1	0.6	1.4	5.1	2.1	1.6	0.3
广　东	21.9	4.7	5.9	14.5	5.2	4.8	0.3
广　西	1.6	0.6	0.4	2.1	0.9	0.8	0.1
海　南	0.9	1.0	0.4	2.0	0.5	0.6	0.1
重　庆	3.7	1.1	1.2	3.0	2.0	0.9	
四　川	5.3	2.4	1.1	4.4	2.4	1.3	
贵　州	1.9	0.4	0.8	1.5	1.1	0.6	0.1
云　南	2.1	1.8	1.1	3.5	2.7	0.9	
西　藏			0.2		0.1		
陕　西	4.4	1.7	0.9	2.6	1.4	1.1	
甘　肃	1.1	0.1	0.1	0.1	0.2	0.2	
青　海	0.3			0.3	0.1	0.1	
宁　夏	0.4	0.3	0.1	0.3	0.1	0.1	
新　疆	1.4	0.4	0.2	0.3	0.2	0.2	

2-11 各地区按第三产业行业门类分私营企业和个体就业人员数(2014年底)

单位：万人

地　区	第三产业合　计	批发和零售业	交通运输、仓储和邮政业	住宿和餐饮业	信息传输、软件和信息技术服务业	金融业	房地产业	租赁和商务服务业
全　国	**17658.89**	**10131.83**	**629.62**	**1547.93**	**460.51**	**129.74**	**512.08**	**1598.48**
北　京	704.20	213.34	24.38	35.52	16.08	1.58	25.13	122.55
天　津	113.18	33.25	3.25	31.44	1.32	3.55	2.52	11.65
河　北	471.75	317.01	21.94	40.02	7.10	2.11	6.90	18.72
山　西	356.97	217.11	14.84	34.09	15.28	4.43	7.35	17.08
内蒙古	420.63	248.00	19.53	54.04	7.27	2.90	7.96	18.97
辽　宁	670.18	359.82	69.51	41.14	15.29	3.19	23.74	54.51
吉　林	373.21	194.03	17.00	42.55	5.45	2.46	34.76	17.64
黑龙江	377.60	205.81	17.29	53.10	7.14	1.11	8.36	20.39
上　海	722.36	340.47	32.53	18.59	19.75	2.67	17.63	154.80
江　苏	1329.72	745.48	54.73	91.06	32.73	5.32	50.93	125.98
浙　江	998.45	579.55	31.18	71.27	26.39	5.83	23.06	112.36
安　徽	580.24	370.05	14.12	48.71	12.03	5.50	15.02	37.29
福　建	524.29	317.84	12.91	41.19	15.77	2.23	11.72	55.49
江　西	542.81	341.36	24.24	40.57	12.20	1.65	16.15	45.73
山　东	1243.33	806.41	54.87	84.44	24.99	9.75	38.40	86.16
河　南	660.38	441.30	12.89	57.70	8.49	2.03	20.19	36.11
湖　北	1100.65	626.20	43.36	145.31	18.44	3.24	21.69	63.30
湖　南	775.88	401.05	16.89	51.35	27.62	19.71	24.01	133.17
广　东	1890.52	1182.97	39.68	136.60	70.26	29.01	48.57	151.44
广　西	453.16	286.84	22.58	39.36	6.82	1.41	11.62	32.90
海　南	124.54	57.56	5.64	13.32	4.07	0.54	9.33	16.35
重　庆	584.39	311.80	14.31	53.96	39.37	7.90	18.40	69.33
四　川	750.89	453.28	17.14	75.59	19.41	1.84	13.78	66.46
贵　州	326.42	188.30	8.77	41.30	6.86	1.99	9.64	25.15
云　南	503.17	287.38	13.79	58.23	15.00	2.56	16.71	37.52
西　藏	43.92	22.56	0.90	8.65	0.85	0.08	0.39	3.42
陕　西	422.90	242.65	6.45	54.26	13.63	1.37	11.85	23.02
甘　肃	247.05	154.46	5.02	33.75	4.47	1.27	6.27	10.97
青　海	54.41	27.51	0.79	14.69	0.46	0.18	1.28	2.07
宁　夏	93.67	53.68	2.13	10.69	1.93	1.06	2.13	7.29
新　疆	198.03	104.76	6.99	25.46	4.03	1.27	6.60	20.65

2-11 续表 单位：万人

地 区	科学研究和技术服务业	水利、环境和公共设施管理业	居民服务、修理和其他服务业	教育	卫生和社会工作	文化、体育和娱乐业	其他
全 国	**788.68**	**68.14**	**1400.36**	**28.48**	**60.89**	**241.18**	**60.97**
北 京	189.20	5.65	19.00	0.78	2.19	48.78	0.01
天 津	16.06	0.58	6.81	0.02	0.67	1.92	0.15
河 北	9.17	1.02	41.84	0.67	1.25	3.73	0.28
山 西	4.73	3.28	32.28	0.43	1.75	3.80	0.51
内蒙古	5.42	1.14	47.91	1.24	1.48	2.95	1.82
辽 宁	23.84	2.02	61.34	0.43	7.77	7.53	0.05
吉 林	7.83	0.95	41.25	0.81	1.95	2.35	4.17
黑龙江	8.08	0.67	45.80	0.35	0.96	4.58	3.96
上 海	100.05	4.29	19.24	0.37	1.24	10.70	0.01
江 苏	97.63	7.21	97.90	2.58	3.67	14.41	0.10
浙 江	45.58	3.50	79.81	1.96	2.27	14.55	1.15
安 徽	11.14	1.96	56.44	0.79	0.63	6.51	0.05
福 建	18.92	1.77	36.70	0.67	1.33	7.75	0.02
江 西	6.40	1.53	45.44	0.81	1.35	4.90	0.47
山 东	27.36	4.25	94.80	1.05	2.75	8.11	
河 南	10.49	1.38	63.61	0.74	0.99	4.43	0.02
湖 北	14.71	8.07	110.32	2.15	2.53	10.94	30.40
湖 南	34.54	2.24	48.93	1.51	2.49	12.37	0.00
广 东	76.65	4.62	123.72	4.11	1.81	19.70	1.38
广 西	10.63	0.94	32.01	0.61	1.15	4.87	1.43
海 南	2.61	0.59	11.29	0.29	0.53	2.41	0.00
重 庆	13.57	2.72	41.92	1.02	1.34	8.76	
四 川	24.54	1.50	59.52	1.19	6.59	9.95	0.10
贵 州	4.46	1.26	28.14	0.89	2.39	3.33	3.95
云 南	10.57	1.89	41.99	1.19	4.15	6.51	5.69
西 藏	0.39	0.06	4.21	0.06	0.17	1.43	0.73
陕 西	4.69	1.34	53.07	0.69	1.40	6.67	1.81
甘 肃	2.21	0.58	21.86	0.57	1.48	3.33	0.82
青 海	0.58	0.16	5.16	0.04	0.26	0.55	0.69
宁 夏	1.46	0.26	10.31	0.10	0.46	0.98	1.18
新 疆	5.17	0.72	17.72	0.38	1.88	2.39	0.02

2-12 各地区按第三产业行业门类分城镇私营企业和个体就业人员数(2014年底)

单位：万人

地区	第三产业合计	批发和零售业	交通运输、仓储和邮政业	住宿和餐饮业	信息传输、软件和信息技术服务业	金融业	房地产业	租赁和商务服务业
全国	**12917.30**	**7198.48**	**412.45**	**1179.51**	**374.95**	**99.96**	**402.00**	**1271.28**
北京	494.34	134.68	12.74	25.92	13.60	1.35	16.60	93.40
天津	100.90	27.43	3.05	29.08	1.20	2.61	2.38	10.83
河北	291.82	180.88	13.32	29.27	5.63	1.90	6.29	14.94
山西	201.97	122.86	8.26	17.83	8.76	3.46	5.15	10.68
内蒙古	358.74	207.91	15.75	48.08	6.13	2.36	6.92	16.81
辽宁	520.09	278.19	49.99	33.59	13.40	2.64	21.13	47.17
吉林	296.68	148.47	12.42	33.69	4.57	1.65	33.50	14.57
黑龙江	291.60	156.77	12.81	42.34	5.46	0.65	6.61	15.82
上海	413.14	182.42	17.23	15.58	11.37	1.87	12.62	92.99
江苏	1042.08	548.65	41.38	81.63	29.82	4.23	42.49	108.80
浙江	759.83	432.84	20.12	53.81	23.15	2.12	18.32	94.44
安徽	485.82	307.78	10.62	44.76	9.53	2.58	10.98	31.09
福建	421.96	245.99	11.05	32.91	14.58	2.05	10.56	50.91
江西	353.52	213.47	12.93	30.77	7.92	1.27	10.53	33.09
山东	676.95	421.02	22.50	50.57	17.03	4.88	20.75	58.81
河南	488.27	322.89	7.55	47.59	5.64	1.46	12.83	26.83
湖北	647.79	360.59	20.78	87.15	12.32	1.10	14.07	39.98
湖南	682.57	345.31	13.61	48.07	23.98	16.94	21.61	121.23
广东	1673.52	1038.61	34.85	118.71	66.71	27.81	43.75	138.71
广西	287.97	178.58	13.53	26.50	3.50	1.02	7.99	22.60
海南	108.65	49.08	4.81	11.27	3.72	0.49	8.59	15.09
重庆	515.64	267.30	12.39	45.89	37.47	7.15	17.47	65.85
四川	540.09	325.60	11.20	60.00	12.91	1.24	8.87	44.59
贵州	153.49	87.04	3.65	19.89	3.51	0.85	5.67	12.58
云南	321.51	169.06	10.23	30.96	12.97	2.38	15.49	32.35
西藏	37.80	18.97	0.84	7.20	0.81	0.07	0.35	3.23
陕西	303.44	172.20	3.91	40.95	10.68	1.16	8.41	20.13
甘肃	158.63	99.45	2.68	21.81	3.25	0.89	3.45	7.68
青海	45.84	22.94	0.57	13.81	0.30	0.12	0.82	1.45
宁夏	65.03	38.16	1.19	7.51	1.53	0.58	1.48	5.28
新疆	177.61	93.35	6.50	22.36	3.47	1.07	6.35	19.35

2-12 续表

单位：万人

地　区	科学研究和技术服务业	水利、环境和公共设施管理业	居民服务、修理和其他服务业	教育	卫生和社会工作	文化、体育和娱乐业	其他
全　国	**609.55**	**48.25**	**1026.36**	**21.49**	**48.13**	**190.20**	**34.70**
北　京	140.85	3.11	12.58	0.51	1.67	37.33	0.01
天　津	15.51	0.47	5.83	0.02	0.62	1.73	0.14
河　北	7.10	0.65	27.25	0.42	1.04	2.98	0.16
山　西	2.84	1.97	16.33	0.22	1.07	2.24	0.30
内蒙古	4.73	0.90	42.52	1.12	1.35	2.62	1.54
辽　宁	21.07	1.61	36.67	0.31	7.50	6.80	0.02
吉　林	6.88	0.81	34.46	0.60	1.73	1.90	1.43
黑龙江	6.50	0.51	35.85	0.29	0.81	3.84	3.36
上　海	55.11	2.08	13.38	0.22	1.12	7.16	0.00
江　苏	82.89	5.33	78.41	2.18	3.27	12.91	0.09
浙　江	35.75	2.49	61.37	1.57	1.81	11.30	0.73
安　徽	9.32	1.44	50.82	0.56	0.57	5.72	0.04
福　建	17.16	1.52	27.68	0.57	1.08	5.88	0.02
江　西	4.38	0.83	32.62	0.60	1.01	3.83	0.28
山　东	18.00	2.21	53.23	0.55	1.87	5.51	
河　南	7.27	0.79	50.38	0.55	0.89	3.59	0.01
湖　北	11.18	7.30	66.73	1.63	1.98	6.47	16.50
湖　南	31.15	1.70	44.76	1.30	2.33	10.57	0.00
广　东	71.73	3.88	104.51	3.64	1.53	17.89	1.18
广　西	6.41	0.61	22.47	0.35	0.78	2.87	0.75
海　南	2.35	0.54	9.75	0.25	0.47	2.24	0.00
重　庆	12.30	2.34	37.27	0.92	1.27	8.04	
四　川	15.02	0.90	46.35	0.90	4.27	8.17	0.07
贵　州	1.77	0.69	12.85	0.35	1.30	1.80	1.53
云　南	9.83	1.60	25.77	0.88	2.70	4.35	2.95
西　藏	0.39	0.06	3.76	0.05	0.15	1.30	0.63
陕　西	4.05	0.61	33.62	0.19	0.85	5.62	1.05
甘　肃	1.67	0.38	13.50	0.26	0.92	2.19	0.50
青　海	0.37	0.08	4.28	0.04	0.19	0.47	0.40
宁　夏	1.08	0.16	6.04	0.05	0.27	0.70	1.00
新　疆	4.91	0.68	15.30	0.35	1.72	2.18	0.01

【主要统计指标解释】

经济活动人口 指在16周岁及以上，有劳动能力，参加或要求参加社会经济活动的人口。包括就业人员和失业人员。

就业人员 指在一定年龄以上，有劳动能力，为取得劳动报酬或经营收入而从事一定社会劳动的人员。具体指年满16周岁，为取得报酬或经营利润，在调查周内从事了1小时（含1小时）以上的劳动或由于学习、休假等原因在调查周内暂时处于未工作状态，但有工作单位或场所的人口。

单位就业人员 指报告期末最后一日24时在本单位中工作，并取得工资或其他形式劳动报酬的人员数。该指标为时点指标，不包括最后一日当天及以前已经与单位解除劳动合同关系的人员，是在岗职工、劳务派遣人员及其他就业人员之和。就业人员不包括：

(1)离开本单位仍保留劳动关系，并定期领取生活费的人员；

(2)利用课余时间打工的学生及在本单位实习的各类在校学生；

(3)本单位因劳务外包而使用的人员。

城镇私营和个体就业人员 城镇私营就业人员指在工商管理部门注册登记，其经营地址设在县城关镇(含县城关镇)以上的私营企业就业人员，包括私营企业投资者和雇工。城镇个体就业人员指在工商管理部门注册登记，并持有城镇户口或在城镇长期居住，经批准从事个体工商经营的就业人员，包括个体经营者和在个体工商户劳动的家庭帮工和雇工。

3 第三产业增加值

简要说明

国内生产总值数据是由国家统计局国民经济核算司根据不同产业部门、不同支出构成的特点和资料来源情况计算的。

本年鉴公布的国内生产总值以及与之有关的指标数据，最后一年数据不是最终数，还会在获得更多的财务和行政记录等资料后发生变动。如果遇到普查，在能够获得更详细的基础资料的情况下，国内生产总值的历史数据还会发生变动。2013年是第三次经济普查年度，按照《中国第三次经济普查年度国内生产总值核算方法》的要求，重新计算了经济普查年度的国内生产总值，并利用趋势离差法，修订了1952-2012年国内生产总值历史数据。本年鉴中的数据是修订后的数据。

国内生产总值是一个价值量指标，其价值的变化受价格变化和物量变化两大因素影响。不变价国内生产总值是把按当期价格计算的国内生产总值换算成按某个固定期（基期）价格计算的价值，从而使两个不同时期的价值进行比较时，能够剔除价格变化的影响，以反映物量变化，反映生产活动成果的实际变动。国内生产总值指数就是根据两个时期不变价国内生产总值计算得到的。随着经济的不断发展，各行业的价格结构也会不断发生变化，为了更好地反映这种变化对于经济的影响，计算不变价国内生产总值需要每隔若干年调整一次基期。我国自开始核算国内生产总值以来，共有1952年、1957年、1970年、1980年、1990年、2000年、2005年、2010年8个不变价基期，目前的基期是2010年。也就是说，2011年的不变价国内生产总值是按照2010年价格计算的。由于计算不变价国内生产总值采用按不同基期分段计算，因此本年鉴中的不变价国内生产总值数据也按分段方式公布。

本篇中的数据分类基于《国民经济行业分类》（GB/T 4754—2011）和2012年制定的《三次产业划分规定》。第一产业是指农、林、牧、渔业（不含农、林、牧、渔服务业）。第二产业是指采矿业（不含开采辅助活动），制造业（不含金属制品、机械和设备修理业），电力、热力、燃气及水生产和供应业，建筑业。第三产业即服务业，是指除第一产业、第二产业以外的其他行业。

本篇所列分地区的数据来自各省、自治区、直辖市统计局的国民经济核算资料。由于采取分级核算，各地区数据相加不等于全国总计。

3-1 第三产业增加值及所占比重

单位：亿元

年 份	国内生产总值	第一产业	第二产业	第三产业	
					比重(%)
1978	3650.2	1018.4	1736.0	895.8	24.5
1979	4067.7	1258.9	1903.3	905.4	22.3
1980	4551.6	1359.4	2180.5	1011.6	22.2
1981	4898.1	1545.6	2243.7	1108.8	22.6
1982	5333.0	1761.6	2370.6	1200.9	22.5
1983	5975.6	1960.8	2632.6	1382.2	23.1
1984	7226.3	2295.5	3089.7	1841.1	25.5
1985	9039.9	2541.6	3846.8	2651.6	29.3
1986	10308.8	2763.9	4469.9	3074.9	29.8
1987	12102.2	3204.3	5225.3	3672.6	30.3
1988	15101.1	3831.0	6554.0	4716.0	31.2
1989	17090.3	4228.0	7240.8	5621.6	32.9
1990	18774.3	5017.0	7678.0	6079.3	32.4
1991	21895.5	5288.6	9055.8	7551.2	34.5
1992	27068.3	5800.0	11640.4	9627.9	35.6
1993	35524.3	6887.3	16373.0	12264.1	34.5
1994	48459.6	9471.4	22333.5	16654.7	34.4
1995	61129.8	12020.0	28536.2	20573.6	33.7
1996	71572.3	13877.8	33665.8	24028.7	33.6
1997	79429.5	14264.6	37353.9	27810.9	35.0
1998	84883.7	14618.0	38808.8	31456.8	37.1
1999	90187.7	14548.1	40827.6	34812.0	38.6
2000	99776.3	14716.2	45326.0	39734.1	39.8
2001	110270.4	15501.2	49262.0	45507.2	41.3
2002	121002.0	16188.6	53624.4	51189.0	42.3
2003	136564.6	16968.3	62120.8	57475.6	42.1
2004	160714.4	20901.8	73529.8	66282.8	41.2
2005	185895.8	21803.5	87127.3	76964.9	41.4
2006	217656.6	23313.0	103163.5	91180.1	41.9
2007	268019.4	27783.0	125145.4	115090.9	42.9
2008	316751.7	32747.0	148097.9	135906.9	42.9
2009	345629.2	34154.0	157850.1	153625.1	44.4
2010	408903.0	39354.6	188804.9	180743.4	44.2
2011	484123.5	46153.3	223390.3	214579.9	44.3
2012	534123.0	50892.7	240200.4	243030.0	45.5
2013	588018.8	55321.7	256810.0	275887.0	46.9
2014	636138.7	58336.1	271764.5	306038.2	48.1

注：本表按当年价格计算。

3-2 第三产业分行业增加值

单位：亿元

年 份	第三产业	#批发和零售业	#交通运输、仓储和邮政业	#住宿和餐饮业	#金融业	#房地产业
1978	895.8	242.3	182.0	44.6	76.5	79.9
1979	905.4	200.9	193.7	44.0	75.9	86.3
1980	1011.6	193.8	213.4	47.4	85.7	96.4
1981	1108.8	231.1	220.7	54.1	91.6	99.9
1982	1200.9	171.4	246.9	62.3	130.6	110.8
1983	1382.2	198.7	274.9	72.5	168.9	121.8
1984	1841.1	363.5	338.5	96.8	230.5	162.3
1985	2651.6	802.4	421.7	138.3	293.8	215.2
1986	3074.9	852.6	498.8	163.2	401.0	298.1
1987	3672.6	1059.6	568.3	187.1	506.0	382.6
1988	4716.0	1483.4	685.7	241.4	658.6	473.8
1989	5621.6	1536.2	812.7	277.4	1079.6	566.2
1990	6079.3	1268.9	1167.0	301.9	1143.7	662.2
1991	7551.2	1834.6	1420.3	442.3	1194.7	763.7
1992	9627.9	2405.0	1689.0	584.6	1481.5	1101.3
1993	12264.1	2816.6	2174.0	712.1	1902.6	1379.6
1994	16654.7	3773.4	2787.9	1008.5	2556.5	1909.3
1995	20573.6	4778.6	3244.3	1200.1	3209.6	2354.0
1996	24028.7	5599.7	3782.2	1336.8	3698.2	2617.6
1997	27810.9	6327.4	4148.6	1561.3	4176.1	2921.1
1998	31456.8	6913.2	4660.9	1786.9	4314.3	3434.5
1999	34812.0	7491.1	5175.2	1941.2	4484.8	3681.8
2000	39734.1	8158.6	6161.0	2146.3	4836.1	4149.1
2001	45507.2	9119.4	6870.3	2400.1	5195.1	4715.1
2002	51189.0	9995.4	7492.9	2724.8	5546.5	5346.4
2003	57475.6	11169.5	7913.2	3126.1	6034.6	6172.7
2004	66282.8	12453.8	9304.4	3664.8	6586.6	7174.1
2005	76964.9	13966.2	10666.2	4195.7	7469.3	8516.4
2006	91180.1	16530.7	12183.0	4792.6	9951.4	10370.5
2007	115090.9	20937.8	14601.0	5548.1	15173.3	13809.7
2008	135906.9	26182.3	16362.5	6616.1	18312.9	14738.7
2009	153625.1	29001.5	16516.1	6957.0	21797.4	18966.9
2010	180743.4	35904.4	18777.0	7712.0	25679.7	23569.9
2011	214579.9	43730.5	21834.1	8565.4	30678.2	28167.6
2012	243030.0	49831.0	23754.7	9536.9	35187.7	31248.3
2013	275887.0	56284.1	26036.3	10228.3	41190.5	35987.6
2014	306038.2	62215.6	28750.0	11198.8	46572.7	38166.6

注：本表按当年价格计算。

3-3 第三产业分行业增加值构成

单位：%

年 份	第三产业	#批发和零售业	#交通运输、仓储和邮政业	#住宿和餐饮业	#金融业	#房地产业
1978	100.0	27.1	20.3	5.0	8.5	8.9
1979	100.0	22.2	21.4	4.9	8.4	9.5
1980	100.0	19.2	21.1	4.7	8.5	9.5
1981	100.0	20.8	19.9	4.9	8.3	9.0
1982	100.0	14.3	20.6	5.2	10.9	9.2
1983	100.0	14.4	19.9	5.2	12.2	8.8
1984	100.0	19.7	18.4	5.3	12.5	8.8
1985	100.0	30.3	15.9	5.2	11.1	8.1
1986	100.0	27.7	16.2	5.3	13.0	9.7
1987	100.0	28.9	15.5	5.1	13.8	10.4
1988	100.0	31.5	14.5	5.1	14.0	10.0
1989	100.0	27.3	14.5	4.9	19.2	10.1
1990	100.0	20.9	19.2	5.0	18.8	10.9
1991	100.0	24.3	18.8	5.9	15.8	10.1
1992	100.0	25.0	17.5	6.1	15.4	11.4
1993	100.0	23.0	17.7	5.8	15.5	11.2
1994	100.0	22.7	16.7	6.1	15.3	11.5
1995	100.0	23.2	15.8	5.8	15.6	11.4
1996	100.0	23.3	15.7	5.6	15.4	10.9
1997	100.0	22.8	14.9	5.6	15.0	10.5
1998	100.0	22.0	14.8	5.7	13.7	10.9
1999	100.0	21.5	14.9	5.6	12.9	10.6
2000	100.0	20.5	15.5	5.4	12.2	10.4
2001	100.0	20.0	15.1	5.3	11.4	10.4
2002	100.0	19.5	14.6	5.3	10.8	10.4
2003	100.0	19.4	13.8	5.4	10.5	10.7
2004	100.0	18.8	14.0	5.5	9.9	10.8
2005	100.0	18.1	13.9	5.5	9.7	11.1
2006	100.0	18.1	13.4	5.3	10.9	11.4
2007	100.0	18.2	12.7	4.8	13.2	12.0
2008	100.0	19.3	12.0	4.9	13.5	10.8
2009	100.0	18.9	10.8	4.5	14.2	12.3
2010	100.0	19.9	10.4	4.3	14.2	13.0
2011	100.0	20.4	10.2	4.0	14.3	13.1
2012	100.0	20.5	9.8	3.9	14.5	12.9
2013	100.0	20.4	9.4	3.7	14.9	13.0
2014	100.0	20.3	9.4	3.7	15.2	12.5

注：本表按当年价格计算。

3-4 第三产业不变价增加值

单位：亿元

年 份	第三产业	#批发和零售业	#交通运输、仓储和邮政业	#住宿和餐饮业	#金融业	#房地产业
						按1970年价格计算
1978	879.7	253.3	179.7	44.8	77.0	65.0
1979	948.4	275.4	194.5	49.8	75.5	67.6
1980	1005.9	270.3	202.9	51.7	81.0	73.0
						按1980年价格计算
1980	1011.6	193.8	213.4	47.4	85.7	96.4
1981	1109.5	251.0	217.4	55.7	89.8	93.0
1982	1250.5	249.1	242.0	73.3	128.5	101.5
1983	1434.0	302.0	265.0	87.5	162.6	106.7
1984	1713.3	376.7	304.5	94.6	212.6	136.3
1985	2026.1	503.0	346.5	100.6	249.0	170.4
1986	2276.2	550.5	394.6	116.3	324.3	214.4
1987	2612.5	631.6	432.5	127.5	397.5	277.2
1988	2959.4	705.9	486.6	159.5	477.8	312.4
1989	3132.5	630.3	507.1	175.4	601.1	362.2
1990	3215.9	597.1	549.4	181.5	614.1	384.8
						按1990年价格计算
1990	6079.3	1268.9	1167.0	301.9	1143.7	662.2
1991	6640.3	1334.6	1290.2	326.5	1176.0	741.4
1992	7479.2	1474.9	1420.0	414.7	1252.1	938.7
1993	8392.9	1601.5	1598.0	448.9	1393.2	1039.7
1994	9351.5	1732.6	1734.2	570.7	1528.8	1164.1
1995	10296.6	1875.2	1924.6	629.1	1663.7	1308.9
1996	11245.3	2018.4	2137.0	672.1	1795.2	1361.7
1997	12418.0	2195.4	2333.7	745.7	1957.3	1418.0
1998	13461.9	2338.3	2580.8	828.2	2057.4	1526.9
1999	14702.2	2541.9	2894.9	892.1	2167.5	1617.6
2000	16131.3	2781.3	3143.3	975.4	2318.4	1732.6
						按2000年价格计算
2000	39734.1	8158.6	6161.0	2146.3	4836.1	4149.1
2001	43803.6	8900.6	6703.6	2310.4	5174.9	4605.1
2002	48382.1	9684.7	7181.3	2590.9	5563.6	5061.4
2003	52990.4	10647.2	7621.2	2911.0	5976.9	5557.6
2004	58337.7	11346.4	8724.5	3270.2	6255.8	5885.5
2005	65528.2	12824.4	9702.0	3671.2	7139.8	6605.7
						按2005年价格计算
2005	76964.9	13966.2	10666.2	4195.7	7469.3	8516.4
2006	87828.7	16684.6	11729.4	4723.0	9242.8	9834.8
2007	101932.7	20057.5	13113.6	5177.3	11629.9	12230.1
2008	112593.1	23236.6	14074.1	5674.3	13037.2	12347.3
2009	123250.6	26002.9	14547.6	5887.4	15169.5	13806.0
2010	135189.5	29798.8	15925.4	6371.4	16524.7	14842.9
						按2010年价格计算
2010	180743.4	35904.4	18777.0	7712.0	25679.7	23569.9
2011	197921.9	40379.7	20591.1	8106.2	27647.3	25312.3
2012	213678.4	44538.3	21844.8	8629.3	30258.3	26499.3
2013	231320.6	49221.6	23288.6	8966.1	33454.8	28409.0

注：1.更换基期的年份有两个不变价数据，一个按上一基期价格计算，一个按新基期价格计算。
2.有关不变价国内生产总值的解释见简要说明。

3-5 第三产业分行业增加值及占GDP的比重

行业	2012		2013	
	增加值（亿元）	占GDP的比重（%）	增加值（亿元）	占GDP的比重（%）
第三产业总计	**243030.0**	**45.5**	**275887.0**	**46.9**
批发和零售业	49831.0	9.3	56284.1	9.6
交通运输、仓储和邮政业	23754.7	4.4	26036.3	4.4
住宿和餐饮业	9536.9	1.8	10228.3	1.7
信息传输、软件和信息技术服务业	11799.5	2.2	13549.4	2.3
金融业	35187.7	6.6	41190.5	7.0
房地产业	31248.3	5.9	35987.6	6.1
租赁和商务服务业	11215.5	2.1	13306.6	2.3
科学研究和技术服务业	8356.4	1.6	9737.0	1.7
水利、环境和公共设施管理业	2555.1	0.5	3051.7	0.5
居民服务、修理和其他服务业	8156.8	1.5	8625.1	1.5
教育	16172.1	3.0	18428.8	3.1
卫生和社会工作	8974.5	1.7	10996.7	1.9
文化、体育和娱乐业	3529.6	0.7	3866.3	0.7
公共管理、社会保障和社会组织	20101.7	3.8	21693.0	3.7

注：本表按当年价格计算。

3-6 第三产业分行业增加值指数

上年＝100

年 份	第三产业	#批发和零售业	#交通运输、仓储和邮政业	#住宿和餐饮业	#金融业	#房地产业
1978	113.6	123.1	108.9	118.1	110.1	105.7
1979	107.8	108.7	108.3	111.1	98.0	104.1
1980	106.1	98.1	104.3	103.9	107.3	107.9
1981	109.7	129.5	101.9	117.5	104.7	96.5
1982	112.7	99.3	111.4	131.6	143.1	109.1
1983	114.7	121.2	109.5	119.4	126.5	105.2
1984	119.5	124.7	114.9	108.1	130.7	127.7
1985	118.3	133.5	113.8	106.3	117.1	125.0
1986	112.3	109.4	113.9	115.6	130.2	125.9
1987	114.8	114.7	109.6	109.7	122.6	129.3
1988	113.3	111.8	112.5	125.1	120.2	112.7
1989	105.9	89.3	104.2	109.9	125.8	115.9
1990	102.7	94.7	108.3	103.5	102.2	106.2
1991	109.2	105.2	110.6	108.2	102.8	112.0
1992	112.6	110.5	110.1	127.0	106.5	126.6
1993	112.2	108.6	112.5	108.2	111.3	110.8
1994	111.4	108.2	108.5	127.1	109.7	112.0
1995	110.1	108.2	111.0	110.2	108.8	112.4
1996	109.2	107.6	111.0	106.8	107.9	104.0
1997	110.4	108.8	109.2	110.9	109.0	104.1
1998	108.4	106.5	110.6	111.1	105.1	107.7
1999	109.2	108.7	112.2	107.7	105.4	105.9
2000	109.7	109.4	108.6	109.3	107.0	107.1
2001	110.2	109.1	108.8	107.6	107.0	111.0
2002	110.5	108.8	107.1	112.1	107.5	109.9
2003	109.5	109.9	106.1	112.4	107.4	109.8
2004	110.1	106.6	114.5	112.3	104.7	105.9
2005	112.3	113.0	111.2	112.3	114.1	112.2
2006	114.1	119.5	110.0	112.6	123.7	115.5
2007	116.1	120.2	111.8	109.6	125.8	124.4
2008	110.5	115.9	107.3	109.6	112.1	101.0
2009	109.5	111.9	103.4	103.8	116.4	111.8
2010	109.7	114.6	109.5	108.2	108.9	107.5
2011	109.5	112.5	109.7	105.1	107.7	107.4
2012	108.0	110.3	106.1	106.5	109.4	104.7
2013	108.3	110.5	106.6	103.9	110.6	107.2
2014	107.8	109.5	107.0	106.2	109.7	102.3

注：本表按不变价格计算。

3-7 第三产业分行业增加值指数

1978年＝100

年 份	第三产业	#批发和零售业	#交通运输、仓储和邮政业	#住宿和餐饮业	#金融业	#房地产业
1978	100.0	100.0	100.0	100.0	100.0	100.0
1979	107.8	108.7	108.3	111.1	98.0	104.1
1980	114.4	106.7	112.9	115.5	105.2	112.3
1981	125.4	138.2	115.0	135.6	110.2	108.4
1982	141.4	137.2	128.1	178.5	157.6	118.2
1983	162.1	166.3	140.2	213.1	199.5	124.3
1984	193.7	207.4	161.1	230.3	260.8	158.7
1985	229.0	277.0	183.3	244.8	305.5	198.4
1986	257.3	303.2	208.8	283.1	397.8	249.7
1987	295.3	347.8	228.9	310.5	487.6	322.9
1988	334.5	388.7	257.5	388.5	586.1	363.8
1989	354.1	347.1	268.3	426.9	737.4	421.8
1990	363.5	328.8	290.7	441.8	753.4	448.2
1991	397.0	345.8	321.4	477.9	774.6	501.7
1992	447.2	382.2	353.7	607.0	824.7	635.3
1993	501.8	414.9	398.1	657.0	917.7	703.6
1994	559.2	448.9	432.0	835.3	1007.0	787.8
1995	615.7	485.9	479.4	920.8	1095.9	885.8
1996	672.4	523.0	532.4	983.8	1182.5	921.6
1997	742.5	568.8	581.3	1091.4	1289.2	959.6
1998	804.9	605.9	642.9	1212.2	1355.2	1033.3
1999	879.1	658.6	721.2	1305.7	1427.7	1094.7
2000	964.6	720.7	783.0	1427.7	1527.1	1172.5
2001	1063.3	786.2	852.0	1536.8	1634.1	1301.4
2002	1174.5	855.5	912.7	1723.4	1756.8	1430.3
2003	1286.4	940.5	968.6	1936.4	1887.3	1570.5
2004	1416.2	1002.2	1108.9	2175.3	1975.4	1663.2
2005	1590.7	1132.8	1233.1	2442.0	2254.5	1866.7
2006	1815.3	1353.3	1356.0	2748.9	2789.9	2155.7
2007	2106.8	1626.9	1516.0	3013.3	3510.4	2680.7
2008	2327.1	1884.7	1627.1	3302.6	3935.2	2706.4
2009	2547.4	2109.1	1681.8	3426.6	4578.8	3026.2
2010	2794.1	2417.0	1841.1	3708.3	4987.9	3253.4
2011	3059.7	2718.2	2019.0	3897.9	5370.0	3493.9
2012	3303.3	2998.2	2141.9	4149.4	5877.2	3657.8
2013	3576.0	3313.4	2283.5	4311.4	6498.1	3921.4
2014	3856.6	3628.1	2443.9	4579.7	7130.3	4009.6

注：本表按不变价格计算。

3-8 三次产业贡献率

单位：%

年 份	国内生产总值	第一产业	第二产业	第三产业
1990	100.0	40.5	39.6	19.9
1991	100.0	6.8	61.1	32.2
1992	100.0	8.2	63.2	28.7
1993	100.0	7.6	64.4	28.0
1994	100.0	6.3	66.3	27.4
1995	100.0	8.7	62.8	28.5
1996	100.0	9.3	62.2	28.5
1997	100.0	6.5	59.0	34.5
1998	100.0	7.2	59.7	33.0
1999	100.0	5.7	56.8	37.5
2000	100.0	4.2	59.5	36.3
2001	100.0	4.7	46.2	49.1
2002	100.0	4.2	49.2	46.6
2003	100.0	3.1	57.9	39.0
2004	100.0	7.4	51.7	40.9
2005	100.0	5.3	50.3	44.4
2006	100.0	4.4	49.5	46.1
2007	100.0	2.7	49.9	47.4
2008	100.0	5.3	48.4	46.3
2009	100.0	4.1	51.9	44.0
2010	100.0	3.6	57.2	39.2
2011	100.0	4.2	51.5	44.3
2012	100.0	5.3	49.3	45.4
2013	100.0	4.4	48.0	47.6
2014	100.0	4.8	47.1	48.1

注：1.产业贡献率指各产业增加值增量与GDP增量之比。
2.本表按不变价格计算。

3-9 三次产业对国内生产总值增长的拉动

单位：百分点

年　份	国内生产总值	第一产业	第二产业	第三产业
1990	3.9	1.6	1.6	0.8
1991	9.3	0.6	5.7	3.0
1992	14.3	1.2	9.0	4.1
1993	13.9	1.1	9.0	3.9
1994	13.1	0.8	8.7	3.6
1995	11.0	1.0	6.9	3.1
1996	9.9	0.9	6.2	2.8
1997	9.2	0.6	5.4	3.2
1998	7.8	0.6	4.7	2.6
1999	7.6	0.4	4.3	2.9
2000	8.4	0.4	5.0	3.1
2001	8.3	0.4	3.8	4.1
2002	9.1	0.4	4.5	4.2
2003	10.0	0.3	5.8	3.9
2004	10.1	0.7	5.2	4.1
2005	11.3	0.6	5.7	5.0
2006	12.7	0.6	6.3	5.8
2007	14.2	0.4	7.1	6.7
2008	9.6	0.5	4.7	4.5
2009	9.2	0.4	4.8	4.1
2010	10.6	0.4	6.1	4.2
2011	9.5	0.4	4.9	4.2
2012	7.7	0.4	3.8	3.5
2013	7.7	0.3	3.7	3.7
2014	7.3	0.3	3.4	3.5

注：1.产业拉动指GDP增长速度与各产业贡献率之乘积。
　　2.本表按不变价格计算。

3-10 各地区第三产业增加值

单位：亿元

地区	1994	1995	1996	1997	1998	1999	2000	2001	2002	2003
北京	560.97	789.72	1001.19	1218.06	1458.75	1693.13	2049.12	2484.83	2982.57	3435.95
天津	271.39	352.62	445.16	519.10	602.47	671.30	764.36	881.30	997.47	1150.81
河北	682.46	895.41	1087.42	1257.64	1381.08	1519.63	1704.45	1906.31	2149.75	2439.68
山西	306.25	412.89	493.62	576.58	642.58	721.67	807.49	902.43	992.69	1176.65
内蒙古	232.01	288.10	345.50	408.60	462.06	525.93	605.74	699.24	811.47	1000.79
辽宁	883.78	1011.20	1145.92	1364.20	1495.05	1649.41	1821.22	2048.09	2258.17	2487.85
吉林	281.42	358.02	433.73	529.21	561.90	594.96	783.89	858.74	958.88	1075.48
黑龙江	449.33	571.60	655.80	774.40	863.00	932.40	1036.55	1181.20	1319.40	1467.90
上海	794.80	1020.20	1292.11	1592.74	1855.36	2129.60	2486.86	2728.94	3038.90	3404.19
江苏	1186.64	1573.75	1940.91	2232.68	2512.69	2740.30	3069.46	3454.90	3891.92	4493.31
浙江	852.51	1153.07	1361.43	1512.64	1676.38	1862.87	2236.12	2665.68	3227.99	3890.79
安徽	439.23	566.45	682.79	782.21	878.38	991.30	1103.54	1231.06	1399.02	1638.42
福建	560.52	747.74	920.23	1079.46	1214.82	1351.03	1495.52	1618.24	1765.80	1949.91
江西	295.58	391.35	488.44	581.75	661.21	740.43	817.17	883.56	972.73	1043.08
山东	1178.04	1587.44	1899.54	2194.70	2397.49	2628.52	2904.45	3279.53	3700.52	4112.43
河南	611.26	830.40	1019.43	1171.26	1299.02	1413.73	1597.26	1788.22	1978.37	2358.86
湖北	541.85	709.43	859.75	1016.69	1136.72	1260.86	1445.71	1613.97	1795.93	2003.08
湖南	527.41	676.16	826.09	951.73	1074.14	1243.30	1473.39	1593.35	1780.79	1995.78
广东	1673.52	2168.34	2592.22	3091.81	3469.21	3882.66	4755.42	5544.35	6343.94	7178.94
广西	394.69	508.55	575.65	620.44	657.31	721.35	789.90	931.82	1074.85	1178.25
海南	142.54	155.87	167.01	179.51	194.66	208.04	230.85	248.56	270.96	293.85
重庆	260.66	366.20	458.57	552.14	625.85	679.23	746.10	840.01	956.12	1081.35
四川	621.27	799.84	945.62	1095.87	1237.84	1373.46	1549.51	1739.81	1943.68	2189.68
贵州	146.10	176.56	213.56	244.84	273.95	319.34	367.52	425.34	480.37	558.28
云南	318.85	384.68	488.15	545.33	609.64	681.05	746.14	825.83	914.50	1013.76
西藏	16.97	19.39	26.46	31.13	39.99	47.86	54.37	69.65	89.56	96.76
陕西	302.82	377.91	450.99	540.93	583.66	656.64	763.20	868.17	963.62	1063.89
甘肃	151.07	190.28	222.42	265.58	311.48	354.42	437.13	459.34	514.83	589.91
青海	48.22	63.60	73.76	84.36	92.54	103.32	114.73	130.30	148.83	169.81
宁夏	50.31	65.10	79.09	91.05	101.58	112.67	127.56	151.89	171.14	195.46
新疆	225.52	290.17	337.92	374.75	420.15	474.18	537.80	629.57	704.50	753.91

3-10 续表 单位：亿元

地 区	2004	2004	2005	2006	2007	2008	2009	2010	2011	2012	2013	2014
北 京	4113.26	4092.27	4854.33	5837.55	7236.15	8375.76	9179.19	10600.84	12363.18	13669.93	15348.61	16627.04
天 津	1322.40	1319.76	1658.19	1902.31	2250.04	2886.65	3405.16	4238.65	5219.24	6058.46	6979.60	7795.18
河 北	2842.33	2805.47	3340.54	3895.36	4600.72	5276.04	6068.31	7123.77	8483.17	9384.78	10279.12	10960.84
山 西	1375.67	1375.67	1611.07	1846.18	2257.99	2759.46	2886.92	3412.38	3960.87	4682.95	5311.18	5678.69
内蒙古	1270.00	1270.00	1542.26	1934.35	2467.41	3212.06	3696.65	4209.03	5015.89	5630.50	6236.66	7022.55
辽 宁	2811.95	2811.95	3295.45	3798.26	4486.74	5207.72	5891.25	6849.37	8158.98	9460.12	11033.12	11956.19
吉 林	1223.64	1223.64	1413.83	1687.07	2025.44	2412.26	2756.26	3111.12	3679.91	4150.36	4707.70	4992.54
黑龙江	1670.30	1657.77	1857.42	2096.35	2493.04	2905.68	3371.95	4040.55	4918.09	5540.31	6134.12	6883.61
上 海	4097.26	4097.26	4776.20	5508.48	6821.11	7872.23	8930.85	9833.51	11142.86	12199.15	13785.45	15275.72
江 苏	5198.03	5198.03	6612.22	7914.11	9730.91	11888.53	13629.07	17131.45	20842.21	23517.98	27197.43	30599.49
浙 江	4594.72	4584.22	5360.10	6281.86	7613.46	8799.31	9918.78	12063.82	14180.23	15681.13	17948.72	19220.79
安 徽	1963.92	1963.90	2137.77	2390.29	2789.78	3234.64	3662.15	4193.69	4975.96	5628.48	6572.14	7378.68
福 建	2206.02	2206.02	2551.41	3022.83	3770.00	4346.40	5048.49	5850.62	6878.74	7737.13	8664.66	9525.60
江 西	1225.80	1225.80	1411.92	1614.65	1918.95	2355.86	2637.07	3121.40	3921.20	4486.06	5108.66	5782.98
山 东	4764.70	4732.60	5924.74	7187.26	8620.24	10358.64	11768.18	14343.14	17370.89	19995.81	23221.51	25840.12
河 南	2722.40	2722.40	3181.27	3721.44	4511.97	5099.76	5700.91	6607.89	7991.72	9157.57	11475.70	12961.67
湖 北	2292.55	2292.55	2655.94	3111.98	3812.34	4466.85	5127.12	6053.37	7247.02	8208.58	9974.92	11349.93
湖 南	2294.60	2428.95	2882.88	3229.42	3835.40	4633.67	5402.81	6369.27	7539.54	8643.60	10077.39	11406.51
广 东	8364.05	8335.30	9772.50	11585.82	14076.83	16321.46	18052.59	20711.55	24097.70	26519.69	30503.44	33223.28
广 西	1369.60	1361.92	1560.92	1835.12	2156.76	2529.51	2919.13	3383.11	3998.33	4615.30	5427.94	5934.49
海 南	335.30	335.30	377.17	433.57	528.84	643.47	748.59	953.67	1148.93	1339.53	1644.14	1815.23
重 庆	1151.96	1229.62	1440.32	1649.20	1825.21	2160.48	2474.44	2881.08	3623.81	4494.41	5968.29	6672.51
四 川	2510.30	2510.30	2836.73	3319.62	3881.60	4561.69	5198.80	6030.41	7014.04	8242.31	9551.36	11043.20
贵 州	661.80	661.80	815.32	989.38	1312.94	1652.34	1885.79	2177.07	2781.29	3282.75	3812.15	4128.50
云 南	1206.69	1192.53	1374.62	1557.91	1896.78	2218.81	2519.62	2892.31	3701.79	4235.72	5032.30	5542.70
西 藏	123.30	123.30	137.24	159.76	188.06	218.67	240.85	274.82	322.57	377.80	438.07	492.35
陕 西	1250.20	1234.60	1546.59	1806.36	2178.20	2699.74	3143.74	3688.93	4355.81	5009.65	5832.14	6547.76
甘 肃	692.09	688.41	787.36	900.16	1037.11	1234.21	1363.27	1536.50	1963.79	2269.61	2740.65	3009.61
青 海	193.70	193.70	213.37	249.04	294.91	355.93	398.54	470.88	540.18	624.29	766.06	853.08
宁 夏	227.73	227.73	259.49	294.78	366.18	475.00	563.74	702.45	861.92	982.52	1107.17	1193.87
新 疆	848.41	833.36	929.41	1058.16	1246.89	1421.38	1587.72	1766.69	2245.12	2703.18	3434.13	3785.90

注：本表按当年价格计算。1994-2004年数据基于《国民经济行业分类》(GB/T 4754-1994)，2004-2012年数据基于《国民经济行业分类》(GB/T 4754-2002)。2013-2014年数据基于《国民经济行业分类》(GB/T 4754-2011)，三次产业划分依据《三次产业划分规定》(国统字[2012]108号)。

3-11 各地区第三产业增加值占地区生产总值的比重

地区生产总值=100

地　区	1994	1995	1996	1997	1998	1999	2000	2001	2002	2003
北　京	49.0	52.4	56.0	58.6	61.4	63.2	64.8	67.0	69.1	68.6
天　津	37.0	37.8	39.7	41.0	43.8	44.7	44.9	45.9	46.4	44.6
河　北	31.2	31.4	31.5	31.8	32.5	33.7	33.8	34.6	35.7	35.2
山　西	37.0	38.4	38.2	39.1	39.9	43.3	43.7	44.5	42.7	41.2
内蒙古	33.4	33.6	33.8	35.4	36.6	38.1	39.4	40.8	41.8	41.9
辽　宁	35.9	36.2	36.3	38.1	38.5	39.5	39.0	40.7	41.4	41.4
吉　林	30.0	31.5	32.2	36.1	35.6	35.6	40.2	40.5	40.8	40.4
黑龙江	28.0	28.7	27.7	29.0	31.1	32.5	32.9	34.8	36.3	36.2
上　海	39.9	40.8	43.7	46.3	48.8	50.8	52.1	52.4	52.9	50.9
江　苏	29.2	30.5	32.3	33.4	34.9	35.6	35.9	36.5	36.7	36.1
浙　江	31.7	32.4	32.5	32.3	33.2	34.2	36.4	38.6	40.3	40.1
安　徽	33.3	31.3	32.6	33.3	34.5	36.5	38.0	37.9	39.7	41.8
福　建	34.1	35.7	37.0	37.6	38.4	39.6	39.7	39.7	39.5	39.1
江　西	31.2	33.5	34.6	36.2	38.4	39.9	40.8	40.6	39.7	37.2
山　东	30.6	32.0	32.3	33.6	34.1	35.1	34.8	35.7	36.0	34.0
河　南	27.6	27.8	28.0	29.0	30.2	31.3	31.6	32.3	32.8	34.3
湖　北	31.9	33.6	34.4	35.6	36.5	39.0	40.8	41.6	42.6	42.1
湖　南	32.0	31.7	32.5	33.4	35.5	38.7	41.5	41.6	42.9	42.8
广　东	36.2	36.5	37.9	39.8	40.7	42.0	44.3	46.1	47.0	45.3
广　西	32.9	34.0	33.9	34.1	34.4	36.6	38.0	40.9	42.6	41.8
海　南	42.9	42.9	42.9	43.7	44.0	43.6	43.8	42.9	42.2	41.2
重　庆	31.3	32.6	34.9	36.6	39.1	40.8	41.7	42.5	42.8	42.3
四　川	31.0	32.7	32.9	33.8	35.6	37.6	39.4	40.5	41.1	41.1
贵　州	27.9	27.8	29.5	30.4	31.9	34.1	35.7	37.5	38.6	39.1
云　南	32.4	31.5	32.2	32.5	33.3	35.8	37.1	38.6	39.5	39.7
西　藏	36.9	34.6	40.7	40.3	43.7	45.2	46.2	50.1	55.3	52.3
陕　西	36.1	36.4	37.1	39.7	40.0	41.2	42.3	43.2	42.8	41.1
甘　肃	33.3	34.1	30.8	33.5	35.1	37.1	41.5	40.8	41.8	42.1
青　海	34.8	37.9	40.0	41.6	41.9	43.2	43.5	43.4	43.7	43.5
宁　夏	36.9	37.2	39.0	40.5	41.4	42.6	43.2	45.0	45.4	43.9
新　疆	34.1	35.6	37.5	36.0	38.0	40.8	39.4	42.2	43.7	40.0

3-11 续表 地区生产总值=100

地 区	2004	2004	2005	2006	2007	2008	2009	2010	2011	2012	2013	2014
北 京	67.9	67.8	69.7	71.9	73.5	75.4	75.5	75.1	76.1	76.5	77.5	77.9
天 津	42.5	42.4	42.5	42.6	42.8	43.0	45.3	46.0	46.2	47.0	48.3	49.6
河 北	33.5	33.1	33.4	34.0	33.8	33.0	35.2	34.9	34.6	35.3	36.1	37.3
山 西	38.6	38.5	38.1	37.8	37.5	37.7	39.2	37.1	35.2	38.7	41.9	44.5
内蒙古	41.8	41.8	39.5	39.1	38.4	37.8	38.0	36.1	34.9	35.5	36.9	39.5
辽 宁	42.1	42.1	41.0	40.8	40.2	38.1	38.7	37.1	36.7	38.1	40.5	41.8
吉 林	39.2	39.2	39.1	39.5	38.3	37.5	37.9	35.9	34.8	34.8	36.1	36.2
黑龙江	35.2	34.9	33.7	33.7	35.1	34.9	39.3	39.0	39.1	40.5	42.4	45.8
上 海	50.8	50.8	51.6	52.1	54.6	56.0	59.4	57.3	58.0	60.4	63.2	64.8
江 苏	34.7	34.6	35.6	36.4	37.4	38.4	39.6	41.4	42.4	43.5	45.5	47.0
浙 江	39.4	39.4	39.9	40.0	40.6	41.0	43.1	43.5	43.9	45.2	47.5	47.8
安 徽	41.2	41.3	40.0	39.1	37.9	36.5	36.4	33.9	32.5	32.7	34.2	35.4
福 建	38.3	38.3	38.9	39.9	40.8	40.2	41.3	39.7	39.2	39.3	39.6	39.6
江 西	35.5	35.5	34.8	33.5	33.1	33.8	34.4	33.0	33.5	34.6	35.5	36.8
山 东	31.7	31.5	32.3	32.8	33.4	33.5	34.7	36.6	38.3	40.0	42.0	43.5
河 南	31.8	31.8	30.0	30.1	30.1	28.3	29.3	28.6	29.7	30.9	35.6	37.1
湖 北	40.7	40.7	40.3	40.9	40.8	39.4	39.6	37.9	36.9	36.9	40.2	41.5
湖 南	40.7	43.1	43.7	42.0	40.6	40.1	41.4	39.7	38.3	39.0	40.9	42.2
广 东	44.3	44.2	43.3	43.6	44.3	44.4	45.7	45.0	45.3	46.5	48.8	49.0
广 西	39.9	39.7	39.2	38.7	37.0	36.0	37.6	35.4	34.1	35.4	37.6	37.9
海 南	42.0	40.9	41.1	40.7	42.2	42.8	45.3	46.2	45.5	46.9	51.7	51.9
重 庆	42.8	40.5	41.5	42.2	39.0	37.3	37.9	36.4	36.2	39.4	46.7	46.8
四 川	39.4	39.3	38.4	38.2	36.7	36.2	36.7	35.1	33.4	34.5	36.2	38.7
贵 州	39.4	39.4	40.7	42.3	45.5	46.4	48.2	47.3	48.8	47.9	47.1	44.6
云 南	39.1	38.7	39.7	39.1	39.7	39.0	40.8	40.0	41.6	41.1	42.5	43.3
西 藏	56.0	56.0	55.2	54.9	55.1	55.4	54.6	54.2	53.2	53.9	53.7	53.5
陕 西	39.4	38.9	39.3	38.1	37.8	36.9	38.5	36.4	34.8	34.7	36.0	37.0
甘 肃	41.0	40.8	40.7	39.5	38.4	39.0	40.2	37.3	39.1	40.2	43.3	44.0
青 海	41.6	41.6	39.3	38.4	37.0	34.9	36.9	34.9	32.3	33.0	36.1	37.0
宁 夏	42.4	42.4	42.4	40.6	39.8	39.5	41.7	41.6	41.0	42.0	43.0	43.4
新 疆	38.4	37.7	35.7	34.7	35.4	34.0	37.1	32.5	34.0	36.0	40.7	40.8

注：本表按当年价格计算。1994-2004年数据基于《国民经济行业分类》(GB/T 4754-1994)，2004-2012年数据基于《国民经济行业分类》(GB/T 4754-2002)。2013-2014年数据基于《国民经济行业分类》(GB/T 4754-2011)，三次产业划分依据《三次产业划分规定》(国统字[2012]108号)。

3-12 各地区第三产业增加值指数

上年=100

地区	1994	1995	1996	1997	1998	1999	2000	2001	2002
北京	115.0	120.5	113.4	113.2	110.1	110.6	112.9	113.1	113.3
天津	115.6	117.9	115.4	113.4	113.0	108.9	110.5	111.7	111.4
河北	113.7	114.6	113.0	112.5	110.6	109.0	110.4	111.0	110.2
山西	110.2	112.5	111.9	113.5	110.2	109.6	110.0	112.6	111.2
内蒙古	116.1	114.1	112.3	114.3	114.7	112.7	114.5	115.5	115.3
辽宁	111.1	107.8	108.4	109.2	107.9	108.9	109.6	111.5	111.3
吉林	115.6	110.9	111.8	116.7	108.1	109.6	110.4	109.9	110.1
黑龙江	108.6	109.0	109.3	112.7	111.5	109.9	111.8	108.8	110.2
上海	116.2	113.7	118.1	117.9	114.8	113.4	113.5	109.4	110.9
江苏	111.4	114.9	114.3	114.1	112.9	110.0	111.2	111.5	111.6
浙江	115.8	118.3	111.1	110.5	111.7	109.9	111.8	111.7	113.7
安徽	122.0	116.7	114.5	112.1	110.8	112.5	111.5	112.3	113.0
福建	113.0	114.2	114.6	114.5	110.8	109.9	110.0	109.2	109.2
江西	115.0	113.7	113.2	114.0	112.5	110.7	110.4	107.9	106.9
山东	120.7	117.0	112.5	114.5	111.2	109.3	110.4	111.2	110.9
河南	113.1	113.1	112.4	111.8	109.4	109.3	109.2	110.3	109.9
湖北	112.4	112.5	111.3	113.5	111.5	111.0	111.5	110.8	111.4
湖南	111.0	110.6	112.9	111.6	111.5	111.4	110.9	110.6	110.5
广东	118.4	114.6	111.5	110.7	110.4	111.2	113.2	112.0	112.5
广西	110.7	111.1	108.2	107.3	109.8	109.8	113.4	111.8	112.0
海南	106.9	104.0	105.5	106.9	108.3	107.0	108.8	108.7	108.5
重庆	117.6	115.0	114.5	114.1	114.0	107.6	109.1	109.0	108.9
四川	110.7	114.7	115.4	112.8	112.2	108.6	113.1	109.8	111.5
贵州	109.8	109.3	109.2	109.3	110.5	107.3	113.7	116.3	109.4
云南	114.7	115.2	115.1	112.3	110.3	109.3	110.4	111.7	111.4
西藏	125.5	113.2	134.9	116.7	115.6	113.2	112.6	116.0	113.9
陕西	106.9	108.0	108.9	114.8	110.7	113.7	112.1	111.2	111.0
甘肃	114.0	115.9	115.1	114.5	113.1	114.2	112.7	111.0	111.3
青海	111.1	111.7	109.6	110.4	109.1	110.0	111.6	110.7	110.5
宁夏	109.7	111.0	107.9	112.2	110.6	113.5	111.6	110.3	109.4
新疆	115.3	110.9	108.0	109.7	109.6	112.3	112.1	112.1	110.4

3-12 续表　　上年=100

地　区	2003	2004	2005	2006	2007	2008	2009	2010	2011	2012	2013	2014
北　京	111.2	113.1	113.4	114.3	115.4	112.5	110.2	109.3	108.7	107.9	107.6	107.5
天　津	111.9	111.9	112.1	113.6	115.0	115.2	115.2	114.2	114.7	112.6	112.7	110.4
河　北	110.0	112.6	113.2	114.3	114.1	111.1	111.4	113.1	110.5	108.6	108.4	109.7
山　西	115.5	115.9	113.3	110.0	116.3	112.6	110.5	109.4	108.7	109.7	108.0	107.1
内蒙古	114.5	122.0	118.1	115.9	116.0	115.8	115.0	112.4	112.4	110.0	107.1	106.8
辽　宁	111.7	110.7	112.1	112.9	114.5	111.6	112.1	112.5	111.0	110.1	109.2	107.2
吉　林	108.3	110.4	113.6	117.4	116.4	115.3	113.0	110.7	111.0	111.3	108.8	106.9
黑龙江	110.1	109.3	110.8	112.4	114.8	112.6	110.7	111.8	113.4	110.8	110.3	108.9
上　海	109.0	114.1	112.8	113.6	118.8	111.7	112.2	105.7	109.6	110.6	109.0	108.8
江　苏	112.4	113.4	114.9	115.5	116.4	113.4	113.6	113.3	111.1	109.7	109.8	110.0
浙　江	114.4	113.7	115.2	115.1	115.3	111.7	112.5	112.3	109.5	109.4	111.2	108.6
安　徽	114.3	114.2	108.2	109.6	112.4	111.1	111.0	110.1	110.6	111.0	111.2	109.5
福　建	109.7	110.8	113.7	117.1	114.6	112.3	112.3	110.6	109.1	109.1	109.4	108.1
江　西	107.4	109.8	110.8	109.9	111.7	111.5	110.7	111.2	111.1	109.5	108.4	109.1
山　东	111.4	112.3	114.4	114.5	114.6	113.9	111.2	113.5	111.3	109.8	109.5	108.9
河　南	110.1	110.4	112.8	112.9	114.1	110.7	111.1	111.4	113.4	110.2	109.9	109.6
湖　北	110.8	110.6	111.8	113.5	115.9	112.4	112.3	111.3	112.0	110.8	110.1	110.5
湖　南	109.7	110.5	113.8	112.0	115.7	115.5	111.3	111.7	111.0	112.2	111.3	111.0
广　东	111.3	112.0	114.3	113.8	113.8	109.8	110.8	110.6	110.0	109.5	109.6	108.0
广　西	110.0	110.7	111.3	112.1	114.6	111.8	113.8	111.1	110.5	109.8	110.9	108.1
海　南	107.8	110.3	110.8	112.6	116.4	115.5	114.1	120.1	113.3	109.5	112.1	108.8
重　庆	109.0	109.8	112.1	113.2	112.1	112.2	113.5	112.4	110.8	112.0	112.3	110.0
四　川	111.2	110.9	110.7	114.2	112.5	112.1	112.4	110.2	111.2	111.6	109.9	109.4
贵　州	110.1	112.0	117.6	116.0	121.1	115.8	113.1	112.1	116.5	112.1	112.5	110.4
云　南	109.1	112.8	111.7	109.0	112.5	110.7	113.1	111.5	112.0	110.9	113.5	107.4
西　藏	115.2	115.1	109.7	112.4	116.0	112.4	110.4	113.7	111.6	112.0	108.8	109.5
陕　西	109.8	109.7	112.5	114.9	116.5	115.8	115.3	112.1	112.5	111.6	110.1	108.9
甘　肃	112.0	113.0	112.8	111.1	110.5	113.2	111.2	109.9	111.6	112.5	111.9	109.5
青　海	109.8	110.3	110.2	113.1	114.2	112.2	109.8	112.1	109.7	111.1	109.8	108.8
宁　夏	110.4	109.8	108.9	110.2	110.3	111.5	110.0	111.6	107.2	109.7	107.5	106.9
新　疆	112.3	109.8	109.4	113.6	114.3	109.2	109.2	110.8	115.2	112.3	110.9	110.4

注：本表按不变价格计算。1994-2004年数据基于《国民经济行业分类》(GB/T 4754-1994)，2004-2012年数据基于《国民经济行业分类》(GB/T 4754-2002)。2013-2014年数据基于《国民经济行业分类》(GB/T 4754-2011)，三次产业划分依据《三次产业划分规定》(国统字[2012]108号)。

3-13 各地区第三产业分行业增加值(2013年)

单位：亿元

地区	第三产业	#批发和零售业	#交通运输、仓储和邮政业	#住宿和餐饮业	#金融业	#房地产业
北京	15348.61	2340.74	871.76	374.75	2943.13	1339.52
天津	6979.60	1813.47	675.02	221.13	1235.91	533.33
河北	10279.12	2148.95	2345.10	377.82	1137.72	1063.09
山西	5311.18	971.53	782.49	272.98	809.90	563.01
内蒙古	6236.66	1547.04	1302.00	468.85	625.14	414.59
辽宁	11033.12	2412.95	1396.68	536.39	1249.71	1191.23
吉林	4707.70	1011.33	498.52	268.88	399.54	431.88
黑龙江	6134.12	1421.67	601.48	387.73	606.22	552.00
上海	13785.45	3533.10	935.91	311.81	2823.81	1427.05
江苏	27197.43	6123.46	2425.11	1027.97	3958.79	3308.4
浙江	17948.73	4589.13	1427.52	768.64	2795.13	2229.69
安徽	6572.14	1375.39	730.36	314.98	912.77	711.71
福建	8664.66	1789.88	1176.19	353.23	1264.72	1095.08
江西	5108.66	1035.04	678.62	319.71	542.83	500.57
山东	23221.51	6897.76	2065.16	985.96	2383.43	2363.27
河南	11475.70	2072.59	1474.19	911.67	1280.92	1489.03
湖北	9974.92	1974.25	1078.11	579.73	1179.55	972.40
湖南	10077.39105	2031.81	1172.31	501.67	758.9	642.19
广东	30503.44	7323.55	2450.51	1257.44	4122.81	4207.46
广西	5427.94	1083.06	677.77	359.57	777.60	551.18
海南	1644.14	361.10	148.35	139.03	187.14	301.69
重庆	5968.29	1117.79	659.65	290.93	1080.14	743.59
四川	9551.36	1472.59	751.55	685.84	1712.77	762.77
贵州	3812.15	582.05	772.44	294.86	444.53	202.94
云南	5032.3	1162.17	273.16	373.24	725.9	262.84
西藏	438.07	58.90	29.21	25.47	41.75	22.54
陕西	5832.14	1289.60	611.11	338.51	738.52	518.60
甘肃	2740.65	440.31	267.18	159.64	294.18	218.39
青海	766.06	139.08	74.23	34.42	145.23	46.21
宁夏	1107.17	133.77	198.39	44.16	206.34	104.05
新疆	3434.13	559.01	386.97	130.43	473.57	286.29

3-14 各地区第三产业分行业增加值构成(2013年)

第三产业增加值=100

地 区	第三产业	#批发和零售业	#交通运输、仓储和邮政业	#住宿和餐饮业	#金融业	#房地产业
北 京	100.0	15.3	37.2	43.0	785.4	45.5
天 津	100.0	26.0	37.2	32.8	558.9	43.2
河 北	100.0	20.9	109.1	16.1	301.1	93.4
山 西	100.0	18.3	80.5	34.9	296.7	69.5
内蒙古	100.0	24.8	84.2	36.0	133.3	66.3
辽 宁	100.0	21.9	57.9	38.4	233.0	95.3
吉 林	100.0	21.5	49.3	53.9	148.6	108.1
黑龙江	100.0	23.2	42.3	64.5	156.4	91.1
上 海	100.0	25.6	26.5	33.3	905.6	50.5
江 苏	100.0	22.5	39.6	42.4	385.1	83.6
浙 江	100.0	25.6	31.1	53.8	363.6	79.8
安 徽	100.0	20.9	53.1	43.1	289.8	78.0
福 建	100.0	20.7	65.7	30.0	358.0	86.6
江 西	100.0	20.3	65.6	47.1	169.8	92.2
山 东	100.0	29.7	29.9	47.7	241.7	99.2
河 南	100.0	18.1	71.1	61.8	140.5	116.2
湖 北	100.0	19.8	54.6	53.8	203.5	82.4
湖 南	100.0	20.2	57.7	42.8	151.3	84.6
广 东	100.0	24.0	33.5	51.3	327.9	102.1
广 西	100.0	20.0	62.6	53.1	216.3	70.9
海 南	100.0	22.0	41.1	93.7	134.6	161.2
重 庆	100.0	18.7	59.0	44.1	371.3	68.8
四 川	100.0	15.4	51.0	91.3	249.7	44.5
贵 州	100.0	15.3	132.7	38.2	150.8	45.7
云 南	100.0	23.1	23.5	136.6	194.5	36.2
西 藏	100.0	13.4	49.6	87.2	163.9	54.0
陕 西	100.0	22.1	47.4	55.4	218.2	70.2
甘 肃	100.0	16.1	60.7	59.7	184.3	74.2
青 海	100.0	18.2	53.4	46.4	421.9	31.8
宁 夏	100.0	12.1	148.3	22.3	467.3	50.4
新 疆	100.0	16.3	69.2	33.7	363.1	60.5

注：本表按当年价格计算。

3-15 各地区第三产业分行业增加值指数(2013年)

上年=100

地 区	第三产业	#批发和零售业	#交通运输、仓储和邮政业	#住宿和餐饮业	#金融业	#房地产业
北 京	107.6	106.5	107.0	96.8	111.1	103.4
天 津	112.7	110.0	108.0	101.3	119.1	112.1
河 北	108.4	109.6	102.0	98.5	137.1	104.3
山 西	108.0	109.8	107.0	103.1	111.2	112.3
内蒙古	107.1	109.1	106.3	107.6	110.3	105.1
辽 宁	109.2	108.5	106.5	105.9	116.0	108.5
吉 林	108.8	107.9	106.2	107.0	118.7	107.8
黑龙江	110.3	108.8	104.6	106.4	115.6	106.1
上 海	109.0	107.1	101.0	102.3	113.7	111.6
江 苏	109.8	108.3	108.0	105.5	112.8	106.2
浙 江	111.2	122.9	105.6	114.2	101.2	110.3
安 徽	111.2	108.0	107.3	105.1	141.9	110.9
福 建	109.4	107.8	107.6	104.0	116.4	105.7
江 西	108.4	107.1	106.6	97.0	126.2	112.6
山 东	109.5	115.1	106.2	102.7	111.8	109.1
河 南	109.9	108.3	107.6	95.8	124.5	111.3
湖 北	110.1	107.9	110.5	104.9	115.6	110.2
湖 南	111.3	108.0	105.9	104.7	118.7	108.4
广 东	109.6	109.6	109.1	102.7	114.4	113.6
广 西	110.9	109.0	105.2	95.4	131.7	105.5
海 南	112.1	121.6	106.4	108.7	116.0	113.9
重 庆	112.3	110.0	109.2	107.1	115.6	111.1
四 川	109.9	107.9	105.8	105.4	119.4	107.9
贵 州	112.5	111.5	112.4	106.5	116.5	112.5
云 南	113.5	104.8	105.2	104.3	137.6	104.4
西 藏	108.8	115.6	109.1	99.7	121.7	107.6
陕 西	110.1	108.6	101.0	103.6	128.9	111.8
甘 肃	111.9	107.7	103.1	104.2	123.6	107.9
青 海	109.8	112.5	104.1	102.9	121.5	106.1
宁 夏	107.5	104.6	104.4	101.8	117.4	111.4
新 疆	110.9	108.8	111.8	104.0	118.4	115.6

注：本表按不变价格计算。

3-16 各地区第三产业分行业增加值

单位：亿元

地区	第三产业	#批发和零售业	#交通运输、仓储和邮政业	#住宿和餐饮业	#金融业	#房地产业
北京	16627.04	2411.14	948.10	363.76	3357.71	1329.20
天津	7795.18	1950.71	720.72	230.28	1422.28	550.86
河北	10960.84	2255.13	2396.40	399.86	1347.58	1119.78
山西	5678.69	990.04	797.13	299.16	897.26	598.07
内蒙古	7022.55	1756.89	1313.68	569.25	724.16	442.95
辽宁	11956.19	2653.65	1488.93	568.77	1482.17	1145.70
吉林	4992.54	1059.66	518.05	283.79	464.96	432.85
黑龙江	6883.61	1585.00	683.12	438.79	707.47	581.28
上海	15275.72	3647.33	1044.46	359.28	3400.41	1530.96
江苏	30599.49	6559.03	2591.15	1094.45	4723.69	3564.44
浙江	19220.79	4911.71	1525.93	884.91	2767.44	2166.86
安徽	7378.68	1500.28	784.44	347.66	1046.67	807.33
福建	9525.60	1961.18	1320.35	374.61	1449.82	1090.22
江西	5782.98	1113.95	710.08	353.48	739.70	522.81
山东	25840.12	7826.46	2326.25	1112.19	2709.65	2526.16
河南	12961.67	2278.45	1676.46	998.35	1509.20	1541.76
湖北	11349.93	2143.21	1181.58	635.32	1372.61	1062.71
湖南	11406.51	2211.82	1257.64	545.69	950.04	673.38
广东	33223.28	7778.82	2740.76	1333.81	4447.43	4486.92
广西	5934.49	1112.96	733.63	364.15	876.47	593.01
海南	1815.23	418.09	185.15	154.66	210.63	295.56
重庆	6672.51	1229.88	705.83	321.64	1225.27	817.04
四川	11043.20	1586.78	1067.98	751.28	1828.09	1064.74
贵州	4128.50	624.17	828.69	322.71	491.65	220.48
云南	5542.70	1246.53	288.47	413.41	860.98	275.97
西藏	492.35	64.11	30.80	28.97	55.58	28.80
陕西	6547.76	1413.16	675.66	365.85	948.93	579.44
甘肃	3009.61	491.68	280.73	178.23	364.84	234.14
青海	853.08	150.64	81.70	37.30	175.21	48.96
宁夏	1193.87	139.07	198.92	47.74	230.16	114.28
新疆	3785.90	550.67	480.44	142.85	536.94	281.56

3-17 各地区第三产业分行业增加值构成

第三产业增加值=100

地 区	第三产业	#批发和零售业	#交通运输、仓储和邮政业	#住宿和餐饮业	#金融业	#房地产业
北 京	100.0	14.5	5.7	2.2	20.2	8.0
天 津	100.0	11.7	4.3	1.4	8.6	3.3
河 北	100.0	13.6	14.4	2.4	8.1	6.7
山 西	100.0	6.0	4.8	1.8	5.4	3.6
内蒙古	100.0	10.6	7.9	3.4	4.4	2.7
辽 宁	100.0	16.0	9.0	3.4	8.9	6.9
吉 林	100.0	6.4	3.1	1.7	2.8	2.6
黑龙江	100.0	9.5	4.1	2.6	4.3	3.5
上 海	100.0	21.9	6.3	2.2	20.5	9.2
江 苏	100.0	39.4	15.6	6.6	28.4	21.4
浙 江	100.0	29.5	9.2	5.3	16.6	13.0
安 徽	100.0	9.0	4.7	2.1	6.3	4.9
福 建	100.0	11.8	7.9	2.3	8.7	6.6
江 西	100.0	6.7	4.3	2.1	4.4	3.1
山 东	100.0	47.1	14.0	6.7	16.3	15.2
河 南	100.0	13.7	10.1	6.0	9.1	9.3
湖 北	100.0	12.9	7.1	3.8	8.3	6.4
湖 南	100.0	13.3	7.6	3.3	5.7	4.0
广 东	100.0	46.8	16.5	8.0	26.7	27.0
广 西	100.0	6.7	4.4	2.2	5.3	3.6
海 南	100.0	2.5	1.1	0.9	1.3	1.8
重 庆	100.0	7.4	4.2	1.9	7.4	4.9
四 川	100.0	9.5	6.4	4.5	11.0	6.4
贵 州	100.0	3.8	5.0	1.9	3.0	1.3
云 南	100.0	7.5	1.7	2.5	5.2	1.7
西 藏	100.0	0.4	0.2	0.2	0.3	0.2
陕 西	100.0	8.5	4.1	2.2	5.7	3.5
甘 肃	100.0	3.0	1.7	1.1	2.2	1.4
青 海	100.0	0.9	0.5	0.2	1.1	0.3
宁 夏	100.0	0.8	1.2	0.3	1.4	0.7
新 疆	100.0	3.3	2.9	0.9	3.2	1.7

注：本表按当年价格计算。

3-18 各地区第三产业分行业增加值指数

上年=100

地 区	第三产业	#批发和零售业	#交通运输、仓储和邮政业	#住宿和餐饮业	#金融业	#房地产业
北 京	107.5	105.0	106.8	99.1	112.7	97.8
天 津	110.4	108.6	108.7	104.8	113.1	101.2
河 北	109.7	109.6	101.9	112.3	119.1	104.8
山 西	107.1	105.5	108.6	106.3	107.4	106.3
内蒙古	106.8	109.1	106.5	106.9	111.2	101.7
辽 宁	107.2	107.7	104.8	105.6	115.0	98.9
吉 林	106.9	106.4	103.8	106.2	115.8	100.4
黑龙江	108.9	107.4	105.2	108.7	115.8	102.7
上 海	108.8	106.3	109.4	101.6	114.7	103.2
江 苏	110.0	106.3	105.6	105.3	116.9	102.1
浙 江	108.6	110.2	108.6	111.6	102.1	99.3
安 徽	109.5	108.7	106.2	107.4	113.6	106.5
福 建	108.1	108.3	111.4	104.8	116.0	96.5
江 西	109.1	106.7	103.2	105.8	120.7	104.4
山 东	108.9	111.6	111.6	108.8	113.0	105.0
河 南	109.6	108.8	107.1	106.0	115.6	100.8
湖 北	110.5	107.6	109.2	106.4	114.7	106.6
湖 南	111.0	107.6	104.8	106.5	123.8	102.9
广 东	108.0	107.2	110.8	103.4	108.3	102.6
广 西	108.1	105.5	105.0	100.6	114.9	105.0
海 南	108.8	112.6	116.4	107.1	116.2	97.2
重 庆	110.0	109.1	107.4	107.5	112.3	107.6
四 川	109.4	107.5	118.5	106.7	103.4	116.9
贵 州	110.4	109.4	109.3	106.8	114.2	106.0
云 南	107.4	105.6	105.3	106.3	111.6	104.1
西 藏	109.5	106.1	103.1	104.6	131.1	122.5
陕 西	108.9	108.8	107.4	104.1	117.0	107.8
甘 肃	109.5	110.5	104.6	108.2	121.8	105.4
青 海	108.8	106.7	108.8	102.4	118.3	104.5
宁 夏	106.9	102.8	101.2	106.7	112.9	107.0
新 疆	110.4	97.1	116.1	104.5	112.6	95.0

注：本表按不变价格计算。

【主要统计指标解释】

国内生产总值（GDP） 指按市场价格计算的一个国家（或地区）所有常住单位在一定时期内生产活动的最终成果。国内生产总值有三种表现形态，即价值形态、收入形态和产品形态。从价值形态看，它是所有常住单位在一定时期内生产的全部货物和服务价值超过同期投入的全部非固定资产货物和服务价值的差额，即所有常住单位的增加值之和；从收入形态看，它是所有常住单位在一定时期内创造并分配给常住单位和非常住单位的初次收入之和；从产品形态看，它是所有常住单位在一定时期内最终使用的货物和服务价值与货物和服务进出口价值之和。在实际核算中，国内生产总值有三种计算方法，即生产法、收入法和支出法。三种方法分别从不同的方面反映国内生产总值及其构成。生产法GDP等于国民经济各行业增加值之和。

对地区而言，该指标称为“地区生产总值”。

4 第三产业固定资产投资

简要说明

一、主要内容

固定资产投资资料通过对一定时期第三产业建造和购置固定资产活动的数量方面的描述，反映报告期内第三产业固定资产投资的规模和速度、结构和比例关系、资金来源及投资效果等。

二、统计范围

第三产业固定资产投资统计的范围包括：城乡建设项目投资、房地产开发投资，国防、人防建设项目投资及农户投资。

三、资料来源

跨省、自治区、直辖市项目资料来自国务院各部门；农户固定资产投资资料来自国家统计局住户调查办公室的住户调查；除此以外的固定资产投资统计资料均来自国家统计局固定资产投资统计司统计调查。

四、统计调查方法

除农户固定资产投资统计采用抽样调查方法外，其他均为全面调查。

五、统计口径变化

自1997年起，除房地产开发投资、非农户投资、农户投资及城镇和工矿区私人建房投资外，固定资产投资的统计起点由5万元提高到50万元。

自2006年起，非农户固定资产投资统计改为按项目统计，调查方法由抽样调查改为全面统计报表，起点提高到50万元。

自2006年起，城镇和工矿区私人建房投资改为按项目统计，起点为50万元。

自2011年起，除房地产开发投资、农村农户投资外，固定资产投资项目统计起点由50万元提高到500万元。

2011年起，城镇固定资产投资数据发布口径改为固定资产投资（不含农户），等于原口径的城镇固定资产投资加上农村企事业组织项目投资。

4-1 按行业门类分第三产业全社会固定资产投资

位：亿元

行业门类	2006	2007	2008	2009	2010	2011	2012	2013	2014
第三产业合计	**58769.2**	**72766.7**	**90802.7**	**121453.1**	**152096.7**	**170250.6**	**205435.8**	**250293.1**	**290533.7**
农、林、牧、渔业								**2292.2**	**2771.1**
采矿业								**517.6**	**508.3**
制造业								**328.3**	**327.1**
批发和零售业	2265.3	2880.3	3741.8	5132.8	6032.2	7439.4	9810.7	12720.5	15800.2
交通运输、仓储和邮政业	12138.1	14154.0	17024.4	24974.7	30074.5	28291.7	31444.9	36790.1	43215.7
住宿和餐饮业	1095.7	1519.4	1959.2	2625.4	3366.8	3956.6	5153.5	6041.1	6230.1
信息传输、软件和信息技术服务业	1875.9	1848.1	2162.6	2589.0	2454.5	2174.4	2692.0	3084.9	4110.0
金融业	121.4	157.6	260.6	360.2	489.4	638.7	923.9	1242.0	1363.0
房地产业	24524.4	32438.9	40441.8	49358.5	64877.3	81686.1	99159.3	118809.4	131348.2
租赁和商务服务业	725.6	949.3	1355.9	2036.2	2692.6	3382.8	4700.4	5893.2	7965.2
科学研究和技术服务业	495.3	560.0	782.0	1200.8	1379.3	1679.8	2475.8	3133.2	4219.1
水利、环境和公共设施管理业	8152.7	10154.3	13534.3	19874.4	24827.6	24523.1	29621.6	37663.9	46225.0
居民服务、修理和其他服务业	389.5	434.7	522.0	801.9	1114.1	1443.3	1905.0	2099.3	2371.7
教育	2270.2	2375.6	2523.8	3521.2	4033.6	3894.6	4613.0	5433.0	6708.7
卫生和社会工作	769.0	885.0	1155.6	1858.6	2119.0	2330.3	2617.1	3139.3	3991.5
文化、体育和娱乐业	955.4	1243.4	1589.9	2383.4	2959.4	3162.0	4271.3	5231.1	6178.4
公共管理、社会保障和社会组织	2990.5	3166.1	3748.5	4735.9	5676.6	5647.8	6047.4	5874.1	7200.5
国际组织	0.1		0.3	0.2					

注：自2013年起，三产划分按《国家统计局关于印发<三次产业划分规定>的通知》(国统字[2012]108号)执行，农林牧渔业、采矿业和制造业仅包括该门类下的第三产业投资。

4-2 按行业门类分第三产业投资占全社会投资比重

单位：%

行业门类	2006	2007	2008	2009	2010	2011	2012	2013	2014
第三产业合计	**53.4**	**53.0**	**52.5**	**54.1**	**54.7**	**54.7**	**54.8**	**56.1**	**56.7**
农、林、牧、渔业								**0.5**	**0.5**
采矿业								**0.1**	**0.1**
制造业								**0.1**	**0.1**
批发和零售业	2.1	2.1	2.2	2.3	2.2	2.4	2.6	2.9	3.1
交通运输、仓储和邮政业	11.0	10.3	9.9	11.1	10.8	9.1	8.4	8.2	8.4
住宿和餐饮业	1.0	1.1	1.1	1.2	1.2	1.3	1.4	1.4	1.2
信息传输、软件和信息技术服务业	1.7	1.3	1.3	1.2	0.9	0.7	0.7	0.7	0.8
金融业	0.1	0.1	0.2	0.2	0.2	0.2	0.2	0.3	0.3
房地产业	22.3	23.6	23.4	22.0	23.3	26.2	26.5	26.6	25.7
租赁和商务服务业	0.7	0.7	0.8	0.9	1.0	1.1	1.3	1.3	1.6
科学研究和技术服务业	0.5	0.4	0.5	0.5	0.5	0.5	0.7	0.7	0.8
水利、环境和公共设施管理业	7.4	7.4	7.8	8.8	8.9	7.9	7.9	8.4	9.0
居民服务、修理和其他服务业	0.4	0.3	0.3	0.4	0.4	0.5	0.5	0.5	0.5
教育	2.1	1.7	1.5	1.6	1.5	1.3	1.2	1.2	1.3
卫生和社会工作	0.7	0.6	0.7	0.8	0.8	0.7	0.7	0.7	0.8
文化、体育和娱乐业	0.9	0.9	0.9	1.1	1.1	1.0	1.1	1.2	1.2
公共管理、社会保障和社会组织	2.7	2.3	2.2	2.1	2.0	1.8	1.6	1.3	1.4
国际组织									

4-3 各地区按登记注册类型分第三产业全社会固定资产投资

单位：亿元

地区	总计	内资				
			国有	集体	股份合作	联营
全国总计	**290533.7**	**278931.4**	**96129.0**	**12556.6**	**897.8**	**931.8**
北京	6117.0	5679.6	1264.5	113.5	10.1	2.0
天津	6744.9	6381.5	1811.9	655.7	58.2	65.9
河北	12503.6	12232.0	2836.8	871.7	82.1	16.8
山西	6404.3	6365.0	2371.3	727.8	5.2	11.1
内蒙古	7799.3	7782.2	4196.2	65.5	3.1	4.8
辽宁	13799.5	12542.8	3542.6	184.1	16.7	24.9
吉林	4546.9	4474.7	1565.7	33.3	0.8	1.1
黑龙江	5401.7	5335.6	1955.1	35.7	6.4	10.1
上海	4853.7	4113.3	1076.2	44.2	2.9	74.7
江苏	21326.6	19891.9	6386.7	1552.8	24.0	91.1
浙江	16086.1	15078.7	4314.2	846.7	45.3	31.1
安徽	11897.4	11603.3	3879.2	246.0	10.4	37.6
福建	11300.1	10653.8	3679.8	430.7	16.2	40.0
江西	6743.7	6580.3	2535.6	72.0	26.2	60.6
山东	20182.9	19616.4	3448.9	2524.8	135.4	46.6
河南	14208.5	14068.3	2937.7	1180.3	75.4	77.5
湖北	12301.8	11957.1	3792.9	465.6	30.9	21.9
湖南	11821.8	11635.3	4612.8	285.5	44.7	85.8
广东	17565.1	15940.8	3791.5	912.3	92.2	29.0
广西	7673.9	7486.0	2520.5	142.0	31.4	41.6
海南	2640.0	2363.6	548.9	3.1	13.5	2.0
重庆	8071.8	7544.1	2750.4	76.1	34.0	17.6
四川	15867.3	15426.1	6363.6	145.2	69.5	64.6
贵州	7108.4	7035.6	3522.5	4.3	4.1	1.0
云南	8329.1	8186.5	3568.4	251.5	9.5	3.4
西藏	694.9	694.2	496.7	2.2		2.7
陕西	11225.3	11008.3	4614.9	507.6	37.7	43.6
甘肃	4062.6	4058.9	1893.5	157.0	7.2	18.8
青海	1542.8	1542.0	985.9	13.3	0.6	0.7
宁夏	1649.6	1639.4	695.0	3.0		0.2
新疆	4678.3	4629.2	2784.3	3.1	4.1	3.0
不分地区	5384.9	5384.9	5384.9			

4-3 续表

单位：亿元

地　区						港澳台商投资	外商投资
	有限责任公司	股份有限公司	私　营	个　体	其　他		
全国总计	**81342.5**	**8988.2**	**56949.4**	**9366.5**	**11769.6**	**7658.4**	**3943.9**
北　京	3710.3	238.5	271.2	47.2	22.3	336.5	100.9
天　津	2520.8	143.3	939.2	11.9	174.6	200.6	162.8
河　北	3675.8	494.9	3213.9	443.8	596.2	120.2	151.4
山　西	1006.9	154.3	1481.8	272.7	333.9	24.2	15.0
内蒙古	1863.6	192.6	1179.1	104.0	173.4	10.3	6.8
辽　宁	3859.2	442.1	3853.7	239.9	379.6	931.2	325.5
吉　林	1251.2	131.4	1087.8	144.9	258.6	64.9	7.2
黑龙江	1621.2	162.5	1086.8	178.5	279.3	52.7	13.4
上　海	1943.9	73.0	875.0	3.4	20.0	440.1	300.3
江　苏	4948.1	505.4	5635.4	313.9	434.4	906.7	527.9
浙　江	5382.1	244.6	3344.2	650.5	220.1	721.1	286.3
安　徽	3337.5	361.6	2758.4	513.3	459.2	210.5	83.6
福　建	3621.7	217.0	2005.2	283.6	359.6	431.5	214.9
江　西	1670.5	233.8	1344.6	445.0	192.1	109.2	54.2
山　东	5349.0	687.5	5001.7	595.2	1827.4	365.2	201.3
河　南	4301.5	599.1	2690.9	711.2	1494.8	84.1	56.1
湖　北	3373.9	508.1	2709.0	403.5	651.4	243.6	101.1
湖　南	2858.8	461.7	2102.1	627.9	556.0	124.7	61.9
广　东	5990.3	835.9	3157.4	532.5	599.7	1074.9	549.3
广　西	1938.0	261.8	1629.7	513.2	407.9	136.5	51.4
海　南	1176.6	236.2	259.7	68.3	55.3	194.7	81.7
重　庆	2093.6	246.2	1864.8	144.4	317.0	381.9	145.8
四　川	4454.0	466.4	2319.6	621.9	921.2	222.9	218.3
贵　州	2147.1	178.7	884.9	204.0	89.0	61.0	11.8
云　南	2104.1	346.5	1361.7	388.1	153.3	110.1	32.5
西　藏	32.2	10.4	66.1	37.1	46.7	0.8	0.0
陕　西	2879.5	342.1	1734.8	331.1	516.9	83.3	133.8
甘　肃	928.8	95.9	677.1	105.6	174.8	2.7	1.0
青　海	178.9	41.0	224.8	68.4	28.4		0.8
宁　夏	244.3	20.7	610.5	63.8	1.9	8.2	1.9
新　疆	879.0	55.1	578.3	297.7	24.7	4.1	45.0
不分地区							

4-4 各地区按行业门类分第三产业全社会固定资产投资

单位：亿元

地 区	第三产业合计	农、林、牧、渔业	采矿业	制造业	批发和零售业	交通运输、仓储和邮政业	住宿和餐饮业	信息传输、软件和信息技术服务业	金融业	房地产业
全国合计	**290533.7**	**2771.1**	**508.3**	**327.1**	**15800.2**	**43215.7**	**6230.1**	**4110.0**	**1363.0**	**131348.2**
北 京	6117.0	7.0		0.1	33.9	768.0	65.1	178.0	54.3	4068.8
天 津	6744.9	42.0	6.8	7.5	337.5	750.6	66.9	126.4	64.8	2646.1
河 北	12503.6	80.5	11.2	60.1	879.8	2046.5	242.6	133.5	25.9	5538.7
山 西	6404.3	51.5	53.4	1.3	254.5	855.7	56.8	58.6	2.3	3039.4
内 蒙 古	7799.3	250.6	56.0	7.5	638.4	1342.5	163.3	246.9	37.9	1987.6
辽 宁	13799.5	96.1	18.5	23.8	1060.0	1808.5	406.8	213.1	106.0	5789.7
吉 林	4546.9	102.0	13.4	7.0	501.9	779.9	101.1	112.7	56.7	1297.2
黑 龙 江	5401.7	207.1	33.8	3.4	501.7	733.0	201.9	169.4	29.0	1687.4
上 海	4853.7	5.5	0.1	0.8	31.9	459.2	33.3	110.0	20.5	3224.1
江 苏	21326.6	46.5	2.2	16.5	987.4	2169.7	424.4	504.9	173.3	10128.6
浙 江	16086.1	78.1	0.4	17.6	432.8	1736.6	254.8	210.3	92.5	9415.5
安 徽	11897.4	84.6	3.2	25.8	797.9	1136.7	234.0	150.5	102.4	5845.4
福 建	11300.1	59.4	2.9	7.1	396.0	1783.7	232.8	142.0	46.6	5606.3
江 西	6743.7	35.3	6.0	10.4	689.2	703.4	258.1	73.9	33.7	2309.5
山 东	20182.9	188.2	11.8	37.4	2050.8	2196.1	340.6	171.4	83.8	8638.1
河 南	14208.5	147.5	14.0	5.1	981.4	1427.6	319.0	106.7	28.8	7387.1
湖 北	12301.8	113.4	7.9	22.0	633.6	1879.7	285.4	84.1	84.2	5560.4
湖 南	11821.8	129.6	10.4	7.6	870.9	1435.3	288.5	112.4	68.4	4272.1
广 东	17565.1	64.3	9.5	17.4	848.3	2589.9	472.2	430.8	96.2	9527.9
广 西	7673.9	96.0	5.9	14.5	479.4	1301.6	232.1	134.6	45.4	2686.7
海 南	2640.0	18.6	4.8	0.6	54.4	351.2	135.2	27.7	1.6	1663.1
重 庆	8071.8	70.3	34.9	11.1	210.2	1202.7	194.9	57.8	3.7	4382.4
四 川	15867.3	116.9	2.6	4.7	577.7	2979.8	371.9	91.8	27.7	7546.9
贵 州	7108.4	94.1	5.9		105.6	1319.9	107.0	14.0	2.9	2989.7
云 南	8329.1	131.9			265.8	1538.9	224.0	75.8	7.0	4117.9
西 藏	694.9	20.4	0.1	0.1	9.2	209.5	28.1	6.6	12.6	136.8
陕 西	11225.3	155.8	88.5	11.3	652.7	987.6	298.7	164.3	31.9	5168.4
甘 肃	4062.6	109.6	32.0	3.7	289.0	793.7	105.3	55.4	17.2	1186.6
青 海	1542.8	58.1	28.2	0.2	23.0	446.8	18.9	15.0	0.8	462.3
宁 夏	1649.6	14.6	1.6	1.0	53.1	217.2	14.8	30.9	2.9	907.8
新 疆	4678.3	95.5	42.3	1.6	152.3	753.5	51.6	100.6	2.0	2129.4
不分地区	5384.9					4510.5				

4-4 续表 单位：亿元

地区	租赁和商务服务业	科学研究和技术服务业	水利、环境和公共设施管理业	居民服务、修理和其他服务业	教育	卫生和社会工作	文化、体育和娱乐业	公共管理、社会保障和社会组织	国际组织
全国合计	**7965.2**	**4219.1**	**46225.0**	**2371.7**	**6708.7**	**3991.5**	**6178.4**	**7200.5**	
北京	47.5	115.8	451.4	11.6	124.2	67.0	80.2	44.0	
天津	955.9	168.8	1061.9	120.1	180.1	49.7	85.1	75.0	
河北	320.5	207.6	1865.9	57.7	254.6	231.7	362.8	184.1	
山西	78.8	45.8	1416.9	52.8	140.7	69.5	171.3	54.8	
内蒙古	125.8	147.1	1956.6	78.6	153.2	116.4	184.3	306.8	
辽宁	557.7	261.0	2459.3	211.9	254.4	127.3	254.0	151.4	
吉林	116.4	123.8	819.8	76.9	116.0	84.4	80.7	156.9	
黑龙江	153.3	92.3	926.1	60.0	135.8	141.8	107.8	218.0	
上海	186.6	54.7	471.4	5.3	107.2	31.8	104.7	6.5	
江苏	880.2	606.6	3541.3	152.9	479.8	271.4	578.9	362.0	
浙江	447.4	91.5	2229.3	50.1	340.6	175.4	284.9	228.0	
安徽	333.3	219.5	1908.5	95.9	235.8	171.2	195.1	357.7	
福建	233.2	52.7	1787.8	53.4	214.5	118.6	257.9	305.2	
江西	270.7	54.4	1478.0	70.2	182.4	105.3	251.7	211.5	
山东	671.0	691.1	2139.0	337.5	518.1	340.0	860.2	907.8	
河南	311.4	132.6	2179.4	179.9	361.8	244.0	309.5	72.6	
湖北	451.7	94.3	1894.2	176.7	198.3	177.2	253.0	385.7	
湖南	394.0	206.1	2564.5	83.1	366.3	226.3	248.0	538.2	
广东	250.1	164.8	2025.9	49.9	408.5	231.8	260.3	117.2	
广西	231.3	70.5	1456.4	86.9	308.9	140.9	164.7	218.0	
海南	16.4	11.8	195.0	0.8	44.2	27.1	65.9	21.6	
重庆	103.2	29.7	1325.3	25.3	162.4	90.7	83.2	83.8	
四川	235.6	83.1	2723.1	55.0	411.7	208.0	183.0	247.7	
贵州	81.4	15.2	2002.1	11.8	205.4	35.3	87.3	30.8	
云南	78.8	32.2	1138.7	59.6	236.3	101.5	194.1	126.7	
西藏	10.4	11.3	75.1	17.7	28.8	14.2	12.8	101.3	
陕西	245.7	338.3	2030.1	77.4	221.6	227.7	203.6	321.8	
甘肃	77.6	66.2	608.1	86.4	107.2	69.3	140.9	314.3	
青海	47.8	6.9	230.0	10.5	50.8	13.2	20.2	110.0	
宁夏	19.6	7.0	260.1	6.2	29.0	28.5	22.5	32.9	
新疆	31.7	13.0	894.5	9.7	129.9	54.3	69.9	146.4	
不分地区		3.4	109.2					761.7	

4-5 按行业分第三产业固定资产投资(不含农户)

单位：亿元

行业	投资额	新建	扩建	改建和技术改造	建筑安装工程投资	设备工器具购置	其他费用
第三产业合计	**282003.4**	**231302.9**	**21412.8**	**19367.1**	**216987.1**	**21008.5**	**44007.8**
农、林、牧、渔服务业	**2771.1**	**1920.4**	**419.5**	**360.6**	**2113.7**	**389.8**	**267.5**
开采辅助活动	**508.3**	**301.0**	**45.9**	**128.7**	**363.7**	**122.9**	**21.7**
金属制品、机械和设备修理业	**327.1**	**162.4**	**62.9**	**74.2**	**208.9**	**98.1**	**20.1**
批发和零售业	**15552.5**	**11026.2**	**2064.2**	**1959.6**	**11614.3**	**2440.6**	**1497.7**
批发业	7520.6	5029.5	1112.0	1051.7	5434.7	1401.3	684.7
零售业	8031.9	5996.7	952.2	907.9	6179.6	1039.3	813.0
交通运输、仓储和邮政业	**42889.5**	**30713.6**	**4219.8**	**4573.7**	**31311.7**	**5932.4**	**5645.4**
铁路运输业	7707.2	5510.1	413.2	280.8	4568.0	1829.6	1309.5
道路运输业	24513.2	17692.6	2517.5	3611.0	19534.3	1497.4	3481.5
水上运输业	2434.6	1611.9	262.5	186.2	1632.1	671.7	130.8
航空运输业	1430.4	484.3	180.6	75.3	590.7	755.0	84.7
管道运输业	315.5	265.6	22.1	22.4	229.4	63.8	22.2
装卸搬运和运输代理业	1202.0	971.8	123.8	60.7	836.9	260.6	104.5
仓储业	5158.3	4089.2	681.0	323.5	3839.8	823.6	494.9
邮政业	128.5	88.1	19.2	13.9	80.5	30.7	17.3
住宿和餐饮业	**6188.7**	**4714.5**	**766.6**	**601.1**	**4959.2**	**643.5**	**586.0**
住宿业	4575.5	3675.7	492.4	345.0	3717.2	406.3	452.0
餐饮业	1613.2	1038.8	274.2	256.1	1242.1	237.2	134.0
信息传输、软件和信息技术服务业	**4103.0**	**2319.5**	**678.8**	**670.8**	**2221.5**	**1677.5**	**204.0**
电信、广播电视和卫星传输服务	2065.3	967.2	448.5	438.0	953.9	1056.9	54.5
互联网和相关服务	410.0	231.9	52.2	70.7	206.0	178.4	25.6
软件和信息技术服务业	1627.7	1120.3	178.1	162.1	1061.7	442.2	123.8
金融业	**1363.0**	**934.5**	**134.8**	**158.1**	**1001.2**	**240.8**	**121.0**
货币金融服务	700.8	429.8	76.7	95.8	483.5	155.6	61.7
资本市场服务	376.0	280.0	33.2	35.5	287.5	60.0	28.4
保险业	114.5	82.3	9.4	16.1	88.6	12.0	13.8
其他金融业	171.6	142.4	15.4	10.7	141.6	13.1	17.0
房地产业	**123558.2**	**117742.0**	**2119.2**	**1738.3**	**95157.7**	**2107.6**	**26293.0**
租赁和商务服务业	**7953.5**	**5795.1**	**815.5**	**598.5**	**5736.8**	**1275.7**	**941.0**
租赁业	713.6	107.5	29.2	30.4	112.3	588.0	13.3
商务服务业	7239.9	5687.6	786.3	568.1	5624.5	687.7	927.7
科学研究和技术服务业	**4219.1**	**2728.3**	**472.0**	**590.0**	**2801.0**	**1027.2**	**390.8**
研究和试验发展	1337.0	972.6	137.6	127.1	902.7	291.6	142.6
专业技术服务业	1566.2	912.5	197.3	225.7	992.5	424.9	148.9
科技推广和应用服务业	1315.9	843.1	137.2	237.1	905.8	310.8	99.3
水利、环境和公共设施管理业	**46224.4**	**34066.2**	**6018.6**	**5587.6**	**38550.0**	**2186.0**	**5488.5**
水利管理业	5990.1	3938.1	934.1	1015.3	5051.7	252.5	686.0
生态保护和环境治理业	1807.7	1198.6	224.4	344.9	1325.2	240.3	242.2
公共设施管理业	38426.6	28929.5	4860.0	4227.5	32173.1	1693.2	4560.3
居民服务、修理和其他服务业	**2275.6**	**1598.8**	**266.2**	**324.1**	**1766.9**	**307.2**	**201.5**
居民服务业	1353.8	985.4	156.8	176.2	1112.4	116.3	125.0
机动车、电子产品和日用产品修理业	507.0	315.2	70.4	79.4	344.1	133.5	29.4
其他服务业	414.9	298.2	39.1	68.5	310.4	57.4	47.1
教育	**6705.6**	**4721.7**	**1109.1**	**458.7**	**5524.9**	**561.2**	**619.5**
卫生和社会工作	**3991.0**	**2415.8**	**643.0**	**351.2**	**2919.0**	**767.7**	**304.4**
卫生	3198.3	1773.9	563.9	295.7	2270.0	709.6	218.8
社会工作	792.7	641.9	79.1	55.4	649.0	58.1	85.6
文化、体育和娱乐业	**6174.1**	**4876.1**	**653.0**	**504.9**	**4760.8**	**659.7**	**753.6**
新闻和出版业	102.4	83.3	9.7	6.5	80.4	13.1	8.9
广播、电视、电影和影视录音制作业	565.0	430.9	31.1	63.4	346.4	136.9	81.7
文化艺术业	2705.3	2040.1	343.7	255.6	2121.1	218.7	365.5
体育	1041.6	866.9	114.1	51.5	859.0	72.3	110.3
娱乐业	1759.8	1454.9	154.3	127.9	1353.9	218.6	187.3
公共管理、社会保障和社会组织	**7198.6**	**5266.5**	**923.7**	**687.2**	**5975.7**	**570.7**	**652.1**
中国共产党机关	26.7	15.9	3.4	6.5	24.4	1.3	1.0
国家机构	5246.9	3937.0	607.8	470.8	4311.3	445.3	490.3
人民政协、民主党派	12.9	8.1	2.1	2.7	10.9	1.3	0.7
社会保障	251.5	187.6	37.4	25.5	218.6	7.2	25.7
群众团体、社会团体和其他成员组织	563.2	358.0	133.1	49.2	462.1	54.0	47.0
基层群众自治组织	1097.3	759.8	139.9	132.4	948.4	61.6	87.3
国际组织							

4-6 按行业门类分第三产业固定资产投资(不含农户)

单位：亿元

行业门类	2006	2007	2008	2009	2010	2011	2012	2013	2014
第三产业合计	**52705.6**	**65190.2**	**81588.0**	**108572.5**	**136491.7**	**163364.6**	**198021.8**	**242089.8**	**282003.4**
农、林、牧、渔业								2292.2	2771.1
采矿业								517.6	508.3
制造业								328.3	327.1
批发和零售业	1896.5	2450.6	3193.0	4491.0	5233.4	7379.7	9762.9	12601.1	15552.5
交通运输、仓储和邮政业	11224.5	12997.1	15700.5	23271.3	27883.1	27765.9	30881.4	36329.4	42889.5
住宿和餐饮业	938.7	1329.9	1735.0	2328.6	2980.2	3918.8	5107.6	6012.4	6188.7
信息传输、软件和信息技术服务业	1772.0	1819.4	2131.3	2543.5	2392.9	2174.2	2691.3	3084.9	4103.0
金融业	118.7	151.9	252.8	348.5	477.7	638.7	923.9	1242.0	1363.0
房地产业	21586.2	28619.2	35914.2	43127.6	57633.1	75663.7	92639.4	111379.6	123558.2
租赁和商务服务业	662.6	860.7	1255.1	1880.4	2486.4	3379.9	4694.7	5874.6	7953.5
科学研究和技术服务业	465.1	521.2	717.6	1084.0	1269.2	1679.8	2475.8	3133.2	4219.1
水利、环境和公共设施管理业	7506.7	9276.0	12279.1	17878.9	22333.7	24520.7	29618.4	37662.7	46224.4
居民服务、修理和其他服务业	183.6	235.8	312.7	518.6	757.1	1219.1	1685.8	1994.4	2275.6
教育	2128.8	2220.9	2355.4	3242.5	3718.1	3890.4	4608.2	5399.9	6705.6
卫生和社会工作	708.0	809.4	1065.9	1698.0	1959.5	2330.2	2617.0	3138.3	3991.0
文化、体育和娱乐业	858.2	1129.8	1436.5	2125.4	2605.9	3155.6	4268.1	5225.5	6174.1
公共管理、社会保障和社会组织	2655.8	2768.4	3239.0	4034.2	4761.6	5647.8	6047.4	5873.7	7198.6
国际组织	0.1								

4-7 按行业、登记注册类型和控股情况分第三产业固定资产投资(不含农户)

单位：亿元

行业	投资额	内资	港澳台商投资	外商投资	国有控股	集体控股	私人控股
第三产业合计	**282003.4**	**270401.1**	**7658.4**	**3943.9**	**121632.4**	**17883.7**	**105003.3**
农、林、牧、渔服务业	**2771.1**	**2751.0**	**16.1**	**4.0**	**1368.9**	**237.0**	**893.8**
开采辅助活动	**508.3**	**481.6**	**26.3**	**0.4**	**256.2**	**55.2**	**143.0**
金属制品、机械和设备修理业	**327.1**	**312.5**	**5.1**	**9.5**	**94.1**	**27.0**	**158.5**
批发和零售业	**15552.5**	**15116.1**	**229.1**	**207.3**	**1414.2**	**965.9**	**11333.6**
批发业	7520.6	7380.7	49.4	90.6	590.0	335.7	5882.7
零售业	8031.9	7735.4	179.7	116.8	824.2	630.2	5451.0
交通运输、仓储和邮政业	**42889.5**	**42152.1**	**372.9**	**364.5**	**32466.0**	**1115.3**	**6979.5**
铁路运输业	7707.2	7684.7	22.5		7427.2	75.6	172.7
道路运输业	24513.2	24409.5	60.8	42.9	20943.7	695.2	1879.6
水上运输业	2434.6	2312.9	69.8	51.9	1458.8	66.7	662.1
航空运输业	1430.4	1292.4	123.2	14.9	1235.1	18.9	64.3
管道运输业	315.5	302.0	5.1	8.4	230.3	11.1	39.0
装卸搬运和运输代理业	1202.0	1150.5	7.7	43.8	118.6	34.4	895.7
仓储业	5158.3	4875.2	83.8	199.3	1013.6	208.6	3190.7
邮政业	128.5	124.9	0.2	3.4	38.7	4.7	75.5
住宿和餐饮业	**6188.7**	**5932.1**	**146.1**	**110.5**	**801.3**	**291.0**	**4319.4**
住宿业	4575.5	4357.3	124.1	94.1	645.1	217.2	3103.5
餐饮业	1613.2	1574.7	22.0	16.4	156.2	73.7	1215.9
信息传输、软件和信息技术服务业	**4103.0**	**3643.8**	**206.7**	**252.4**	**2041.7**	**88.5**	**1221.6**
电信、广播电视和卫星传输服务	2065.3	1795.3	84.8	185.3	1539.9	33.8	82.5
互联网和相关服务	410.0	316.6	71.1	22.3	153.6	3.9	166.1
软件和信息技术服务业	1627.7	1531.9	50.9	44.9	348.2	50.9	973.0
金融业	**1363.0**	**1318.6**	**33.7**	**10.6**	**680.6**	**118.3**	**421.0**
货币金融服务	700.8	683.0	14.5	3.3	413.8	94.4	116.1
资本市场服务	376.0	362.1	13.8	0.1	100.1	17.2	225.5
保险业	114.5	109.5		5.0	90.7	0.5	15.0
其他金融业	171.6	163.9	5.4	2.3	76.0	6.3	64.5
房地产业	**123558.2**	**114809.0**	**6223.4**	**2525.8**	**27981.1**	**8244.1**	**62796.4**
租赁和商务服务业	**7953.5**	**7681.3**	**136.4**	**135.8**	**2164.6**	**805.3**	**3878.1**
租赁业	713.6	711.0	2.1	0.5	119.8	112.5	196.7
商务服务业	7239.9	6970.3	134.4	135.3	2044.8	692.7	3681.4
科学研究和技术服务业	**4219.1**	**4091.9**	**27.6**	**99.5**	**1485.8**	**306.6**	**1927.8**
研究和试验发展	1337.0	1266.6	13.4	56.9	561.9	78.3	501.4
专业技术服务业	1566.2	1532.5	6.7	27.1	602.1	163.3	643.5
科技推广和应用服务业	1315.9	1292.8	7.5	15.6	321.8	65.0	782.9
水利、环境和公共设施管理业	**46224.4**	**46030.9**	**111.5**	**82.0**	**34755.8**	**3142.0**	**5466.9**
水利管理业	5990.1	5969.7	7.6	12.8	5198.8	392.3	219.5
生态保护和环境治理业	1807.7	1790.7	10.8	6.2	1063.3	130.7	478.0
公共设施管理业	38426.6	38270.5	93.1	63.0	28493.8	2618.9	4769.4
居民服务、修理和其他服务业	**2275.6**	**2260.8**	**9.3**	**5.5**	**586.5**	**334.7**	**1031.9**
居民服务业	1353.8	1344.1	5.7	3.9	454.6	249.3	422.0
机动车、电子产品和日用产品修理业	507.0	505.2	0.7	1.1	37.8	16.7	398.2
其他服务业	414.9	411.6	2.9	0.4	94.1	68.8	211.7
教育	**6705.6**	**6648.0**	**35.1**	**22.5**	**4837.6**	**420.8**	**949.7**
卫生和社会工作	**3991.0**	**3972.1**	**14.9**	**4.0**	**2644.8**	**286.2**	**764.2**
卫生	3198.3	3181.6	12.8	3.9	2293.1	213.3	470.7
社会工作	792.7	790.5	2.1	0.1	351.7	72.9	293.4
文化、体育和娱乐业	**6174.1**	**6010.7**	**56.7**	**106.7**	**2647.8**	**511.1**	**2376.1**
新闻和出版业	102.4	102.4			74.8	0.9	16.6
广播、电视、电影和影视录音制作业	565.0	561.1	3.1	0.9	217.4	108.8	205.5
文化艺术业	2705.3	2690.8	12.3	2.2	1361.0	237.7	839.0
体育	1041.6	1025.8	9.6	6.2	589.4	59.9	311.3
娱乐业	1759.8	1630.7	31.7	97.4	405.3	103.9	1003.6
公共管理、社会保障和社会组织	**7198.6**	**7188.5**	**7.3**	**2.8**	**5405.5**	**934.5**	**341.8**
中国共产党机关	26.7	26.7			24.0	0.8	1.3
国家机构	5246.9	5242.4	3.4	1.2	4700.3	216.1	130.7
人民政协、民主党派	12.9	12.9			6.0	0.3	5.6
社会保障	251.5	251.2	0.3		141.2	54.0	28.9
群众团体、社会团体和其他成员组织	563.2	560.8	1.7	0.7	289.8	47.1	82.6
基层群众自治组织	1097.3	1094.5	1.9	0.9	244.1	616.2	92.7
国际组织							

4-8 按行业分第三产业固定资产投资(不含农户)资金来源和新增固定资产

单位：亿元

行业	本年资金来源合计	国家预算资金	国内贷款	利用外资
第三产业合计	**309633.5**	**23128.0**	**42955.5**	**1382.0**
农、林、牧、渔服务业	**2785.4**	**612.4**	**95.8**	**6.7**
开采辅助活动	**530.2**	**18.1**	**39.0**	**29.5**
金属制品、机械和设备修理业	**328.9**	**8.5**	**24.1**	**0.4**
批发和零售业	**15854.2**	**101.6**	**1007.3**	**88.9**
批发业	7697.3	47.4	417.7	34.0
零售业	8156.9	54.2	589.6	54.9
交通运输、仓储和邮政业	**42328.5**	**6334.6**	**11107.1**	**213.7**
铁路运输业	8059.0	1691.7	3159.1	23.0
道路运输业	23404.3	4358.8	6140.8	58.3
水上运输业	2423.4	103.7	592.1	4.8
航空运输业	1519.1	49.5	508.9	79.9
管道运输业	317.8	25.5	39.3	2.7
装卸搬运和运输代理业	1231.4	11.8	112.1	1.4
仓储业	5244.6	90.4	551.0	43.5
邮政业	128.9	3.1	3.8	
住宿和餐饮业	**6367.5**	**57.1**	**447.4**	**61.9**
住宿业	4720.3	49.3	331.9	47.4
餐饮业	1647.2	7.8	115.5	14.5
信息传输、软件和信息技术服务业	**4253.7**	**120.9**	**181.9**	**10.9**
电信、广播电视和卫星传输服务	2154.4	58.6	51.4	6.3
互联网和相关服务	409.1	7.8	6.5	0.6
软件和信息技术服务业	1690.1	54.5	124.0	4.0
金融业	**1469.5**	**25.3**	**62.0**	**0.4**
货币金融服务	716.0	15.2	19.0	
资本市场服务	387.8	3.4	19.8	0.4
保险业	182.1	1.8	0.1	
其他金融业	183.6	4.8	23.2	
房地产业	**150730.7**	**2482.8**	**23371.1**	**676.0**
租赁和商务服务业	**8202.9**	**145.7**	**720.2**	**26.2**
租赁业	714.5	0.4	59.3	
商务服务业	7488.4	145.3	660.9	26.2
科学研究和技术服务业	**4317.4**	**229.9**	**280.3**	**30.0**
研究和试验发展	1369.4	90.6	68.2	17.1
专业技术服务业	1579.4	98.9	90.9	6.1
科技推广和应用服务业	1368.6	40.5	121.2	6.9
水利、环境和公共设施管理业	**46025.3**	**8220.2**	**4135.0**	**118.0**
水利管理业	5867.7	2012.8	425.8	10.8
生态保护和环境治理业	1835.8	302.9	129.3	3.2
公共设施管理业	38321.7	5904.5	3579.9	104.0
居民服务、修理和其他服务业	**2249.5**	**117.0**	**144.8**	**10.4**
居民服务业	1320.8	88.6	78.5	7.3
机动车、电子产品和日用产品修理业	509.4	7.8	29.3	0.5
其他服务业	419.3	20.6	37.0	2.6
教育	**6765.0**	**1685.0**	**389.6**	**24.6**
卫生和社会工作	**4096.2**	**613.5**	**247.7**	**9.6**
卫生	3297.2	491.6	215.5	9.5
社会工作	799.0	121.9	32.2	0.1
文化、体育和娱乐业	**6390.4**	**526.6**	**477.1**	**65.4**
新闻和出版业	106.3	5.2	9.2	
广播、电视、电影和影视录音制作业	586.8	20.3	65.0	2.5
文化艺术业	2822.8	329.4	198.6	13.4
体育	1025.0	147.2	62.4	9.6
娱乐业	1849.6	24.5	141.9	39.9
公共管理、社会保障和社会组织	**6938.2**	**1828.9**	**224.9**	**9.2**
中国共产党机关	26.4	9.1	0.6	
国家机构	4964.8	1628.6	142.6	7.2
人民政协、民主党派	8.1	1.0	0.0	
社会保障	258.8	54.2	19.7	
群众团体、社会团体和其他成员组织	575.2	73.8	23.2	0.1
基层群众自治组织	1104.9	62.0	38.7	1.9
国际组织				

4-8 续表

单位：亿元

行业			投资额	新增固定资产
	自筹资金	其他资金		
第三产业合计	180087.5	62080.5	282003.4	170110.0
农、林、牧、渔服务业	1868.3	202.1	2771.1	2306.2
开采辅助活动	425.7	17.9	508.3	446.6
金属制品、机械和设备修理业	287.4	8.5	327.1	292.1
批发和零售业	14189.1	467.2	15552.5	11695.2
批发业	7000.6	197.6	7520.6	5661.7
零售业	7188.5	269.6	8031.9	6033.5
交通运输、仓储和邮政业	21044.6	3628.5	42889.5	25088.7
铁路运输业	1698.2	1487.0	7707.2	4283.7
道路运输业	10989.5	1856.8	24513.2	13656.2
水上运输业	1641.2	81.7	2434.6	1650.5
航空运输业	831.8	48.9	1430.4	990.6
管道运输业	237.5	12.8	315.5	265.5
装卸搬运和运输代理业	1079.4	26.7	1202.0	835.7
仓储业	4446.6	113.0	5158.3	3325.1
邮政业	120.5	1.5	128.5	81.2
住宿和餐饮业	5633.6	167.6	6188.7	4828.7
住宿业	4162.9	128.8	4575.5	3459.3
餐饮业	1470.6	38.7	1613.2	1369.3
信息传输、软件和信息技术服务业	3878.3	61.6	4103.0	3044.9
电信、广播电视和卫星传输服务	2015.8	22.3	2065.3	1591.7
互联网和相关服务	391.5	2.8	410.0	252.4
软件和信息技术服务业	1471.1	36.4	1627.7	1200.7
金融业	1362.0	19.7	1363.0	865.3
货币金融服务	672.8	9.0	700.8	485.4
资本市场服务	358.9	5.3	376.0	219.6
保险业	177.7	2.5	114.5	53.3
其他金融业	152.7	2.9	171.6	107.1
房地产业	72202.1	51998.7	123558.2	61874.6
租赁和商务服务业	6765.7	545.0	7953.5	5207.1
租赁业	386.3	268.5	713.6	663.9
商务服务业	6379.4	276.5	7239.9	4543.2
科学研究和技术服务业	3659.0	118.3	4219.1	3072.6
研究和试验发展	1148.4	45.2	1337.0	918.9
专业技术服务业	1344.5	39.2	1566.2	1184.2
科技推广和应用服务业	1166.2	33.9	1315.9	969.5
水利、环境和公共设施管理业	30303.1	3249.0	46224.4	32390.2
水利管理业	2805.4	612.9	5990.1	3896.5
生态保护和环境治理业	1272.7	127.8	1807.7	1385.4
公共设施管理业	26225.0	2508.4	38426.6	27108.2
居民服务、修理和其他服务业	1873.4	103.8	2275.6	1929.4
居民服务业	1064.9	81.5	1353.8	1166.1
机动车、电子产品和日用产品修理业	458.8	12.9	507.0	414.1
其他服务业	349.7	9.4	414.9	349.1
教育	4213.4	452.3	6705.6	5095.7
卫生和社会工作	3044.4	181.1	3991.0	2814.6
卫生	2444.8	135.9	3198.3	2252.7
社会工作	599.6	45.2	792.7	561.9
文化、体育和娱乐业	5035.8	285.4	6174.1	3806.5
新闻和出版业	89.1	2.8	102.4	64.8
广播、电视、电影和影视录音制作业	492.8	6.3	565.0	252.1
文化艺术业	2104.0	177.2	2705.3	1784.4
体育	761.8	44.0	1041.6	738.9
娱乐业	1588.1	55.2	1759.8	966.3
公共管理、社会保障和社会组织	4301.5	573.7	7198.6	5351.8
中国共产党机关	15.4	1.2	26.7	32.3
国家机构	2810.0	376.3	5246.9	3759.6
人民政协、民主党派	7.0	0.1	12.9	15.6
社会保障	155.2	29.7	251.5	192.0
群众团体、社会团体和其他成员组织	407.9	70.3	563.2	493.4
基层群众自治组织	906.0	96.2	1097.3	858.9
国际组织				

4-9 各地区按行业门类分第三产业固定资产投资(不含农户)

单位：亿元

地区	第三产业合计	农、林、牧、渔业	采矿业	制造业	批发和零售业	交通运输、仓储和邮政业	住宿和餐饮业	信息传输、软件和信息技术服务业	金融业	房地产业
全国合计	**282003.4**	**2771.1**	**508.3**	**327.1**	**15552.5**	**42889.5**	**6188.7**	**4103.0**	**1363.0**	**123558.2**
北　京	6069.8	7.0		0.1	33.3	767.5	64.8	178.0	54.3	4022.9
天　津	6733.1	42.0	6.8	7.5	336.6	749.6	66.8	126.4	64.8	2637.7
河　北	12062.3	80.5	11.2	60.1	875.9	2024.6	242.5	133.5	25.9	5124.3
山　西	6145.2	51.5	53.4	1.3	249.5	824.6	54.6	58.6	2.3	2825.8
内蒙古	7728.0	250.6	56.0	7.5	635.2	1342.5	163.3	246.9	37.9	1920.1
辽　宁	13600.4	96.1	18.5	23.8	1037.6	1800.9	406.8	213.1	106.0	5628.9
吉　林	4491.9	102.0	13.4	7.0	501.8	779.0	101.1	112.7	56.7	1243.7
黑龙江	5269.9	207.1	33.8	3.4	482.8	707.3	201.9	169.4	29.0	1600.4
上　海	4850.4	5.5	0.1	0.8	31.9	459.2	33.3	110.0	20.5	3220.7
江　苏	21047.3	46.5	2.2	16.5	985.5	2169.0	424.4	504.9	173.3	9853.1
浙　江	15458.4	78.1	0.4	17.6	427.5	1729.2	254.0	210.3	92.5	8802.7
安　徽	11410.5	84.6	3.2	25.8	793.6	1098.7	233.7	150.5	102.4	5405.7
福　建	11029.3	59.4	2.9	7.1	382.2	1783.7	226.5	141.0	46.6	5358.4
江　西	6358.5	35.3	6.0	10.4	679.0	703.4	256.6	73.7	33.7	1937.7
山　东	19609.5	188.2	11.8	37.4	1972.0	2196.1	336.2	168.0	83.8	8165.6
河　南	13528.5	147.5	14.0	5.1	977.4	1394.3	318.8	106.7	28.8	6774.9
湖　北	11905.8	113.4	7.9	22.0	633.3	1849.5	285.4	84.1	84.2	5195.1
湖　南	11217.0	129.6	10.4	7.6	848.0	1435.3	272.5	110.7	68.4	3709.5
广　东	17141.8	64.3	9.5	17.4	843.7	2589.9	472.1	430.8	96.2	9110.1
广　西	7234.1	96.0	5.9	14.5	477.0	1275.6	231.8	134.6	45.4	2298.5
海　南	2574.0	18.6	4.8	0.6	52.9	351.2	135.1	27.7	1.6	1598.7
重　庆	7949.4	70.3	34.9	11.1	206.0	1200.0	194.7	57.8	3.7	4269.3
四　川	15280.5	116.9	2.6	4.7	574.5	2934.8	371.8	91.8	27.7	7014.9
贵　州	6904.4	94.1	5.9		96.0	1319.9	103.6	13.6	2.9	2800.3
云　南	7977.0	131.9			260.2	1513.5	222.8	75.8	7.0	3799.4
西　藏	694.9	20.4	0.1	0.1	9.2	209.5	28.1	6.6	12.6	136.8
陕　西	10938.4	155.8	88.5	11.3	651.8	972.5	297.6	164.3	31.9	4899.4
甘　肃	3962.9	109.6	32.0	3.7	282.5	793.7	105.3	55.1	17.2	1099.3
青　海	1478.9	58.1	28.2	0.2	18.4	446.8	18.9	14.9	0.8	403.6
宁　夏	1585.7	14.6	1.6	1.0	53.1	203.5	14.8	30.9	2.9	857.6
新　疆	4380.7	95.5	42.3	1.6	144.1	753.5	49.2	100.5	2.0	1843.1
不分地区	5384.9					4510.5				

4-9 续表 单位：亿元

地区	租赁和商务服务业	科学研究和技术服务业	水利、环境和公共设施管理业	居民服务、修理和其他服务业	教育	卫生和社会工作	文化、体育和娱乐业	公共管理、社会保障和社会组织	国际组织
全国合计	**7953.5**	**4219.1**	**46224.4**	**2275.6**	**6705.6**	**3991.0**	**6174.1**	**7198.6**	
北京	47.5	115.8	451.4	11.5	124.2	67.0	80.2	44.0	
天津	954.8	168.8	1061.9	119.7	180.1	49.7	85.1	75.0	
河北	320.4	207.6	1865.9	56.8	254.6	231.7	362.8	184.1	
山西	76.7	45.8	1416.9	49.9	139.3	69.0	171.2	54.7	
内蒙古	125.8	147.1	1956.6	77.9	153.2	116.4	184.3	306.8	
辽宁	557.7	261.0	2459.3	203.9	254.4	127.3	253.7	151.4	
吉林	116.4	123.8	819.8	76.6	116.0	84.4	80.7	156.9	
黑龙江	153.2	92.3	926.1	59.9	135.8	141.8	107.8	218.0	
上海	186.6	54.7	471.4	5.3	107.2	31.8	104.7	6.5	
江苏	879.3	606.6	3541.3	152.6	479.8	271.4	578.9	362.0	
浙江	446.9	91.5	2229.3	49.5	340.6	175.4	284.6	228.0	
安徽	333.3	219.5	1908.5	93.1	235.8	171.2	195.1	355.9	
福建	232.2	52.7	1787.8	53.1	214.5	118.6	257.4	305.2	
江西	270.7	54.4	1478.0	68.7	182.4	105.3	251.7	211.5	
山东	670.2	691.1	2139.0	327.9	516.6	340.0	857.9	907.8	
河南	308.8	132.6	2178.8	152.9	361.8	244.0	309.5	72.6	
湖北	451.7	94.3	1894.2	176.5	198.3	177.2	253.0	385.7	
湖南	394.0	206.1	2564.5	81.8	366.2	226.3	248.0	538.2	
广东	250.1	164.8	2025.9	49.0	408.5	231.8	260.3	117.2	
广西	230.9	70.5	1456.4	64.4	308.9	140.9	164.7	218.0	
海南	16.4	11.8	195.0	0.8	44.2	27.1	65.9	21.6	
重庆	102.3	29.7	1325.2	24.3	162.4	90.6	83.1	83.8	
四川	234.8	83.1	2723.1	49.4	411.7	208.0	183.0	247.7	
贵州	81.4	15.2	2002.1	10.6	205.4	35.3	87.3	30.8	
云南	78.5	32.2	1138.7	58.4	236.3	101.5	194.1	126.7	
西藏	10.4	11.3	75.1	17.7	28.8	14.2	12.8	101.3	
陕西	245.6	338.3	2030.1	76.7	221.6	227.7	203.4	321.8	
甘肃	77.6	66.2	608.1	81.3	107.2	69.3	140.4	314.3	
青海	47.8	6.9	230.0	10.1	50.8	13.2	20.2	110.0	
宁夏	19.6	7.0	260.1	6.2	29.0	28.5	22.5	32.9	
新疆	31.7	13.0	894.5	9.1	129.9	54.3	69.8	146.4	
不分地区		3.4	109.2					761.7	

【主要统计指标解释】

全社会固定资产投资 以货币形式表现的在一定时期内全社会建造和购置固定资产的工作量以及与此有关的费用的总称。该指标是反映固定资产投资规模、结构和发展速度的综合性指标，又是观察工程进度和考核投资效果的重要依据。全社会固定资产投资按登记注册类型可分为国有、集体、个体、联营、股份制、私营和个体、港澳台商、外商、其他等。

固定资产投资（不含农户） 指城镇和农村各种登记注册类型的企业、事业、行政单位，以及城镇个体户进行的计划总投资500万元及以上的建设项目投资和房地产开发投资。包含原口径的城镇固定资产投资加上农村企事业组织项目投资，该口径自2011年起开始使用。之前年份统计数据为城镇固定资产投资口径。

固定资产投资的资金来源 根据固定资产投资的资金来源不同，分为国家预算资金、国内贷款、利用外资、自筹资金和其他资金。

（1）国家预算资金：国家预算包括一般预算、政府性基金预算、国有资本经营预算和社保基金预算。各类预算中用于固定资产投资的资金全部作为国家预算资金填报，其中一般预算中用于固定资产投资的部分包括基建投资、车购税、灾后恢复重建基金和其他财政投资。各级政府债券也应归入国家预算资金。

（2）国内贷款：指报告期内向银行及非银行金融机构借入的各种国内借款，包括银行利用自有资金及吸收的存款发放的贷款、上级主管部门拨入的国内贷款、国家专项贷款（包括煤代油贷款、劳改煤矿专项贷款等），地方财政专项资金安排的贷款、国内储备贷款、周转贷款等。

（3）利用外资：指报告期收到的用于固定资产建造和购置的境外资金（包括设备、材料、技术在内）。包括对外借款（外国政府贷款、国际金融组织贷款、出口信贷、外国银行商业贷款、对外发行债券和股票）、外商直接投资及外商其他投资（包括利用外商投资收益在国内进行固定资产再投资活动的资金）。不包括我国自有外汇资金（国家外汇、地方外汇、留成外汇、调剂外汇和国内银行自有资金发放的外汇贷款等）。计算利用外资时，需要折算成人民币，折算时所使用的外汇汇率按现汇计算，即按报告期末的汇率计算。

（4）自筹资金：指固定资产投资单位在报告期收到的，由各企、事业单位筹集用于固定资产投资的资金，包括各类企事业单位的自有资金和从其他单位筹集的用于固定资产投资的资金，但不包括各类财政性资金、从各类金融机构借入资金和国外资金。

（5）其他资金：在报告期收到的除以上各种资金之外的用于固定资产投资的资金，包括社会集资、个人资金、无偿捐赠的资金及其他单位拨入的资金等。

固定资产投资按国民经济行业分 根据建设项目建成投产后的主要产品种类或主要用途及社会经济活动中类来划分，不能根据项目单位本身的行业类别来划分。如果项目投产后有几种产品，应根据主要产品来确定行业类别。一般情况下，一个建设项目只能属于一种国民经济行业。

新增固定资产 指已经完成建造和购置过程，并已交付生产或使用单位的固定资产的价值，包括已经建成投入生产或交付使用的工程投资和达到固定资产标准的设备、工具、器具的投资及有关应摊入的费用。该指标是表示固定资产投资成果的价值指标，也是反映建设进度，计算固定资产投资效果的重要指标。

5 第三产业双向投资与服务进出口情况

简要说明

一、主要内容

本篇资料主要包括服务贸易、外商直接投资、对外直接投资的分行业统计。其中，服务贸易按国际收支口径统计，不包含政府服务。

二、资料来源

本篇资料由国家统计局贸易外经统计司负责整理、编辑，资料来源于商务部。

5-1 按行业分对外直接投资

单位：万美元

行业	对外直接投资净额			截至2014年对外直接投资存量
	2012	2013	2014	
总 计	**8780353**	**10784371**	**12311986**	**88264242**
批发和零售业	1304854	1464682	1829071	10295680
交通运输、仓储和邮政业	298814	330723	417472	3468163
住宿和餐饮业	13663	8216	24474	130704
信息传输、软件和信息技术服务业	124014	140088	316965	1232599
金融业	1007084	1510532	1591782	13762485
房地产业	201813	395251	660457	2464903
租赁和商务服务业	2674080	2705617	3683059	32244391
科学研究和技术服务业	147850	179221	166879	1087324
水利、环境和公共设施管理业	3357	14489	55139	133365
居民服务、修理和其他服务业	89040	112918	165175	904271
教育	10283	3566	1355	18464
卫生和社会工作	538	1703	15338	23060
文化、体育和娱乐业	19634	31085	51915	159522
公共管理、社会保障和社会组织				

5-2 按行业分外商直接投资

行业	2013		2014	
	合同项目（个）	实际使用金额（万美元）	合同项目（个）	实际使用金额（万美元）
总 计	**22773**	**11758620**	**23778**	**11956156**
交通运输、仓储和邮政业	401	421738	376	445559
信息传输、计算机服务和软件业	796	288056	981	275511
批发和零售业	7349	1151099	7978	946340
住宿和餐饮业	436	77181	567	65021
金融业	509	233046	970	418216
房地产业	530	2879807	446	3462611
租赁和商务服务业	3359	1036158	3963	1248588
科学研究、技术服务和地质勘查业	1241	275026	1611	325466
水利、环境和公共设施管理业	107	103586	99	57349
居民服务和其他服务业	166	65693	181	71813
教育	22	1822	20	2097
卫生、社会保障和社会福利业	18	6435	22	7757
文化、体育和娱乐业	151	82079	194	82338
公共管理和社会组织		5		930

注：本表中的行业分类仍执行2002年版的国民经济行业分类标准。

5-3 服务进出口分类金额

单位：亿美元

类 别	出口		进口	
	2013	2014	2013	2014
总 计	**2106**	**2222**	**3291**	**3821**
运输服务	376	383	943	962
旅游	517	569	1286	1648
通信服务	17	18	16	23
建筑服务	107	154	39	49
保险服务	40	46	221	225
金融服务	29	46	34	55
计算机和信息服务	154	184	60	85
专有权利使用费和特许费	9	6	210	226
咨询	405	429	236	263
广告、宣传	49	50	31	38
电影、音像	1	2	8	9
其他商业服务	401	335	206	238

注：项目类别为国际收支口径，不含政府服务。

【主要统计指标解释】

服务进出口 指常住单位与非常住单位之间相互提供的服务。包括运输服务、旅游服务、通信服务、建筑服务、保险服务、金融服务、计算机和信息服务、咨询服务、广告宣传服务、电影音像服务、专有权利使用费和特许费、其他商业服务。不包括政府服务。

外商直接投资 是指外国投资者在我国境内通过设立外商投资企业、合伙企业、与中方投资者共同进行石油资源的合作勘探开发以及设立外国公司分支机构等方式进行投资。外国投资者可以用现金、实物、无形资产、股权等投资，还可以用从外商投资企业获得的利润进行再投资。

对外直接投资 指我国企业、团体等(简称境内投资主体) 在国外及港澳台地区以现金、实物、无形资产等方式投资，并以控制国(境)外企业的经营管理权为核心的经济活动。对外直接投资的内涵主要体现在一经济体通过投资于另一经济体而实现其持久利益的目标。

6 第三产业能源消费情况

简要说明

一、主要内容

本篇包括的主要内容有分行业、分主要能源品种的消费量，生活用能源消费量等。

二、统计范围

本篇资料的统计范围为全社会。

三、资料来源

数据均来自历年能源平衡表。

四、数据计算方法的说明

能源平衡表中，进口量和出口量采用海关统计数据。进口量中包括我国轮船、飞机在国外加油量，出口量中包括外国轮船、飞机在我国加油量。电力折算标准煤系数按平均发电煤耗计算。

6-1 综合能源平衡表

单位：万吨标准煤

项 目	1980	1985	1990	1995	2000	2001
能源消费总量	**60275**	**76682**	**98703**	**131176**	**146964**	**155547**
在总量中:						
1.农、林、牧、渔、水利业	4692	4045	4852	5505	4233	4553
2.工业	38986	51068	67578	96191	103014	109725
3.建筑业	957	1302	1213	1335	2207	2283
4.交通运输、仓储和邮政业	2902	3713	4541	5863	11447	11834
5.批发、零售业和住宿、餐饮业	518	766	1247	2018	3251	3500
6.其他	1205	2470	3473	4519	6118	6352
7.生活消费	11015	13318	15799	15745	16695	17301

6-1 续表 1

单位：万吨标准煤

项 目	2002	2003	2004	2005	2006	2007
能源消费总量	**169577**	**197083**	**230281**	**261369**	**286467**	**311442**
在总量中:						
1.农、林、牧、渔、水利业	4929	5683	6392	6860	7154	7068
2.工业	119918	139350	163394	187914	206590	225835
3.建筑业	2457	2770	3183	3486	3836	4203
4.交通运输、仓储和邮政业	12852	14955	17775	19136	20926	22419
5.批发、零售业和住宿、餐饮业	3917	4723	5499	5917	6358	6732
6.其他	6861	8153	9294	10484	11500	12293
7.生活消费	18642	21448	24745	27573	30102	32891

6-1 续表 2

单位：万吨标准煤

项　　目	2008	2009	2010	2011	2012	2013
能源消费总量	**320611**	**336126**	**360648**	**387043**	**402138**	**416913**
在总量中:						
1.农、林、牧、渔、水利业	6873	6978	7266	7675	7804	8055
2.工业	232079	243567	261377	278048	284712	291131
3.建筑业	3874	4712	5533	6052	6337	7017
4.交通运输、仓储和邮政业	23997	24460	27102	29694	32561	34819
5.批发、零售业和住宿、餐饮业	6885	7303	7847	9147	10012	10598
6.其他	13215	13933	15052	16843	18407	19763
7.生活消费	33689	35173	36470	39584	42306	45531

注：1.村办工业包括在工业中(下同)。
2.电力按等价热值折算，因此加工转换损失量中不包括发电损失量。
3.进口量包括境内轮船和飞机在境外的加油量；出口量包括境外轮船和飞机在境内的加油量。

6-2 煤炭平衡表

单位：万吨

项　　目	1980	1985	1990	1995	2000	2001
消费量	**61009.5**	**81603.0**	**105523.0**	**137676.5**	**135689.7**	**143062.9**
在消费量中:						
1.农、林、牧、渔、水利业	1550.3	2208.6	2095.2	1856.7	1050.9	1152.4
2.工业	43848.4	58613.3	81090.9	117570.7	121806.7	128975.8
3.建筑业	556.0	531.9	437.6	439.8	536.8	505.0
4.交通运输、仓储和邮政业	1934.4	2307.1	2160.9	1315.1	882.2	841.3
5.批发、零售业和住宿、餐饮业	455.2	738.2	1058.3	977.4	1461.0	1588.0
6.其他	1091.2	1579.5	1980.4	1986.7	1495.1	1590.2
7.生活消费	11574.0	15624.4	16699.7	13530.1	8457.0	8410.3

6-2 续表 1 单位：万吨

项　　目	2002	2003	2004	2005	2006	2007
消费量	**153584.5**	**183760.2**	**212161.8**	**243375.4**	**270639.4**	**290410.1**
在消费量中:						
1.农、林、牧、渔、水利业	1267.4	1472.9	1654.5	1801.7	1871.4	1956.9
2.工业	138942.4	167520.9	194420.6	224766.1	251630.5	271306.7
3.建筑业	513.6	527.2	571.5	603.6	652.0	639.0
4.交通运输、仓储和邮政业	852.0	958.3	828.0	811.2	769.9	695.9
5.批发、零售业和住宿、餐饮业	1770.6	2091.3	2409.6	2626.7	2796.5	2963.9
6.其他	1826.1	2185.0	2509.4	2727.3	2882.8	3087.1
7.生活消费	8412.6	9004.7	9768.2	10039.0	10036.3	9760.6

6-2 续表 2 单位：万吨

项　　目	2008	2009	2010	2011	2012	2013
消费量	**300605.0**	**325002.9**	**349008.3**	**388961.1**	**411726.9**	**424425.9**
在消费量中:						
1.农、林、牧、渔、水利业	2023.0	2080.6	2147.1	2206.6	2266.1	2450.6
2.工业	281808.2	305900.1	329728.5	368916.1	391191.2	403157.0
3.建筑业	624.7	658.9	730.6	796.5	766.7	811.4
4.交通运输、仓储和邮政业	665.4	640.9	639.2	645.9	614.3	615.4
5.批发、零售业和住宿、餐饮业	3092.2	3200.8	3192.0	3571.7	3752.0	3966.2
6.其他	3244.0	3399.6	3411.6	3612.2	3883.2	4135.6
7.生活消费	9147.6	9121.9	9159.2	9212.1	9253.4	9289.8

注：生产量为原煤产量。

6-3 焦炭平衡表

单位：万吨

项　　目	1980	1985	1990	1995	2000	2001
消费量	**4303.0**	**4689.7**	**6914.7**	**10725.3**	**10840.8**	**11931.5**
在消费量中:						
1.农、林、牧、渔、水利业	10.6	20.8	60.1	128.6	70.9	67.5
2.工业	4266.7	4627.7	6808.8	10412.0	10554.6	11642.4
3.建筑业	11.9	7.8	5.2	10.8	19.0	23.9
4.交通运输、仓储和邮政业	8.2	5.7	4.1	10.1	11.2	11.7
5.批发、零售业和住宿、餐饮业	0.9	2.7	7.7	25.7	35.7	39.7
6.其他	4.7	2.0	1.9	6.4	12.2	12.1
7.生活消费		23.0	26.9	131.6	137.2	134.2

6-3 续表 1

单位：万吨

项　　目	2002	2003	2004	2005	2006	2007
消费量	**12803.1**	**15926.5**	**18067.0**	**25105.8**	**28297.8**	**31168.1**
在消费量中:						
1.农、林、牧、渔、水利业	76.2	73.7	68.7	63.5	55.7	57.2
2.工业	12522.1	15649.9	17811.1	24860.9	28058.5	30932.2
3.建筑业	23.4	20.8	16.8	18.4	18.5	17.5
4.交通运输、仓储和邮政业	11.4	10.8	1.8	1.1	0.9	0.5
5.批发、零售业和住宿、餐饮业	42.6	47.5	53.4	64.1	65.4	71.0
6.其他	12.3	11.4	10.1	7.6	8.3	8.2
7.生活消费	115.1	112.5	105.2	90.3	90.4	81.4

6-3 续表 2

单位：万吨

项　　目	2008	2009	2010	2011	2012	2013
消费量	**32120.2**	**36350.0**	**38702.8**	**42063.3**	**44805.2**	**45851.9**
在消费量中:						
1.农、林、牧、渔、水利业	53.1	44.6	46.8	54.1	57.5	69.2
2.工业	31976.7	36243.3	38598.7	41952.1	44694.8	45694.0
3.建筑业	10.7	5.7	5.8	4.8	6.3	7.7
4.交通运输、仓储和邮政业	0.3	0.1	0.1	0.1	0.1	2.2
5.批发、零售业和住宿、餐饮业	7.5	3.9	5.1	9.2	6.7	35.8
6.其他	6.9	3.5	2.8	1.9	1.9	5.0
7.生活消费	64.9	48.8	43.5	41.1	37.9	38.0

6-4 石油平衡表

单位：万吨

项　　目	1980	1985	1990	1995	2000	2001
消费量	**8757.4**	**9168.8**	**11485.6**	**16064.9**	**22495.9**	**22956.4**
在消费量中:						
1.农、林、牧、渔、水利业	814..9	758.7	1033.6	1203.2	788.5	838.6
2.工业	6203.2	6171.4	7321.6	9349.3	11248.5	11295.2
3.建筑业	175.2	292.2	327.3	242.8	840.6	933.8
4.交通运输、仓储和邮政业	911.5	1176.4	1683.2	2863.6	6399.0	6587.9
5.批发、零售业和住宿、餐饮业	29.0	38.1	77.6	333.9	247.0	252.4
6.其他	481.7	506.1	757.8	1390.3	1635.9	1673.7
7.生活消费	141.9	225.9	284.5	682.0	1336.5	1374.8

6-4 续表 1

单位：万吨

项　　目	2002	2003	2004	2005	2006	2007
消费量	**24823.6**	**27583.1**	**32072.9**	**32547.0**	**34930.8**	**36654.5**
在消费量中:						
1.农、林、牧、渔、水利业	922.4	1057.5	1231.4	1451.7	1540.2	1399.9
2.工业	12168.9	13221.1	14829.1	14030.4	14648.9	14900.8
3.建筑业	1046.6	1190.6	1392.3	1502.2	1648.5	1823.1
4.交通运输、仓储和邮政业	7216.7	8263.2	10061.6	10928.5	12014.2	12906.7
5.批发、零售业和住宿、餐饮业	273.0	298.5	348.7	375.6	392.2	426.9
6.其他	1698.6	1786.4	2001.7	1974.2	2077.6	2215.9
7.生活消费	1497.5	1765.8	2208.0	2284.4	2609.2	2981.1

6-4 续表 2

单位：万吨

项　　目	2008	2009	2010	2011	2012	2013
消费量	**37332.9**	**38671.4**	**44101.0**	**45619.5**	**47797.3**	**49970.6**
在消费量中:						
1.农、林、牧、渔、水利业	1265.8	1308.1	1382.5	1466.3	1537.9	1650.3
2.工业	15285.2	15767.7	18555.0	17986.0	17753.2	17594.6
3.建筑业	1517.5	2042.3	2483.1	2581.8	2740.7	3090.6
4.交通运输、仓储和邮政业	13627.4	13649.5	15079.3	16221.1	17863.6	18967.6
5.批发、零售业和住宿、餐饮业	366.4	429.7	481.0	500.0	542.4	565.4
6.其他	2353.8	2306.3	2578.2	2880.5	3067.8	3349.7
7.生活消费	2916.9	3167.9	3541.9	3983.9	4291.6	4752.4

6-5 原油平衡表

单位：万吨

项目	1980	1985	1990	1995	2000	2001
消费量	**9205.0**	**9509.5**	**11762.2**	**14886.4**	**21232.0**	**21410.7**
在消费量中:						
1.农、林、牧、渔、水利业	8.0	0.8	0.2	10.1		
2.工业	9112.0	9389.9	11653.8	14716.3	21052.1	21236.2
3.建筑业	28.8	74.0	55.2	2.7	3.3	3.4
4.交通运输、仓储和邮政业	50.1	44.3	52.1	156.8	175.1	169.8
5.批发、零售业和住宿、餐饮业		0.1	0.3	0.5	0.2	0.2
6.其他	6.1	0.4	0.6	1390.3	1.4	1.2
7.生活消费						

6-5 续表 1

单位：万吨

项目	2002	2003	2004	2005	2006	2007
消费量	**22694.1**	**25180.7**	**29009.3**	**30088.9**	**32245.2**	**34031.6**
在消费量中:						
1.农、林、牧、渔、水利业						
2.工业	22512.5	25027.1	28885.5	29962.1	32081.5	33867.9
3.建筑业	4.2	4.0				
4.交通运输、仓储和邮政业	175.9	148.3	123.8	126.9	163.7	163.7
5.批发、零售业和住宿、餐饮业	0.1	0.1				
6.其他	1.3	1.2				
7.生活消费						

6-5 续表 2

单位：万吨

项　　目	2008	2009	2010	2011	2012	2013
消费量	**35510.3**	**38128.6**	**42874.6**	**43965.8**	**46678.9**	**48652.2**
在消费量中:						
1.农、林、牧、渔、水利业						
2.工业	35344.7	37975.2	42716.6	43860.4	46559.5	48503.4
3.建筑业						
4.交通运输、仓储和邮政业	165.7	153.4	158.0	105.4	119.4	148.7
5.批发、零售业和住宿、餐饮业						
6.其他						
7.生活消费						

6-6 燃料油平衡表

单位：万吨

项　　目	1980	1985	1990	1995	2000	2001
消费量	**3073.7**	**2837.4**	**3367.8**	**3693.7**	**3872.8**	**3850.2**
在消费量中:						
1.农、林、牧、渔、水利业	2.3	3.1	2.9	8.4	0.4	0.4
2.工业	2937.4	2662.2	3091.7	3406.2	2975.1	2949.3
3.建筑业	15.0	18.9	47.3	14.2	16.7	16.2
4.交通运输、仓储和邮政业	109.0	144.1	208.2	227.5	850.0	855.0
5.批发、零售业和住宿、餐饮业	2.9	3.1	1.6	6.6	11.6	12.3
6.其他	7.1	6.0	16.1	30.8	19.0	17.0
7.生活消费						

6-6 续表 1

单位：万吨

项目	2002	2003	2004	2005	2006	2007
消费量	**3723.9**	**4330.3**	**4844.8**	**4244.2**	**4471.2**	**4157.5**
在消费量中:						
1.农、林、牧、渔、水利业	0.4	0.6	0.7	0.7	0.7	1.0
2.工业	2820.9	3336.8	3631.7	2986.9	2903.9	2484.2
3.建筑业	19.1	17.8	21.4	14.2	16.3	30.7
4.交通运输、仓储和邮政业	852.1	940.3	1150.4	1201.0	1515.6	1605.0
5.批发、零售业和住宿、餐饮业	12.3	22.8	25.0	27.5	21.4	24.8
6.其他	19.1	12.1	15.6	13.9	13.1	11.8
7.生活消费						

6-6 续表 2

单位：万吨

项目	2008	2009	2010	2011	2012	2013
消费量	**3236.8**	**2828.8**	**3758.0**	**3662.8**	**3683.3**	**3954.0**
在消费量中:						
1.农、林、牧、渔、水利业	1.5	1.1	1.1	1.3	2.0	2.0
2.工业	2039.1	1521.5	2377.3	2260.2	2241.7	2421.1
3.建筑业	37.7	34.2	30.8	30.6	27.1	59.5
4.交通运输、仓储和邮政业	1142.8	1251.6	1326.7	1345.2	1383.9	1429.0
5.批发、零售业和住宿、餐饮业	6.3	8.1	8.6	9.3	8.7	19.1
6.其他	9.5	12.3	13.5	16.2	19.9	23.4
7.生活消费						

6-7 汽油平衡表

单位：万吨

项目	1980	1985	1990	1995	2000	2001
消费量	**998.6**	**1396.3**	**1899.5**	**2909.6**	**3504.6**	**3597.6**
在消费量中:						
1.农、林、牧、渔、水利业	53.3	122.3	145.9	179.7	89.2	93.4
2.工业	273.2	451.3	589.3	812.4	682.0	705.1
3.建筑业	54.1	73.0	89.5	103.6	115.6	116.7
4.交通运输、仓储和邮政业	404.9	477.4	620.1	982.3	1527.8	1564.4
5.批发、零售业和住宿、餐饮业	19.4	23.4	46.0	197.2	69.8	69.0
6.其他	193.7	238.3	390.7	570.7	792.7	804.3
7.生活消费		10.6	18.0	63.7	227.6	244.6

6-7 续表 1

单位：万吨

项目	2002	2003	2004	2005	2006	2007
消费量	**3804.3**	**4118.5**	**4695.7**	**4854.9**	**5242.5**	**5519.1**
在消费量中:						
1.农、林、牧、渔、水利业	101.6	116.5	134.1	159.6	167.7	172.8
2.工业	717.6	632.9	507.4	441.7	498.5	524.5
3.建筑业	112.3	113.7	156.5	172.1	180.7	178.8
4.交通运输、仓储和邮政业	1658.5	1961.6	2334.5	2430.1	2592.4	2613.2
5.批发、零售业和住宿、餐饮业	74.2	78.1	119.8	129.4	123.3	131.7
6.其他	866.3	877.0	986.9	998.2	1064.1	1119.7
7.生活消费	273.8	338.8	456.5	523.8	615.7	778.4

6-7 续表 2

单位：万吨

项目	2008	2009	2010	2011	2012	2013
消费量	**6145.5**	**6172.7**	**6956.2**	**7595.9**	**8165.9**	**9366.4**
在消费量中:						
1.农、林、牧、渔、水利业	160.4	168.1	169.1	186.0	192.9	198.7
2.工业	586.1	671.1	689.5	604.8	581.1	523.4
3.建筑业	196.2	235.4	274.7	282.8	286.9	326.5
4.交通运输、仓储和邮政业	3090.4	2881.6	3274.9	3573.5	3778.0	4381.8
5.批发、零售业和住宿、餐饮业	135.3	147.5	168.2	177.1	200.1	220.9
6.其他	1121.9	1069.9	1166.2	1313.2	1460.5	1818.7
7.生活消费	855.1	999.1	1213.7	1458.6	1666.5	1896.4

6-8 煤油平衡表

单位：万吨

项目	1980	1985	1990	1995	2000	2001
消费量	**365.9**	**385.5**	**350.9**	**512.1**	**871.6**	**890.3**
在消费量中:						
1.农、林、牧、渔、水利业	2.3	3.3	3.1	3.6	1.5	1.5
2.工业	15.7	20.1	20.6	44.9	84.0	86.0
3.建筑业	0.8	1.3	1.3	3.5	4.0	3.5
4.交通运输、仓储和邮政业	31.4	56.2	93.4	250.0	535.9	560.7
5.批发、零售业和住宿、餐饮业	0.2	0.1	0.6	8.5	14.0	12.5
6.其他	216.7	182.9	127.3	137.3	160.1	151.1
7.生活消费	98.8	121.6	104.6	64.3	72.2	75.0

6-8 续表 1

单位：万吨

项　　目	2002	2003	2004	2005	2006	2007
消费量	**919.2**	**921.6**	**1060.9**	**1076.8**	**1124.7**	**1243.7**
在消费量中:						
1.农、林、牧、渔、水利业	1.4	1.4	1.1	1.6	1.5	0.9
2.工业	107.4	87.8	60.9	57.5	48.2	45.2
3.建筑业						
4.交通运输、仓储和邮政业	716.8	741.7	919.7	952.4	1010.5	1130.0
5.批发、零售业和住宿、餐饮业	13.0	11.2	3.6	3.7	3.8	4.9
6.其他	40.0	43.2	48.2	36.2	38.0	43.2
7.生活消费	40.7	36.4	27.4	25.5	22.7	19.5

6-8 续表 2

单位：万吨

项　　目	2008	2009	2010	2011	2012	2013
消费量	**1294.0**	**1450.5**	**1765.2**	**1816.7**	**1956.6**	**2164.1**
在消费量中:						
1.农、林、牧、渔、水利业	1.3	0.8	0.9	1.5	1.2	1.2
2.工业	49.1	32.0	40.2	34.2	32.0	27.4
3.建筑业	9.7	10.4	8.8	10.8	7.9	11.4
4.交通运输、仓储和邮政业	1174.6	1314.3	1601.1	1646.4	1787.1	1998.2
5.批发、零售业和住宿、餐饮业	20.8	29.1	35.0	32.2	28.6	13.4
6.其他	25.9	43.7	58.7	68.2	74.2	84.6
7.生活消费	12.7	20.2	20.5	23.5	25.6	27.9

6-9 柴油平衡表

单位：万吨

项　　目	1980	1985	1990	1995	2000	2001
消费量	**1663.2**	**1939.4**	**2691.7**	**4321.4**	**6806.2**	**7158.0**
在消费量中:						
1.农、林、牧、渔、水利业	749.0	629.2	881.5	1001.4	697.1	742.9
2.工业	457.4	644.1	728.1	1189.9	1696.5	1799.8
3.建筑业	76.5	125.0	133.0	118.2	205.9	223.1
4.交通运输、仓储和邮政业	316.1	454.4	709.4	1246.6	3293.8	3421.0
5.批发、零售业和住宿、餐饮业	6.5	10.9	22.5	103.6	95.9	98.1
6.其他	57.7	74.0	217.0	645.7	638.7	673.9
7.生活消费				16.1	178.4	199.2

6-9　续表 1

单位：万吨

项　　目	2002	2003	2004	2005	2006	2007
消费量	**7789.9**	**8575.1**	**10206.9**	**10974.9**	**11729.1**	**12492.4**
在消费量中:						
1.农、林、牧、渔、水利业	819.0	939.1	1092.0	1286.3	1365.5	1219.0
2.工业	1879.4	1721.2	1883.9	1710.0	1725.2	1813.5
3.建筑业	242.0	276.2	333.1	386.6	428.7	433.8
4.交通运输、仓储和邮政业	3784.8	4435.2	5497.2	6169.4	6677.3	7339.4
5.批发、零售业和住宿、餐饮业	110.8	105.5	109.0	116.0	129.8	133.9
6.其他	740.0	820.0	918.0	900.1	933.0	1007.5
7.生活消费	213.9	277.9	373.7	406.4	469.6	545.3

6-9 续表 2

单位：万吨

项　目	2008	2009	2010	2011	2012	2013
消费量	**13545.0**	**13551.4**	**14699.0**	**15635.1**	**16966.0**	**17150.6**
在消费量中:						
1.农、林、牧、渔、水利业	1098.9	1134.1	1206.7	1271.9	1335.5	1441.5
2.工业	2181.4	2043.6	2090.0	1824.3	1747.7	1675.9
3.建筑业	370.8	415.3	490.2	518.6	518.0	557.0
4.交通运输、仓储和邮政业	7997.3	7992.0	8657.6	9485.2	10727.0	10920.5
5.批发、零售业和住宿、餐饮业	152.7	181.7	196.6	212.3	229.0	233.5
6.其他	1151.8	1131.8	1287.2	1428.1	1444.7	1339.8
7.生活消费	592.1	652.9	770.7	894.7	964.1	982.5

6-10 液化石油气平衡表

单位：万吨

项　目	1980	1985	1990	1995	2000	2001
消费量	**119.6**	**155.7**	**254.2**	**750.6**	**1389.7**	**1411.2**
在消费量中:						
1.农、林、牧、渔、水利业				0.1	0.4	0.3
2.工业	76.1	59.9	82.0	192.5	426.1	441.7
3.建筑业			1.0	0.5	8.9	9.5
4.交通运输、仓储和邮政业				0.5	16.5	17.0
5.批发、零售业和住宿、餐饮业		0.5	6.6	17.4	55.5	60.4
6.其他	0.4	4.5	6.1	5.7	24.0	26.2
7.生活消费	43.1	90.8	158.5	534.0	858.3	856.0

6-10 续表 1

单位：万吨

项 目	2002	2003	2004	2005	2006	2007
消费量	**1626.8**	**1818.2**	**2016.0**	**2046.5**	**2252.6**	**2327.9**
在消费量中:						
1.农、林、牧、渔、水利业			3.6	3.5	4.7	6.2
2.工业	521.9	546.8	493.1	534.4	541.2	455.6
3.建筑业	12.8	8.9	8.7	6.3	7.5	7.2
4.交通运输、仓储和邮政业	28.6	36.1	35.9	48.7	54.7	55.5
5.批发、零售业和住宿、餐饮业	62.6	80.8	91.3	99.0	113.9	131.6
6.其他	31.9	32.9	32.9	25.8	29.4	33.8
7.生活消费	969.1	1112.7	1350.5	1328.7	1501.2	1637.9

6-10 续表 2

单位：万吨

项 目	2008	2009	2010	2011	2012	2013
消费量	**2118.9**	**2153.1**	**2321.9**	**2470.2**	**2482.2**	**2823.4**
在消费量中:						
1.农、林、牧、渔、水利业	3.7	4.1	4.7	5.6	6.4	6.8
2.工业	499.4	478.5	586.8	661.1	621.0	705.1
3.建筑业	6.2	6.5	7.2	7.2	6.8	14.7
4.交通运输、仓储和邮政业	56.7	56.6	61.0	65.5	68.1	89.4
5.批发、零售业和住宿、餐饮业	51.4	63.2	72.6	69.0	76.0	78.5
6.其他	44.7	48.6	52.6	54.8	68.5	83.4
7.生活消费	1457.0	1495.7	1537.0	1607.2	1635.4	1845.6

6-11 天然气平衡表

单位：亿立方米

项　　目	1980	1985	1990	1995	2000	2001
消费量	**140.6**	**129.3**	**152.5**	**177.4**	**245.0**	**274.3**
在消费量中:						
1.农、林、牧、渔、水利业						
2.工业	131.4	109.6	120.2	154.4	199.0	214.8
3.建筑业	6.0	14.1	10.6	0.3	0.8	0.7
4.交通运输、仓储和邮政业	0.7	0.8	1.9	1.6	8.8	11.0
5.批发、零售业和住宿、餐饮业				0.6	3.4	5.0
6.其他	0.5	0.5	1.2	1.2	0.6	0.7
7.生活消费	2.0	4.3	18.6	19.4	32.3	42.1

6-11　续表 1

单位：亿立方米

项　　目	2002	2003	2004	2005	2006	2007
消费量	**291.8**	**339.1**	**396.7**	**466.1**	**573.3**	**705.2**
在消费量中:						
1.农、林、牧、渔、水利业						
2.工业	222.5	251.4	278.6	327.2	398.9	479.7
3.建筑业	0.7	0.7	1.4	1.5	1.7	2.1
4.交通运输、仓储和邮政业	16.4	18.8	26.2	38.0	44.2	46.9
5.批发、零售业和住宿、餐饮业	6.1	6.9	9.2	10.8	13.2	17.1
6.其他		9.4	14.1	9.1	12.8	16.1
7.生活消费	46.2	51.9	67.2	79.4	102.6	143.4

6-11 续表 2

单位：亿立方米

项目	2008	2009	2010	2011	2012	2013
消费量	**812.9**	**895.2**	**1080.2**	**1341.1**	**1497.0**	**1705.4**
在消费量中:						
1.农、林、牧、渔、水利业			0.5	0.6	0.6	0.7
2.工业	531.6	577.9	691.8	875.7	980.7	1129.1
3.建筑业	1.0	1.0	1.2	1.3	1.3	2.0
4.交通运输、仓储和邮政业	71.6	91.1	106.7	138.3	154.5	175.8
5.批发、零售业和住宿、餐饮业	17.8	24.0	27.2	33.6	38.7	39.3
6.其他	20.9	23.6	26.0	27.1	32.9	35.6
7.生活消费	170.1	177.7	226.9	264.4	288.3	322.9

注：从2010年起包括液化天然气数据。

6-12 电力平衡表

单位：亿千瓦小时

项目	1980	1985	1990	1995	2000	2001
消费量	**3006.3**	**4117.6**	**6230.4**	**10023.4**	**13472.4**	**14723.5**
在消费量中:						
1.农、林、牧、渔、水利业	270.0	317.4	426.8	582.4	533.0	582.4
2.工业	2471.9	3283.4	4873.3	7659.8	10004.6	10944.7
3.建筑业	47.1	71.2	65.0	159.6	159.8	154.9
4.交通运输、仓储和邮政业	26.5	63.4	105.9	182.3	281.2	309.3
5.批发、零售业和住宿、餐饮业	16.8	38.0	76.2	199.5	418.7	459.9
6.其他	68.8	121.7	202.4	234.2	623.2	663.1
7.生活消费	105.2	222.5	480.8	1005.6	1452.0	1609.2

6-12 续表 1

单位：亿千瓦小时

项目	2002	2003	2004	2005	2006	2007
消费量	**16465.5**	**19031.6**	**21971.4**	**24940.3**	**28588.0**	**32711.8**
在消费量中:						
1.农、林、牧、渔、水利业	606.2	693.2	768.9	776.3	827.0	879.0
2.工业	12402.2	14169.7	16424.3	18521.7	21267.7	24290.8
3.建筑业	154.1	179.8	202.1	233.9	271.0	309.0
4.交通运输、仓储和邮政业	303.0	406.9	449.6	430.3	467.4	531.9
5.批发、零售业和住宿、餐饮业	500.0	613.0	705.4	752.3	847.3	929.8
6.其他	728.5	911.0	1036.6	1340.9	1555.9	1708.6
7.生活消费	1771.4	2058.0	2384.5	2884.8	3351.6	4062.7

6-12 续表 2

单位：亿千瓦小时

项目	2008	2009	2010	2011	2012	2013
消费量	**34541.4**	**37032.2**	**41934.5**	**47000.9**	**49762.6**	**54203.4**
在消费量中:						
1.农、林、牧、渔、水利业	887.1	939.9	976.5	1012.9	1012.6	1026.9
2.工业	25388.6	26854.5	30871.8	34691.6	36232.2	39236.9
3.建筑业	367.3	421.9	483.2	571.8	608.4	675.1
4.交通运输、仓储和邮政业	571.8	617.0	734.5	848.4	915.4	1000.9
5.批发、零售业和住宿、餐饮业	1017.4	1136.8	1292.0	1503.1	1691.5	1876.9
6.其他	1913.0	2189.9	2451.8	2753.1	3083.6	3397.6
7.生活消费	4396.1	4872.2	5124.6	5620.1	6219.0	6989.2

【主要统计指标解释】

能源消费总量 是指一定地域内，国民经济各行业和居民家庭在一定时间消费的各种能源的总和。包括：原煤、原油、天然气、水能、核能、风能、太阳能、地热能、生物质能等一次能源；一次能源通过加工转换产生的洗煤、焦炭、煤气、电力、热力、成品油等二次能源和同时产生的其他产品；其他化石能源、可再生能源和新能源。其中水能、风能、太阳能、地热能、生物质能等可再生能源，是指人们通过一定技术手段获得的，并作为商品能源使用的部分。在核算过程中，一次能源、二次能源消费不能重复计算。能源消费总量分为终端能源消费量、能源加工转换损失量和能源损失量三部分。

(1)终端能源消费量：指一定时期内，全国生产和生活消费的各种能源在扣除了用于加工转换二次能源消费量和损失量以后的数量。

(2)能源加工转换损失量：指一定时期内，全国投入加工转换的各种能源数量之和与产出各种能源产品之和的差额。该指标是观察能源在加工转换过程中损失量变化的指标。

(3)能源损失量：指一定时期内，能源在输送、分配、储存过程中发生的损失和由客观原因造成的各种损失量，不包括各种气体能源放空、放散量。

7 第三产业部分行业主要财务指标

7-1 批发和零售业

简要说明

一、主要内容

批发和零售业企业主要财务状况。

二、统计范围

限额以上批发和零售业企业。

三、统计调查方法

对限额以上批发和零售业企业采用全面调查的方法。

四、限额标准

批发业企业，年主营业务收入 2000 万元及以上。

零售业企业，年主营业务收入 500 万元及以上。

五、资料来源

本部分统计资料由国家统计局贸易外经统计司根据《批发和零售业统计报表制度》搜集的资料加工整理而得。

7-1-1 限额以上批发和零售业企业年末资产负债

单位：万元

项目	资产总计	#流动资产合计	#固定资产合计	负债合计	所有者权益合计
总　计	**2270744607**	**1726543847**	**162901023**	**1665767729**	**607679788**
一、批发业	**1762495376**	**1386182836**	**85525156**	**1301695685**	**462174894**
#国有控股	678020512	494990334	37514950	469990476	209426287
(一)按登记注册类型分					
内资企业	**1521884853**	**1188181148**	**79449196**	**1138676517**	**384603600**
国有企业	133651615	101779840	11355150	72168865	62531940
集体企业	6232880	4565412	556001	4952956	1279924
股份合作企业	1471927	1115161	116358	1331483	140444
联营企业	443803	299482	99922	354962	88841
国有联营企业	70775	42459	8843	36422	34353
集体联营企业	72232	43851	13974	61086	11145
国有与集体联营企业	235240	161662	70453	220655	14585
其他联营企业	65556	51509	6653	36798	28758
有限责任公司	737742314	590733743	28696649	577122130	160742134
国有独资公司	124597501	86778071	6526741	90713250	34005601
其他有限责任公司	613144813	503955672	22169908	486408881	126736533
股份有限公司	187038723	116222133	13590286	123697216	63567143
私营企业	452716068	371799098	24409126	357691006	95023551
私营独资企业	1706370	1130886	373426	1099215	607155
私营合伙企业	240965	198759	22400	182855	58110
私营有限责任公司	432170668	355524211	23134981	341763594	90405589
私营股份有限公司	18598066	14945242	878318	14645343	3952696
其他企业	2587523	1666280	625704	1357899	1229624
港、澳、台商投资企业	**84903607**	**70912761**	**2568943**	**59260897**	**25644360**
合资经营企业	13480988	10435090	421744	9453563	4027426
合作经营企业	599015	516290	29582	373953	225062
独资经营企业	68865056	58215038	2017206	47716010	21150695
投资股份有限公司	1828454	1626571	92740	1615426	213028
其他港澳台商投资企业	130094	119772	7672	101945	28149
外商投资企业	**155706915**	**127088927**	**3507017**	**103758271**	**51926934**
中外合资经营企业	28996809	24052933	643339	22147898	6827201
中外合作经营企业	1069149	886551	18549	756747	312402
外资企业	123647930	100690442	2665211	79787597	43860333
外商投资股份有限公司	1029009	564440	148397	575614	453394
其他外商投资企业	964018	894561	31521	490416	473603

7-1-1 续表 1

单位：万元

项　目	资产总计	#流动资产合计	#固定资产合计	负债合计	所有者权益合计
(二)按国民经济行业分					
农、林、牧产品批发	68968082	49535506	5666289	50442804	18525278
食品、饮料及烟草制品批发	169983613	132002572	15223908	90542902	79440683
#米、面制品及食用油批发	34176299	27289872	2138786	29076223	5100076
肉、禽、蛋、奶及水产品批发	8853831	5888444	1515442	5765137	3088694
酒、饮料及茶叶批发	29772635	25151952	1167690	20090496	9682111
烟草制品批发	60655068	49485690	6277087	10433895	50221174
纺织、服装及家庭用品批发	159891268	132717868	7260448	120089310	39798538
#服装批发	45137121	36016184	2402635	31921966	13215155
鞋帽批发	9447767	7902666	454577	6357722	3090045
家用电器批发	47244897	40933161	2134567	38390354	8854543
文化、体育用品及器材批发	43490439	33969372	1943718	30571921	12896808
#文具用品批发	8098881	7025843	428537	6547203	1529968
体育用品及器材批发	2240120	1977840	98146	1735106	505014
图书批发	10497446	6648089	785925	6138734	4358712
医药及医疗器材批发	89175546	75951775	3674933	67874436	21301109
#西药批发	55058896	46733927	2077334	42671456	12387440
中药批发	19592650	17170724	671648	15220794	4371856
矿产品、建材及化工产品批发	872417093	662868256	42380235	669205488	204610665
#煤炭及制品批发	144708434	104064870	6176679	107918915	36789519
石油及制品批发	161538852	106436412	19519823	114937587	47994222
金属及金属矿批发	346135243	281518131	6785866	283000849	63141042
建材批发	65291503	51416511	2585784	49221905	16069598
化肥批发	39682154	28169200	3702160	27953912	11728242
农药批发	2999905	2144374	99714	2210070	789835
机械设备、五金产品及电子产品批发	265662870	220660003	7133786	196452426	69211746
#汽车批发	71410818	59896163	1233163	54872254	16538564
计算机、软件及辅助设备批发	18783129	16502947	330250	13978352	4804776
通讯及广播电视设备批发	36608287	31624145	665716	27045305	9562982
贸易经纪与代理	48668995	43475001	584870	41874792	6794203
其他批发业	44237471	35002483	1656970	34641606	9595865

7-1-1 续表 2

单位：万元

项　目	资产总计	#流动资产合计	#固定资产合计	负债合计	所有者权益合计
二、零售业	**508249231**	**340361011**	**77375867**	**364072043**	**145504895**
#国有控股	100181197	55816138	18187497	64464479	37031735
(一)按登记注册类型分					
内资企业	**441573174**	**295788613**	**68010005**	**316520045**	**126360232**
国有企业	10432370	5403214	2280327	6435779	3996591
集体企业	3339937	1924429	974343	2075295	1264642
股份合作企业	550992	341620	140779	349251	201741
联营企业	193071	135030	35768	106101	86970
国有联营企业	34419	24117	8238	25621	8798
集体联营企业	65529	44954	14783	35902	29627
国有与集体联营企业	53629	40927	7354	18225	35403
其他联营企业	39494	25032	5393	26353	13141
有限责任公司	198604433	137926496	29331040	145614564	52988538
国有独资公司	7346220	3649653	1723923	4046784	3299436
其他有限责任公司	191258213	134276843	27607117	141567780	49689102
股份有限公司	76354088	39819180	14488679	49456061	28208671
私营企业	150246529	109124308	20302606	111457363	38786956
私营独资企业	3688980	1958008	1254221	1685227	2003753
私营合伙企业	460438	267439	110438	262032	198407
私营有限责任公司	138533984	101435641	17959505	104375989	34155785
私营股份有限公司	7563127	5463220	978442	5134115	2429012
其他企业	1851755	1114337	456464	1025632	826124
港、澳、台商投资企业	**33709229**	**21636290**	**4707642**	**22885155**	**10824073**
合资经营企业	9705433	6813410	1167299	6173432	3532001
合作经营企业	396394	194356	125095	166254	230140
独资经营企业	21263489	13444981	3147747	15181935	6081554
投资股份有限公司	1492812	692998	204624	951101	541711
其他港澳台商投资企业	851101	490545	62877	412434	438667
外商投资企业	**32966828**	**22936107**	**4658220**	**24666843**	**8320589**
中外合资经营企业	10591833	7120293	1730461	7805039	2786794
中外合作经营企业	974829	795326	99850	733515	241315
外资企业	20132975	14408995	2558789	15131181	5022398
外商投资股份有限公司	1107328	538598	220718	865593	241735
其他外商投资企业	159863	72895	48402	131515	28348

7-1-1 续表 3

单位：万元

项 目	资产总计	#流动资产合计	#固定资产合计	负债合计	所有者权益合计
(二)按国民经济行业分					
综合零售	144683145	86459834	29078776	105687082	39010681
#百货零售	91421098	51977947	19030951	62839444	28576481
超级市场零售	49851751	32329118	9304503	40310850	9560692
食品、饮料及烟草制品专门零售	22769167	13203805	6371419	10722164	12047003
#粮油零售	3374617	2431973	592542	2093157	1281460
肉、禽、蛋、奶及水产品零售	2418494	1301814	669756	1317490	1101004
酒、饮料及茶叶零售	5433050	3420047	789786	2882650	2550400
烟草制品零售	1497518	1074800	104080	623886	873632
纺织、服装及日用品专门零售	26924065	18313767	3602204	18918139	8001295
#服装零售	17689650	11445441	2419226	12725314	4959980
文化、体育用品及器材专门零售	21825011	15520179	2984098	13068411	8756600
#体育用品及器材零售	844979	644517	123994	518325	326654
图书、报刊零售	9819694	6442713	1583005	5447425	4372269
医药及医疗器材专门零售	30201336	24618376	1745300	23360305	6841031
#药品零售	27653413	22346873	1594323	21474325	6179088
汽车、摩托车、燃料及零配件专门零售	189510097	130777291	24095837	140372012	50455822
#汽车零售	143192403	109984761	14743262	112649000	30546122
机动车燃料零售	42417483	17954441	8912270	24987229	18745272
家用电器及电子产品专门零售	36940976	28748267	3153030	25434115	11506845
#日用家电设备零售	19951926	15250408	1636553	14186095	5765831
计算机、软件及辅助设备零售	5928601	4875685	372674	3563997	2364604
通信设备零售	3361030	2723745	244015	2522866	838165
五金、家具及室内装饰材料专门零售	15786868	8589044	3626559	10440154	5346714
货摊、无店铺及其他零售业	19608565	14130447	2718644	16069661	3538904
#互联网零售	7444316	6663556	228196	8205899	-761583
(三)按零售业态分					
有店铺零售	493158004	327289955	76751151	350033469	144452241
#超市	14195340	8793679	2954495	9920922	4270044
大型超市	48853299	31287192	9295794	40028438	8844652
百货店	89050578	50929668	18439786	60403716	28640893
专业店	176359301	119036119	25811057	118151945	59528404
专卖店	137277032	101414848	15015651	102121342	35159839
无店铺零售	15091228	13071056	624716	14038574	1052653

7-1-2 各地区限额以上批发和零售业企业年末资产负债

单位：万元

地区	资产总计	#流动资产合计	#固定资产合计	负债合计	所有者权益合计
全国	**2270744607**	**1726543847**	**162901023**	**1665767729**	**607679788**
北京	357232118	263865309	9348475	258064428	99166943
天津	115571572	92598116	4104349	89887934	25703428
河北	49378527	37360100	4787581	38518283	10864900
山西	48132124	36006456	4102390	38420118	9712006
内蒙古	24691851	17858842	2706358	18500214	6191638
辽宁	64311649	47187486	7628224	48101923	16078142
吉林	17151837	12203832	2827242	12591337	4560500
黑龙江	27850433	22315705	2615342	22691894	5155903
上海	224230721	179083813	8841396	165684107	58546615
江苏	172981749	132848527	14054526	125737285	48579216
浙江	186489770	145786698	9832679	145254754	41238333
安徽	43430342	32496902	4205714	31351148	13109847
福建	89173996	68402636	4737922	60920400	28250057
江西	16649037	11648428	2186070	10892506	5756531
山东	118927575	86100482	16201122	84879129	34046149
河南	44989558	33183451	6273312	30546855	14564052
湖北	59499027	41323934	9427851	41383712	18114698
湖南	34107188	22359917	5017946	21440255	12666933
广东	259960079	212336776	14767954	199681544	60273436
广西	25564496	19718137	1679714	18466018	7098478
海南	9940334	7120113	582003	5646231	4294103
重庆	35252537	27299743	3258180	25021381	10230882
四川	66063472	51302231	4925064	49608726	16433860
贵州	25337808	17800237	1500970	17579533	7758275
云南	51945100	38752951	3212486	36228965	15716136
西藏	1150986	844114	180796	708870	442116
陕西	31673425	21999667	3132655	22785734	8906228
甘肃	24628006	14995740	6841687	10674594	13946447
青海	5389958	3685532	581526	3810846	1579111
宁夏	5799334	4026581	557606	4294356	1504978
新疆	33240004	24031391	2781886	26394652	7189852

7-1-3 各地区限额以上批发业企业年末资产负债

单位：万元

地 区	资产总计	#流动资产合计	#固定资产合计	负债合计	所有者权益合计
全 国	**1762495376**	**1386182836**	**85525156**	**1301695685**	**462174894**
北 京	315445296	232082878	6437802	225885105	89560243
天 津	103562088	85517733	2242756	81393639	22168449
河 北	35824327	28314515	2338848	27530305	8298678
山 西	37497570	28820336	2060782	30115029	7382540
内蒙古	15609976	11512465	1355356	11430254	4179722
辽 宁	45453270	35919343	3999938	34266041	11071583
吉 林	9827458	8247053	938345	7357516	2469942
黑龙江	20598358	17926247	1060978	17285029	3310693
上 海	193173279	156300222	4809471	142115786	51057494
江 苏	126057837	104077160	6596566	90913878	35140817
浙 江	153084490	122662929	5375605	119711180	33373376
安 徽	27587363	21538106	1775865	20119048	8498968
福 建	74159446	57758829	2929363	51526474	22629449
江 西	9805498	7120274	1079022	6402518	3402980
山 东	76821239	58832339	8601655	54902885	21920346
河 南	27103426	20717139	3361603	17689101	9535674
湖 北	36036628	27046469	4204016	25404478	10632150
湖 南	18451808	13380245	2028000	11638915	6812893
广 东	209498805	174597488	10343408	164264750	45234126
广 西	18939692	14601908	920298	13577046	5362646
海 南	7479155	5448128	155712	4010954	3468201
重 庆	23967974	19790673	1488104	17383595	6584379
四 川	45326651	37758723	1926238	36407517	8897435
贵 州	18764792	14059645	854471	12561897	6202895
云 南	41369481	31394336	1743854	28891411	12478071
西 藏	699953	600152	62711	427094	272859
陕 西	18701136	13698696	1116601	13703212	5016461
甘 肃	15793175	10476103	3140656	6988228	8804920
青 海	4435480	3055726	356634	3096134	1339346
宁 夏	3892385	2684559	323490	2913855	978530
新 疆	27527344	20242417	1897009	21782815	6089029

7-1-4 各地区限额以上零售业企业年末资产负债

单位：万元

地区	资产总计	#流动资产合计	#固定资产合计	负债合计	所有者权益合计
全国	**508249231**	**340361011**	**77375867**	**364072043**	**145504895**
北京	41786822	31782431	2910673	32179323	9606700
天津	12009484	7080383	1861593	8494295	3534979
河北	13554200	9045585	2448733	10987978	2566222
山西	10634554	7186120	2041608	8305089	2329466
内蒙古	9081875	6346377	1351002	7069960	2011916
辽宁	18858379	11268143	3628286	13835882	5006559
吉林	7324379	3956779	1888897	5233821	2090558
黑龙江	7252075	4389458	1554364	5406865	1845210
上海	31057442	22783591	4031925	23568321	7489121
江苏	46923912	28771367	7457960	34823407	13438399
浙江	33405280	23123769	4457074	25543574	7864957
安徽	15842979	10958796	2429849	11232100	4610879
福建	15014550	10643807	1808559	9393926	5620608
江西	6843539	4528154	1107048	4489988	2353551
山东	42106336	27268143	7599467	29976244	12125803
河南	17886132	12466312	2911709	12857754	5028378
湖北	23462399	14277465	5223835	15979234	7482548
湖南	15655380	8979672	2989946	9801340	5854040
广东	50461274	37739288	4424546	35416794	15039310
广西	6624804	5116229	759416	4888972	1735832
海南	2461179	1671985	426291	1635277	825902
重庆	11284563	7509070	1770076	7637786	3646503
四川	20736821	13543508	2998826	13201209	7536425
贵州	6573016	3740592	646499	5017636	1555380
云南	10575619	7358615	1468632	7337554	3238065
西藏	451033	243962	118085	281776	169257
陕西	12972289	8300971	2016054	9082522	3889767
甘肃	8834831	4519637	3701031	3686366	5141527
青海	954478	629806	224892	714712	239765
宁夏	1906949	1342022	234116	1380501	526448
新疆	5712660	3788974	884877	4611837	1100823

7-1-5 限额以上批发和零售业企业损益及分配

单位：万元

项目	主营业务收入	主营业务成本	销售费用	管理费用	财务费用	利润总额
总计	**4842139010**	**4487601647**	**151585787**	**79542518**	**24845422**	**104266126**
一、批发业	**3873253429**	**3631144297**	**94738198**	**50051152**	**17670156**	**78998083**
#国有控股	1611290700	1530473451	23779583	15761092	5041653	35131349
(一)按登记注册类型分						
内资企业	**3359707706**	**3179117425**	**59751456**	**37778929**	**16823271**	**62873586**
国有企业	282376612	246272808	4912105	7052431	276298	19123298
集体企业	12860036	11965964	296356	251949	75688	243794
股份合作企业	2832407	2672298	60317	40774	26954	27286
联营企业	759961	640399	35015	10777	4360	16032
国有联营企业	89345	83054	1573	3104	758	3768
集体联营企业	65325	60989	1324	1908	1251	1108
国有与集体联营企业	516772	417289	30498	3806	2371	720
其他联营企业	88520	79066	1620	1958	-20	10436
有限责任公司	1660370808	1589965423	25450242	14138944	8004136	24847306
国有独资公司	362267971	351184413	3115412	2282889	1142224	5552667
其他有限责任公司	1298102836	1238781010	22334830	11856055	6861912	19294639
股份有限公司	393522813	377453752	8107743	3343579	1484450	4671216
私营企业	999119662	943507153	20681277	12754087	6908242	13282662
私营独资企业	6317029	5356359	214130	121198	37875	453694
私营合伙企业	1078336	959212	47783	17526	4023	40321
私营有限责任公司	963810973	911474012	19736769	12146600	6624152	11978464
私营股份有限公司	27913325	25717570	682596	468764	242193	810183
其他企业	7865408	6639628	208400	186389	43143	661994
港、澳、台商投资企业	**156388796**	**138901355**	**9560446**	**4123451**	**588469**	**4761001**
合资经营企业	35603494	33771989	1047879	376170	95569	684659
合作经营企业	1502643	1312877	94194	40373	1210	60011
独资经营企业	115387515	100231396	8208001	3628211	478890	3993699
投资股份有限公司	3728056	3446293	191210	72628	11955	20195
其他港澳台商投资企业	167088	138800	19163	6069	846	2436
外商投资企业	**357156926**	**313125517**	**25426297**	**8148772**	**258416**	**11363497**
中外合资经营企业	96404459	88368261	5166453	603860	258514	2073585
中外合作经营企业	5708595	5576871	82014	19754	-2196	28567
外资企业	247611921	212503266	19755865	7396072	-6272	9075884
外商投资股份有限公司	3355714	2887080	313983	85614	6005	61443
其他外商投资企业	4076238	3790039	107983	43472	2366	124019

7-1-5 续表 1

单位：万元

项　　目	主营业务收入	主营业务成本	销售费用	管理费用	财务费用	利润总额
（二）按国民经济行业分						
农、林、牧产品批发	79186746	73085923	1516211	1271894	1194278	2596522
食品、饮料及烟草制品批发	346477775	284973297	15467938	10951288	365578	29236211
#米、面制品及食用油批发	49251186	46439529	1773049	744050	473549	721338
肉、禽、蛋、奶及水产品批发	26252791	23673257	838929	454905	135471	1055757
酒、饮料及茶叶批发	49265104	38232359	5457337	1229070	170147	4326584
烟草制品批发	150802362	115437033	3147406	6448169	-881490	19998493
纺织、服装及家庭用品批发	315548783	278756204	18500497	8085827	931526	9659075
#服装批发	79054747	67657492	4574924	3412678	345503	3278602
鞋帽批发	16895513	14361398	907258	870855	38329	834095
家用电器批发	85956844	78103763	4473327	976685	-26886	2406211
文化、体育用品及器材批发	64389414	59052686	2392907	1536870	370353	1276372
#文具用品批发	17930698	16960752	362523	286891	96349	217908
体育用品及器材批发	3983456	3455933	238780	186670	14648	130766
图书批发	6944739	5808970	488569	389338	11851	279522
医药及医疗器材批发	159270516	142553423	8524295	3716975	918327	4169084
#西药批发	100972186	92792759	4050424	1826607	660626	2011002
中药批发	35045034	31256773	1965974	674138	200770	941276
矿产品、建材及化工产品批发	2281432550	2215630725	25773878	13520708	11483667	16390441
#煤炭及制品批发	285365035	273937229	4441050	2347444	1897327	2818545
石油及制品批发	643170646	626592674	7433294	2851007	1247342	4620597
金属及金属矿批发	844423161	827264474	6559040	3667270	5358128	2963631
建材批发	112984033	107585163	1586110	1163226	916447	2054565
化肥批发	64689668	61419709	937550	542625	626605	1120155
农药批发	4407455	4046393	141423	80552	29113	128127
机械设备、五金产品及电子产品批发	494077617	451605547	19920420	9144110	1537560	13075469
#汽车批发	174297862	157070148	8437351	1401312	226571	5896395
计算机、软件及辅助设备批发	41350649	39336345	895112	615114	148229	540004
通讯及广播电视设备批发	70304712	66030379	2666499	1431520	145284	1066115
贸易经纪与代理	48439009	46071895	1086608	632206	165255	903859
其他批发业	84431020	79414596	1555444	1191274	703612	1691049

7-1-5 续表 2 单位：万元

项　　目	主营业务收入	主营业务成本	销售费用	管理费用	财务费用	利润总额
二、零售业	**968885581**	**856457350**	**56847589**	**29491367**	**7175266**	**25268042**
#国有控股	202839938	183744665	9867291	4692119	645222	6712790
(一)按登记注册类型分						
内资企业	**863596622**	**769573927**	**44018662**	**24689595**	**6687960**	**22596259**
国有企业	20153857	17966130	849210	650502	63737	1690842
集体企业	14281796	12499463	437520	403298	77104	674875
股份合作企业	1698962	1495752	69129	66419	5582	56381
联营企业	1064846	950175	35166	21766	3387	43529
国有联营企业	221716	199822	6554	5347	427	8146
集体联营企业	344458	311674	10656	6278	1471	9590
国有与集体联营企业	298462	266675	7957	2820	388	17073
其他联营企业	200210	172004	10000	7322	1101	8721
有限责任公司	377273087	337226570	21156182	10581447	2845823	7581409
国有独资公司	16132234	14484971	690367	455732	20990	609471
其他有限责任公司	361140853	322741599	20465815	10125716	2824833	6971938
股份有限公司	139100626	125976143	7034888	3192497	607814	3849127
私营企业	305458098	269660885	14216385	9618823	3047459	8419313
私营独资企业	12792939	10556166	420287	378288	98862	1001254
私营合伙企业	1456232	1203797	68282	50919	11393	88405
私营有限责任公司	276072249	244695041	12865246	8717460	2831905	6783026
私营股份有限公司	15136678	13205882	862570	472156	105299	546628
其他企业	4565350	3798810	220181	154842	37054	280783
港、澳、台商投资企业	**48906292**	**39903282**	**6174721**	**2449467**	**296301**	**1181584**
合资经营企业	12761859	10478103	1271796	465025	114820	790832
合作经营企业	699207	592236	53069	40660	3931	21767
独资经营企业	33630906	27398794	4556018	1847772	161084	284649
投资股份有限公司	941190	667179	203123	48615	8247	30633
其他港澳台商投资企业	873130	766971	90716	47396	8219	53704
外商投资企业	**56382667**	**46980142**	**6654206**	**2352304**	**191005**	**1490200**
中外合资经营企业	23657093	20387849	2414018	674515	43487	558800
中外合作经营企业	2161909	1906137	194809	63186	-2345	71342
外资企业	28790045	23189317	3913314	1496011	128212	832020
外商投资股份有限公司	1350715	1138953	96620	97942	17995	19236
其他外商投资企业	422906	357887	35444	20651	3655	8803

7-1-5 续表 3 单位：万元

项　　目	主营业务收入	主营业务成本	销售费用	管理费用	财务费用	利润总额
（二）按国民经济行业分						
综合零售	216879621	184216562	20467280	9582256	1532283	6832050
#百货零售	117322813	99143743	8803924	6034423	1083174	5207970
超级市场零售	88260440	75560530	10752539	3056833	403622	1387196
食品、饮料及烟草制品专门零售	30854472	25027986	2178846	1275171	257704	2095383
#粮油零售	4105811	3557931	180952	151982	64531	428413
肉、禽、蛋、奶及水产品零售	5612018	4680389	285384	196844	47532	291704
酒、饮料及茶叶零售	7853201	6243066	580547	360523	74477	466394
烟草制品零售	2459418	1994848	139527	113781	838	241139
纺织、服装及日用品专门零售	40555774	29357603	6383299	2817466	349347	1504084
#服装零售	24491958	17225621	4139066	1927017	248003	860045
文化、体育用品及器材专门零售	30544994	25019998	2295264	1590446	160488	1350085
#体育用品及器材零售	1362775	1082666	161828	76485	818	15519
图书、报刊零售	9777674	7540288	889929	770562	-9809	659921
医药及医疗器材专门零售	49271956	42797105	2954556	1578180	440064	1415404
#药品零售	45559090	39823027	2649412	1345501	419268	1270756
汽车、摩托车、燃料及零配件专门零售	451245914	420148446	13480108	8231041	3592165	5779181
#汽车零售	311309601	290417123	8856296	6636658	3262260	2668918
机动车燃料零售	130387683	121325708	4310806	1340442	265836	2697973
家用电器及电子产品专门零售	78660915	69633949	4604359	2047353	377084	2402177
#日用家电设备零售	31157820	27151218	2285316	906323	154334	1017146
计算机、软件及辅助设备零售	22375092	20348691	730628	468935	78082	612250
通信设备零售	8074461	7217791	578445	244316	53086	189929
五金、家具及室内装饰材料专门零售	27444701	21921478	1471477	1124317	316059	2013973
货摊、无店铺及其他零售业	43427234	38334224	3012401	1245137	150072	1875707
#互联网零售	25283360	23225255	1953617	484818	-10681	-213697
（三）按零售业态分						
有店铺零售	922674477	814529217	53380825	28436831	7127783	25365261
#超市	28987361	24456114	2128858	1047788	257604	990373
大型超市	83331422	71750038	10358765	2871718	324991	882826
百货店	113389111	94925547	8796117	6136234	1077621	5384787
专业店	360556067	323430239	15622883	8767358	2372054	10974040
专卖店	285619735	257347974	13267657	7668216	2638209	4936882
无店铺零售	46211104	41928133	3466764	1054536	47482	-97218

7-1-6 各地区限额以上批发和零售业企业损益及分配

单位：万元

地 区	主营业务收入	主营业务成本	销售费用	管理费用	财务费用	利润总额
全 国	**4842139010**	**4487601647**	**151585787**	**79542518**	**24845422**	**104266126**
北 京	506770555	472980109	19420660	8874633	2090555	10124904
天 津	279714599	267539119	4306508	2001506	1499753	3227575
河 北	104725459	98806654	2475070	1505787	729460	1215651
山 西	106239003	101750681	2101798	1405508	590744	614593
内蒙古	40507111	36770697	1442889	799821	336604	727741
辽 宁	151810472	143433499	3326561	2580651	926578	1494709
吉 林	31715417	28810372	1210406	832403	302823	743947
黑龙江	50301538	45866037	1304390	961835	373766	2380608
上 海	648909848	600431831	28516245	10834663	1476719	10186442
江 苏	402801265	371231689	11683527	6837174	2205201	10231635
浙 江	388703977	368862218	9256288	5145824	2244488	5209330
安 徽	83624391	76117558	3547790	1604318	423596	1908392
福 建	161032987	150105810	4498412	2533973	940633	3372843
江 西	34725197	31167725	1331283	742436	152451	1167821
山 东	301722609	273042291	7704343	5304203	1972453	12247563
河 南	109333637	97889274	3121176	2376607	691958	4597861
湖 北	141187931	127141484	5218201	2926852	847060	4276735
湖 南	76012622	67227816	3124525	1994035	458826	2518601
广 东	600562908	560148810	17424692	9913179	2557446	11661173
广 西	46299382	43012836	1430290	838266	354176	736816
海 南	24399320	22893601	594462	290743	97844	602616
重 庆	88346286	79228152	2991267	1622286	465969	3265221
四 川	126442494	114123490	6170688	2507860	1243802	1908205
贵 州	35416546	30172074	1413373	866691	247491	2537998
云 南	77163955	69013859	2382357	1272801	532184	3331576
西 藏	2114227	1637026	335455	75865	1507	93422
陕 西	75560747	69120040	2400929	1295681	350922	1924226
甘 肃	49798188	47022806	828028	521497	310525	880020
青 海	13613018	12972188	250021	149191	29133	227869
宁 夏	10569989	9986896	333941	155647	64445	120208
新 疆	72013336	69095009	1440215	770587	326314	729832

7-1-7 各地区限额以上批发业企业损益及分配

单位：万元

地 区	主营业务收入	主营业务成本	销售费用	管理费用	财务费用	利润总额
全 国	**3873253429**	**3631144297**	**94738198**	**50051152**	**17670156**	**78998083**
北 京	431769165	405912564	13656820	6610998	1750129	8693422
天 津	260006588	249571672	3093672	1393522	1355939	3177042
河 北	80901532	77132319	1291038	759843	507908	851273
山 西	86716252	83855732	1209202	872496	420047	600638
内蒙古	25777803	23743266	660329	401424	185681	383443
辽 宁	118182022	113466435	1631863	1275859	552631	1036170
吉 林	18313725	16968747	621951	242216	163731	381217
黑龙江	36543897	33734299	744027	495135	267467	946051
上 海	595230091	555926183	22004647	8068122	1225998	9774803
江 苏	312739287	291595047	6928834	4102193	1452485	7980389
浙 江	329262707	314874132	5977351	3367105	1732200	4680151
安 徽	53989690	49343256	2077808	840282	224730	1430303
福 建	130225618	122849929	2591341	1587472	744315	2724970
江 西	21920906	19733177	685545	397362	50363	830974
山 东	211376785	193877610	4019545	2950573	1223216	7906319
河 南	71045716	64055901	1573816	1274015	362241	3184863
湖 北	92516437	84999335	2635045	1393273	418486	2490257
湖 南	39758847	35296429	1143166	1021257	229801	1527925
广 东	503740528	474694756	10936805	7166737	2023665	9224587
广 西	34527994	32432416	733428	490513	277946	552872
海 南	19784473	18878520	309437	143492	61873	453455
重 庆	60396267	55323452	1377695	944770	277496	1856427
四 川	79121024	71856017	3511716	1261576	908451	918006
贵 州	23716768	19718829	848604	605403	160536	2087413
云 南	59108172	52973571	1369787	798092	376178	2774782
西 藏	1069307	670331	292315	45811	747	66288
陕 西	50966148	47660939	1144327	569352	158142	1060236
甘 肃	41403516	39504616	475347	344325	251415	603463
青 海	11952064	11486551	160416	93910	11367	203005
宁 夏	7676120	7408644	132661	72428	35843	50690
新 疆	63513981	61599623	899660	461598	259132	546652

7-1-8 各地区限额以上零售业企业损益及分配

单位：万元

地 区	主营业务收入	主营业务成本	销售费用	管理费用	财务费用	利润总额
全 国	**968885581**	**856457350**	**56847589**	**29491367**	**7175266**	**25268042**
北 京	75001390	67067545	5763840	2263635	340426	1431482
天 津	19708011	17967447	1212836	607984	143814	50533
河 北	23823927	21674335	1184032	745944	221552	364378
山 西	19522751	17894949	892596	533012	170697	13955
内蒙古	14729308	13027431	782560	398397	150923	344298
辽 宁	33628450	29967064	1694698	1304792	373947	458539
吉 林	13401692	11841625	588455	590187	139092	362730
黑龙江	13757641	12131738	560363	466700	106299	1434557
上 海	53679757	44505648	6511598	2766541	250721	411639
江 苏	90061978	79636642	4754693	2734981	752716	2251246
浙 江	59441270	53988086	3278937	1778719	512288	529179
安 徽	29634701	26774302	1469982	764036	198866	478089
福 建	30807369	27255881	1907071	946501	196318	647873
江 西	12804291	11434548	645738	345074	102088	336847
山 东	90345824	79164681	3684798	2353630	749237	4341244
河 南	38287921	33833373	1547360	1102592	329717	1412998
湖 北	48671494	42142149	2583156	1533579	428574	1786478
湖 南	36253775	31931387	1981359	972778	229025	990676
广 东	96822380	85454054	6487887	2746442	533781	2436586
广 西	11771388	10580420	696862	347753	76230	183944
海 南	4614847	4015081	285025	147251	35971	149161
重 庆	27950019	23904700	1613572	677516	188473	1408794
四 川	47321470	42267473	2658972	1246284	335351	990199
贵 州	11699778	10453245	564769	261288	86955	450585
云 南	18055783	16040288	1012570	474709	156006	556794
西 藏	1044920	966695	43140	30054	760	27134
陕 西	24594599	21459101	1256602	726329	192780	863990
甘 肃	8394672	7518190	352681	177172	59110	276557
青 海	1660954	1485637	89605	55281	17766	24864
宁 夏	2893869	2578252	201280	83219	28602	69518
新 疆	8499355	7495386	540555	308989	67182	183180

【主要统计指标解释】

资产总计 指企业过去的交易或者事项形成的、由企业拥有或者控制的、预期会给企业带来经济利益的资源。资产一般按流动性分为流动资产和非流动资产。其中流动资产可分为货币资金、交易性金融资产、应收票据、应收账款、预付款项、其他应收款、存货等；非流动资产可分为长期股权投资、固定资产、无形资产及其他非流动资产等。

流动资产合计 资产满足以下条件之一应归为流动资产：（1）预计在一个正常营业周期中变现、出售或耗用，主要包括存货、应收账款等；（2）主要为交易目的而持有；（3）预计在资产负债表日起一年内（含一年）变现；（4）自资产负债日起一年内，交换其他资产或清偿负债的能力不受限制的现金或现金等价物。包括货币资金、应收票据、应收账款、存货等项目。

固定资产合计 指企业为生产商品、提供劳务、出租或经营管理而持有的，使用寿命超过一个会计年度的有形资产。包括使用期限超过一年的房屋、建筑物、机器、机械、运输工具以及其他与生产、经营有关的设备、器具、工具等。固定资产合计是时点指标，表示固定资产经过扣减折旧、减值准备等后的期末余额。

负债合计 指企业过去的交易或者事项形成的，预期会导致经济利益流出企业的现时义务。负债一般按偿还期长短分为流动负债和非流动负债。

所有者权益合计 指企业资产扣除负债后由所有者享有的剩余权益。公司的所有者权益又称股东权益。包括实收资本、资本公积、盈余公积、未分配利润等。

主营业务收入 指企业确认的销售商品、提供劳务等主营业务的收入。

主营业务成本 指企业经营主要业务所发生的成本总额。

销售费用 指企业在销售商品和材料、提供劳务的过程中发生的各种费用，包括保险费、包装费、展览费和广告费、商品维修费、预计产品质量保证损失、运输费、装卸费等以及为销售本企业商品而专设的销售机构（含销售网点、售后服务网点等）的职工薪酬、业务费、折旧费等经营费用。

管理费用 指企业为组织和管理企业生产经营所发生的费用，包括企业在筹建期间内发生的开办费、董事会和行政管理部门在企业经营管理中发生的，或者应当由企业统一负担的公司经费等。

财务费用 指企业为筹集生产经营所需资金等而发生的筹资费用，包括企业生产经营期间发生的利息支出（减利息收入）、汇兑损失（减汇兑收益）以及相关的手续费等。

利润总额 指企业在一定会计期间的经营成果，是生产经营过程中各种收入扣除各种耗费后的盈余，反映企业在报告期内实现的盈亏总额。

7 第三产业部分行业主要财务指标

7-2　住宿和餐饮业

简要说明

一、主要内容

住宿和餐饮业企业主要财务状况。

二、统计范围

限额以上住宿和餐饮业企业。

三、统计调查方法

对限额以上住宿和餐饮业企业采用全面调查的方法。

四、限额标准

住宿业企业，年主营业务收入200万元及以上。

餐饮业企业，年主营业务收入200万元及以上。

五、资料来源

本部分统计资料由国家统计局贸易外经统计司根据《住宿和餐饮业统计报表制度》搜集的资料加工整理而得。

7-2-1 限额以上住宿和餐饮业企业年末资产负债

单位：万元

项　　目	资产总计	#流动资产合计	#固定资产合计	负债合计	所有者权益合计
总　　计	**159040511**	**59840768**	**59467355**	**115548895**	**43490825**
一、住宿业	**110562249**	**39033379**	**44790587**	**80708259**	**29853990**
#国有控股	30784553	8407028	14867264	17872039	12912514
(一)按登记注册类型分					
内资企业	**89666305**	**31857642**	**36335459**	**65381667**	**24284639**
国有企业	11876484	3384010	6145755	6835024	5041460
集体企业	1216572	416612	578431	866191	350381
股份合作企业	238689	94385	89796	191879	46810
联营企业	123515	51673	54492	77994	45521
国有联营企业	63813	23486	34726	34839	28974
集体联营企业	19900	5829	11495	4783	15117
国有与集体联营企业	38482	21775	8041	33404	5077
其他联营企业	1320	583	230	4968	-3648
有限责任公司	46596695	15961224	19007777	34326468	12270228
国有独资公司	3890228	1026651	1826512	2295230	1594998
其他有限责任公司	42706468	14934573	17181265	32031238	10675230
股份有限公司	4113239	1548523	1527093	2803664	1309576
私营企业	25058804	10240398	8724515	19998903	5059901
私营独资企业	1492729	494022	786424	726424	766305
私营合伙企业	319498	88510	157609	153541	165957
私营有限责任公司	21621731	8959081	7248256	17855119	3766612
私营股份有限公司	1624845	698784	532227	1263819	361027
其他企业	442308	160817	207601	281544	160764
港、澳、台商投资企业	**13767234**	**4587043**	**5270558**	**10068445**	**3698788**
合资经营企业	6095260	2150058	2185019	4631339	1463921
合作经营企业	1484870	608030	627823	1143232	341638
独资经营企业	5795611	1748598	2258280	3992469	1803142
投资股份有限公司	353995	76696	174233	285823	68173
其他投资企业	37498	3661	25204	15583	21915
外商投资企业	**7128710**	**2588694**	**3184570**	**5258147**	**1870563**
中外合资经营企业	3037054	1159786	1307945	2190913	846141
中外合作经营企业	641872	246743	269526	772023	-130151
外资企业	2960145	1128982	1253962	1871034	1089111
外商投资股份有限公司	379010	25819	273158	412637	-33627
其他外商投资企业	110630	27364	79979	11541	99089
(二)按国民经济行业分					
旅游饭店	95102694	32929520	39631701	70241947	24860747
一般旅馆	13333724	5277402	4361270	8879699	4454025
其他住宿业	2125831	826458	797615	1586613	539218

7-2-1 续表 单位：万元

项目	资产总计	#流动资产合计	#固定资产合计	负债合计	所有者权益合计
二、餐饮业	**48478263**	**20807389**	**14676769**	**34840635**	**13636836**
#国有控股	4306379	1739787	1530605	2899729	1406651
(一)按登记注册类型分					
内资企业	**40171164**	**17831340**	**12612257**	**29013250**	**11156940**
国有企业	1113904	308560	583968	643663	470240
集体企业	283022	179875	58237	215026	67996
股份合作企业	404795	247337	51153	325501	79294
联营企业	16586	5344	9554	5112	11474
国有联营企业					
集体联营企业	16586	5344	9554	5112	11474
国有与集体联营企业					
其他联营企业					
有限责任公司	14585869	6500789	4502291	11341316	3244595
国有独资公司	698967	302202	253421	530086	168881
其他有限责任公司	13886902	6198586	4248870	10811230	3075714
股份有限公司	2504851	1071971	523952	1570386	934464
私营企业	20902062	9377553	6723633	14702637	6198409
私营独资企业	2064696	778493	980271	881304	1183392
私营合伙企业	231348	87592	100665	104743	126605
私营有限责任公司	17590606	8036864	5393073	13013736	4575853
私营股份有限公司	1015412	474604	249623	702854	312558
其他企业	360076	139912	159470	209609	150467
港、澳、台商投资企业	**3436207**	**1625489**	**884688**	**2321152**	**1115238**
合资经营企业	775376	367143	212757	499951	275425
合作经营企业	199120	114578	47396	205352	-6232
独资经营企业	2384500	1080000	614987	1570156	814527
投资股份有限公司	75238	62306	9235	44054	31184
其他投资企业	1974	1462	313	1640	334
外商投资企业	**4870891**	**1350560**	**1179825**	**3506233**	**1364658**
中外合资经营企业	1054862	272153	424889	692996	361866
中外合作经营企业	58059	27308	13337	53369	4690
外资企业	3665136	1027904	722449	2709622	955514
外商投资股份有限公司	69148	16034	9614	39275	29872
其他外商投资企业	23687	7161	9537	10971	12715
(二)按国民经济行业分					
正餐服务	40842198	17691451	13070977	29533012	11308394
快餐服务	5498259	1999508	1216906	3969327	1528933
饮料及冷饮服务	1010507	465466	151353	688053	322454
其他餐饮业	1127298	650963	237533	650243	477055

7-2-2 各地区限额以上住宿和餐饮业企业年末资产负债

单位：万元

地 区	资产总计	#流动资产合计	#固定资产合计	负债合计	所有者权益合计
全 国	**159040511**	**59840768**	**59467355**	**115548895**	**43490825**
北 京	16662699	6546060	5456602	12948732	3713966
天 津	2158318	893538	720365	1818700	339619
河 北	3542608	1524316	1437806	2776892	765716
山 西	2731344	906217	1130122	2124844	606501
内蒙古	2464711	825649	1062271	1669692	795019
辽 宁	4448832	1704040	1851434	3376295	1072538
吉 林	1329870	446081	683938	834339	495531
黑龙江	1140510	313817	659369	718914	421596
上 海	12076298	5150555	3532432	8086170	3990127
江 苏	11264105	3895795	4356584	8309431	2954675
浙 江	12045085	4466110	4685740	9513359	2531726
安 徽	4495895	1580466	1526700	3222599	1273297
福 建	5041608	1870004	1894212	3141502	1900106
江 西	2364615	828736	913966	1595329	769286
山 东	8688637	3019092	3772906	6144716	2543921
河 南	4874189	1980651	1878841	3264492	1609697
湖 北	5669271	1730019	2518674	3644113	2025158
湖 南	4565170	1417173	2063683	3141999	1423170
广 东	20626622	8347326	6443194	16127914	4497873
广 西	2362699	797727	953857	1825074	537625
海 南	3757606	1476002	1498589	2877716	879890
重 庆	3608904	1532484	1261506	2553735	1055169
四 川	8158874	3353552	2837369	5846658	2312217
贵 州	1799890	675955	776905	1263736	536197
云 南	4169223	1684946	1445857	2667897	1501326
西 藏	370941	63457	270220	157826	213115
陕 西	4600859	1585747	2051543	3349669	1251191
甘 肃	1450073	393947	667346	779800	670273
青 海	434203	159050	189307	223582	210621
宁 夏	623756	263054	281436	539367	84390
新 疆	1513098	409205	644584	1003804	509294

7-2-3 各地区限额以上住宿业企业年末资产负债

单位：万元

地　区	资产总计	#流动资产合计	#固定资产合计	负债合计	所有者权益合　　计
全　国	**110562249**	**39033379**	**44790587**	**80708259**	**29853990**
北　京	12401680	4235080	4854118	9407954	2993726
天　津	1251209	432911	505442	1117049	134160
河　北	2925925	1249234	1230357	2303272	622653
山　西	1348036	467230	584980	1023695	324341
内蒙古	1232770	370671	608798	759164	473606
辽　宁	3166116	1226366	1425881	2407938	758178
吉　林	958190	325862	510916	662320	295869
黑龙江	953005	250636	571493	610832	342173
上　海	8124218	2884288	2802891	5016469	3107749
江　苏	6893222	2113709	2875424	4996861	1896362
浙　江	8915370	3218317	3491470	6993402	1921969
安　徽	2538510	780815	946925	1882925	655585
福　建	3893936	1284968	1632714	2434201	1459735
江　西	1885264	661929	743204	1300908	584356
山　东	4771383	1716751	2113628	3494033	1277350
河　南	3479398	1397693	1343773	2478459	1000940
湖　北	3117666	869480	1524165	1988475	1129191
湖　南	3583827	1086087	1655271	2529312	1054515
广　东	15229224	5951429	5257408	12023265	3205959
广　西	1995833	617991	844292	1552489	443344
海　南	3638305	1407182	1472656	2624339	1013966
重　庆	2362774	1044551	798051	1884820	477954
四　川	4768991	1871288	1973757	3640297	1128695
贵　州	1440502	511044	648158	1024834	415668
云　南	3327772	1185058	1210978	2142931	1184840
西　藏	360052	55058	268001	148184	211868
陕　西	3038247	955709	1508130	2326750	711498
甘　肃	1056263	257377	514259	595611	460652
青　海	330960	122786	144637	158731	172229
宁　夏	428260	170423	221038	374053	54206
新　疆	1145341	311460	507773	804688	340653

7-2-4 各地区限额以上餐饮业企业年末资产负债

单位：万元

地 区	资产总计	#流动资产合计	#固定资产合计	负债合计	所有者权益合计
全 国	**48478263**	**20807389**	**14676769**	**34840635**	**13636836**
北 京	4261019	2310980	602484	3540778	720240
天 津	907109	460627	214922	701651	205459
河 北	616683	275082	207450	473620	143063
山 西	1383309	438987	545142	1101149	282160
内蒙古	1231941	454978	453473	910529	321412
辽 宁	1282716	477674	425553	968356	314360
吉 林	371680	120220	173022	172019	199661
黑龙江	187505	63181	87875	108082	79424
上 海	3952080	2266267	729541	3069701	882378
江 苏	4370883	1782086	1481159	3312570	1058313
浙 江	3129714	1247794	1194269	2519958	609757
安 徽	1957385	799652	579775	1339674	617711
福 建	1147672	585036	261499	707301	440371
江 西	479351	166807	170763	294421	184930
山 东	3917253	1302341	1659278	2650683	1266571
河 南	1394790	582958	535068	786033	608757
湖 北	2551605	860538	994509	1655638	895967
湖 南	981343	331087	408412	612688	368655
广 东	5397398	2395897	1185786	4104649	1291914
广 西	366866	179736	109565	272585	94281
海 南	119301	68819	25933	253377	-134076
重 庆	1246129	487933	463454	668915	577214
四 川	3389883	1482264	863611	2206361	1183522
贵 州	359388	164911	128746	238902	120529
云 南	841451	499888	234879	524966	316486
西 藏	10889	8399	2219	9642	1247
陕 西	1562612	630038	543413	1022919	539693
甘 肃	393811	136570	153086	184189	209621
青 海	103242	36264	44670	64851	38392
宁 夏	195497	92632	60399	165314	30183
新 疆	367757	97745	136810	199116	168641

7-2-5 限额以上住宿和餐饮业企业损益及分配

单位：万元

项 目	主营业务收入	主营业务成本	销售费用	管理费用	财务费用	利润总额
总 计	**80298872**	**36607189**	**22976403**	**15157722**	**2654122**	**-712461**
一、住宿业	**34863077**	**13439710**	**9969086**	**9793542**	**1917015**	**-1659285**
#国有控股	9390676	3344130	2903619	3033414	271166	-403115
(一)按登记注册类型分						
内资企业	**29443238**	**11756252**	**8587231**	**7986168**	**1565371**	**-1696149**
国有企业	4121714	1573758	1313626	1260634	69381	-147075
集体企业	530112	215284	154303	128634	13420	701
股份合作企业	100106	39857	29922	22712	3717	566
联营企业	54773	17944	17745	18675	1083	-2654
国有联营企业	29733	8131	11454	7335	997	834
集体联营企业	8262	3925	1708	1675	38	794
国有与集体联营企业	11770	3949	3682	7679	-1	-4166
其他联营企业	5009	1938	901	1986	50	-117
有限责任公司	13163097	4856986	3978733	4003786	834272	-971882
国有独资公司	1082868	395431	311727	368025	20337	-87361
其他有限责任公司	12080229	4461554	3667006	3635762	813935	-884521
股份有限公司	1211052	537089	320221	300047	62107	-28858
私营企业	9964772	4368456	2715542	2198161	572950	-566710
私营独资企业	1039217	585555	142914	126646	25131	88475
私营合伙企业	242751	135450	43306	32216	6303	14079
私营有限责任公司	8138754	3390343	2405128	1930207	501174	-459250
私营股份有限公司	544050	257107	124194	109092	40343	-210013
其他企业	297612	146879	57138	53520	8441	19761
港、澳、台商投资企业	**3399159**	**1078467**	**822905**	**1150144**	**249934**	**15912**
合资经营企业	1481246	411148	388017	516862	111454	10021
合作经营企业	513225	179764	101551	151685	21202	30032
独资经营企业	1289935	441944	299301	452911	108912	23949
投资股份有限公司	111254	45021	32022	26550	8373	-46634
其他投资企业	3500	591	2015	2136	-6	-1456
外商投资企业	**2020680**	**604991**	**558950**	**657230**	**101710**	**20953**
中外合资经营企业	967662	229174	282492	354537	56434	8264
中外合作经营企业	234034	82254	81226	56746	21226	-16496
外资企业	718435	260626	167756	214043	21919	27141
外商投资股份有限公司	48518	7821	21770	19585	954	-2740
其他外商投资企业	52032	25116	5707	12320	1176	4784
(二)按国民经济行业分						
旅游饭店	27993237	10308101	8278755	8344462	1702260	-1734747
一般旅馆	6151422	2815229	1527000	1261321	181860	137716
其他住宿业	718419	316380	163330	187760	32896	-62255

7-2-5 续表 单位：万元

项目	主营业务收入	主营业务成本	销售费用	管理费用	财务费用	利润总额
二、餐饮业	**45435795**	**23167479**	**13007317**	**5364180**	**737107**	**946824**
#国有控股	2244825	1147524	620161	386441	29384	57392
(一)按登记注册类型分						
内资企业	**33094934**	**17820235**	**8211721**	**4146919**	**657594**	**717162**
国有企业	655108	339217	165352	113969	7791	12206
集体企业	245861	146441	42106	25338	1593	18542
股份合作企业	159097	82008	43912	17509	1711	5442
联营企业	57552	47658	2490	1951	1427	3611
国有联营企业						
集体联营企业	57552	47658	2490	1951	1427	3611
国有与集体联营企业						
其他联营企业						
有限责任公司	9718482	4895566	2875904	1404596	211193	-84932
国有独资公司	410860	225775	108011	70768	5778	-7161
其他有限责任公司	9307622	4669791	2767893	1333828	205415	-77771
股份有限公司	1240489	629718	336177	172816	36726	62702
私营企业	20505584	11365317	4668531	2362390	390037	668102
私营独资企业	3405062	2142155	344598	262961	43567	397498
私营合伙企业	406440	243149	69417	41267	5061	25102
私营有限责任公司	15855174	8520467	4042398	1962161	324051	227771
私营股份有限公司	838908	459545	212117	96001	17358	17731
其他企业	512761	314311	77248	48351	7116	31490
港、澳、台商投资企业	**4079970**	**1551434**	**1759047**	**433520**	**41924**	**49853**
合资经营企业	737325	355758	230454	91766	12677	-12473
合作经营企业	198890	75127	88042	30910	1936	-7657
独资经营企业	3114167	1109321	1426915	307238	26975	71483
投资股份有限公司	23830	8899	11387	3187	324	-1552
其他投资企业	5759	2329	2250	419	13	53
外商投资企业	**8260891**	**3795810**	**3036550**	**783740**	**37589**	**179809**
中外合资经营企业	1906440	868995	742877	166664	11976	11077
中外合作经营企业	118542	68193	32968	16448	1627	-4405
外资企业	6165923	2827912	2230704	593382	23699	170798
外商投资股份有限公司	46328	19023	21269	5039	210	2594
其他外商投资企业	23658	11687	8732	2208	77	-254
(二)按国民经济行业分						
正餐服务	33477911	17651952	8700762	4293447	672201	533099
快餐服务	9127990	4211980	3391965	811345	48399	221605
饮料及冷饮服务	1193796	391389	534804	84218	4856	100762
其他餐饮业	1636098	912158	379786	175170	11651	91358

7-2-6 各地区限额以上住宿和餐饮业企业损益及分配

单位：万元

地　区	主营业务收入	主营业务成本	销售费用	管理费用	财务费用	利润总额
全　国	**80298872**	**36607189**	**22976403**	**15157722**	**2654122**	**-712461**
北　京	8691752	3120825	3301489	1872452	241949	-186167
天　津	1331021	615248	453146	236941	26328	-35005
河　北	1033989	479865	365628	281186	61137	-157063
山　西	953613	458021	329694	244030	37174	-222530
内蒙古	873724	432887	233329	201834	24736	-77337
辽　宁	2372168	1212319	591875	428638	62710	-21323
吉　林	468742	218664	123743	119799	19390	-15685
黑龙江	511437	224469	131043	115182	13862	-182753
上　海	8365899	3367558	2832599	1498166	177008	313190
江　苏	5599897	2622414	1553005	1118410	190114	-87133
浙　江	5424473	2215288	1727930	1206627	262329	-169633
安　徽	1794185	932311	441753	314612	89517	-74016
福　建	2939265	1456483	756935	516669	82114	24073
江　西	855174	391931	230653	169609	43122	-18786
山　东	5334498	2844459	1037865	805349	139112	261931
河　南	2955798	1635958	490651	395838	89058	216180
湖　北	3642075	1952853	766551	508251	104889	119181
湖　南	2372919	1172049	515187	460225	106187	-28281
广　东	11139756	4884674	3592007	1941502	370057	-124321
广　西	912046	357522	315566	231161	56718	-73415
海　南	1030827	259215	301296	408724	49026	-109559
重　庆	2554085	1380569	458579	310500	70230	192384
四　川	3582200	1654015	935688	622284	140354	52072
贵　州	682652	328303	151758	155060	40332	-31551
云　南	1168291	576233	297074	271866	51853	-64364
西　藏	68558	23824	29430	28000	1965	-12608
陕　西	2291930	1136853	624905	399373	56671	-110500
甘　肃	644092	323814	145574	99232	17021	7605
青　海	117082	48833	43110	28552	4804	-10621
宁　夏	159347	70832	59656	43145	10906	-32754
新　疆	427381	208900	138687	124505	13449	-53673

7-2-7 各地区限额以上住宿业企业损益及分配

单位：万元

地 区	主营业务收入	主营业务成本	销售费用	管理费用	财务费用	利润总额
全 国	**34863077**	**13439710**	**9969086**	**9793542**	**1917015**	**-1659285**
北 京	3405588	900286	1095440	1226440	191473	-108418
天 津	388138	151955	140091	128256	16558	-49917
河 北	644381	274865	242998	215239	49130	-126954
山 西	391901	158105	149343	130537	21741	-158123
内蒙古	370144	159614	104007	107880	9906	-39104
辽 宁	1038795	490812	264258	285048	44387	-68925
吉 林	284020	127826	83493	84047	15543	-21675
黑龙江	325650	124736	88248	95629	12078	-187955
上 海	2582856	803033	685000	821229	120754	196514
江 苏	2033137	786254	602124	622809	116826	-131820
浙 江	2787857	886489	923020	840913	203641	-158274
安 徽	695582	317312	184458	192729	51345	-88684
福 建	1491091	596181	441162	360667	68418	-23741
江 西	522006	212338	148050	130739	34885	-28092
山 东	2076974	966116	496125	423533	69172	39104
河 南	1461436	737684	292551	275175	64807	33610
湖 北	1261252	591412	270560	279278	63843	-520
湖 南	1396449	620874	305895	358449	85406	-56183
广 东	4878921	1881141	1485344	1250159	299616	-182417
广 西	595939	198295	221970	190355	46806	-70012
海 南	956557	226067	276696	391073	48511	-69214
重 庆	757836	319757	186075	180340	49083	-7822
四 川	1431793	554744	412444	367103	92264	-40581
贵 州	462012	204673	108208	120641	35046	-35207
云 南	706475	307452	191509	218403	37641	-63576
西 藏	62437	20192	28457	26799	1880	-12451
陕 西	1029497	442512	289046	256926	33393	-115921
甘 肃	357117	165305	88273	70195	12216	-5727
青 海	79439	29326	29262	22637	3429	-6288
宁 夏	83406	34446	37051	24638	6986	-22332
新 疆	304394	149909	97931	95678	10233	-48579

7-2-8 各地区限额以上餐饮业企业损益及分配

单位：万元

地　区	主营业务收入	主营业务成本	销售费用	管理费用	财务费用	利润总额
全　国	**45435795**	**23167479**	**13007317**	**5364180**	**737107**	**946824**
北　京	5286163	2220538	2206049	646012	50475	-77749
天　津	942883	463293	313056	108684	9770	14912
河　北	389608	205000	122630	65947	12007	-30110
山　西	561713	299916	180352	113493	15432	-64407
内蒙古	503580	273273	129322	93954	14830	-38233
辽　宁	1333373	721507	327617	143590	18323	47602
吉　林	184722	90838	40250	35752	3847	5990
黑龙江	185787	99733	42795	19552	1784	5202
上　海	5783043	2564525	2147599	676936	56254	116676
江　苏	3566760	1836160	950881	495602	73288	44688
浙　江	2636616	1328799	804911	365714	58688	-11359
安　徽	1098603	614999	257295	121884	38173	14668
福　建	1448173	860302	315772	156001	13696	47814
江　西	333168	179593	82603	38870	8237	9306
山　东	3257524	1878343	541741	381816	69940	222827
河　南	1494363	898275	198101	120663	24251	182570
湖　北	2380823	1361441	495991	228974	41046	119700
湖　南	976470	551175	209292	101776	20781	27902
广　东	6260835	3003534	2106663	691344	70442	58097
广　西	316107	159228	93596	40807	9912	-3403
海　南	74271	33148	24600	17651	515	-40345
重　庆	1796248	1060812	272504	130160	21147	200206
四　川	2150407	1099271	523244	255181	48091	92653
贵　州	220639	123630	43550	34419	5286	3656
云　南	461816	268781	105565	53463	14212	-787
西　藏	6121	3633	973	1201	84	-157
陕　西	1262434	694342	335859	142447	23278	5422
甘　肃	286975	158510	57301	29037	4805	13332
青　海	37643	19507	13849	5915	1375	-4334
宁　夏	75941	36386	22604	18507	3921	-10422
新　疆	122987	58991	40757	28828	3216	-5094

【主要统计指标解释】

资产总计 指企业过去的交易或者事项形成的、由企业拥有或者控制的、预期会给企业带来经济利益的资源。资产一般按流动性分为流动资产和非流动资产。其中流动资产可分为货币资金、交易性金融资产、应收票据、应收账款、预付款项、其他应收款、存货等；非流动资产可分为长期股权投资、固定资产、无形资产及其他非流动资产等。

流动资产合计 资产满足以下条件之一应归为流动资产：（1）预计在一个正常营业周期中变现、出售或耗用，主要包括存货、应收账款等；（2）主要为交易目的而持有；（3）预计在资产负债表日起一年内（含一年）变现；（4）自资产负债日起一年内，交换其他资产或清偿负债的能力不受限制的现金或现金等价物。包括货币资金、应收票据、应收账款、存货等项目。

固定资产合计 指企业为生产商品、提供劳务、出租或经营管理而持有的，使用寿命超过一个会计年度的有形资产。包括使用期限超过一年的房屋、建筑物、机器、机械、运输工具以及其他与生产、经营有关的设备、器具、工具等。固定资产合计是时点指标，表示固定资产经过扣减折旧、减值准备等后的期末余额。

负债合计 指企业过去的交易或者事项形成的，预期会导致经济利益流出企业的现时义务。负债一般按偿还期长短分为流动负债和非流动负债。

所有者权益合计 指企业资产扣除负债后由所有者享有的剩余权益。公司的所有者权益又称股东权益。包括实收资本、资本公积、盈余公积、未分配利润等。

主营业务收入 指企业确认的销售商品、提供劳务等主营业务的收入。

主营业务成本 指企业经营主要业务所发生的成本总额。

销售费用 指企业在销售商品和材料、提供劳务的过程中发生的各种费用，包括保险费、包装费、展览费和广告费、商品维修费、预计产品质量保证损失、运输费、装卸费等以及为销售本企业商品而专设的销售机构（含销售网点、售后服务网点等）的职工薪酬、业务费、折旧费等经营费用。

管理费用 指企业为组织和管理企业生产经营所发生的费用，包括企业在筹建期间内发生的开办费、董事会和行政管理部门在企业经营管理中发生的，或者应当由企业统一负担的公司经费等。

财务费用 指企业为筹集生产经营所需资金等而发生的筹资费用，包括企业生产经营期间发生的利息支出（减利息收入）、汇兑损失（减汇兑收益）以及相关的手续费等。

利润总额 指企业在一定会计期间的经营成果，是生产经营过程中各种收入扣除各种耗费后的盈余，反映企业在报告期内实现的亏盈总额。

7 第三产业部分行业主要财务指标

7-3 信息传输、软件和信息技术服务业

简要说明

一、主要内容

1. 电信主要财务情况，主要包括电信运营企业的资产、营业收入和利润等指标。

2. 软件和信息技术服务业主要经济指标，主要包括软件业务收入等指标。

二、统计范围

1. 电信业包括从事电信运营的中国电信、中国移动、中国联通三家基础电信企业，不含专用网业务资料。

2. 软件和信息技术服务业包括主营业务收入100万元以上的软件和信息技术服务业企业。

三、资料来源

本篇资料由国家统计局服务业统计司负责整理、编辑，资料来源于工业和信息化部。

7-3-1 电信主要财务情况

单位：亿元

指　　标	2005	2006	2007	2008	2009	2010	2011	2012	2013	2014
主营业务收入	5840.12	6491.80	7398.60	8148.00	8544.09	9079.14	9880.41	10758.29	11668.67	11907.97
固定通信业务收入					2849.14	2795.96	2705.79	2802.46	2984.17	3314.00
移动通信业务收入					5694.95	6283.17	7174.62	7955.83	8684.49	8593.98
主营业务成本	2720.45	2994.00	3422.58	3941.61	4116.29	4361.02	4980.15	5240.34	5780.65	6554.85
利润总额	1265.07	1355.83	1737.22	1750.30	1730.71	1458.46	1668.26	1797.31	1774.14	1663.06
资产总额	16419.27	17462.80	18148.46	19857.43	21169.05	22194.60	23408.52	25177.34	26519.94	28228.35

7-3-2 各地区电信主要财务情况

单位：亿元

地　区	主营业务收入	主营业务成本	利润总额	资产总额
全　国	**11907.97**	**6554.85**	**1663.06**	**28228.35**
北　京	586.24	314.14	129.45	1105.43
天　津	167.36	101.87	22.63	353.51
河　北	493.38	270.31	69.50	967.39
山　西	270.88	164.95	21.70	545.53
内蒙古	227.89	143.31	1.90	450.91
辽　宁	407.21	230.47	46.99	841.98
吉　林	189.30	127.93	0.25	409.17
黑龙江	260.29	164.92	10.15	530.27
上　海	546.94	311.16	101.03	1071.49
江　苏	885.39	454.36	167.78	1615.65
浙　江	780.75	421.81	144.23	1574.50
安　徽	383.58	194.00	69.58	730.10
福　建	448.89	240.04	75.72	914.52
江　西	257.98	135.88	29.38	482.59
山　东	671.69	347.85	127.03	1339.29
河　南	556.07	302.30	81.10	1127.41
湖　北	420.19	228.05	65.77	773.19
湖　南	416.15	215.99	65.77	830.24
广　东	1537.85	793.70	408.73	3784.00
广　西	292.65	163.12	37.45	541.83
海　南	93.35	58.65	7.41	196.36
重　庆	227.56	138.39	22.58	401.68
四　川	558.98	330.48	52.69	1013.93
贵　州	226.65	140.25	18.41	414.48
云　南	316.14	167.81	34.54	622.11
西　藏	44.02	36.65	-14.52	106.00
陕　西	343.15	183.20	48.01	635.28
甘　肃	173.13	102.73	11.13	339.73
青　海	55.47	38.05	-3.84	130.59
宁　夏	61.96	37.48	2.28	117.12
新　疆	214.13	142.07	3.41	436.23
不分地区	-207.25	-147.06	-195.21	3825.85

7-3-3 软件和信息技术服务业主要经济指标

年份 地区	软件业务收入（万元）	#软件产品收入	#信息技术服务收入	#嵌入式系统软件收入	#软件业务出口（万美元）
2010	135885509.6	49305319.5	65296861.8	21283328.4	2673526.0
2011	188489906.0	61921545.6	95830650.1	30737710.2	3461947.0
2012	247937523.5	78572418.6	129448959.2	39916145.7	3942380.0
2013	305874743.1	98768380.6	160305341.0	46801021.5	4691377.0
2014	370264197.3	121984961.7	187110900.5	61168335.2	4867057.8
北京	47965751.8	18419803.0	29427239.0	118709.8	204594.0
天津	9068842.1	2461160.0	5467308.9	1140373.1	50270.3
河北	1499060.4	370616.1	1112220.0	16224.3	6620.2
山西	227373.6	152742.0	70757.1	3874.6	
内蒙古	294602.2	144080.9	150029.0	492.3	169.2
辽宁	30613714.2	10747253.0	16736209.7	3130251.5	605407.8
吉林	3812815.8	1025110.0	2203139.3	584566.5	12810.6
黑龙江	1333084.9	576392.9	681694.4	74997.5	4164.8
上海	28993538.4	9954801.5	17202126.8	1836610.1	305720.2
江苏	61725909.4	16518426.5	22813075.3	22394407.7	789764.9
浙江	24376169.7	8015826.9	14467882.0	1892460.9	251576.6
安徽	1453246.7	827590.1	522515.9	103140.7	11511.7
福建	15154823.9	5515805.2	7787021.2	1851997.5	14887.8
江西	761232.5	221151.0	533531.1	6550.4	8193.0
山东	30886773.8	12666816.3	12200561.2	6019396.2	122206.4
河南	2339218.1	796163.0	1453448.2	89606.9	288.0
湖北	8511963.4	4348201.2	3575705.2	588057.1	10807.0
湖南	3017374.9	1866786.6	881285.0	269303.3	4092.5
广东	60186904.2	15305893.1	25941480.6	18939530.6	2257647.0
广西	756625.6	234583.2	518523.9	3518.6	307.2
海南	170294.0	92642.6	75654.2	1997.2	211.0
重庆	7062363.4	1182698.9	5100158.5	779505.9	6798.8
四川	18955652.2	7166321.2	11682365.0	106966.0	133263.4
贵州	885739.2	351207.0	519464.2	15068.0	
云南	469826.0	112615.9	354288.5	2921.7	240.0
西藏					
陕西	8864383.3	2709425.5	4974034.6	1180923.2	65228.0
甘肃	272311.4	76417.7	193516.0	2377.7	246.0
青海	12387.1	1491.3	9597.4	1298.4	31.4
宁夏	94388.0	33571.5	48834.5	11982.0	
新疆	497827.2	89367.7	407233.7	1225.8	

注：本表统计口径为主营业务收入100万元以上的软件和信息技术服务业等企业。

【主要统计指标解释】

主营业务收入 指电信企业经营的基础电信业务和增值电信业务所取得的资费收入，以及电信企业之间网间互联电信业务的结算收入。

主营业务成本 指电信企业在通信生产过程中实际发生的与通信生产直接有关的各项费用支出。

利润总额 指电信企业在生产经营过程中，通过销售过程将商品卖给购买方，实现收入，收入扣除当初的投入成本以及其他一系列费用，再加减非经营性质的收支及投资收益。

资产总额 指过去的交易或事项形成并由电信企业拥有或控制的所有资源，该资源预期会给企业带来经济利益，按其流动性分为流动资产和非流动资产。

软件业务收入 指企业在报告期从事软件产品、信息技术服务、嵌入式系统软件三项业务收入的合计。

7 第三产业部分行业主要财务指标

7-4　房地产业

简要说明

一、主要内容

本篇资料主要内容是历年房地产开发企业主要财务情况。主要分组包括按地区、用途、登记注册类型、资质等级等。

二、统计范围

本篇资料仅包括房地产业中的房地产开发经营部分资料。

三、统计调查方法

调查方法为全面调查。

四、统计口径变化

2004 年财务指标为经济普查数据。

五、资料来源

房地产开发统计资料来自联网直报房地产开发企业上报的基层库，除个别指标外，均为自年初累计数据。

7-4-1 房地产开发企业经营情况

单位：亿元

年份 地区	主营业务收入					主营业务税金及附加	营业利润
		土地转让收入	商品房屋销售收入	房屋出租收入	其他收入		
1995	1731.66	194.40	1258.28	25.79	253.19	90.30	143.41
1996	1968.79	120.34	1533.76	29.99	284.69	92.78	17.98
1997	2218.46	103.28	1755.21	38.79	321.18	104.21	-10.35
1998	2951.21	132.25	2408.41	49.32	361.23	138.81	-10.66
1999	3026.01	103.25	2555.02	62.74	305.00	145.36	-35.09
2000	4515.71	129.61	3896.82	95.32	393.96	214.57	73.28
2001	5471.66	188.99	4729.42	117.35	435.90	273.45	125.47
2002	7077.85	225.13	6145.80	144.57	562.34	370.15	252.91
2003	9137.27	279.72	8153.69	164.33	539.53	493.72	430.37
2004	13314.46	410.09	11752.20	305.58	846.59	413.04	857.97
2005	14769.35	341.43	13316.77	290.29	820.86	845.25	1109.19
2006	18046.76	300.65	16621.36	316.79	807.96	1127.12	1669.89
2007	23397.13	427.92	21604.21	386.81	978.19	1660.30	2436.61
2008	26696.84	466.85	24394.12	521.47	1314.40	1829.20	3432.23
2009	34606.23	498.05	32507.83	544.27	1056.08	2585.49	4728.58
2010	42996.48	519.19	40585.33	742.92	1149.04	3464.66	6111.48
2011	44491.28	664.66	41697.91	904.28	1224.43	3832.98	5798.58
2012	51028.41	819.39	47463.49	1151.55	1593.98	4610.87	6001.33
2013	70706.67	671.42	66697.99	1364.01	1973.25	6204.18	9562.67
2014	66463.80	571.95	62535.06	1464.10	1892.69	5968.43	6143.13
北京	3757.78	125.15	3126.39	261.06	245.18	395.51	631.31
天津	1533.25	38.93	1343.18	27.62	123.53	124.63	129.28
河北	1957.95	15.42	1894.24	16.82	31.48	175.21	45.45
山西	602.55	0.93	558.79	7.62	35.21	45.68	12.41
内蒙古	784.24	6.25	749.68	2.88	25.43	68.94	3.91
辽宁	2327.64	1.79	2244.29	36.20	45.36	192.86	145.10
吉林	800.97	3.59	766.81	17.17	13.41	64.57	8.40
黑龙江	891.93	5.22	852.59	8.88	25.24	76.77	15.07
上海	4248.41	62.11	3589.68	397.32	199.31	375.09	812.91
江苏	7540.12	55.42	7240.53	78.20	165.97	620.96	519.70
浙江	4992.50	8.18	4863.95	37.97	82.40	429.99	268.52
安徽	2527.22	41.47	2389.83	16.23	79.69	198.77	111.20
福建	2613.97	0.72	2526.89	24.18	62.18	282.51	387.16
江西	1249.54	5.95	1211.29	5.30	27.01	110.02	142.44
山东	4709.78	24.25	4528.43	38.26	118.85	373.14	368.85
河南	2529.22	6.79	2424.74	73.68	24.02	205.67	300.45
湖北	2471.08	29.41	2316.28	37.04	88.35	224.96	338.81
湖南	1934.72	17.03	1837.78	22.87	57.04	154.22	115.72
广东	7064.08	40.02	6738.00	165.47	120.59	838.14	1123.65
广西	929.96	4.40	886.95	25.57	13.04	84.30	51.55
海南	617.93	26.41	565.82	5.77	19.93	66.15	11.93
重庆	2425.25	35.68	2246.29	54.85	88.43	204.65	189.06
四川	3035.60	5.65	2921.46	38.17	70.32	251.04	202.86
贵州	720.82	1.86	703.61	7.07	8.28	63.73	25.81
云南	1146.97	4.11	1071.79	23.58	47.48	96.46	-2.74
西藏	23.05		22.68	0.34	0.03	1.91	-2.07
陕西	1383.90	1.62	1332.69	11.73	37.85	117.14	114.34
甘肃	426.49	1.14	409.22	5.42	10.71	32.03	12.29
青海	152.96	0.55	145.58	2.07	4.76	11.22	4.50
宁夏	344.09	0.30	336.79	3.82	3.19	22.68	9.52
新疆	719.83	1.62	688.82	10.95	18.44	59.48	45.76

7-4-2 按登记注册类型分的房地产开发企业资产总计

单位：亿元

地 区	总 计	内 资								
			国 有	集 体	股份合作	国有联营	集体联营	国有与集体联营	其他联营	国有独资公司
全 国	**498749.92**	**441024.33**	**12644.43**	**967.11**	**227.62**	**132.26**	**13.34**	**2.75**	**14.50**	**42840.94**
北 京	43921.45	38511.86	1292.30	145.44	1.28					1876.02
天 津	20465.66	18880.28	1017.03	17.01		6.42				5076.13
河 北	13425.34	13031.23	53.20		0.01					141.44
山 西	6191.66	6055.40	149.61	2.63						182.53
内蒙古	6549.33	6505.00	50.28		0.90					275.48
辽 宁	21307.06	17257.92	141.78	6.41	45.15					1239.28
吉 林	4943.59	4733.59	1.22	0.03	0.79					121.74
黑龙江	10124.11	9924.12	104.23	0.60	0.22					2749.70
上 海	41122.87	33748.41	2851.15	81.64	0.14	5.96	1.87	0.12		3693.63
江 苏	42842.86	36854.65	1358.94	94.50	14.02	3.99				4021.76
浙 江	35735.46	31745.69	450.39	21.81	21.59	114.26		2.10		2604.69
安 徽	15468.29	14699.03	678.07	3.17						1857.20
福 建	19530.88	16942.39	747.55	38.15				0.52		2320.74
江 西	7351.61	6782.94	68.46	2.01	7.37		0.07			1159.29
山 东	27586.40	25648.17	533.81	175.45	20.97					2326.69
河 南	14977.93	13981.26	394.35	15.05	1.73				0.86	631.83
湖 北	15256.60	14182.91	377.82	50.17						1105.64
湖 南	11221.21	10642.41	172.15	1.68	0.79				3.76	591.85
广 东	48418.38	36735.06	411.57	242.75	10.78		11.40		0.44	1138.69
广 西	8495.31	7886.84	135.93	7.90	1.16				0.87	1540.46
海 南	6807.80	5663.07	123.38		1.56			0.01		965.00
重 庆	20260.16	17797.22	696.69	1.79	3.10					4119.48
四 川	18644.44	16675.68	133.27	33.09	69.47					906.89
贵 州	7165.35	6928.75	63.77	0.46	3.44					445.81
云 南	12063.66	11376.13	153.17	2.58	0.49					439.14
西 藏	96.20	96.20	1.28						8.58	12.66
陕 西	8549.35	7867.81	330.11	18.25	18.52					609.55
甘 肃	2835.62	2763.43	82.68	4.12	0.12					103.29
青 海	1150.69	1148.31	13.21		2.75	1.64				158.26
宁 夏	2413.66	2321.36	32.52							167.05
新 疆	3826.99	3637.21	24.50	0.40	1.25					259.02

7-4-2 续表 1

单位：亿元

地 区	其他有限责任公司	股份有限公司	私营独资	私营合伙	私营有限责任公司	私营股份有限公司	其他内资企业	港澳台商投资	合资经营	合作经营
全 国	**231927.46**	**27358.83**	**608.99**	**100.25**	**116719.73**	**7077.43**	**388.69**	**38746.29**	**13349.27**	**3221.02**
北 京	29146.17	3693.98			2266.31	90.37		3336.70	847.70	798.07
天 津	9294.23	928.07	1.10	15.17	2318.60	201.40	5.14	974.25	304.71	48.21
河 北	7114.64	775.82	5.54	5.30	4643.83	263.93	27.51	182.04	83.46	
山 西	1624.56	117.03			3830.28	146.81	1.95	77.65	38.18	
内蒙古	2852.56	281.86	7.47	0.76	2973.51	56.09	6.08	1.31	1.31	
辽 宁	7817.53	2322.54	20.03		5397.68	250.53	17.00	2542.07	1080.47	61.01
吉 林	2901.93	242.08	20.04	0.94	1395.30	48.82	0.69	169.89	66.91	
黑龙江	4484.95	341.25	1.67	0.21	2115.83	123.16	2.31	127.57	85.25	4.30
上 海	15079.33	4269.27	30.69	6.39	7292.74	435.23	0.25	4625.42	2050.11	118.34
江 苏	16262.27	1568.91	144.46	5.18	12484.33	860.13	36.16	4156.29	1272.31	82.72
浙 江	17382.64	849.50	18.63	3.82	10095.45	176.17	4.62	2499.12	956.88	32.70
安 徽	7175.88	530.57	52.67	2.10	3954.69	345.27	99.42	495.25	200.49	10.40
福 建	8942.87	503.71	2.10		4193.73	178.07	14.96	2066.74	934.33	46.39
江 西	3253.05	339.25	1.84	3.13	1791.88	152.05	4.54	450.65	241.24	0.85
山 东	13811.13	1405.81	20.01	1.59	6805.58	532.50	14.62	1429.43	670.45	93.73
河 南	8443.53	723.97	24.21	3.68	3488.66	241.33	12.06	685.49	140.77	32.09
湖 北	7082.05	1250.95	19.08	0.61	4103.76	182.58	10.23	817.39	283.42	37.73
湖 南	6215.02	468.38	20.78	1.51	2882.47	276.19	7.84	416.19	112.18	1.04
广 东	21115.04	3216.83	91.76	6.30	9580.85	887.52	21.12	8146.24	1967.93	1736.88
广 西	2922.10	284.29	15.92	34.54	2802.10	110.07	31.50	412.21	123.97	48.00
海 南	3458.63	302.58	4.96		747.85	48.60	10.52	962.65	394.09	
重 庆	6896.15	623.76	3.71		5150.86	300.71	0.97	1845.80	682.22	46.55
四 川	9372.61	966.05	7.85	1.00	4934.38	229.09	21.97	954.95	258.45	3.06
贵 州	4295.35	294.51	0.23	3.90	1630.32	189.91	1.04	191.13	110.86	2.77
云 南	6748.44	651.39	5.05		3032.18	322.70	20.99	567.08	149.78	
西 藏	22.32	0.36			51.02					
陕 西	4469.98	274.55	25.01		1946.24	164.35	11.24	347.21	32.82	16.17
甘 肃	1430.91	67.25	0.57		1032.23	38.65	3.61	30.77	28.07	
青 海	280.91	18.25			629.22	44.07		1.12	0.49	
宁 夏	563.18	14.15	62.96		1344.83	136.67		44.72	44.72	
新 疆	1467.51	31.92	0.67	4.11	1803.03	44.47	0.34	188.96	185.70	

7-4-2 续表 2

单位：亿元

地 区				外商投资					
	独 资	股份有限	其 他		合资经营	合作经营	独 资	股份有限	其 他
全 国	**21351.91**	**769.99**	**54.09**	**18979.30**	**5718.27**	**1823.16**	**9928.26**	**1292.26**	**217.35**
北 京	1690.93			2072.89	663.19	407.52	593.90	408.28	
天 津	539.88	81.46		611.13	167.96	33.04	357.08	34.04	19.02
河 北	98.57			212.08	19.86	1.10	184.26	6.86	
山 西	39.47			58.61	17.72		40.89		
内蒙古				43.01	7.41		6.10		29.50
辽 宁	1382.49	18.10		1507.07	585.93	210.35	679.24	31.55	
吉 林	96.77	5.17	1.04	40.11	34.72	5.39			
黑龙江	34.68	3.34		72.42	30.24	1.69	40.49		
上 海	2444.99	11.97		2749.05	742.19	187.54	1349.04	470.29	
江 苏	2733.75	67.51		1831.92	716.04	86.70	1029.18		
浙 江	1448.46	61.08		1490.64	351.34	33.95	1100.68	2.69	1.98
安 徽	278.47	5.89		274.01	68.33	19.99	142.01	20.13	23.55
福 建	1034.43	51.59		521.75	75.77	0.48	378.04	43.83	23.62
江 西	208.56			118.02	86.01		23.76	8.24	
山 东	661.96	3.29		508.80	248.85	80.71	179.25		
河 南	496.26	6.08	10.29	311.18	52.98	2.20	231.46	24.55	
湖 北	449.62	46.62		256.30	95.79		102.92	7.95	49.64
湖 南	302.97			162.61	87.56		73.88	1.17	
广 东	4278.37	126.08	36.98	3537.08	880.05	372.48	2149.42	95.68	39.45
广 西	240.24			196.26	59.15	22.71	91.89	13.76	8.76
海 南	337.34	228.45	2.77	182.08	24.84	15.89	140.75	0.60	
重 庆	1117.03			617.14	205.99	88.76	265.68	34.87	21.83
四 川	637.05	53.37	3.02	1013.81	289.46	97.84	609.11	17.40	
贵 州	77.50			45.48	26.02	18.72	0.73		
云 南	417.30			120.44	14.99	53.02	2.59	49.84	
西 藏									
陕 西	298.22			334.33	104.16	83.08	126.57	20.52	
甘 肃	2.71			41.41	38.92		2.49		
青 海	0.63			1.26	1.26				
宁 夏				47.58	20.71		26.87		
新 疆	3.25			0.82	0.82				

7-4-3 按资质等级分的房地产开发企业资产总计

单位：亿元

地 区	总 计	一 级	二 级	三 级	四 级	暂 定	其 他
全 国	**498749.92**	**52526.65**	**103042.74**	**89317.95**	**53687.33**	**172855.78**	**27319.48**
北 京	43921.45	9621.45	6033.21	3711.64	13351.74	7810.63	3392.78
天 津	20465.66	1916.80	5214.33	1700.79	6982.61	4154.85	496.28
河 北	13425.34	1766.62	2517.56	2364.46	3330.67	3098.47	347.56
山 西	6191.66	231.13	1279.82	1077.83	2511.82	1044.08	46.97
内蒙古	6549.33	742.48	1343.87	1008.55	2555.00	801.21	98.21
辽 宁	21307.06	975.28	2357.86	5917.42	138.12	10687.27	1231.11
吉 林	4943.59	145.99	1445.86	887.86	455.26	1996.79	11.83
黑龙江	10124.11	382.93	2717.04	5152.88	72.49	1624.53	174.25
上 海	41122.87	7808.68	6940.80	3679.93	49.19	19485.39	3158.88
江 苏	42842.86	3758.36	16349.25	2925.09	65.45	16911.27	2833.44
浙 江	35735.46	3385.35	5116.45	6837.93	1564.64	15070.07	3761.02
安 徽	15468.29	402.13	3181.14	3584.33	373.24	7487.11	440.35
福 建	19530.88	1921.99	2594.37	4259.42	2404.81	7479.78	870.52
江 西	7351.61	125.04	1473.07	1814.00	473.23	3309.19	157.07
山 东	27586.40	1728.93	4559.88	4331.58	2864.42	12962.15	1139.43
河 南	14977.93	1411.01	3486.85	1678.74	610.33	7410.90	380.09
湖 北	15256.60	1984.57	3678.40	2541.52	1056.46	5527.84	467.81
湖 南	11221.21	534.49	1725.86	4839.67	744.12	3066.31	310.77
广 东	48418.38	7119.46	5698.34	11332.06	5985.35	14407.92	3875.25
广 西	8495.31	276.88	1470.55	1938.73	464.20	3600.88	744.07
海 南	6807.80	4.65	1288.59	790.11	562.26	3399.14	763.04
重 庆	20260.16	2072.67	8662.89	1829.46	172.05	7365.61	157.48
四 川	18644.44	1237.35	4210.07	8762.74	208.30	3306.83	919.16
贵 州	7165.35	229.12	1780.92	1194.27	1004.29	2679.34	277.41
云 南	12063.66	1140.76	3243.11	863.08	2481.55	3921.33	413.81
西 藏	96.20		5.61	60.30	11.14	17.06	2.09
陕 西	8549.35	693.51	1835.26	1929.51	1933.98	1484.19	672.89
甘 肃	2835.62	119.53	742.46	877.22	398.75	677.81	19.85
青 海	1150.69	76.74	610.10	259.16	113.20	83.70	7.79
宁 夏	2413.66	303.52	812.97	467.24	277.36	503.23	49.35
新 疆	3826.99	409.20	666.28	700.41	471.29	1480.88	98.92

7-4-4 按登记注册类型分的房地产开发企业负债合计

单位：亿元

地 区	总 计	内 资								
			国 有	集 体	股份合作	国有联营	集体联营	国有与集体联营	其他联营	国有独资公司
全 国	**384095.53**	**347077.61**	**8264.96**	**806.88**	**171.34**	**93.07**	**13.29**	**2.47**	**14.73**	**27169.15**
北 京	34375.66	30527.41	846.98	134.49	1.85					1124.40
天 津	14894.10	13849.86	738.92	16.08		5.29				3412.18
河 北	11537.43	11255.35	53.60							90.52
山 西	5434.24	5335.84	134.96	2.18						154.07
内蒙古	5412.25	5378.73	48.49		0.30					265.67
辽 宁	16571.59	14288.20	118.23	6.19	31.77					901.84
吉 林	4164.63	4008.37	0.81	0.02	0.78					93.93
黑龙江	6142.45	6001.59	63.57	0.44						878.94
上 海	28241.86	24473.63	1293.66	58.01	0.07	2.02	1.63	0.11		2528.97
江 苏	32032.01	28572.67	1101.49	77.63	4.92	3.07				2540.62
浙 江	27861.45	25519.83	276.92	16.38	19.90	81.28		1.80		1990.56
安 徽	11924.49	11372.84	408.02	2.71						1066.67
福 建	14805.17	13030.86	416.11	34.87				0.56		1523.79
江 西	5401.72	4974.82	57.08	1.67	4.78		0.05			566.19
山 东	22042.88	20728.36	478.09	144.01	15.46					1623.94
河 南	11959.99	11231.33	283.11	8.76	0.98				0.43	359.57
湖 北	11632.57	10947.16	308.60	45.08						800.14
湖 南	8568.92	8209.66	147.70	0.76	0.32				3.99	419.03
广 东	38851.45	30286.56	279.87	197.60	6.28		11.61		0.55	892.01
广 西	6224.35	5779.72	112.94	6.22	0.60				0.86	823.78
海 南	5417.80	4533.26	96.05		1.40					715.65
重 庆	14471.14	13079.88	335.18	1.03	2.33					2337.37
四 川	14599.97	13569.45	104.27	33.17	55.39					558.70
贵 州	5943.53	5749.08	50.41	0.19	3.44					231.10
云 南	10071.18	9550.90	129.78	2.40	0.22					309.39
西 藏	69.55	69.55	1.34						8.91	10.57
陕 西	7059.94	6610.05	258.02	14.18	17.32					431.94
甘 肃	2302.51	2251.05	61.74	2.47	0.08					78.92
青 海	983.07	981.26	8.59		2.54	1.41				138.11
宁 夏	1966.53	1888.57	31.91							134.11
新 疆	3131.10	3021.74	18.51	0.33	0.61					166.46

7-4-4 续表 1

单位：亿元

地 区	其他有限责任公司	股份有限公司	私营独资	私营合伙	私营有限责任公司	私营股份有限公司	其他内资企业	港澳台商投资	合资经营	合作经营
全 国	**186726.88**	**20660.86**	**469.37**	**71.11**	**96468.80**	**5816.32**	**328.38**	**24561.40**	**8687.82**	**2299.86**
北 京	23797.68	2569.97			1981.57	70.47		2386.77	544.95	561.57
天 津	7068.37	687.27	0.18	11.76	1749.73	155.99	4.09	671.68	182.35	45.28
河 北	6153.13	681.09	4.48	4.80	4023.99	217.46	26.28	125.17	61.19	
山 西	1420.24	98.99			3396.08	127.22	2.10	44.53	22.74	
内蒙古	2208.26	249.62	5.34	0.38	2547.74	47.09	5.84	0.11	0.11	
辽 宁	6664.37	1666.40	16.63		4659.40	208.22	15.15	1451.27	698.60	44.16
吉 林	2480.22	207.97	21.86	0.74	1164.81	36.68	0.55	122.97	47.64	
黑龙江	2960.76	276.49	1.31	0.02	1718.50	99.94	1.61	86.64	55.88	0.86
上 海	11255.10	3416.50	13.29	5.32	5533.30	365.66		2250.88	914.08	68.35
江 苏	12787.42	1160.34	118.42	3.76	10033.28	708.55	33.18	2377.01	789.58	45.39
浙 江	14060.19	470.32	17.76	3.55	8432.38	145.16	3.63	1359.93	639.45	20.12
安 徽	5882.91	416.18	46.85	1.71	3185.64	275.81	86.36	344.15	132.71	12.24
福 建	7125.73	351.32	1.23		3413.79	150.48	12.98	1446.00	688.93	37.95
江 西	2497.79	264.52	1.23	2.34	1462.85	111.94	4.38	346.70	202.88	0.21
山 东	11206.56	1116.31	18.29	0.66	5654.17	459.71	11.17	1002.18	513.20	70.19
河 南	6917.61	583.22	21.57	1.80	2850.13	196.43	7.73	455.11	75.24	22.17
湖 北	5491.97	935.62	15.94	0.36	3207.06	136.40	5.99	499.75	204.40	24.80
湖 南	4764.04	371.52	14.87	1.45	2275.18	205.06	5.73	229.34	83.50	0.89
广 东	17675.21	2305.97	80.06	6.76	8100.33	708.09	22.23	5785.72	1358.25	1262.35
广 西	2219.77	212.42	8.64	16.93	2272.32	90.47	14.78	280.66	75.54	41.59
海 南	2807.22	230.08	4.55		622.52	45.47	10.32	757.55	371.06	
重 庆	5403.31	491.96	3.12		4238.51	266.10	0.96	1076.26	464.13	27.00
四 川	7731.43	828.09	7.11	0.77	4058.90	172.42	19.21	512.45	165.47	2.41
贵 州	3742.62	205.77	0.06	3.84	1352.16	158.60	0.88	151.00	100.63	2.04
云 南	5526.97	507.39	4.41		2752.80	298.89	18.65	421.36	109.22	
西 藏	12.81	0.25			35.67					
陕 西	3801.58	249.90	20.04		1669.83	136.56	10.68	206.17	18.39	10.28
甘 肃	1158.42	55.31	0.62		857.84	32.04	3.63	24.22	24.65	
青 海	239.70	15.69			536.40	38.82		0.63	0.17	
宁 夏	435.12	11.95	20.95		1141.66	112.87		36.22	36.22	
新 疆	1230.39	22.41	0.57	4.18	1540.28	37.71	0.30	108.95	106.66	

7-4-4 续表 2 单位：亿元

地 区	独 资	股份有限	其 他	外商投资	合资经营	合作经营	独 资	股份有限	其 他
全 国	**13043.00**	**496.77**	**33.95**	**12456.52**	**3634.98**	**1176.06**	**6438.68**	**1011.47**	**195.34**
北 京	1280.25			1461.48	424.94	282.46	426.18	327.89	
天 津	389.36	54.69		372.56	75.97	18.98	234.23	30.16	13.23
河 北	63.98			156.91	19.07	0.92	131.85	5.07	
山 西	21.79			53.86	18.17		35.69		
内蒙古				33.41	6.69		6.22		20.50
辽 宁	697.69	10.82		832.11	349.70	96.15	373.93	12.33	
吉 林	73.18	1.55	0.60	33.29	28.84	4.45			
黑龙江	27.51	2.39		54.22	26.71	0.51	26.99		
上 海	1262.74	5.72		1517.35	304.21	100.95	746.48	365.71	
江 苏	1513.53	28.52		1082.33	471.88	64.66	545.78		
浙 江	677.91	22.45		981.69	197.98	14.39	765.01	2.12	2.19
安 徽	194.99	4.21		207.49	54.04	13.72	98.26	19.60	21.88
福 建	677.73	41.40		328.31	50.56	0.34	227.59	26.63	23.20
江 西	143.60			80.20	57.87		19.51	2.83	
山 东	416.32	2.47		312.34	156.48	51.85	104.00		
河 南	350.47	0.08	7.16	273.55	47.85		198.26	27.44	
湖 北	237.19	33.36		185.66	66.89		63.50	6.12	49.15
湖 南	144.95			129.91	73.04		56.00	0.87	
广 东	3057.18	85.53	22.41	2779.17	675.04	290.92	1698.52	77.05	37.63
广 西	163.53			163.97	44.94	19.39	79.37	11.13	9.14
海 南	209.36	174.73	2.40	126.98	19.91	5.19	100.73	1.15	
重 庆	585.12			315.00	107.32	40.42	122.37	26.46	18.42
四 川	314.30	28.89	1.39	518.06	201.99	33.12	267.87	15.09	
贵 州	48.34			43.45	22.82	20.02	0.60		
云 南	312.14			98.93	11.76	47.02	0.54	39.60	
西 藏									
陕 西	177.51			243.72	74.33	70.60	84.58	14.21	
甘 肃	-0.42			27.24	24.77		2.47		
青 海	0.46			1.19	1.19				
宁 夏				41.74	19.59		22.14		
新 疆	2.29			0.41	0.41				

7-4-5 按资质等级分的房地产开发企业负债合计

单位：亿元

地区	总计	一级	二级	三级	四级	暂定	其他
全国	**384095.53**	**39389.50**	**78909.53**	**68813.71**	**43484.56**	**133684.50**	**19813.74**
北京	34375.66	7513.17	4687.29	2886.82	10976.45	6075.15	2236.78
天津	14894.10	1453.70	3552.76	1229.67	5279.85	3004.78	373.35
河北	11537.43	1572.27	2073.10	2042.60	2865.00	2683.09	301.38
山西	5434.24	195.79	1148.44	960.24	2223.94	862.37	43.45
内蒙古	5412.25	577.79	1159.53	867.79	2111.77	626.92	68.45
辽宁	16571.59	759.58	1828.78	4609.79	114.42	8293.68	965.33
吉林	4164.63	138.52	1199.25	733.18	369.70	1714.54	9.43
黑龙江	6142.45	367.92	2042.50	2859.51	50.56	728.40	93.56
上海	28241.86	5386.12	4741.17	2520.75	41.02	13513.27	2039.53
江苏	32032.01	2568.08	12514.89	2226.09	55.07	12555.95	2111.94
浙江	27861.45	2478.43	4078.42	5279.62	1262.04	11939.22	2823.72
安徽	11924.49	293.77	2181.82	2716.37	305.20	6077.61	349.71
福建	14805.17	1313.52	2002.49	3280.19	1738.65	5881.77	588.54
江西	5401.72	98.48	1078.36	1272.74	356.21	2469.31	126.62
山东	22042.88	1400.00	3405.60	3528.71	2346.43	10464.94	897.20
河南	11959.99	1109.97	2782.02	1353.33	493.74	5941.88	279.06
湖北	11632.57	1460.87	2824.02	1915.34	795.30	4281.15	355.91
湖南	8568.92	446.09	1377.67	3746.45	551.23	2305.98	141.50
广东	38851.45	5445.19	4710.21	9029.16	4813.03	11924.47	2929.41
广西	6224.35	202.21	1033.28	1320.03	370.18	2837.63	461.02
海南	5417.80	3.29	989.14	587.86	479.31	2773.41	584.79
重庆	14471.14	1353.78	6227.54	1419.93	72.51	5308.42	88.95
四川	14599.97	935.73	3333.17	7032.78	147.78	2544.09	606.42
贵州	5943.53	154.61	1481.98	1026.89	854.56	2179.80	245.70
云南	10071.18	926.05	2680.81	751.58	2232.74	3166.55	313.45
西藏	69.55		4.30	45.32	6.24	12.09	1.61
陕西	7059.94	560.55	1533.59	1633.90	1521.29	1199.50	611.11
甘肃	2302.51	94.70	588.28	724.58	305.13	571.96	17.86
青海	983.07	68.83	526.82	226.92	96.08	56.95	7.47
宁夏	1966.53	249.87	631.93	407.45	222.87	406.37	48.02
新疆	3131.10	260.64	490.39	578.11	426.29	1283.23	92.45

7-4-6 按登记注册类型分的房地产开发企业所有者权益

单位：亿元

地区	总计	内资								
			国有	集体	股份合作	国有联营	集体联营	国有与集体联营	其他联营	国有独资公司
全国	**114654.40**	**93946.72**	**4379.48**	**160.23**	**56.29**	**39.19**	**0.05**	**0.28**	**-0.23**	**15671.79**
北京	9545.79	7984.45	445.32	10.95	-0.57					751.61
天津	5571.56	5030.42	278.11	0.92		1.13				1663.95
河北	1887.91	1775.87	-0.40		0.01					50.92
山西	757.42	719.55	14.65	0.45						28.46
内蒙古	1137.08	1126.28	1.79		0.60					9.81
辽宁	4735.47	2969.72	23.55	0.22	13.39					337.44
吉林	778.96	725.22	0.41	0.02	0.01					27.81
黑龙江	3981.66	3922.53	40.66	0.15	0.22					1870.75
上海	12881.01	9274.77	1557.49	23.63	0.07	3.95	0.24	0.01		1164.66
江苏	10810.85	8281.99	257.45	16.87	9.10	0.91				1481.14
浙江	7874.01	6225.86	173.47	5.43	1.70	32.97		0.31		614.13
安徽	3543.81	3326.19	270.05	0.46						790.54
福建	4725.71	3911.53	331.44	3.28				-0.04		796.95
江西	1949.89	1808.13	11.38	0.35	2.59		0.02			593.09
山东	5543.53	4919.81	55.72	31.44	5.50					702.75
河南	3017.94	2749.92	111.25	6.29	0.75				0.43	272.26
湖北	3624.02	3235.74	69.22	5.10						305.49
湖南	2652.30	2432.75	24.45	0.92	0.46				-0.23	172.82
广东	9566.93	6448.50	131.70	45.15	4.50		-0.21		-0.11	246.68
广西	2270.96	2107.12	22.99	1.68	0.56				0.01	716.68
海南	1390.00	1129.81	27.32		0.15					249.35
重庆	5789.02	4717.33	361.51	0.76	0.77					1782.11
四川	4044.47	3106.22	29.00	-0.08	14.09					348.19
贵州	1221.82	1179.67	13.35	0.27	0.01					214.71
云南	1992.48	1825.24	23.39	0.18	0.27					129.75
西藏	26.65	26.65	-0.06						-0.34	2.09
陕西	1489.41	1257.76	72.09	4.07	1.20					177.61
甘肃	533.11	512.38	20.94	1.65	0.04					24.38
青海	167.62	167.05	4.62		0.22	0.23				20.15
宁夏	447.13	432.79	0.61							32.94
新疆	695.89	615.47	6.00	0.07	0.64					92.56

7-4-6 续表 1 单位：亿元

地 区	其他有限责任公司	股份有限公司	私营独资	私营合伙	私营有限责任公司	私营股份有限公司	其他内资企业	港澳台商投资	合资经营	合作经营
全 国	**45200.58**	**6697.97**	**139.62**	**29.13**	**20250.94**	**1261.11**	**60.31**	**14184.89**	**4661.45**	**921.15**
北 京	5348.49	1124.00			284.74	19.91		949.93	302.75	236.50
天 津	2225.87	240.80	0.91	3.41	568.87	45.40	1.05	302.57	122.36	2.92
河 北	961.51	94.73	1.06	0.50	619.84	46.47	1.23	56.87	22.27	
山 西	204.32	18.04			434.20	19.58	-0.14	33.12	15.44	
内蒙古	644.30	32.24	2.13	0.38	425.78	9.00	0.24	1.20	1.20	
辽 宁	1153.16	656.13	3.39		738.28	42.30	1.86	1090.80	381.87	16.85
吉 林	421.71	34.11	-1.81	0.20	230.48	12.14	0.14	46.92	19.26	
黑龙江	1524.19	64.76	0.36	0.20	397.33	23.22	0.70	40.93	29.37	3.45
上 海	3824.23	852.77	17.40	1.07	1759.44	69.57	0.25	2374.54	1136.04	49.99
江 苏	3474.85	408.58	26.04	1.43	2451.05	151.58	2.98	1779.27	482.74	37.33
浙 江	3322.45	379.18	0.87	0.28	1663.07	31.01	0.99	1139.20	317.43	12.58
安 徽	1292.97	114.39	5.82	0.40	769.05	69.45	13.06	151.10	67.78	-1.84
福 建	1817.13	152.39	0.87		779.94	27.59	1.99	620.74	245.40	8.44
江 西	755.26	74.73	0.61	0.79	329.04	40.11	0.16	103.95	38.36	0.63
山 东	2604.58	289.50	1.72	0.94	1151.41	72.79	3.45	427.25	157.25	23.54
河 南	1525.92	140.75	2.63	1.88	638.54	44.90	4.33	230.38	65.54	9.92
湖 北	1590.08	315.33	3.14	0.26	896.70	46.18	4.24	317.64	79.02	12.93
湖 南	1450.98	96.85	5.91	0.07	607.29	71.12	2.11	186.84	28.67	0.15
广 东	3439.83	910.86	11.70	-0.47	1480.52	179.43	-1.10	2360.52	609.68	474.53
广 西	702.33	71.86	7.29	17.61	529.78	19.60	16.72	131.55	48.43	6.40
海 南	651.42	72.50	0.41		125.33	3.13	0.21	205.10	23.03	
重 庆	1492.83	131.80	0.59		912.35	34.61	0.01	769.55	218.09	19.55
四 川	1641.19	137.96	0.74	0.22	875.49	56.67	2.77	442.50	92.99	0.65
贵 州	552.73	88.74	0.17	0.06	278.16	31.31	0.16	40.13	10.23	0.73
云 南	1221.46	144.00	0.64		279.38	23.81	2.34	145.73	40.56	
西 藏	9.51	0.10			15.35					
陕 西	668.40	24.65	4.96		276.42	27.79	0.57	141.04	14.43	5.89
甘 肃	272.49	11.94	-0.04		174.39	6.61	-0.02	6.55	3.42	
青 海	41.21	2.56			92.82	5.25		0.50	0.32	
宁 夏	128.06	2.20	42.01		203.17	23.80		8.50	8.50	
新 疆	237.12	9.51	0.10	-0.07	262.75	6.77	0.04	80.01	79.05	

7-4-6 续表 2

单位：亿元

地 区	独 资	股份有限	其 他	外商投资	合资经营	合作经营	独 资	股份有限	其 他
全 国	**8308.92**	**273.22**	**20.15**	**6522.78**	**2083.29**	**647.10**	**3489.59**	**280.79**	**22.02**
北 京	410.68			611.41	238.25	125.06	167.71	80.39	
天 津	150.52	26.77		238.57	91.99	14.06	122.85	3.88	5.79
河 北	34.59			55.17	0.79	0.17	52.41	1.80	
山 西	17.68			4.75	-0.45		5.20		
内蒙古				9.60	0.73		-0.12		9.00
辽 宁	684.80	7.28		674.96	236.23	114.20	305.31	19.22	
吉 林	23.59	3.62	0.44	6.82	5.88	0.94			
黑龙江	7.17	0.95		18.20	3.53	1.17	13.50		
上 海	1182.25	6.26		1231.70	437.98	86.59	602.56	104.57	
江 苏	1220.22	38.99		749.59	244.16	22.04	483.39		
浙 江	770.56	38.63		508.95	153.36	19.56	335.68	0.57	-0.21
安 徽	83.48	1.68		66.52	14.29	6.27	43.75	0.53	1.67
福 建	356.71	10.20		193.44	25.21	0.14	150.45	17.20	0.43
江 西	64.96			37.81	28.14		4.26	5.41	
山 东	245.64	0.82		196.47	92.37	28.86	75.24		
河 南	145.79	6.00	3.13	37.63	5.13	2.20	33.20	-2.89	
湖 北	212.43	13.26		70.64	28.90		39.42	1.82	0.50
湖 南	158.02			32.70	14.52		17.88	0.30	
广 东	1221.19	40.55	14.57	757.91	205.01	81.56	450.90	18.63	1.81
广 西	76.71			32.29	14.21	3.32	12.51	2.63	-0.38
海 南	127.97	53.72	0.38	55.10	4.92	10.71	40.02	-0.55	
重 庆	531.91			302.14	98.67	48.34	143.31	8.41	3.41
四 川	322.75	24.48	1.63	495.75	87.48	64.72	341.24	2.31	
贵 州	29.16			2.03	3.20	-1.30	0.13		
云 南	105.16			21.51	3.22	6.00	2.05	10.24	
西 藏									
陕 西	120.71			90.61	29.83	12.48	41.99	6.31	
甘 肃	3.13			14.18	14.15		0.02		
青 海	0.17			0.07	0.07				
宁 夏				5.85	1.12		4.73		
新 疆	0.96			0.41	0.41				

7-4-7 按资质等级分的房地产开发企业所有者权益

单位：亿元

地区	总计	一级	二级	三级	四级	暂定	其他
全国	**114654.40**	**13137.15**	**24133.21**	**20504.24**	**10202.77**	**39171.28**	**7505.74**
北京	9545.79	2108.28	1345.92	824.83	2375.29	1735.48	1156.00
天津	5571.56	463.10	1661.57	471.13	1702.76	1150.07	122.93
河北	1887.91	194.35	444.46	321.87	465.67	415.38	46.18
山西	757.42	35.34	131.38	117.59	287.87	181.71	3.52
内蒙古	1137.08	164.69	184.35	140.76	443.24	174.29	29.76
辽宁	4735.47	215.70	529.08	1307.63	23.70	2393.59	265.78
吉林	778.96	7.47	246.60	154.68	85.56	282.25	2.40
黑龙江	3981.66	15.01	674.54	2293.37	21.93	896.13	80.68
上海	12881.01	2422.56	2199.63	1159.18	8.17	5972.12	1119.35
江苏	10810.85	1190.28	3834.36	699.00	10.39	4355.32	721.50
浙江	7874.01	906.92	1038.03	1558.31	302.60	3130.84	937.30
安徽	3543.81	108.36	999.31	867.96	68.04	1409.50	90.64
福建	4725.71	608.47	591.89	979.22	666.15	1598.01	281.98
江西	1949.89	26.56	394.71	541.26	117.03	839.88	30.45
山东	5543.53	328.94	1154.28	802.87	517.99	2497.21	242.24
河南	3017.94	301.05	704.84	325.42	116.60	1469.02	101.03
湖北	3624.02	523.70	854.38	626.18	261.17	1246.69	111.90
湖南	2652.30	88.40	348.18	1093.21	192.89	760.33	169.27
广东	9566.93	1674.28	988.13	2302.91	1172.32	2483.46	945.84
广西	2270.96	74.67	437.27	618.70	94.02	763.24	283.05
海南	1390.00	1.37	299.45	202.25	82.95	625.74	178.25
重庆	5789.02	718.89	2435.34	409.53	99.54	2057.19	68.53
四川	4044.47	301.62	876.90	1729.95	60.52	762.74	312.74
贵州	1221.82	74.51	298.94	167.38	149.73	499.55	31.71
云南	1992.48	214.71	562.30	111.50	248.81	754.78	100.36
西藏	26.65		1.30	14.98	4.91	4.97	0.48
陕西	1489.41	132.96	301.68	295.61	412.69	284.70	61.78
甘肃	533.11	24.83	154.18	152.64	93.62	105.85	1.98
青海	167.62	7.91	83.28	32.24	17.13	26.75	0.31
宁夏	447.13	53.64	181.03	59.79	54.48	96.86	1.33
新疆	695.89	148.56	175.89	122.30	45.01	197.65	6.47

7-4-8 按登记注册类型分的房地产开发企业营业利润

单位：亿元

地　区	总　计	内　资	国　有	集　体	股份合作	国有联营	集体联营	国有与集体联营	其他联营	国有独资公司
全　国	**6143.13**	**4970.54**	**96.73**	**13.92**	**2.97**	**-0.78**	**0.04**	**-0.01**	**0.03**	**250.59**
北　京	631.31	537.83	18.02	1.92	-0.07					44.33
天　津	129.28	91.06	1.55	1.05		-0.03				21.41
河　北	45.45	41.37	-0.48							1.23
山　西	12.41	11.65	-0.80	0.03						1.38
内蒙古	3.91	0.44	-0.52		0.13					0.87
辽　宁	145.10	103.64	-1.09	-0.04	-0.37					-8.69
吉　林	8.40	3.46	-0.04		-0.04					-0.53
黑龙江	15.07	11.90	-0.09		0.04					-8.66
上　海	812.91	614.01	16.72	-0.77	-0.01	0.10	0.05			36.79
江　苏	519.70	388.69	-8.57	0.45	0.39	-0.08				4.77
浙　江	268.52	212.11	3.42	2.03	1.71	-0.94		-0.01		-0.88
安　徽	111.20	81.94	5.20	-0.04						14.10
福　建	387.16	309.11	4.25	0.14				0.01		35.75
江　西	142.44	118.94	-1.86	-0.02	-0.20					2.42
山　东	368.85	333.69	6.97	0.44	0.40					9.63
河　南	300.45	278.40	6.35	0.95	1.19				0.09	-2.49
湖　北	338.81	309.58	3.54	0.07						14.39
湖　南	115.72	106.71	2.33	0.05	0.03				-0.30	2.71
广　东	1123.65	922.47	13.90	7.76	0.12					32.99
广　西	51.55	42.21	3.97	-0.12	-0.02				-0.02	3.17
海　南	11.93	21.27	1.90		-0.02			-0.01		3.38
重　庆	189.06	115.99	3.66	0.02	-0.02					22.48
四　川	202.86	167.02	1.20	-0.06	0.08					3.44
贵　州	25.81	26.70	-0.08		-0.05					1.27
云　南	-2.74	-6.65	1.84	-0.06	0.01					-0.91
西　藏	-2.07	-2.07	0.03						0.24	0.02
陕　西	114.34	63.93	12.88	0.09	-0.26					2.37
甘　肃	12.29	10.58	0.62	0.02						2.13
青　海	4.50	4.51	0.07		0.01	0.16				3.53
宁　夏	9.52	7.30	-0.04							2.18
新　疆	45.76	42.74	1.87		-0.05					6.01

7-4-8 续表 1 单位：亿元

地 区	其他有限责任公司	股份有限公司	私营独资	私营合伙	私营有限责任公司	私营股份有限公司	其他内资企业	港澳台商投资	合资经营	合作经营
全 国	**3166.39**	**591.97**	**5.90**	**-0.32**	**798.41**	**46.78**	**-2.07**	**790.77**	**284.94**	**38.27**
北 京	392.83	86.07			-5.37	0.11		50.13	21.26	-1.65
天 津	45.73	11.84		0.01	8.65	1.01	-0.14	3.11	3.99	0.52
河 北	17.37	5.46	0.06	-0.05	14.69	3.34	-0.25	-0.10	-0.70	
山 西	14.19	0.25			-4.68	1.36	-0.08	1.10	-0.11	
内蒙古	6.62	1.13	0.13	0.05	-9.48	1.55	-0.04	-0.01	-0.01	
辽 宁	29.41	78.94	-0.10		9.23	-3.68	0.04	27.06	17.76	-0.34
吉 林	-6.11	0.83	-0.08	-0.01	9.32	0.16	-0.02	4.91	-0.71	
黑龙江	3.87	9.96	-0.02		7.59	-0.78		3.48	2.63	-0.05
上 海	402.98	52.23	-0.40	-0.11	96.34	10.09		106.69	77.73	3.73
江 苏	216.22	35.58	2.58	-0.13	129.80	11.26	-3.57	78.82	30.14	0.79
浙 江	135.35	42.21	-0.13		24.16	5.24	-0.05	34.45	0.86	-0.09
安 徽	23.59	-1.34	0.03	-0.12	39.45	-0.23	1.30	26.52	4.17	-0.47
福 建	218.34	22.93	0.14		25.49	2.01	0.05	73.40	34.28	0.22
江 西	80.35	9.55	-0.14	-0.01	27.59	0.85	0.41	15.81	12.75	
山 东	209.20	27.57	-0.34	-0.04	71.82	7.68	0.35	11.46	0.40	0.91
河 南	157.17	28.35	1.54	0.40	81.11	4.36	-0.62	21.67	2.07	2.16
湖 北	182.32	45.90	0.45	0.03	62.51	0.36	-0.02	21.82	7.72	6.56
湖 南	80.92	4.93	0.12	-0.02	16.22	-0.36	0.06	7.97	2.85	0.00
广 东	633.92	86.33	0.15	-0.17	150.93	-3.06	-0.41	165.25	45.34	23.26
广 西	19.08	4.66	0.42	-0.04	11.21	-0.03	-0.07	11.79	3.67	3.34
海 南	-1.16	11.77	-0.12		6.96	-1.29	-0.14	-11.08	-7.84	
重 庆	59.34	8.38	0.06		21.50	0.60	-0.02	54.25	13.49	-0.65
四 川	128.82	3.67	0.42		26.25	2.58	0.63	28.91	5.84	0.01
贵 州	20.59	10.64		-0.05	-6.36	0.79	-0.04	-0.81	-2.32	-0.02
云 南	29.63	0.97	-0.04		-37.62	-1.16	0.69	3.93	5.66	
西 藏	1.00	0.01			-3.37					
陕 西	37.02	2.28	1.26		6.85	1.46	-0.01	45.63	0.27	0.04
甘 肃	4.08	0.50			3.06	0.29	-0.12	0.13	-0.14	
青 海	-2.24	-0.68			3.52	0.14		-0.01	-0.01	
宁 夏	2.62	-0.16	-0.07		1.50	1.28		1.45	1.45	
新 疆	23.38	1.20	-0.02	-0.05	9.53	0.87	-0.01	3.03	2.45	

7-4-8 续表 2

单位：亿元

地区				外商投资					
	独资	股份有限	其他		合资经营	合作经营	独资	股份有限	其他
全国	**455.54**	**5.56**	**6.46**	**381.82**	**125.09**	**40.32**	**192.87**	**21.59**	**1.96**
北京	30.51			43.35	22.25	9.18	9.03	2.89	
天津	0.84	-2.24		35.10	8.62	-0.83	24.24	1.52	1.55
河北	0.60			4.17	-0.01		4.24	-0.06	
山西	1.21			-0.33	-0.24		-0.10		
内蒙古				3.47	-0.14		1.26		2.35
辽宁	10.08	-0.45		14.41	4.28	4.28	5.58	0.26	
吉林	5.45	0.14	0.03	0.03	0.05	-0.02			
黑龙江	1.09	-0.18		-0.31	-0.04	-0.02	-0.25		
上海	24.57	0.66		92.21	28.60	13.06	39.93	10.61	
江苏	44.20	3.70		52.19	16.10	1.59	34.50		
浙江	31.68	2.00		21.97	4.35	3.42	14.73	-0.52	-0.02
安徽	22.66	0.15		2.74	0.35	1.53	1.47	-0.09	-0.53
福建	39.74	-0.84		4.65	-0.75		5.31	0.01	0.08
江西	3.06			7.69	2.30		0.57	4.82	
山东	10.23	-0.08		23.70	13.04	5.00	5.67		
河南	17.28		0.16	0.38	-0.27	0.59	0.26	-0.19	
湖北	6.42	1.12		7.41	3.88		3.90	0.23	-0.60
湖南	5.12			1.05	0.94		0.12	-0.01	
广东	90.77	0.40	5.47	35.93	12.66	-1.06	22.34	2.46	-0.47
广西	4.78			-2.45	1.58	-1.31	-1.72	-0.46	-0.55
海南	4.19	-7.35	-0.07	1.74	-0.42	0.10	2.07	-0.01	
重庆	41.41			18.82	7.60	3.69	8.52	-1.14	0.15
四川	13.68	8.52	0.86	6.92	-3.49	2.77	7.73	-0.09	
贵州	1.53			-0.08	0.05	-0.11	-0.02		
云南	-1.73			-0.02	-0.13	-0.70	-0.07	0.88	
西藏									
陕西	45.32			4.78	2.56	-0.84	2.59	0.47	
甘肃	0.27			1.57	1.61		-0.04		
青海				-0.01	-0.01				
宁夏				0.78	-0.23		1.01		
新疆	0.57			-0.01	-0.01				

7-4-9 按资质等级分的房地产开发企业营业利润

单位：亿元

地 区	总 计	一 级	二 级	三 级	四 级	暂 定	其 他
全 国	**6143.13**	**1248.59**	**1355.66**	**1226.39**	**544.19**	**1535.82**	**232.47**
北 京	631.31	236.34	110.81	15.13	132.30	118.75	17.98
天 津	129.28	16.54	32.30	16.35	47.71	15.87	0.51
河 北	45.45	20.05	6.51	12.28	21.98	-11.29	-4.09
山 西	12.41	4.99	0.99	5.42	4.62	-2.94	-0.67
内蒙古	3.91	1.31	7.90	8.85	-6.48	-7.81	0.14
辽 宁	145.10	-2.70	15.13	120.66	0.15	7.06	4.80
吉 林	8.40	-1.72	12.73	2.85	-4.75	-0.73	0.02
黑龙江	15.07	-17.24	23.25	18.00	0.80	-10.31	0.58
上 海	812.91	118.17	129.26	98.89	2.66	399.36	64.57
江 苏	519.70	113.25	200.21	56.72	0.99	134.62	13.92
浙 江	268.52	93.69	54.43	78.25	-0.71	41.12	1.73
安 徽	111.20	16.38	21.02	61.19	4.01	15.76	-7.17
福 建	387.16	84.20	64.49	99.99	75.05	51.96	11.47
江 西	142.44	0.97	34.25	35.86	5.34	63.91	2.11
山 东	368.85	38.15	27.84	54.90	49.76	187.35	10.86
河 南	300.45	40.07	92.63	30.38	14.54	122.16	0.67
湖 北	338.81	62.16	96.13	71.88	18.19	68.91	21.53
湖 南	115.72	8.85	28.89	53.68	5.43	18.83	0.05
广 东	1123.65	277.35	121.57	260.13	129.54	259.32	75.74
广 西	51.55	8.47	18.52	7.45	-0.06	13.65	3.51
海 南	11.93		-8.34	4.97	10.78	1.36	3.16
重 庆	189.06	53.01	82.48	21.08	0.84	30.17	1.47
四 川	202.86	25.75	61.01	75.77	-3.16	28.95	14.54
贵 州	25.81	9.82	30.44	3.15	4.33	-19.66	-2.26
云 南	-2.74	8.19	7.47	-4.78	8.96	-21.08	-1.50
西 藏	-2.07		-0.05	-2.03	-0.15	0.17	-0.01
陕 西	114.34	14.39	52.12	9.18	20.22	19.35	-0.92
甘 肃	12.29	0.87	6.89	3.21	1.55	0.09	-0.33
青 海	4.50	0.99	4.25	1.12	-1.55	-0.16	-0.15
宁 夏	9.52	7.40	4.34	0.09	1.07	-3.10	-0.28
新 疆	45.76	8.90	16.20	5.77	0.22	14.19	0.48

7-4-10 按登记注册类型分的房地产开发企业利润总额

单位：亿元

地 区	总 计	内 资								
			国 有	集 体	股份合作	国有联营	集体联营	国有与集体联营	其他联营	国有独资公司
全 国	**6446.06**	**5264.77**	**150.15**	**15.57**	**2.85**	**0.09**	**0.04**	**-0.01**	**0.07**	**357.10**
北 京	674.17	582.47	19.11	2.63	-0.07					54.24
天 津	148.89	110.11	1.86	1.05		-0.03				33.02
河 北	44.15	38.59	-0.48							1.19
山 西	9.94	9.20	-0.65	0.06						1.47
内蒙古	7.95	4.48	-0.49		0.13					0.15
辽 宁	154.30	111.29	-1.09	-0.04	-0.38					-5.01
吉 林	15.07	10.34	0.03		-0.01					-0.70
黑龙江	25.71	21.95	-0.04		0.04					-5.30
上 海	904.29	696.85	30.19	-0.57	-0.01	0.76	0.05			38.96
江 苏	547.08	418.58	7.67	0.39	0.36	-0.07				21.76
浙 江	278.62	221.27	3.70	1.89	1.67	-0.71		-0.01		6.98
安 徽	144.02	114.97	8.11	-0.04						37.03
福 建	383.19	309.87	8.63	0.15				0.01		35.79
江 西	152.67	128.90	-1.89	-0.02	-0.20					5.28
山 东	385.54	345.77	6.72	0.45	0.41					14.39
河 南	305.63	283.97	10.07	0.95	1.19				0.09	-0.97
湖 北	341.38	311.30	3.84	0.05						15.11
湖 南	108.88	99.82	2.59	0.06	0.03				-0.30	3.30
广 东	1112.98	914.32	17.78	8.63	0.14				-0.04	32.88
广 西	56.01	47.14	4.06	-0.08					-0.02	6.26
海 南	11.05	20.36	4.39		-0.02					4.35
重 庆	208.37	134.17	7.41	-0.01	-0.05					34.43
四 川	204.42	167.90	1.27	-0.04	-0.03					4.17
贵 州	30.93	31.85	-0.02		-0.05					0.78
云 南	5.24	1.06	1.67	-0.06	0.01					0.22
西 藏	-1.79	-1.79	0.01						0.33	0.17
陕 西	110.70	60.24	12.96	0.13	-0.25					2.59
甘 肃	12.39	10.66	0.73	0.02						2.13
青 海	5.45	5.46	0.07		0.01	0.13				4.16
宁 夏	10.94	8.80	0.03							2.19
新 疆	47.91	44.86	1.90		-0.05					6.07

7-4-10 续表 1

单位：亿元

地区	其他有限责任公司	股份有限公司	私营独资	私营合伙	私营有限责任公司	私营股份有限公司	其他内资企业	港澳台商投资	合资经营	合作经营
全　国	**3259.63**	**599.82**	**6.39**	**-0.42**	**827.04**	**48.68**	**-2.23**	**796.75**	**286.76**	**39.56**
北　京	432.68	87.45			-13.64	0.07		48.80	21.04	-1.60
天　津	52.86	11.91		0.01	8.42	1.15	-0.14	3.69	3.97	0.46
河　北	18.45	5.56	0.06	-0.05	10.90	3.17	-0.20	-0.22	-0.78	
山　西	13.20	0.25			-6.23	1.19	-0.09	1.09	-0.11	
内蒙古	9.85	1.12	0.13	0.05	-7.84	1.46	-0.07	-0.01	-0.01	
辽　宁	29.72	79.21	-0.08		12.86	-3.93	0.03	26.64	17.58	-0.35
吉　林	0.22	1.05	-0.21	-0.01	9.68	0.30	-0.02	4.73	-0.88	
黑龙江	10.42	10.03	-0.02		7.70	-0.87		3.23	2.62	-0.05
上　海	414.57	54.67	-0.40	-0.11	148.44	10.29		112.79	77.64	3.93
江　苏	219.72	34.38	2.57	-0.11	124.27	11.32	-3.69	77.13	29.43	0.86
浙　江	138.69	42.62	-0.14		21.52	5.11	-0.05	34.75	1.18	0.03
安　徽	31.90	-1.39	0.74	-0.12	37.27	0.17	1.28	26.31	4.09	-0.47
福　建	217.48	23.02	0.13		22.76	1.85	0.05	68.98	33.49	0.22
江　西	87.02	9.65	-0.14	-0.01	28.01	0.75	0.45	16.15	12.65	
山　东	215.88	27.84	-0.39	-0.04	73.28	6.89	0.35	16.16	3.88	0.90
河　南	158.48	28.24	1.51	0.40	80.43	4.20	-0.62	21.49	2.08	2.16
湖　北	185.50	45.97	0.43	0.03	59.73	0.66	-0.02	22.72	7.65	6.56
湖　南	72.02	5.01	0.13	-0.02	17.06	-0.12	0.06	8.03	2.81	
广　东	623.74	86.16	0.10	-0.27	146.77	-1.10	-0.47	164.48	44.07	24.01
广　西	20.28	4.77	0.43	-0.04	11.52	0.03	-0.06	11.78	3.72	3.35
海　南	-4.73	11.55	-0.17		6.30	-1.18	-0.14	-11.04	-7.53	
重　庆	60.53	9.02	0.19		22.41	0.25	-0.02	55.48	14.45	-0.48
四　川	129.23	3.35	0.41		26.25	2.68	0.62	29.70	6.10	0.02
贵　州	21.25	14.73		-0.07	-6.12	1.41	-0.04	-0.82	-2.35	-0.02
云　南	34.94	0.51	-0.04		-35.70	-1.18	0.70	4.36	5.92	
西　藏	0.97	0.01			-3.28					
陕　西	33.64	2.18	1.25		6.31	1.45	-0.01	45.69	0.26	0.04
甘　肃	4.35	0.50			2.78	0.29	-0.12	0.16	-0.11	
青　海	-1.97	-0.74			3.64	0.15		-0.01	-0.01	
宁　夏	4.25	-0.05	-0.08		1.07	1.38		1.45	1.45	
新　疆	24.47	1.23	-0.02	-0.05	10.50	0.83	-0.01	3.06	2.46	

7-5-10 续表 2 单位：亿元

地 区				外商投资					
	独 资	股份有限	其 他		合资经营	合作经营	独 资	股份有限	其 他
全 国	**458.53**	**5.42**	**6.47**	**384.54**	**126.27**	**39.61**	**193.79**	**22.90**	**1.96**
北 京	29.36			42.90	21.96	8.88	9.20	2.86	
天 津	1.49	-2.23		35.10	8.58	-0.82	24.28	1.52	1.55
河 北	0.56			5.78	-0.04		4.24	1.57	
山 西	1.20			-0.35	-0.24		-0.11		
内蒙古				3.47	-0.14		1.26		2.35
辽 宁	9.86	-0.45		16.37	4.35	4.28	7.46	0.28	
吉 林	5.44	0.14	0.03		0.02	-0.02			
黑龙江	0.85	-0.18		0.53	-0.04	-0.02	0.58		
上 海	30.56	0.66		94.65	30.40	13.11	40.49	10.64	
江 苏	43.19	3.64		51.38	16.18	1.44	33.76		
浙 江	31.49	2.05		22.60	4.69	3.41	15.06	-0.54	-0.02
安 徽	22.53	0.16		2.74	0.35	1.54	1.45	-0.08	-0.51
福 建	36.11	-0.84		4.34	-0.94		5.21	0.01	0.07
江 西	3.51			7.62	2.26		0.56	4.80	
山 东	11.46	-0.08		23.61	12.92	5.28	5.41		
河 南	17.09		0.16	0.17	-0.07	0.59	-0.16	-0.19	
湖 北	7.39	1.12		7.35	3.83		3.90	0.22	-0.60
湖 南	5.22			1.02	0.97		0.06	-0.01	
广 东	90.49	0.40	5.51	34.18	12.26	-1.07	21.33	2.12	-0.47
广 西	4.71			-2.92	1.53	-1.76	-1.68	-0.45	-0.57
海 南	4.06	-7.49	-0.07	1.73	-0.40	0.09	2.05	-0.01	
重 庆	41.50			18.72	7.56	3.74	8.37	-1.11	0.15
四 川	14.21	8.52	0.85	6.82	-3.38	2.64	7.65	-0.09	
贵 州	1.54			-0.11	0.06	-0.15	-0.02		
云 南	-1.56			-0.18	-0.27	-0.70	-0.09	0.88	
西 藏									
陕 西	45.38			4.78	2.54	-0.86	2.63	0.47	
甘 肃	0.27			1.57	1.61		-0.04		
青 海				-0.01	-0.01				
宁 夏				0.68	-0.28		0.97		
新 疆	0.60			-0.01	-0.01				

7-4-11 按资质等级分的房地产开发企业利润总额

单位：亿元

地 区	总 计	一 级	二 级	三 级	四 级	暂 定	其 他
全 国	**6446.06**	**1280.07**	**1413.96**	**1325.50**	**560.78**	**1615.83**	**249.91**
北 京	674.17	240.84	110.53	20.28	138.22	145.93	18.37
天 津	148.89	21.01	38.68	18.33	52.42	17.04	1.41
河 北	44.15	18.79	6.89	13.73	22.99	-13.89	-4.35
山 西	9.94	4.92	1.17	5.00	2.97	-3.45	-0.67
内蒙古	7.95	3.12	8.31	9.36	-7.34	-5.65	0.13
辽 宁	154.30	-2.70	18.26	121.81	1.61	11.56	3.77
吉 林	15.07	-1.73	13.33	2.85	2.65	-2.01	-0.01
黑龙江	25.71	-17.44	27.17	24.36	1.11	-10.67	1.18
上 海	904.29	120.00	141.01	161.60	2.64	413.24	65.79
江 苏	547.08	120.83	215.05	60.89	0.94	133.78	15.59
浙 江	278.62	95.49	61.48	81.47	-0.01	38.53	1.66
安 徽	144.02	17.17	26.42	63.37	3.89	25.20	7.95
福 建	383.19	86.03	64.58	98.29	74.85	49.31	10.13
江 西	152.67	1.28	36.22	36.27	5.33	71.38	2.18
山 东	385.54	38.56	29.18	57.17	53.27	196.39	10.96
河 南	305.63	38.98	91.88	30.85	13.94	129.64	0.34
湖 北	341.38	62.51	96.33	75.79	15.09	70.03	21.63
湖 南	108.88	8.81	19.10	54.45	5.59	20.77	0.16
广 东	1112.98	275.73	121.56	257.61	126.01	256.87	75.20
广 西	56.01	8.45	19.50	8.03	0.36	14.88	4.78
海 南	11.05		-8.76	5.26	10.20	0.69	3.66
重 庆	208.37	55.18	91.77	23.45	0.30	36.20	1.47
四 川	204.42	28.58	60.47	77.42	-3.29	27.77	13.47
贵 州	30.93	13.04	31.69	3.14	3.98	-18.71	-2.21
云 南	5.24	9.67	7.32	-3.65	13.25	-19.73	-1.63
西 藏	-1.79		-0.08	-1.73	-0.20	0.22	-0.01
陕 西	110.70	14.40	51.55	8.33	18.86	18.91	-1.34
甘 肃	12.39	0.80	7.00	3.26	1.68	-0.04	-0.31
青 海	5.45	1.15	5.13	1.03	-1.57	-0.20	-0.10
宁 夏	10.94	7.53	4.79	0.97	0.93	-3.06	-0.22
新 疆	47.91	9.04	16.43	6.50	0.10	14.90	0.93

7-4-12 按登记注册类型分的房地产开发企业主营业务收入

单位：亿元

地 区	总 计	内 资								
			国 有	集 体	股份合作	国有联营	集体联营	国有与集体联营	其他联营	国有独资公司
全 国	**66463.80**	**58952.42**	**990.65**	**126.53**	**41.00**	**6.11**	**0.49**	**0.07**	**4.77**	**2256.97**
北 京	3757.78	3359.12	92.94	4.05						147.88
天 津	1533.25	1305.60	56.12	7.77		0.61				170.23
河 北	1957.95	1909.86	10.87							15.55
山 西	602.55	593.37	6.28	1.35						11.96
内蒙古	784.24	771.82	0.74		0.80					16.07
辽 宁	2327.64	1700.42	18.08	0.12	4.59					22.98
吉 林	800.97	765.12	0.39	0.00	0.13					10.65
黑龙江	891.93	853.59	7.93		0.40					104.48
上 海	4248.41	3543.46	40.17	14.80		0.11	0.49	0.03		194.15
江 苏	7540.12	6404.82	133.35	10.31	1.97					233.94
浙 江	4992.50	4446.57	19.96	8.09	11.82	5.10				94.64
安 徽	2527.22	2368.86	49.83	0.06						120.96
福 建	2613.97	2255.38	45.17	3.49				0.01		128.98
江 西	1249.54	1137.45	7.44	0.87	0.03					34.31
山 东	4709.78	4372.55	94.80	13.22	6.55					205.55
河 南	2529.22	2467.97	52.72	3.82	6.33				0.43	16.51
湖 北	2471.08	2272.79	29.05	6.40						83.81
湖 南	1934.72	1835.77	24.87	0.90	0.18					29.98
广 东	7064.08	5768.10	50.70	48.06	1.82				0.02	141.69
广 西	929.96	851.34	30.89	0.24	0.18				0.09	34.24
海 南	617.93	529.57	11.68					0.02		40.36
重 庆	2425.25	2024.94	24.75	0.06	0.12					161.12
四 川	3035.60	2779.92	16.50	0.46	4.75					59.03
贵 州	720.82	702.98	3.74	0.01	0.54					14.67
云 南	1146.97	1121.10	46.14	0.03	0.03					37.24
西 藏	23.05	23.05	0.55						4.22	0.91
陕 西	1383.90	1186.13	72.98	1.00	0.33					52.23
甘 肃	426.49	416.89	28.80	1.39						10.70
青 海	152.96	152.63	3.45		0.42	0.28				14.97
宁 夏	344.09	325.80								24.22
新 疆	719.83	705.46	9.73	0.01						22.93

7-4-12 续表 1 单位：亿元

地区	其他有限责任公司	股份有限公司	私营独资	私营合伙	私营有限责任公司	私营股份有限公司	其他内资企业	港澳台商投资	合资经营	合作经营
全国	**33538.47**	**3118.50**	**90.26**	**4.95**	**17617.40**	**1088.14**	**68.13**	**5115.77**	**1940.86**	**305.11**
北京	2728.67	235.09			146.85	3.63		270.08	107.15	35.35
天津	708.06	150.78			193.08	18.66	0.28	63.95	26.64	1.25
河北	1103.03	70.00	2.20	1.14	658.98	44.77	3.31	21.41	8.19	
山西	215.00	6.44			343.27	9.07		8.55	0.47	
内蒙古	379.87	26.31	2.15	0.10	335.87	9.85	0.07	0.02	0.02	
辽宁	923.44	102.17	0.91		605.31	21.07	1.75	419.51	208.76	0.60
吉林	455.26	65.26	1.34	0.33	223.64	8.04	0.08	34.18	4.97	
黑龙江	417.84	70.30	0.12		246.24	6.27		24.29	18.05	
上海	2200.78	86.61	0.20		951.78	54.33		366.95	221.37	13.06
江苏	2846.78	297.36	30.18	0.89	2682.82	155.35	11.87	774.15	269.03	12.52
浙江	2768.23	161.80	0.37		1316.33	60.23		409.96	205.15	1.31
安徽	1272.99	69.51	7.90	0.18	799.31	36.57	11.54	121.51	34.61	6.82
福建	1468.31	75.29	0.53		507.07	25.62	0.89	311.59	128.95	2.18
江西	612.73	101.86	0.43		340.07	36.36	3.35	80.13	52.12	0.07
山东	2384.14	302.16	0.90		1237.65	122.27	5.32	194.58	81.58	18.66
河南	1503.87	183.89	5.76	0.77	631.76	59.48	2.62	47.54	11.68	9.77
湖北	1228.01	207.66	3.75	0.32	674.12	39.68		158.07	66.36	19.26
湖南	1088.15	88.97	4.07	0.03	524.22	68.86	5.54	77.31	29.63	
广东	3489.38	378.73	13.40	0.20	1568.16	73.48	2.46	914.42	243.21	164.61
广西	339.24	43.31	4.76	0.96	375.29	19.56	2.57	59.80	17.20	16.22
海南	329.63	44.93	0.76		95.61	6.58		66.98	19.05	
重庆	869.50	109.16	0.93		825.12	34.18		290.87	93.35	
四川	1673.06	115.74	3.29	0.02	847.10	50.66	9.30	183.80	46.81	0.25
贵州	440.34	22.88		0.01	188.58	32.21		16.86	0.58	
云南	709.95	44.82	0.49		243.23	32.13	7.04	22.35	16.89	
西藏	11.02	0.67			5.68					
陕西	691.46	41.53	5.42		297.96	23.07	0.15	146.74	3.17	3.19
甘肃	213.95	5.98			148.60	7.46		2.77	1.08	
青海	44.18	2.80			82.78	3.76		0.30		
宁夏	90.62	1.43	0.34		193.96	15.21		12.72	12.72	
新疆	330.99	5.06	0.06		337.64	16.72		25.53	25.53	

7-4-12 续表 2 单位：亿元

地 区				外商投资					
	独 资	股份有限	其 他		合资经营	合作经营	独 资	股份有限	其 他
全 国	**2745.09**	**105.36**	**19.35**	**2395.62**	**810.66**	**295.92**	**1184.62**	**88.45**	**15.97**
北 京	127.58			128.59	49.66	46.54	29.41	2.98	
天 津	22.57	13.49		163.71	44.85	0.41	100.43	11.07	6.94
河 北	13.22			26.67	0.09		26.59		
山 西	8.08			0.62	0.13		0.49		
内蒙古				12.40			5.82		6.58
辽 宁	210.04	0.11		207.71	86.41	39.29	70.77	11.25	
吉 林	24.67	4.43	0.12	1.67	1.67				
黑龙江	6.24	0.01		14.05	2.83		11.22		
上 海	130.17	2.34		338.00	110.39	59.16	155.17	13.29	
江 苏	471.42	21.19		361.14	127.13	19.83	214.18		
浙 江	192.26	11.25		135.97	46.15	20.10	69.62		0.10
安 徽	77.69	2.39		36.85	5.33	9.26	20.71	1.55	
福 建	180.38	0.08		47.00	9.71		34.77	1.35	1.18
江 西	27.95			31.96	16.69		5.21	10.06	
山 东	94.34			142.65	65.04	28.65	48.96		
河 南	25.63		0.46	13.72	6.41	2.20	5.11		
湖 北	64.91	7.53		40.22	20.55		17.66	2.00	
湖 南	47.67			21.65	11.00		10.61	0.03	
广 东	485.16	7.90	13.55	381.56	92.10	33.14	232.23	24.09	
广 西	26.38			18.81	14.89	1.16	2.76		
海 南	44.01	3.92		21.38	0.88	1.48	18.95	0.08	
重 庆	197.52			109.43	51.46	17.56	38.55	0.69	1.18
四 川	100.80	30.72	5.21	71.88	20.42	15.51	35.96		
贵 州	16.28			0.98	0.16	0.78	0.04		
云 南	5.46			3.52	0.30			3.21	
西 藏									
陕 西	140.38			51.03	19.55	0.84	23.85	6.79	
甘 肃	1.69			6.83	6.83				
青 海	0.30			0.03	0.03				
宁 夏				5.58			5.58		
新 疆									

7-4-13 按资质等级分的房地产开发企业主营业务收入

单位：亿元

地区	总计	一级	二级	三级	四级	暂定	其他
全国	**66463.80**	**5409.41**	**13617.67**	**13569.46**	**7448.23**	**23770.07**	**2648.98**
北京	3757.78	704.41	614.15	352.59	1089.47	840.61	156.54
天津	1533.25	140.38	201.16	181.97	646.34	336.87	26.54
河北	1957.95	218.49	382.98	334.99	521.38	449.13	50.99
山西	602.55	41.79	123.03	117.32	247.56	72.52	0.32
内蒙古	784.24	60.67	110.72	145.43	348.00	101.20	18.20
辽宁	2327.64	54.41	319.75	613.17	13.19	1203.51	123.62
吉林	800.97	10.39	234.32	153.73	77.51	321.42	3.60
黑龙江	891.93	96.21	285.52	411.27	23.86	66.95	8.12
上海	4248.41	182.05	527.64	455.46	18.11	2750.15	315.00
江苏	7540.12	507.16	3066.81	603.25	14.98	2970.53	377.38
浙江	4992.50	366.65	725.47	1184.38	265.36	2048.19	402.46
安徽	2527.22	120.85	416.38	712.27	79.34	1181.89	16.50
福建	2613.97	254.10	320.52	720.44	390.45	852.45	76.00
江西	1249.54	19.42	227.49	342.34	99.89	535.69	24.72
山东	4709.78	356.05	572.18	746.95	624.00	2261.61	148.99
河南	2529.22	181.63	655.03	339.60	146.67	1142.30	64.00
湖北	2471.08	254.95	561.03	502.55	260.22	832.48	59.84
湖南	1934.72	93.00	336.96	856.38	152.88	473.80	21.71
广东	7064.08	820.26	604.37	1841.49	1214.59	2170.61	412.77
广西	929.96	35.70	161.77	209.76	69.81	408.91	44.00
海南	617.93	0.12	26.75	91.01	75.46	365.11	59.48
重庆	2425.25	279.76	1045.77	314.72	9.70	763.90	11.40
四川	3035.60	205.80	782.59	1397.95	24.25	507.55	117.46
贵州	720.82	10.75	178.82	151.36	143.72	221.25	14.92
云南	1146.97	84.12	344.19	98.35	321.80	276.11	22.39
西藏	23.05		0.60	19.21	0.81	2.44	
陕西	1383.90	133.68	364.71	274.27	332.49	221.04	57.71
甘肃	426.49	12.76	101.96	160.98	79.56	70.22	1.01
青海	152.96	20.04	62.26	26.85	24.12	18.44	1.25
宁夏	344.09	71.00	118.24	63.90	43.22	45.72	2.01
新疆	719.83	72.81	144.50	145.50	89.49	257.47	10.06

【主要统计指标解释】

资产总计 指企业过去的交易或者事项形成的、由企业拥有或者控制的、预期会给企业带来经济利益的资源。资产一般按流动性（资产的变现或耗用时间长短）分为流动资产和非流动资产。其中流动资产可分为货币资金、交易性金融资产、应收票据、应收账款、预付款项、其他应收款、存货等；非流动资产可分为长期股权投资、固定资产、无形资产及其他非流动资产等。根据会计“资产负债表”中“资产总计”项目的期末余额数填报。

负债合计 指企业过去的交易或者事项形成的，预期会导致经济利益流出企业的现时义务。负债一般按偿还期长短分为流动负债和非流动负债。根据会计“资产负债表”中“负债合计”项目的期末余额数填报。

所有者权益合计 指企业资产扣除负债后由所有者享有的剩余权益。公司的所有者权益又称股东权益。包括实收资本、资本公积、盈余公积、未分配利润等。根据会计“资产负债表”中“所有者权益合计”项目的期末余额数填报。

主营业务收入 指企业确认的销售商品、提供劳务等主营业务的收入。根据会计“主营业务收入”科目的期末贷方余额填报。如未设置该科目，以“营业收入”代替填报。

土地转让收入 指房地产开发企业按国家规定在报告期转让已经开发的土地和未经开发的土地所得到的收入。根据会计“利润表”和相关核算资料计算填报。

商品房屋销售收入 指房地产开发企业在报告期售出商品房屋的收入，一次收款的，一次性全部计入销售收入，按合同规定分期收款的，可按合同规定的时间分次计入收入。根据会计“利润表”和相关核算资料计算填报。

房屋出租收入 指房地产开发企业在报告期内，在不改变现有财产所有权关系的条件下，将企业的全部或部分房屋出租给其他单位或个人使用所得到的租金收入。根据会计“利润表”和相关核算资料计算填报。

其他（主营业务）收入 指房地产开发企业在报告期内从事除以上收入外的其他业务活动所得到的收入，包括配套设施销售收入、代建工程结算收入等。根据会计“利润表”和相关核算资料计算填报。

营业利润 指企业从事生产经营活动所取得的利润。根据会计“利润表”中“营业利润”项目的本期金额数填报。

利润总额 指企业在一定会计期间的经营成果，是生产经营过程中各种收入扣除各种耗费后的盈余，反映企业在报告期内实现的亏盈总额。根据会计“利润表”中“利润总额”项目的本期金额数填报。

7 第三产业部分行业主要财务指标

7-5 租赁和商务服务业

简要说明

一、主要内容

本篇资料主要反映租赁和商务服务业总产出情况。本年鉴列示了2008-2014年数据。2013-2014年数据基于《国民经济行业分类》（GB/T 4754-2011），2008-2012年数据基于《国民经济行业分类》（GB/T 4754-2002）。

二、资料来源

本篇资料由国家统计局国民经济核算司加工整理。

7-5-1 各地区租赁和商务服务业总产出

地区	2008		2009		2010		2011		2012		2013		2014	
	总量(亿元)	指数(%)	总量(亿元)	指数(%)	总量(亿元)	指数(%)	总量(亿元)	指数(%)	总量(亿元)	指数(%)	总量(亿元)	指数(%)	总量(亿元)	指数(%)
北京	3141.49	117.8	3052.36	102.5	3890.70	119.0	4600.05	114.7	4775.49	98.5	5751.74	114.2	6369.34	108.1
天津	319.01	123.6	393.44	132.4	543.25	115.3	709.00	126.7	903.05	111.3	1174.24	121.7	1677.95	111.4
河北	286.55	112.2	329.78	103.0	335.29	106.1	441.27	120.9	493.36	101.0	607.12	151.1	616.73	99.6
山西	120.09	120.8	128.05	70.8	152.17	117.1	175.97	111.0	207.22	111.8	234.83	104.0	258.65	103.1
内蒙古	188.83	84.4	211.98	113.6	285.54	99.2	371.78	126.5	429.31	108.7	410.98	105.4	475.09	118.6
辽宁	467.48	119.2	535.68	108.3	664.67	122.2	812.92	118.4	961.85	111.0	1037.82	109.1	1306.78	118.6
吉林	220.91	116.2	263.29	114.1	410.77	126.2	567.17	133.8	687.36	115.3	527.46	111.6	533.96	113.4
黑龙江	193.73	108.5	220.73	112.7	241.45	102.5	262.06	104.4	305.61	113.9	300.97	110.0	365.16	119.5
上海	2738.26	127.2	2999.90	109.8	3438.02	109.7	4366.52	125.2	4920.86	108.4	5686.06	111.3	6133.66	106.3
江苏	1684.65	121.1	1738.35	104.2	2680.42	108.4	3691.02	122.4	4386.41	115.3	6289.90	133.4	7660.00	114.7
浙江	1097.70	102.0	1177.76	106.7	1486.67	114.6	1899.11	113.6	2206.83	113.7	2899.38	129.9	3119.45	106.0
安徽	373.44	83.8	479.51	111.3	587.04	108.6	681.00	108.5	841.50	119.6	1154.21	142.2	1451.60	117.0
福建	389.02	106.9	454.32	120.2	523.20	107.5	753.61	106.9	831.82	95.1	1084.24	107.1	1413.27	114.9
江西	149.47	114.5	161.13	110.7	170.97	110.7	214.42	122.2	261.80	120.2	438.19	125.6	495.60	111.1
山东	708.93	117.6	813.40	105.9	1046.09	125.7	1314.33	104.5	1565.85	99.2	2970.75	103.6	3381.59	100.8
河南	251.96	61.0	307.26	126.0	370.58	118.4	466.53	121.3	549.64	115.1	769.17	115.6	1197.64	110.8
湖北	420.07	99.7	497.50	111.2	748.40	124.0	915.36	104.5	1052.71	113.3	1415.42	131.1	1665.48	113.9
湖南	370.51	116.4	380.43	102.0	475.88	116.8	581.15	115.9	699.97	118.8	879.19	119.4	1021.27	113.6
广东	2503.22	108.2	2743.53	98.5	3253.41	109.8	4019.83	112.5	4436.45	110.3	4684.75	108.4	5280.82	112.4
广西	192.18	97.2	206.92	109.9	268.63	106.0	344.26	133.4	425.05	120.3	462.29	122.2	493.74	78.1
海南	57.35	113.3	62.69	110.2	76.65	122.5	100.23	128.2	133.53	121.3	137.03	115.3	143.15	107.0
重庆	202.87	103.7	215.86	105.8	263.71	112.8	367.57	116.7	467.80	120.4	1129.61	125.7	1162.44	115.9
四川	398.98	101.5	448.45	117.3	415.36	116.9	480.70	108.3	581.84	120.4	717.16	118.7	1010.02	135.4
贵州	133.13	124.9	153.44	112.1	179.87	108.8	264.40	121.2	308.71	112.0	385.14	114.9	416.36	113.5
云南	239.93	104.2	253.53	103.4	296.46	113.5	547.40	129.7	684.61	106.0	867.25	105.0	939.20	104.7
西藏	4.04	131.4	7.49	165.1	10.72	163.6	17.71	146.4	21.59	129.4	26.32	114.0	27.76	107.2
陕西	186.57	140.7	187.29	100.1	208.66	107.9	233.16	106.9	291.30	114.7	386.57	123.5	409.70	121.2
甘肃	39.96	120.5	48.82	127.3	60.92	119.7	80.64	112.9	100.57	121.4	270.24	128.3	318.61	116.0
青海	21.55	123.4	28.86	131.7	33.21	109.2	40.86	117.1	46.39	110.1	66.92	100.8	73.70	106.5
宁夏	20.77	110.6	27.57	116.0	42.49	108.7	63.66	113.0	71.88	127.1	72.84	100.9	84.18	121.5
新疆	133.18	76.3	137.27	95.5	127.64	99.6	163.30	120.3	153.46	97.8	184.61	109.9	181.77	106.8

注：总量按当年价格计算。指数按不变价格计算，以上年为100。

【主要统计指标解释】

总产出 指一定时期内一个国家（或地区）常住单位生产的所有货物和服务的价值，既包括新增价值，也包括被消耗的货物和服务价值以及固定资产的转移价值。总产出反映常住单位生产活动的总规模。

7 第三产业部分行业主要财务指标

7-6 居民服务、修理和其他服务业

简要说明

一、主要内容

本篇资料主要反映居民服务、修理和其他服务业总产出情况。本年鉴列示了2008-2014年数据。2013-2014年数据基于《国民经济行业分类》（GB/T 4754-2011），为居民服务、修理和其他服务业总产出；2008-2012年数据基于《国民经济行业分类》（GB/T 4754-2002），为居民服务和其他服务业的总产出。

二、资料来源

本篇资料由国家统计局国民经济核算司加工整理。

7-6-1 各地区居民服务、修理和其他服务业总产出

地区	2008		2009		2010		2011		2012		2013		2014	
	总量(亿元)	指数(%)	总量(亿元)	指数(%)	总量(亿元)	指数(%)	总量(亿元)	指数(%)	总量(亿元)	指数(%)	总量(亿元)	指数(%)	总量(亿元)	指数(%)
北京	186.42	70.9	172.50	97.6	225.88	122.3	240.41	105.9	303.87	118.8	345.83	108.9	380.87	107.6
天津	367.76	127.1	385.13	110.1	450.63	117.1	515.46	117.3	571.67	116.3	601.36	106.3	689.33	107.1
河北	480.49	117.4	516.91	100.7	600.46	117.8	692.31	113.2	806.78	117.1	1112.32	139.9	1364.93	120.3
山西	134.38	111.9	165.00	156.6	189.06	112.9	210.01	109.6	251.61	113.7	295.95	106.9	325.96	106.2
内蒙古	182.79	102.6	205.22	113.3	276.76	133.8	355.57	124.9	439.34	116.4	480.36	112.0	555.28	105.2
辽宁	537.60	104.3	619.48	115.5	706.20	112.3	823.59	112.9	997.78	115.6	1155.12	114.7	1218.31	108.5
吉林	260.45	129.8	306.32	112.0	333.94	108.0	439.39	121.3	532.33	122.7	550.12	118.6	636.88	116.3
黑龙江	194.98	85.5	232.61	118.2	294.98	118.7	404.12	131.7	435.95	107.3	439.83	112.7	509.52	114.1
上海	327.74	113.1	367.82	113.8	424.47	113.1	492.51	115.2	524.97	105.5	610.09	112.6	664.25	100.4
江苏	566.31	101.4	589.58	104.4	863.15	114.9	1093.87	113.2	1320.75	117.3	1584.16	121.5	1951.90	120.6
浙江	487.85	116.6	532.86	111.2	659.44	115.4	748.36	110.0	874.95	115.5	994.46	110.0	1093.28	108.8
安徽	151.21	80.4	169.99	114.1	189.74	117.3	228.72	109.6	274.97	119.1	81.76	29.1	527.92	103.1
福建	384.82	155.7	510.72	133.7	514.54	100.3	607.53	114.4	664.73	108.4	773.07	113.0	823.17	107.9
江西	176.57	114.3	202.39	117.7	238.86	111.0	291.98	115.1	363.58	118.2	364.10	119.6	423.51	103.9
山东	545.53	101.7	611.76	110.8	701.17	113.6	888.18	122.4	1047.32	115.5	1571.41	117.9	1687.46	104.5
河南	174.92	60.7	227.51	134.3	253.55	109.4	311.85	118.5	385.86	120.8	552.23	117.1	1059.20	110.3
湖北	162.05	62.9	201.40	115.3	254.58	110.3	365.48	138.3	424.64	114.0	605.98	125.7	722.59	115.4
湖南	697.80	108.4	762.21	108.2	928.05	113.5	1114.01	112.3	1292.00	114.2	1524.23	114.7	1750.74	112.3
广东	1177.33	119.6	1221.70	106.2	1309.02	105.6	1537.47	113.7	1622.19	107.9	1726.79	107.8	1945.53	109.9
广西	154.45	144.7	132.96	87.8	162.01	121.4	172.05	104.2	187.81	106.4	380.20	145.3	408.40	143.1
海南	37.94	113.0	43.74	115.6	54.42	124.2	64.04	115.4	75.50	114.9	64.09	111.9	70.31	106.7
重庆	103.59	117.9	113.27	109.7	120.26	101.9	145.08	105.0	171.58	113.7	167.82	119.3	400.97	128.6
四川	409.04	104.9	459.76	111.3	608.30	118.3	704.92	110.6	852.36	117.8	1050.59	116.5	1012.06	101.4
贵州	137.76	124.9	146.59	102.6	162.96	109.6	231.23	117.1	274.23	113.0	313.07	115.4	338.46	113.9
云南	77.55	102.5	93.66	108.0	101.39	103.3	129.60	85.1	131.78	108.1	136.65	108.3	147.99	107.2
西藏	7.55	97.0	8.30	110.3	11.65	137.6	15.85	126.4	13.36	86.1	15.05	109.6	18.05	110.1
陕西	94.55	79.5	94.32	101.1	101.99	105.0	119.52	114.5	135.43	111.1	215.40	121.9	238.08	116.3
甘肃	58.58	120.5	69.28	123.3	89.15	122.7	113.57	114.9	142.39	124.2	131.02	127.0	148.79	111.8
青海	13.48	105.3	14.47	105.6	16.65	109.3	20.49	116.9	23.26	110.4	26.72	125.6	29.62	107.2
宁夏	41.78	105.5	54.11	132.0	75.66	138.9	101.36	129.2	113.65	109.9	119.81	104.3	133.26	105.6
新疆	143.69	204.6	163.43	113.6	179.17	108.0	208.14	143.3	235.95	116.4	346.40	128.6	336.43	125.7

注：总量按当年价格计算。指数按不变价计算，以上年为100。

【主要统计指标解释】

总产出 指一定时期内一个国家（或地区）常住单位生产的所有货物和服务的价值，既包括新增价值，也包括被消耗的货物和服务价值以及固定资产的转移价值。总产出反映常住单位生产活动的总规模。

7 第三产业部分行业主要财务指标

7–7 教　育

简要说明

一、主要内容

教育经费资料主要反映国家教育总费用和教育支出情况。

二、资料来源

教育经费资料由教育部提供，详细资料见《中国教育经费统计年鉴》（教育部财务司编）。

7-7-1 教育经费情况

单位：万元

年份 地区	合计	国家财政性教育经费	#公共财政教育经费	民办学校中举办者投入	社会捐赠经费	事业收入	#学杂费	其他教育经费
1992	8670491	7287506	5649364		696285		439319	
1995	18779501	14115233	10929473	203672	1628414		2012423	
2000	38490806	25626056	21917652	858537	1139557	9382717	5948304	1483939
2001	46376626	30570100	27056548	1280895	1128852	11575137	7456014	1821643
2002	54800278	34914048	32549425	1725549	1272791	14609169	9227792	2278722
2003	62082653	38506237	36190977	2590148	1045927	17218399	11214985	2721943
2004	72425989	44658575	42444209	3478529	934204	20114268	13465517	3240414
2005	84188391	51610759	49460379	4522185	931613	23399991	15530545	3723842
2006	98153087	63483648	61353481	5490583	899078	24073042	15523301	4206736
2007	121480663	82802142	80943369	809337	930584	31772357	21309082	5166242
2008	145007374	104496296	102129675	698479	1026663	33670711	23492983	5115225
2009	165027065	122310935	119749753	749829	1254991	35275939	25155983	5435371
2010	195618471	146700670	141639029	1054254	1078839	41060664	30155593	5724045
2011	238692936	185867009	178217380	1119320	1118675	44246927	33169742	6341005
2012	286553052	231475698	203141685	1281753	956919	46198404	35048301	6640278
2013	303647182	244882177	214056715	1474089	855445	49262087	37376869	7173384
中　央	25290117	16364673	11797944		247317	6998743	3381006	1679385
地　方	278357064	228517505	202258771	1474089	608128	42263344	33995863	5493999
北　京	9998366	8941899	6991419	3384	8560	855343	748212	189180
天　津	5699615	4986021	4615072	782	7631	632387	529025	72795
河　北	10298143	8523960	7693297	50262	6637	1606017	1386046	111267
山　西	6918247	5716634	5113739	48321	4494	1043347	811304	105451
内蒙古	6121559	5546840	4381367	9453	4017	515753	406458	45496
辽　宁	9302062	7766499	6710143	19214	2074	1415382	1170479	98894
吉　林	5480347	4623684	4222481	34827	5859	750332	620060	65646
黑龙江	6006258	5126395	4856334	2380	1368	836690	757361	39425
上　海	9069715	7640400	6677279	735	6397	1141498	950523	280686
江　苏	19862835	15765569	13688640	71191	123770	3168318	2444601	733987
浙　江	14490439	10890610	9189630	35855	56997	2780301	2273707	726676
安　徽	10413043	8594589	7315100	46870	14121	1638949	1276090	118515
福　建	8228012	6514206	5665641	78321	46843	1431102	1088793	157540
江　西	8284996	6932770	6522443	26897	9378	1214374	953006	101576
山　东	17796161	14995863	13976663	57610	27202	2562457	2023150	153030
河　南	15577127	12650584	11024685	199298	6492	2470745	2067431	250007
湖　北	8972278	6697669	5918977	96561	16042	1811299	1434060	350709
湖　南	10784551	8449160	8007249	63437	14113	1978319	1549244	279523
广　东	24775503	18505746	16174824	319136	108921	5492403	4589916	349298
广　西	7794191	6540555	6118549	17551	8998	1136774	909308	90314
海　南	2222868	1826386	1541553	25470	7920	326227	277104	36865
重　庆	6565622	5228011	4068524	32148	17731	1088175	852831	199557
四　川	13805525	11225895	10313256	130007	33563	2272207	1568448	143853
贵　州	6799795	5954134	5534802	25396	10604	678610	527431	131051
云　南	9006912	7820920	6708655	33144	25631	917660	726891	209556
西　藏	1206744	1182000	1103722	3950	1567	18183	12441	1045
陕　西	8926920	7246693	6809083	26321	7938	1474355	1251858	171614
甘　肃	4811034	4265005	3761703	4111	4858	490552	409776	46509
青　海	1569408	1468671	1231555	3819	1057	70331	54604	25531
宁　夏	1578935	1385750	1117371	6226	3663	145841	111070	37455
新　疆	5989856	5504391	5205017	1413	13687	299414	214637	170950

注：1.“民办学校中举办者投入”数据1992－2006年为社会团体和公民个人办学总经费。
2.“公共财政教育经费”数据1992－2012年包括教育事业费、基建经费、教育费附加、科研经费和其他经费，2012年起包括教育事业费、基建经费和教育费附加。
3.2012年全国教育经费有关数据经最终核实后作了修订。

7-7-2 公共财政教育支出增长情况

地 区	公共财政教育支出（亿元）	公共财政教育支出占公共财政支出比例（%）	公共财政教育支出本年比上年增长（%）	财政经常性收入本年比上年增长（%）	公共财政教育支出与财政经常性收入增长幅度比较（百分点）
北 京	758.49	16.76	8.49	8.26	0.23
天 津	517.01	17.92	12.03	9.22	2.81
河 北	802.31	17.15	4.29	2.90	1.39
山 西	495.80	16.07	-3.04	0.12	-3.16
内蒙古	459.34	11.84	4.84	3.80	1.04
辽 宁	604.14	11.89	-9.97	-6.26	-3.71
吉 林	403.43	13.85	-4.46	4.58	-9.04
黑龙江	502.22	14.62	3.42	5.56	-2.14
上 海	674.36	13.70	0.99	10.68	-9.69
江 苏	1485.19	17.53	8.50	10.22	-1.72
浙 江	1018.57	19.74	10.84	8.10	2.74
安 徽	743.07	15.93	1.58	12.09	-10.51
福 建	628.09	18.99	10.86	12.88	-2.02
江 西	696.22	17.93	6.74	6.50	0.24
山 东	1460.15	20.34	4.47	7.40	-2.93
河 南	1097.58	18.21	-0.44	9.18	-9.62
湖 北	690.63	14.00	16.68	12.70	3.98
湖 南	823.67	16.42	2.87	9.79	-6.92
广 东	1779.50	19.44	10.02	12.47	-2.45
广 西	659.35	18.95	7.76	6.01	1.75
海 南	170.71	15.52	10.74	15.17	-4.43
重 庆	447.14	13.53	9.90	10.75	-0.85
四 川	1051.39	15.47	1.95	6.11	-4.16
贵 州	631.83	17.83	14.16	13.86	0.30
云 南	669.14	15.08	-0.26	2.94	-3.20
西 藏	142.64	12.03	29.24	19.27	9.97
陕 西	694.68	17.53	2.02	8.90	-6.88
甘 肃	401.10	15.78	6.63	13.17	-6.54
青 海	156.23	11.59	26.85	10.92	15.93
宁 夏	119.59	11.95	7.03	18.78	-11.75
新 疆	558.25	16.83	7.25	37.82	-30.57

注：公共财政教育支出包括教育事业费、基建经费和教育费附加。

7-7-3 各级教育生均公共财政预算教育事业费增长情况

单位:元

地区	普通小学			普通初中			普通高中		
	2013年	2014年	增长率(%)	2013年	2014年	增长率(%)	2013年	2014年	增长率(%)
全国	**6901.77**	**7681.02**	**11.29**	**9258.37**	**10359.33**	**11.89**	**8448.14**	**9024.96**	**6.83**
北京	21727.88	23441.78	7.89	32544.37	36507.21	12.18	36763.03	40748.25	10.84
天津	15447.39	17233.85	11.56	22840.57	26956.43	18.02	21103.92	30090.12	42.58
河北	4936.80	5349.05	8.35	7470.83	7749.39	3.73	7105.34	7748.15	9.05
山西	6517.16	7359.19	12.92	7765.15	9016.90	16.12	7121.26	7405.44	3.99
内蒙古	9837.99	10181.40	3.49	11414.81	11954.80	4.73	10670.59	10613.62	-0.53
辽宁	8304.58	8354.27	0.60	11462.64	11163.16	-2.61	8960.43	8727.42	-2.60
吉林	9174.47	10192.63	11.10	11451.44	12707.69	10.97	7882.03	7939.88	0.73
黑龙江	8895.02	11062.98	24.37	10334.05	12187.65	17.94	8217.32	9062.28	10.28
上海	19518.03	19519.88	0.01	25445.47	25456.58	0.04	30593.83	30819.14	0.74
江苏	10584.64	11175.06	5.58	15140.80	16690.42	10.23	12788.19	14642.12	14.50
浙江	8874.54	9811.88	10.56	12617.07	14204.93	12.59	12192.62	13772.12	12.95
安徽	6437.96	6658.15	3.42	8830.00	9210.80	4.31	7039.90	6669.11	-5.27
福建	7522.51	8175.63	8.68	10510.97	11544.45	9.83	8718.26	9595.11	10.06
江西	5817.11	6851.82	17.79	7882.12	9002.57	14.22	8587.12	9241.34	7.62
山东	6642.19	7253.54	9.20	10171.24	11333.87	11.43	8972.57	9060.24	0.98
河南	3913.95	4447.63	13.64	6453.79	7139.84	10.63	5617.66	5989.64	6.62
湖北	5408.12	7020.68	29.82	8543.48	11347.73	32.82	6277.74	7835.42	24.81
湖南	5721.18	6363.41	11.23	8835.38	10068.21	13.95	6543.86	6799.98	3.91
广东	6742.84	7738.55	14.77	7508.99	9264.05	23.37	8027.72	8979.99	11.86
广西	5472.39	5945.96	8.65	6750.79	7360.62	9.03	6712.68	6835.22	1.83
海南	8347.48	8825.64	5.73	10076.82	10594.56	5.14	10305.92	12147.02	17.86
重庆	6308.70	7259.92	15.08	7606.65	9224.77	21.27	7418.09	7792.64	5.05
四川	6822.64	7530.41	10.37	8336.83	9111.07	9.29	6252.92	6955.99	11.24
贵州	5975.72	6789.79	13.62	6140.45	6924.70	12.77	6312.89	6820.40	8.04
云南	6145.38	6200.67	0.90	7189.98	7586.92	5.52	6802.99	6796.01	-0.10
西藏	12820.24	17905.94	39.67	12783.54	16631.68	30.10	15315.65	20187.23	31.81
陕西	9633.06	10196.97	5.85	11358.64	12330.50	8.56	8577.17	9119.50	6.32
甘肃	6191.50	7289.18	17.73	7494.27	8377.71	11.79	7306.10	6677.62	-8.60
青海	8200.50	9438.49	15.10	10494.92	11949.57	13.86	11673.77	11726.99	0.46
宁夏	6011.26	6470.11	7.63	8479.07	9689.53	14.28	8408.39	8622.80	2.55
新疆	10463.21	11292.19	7.92	14549.15	14452.18	-0.67	11771.52	11991.78	1.87

7-7-3 续表 单位:元

地 区	中等职业学校			普通高等学校		
	2013年	2014年	增长率(%)	2013年	2014年	增长率(%)
全 国	**8784.64**	**9128.83**	**3.92**	**15591.72**	**16102.72**	**3.28**
北 京	23635.72	28765.51	21.70	47629.14	58548.41	22.93
天 津	19901.89	22753.14	14.33	23046.92	18667.98	-19.00
河 北	6890.12	8031.58	16.57	12904.36	12292.61	-4.74
山 西	8383.91	8975.94	7.06	10941.96	11715.30	7.07
内蒙古	11943.86	13393.40	12.14	15356.47	17682.18	15.14
辽 宁	9859.91	10083.03	2.26	12493.59	12888.56	3.16
吉 林	14641.32	15439.87	5.45	12852.09	13784.20	7.25
黑龙江	9780.26	12049.17	23.20	11594.71	13039.42	12.46
上 海	20702.80	20710.22	0.04	30186.34	27111.70	-10.19
江 苏	9736.64	9885.40	1.53	14836.89	15728.38	6.01
浙 江	12712.68	13456.14	5.85	13765.91	14868.84	8.01
安 徽	7414.91	7516.91	1.38	10102.66	11235.56	11.21
福 建	9759.55	9302.28	-4.69	11201.53	13427.79	19.87
江 西	7218.22	7231.60	0.19	12638.40	12701.09	0.50
山 东	9886.38	10412.39	5.32	11545.88	11962.63	3.61
河 南	5847.00	5941.62	1.62	10681.49	12231.98	14.52
湖 北	6483.74	8586.94	32.44	12528.95	11086.72	-11.51
湖 南	8769.85	7466.64	-14.86	12995.41	12337.59	-5.06
广 东	7111.91	7996.61	12.44	14186.45	14361.68	1.24
广 西	6528.29	6978.79	6.90	13382.09	12794.96	-4.39
海 南	8473.26	9277.02	9.49	15164.70	13951.93	-8.00
重 庆	7560.24	7387.96	-2.28	12358.08	13119.07	6.16
四 川	8146.44	7910.81	-2.89	12012.40	11623.22	-3.24
贵 州	9060.32	7135.92	-21.24	14957.26	13093.56	-12.46
云 南	8105.25	7286.75	-10.10	12825.88	11570.24	-9.79
西 藏	15822.99	25538.19	61.40	27378.79	22714.97	-17.03
陕 西	8478.92	7147.47	-15.70	12934.96	12731.51	-1.57
甘 肃	6838.57	8954.15	30.94	10497.46	12179.37	16.02
青 海	7674.27	8653.92	12.77	16504.51	13397.21	-18.83
宁 夏	9067.61	8608.73	-5.06	17665.66	17948.27	1.60
新 疆	12741.22	12209.18	-4.18	15372.47	14289.26	-7.05

7-7-4 各级教育生均公共财政预算公用经费增长情况

单位：元

地区	普通小学			普通初中			普通高中		
	2013年	2014年	增长率(%)	2013年	2014年	增长率(%)	2013年	2014年	增长率(%)
全 国	**2068.47**	**2241.83**	**8.38**	**2983.75**	**3120.81**	**4.59**	**2742.01**	**2699.59**	**-1.55**
北 京	9938.97	9950.95	0.12	13747.01	14127.64	2.77	16644.28	16716.08	0.43
天 津	3788.90	3968.87	4.75	5379.93	6134.37	14.02	5562.89	10411.54	87.16
河 北	1390.81	1439.30	3.49	2083.65	2121.14	1.80	2074.95	2207.91	6.41
山 西	1639.27	1842.46	12.40	2402.84	2546.16	5.96	2128.11	1925.44	-9.52
内蒙古	2298.51	2527.43	9.96	3168.45	3283.98	3.65	3812.12	3585.17	-5.95
辽 宁	2846.53	2445.02	-14.11	3937.15	3404.10	-13.54	3228.12	2611.08	-19.11
吉 林	2294.01	2680.00	16.83	2974.98	3405.93	14.49	2365.27	2201.63	-6.92
黑龙江	2650.21	2640.90	-0.35	3564.01	3518.84	-1.27	3210.58	2686.51	-16.32
上 海	6417.43	7383.61	15.06	8333.24	9278.78	11.35	9154.50	9380.18	2.47
江 苏	2664.10	2958.16	11.04	3367.92	3731.13	10.78	2792.11	3441.98	23.28
浙 江	1492.81	1693.05	13.41	2132.93	2639.24	23.74	2717.11	2621.07	-3.53
安 徽	2451.32	2364.44	-3.54	3618.20	3328.57	-8.00	3104.81	2176.56	-29.90
福 建	1849.43	2200.61	18.99	2581.42	2916.11	12.97	1658.92	1775.48	7.03
江 西	2536.23	2789.24	9.98	3769.52	3954.21	4.90	4754.64	4598.84	-3.28
山 东	2019.30	2179.46	7.93	3332.70	3586.74	7.62	3000.47	2622.95	-12.58
河 南	1806.61	2036.84	12.74	3046.85	3295.80	8.17	2574.33	2750.93	6.86
湖 北	1581.18	1642.83	3.90	2320.33	2308.60	-0.51	1698.87	1817.91	7.01
湖 南	2221.84	2187.39	-1.55	3264.91	3432.85	5.14	1970.91	1714.12	-13.03
广 东	1481.56	1851.39	24.96	1866.58	2382.21	27.62	2050.91	2252.67	9.84
广 西	1439.85	1639.99	13.90	2238.77	2353.21	5.11	2066.20	1901.42	-7.98
海 南	3233.94	3091.77	-4.40	4702.49	3942.91	-16.15	5142.78	5650.56	9.87
重 庆	2309.65	2513.19	8.81	2887.39	3050.43	5.65	3243.28	2986.64	-7.91
四 川	1771.71	1824.03	2.95	2508.43	2322.48	-7.41	1617.61	1593.19	-1.51
贵 州	1400.32	1386.05	-1.02	1887.40	1724.98	-8.61	1608.22	1885.49	17.24
云 南	1670.26	1712.94	2.56	2119.78	2165.66	2.16	2032.22	2033.19	0.05
西 藏	3434.75	6641.25	93.35	3727.30	4951.50	32.84	4373.18	7713.26	76.38
陕 西	3343.90	3589.97	7.36	4081.73	4388.87	7.52	3423.53	3546.90	3.60
甘 肃	1585.10	1815.62	14.54	2271.73	2381.58	4.84	2513.14	1686.31	-32.90
青 海	2741.16	3176.07	15.87	3914.69	4266.70	8.99	4861.56	4208.30	-13.44
宁 夏	2034.80	2425.75	19.21	3181.74	4168.46	31.01	2962.96	2638.88	-10.94
新 疆	2475.17	2587.43	4.54	5293.35	4238.65	-19.93	3083.87	3085.98	0.07

7-7-4 续表 单位：元

地区	中等职业学校			普通高等学校		
	2013年	2014年	增长率(%)	2013年	2014年	增长率(%)
全国	**3578.25**	**3680.83**	**2.87**	**7899.07**	**7637.97**	**-3.31**
北京	11108.66	13473.07	21.28	27058.65	34710.96	28.28
天津	5797.35	5918.03	2.08	15135.72	10224.68	-32.45
河北	2047.38	2435.11	18.94	7431.32	6520.68	-12.25
山西	3172.49	3418.40	7.75	5123.86	5227.05	2.01
内蒙古	4202.41	5432.16	29.26	6759.06	7153.14	5.83
辽宁	4359.81	4005.14	-8.13	6615.02	7309.70	10.50
吉林	4667.33	4227.39	-9.43	5123.42	5810.11	13.40
黑龙江	3356.87	3806.85	13.40	5186.78	5266.34	1.53
上海	7912.46	8110.24	2.50	23857.38	17831.19	-25.26
江苏	3179.97	3416.48	7.44	8500.99	6940.78	-18.35
浙江	4246.30	4281.60	0.83	6006.52	6579.33	9.54
安徽	4244.24	3949.08	-6.95	5940.13	6701.01	12.81
福建	3066.43	3094.33	0.91	5111.43	6918.24	35.35
江西	3390.77	3144.02	-7.28	6608.62	6178.38	-6.51
山东	4249.90	4644.16	9.28	4826.51	4559.01	-5.54
河南	2900.90	3016.45	3.98	5802.23	6510.68	12.21
湖北	1960.47	2759.18	40.74	6226.56	3864.77	-37.93
湖南	4222.49	2956.99	-29.97	6798.33	6278.24	-7.65
广东	2773.78	3175.01	14.47	6045.81	5546.02	-8.27
广西	2001.29	2901.20	44.97	6893.75	6699.62	-2.82
海南	4530.87	4954.81	9.36	9030.19	7637.47	-15.42
重庆	3995.18	3639.83	-8.89	8106.90	8181.15	0.92
四川	3543.05	3489.39	-1.51	6555.45	5484.51	-16.34
贵州	5526.92	4284.59	-22.48	7598.55	6086.65	-19.90
云南	3782.99	2895.70	-23.45	6907.51	5080.44	-26.45
西藏	5756.16	16051.68	178.86	13019.87	6738.22	-48.25
陕西	3346.02	2567.64	-23.26	7739.15	6886.48	-11.02
甘肃	2405.27	3433.81	42.76	6028.09	7706.92	27.85
青海	3709.71	4068.88	9.68	6064.91	4442.74	-26.75
宁夏	4394.54	4922.14	12.01	9114.14	8313.68	-8.78
新疆	5350.56	4792.26	-10.43	6164.47	5655.15	-8.26

【主要统计指标解释】

国家财政性教育经费 主要包括公共财政预算教育经费，各级政府征收用于教育的税费，企业办学中的企业拨款，校办产业和社会服务收入用于教育的经费等。

公共财政预算教育经费 指中央、地方各级财政或上级主管部门在本年度内安排，并划拨到各级各类学校、教育行政单位、教育事业单位，列入国家预算支出科目的教育经费。包括教育事业费、基建经费和教育费附加。

7 第三产业部分行业主要财务指标

7-8 卫生和社会工作

简要说明

一、主要内容

本篇资料主要反映国家卫生经费、医疗卫生机构和社会服务机构财务情况，包括卫生总费用、政府卫生支出、社会服务事业费用和固定资产原值等。

二、资料来源

卫生部分的资料由卫生和计划生育委员提供，详细资料见《中国卫生和计划生育统计年鉴》（卫生和计划生育委员会信息中心编）。

社会服务部分的资料由民政部提供，详细资料见《中国民政统计年鉴》（中华人民共和国民政部编）。

7-8-1 卫生总费用

年 份	卫生总费用（亿元）				卫生总费用构成（%）			城乡卫生费用（亿元）		人均卫生费用（元）			卫生总费用占GDP（%）
	合计	政府卫生支出	社会卫生支出	个人卫生支出	政府卫生支出	社会卫生支出	个人卫生支出	城市	农村	合计	城市	农村	
1978	110.21	35.44	52.25	22.52	32.16	47.41	20.43			11.45			3.02
1979	126.19	40.64	59.88	25.67	32.21	47.45	20.34			12.94			3.10
1980	143.23	51.91	60.97	30.35	36.24	42.57	21.19			14.51			3.15
1981	160.12	59.67	62.43	38.02	37.27	38.99	23.74			16.00			3.27
1982	177.53	68.99	70.11	38.43	38.86	39.49	21.65			17.46			3.33
1983	207.42	77.63	64.55	65.24	37.43	31.12	31.45			20.14			3.47
1984	242.07	89.46	73.61	79.00	36.96	30.41	32.64			23.20			3.35
1985	279.00	107.65	91.96	79.39	38.58	32.96	28.46			26.36			3.09
1986	315.90	122.23	110.35	83.32	38.69	34.93	26.38			29.38			3.06
1987	379.58	127.28	137.25	115.05	33.53	36.16	30.31			34.73			3.14
1988	488.04	145.39	189.99	152.66	29.79	38.93	31.28			43.96			3.23
1989	615.50	167.83	237.84	209.83	27.27	38.64	34.09			54.61			3.60
1990	747.39	187.28	293.10	267.01	25.06	39.22	35.73	395.99	351.40	65.37	158.82	39.31	3.98
1991	893.49	204.05	354.41	335.03	22.84	39.67	37.50	482.60	410.89	77.14	187.56	45.61	4.08
1992	1096.86	228.61	431.55	436.70	20.84	39.34	39.81	597.35	499.51	93.61	222.01	55.34	4.05
1993	1377.78	272.06	524.75	580.97	19.75	38.09	42.17	760.32	617.46	116.25	268.58	68.45	3.88
1994	1761.24	342.28	644.91	774.05	19.43	36.62	43.95	991.49	769.75	146.95	332.56	85.49	3.63
1995	2155.13	387.34	767.81	999.98	17.97	35.63	46.40	1239.46	915.66	177.93	401.28	101.48	3.53
1996	2709.42	461.61	875.66	1372.15	17.04	32.32	50.64	1494.92	1214.50	221.38	467.43	134.34	3.79
1997	3196.71	523.56	984.06	1689.09	16.38	30.78	52.84	1771.36	1425.35	258.58	537.85	157.16	4.02
1998	3678.72	590.06	1071.03	2017.63	16.04	29.11	54.85	1906.92	1771.81	294.86	625.94	194.63	4.33
1999	4047.50	640.96	1145.99	2260.55	15.84	28.31	55.85	2193.12	1854.38	321.78	701.98	203.22	4.49
2000	4586.63	709.52	1171.94	2705.17	15.47	25.55	58.98	2621.69	1964.93	361.88	812.95	214.93	4.60
2001	5025.93	800.61	1211.43	3013.89	15.93	24.10	59.97	2792.95	2232.98	393.80	841.20	244.77	4.56
2002	5790.03	908.51	1539.38	3342.14	15.69	26.59	57.72	3448.24	2341.79	450.75	987.07	259.33	4.79
2003	6584.10	1116.94	1788.50	3678.66	16.96	27.16	55.87	4150.32	2433.78	509.50	1108.91	274.67	4.82
2004	7590.29	1293.58	2225.35	4071.35	17.04	29.32	53.64	4939.21	2651.08	583.92	1261.93	301.61	4.72
2005	8659.91	1552.53	2586.41	4520.98	17.93	29.87	52.21	6305.57	2354.34	662.30	1126.36	315.83	4.66
2006	9843.34	1778.86	3210.92	4853.56	18.07	32.62	49.31	7174.73	2668.61	748.84	1248.30	361.89	4.52
2007	11573.97	2581.58	3893.72	5098.66	22.31	33.64	44.05	8968.70	2605.27	875.96	1516.29	358.11	4.32
2008	14535.40	3593.94	5065.60	5875.86	24.73	34.85	40.42	11251.90	3283.50	1094.52	1861.76	455.19	4.59
2009	17541.92	4816.26	6154.49	6571.16	27.46	35.08	37.46	13535.61	4006.31	1314.26	2176.63	561.99	5.08
2010	19980.39	5732.49	7196.61	7051.29	28.69	36.02	35.29	15508.62	4471.77	1490.06	2315.48	666.30	4.89
2011	24345.91	7464.18	8416.45	8465.28	30.66	34.57	34.77	18571.87	5774.04	1806.95	2697.48	879.44	5.03
2012	28119.00	8431.98	10030.70	9656.32	29.99	35.67	34.34	21280.46	6838.54	2076.67	2999.28	1064.83	5.26
2013	31668.95	9545.81	11393.79	10729.34	30.14	35.98	33.88	23644.95	8024.00	2327.37	3234.12	1274.44	5.39
2014	35312.40	10579.23	13437.75	11295.41	29.96	38.05	31.99			2581.66			5.55

注：1.本表系核算数，2014年为初步测算数。
2.按当年价格计算。
3.2001年起卫生总费用不含高等医学教育经费，2006年起包括城乡医疗救助经费。

7-8-2 各地区卫生总费用(2013年)

地 区	卫生总费用(亿元)				卫生总费用构成(%)			卫生总费用占GDP(%)	人均卫生总费用(元)
	合计	政府卫生支出	社会卫生支出	个人卫生支出	政府卫生支出	社会卫生支出	个人卫生支出		
全 国	**31668.95**	**9545.81**	**11393.79**	**10729.34**	**30.14**	**35.98**	**33.88**	**5.39**	**2327.37**
北 京	1340.23	356.42	708.36	275.45	26.59	52.85	20.55	6.87	6337.38
天 津	552.09	145.31	212.38	194.40	26.32	38.47	35.21	3.84	3750.10
河 北	1486.26	429.83	440.62	615.82	28.92	29.65	41.43	5.25	2026.92
山 西	732.80	229.62	235.75	267.44	31.33	32.17	36.50	5.81	2018.84
内蒙古	698.86	223.00	208.31	267.55	31.91	29.81	38.28	4.15	2798.11
辽 宁	1176.78	263.26	471.80	441.71	22.37	40.09	37.54	4.35	2680.59
吉 林	764.79	197.68	223.02	344.10	25.85	29.16	44.99	5.89	2779.78
黑龙江	968.63	206.55	359.48	402.61	21.32	37.11	41.56	6.73	2525.77
上 海	1248.68	250.82	740.42	257.44	20.09	59.30	20.62	5.78	5170.21
江 苏	2213.19	549.23	1010.36	653.60	24.82	45.65	29.53	3.74	2787.57
浙 江	1712.33	393.16	750.80	568.37	22.96	43.85	33.19	4.56	3114.45
安 徽	1221.50	415.45	381.54	424.51	34.01	31.24	34.75	6.42	2025.71
福 建	835.32	268.01	330.72	236.60	32.08	39.59	28.32	3.84	2213.36
江 西	738.09	325.75	191.81	220.53	44.13	25.99	29.88	5.15	1632.17
山 东	2245.97	571.45	874.71	799.80	25.44	38.95	35.61	4.11	2307.49
河 南	1686.51	561.33	443.38	681.80	33.28	26.29	40.43	5.24	1791.68
湖 北	1231.19	368.37	397.23	465.59	29.92	32.26	37.82	4.99	2123.10
湖 南	1306.73	392.91	380.71	533.12	30.07	29.13	40.80	5.33	1953.09
广 东	2518.82	667.69	1049.98	801.14	26.51	41.69	31.81	4.05	2366.42
广 西	847.36	322.49	267.91	256.96	38.06	31.62	30.32	5.89	1795.64
海 南	185.12	77.40	59.92	47.80	41.81	32.37	25.82	5.88	2067.69
重 庆	737.34	226.79	253.79	256.76	30.76	34.42	34.82	5.83	2482.61
四 川	1675.24	546.11	556.02	573.11	32.60	33.19	34.21	6.38	2066.41
贵 州	552.54	278.00	124.77	149.78	50.31	22.58	27.11	6.90	1577.70
云 南	847.66	322.14	241.43	284.09	38.00	28.48	33.51	7.23	1808.68
西藏	73.83	47.56	20.75	5.52	64.42	28.11	7.47	9.14	2366.00
陕 西	1016.70	293.96	327.87	394.87	28.91	32.25	38.84	6.34	2701.11
甘 肃	518.21	188.17	141.28	188.76	36.31	27.26	36.43	8.27	2006.89
青 海	162.54	78.10	43.06	41.37	48.05	26.49	25.45	7.74	2813.15
宁 夏	168.06	60.44	48.91	58.72	35.96	29.10	34.94	6.55	2568.91
新 疆	667.06	208.68	269.55	188.83	31.28	40.41	28.31	7.98	2945.97

7-8-3 政府卫生支出构成

单位：亿元

年份	合计	医疗卫生服务支出	医疗保障支出	行政管理事务支出	人口与计划生育事务支出
1990	187.28	122.86	44.34	4.55	15.53
1991	204.05	132.38	50.41	5.15	16.11
1992	228.61	144.77	58.10	6.37	19.37
1993	272.06	164.81	76.33	8.04	22.89
1994	342.28	212.85	92.02	10.94	26.47
1995	387.34	230.05	112.29	13.09	31.91
1996	461.61	272.18	135.99	15.61	37.83
1997	523.56	302.51	159.77	17.06	44.23
1998	590.06	343.03	176.75	19.90	50.38
1999	640.96	368.44	191.27	22.89	58.36
2000	709.52	407.21	211.00	26.81	64.50
2001	800.61	450.11	235.75	32.96	81.79
2002	908.51	497.41	251.66	44.69	114.75
2003	1116.94	603.02	320.54	51.57	141.82
2004	1293.58	679.72	371.60	60.90	181.36
2005	1552.53	805.52	453.31	72.53	221.18
2006	1778.86	834.82	602.53	84.59	256.92
2007	2581.58	1153.30	957.02	123.95	347.32
2008	3593.94	1397.23	1577.10	194.32	425.29
2009	4816.26	2081.09	2001.51	217.88	515.78
2010	5732.49	2565.60	2331.12	247.83	587.94
2011	7464.18	3125.16	3360.78	283.86	694.38
2012	8431.98	3506.70	3789.14	323.29	812.85
2013	9545.81	3838.93	4428.82	373.15	904.92
2014	10579.23	4288.70	4958.53	436.95	895.05

注：1.本表按当年价格计算。
2.政府卫生支出是指各级政府用于医疗卫生服务、医疗保障补助、卫生和医疗保险行政管理事务、人口与计划生育事务支出等各项事业的经费。

7-8-4 政府卫生支出比重

年 份	政府卫生支出(亿元)	占财政支出比重(%)	占卫生总费用比重(%)	占国内生产总值比重(%)
1990	187.28	6.07	25.06	1.00
1991	204.05	6.03	22.84	0.93
1992	228.61	6.11	20.84	0.84
1993	272.06	5.86	19.75	0.77
1994	342.28	5.91	19.43	0.71
1995	387.34	5.68	17.97	0.63
1996	461.61	5.82	17.04	0.64
1997	523.56	5.67	16.38	0.66
1998	590.06	5.46	16.04	0.70
1999	640.96	4.86	15.84	0.71
2000	709.52	4.47	15.47	0.71
2001	800.61	4.24	15.93	0.73
2002	908.51	4.12	15.69	0.75
2003	1116.94	4.53	16.96	0.82
2004	1293.58	4.54	17.04	0.80
2005	1552.53	4.58	17.93	0.84
2006	1778.86	4.40	18.07	0.82
2007	2581.58	5.19	22.31	0.96
2008	3593.94	5.74	24.73	1.13
2009	4816.26	6.31	27.46	1.39
2010	5732.49	6.38	28.69	1.40
2011	7464.18	6.83	30.66	1.54
2012	8431.98	6.69	29.99	1.58
2013	9545.81	6.83	30.14	1.62
2014	10579.23	6.98	29.96	1.66

注：1. 本表按当年价格计算。
2. 2014年为初年测算数。

7-8-5 各地区居民医疗保健消费支出情况

单位：元、%

地区	全国居民			城镇居民			农村居民		
	人均消费支出	#医疗保健	医疗保健支出占消费支出比重	人均消费支出	#医疗保健	医疗保健支出占消费支出比重	人均消费支出	#医疗保健	医疗保健支出占消费支出比重
全国	**14491.40**	**1044.76**	**7.21**	**19968.08**	**1305.57**	**6.54**	**8382.57**	**753.85**	**8.99**
北京	31102.89	1914.16	6.15	33717.45	2044.43	6.06	14535.06	1088.64	7.49
天津	22342.98	1584.47	7.09	24289.64	1721.30	7.09	13738.62	979.68	7.13
河北	11931.54	1027.52	8.61	16203.82	1304.50	8.05	8247.99	788.71	9.56
山西	10863.83	1008.59	9.28	14636.88	1240.86	8.48	6991.69	770.21	11.02
内蒙古	16258.12	1319.69	8.12	20885.23	1470.81	7.04	9972.24	1114.39	11.17
辽宁	16067.98	1419.23	8.83	20519.57	1630.76	7.95	7800.75	1026.38	13.16
吉林	13025.97	1458.02	11.19	17156.14	1838.38	10.72	8139.82	1008.05	12.38
黑龙江	12768.76	1258.29	9.85	16466.63	1457.62	8.85	7829.99	992.06	12.67
上海	33064.76	2223.90	6.73	35182.44	2327.62	6.62	14820.08	1330.33	8.98
江苏	19163.56	1331.29	6.95	23476.28	1616.70	6.89	11820.27	845.33	7.15
浙江	22551.97	1358.18	6.02	27241.74	1526.95	5.61	14497.81	1068.33	7.37
安徽	11726.99	869.98	7.42	16107.07	976.54	6.06	7980.76	778.84	9.76
福建	17644.47	926.85	5.25	22204.06	1058.97	4.77	11055.93	735.94	6.66
江西	11088.89	635.01	5.73	15141.78	760.70	5.02	7548.26	525.21	6.96
山东	13328.90	989.62	7.42	18322.60	1188.00	6.48	7962.23	776.42	9.75
河南	11000.44	928.99	8.45	16184.46	1204.14	7.44	7277.21	731.37	10.05
湖北	12928.31	1056.23	8.17	16681.41	1187.81	7.12	8680.93	907.33	10.45
湖南	13288.73	972.17	7.32	18334.66	1209.76	6.60	9024.84	771.41	8.55
广东	19205.50	890.45	4.64	23611.74	988.32	4.19	10043.21	686.95	6.84
广西	10274.31	679.26	6.61	15045.40	845.95	5.62	6675.07	553.51	8.29
海南	12470.59	716.82	5.75	17513.78	960.30	5.48	7028.97	454.12	6.46
重庆	13810.62	966.07	7.00	18279.49	1187.71	6.50	7982.56	677.02	8.48
四川	12368.40	964.48	7.80	17759.93	1283.60	7.23	8301.10	723.74	8.72
贵州	9303.35	572.01	6.15	15254.64	927.39	6.08	5970.25	372.98	6.25
云南	9869.54	739.40	7.49	16268.33	1115.16	6.85	6030.26	513.95	8.52
西藏	7316.95	197.65	2.70	15669.36	552.52	3.53	4822.08	91.65	1.90
陕西	12203.59	1178.16	9.65	17545.96	1495.88	8.53	7252.37	883.70	12.18
甘肃	9874.57	737.22	7.47	15942.25	1048.23	6.58	6147.78	546.20	8.88
青海	12604.80	1071.20	8.50	17492.89	1212.97	6.93	8235.14	944.46	11.47
宁夏	12484.52	1239.95	9.93	17216.23	1616.88	9.39	7676.49	856.93	11.16
新疆	11903.71	978.31	8.22	17684.52	1310.93	7.41	7365.32	717.18	9.74

7-8-6 社会服务经费支出情况

单位：亿元

年份 地区	社会服务经费总支出	抚恤	退役安置	社会福利	社会救助	自然灾害生活救助	离退休人员经费	其他
2003	498.9	87.9	59.0	78.9	153.1	52.9	13.1	54.0
2004	577.4	104.1	74.1	52.1	223.6	51.1	13.9	58.5
2005	718.4	143.6	88.9	55.6	279.6	62.6	13.7	74.4
2006	915.4	178.8	115.7	65.3	372.0	79.0	14.0	90.6
2007	1215.5	210.8	165.0	87.6	509.7	79.8	24.8	137.8
2008	2146.5	253.6	180.6	103.1	806.7	609.8	26.5	166.2
2009	2181.9	310.3	225.7	124.1	1098.1	199.2	30.0	194.5
2010	2697.5	362.7	269.0	109.9	1302.0	237.2	30.4	386.3
2011	3229.1	428.3	302.3	232.2	1766.3	128.7	35.3	336.0
2012	3683.7	517.0	372.1	319.5	1866.1	163.4	39.0	406.7
2013	4276.5	618.4	435.3	397.6	2172.4	178.7	43.6	430.6
2014	4404.1	636.6	456.8	480.9	2197.5	124.4	44.2	463.6
本级	12.9	0.2				2.3	0.4	9.9
北京	160.0	10.8	72.5	22.6	16.8	0.6	5.5	31.4
天津	59.2	6.7	9.3	5.6	21.6	0.1	0.4	15.5
河北	165.3	35.0	25.5	14.9	72.7	3.8	2.2	11.2
山西	114.5	21.2	8.0	8.0	66.0	2.7	1.0	7.6
内蒙古	140.9	9.7	6.2	15.1	86.0	4.8	1.5	17.6
辽宁	169.4	18.5	33.8	13.3	74.1	4.1	2.0	23.7
吉林	94.2	11.3	7.9	4.9	57.2	3.1	0.6	9.2
黑龙江	137.3	10.6	7.2	7.9	103.5	1.4	1.0	5.8
上海	85.7	9.5	14.8	14.7	31.2	0.2	1.1	14.2
江苏	246.1	42.4	33.6	42.4	85.4	1.7	2.7	38.0
浙江	150.3	23.8	11.7	33.2	48.1	2.3	2.2	29.0
安徽	170.0	28.5	15.3	16.8	94.7	2.7	1.4	10.5
福建	77.6	13.0	8.9	11.1	31.1	1.9	2.3	9.2
江西	147.2	24.0	5.0	14.0	92.3	5.9	1.1	5.0
山东	270.7	72.4	38.0	36.4	97.9	2.1	1.3	22.6
河南	205.5	41.6	17.5	14.6	113.7	1.9	2.0	14.2
湖北	185.3	32.2	15.6	16.4	100.0	3.2	1.7	16.1
湖南	208.5	41.1	10.5	15.4	122.3	5.2	0.9	13.2
广东	223.7	32.1	22.9	34.9	88.0	5.2	3.8	36.9
广西	139.1	14.8	4.9	14.8	82.4	5.6	1.4	15.2
海南	28.8	3.2	2.4	2.9	13.4	2.3	0.5	4.2
重庆	102.8	16.9	9.2	12.8	47.3	3.5	1.0	11.9
四川	291.8	47.8	22.4	30.9	150.1	15.9	2.2	22.5
贵州	139.2	13.5	3.7	11.0	91.5	8.5	0.2	10.7
云南	197.9	17.1	11.5	10.5	118.6	15.7	1.3	23.3
西藏	13.7	0.8	1.0	1.6	8.2	0.8	0.1	1.2
陕西	167.9	23.6	18.2	18.0	87.9	3.5	0.9	15.8
甘肃	121.5	5.8	7.5	7.7	90.1	6.4	0.5	3.6
青海	38.2	1.7	2.3	6.5	20.9	2.8	0.2	3.6
宁夏	26.5	1.1	1.7	1.5	16.4	2.0	0.3	3.5
新疆	112.6	5.8	8.0	20.4	68.1	2.5	0.4	7.4

7-8-7 社会服务机构固定资产原值

单位：亿元

年份 地区	合计	社会工作	成员组织	社会组织	自治组织	其他社会服务	其他事业单位
2000	1199.3	1199.3					
2001	1317.0	1317.0					
2002	1394.9	1394.9					
2003	1644.3	1644.3					
2004	1818.4	1755.6					
2005	3097.8	1858.0	1174.9		1174.9		
2006	4066.7	2103.0	1869.4	423.0	1446.4		
2007	3973.0	1934.3	1905.9	682.0	1223.9		
2008	4592.8	2186.8	2273.1	805.8	1467.3		
2009	5198.0	2326.4	2752.4	1030.0	1722.4		
2010	6589.3	2671.9	3795.6	1864.1	1931.5		
2011	6989.8	2790.4	3684.2	1885.0	1799.2	231.0	
2012	7019.5	2898.9	3477.7	1425.4	2052.3	251.8	47.0
2013	6995.5	3030.7	3465.7	1496.6	1969.1	267.0	46.8
2014	7212.9	3273.0	3609.3	1560.6	2048.6	283.8	46.8
中央级	93.2	3.5	76.0	76.0			13.7
北 京	479.2	95.2	366.2	67.4	298.8	12.8	5.0
天 津	76.2	43.9	28.3	9.6	18.7	3.8	0.2
河 北	298.2	125.8	164.4	102.4	62.1	7.5	0.5
山 西	131.2	55.4	71.4	23.6	47.8	4.0	0.3
内蒙古	51.3	29.0	17.6	7.8	9.8	4.6	0.2
辽 宁	262.9	182.0	67.4	40.6	26.9	12.6	0.9
吉 林	48.0	30.6	8.3	1.1	7.2	9.1	
黑龙江	101.1	42.4	48.8	12.6	36.2	9.0	0.9
上 海	366.9	174.2	164.7	29.5	135.1	24.9	3.1
江 苏	985.7	514.0	447.3	189.5	257.8	22.5	1.8
浙 江	1209.8	647.1	548.0	129.4	418.5	13.3	1.4
安 徽	198.2	74.8	116.1	68.5	47.7	7.1	0.1
福 建	98.0	39.7	47.8	25.0	22.9	9.9	0.6
江 西	81.9	37.8	39.9	26.0	13.9	3.4	0.8
山 东	461.6	245.5	205.2	65.3	139.9	10.6	0.2
河 南	157.1	78.0	70.9	36.1	34.8	7.1	1.2
湖 北	193.8	83.4	98.6	49.2	49.4	10.3	1.6
湖 南	155.0	68.3	67.9	39.6	28.3	17.4	1.3
广 东	596.2	121.1	441.0	251.9	189.1	30.2	3.9
广 西	74.6	32.5	32.7	15.5	17.1	6.3	3.1
海 南	27.2	8.0	17.6	15.1	2.5	1.5	0.1
重 庆	197.4	107.3	81.4	57.8	23.6	8.5	0.3
四 川	255.8	133.3	106.0	75.0	31.0	14.6	2.0
贵 州	92.7	42.8	37.7	19.6	18.1	11.6	0.6
云 南	223.5	121.4	94.1	45.1	49.0	7.7	0.3
西 藏	8.9	5.2	3.5	0.9	2.6	0.2	
陕 西	126.7	51.8	69.4	52.1	17.3	4.1	1.4
甘 肃	48.5	20.7	25.2	10.6	14.6	2.4	0.2
青 海	13.0	6.3	5.9	2.4	3.5	0.7	0.1
宁 夏	36.3	15.7	19.6	5.6	14.0	1.0	
新 疆	62.8	36.4	20.4	9.7	10.7	5.1	1.0

【主要统计指标解释】

卫生总费用 指一个国家或地区在一定时期内，为开展卫生服务活动从全社会筹集的卫生资源的货币总额，按来源法核算。它反映一定经济条件下，政府、社会和居民个人对卫生保健的重视程度和费用负担水平，以及卫生筹资模式的主要特征和卫生筹资的公平性合理性。

政府卫生支出 指各级政府用于医疗卫生服务、医疗保障补助、卫生和医疗保险行政管理、人口与计划生育事务支出等各项事业的经费。

社会卫生支出 指政府支出外的社会各界对卫生事业的资金投入。包括社会医疗保障支出、商业健康保险费、社会办医支出、社会捐赠援助、行政事业性收费收入等。

个人现金卫生支出 指城乡居民在接受各类医疗卫生服务时的现金支付，包括享受各种医疗保险制度的居民就医时自付的费用。

人均卫生费用 即某年卫生总费用与同期平均人口数之比。

卫生总费用占GDP比重 指某年卫生总费用与同期国内生产总值（GDP）之比。是用来反映一定时期，一定经济条件下，国家对卫生工作的支持程度，全社会对卫生事业的资金投入力度以及全社会对居民卫生保健的重视程度。

社会服务经费总支出 包括抚恤、退役安置、社会福利、社会救助、自然灾害生活救助、行政事业单位离退休方面的支出等。

1.抚恤 反映用于各类优抚对象和优抚事业单位的支出。

2.退役安置 反映用于退役军人的安置和军队移交政府离退休人员安置及管理机构的支出。

3.社会福利 反映社会福利事务支出。包括儿童福利、老年人福利、假肢矫形、殡葬等用于社会福利方面的支出。

4.社会救助 反映民政部门开展社会救助工作的支出。包括最低生活保障、农村五保、城市“三无”、流浪乞讨人员救助和临时救助、医疗救助等方面的支出。

5.自然灾害生活救助 反映用于自然灾害生活救助方面的支出。

6.行政事业单位离退休 反映用于行政事业单位离退休方面的支出。

7.其他 包括民政管理事务以及财政从预算内经费中安排的其他用于民政事业的经费支出。

社会服务机构 包括提供住宿的社会服务机构、不提供住宿的社会服务机构、成员组织和其他社会服务机构。

1.提供住宿的社会服务机构 包括老年养老服务机构、社会福利院、复退军人精神病院、儿童福利机构、未成年人救助保护中心、生活无着人员救助管理站等。

2.不提供住宿的社会服务机构 包括老龄机构、为残疾人提供服务的机构、救助低保服务机构、救灾储备单位、福利彩票发行机构、社区服务机构和设施以及烈士纪念建筑物管理机构等。

3.成员组织 包括社会组织和自治组织。社会组织包括社会团体、基金会、民办非企业，自治组织包括居委会、村委会。

4.其他社会服务机构 包括婚姻服务机构、殡葬服务机构。

固定资产原值 指使用年限在一年以上，单位价值在规定标准以上，并在使用过程中基本保持原来物质形态的资产。包括房屋和建筑物、专用设备、一般设备、文物和陈列品、图书、其他固定资产等。

7 第三产业部分行业主要财务指标

7-9 文化、体育和娱乐业

简要说明

一、主要内容

本篇资料主要反映我国广播电视业和文化事业财务情况。包括全国广播电视收入情况，全国广播电视行政事业单位财务收支、创收情况，全国广播电视企业单位经营、创收以及资产负债情况，文化部门经费收支情况等。

二、资料来源

本篇资料由国家广播电影电视总局、文化部提供，详细资料见《全国广播电影电视业发展指标统计》（国家广播电影电视总局编），《中国文化文物统计年鉴》（文化部编）。

7-9-1 各地区广播电视收入情况

单位：万元

地区	总收入	行政事业单位总收入	企业单位总收入	事业、企业单位实际创收收入	广告收入	广播广告收入	电视广告收入
全国合计	**42262748.78**	**15530653.08**	**26732095.70**	**36355079.22**	**14644911.14**	**1599361.35**	**11161882.74**
总局直属（广电部分）	6795103.85	3920456.04	2874647.81	5887729.97	3190357.82	87976.58	3039733.06
北京	4922696.57	643460.44	4279236.13	4042156.82	1753933.15	103782.21	781715.98
天津	465067.24	225632.12	239435.12	400327.69	178269.29	53175.68	119526.70
河北	664464.37	363988.81	300475.56	552926.43	249521.34	62011.45	174413.00
山西	349648.93	259587.91	90061.02	244196.82	105331.76	24608.79	77538.09
内蒙古	465915.60	318071.76	147843.84	211901.66	57485.63	13270.98	43767.63
辽宁	873097.75	511698.29	361399.46	708760.32	297629.49	76250.89	218145.55
吉林	493754.41	268766.27	224988.14	384814.63	140152.34	30505.67	109120.05
黑龙江	596408.09	349845.27	246562.82	525221.02	222609.17	53853.94	160114.80
上海	3779470.33	91292.58	3688177.75	3598099.33	885452.13	65204.97	588477.48
江苏	2802142.57	730257.49	2071885.08	2676867.69	1031614.54	138528.31	821762.31
浙江	4029217.33	724203.42	3305013.91	3801993.86	1134254.37	146445.89	735267.58
安徽	817380.75	458345.81	359034.94	709765.82	366946.77	34355.40	319548.33
福建	913645.21	340924.50	572720.71	637540.26	222478.72	36075.65	163280.59
江西	661607.81	264382.15	397225.66	576546.46	220260.50	20223.96	195076.75
山东	1586785.07	654826.10	931958.97	1504066.26	612107.28	114968.89	431834.57
河南	676196.94	443859.42	232337.52	554057.37	310266.67	51918.12	249282.21
湖北	1035884.52	383284.30	652600.22	890205.97	358473.76	49926.82	293107.95
湖南	2118603.30	1091502.72	1027100.58	1984606.09	994562.77	58783.26	903651.13
广东	2491126.24	1025330.83	1465795.41	2353169.66	933288.26	123015.90	710005.03
广西	519681.43	268746.17	250935.26	391909.85	123284.62	17041.29	99383.35
海南	160220.46	115950.17	44270.29	114274.21	71631.40	5562.35	51727.90
重庆	458066.56	48157.67	409908.89	408042.53	136716.07	20141.28	100851.73
四川	1387943.70	480729.20	907214.50	945676.59	300382.24	44357.19	234897.72
贵州	709847.95	117986.43	591861.52	638597.17	191993.40	42244.14	119521.32
云南	565119.75	322234.92	242884.83	398590.49	154907.71	24395.28	128262.51
西藏	91623.46	91623.46		28135.27	20790.26	186.92	20486.11
陕西	838402.43	320590.96	517811.47	727206.29	215254.06	66797.83	144864.10
甘肃	282615.73	160036.43	122579.30	154636.24	54015.30	9379.79	43262.20
青海	163442.03	127068.43	36373.60	41319.37	7046.76	1642.45	5164.31
宁夏	139014.34	79606.61	59407.73	92424.34	35621.33	3003.18	30108.56
新疆	388984.20	308636.54	80347.66	151442.88	56928.23	19726.29	36640.14
新疆兵团	19569.86	19569.86		17869.86	11344.00		11344.00

7-9-1 续表　　　　单位：万元

地区						广播电视节目销售收入	资产总额
	网络收入	有线广播电视收视费收入	付费数字电视收入	三网融合业务收入	广播电视网络互联网收入		
全国合计	**8272100.82**	**4573904.93**	**665108.37**	**579656.76**	**385871.41**	**2470826.18**	**100794934.36**
总局直属（广电部分）	271623.99	115965.08	32410.24	54591.40	46169.02	163855.14	15951668.65
北京	383274.04	108648.62	20528.50	55178.97	22010.64	529221.19	10886831.46
天津	103239.06	51032.75	3514.21	24392.33	24392.33	12239.01	1308528.97
河北	237699.48	173035.26	8441.89	3891.71	3513.17	2875.57	1399666.26
山西	114414.69	94674.92	525.90	300.00	300.00	3043.15	866823.34
内蒙古	147831.70	103595.51	13879.00			27.00	855348.80
辽宁	296049.40	229852.04	11255.58	9923.22	9241.75	2388.82	2417202.77
吉林	216569.98	121782.68	30707.30	5502.33	5502.33	382.00	2412951.69
黑龙江	237979.06	173807.32	10222.79	3253.40		858.67	1197469.11
上海	330336.87	149317.77	36394.35	9012.47	8976.15	150797.42	7431469.40
江苏	774280.64	396383.53	41402.75	67010.51	45710.52	180229.68	8899807.48
浙江	629017.74	306722.19	46593.46	98223.76	26183.75	818007.40	9003671.41
安徽	147398.48	43007.97	67362.63	2591.36	2591.36	37480.01	1581538.23
福建	233635.83	95325.54	21774.20	5534.58	5534.58	19864.31	1792339.40
江西	168648.24	121274.46	13767.16	1255.98	1255.98	8939.74	993141.30
山东	594846.36	364569.06	36874.81	7888.58	6393.73	37228.92	4421261.32
河南	172296.89	124303.71	4903.37	4841.43	3000.57	98.15	1764610.11
湖北	333655.49	226475.93	20718.63	23039.53	20031.27	13162.02	2584670.41
湖南	371986.58	188914.08	23357.10	31577.16	31577.16	88286.18	5472711.09
广东	793468.90	474340.14	36678.13	40895.97	39992.45	167669.57	6227466.61
广西	200536.70	91700.80	14045.00	11024.00	9470.00	748.50	1076550.27
海南	37000.44	26850.61	1123.14				338129.44
重庆	208943.78	106574.21	19857.73	30543.84	8385.04	11149.96	1244600.07
四川	497442.70	231229.36	47850.67	32102.64	24379.52	10194.76	3265771.87
贵州	153199.20	90696.85	29195.99	1383.41		2542.17	1096363.71
云南	178891.83	103814.53	26228.10	14541.35	13254.05	8290.34	2164326.75
西藏	5273.22	4668.62	107.00				208959.61
陕西	203843.81	104287.00	20393.81	35472.00	22939.00	199108.56	2023384.98
甘肃	81655.60	55172.56	9507.38	1730.83	1113.04	1552.94	769537.17
青海	25281.19	16280.19	2734.00	281.00	281.00		183600.68
宁夏	32808.00	27401.00		565.00	565.00	585.00	247903.58
新疆	84278.07	47507.78	12753.55	3108.00	3108.00		706628.42
新疆兵团	4692.86	4692.86					

7-9-2 各地区广播电视行政事业单位财务收支情况

单位：万元

地区	总收入	#财政补助收入	#事业收入	#经营收入	总支出
全国合计	**15530653**	**4879830**	**8940234**	**776799**	**13726391**
总局直属（广电部分）	3920456	777393	2890061		3009413
北京	643460	226584	331186	-988	681589
天津	225632	48114	154096	46	214764
河北	363989	107097	204385	22759	345507
山西	259588	106113	127089	5877	250520
内蒙古	318072	292869	19125	231	306609
辽宁	511698	167240	331105	4942	502658
吉林	268766	239845	14522	303	257264
黑龙江	349845	95109	202353	43309	335643
上海	91293	79536	4448	728	87671
江苏	730257	91362	585843	6445	754948
浙江	724203	139004	386786	138496	699085
安徽	458346	104529	338598	6826	436887
福建	340925	144729	146631	1228	290898
江西	264382	202491	44483	8880	254621
山东	654826	113552	470011	26433	586261
河南	443859	111780	303413	13050	436364
湖北	383284	124627	242774	5454	375273
湖南	1091503	124133	887460	26713	739957
广东	1025331	109739	565816	287006	1021182
广西	268746	141203	85035	33652	262411
海南	115950	33347	8055	64749	62725
重庆	48158	38420	4457	2835	50265
四川	480729	309691	90773	59159	454067
贵州	117986	70330	39605	952	108175
云南	322235	164306	141353	3545	286592
西藏	91623	64244	25038	1480	94783
陕西	320591	105076	205099	1457	205100
甘肃	160036	121928	32471	1110	144655
青海	127068	115614	3549	4331	99652
宁夏	79607	40064	35567	1459	76147
新疆	308637	269759	19047	4333	294705
新疆兵团	19570				

7-9-3 各地区广播电视行政事业单位创收情况

单位：万元

地　区	合　计	广告收入	广播广告收入	电视广告收入	其它广告收入
全国合计	**10751910**	**8776353**	**1158135**	**7464673**	**153546**
总局直属（广电部分）	3111712	2748916	64213	2683601	1102
北　京	325570	285051	80508	204141	401
天　津	162411	76524	53072	23245	206
河　北	258373	216216	48822	163241	4153
山　西	157256	101586	24135	76152	1299
内蒙古	65652	57486	13271	43768	447
辽　宁	349985	276932	71771	204209	953
吉　林	160644	135313	30506	104609	198
黑龙江	279457	222415	53854	160115	8446
上　海	12547	4029	912	2406	712
江　苏	638895	388509	79926	285897	22686
浙　江	556276	256246	58046	185699	12501
安　徽	352670	326668	34355	290038	2275
福　建	69501	58182	11036	45555	1591
江　西	178182	163769	20224	140937	2608
山　东	579666	528779	102630	386859	39289
河　南	326789	286468	40737	243300	2431
湖　北	255386	195214	36830	155022	3362
湖　南	967475	879866	48989	823533	7344
广　东	907306	693617	103907	586710	3000
广　西	149048	115837	16718	95895	3223
海　南	73581	71631	5562	51728	14341
重　庆	11107	7583	335	6754	493
四　川	181585	119692	25092	80888	13711
贵　州	56848	52050	8169	43175	706
云　南	154426	142686	23981	118165	540
西　藏	28135	20790	187	20486	117
陕　西	209939	208754	66798	138364	3592
甘　肃	35419	26470	9175	17167	128
青　海	8018	6848	1642	5164	41
宁　夏	38560	33988	3003	29873	1112
新　疆	71619	56895	19726	36633	536
新疆兵团	17870	11344		11344	

7-9-3 续表 单位：万元

地区	网络收入	有线广播电视收视费收入	付费数字电视收入	三网融合业务收入	其它网络收入	广播电视节目销售收入	其它创收收入
全国合计	**968605**	**761208**	**34984**	**21190**	**151223**	**32734**	**974217**
总局直属（广电部分）	84464	81391	1559		1514	1252	277081
北京						1129	39391
天津						65	85822
河北	30664	26644	246	337	3437	157	11336
山西	41588	35504	358		5725	41	14041
内蒙古	2880	2649	23		208		5286
辽宁	57037	53109	14	100	3815	284	15733
吉林	3352	3259			93		21980
黑龙江	10667	10562		19	85	859	45516
上海	456				456		8062
江苏	180030	125602	5172	3451	45805	1100	69255
浙江	250430	155338	18258	13393	63442		49599
安徽	15124	13337	966	127	694		10879
福建							11319
江西	7406	5469	1038		899		7007
山东	13120	11639	1098	5	377	6685	31082
河南	29751	27308	5				10571
湖北	44369	38095	697	1149	4429	10	15793
湖南	18470	14408	32	30	4000	9251	59888
广东	149063	132557	2729	2578	11198	11622	53005
广西	40	40					33171
海南	397	394			3		1552
重庆	928	903			25		2597
四川	8244	4659	2522		1063	191	53458
贵州							4798
云南						88	11652
西藏	5273	4669	107		498		2072
陕西	401	401					784
甘肃							8949
青海	16	16					1154
宁夏	17				17		4555
新疆	9727	8564	160		1003		4997
新疆兵团	4693	4693					1833

7-9-4 各地区广播电视企业单位经营情况

单位：万元

地　区	总收入	#营业收入	本年应缴税金	营业利润
全国合计	**26732096**	**25676667**	**1320912**	**2389069**
总局直属（广电部分）	2874648	2742619	113690	146810
北　京	4279236	4091100	236211	169407
天　津	239435	231185	9671	996
河　北	300476	288130	10579	23184
山　西	90061	86575	6634	1220
内蒙古	147844	146352	3673	32169
辽　宁	361399	355802	18114	79535
吉　林	224988	223087	-471	44098
黑龙江	246563	243292	5776	19395
上　海	3688178	3565452	291185	354310
江　苏	2071885	1893384	43866	362445
浙　江	3305014	3193504	203467	546070
安　徽	359035	354826	13536	42242
福　建	572721	558524	37048	9045
江　西	397226	390186	10869	23478
山　东	931959	889244	36535	17947
河　南	232338	224875	11850	16324
湖　北	652600	625642	15986	29307
湖　南	1027101	1012842	38758	100875
广　东	1465795	1406632	100804	152965
广　西	250935	239601	6585	29294
海　南	44270	37204	-960	771
重　庆	409909	395234	12589	36679
四　川	907215	875516	14953	42216
贵　州	591862	578143	32949	39440
云　南	242885	225919	21172	14581
西　藏				
陕　西	517811	517264	18591	37474
甘　肃	122579	119028	-112	2087
青　海	36374	33302	1965	979
宁　夏	59408	53268	1679	2639
新　疆	80348	78937	3720	11090

7-9-5 各地区广播电视企业单位创收情况

单位：万元

地区	合计	广告收入	广播广告收入	电视广告收入	其它广告收入	网络收入	有线广播电视收视费收入
全国合计	**25603170**	**5868558**	**441226**	**3697210**	**1730121**	**7303496**	**3812697**
总局直属（广电部分）	2776018	441442	23763	356132	61547	187160	34574
北京	3716587	1468882	23274	577575	868034	383274	108649
天津	237917	101746	104	96281	5361	103239	51033
河北	294553	33305	13189	11172	8944	207035	146392
山西	86940	3746	474	1386	1886	72827	59171
内蒙古	146250					144952	100947
辽宁	358775	20697	4480	13937	2280	239013	176743
吉林	224170	4840		4511	329	213218	118523
黑龙江	245764	194			194	227312	163245
上海	3585552	881423	64293	586072	231058	329881	149318
江苏	2037973	643105	58602	535865	48638	594250	270782
浙江	3245718	878008	88400	549569	240040	378587	151385
安徽	357096	40279		29511	10768	132275	29671
福建	568039	164296	25040	117725	21531	233636	95326
江西	398364	56491		54139	2352	161243	115806
山东	924401	83328	12339	44975	26015	581727	352930
河南	227268	23799	11182	5982	6635	142546	96996
湖北	634820	163259	13097	138086	12077	289286	188381
湖南	1017131	114697	9795	80119	24784	353516	174506
广东	1445864	239671	19109	123295	97268	644406	341783
广西	242862	7448	323	3488	3637	200497	91661
海南	40694					36604	26457
重庆	396935	129133	19806	94097	15230	208016	105672
四川	764092	180691	19265	154010	7416	489199	226570
贵州	581749	139944	34075	76347	29522	153199	90697
云南	244164	12222	414	10098	1710	178892	103815
西藏							
陕西	517267	6500		6500		203443	103886
甘肃	119217	27545	204	26095	1245	81656	55173
青海	33302	199			199	25265	16264
宁夏	53864	1633		236	1397	32791	27401
新疆	79824	33		7	26	74551	38944

7-9-5 续表 单位：万元

地区	付费数字电视收入	三网融合业务收入	#广播电视网络互联网收入	其它网络收入	广播电视节目销售收入	其它创收收入
全国合计	**630124**	**558467**	**374769**	**2302208**	**2438092**	**9993024**
总局直属（广电部分）	30852	54591	46169	67144	162603	1984812
北京	20529	55179	22011	198918	528092	1336338
天津	3514	24392	24392	24300	12174	20758
河北	8196	3554	3353	48893	2718	51494
山西	168	300	300	13189	3002	7366
内蒙古	13856			30149	27	1271
辽宁	11242	9823	9242	41204	2105	96960
吉林	30707	5502	5502	58485	382	5731
黑龙江	10222	3234		50611		18258
上海	36394	9012	8976	135156	150797	2223451
江苏	36230	63560	44525	223679	179130	621487
浙江	28336	84831	19380	114037	818007	1171115
安徽	66396	2464	2464	33743	37480	147062
福建	21774	5535	5535	111002	19864	150242
江西	12729	1256	1256	31452	8940	171691
山东	35777	7883	6388	185137	30544	228801
河南	4899	4841	3001	35810	98	60825
湖北	20022	21891	18915	58992	13152	169122
湖南	23325	31547	31547	124138	79035	469883
广东	33949	38318	38318	230357	156048	405738
广西	14045	11024	9470	83767	749	34169
海南	1123			9024		4090
重庆	19858	30544	8385	51943	11150	48636
四川	45329	32103	24380	185197	10003	84199
贵州	29196	1383		31923	2542	286064
云南	26228	14541	13254	34308	8202	44848
西藏						
陕西	20394	35472	22939	43691	199109	108216
甘肃	9507	1731	1113	15245	1553	8464
青海	2734	281	281	5986		7838
宁夏		565	565	4825	585	18855
新疆	12593	3108	3108	19906		5240

7-9-6 各地区广播电视企业资产负债情况

单位：万元

地区	资产总额	负债总额	所有者权益
全国合计	**61295456**	**31153255**	**30142202**
总局直属（广电部分）	3932505	1761140	2171365
北京	9268231	5495001	3773230
天津	432182	295581	136601
河北	695657	414240	281417
山西	340896	214397	126499
内蒙古	351422	94305	257117
辽宁	1325596	944248	381347
吉林	1741009	797165	943844
黑龙江	524743	295786	228957
上海	7201903	3142283	4059621
江苏	6176114	2671362	3504752
浙江	6789137	3000503	3788634
安徽	921239	576789	344450
福建	1039441	575845	463596
江西	653017	451588	201429
山东	2019050	935054	1083996
河南	1011831	705632	306199
湖北	1706855	849063	857792
湖南	3046846	1260681	1786164
广东	3574050	1172521	2401530
广西	558748	328611	230137
海南	170225	82128	88097
重庆	1138731	736489	402242
四川	2376067	1778406	597661
贵州	797836	431788	366048
云南	1533705	1056895	476810
西藏			
陕西	1040244	592803	447440
甘肃	484658	289645	195012
青海	75741	39090	36651
宁夏	138026	64094	73932
新疆	229751	100120	129631

7-9-7 全国文化事业费基本情况

单位：亿元、%

年份	文化事业费	国家财政总支出	文化事业费总支出占国家财政比重
1978年	4.44	1122.09	0.40
1979年	5.84	1281.79	0.46
1980年	5.61	1228.83	0.46
“六五”时期	**36.03**	**7483.18**	**0.48**
1985年	9.32	2004.25	0.47
“七五”时期	**62.45**	**12865.67**	**0.49**
1986年	10.74	2204.91	0.49
1987年	10.77	2262.18	0.48
1988年	12.18	2491.21	0.49
1989年	13.57	2823.78	0.48
1990年	15.19	3083.59	0.49
“八五”时期	**121.33**	**24387.47**	**0.50**
1991年	17.28	3386.62	0.51
1992年	19.46	3742.20	0.52
1993年	22.37	4642.30	0.48
1994年	28.83	5792.62	0.50
1995年	33.39	6823.72	0.49
“九五”时期	**254.51**	**57043.46**	**0.45**
1996年	38.77	7937.55	0.49
1997年	46.19	9233.56	0.50
1998年	50.78	10798.18	0.47
1999年	55.61	13187.67	0.42
2000年	63.16	15886.50	0.40
“十五”时期	**496.13**	**128022.85**	**0.39**
2001年	70.99	18902.58	0.38
2002年	83.66	22053.15	0.38
2003年	94.03	24649.95	0.38
2004年	113.63	28486.89	0.40
2005年	133.82	33930.28	0.39
“十一五”时期	**1220.40**	**318672.05**	**0.38**
2006年	158.03	40422.73	0.39
2007年	198.96	49781.35	0.40
2008年	248.04	62592.66	0.40
2009年	292.31	76299.93	0.38
2010年	323.06	89575.38	0.36
“十二五”时期			
2011年	392.62	109247.79	0.36
2012年	480.10	125952.97	0.38
2013年	530.49	140212.10	0.38
2014年	583.44	151661.54	0.38

注：1.国家财政总支出系国家财政决算数。
2.文化事业费：1953～1980年系国家财政决算数（“一五”至“四五”时期含文物、出版经费，“五五”时期不含文物、出版经费）；1981年以后系文化事业统计年报数（不含文物、出版及科学研究费；不含基本建设的财政拨款和行政运行经费，以下各表同）。

7-9-8 各地区文化事业费

单位：万元

地 区	1995年	2000年	2005年	2010年	2011年	2012年	2013年	2014年
全 国	**333853**	**631591**	**1338193**	**3230646**	**3926223**	**4801015**	**5304904**	**5834377**
中 央	20973	55498	113028	152788	184867	212300	269177	358420
北 京	8427	24008	64587	161693	179115	228738	244620	249386
天 津	5098	9796	31592	56348	74595	79282	95616	122666
河 北	11393	18984	39626	70307	93048	114728	127775	143751
山 西	9215	12347	29832	78000	111854	131218	141055	140919
内蒙古	8624	14515	30543	112982	127692	162157	173791	189673
辽 宁	17525	26790	47578	113430	109256	147143	139102	148061
吉 林	10613	15711	26566	90327	93047	94962	111561	136021
黑龙江	10722	16598	33742	74631	87957	93551	96252	125077
上 海	15431	42608	79201	186266	241757	287144	294524	332623
江 苏	18234	38527	77658	163123	228144	297752	369077	343980
浙 江	14764	35334	110397	242002	288595	357094	360199	379174
安 徽	8836	15849	30541	76813	91387	90303	111141	119933
福 建	11023	22174	42949	101855	107639	127062	144997	148123
江 西	7404	10696	23398	73401	69643	79760	89733	103717
山 东	16315	30944	61687	138876	175411	206838	246349	253539
河 南	12447	20948	37708	95143	122440	150441	161446	173942
湖 北	11268	19367	43585	114389	108101	138694	154138	168048
湖 南	10525	16564	34771	86133	98805	126938	144707	162613
广 东	27486	58321	128095	269940	337369	384588	419594	452260
广 西	8617	14608	28089	80097	82743	117052	131614	144457
海 南	2965	3468	6007	27356	37297	57209	62250	60611
重 庆		9151	17505	77350	93801	120734	121134	133289
四 川	16905	20500	44523	143902	205784	274876	304646	349146
贵 州	4785	9131	18731	53676	74805	96876	96869	105913
云 南	14563	23945	42036	86881	121629	130776	143712	174862
西 藏	2124	4264	8003	21050	19239	27131	31966	50826
陕 西	8583	13976	23462	89457	119207	153402	191783	193209
甘 肃	6935	9130	20882	55563	83375	91199	98665	110710
青 海	2574	3696	7349	41114	34114	51457	50669	63784
宁 夏	2108	3625	9646	24483	35539	44538	38052	46671
新 疆	7371	10518	24877	71273	87971	125076	138694	148975

7-9-9 各地区文化事业费占财政支出比重

单位：%

地区	1995年		2000年		2005年		2009年		2011年		2012年		2013年		2014年	
	比重	位次	比重	位次	比重	位次	比重	位次	比重	位次	比重	位次	比重	位次	比重	位次
全国	**0.49**		**0.40**		**0.39**		**0.38**		**0.36**		**0.38**		**0.38**		**0.38**	
北京	0.55	28	0.54	14	0.61	4	0.60	4	0.55	3	0.62	4	0.59	4	0.55	3
天津	0.55	28	0.53	15	0.71	3	0.53	7	0.42	12	0.37	19	0.38	19	0.43	17
河北	0.60	23	0.46	28	0.40	24	0.29	30	0.26	30	0.28	29	0.29	26	0.31	26
山西	0.82	7	0.55	11	0.44	14	0.44	14	0.47	8	0.48	9	0.47	8	0.46	12
内蒙古	0.84	5	0.59	8	0.44	15	0.47	11	0.43	11	0.47	10	0.47	9	0.49	7
辽宁	0.64	15	0.52	17	0.39	25	0.39	19	0.28	26	0.32	24	0.27	29	0.29	28
吉林	0.88	3	0.90	1	0.42	18	0.55	6	0.42	13	0.38	18	0.41	14	0.47	10
黑龙江	0.61	18	0.45	30	0.42	19	0.35	26	0.31	24	0.29	28	0.29	27	0.36	22
上海	0.59	25	0.68	5	0.48	9	0.62	3	0.62	2	0.69	2	0.65	2	0.68	2
江苏	0.72	10	0.61	6	0.46	12	0.39	20	0.37	17	0.42	15	0.47	10	0.41	19
浙江	0.82	7	0.82	2	0.87	1	0.79	1	0.75	1	0.86	1	0.76	1	0.73	1
安徽	0.65	14	0.49	23	0.42	20	0.32	28	0.28	27	0.23	31	0.26	30	0.26	31
福建	0.64	15	0.69	4	0.72	2	0.63	2	0.49	6	0.49	8	0.47	11	0.45	14
江西	0.67	13	0.48	26	0.41	22	0.43	15	0.27	29	0.26	30	0.26	31	0.27	30
山东	0.59	25	0.51	18	0.42	21	0.39	21	0.35	19	0.35	22	0.37	20	0.35	23
河南	0.60	23	0.47	27	0.33	31	0.32	29	0.29	25	0.30	26	0.29	28	0.29	29
湖北	0.69	12	0.53	15	0.55	6	0.47	12	0.34	21	0.37	20	0.35	21	0.34	24
湖南	0.61	18	0.49	23	0.39	26	0.40	17	0.28	28	0.31	25	0.31	24	0.32	25
广东	0.52	30	0.55	11	0.55	7	0.52	10	0.50	4	0.52	5	0.50	6	0.49	6
广西	0.61	18	0.57	10	0.45	13	0.42	16	0.33	22	0.39	17	0.41	15	0.42	18
海南	0.70	11	0.51	18	0.39	27	0.53	8	0.48	7	0.63	3	0.62	3	0.55	4
重庆			0.49	23	0.35	29	0.40	18	0.36	18	0.40	16	0.40	18	0.40	20
四川	0.61	18	0.45	30	0.41	23	0.33	27	0.44	10	0.50	7	0.49	7	0.51	5
贵州	0.56	27	0.46	28	0.35	30	0.39	22	0.33	23	0.35	23	0.31	25	0.30	27
云南	0.62	17	0.58	9	0.54	8	0.39	23	0.42	14	0.37	21	0.35	22	0.39	21
西藏	0.61	18	0.71	3	0.43	16	0.27	31	0.25	31	0.30	27	0.32	23	0.43	16
陕西	0.84	5	0.51	18	0.36	28	0.39	24	0.41	15	0.46	11	0.52	5	0.49	8
甘肃	0.85	4	0.50	22	0.48	10	0.38	25	0.47	9	0.44	13	0.43	13	0.44	15
青海	0.89	2	0.55	11	0.43	17	0.53	9	0.35	20	0.44	14	0.41	16	0.47	9
宁夏	0.92	1	0.60	7	0.60	5	0.57	5	0.50	5	0.52	6	0.41	17	0.47	11
新疆	0.76	9	0.51	18	0.47	11	0.45	13	0.39	16	0.46	12	0.45	12	0.45	13

注：各地财政支出不含中央转移支付部分。

7-9-10 文化部门机构(文化、文物)经费收支情况

单位：千元

项目	本年收入合计	财政补贴收入	事业收入	上级补助收入	附属单位上缴收入	经营收入
总计	**138347002**	**89537048**	**6674800**	**3923256**	**11830**	**1039967**
文化合计	**101026118**	**60601195**	**2767590**	**2903248**	**7854**	**456832**
艺术业	17508072	11797454	1647579	632083	3749	264676
#艺术表演团体	14588433	10653315	1316780	532542	864	17317
艺术表演场馆	2878828	1104763	330512	99176	2885	247359
图书馆	12129791	11372103	334855	213130	383	37514
群众文化	19017263	16237563	200398	1910897	1570	12553
#文化站	10468612	8431916		1590454		
其他文化	52370992	21194075	584758	147138	2152	142089
文物合计	**35823228**	**27761038**	**3668541**	**1012811**	**3976**	**572902**
文物科研机构	2438120	1353667	913572	37288	13	40736
文物保护管理机构	7069728	4646475	1419942	392931	2479	390538
博物馆	17136634	14497331	1193565	511520	1484	132179
文物商店	744269	11814				
其它文物机构	8434477	7251751	141462	71072		9449
教育合计	**1497656**	**1174815**	**238669**	**7197**		**10233**
#中等专业学校	548918	453546	37270	2870		5990

7-9-10 续表 1

单位：千元

项目	其他收入	本年支出合计	#基本支出	#项目支出	#经营支出
总计	**37160101**	**130267898**	**53014253**	**58858726**	**908808**
文化合计	**34289399**	**95453645**	**41033327**	**38806365**	**531863**
艺术业	3162531	17161698	7772494	3852657	277749
#艺术表演团体	2067615	14260000	6693744	3481697	74413
艺术表演场馆	1094133	2861184	1048223	361117	203324
图书馆	171806	11635828	6234770	5029879	28626
群众文化	654282	18286320	11282380	5190816	106026
#文化站	446242	10031059	5725694	2922544	88926
其他文化	30300780	48369799	15743683	24733013	119462
文物合计	**2803960**	**33190924**	**11115826**	**19416939**	**366784**
文物科研机构	92844	2070163	665880	1147871	14858
文物保护管理机构	217363	6452992	2744430	3219249	256942
博物馆	800555	16392930	6185623	9634794	86954
文物商店	732455	636706			
其它文物机构	960743	7638133	1519893	5415025	8030
教育合计	**66742**	**1623329**	**865100**	**635422**	**10161**
#中等专业学校	49242	519494	330792	170139	5918

7-9-10 续表 2

单位：千元

项　目	在支出合计中				
	工资福利支　出	商品和服务支出	#差旅费	#劳务费	#福利费
总　计	**29367246**	**34497556**	**1037320**	**3092821**	**282638**
文化合计	**22566411**	**22917236**	**748677**	**1992791**	**176080**
艺术业	4995642	3299815	210789	585600	48042
#艺术表演团体	4433492	2730627	199817	540930	38874
艺术表演场馆	545492	562990	10469	44137	9073
图书馆	3634308	2821099	74053	208404	32530
群众文化	6911582	2107766	88293	306747	28864
#文化站	3721236				
其他文化	7024879	14688556	375542	892040	66644
文物合计	**6330835**	**11254807**	**275158**	**1028790**	**100991**
文物科研机构	554536	1042421	59173	253526	3449
文物保护管理机构	1480680	1728725	26881	150149	23198
博物馆	3590165	5536755	136124	464359	67251
文物商店					
其它文物机构	705454	2946906	52980	160756	7093
教育合计	**470000**	**325513**	**13485**	**71240**	**5567**
#中等专业学校	199401	111303	3637	27550	1224

7-9-10 续表 3

单位：千元

项　目	在支出合计中				
	#各种税金支　出	对个人和家庭补助支出	#抚恤金和生活补助	其他资本性 支 出	#各种设备购 置 费
总　计	**316358**	**10407730**	**624970**	**14651688**	**5047567**
文化合计	**198356**	**8569618**	**545890**	**9810075**	**4407844**
艺术业	106610	1849567	125419	623445	351866
#艺术表演团体	57064	1666045	112668	563121	322926
艺术表演场馆	49496	172441	12324	57010	28586
图书馆	20357	1262346	53127	2989802	2484854
群众文化	20348	1578617	96722	1228341	535756
#文化站		210935	15527	729682	375161
其他文化	51041	3879088	270622	4968487	1035368
文物合计	**116562**	**1559878**	**70458**	**4416992**	**555874**
文物科研机构	37819	96675	6774	205879	54448
文物保护管理机构	32802	256054	12489	722288	50912
博物馆	34441	1000220	31575	2613073	376663
文物商店					
其它文物机构	11500	206929	19620	875752	73851
教育合计	**1440**	**278234**	**8622**	**424621**	**83849**
#中等专业学校	48	95830	6362	65585	11404

7-9-11 文化文物部门行政、事业单位主要财务情况

单位：千元

项　目	本年收入合　计	财政补贴收　入	事业收入	上级补助收　入	附属单位上缴收入	经营收入
总　计	**130975327**	**90245444**	**7516097**	**4309841**	**12177**	**1586975**
文化艺术服务	**78753864**	**63423093**	**6782087**	**4140693**	**10258**	**1486566**
文艺创作与表演	11725915	9176692	1422096	625554	909	22512
#艺术表演团体	11341361	8825961	1405445	620672	909	19298
艺术表演场馆	2339303	1100661	690783	99926	2885	267183
文物及文化保护	8244667	5705255	1477282	414481	2479	404061
博物馆、纪念馆	19555119	15846683	1352442	753594	1786	597638
图书馆	12129791	11372103	334855	213130	383	37514
群众文化活动	19017263	16237563	200398	1910897	1570	12553
美术馆	1566755	1248332	218199	32262	205	34517
社会人文科学研究	3586492	2314199	1000657	50153	13	96016
文化社会团体	1453	1431	22			
其他文化艺术	587106	420174	85353	40696	28	14572
艺术教育	**2688588**	**2108550**	**435603**	**14389**		**16106**
文化、文物行政主管部门	**45126880**	**20979785**				
文化文物行政执法机构	**1424624**	**1350384**	**21981**	**24341**	**152**	**9**
其他	**2981371**	**2383632**	**276426**	**130418**	**1767**	**84294**

7-9-11 续表 1

单位：千元

项　目	其他收入	本年支出合　计	#基本支出	#项目支出	#经营支出	在支出合计中
						工资福利支　出
总　计	**27304793**	**123899764**	**55710001**	**60966388**	**1198868**	**30748016**
文化艺术服务	**2911167**	**75264323**	**38749799**	**31598031**	**1133254**	**23133952**
文艺创作与表演	478152	11577898	7219338	3927143	85700	4690117
#艺术表演团体	469076	11197478	6976519	3797533	82869	4562309
艺术表演场馆	177865	2352539	1200523	848861	219598	649448
文物及文化保护	241109	7449425	3300828	3580286	266739	1774468
博物馆、纪念馆	1002976	18741974	7301998	10412707	320614	4161310
图书馆	171806	11635828	6234770	5029879	28626	3634308
群众文化活动	654282	18286320	11282380	5190816	106026	6911582
美术馆	33240	1460424	530134	871008	24356	274265
社会人文科学研究	125454	3149563	1321145	1507845	66703	891209
文化社会团体		1455	1419			1106
其他文化艺术	26283	608897	357264	229486	14892	146139
艺术教育	**113940**	**2758913**	**1688895**	**929816**	**15771**	**891859**
文化、文物行政主管部门	**24147095**	**42276607**	**12810375**	**27454525**		**5360237**
文化文物行政执法机构	**27757**	**1421623**	**1148411**	**200460**	**770**	**818725**
其他	**104834**	**2178298**	**1312521**	**783556**	**49073**	**543243**

7-9-11 续表 2

单位：千元

项目	在支出合计中					
	商品和服务支出	#差旅费	#劳务费	#福利费	#各种税金支出	对个人和家庭补助支出
总计	**36248149**	**1077532**	**3267883**	**311917**	**387549**	**10804143**
文化艺术服务	**19271594**	**676765**	**2230402**	**232039**	**328018**	**6843275**
文艺创作与表演	2976468	210072	590645	41394	63342	1824864
#艺术表演团体	2862666	205186	583627	40797	62920	1749796
艺术表演场馆	1003239	10854	77503	13619	62186	178999
文物及文化保护	2061237	39015	183477	24911	44757	397362
博物馆、纪念馆	6072481	157074	503946	80460	65531	1060642
图书馆	2821099	74053	208404	32530	20357	1262346
群众文化活动	2107766	88293	306747	28864	20348	1578617
美术馆	597010	15837	51245	3018	7221	88370
社会人文科学研究	1386574	73497	292716	5582	39373	354998
文化社会团体	221					128
其他文化艺术	245499	8070	15719	1661	4903	96949
艺术教育	**680542**	**24745**	**123965**	**14033**	**5491**	**479026**
文化、文物行政主管部门	**15156292**	**329296**	**808595**	**51059**	**29888**	**2786941**
文化文物行政执法机构	**311528**	**21657**	**25231**	**6895**	**366**	**140874**
其他	**828193**	**25069**	**79690**	**7891**	**23786**	**554027**

7-9-11 续表 3

单位：千元

项目	在支出合计中			资产总计	固定资产原价
	#抚恤金和生活补助	其他资本性支出	#各种设备购置费		
总计	**639588**	**14990452**	**5158047**	**283973219**	**179585197**
文化艺术服务	**352375**	**9007372**	**4068271**	**216371025**	**147422196**
文艺创作与表演	117683	623008	334768	15520772	8822201
#艺术表演团体	114640	594835	332042	14963103	8410197
艺术表演场馆	12393	84358	34365	10532490	7350286
文物及文化保护	16488	796868	79470	16036238	6284183
博物馆、纪念馆	34295	2753679	416445	70897570	44020072
图书馆	53127	2989802	2484854	42863409	33295763
群众文化活动	96722	1228341	535756	49501284	41868046
美术馆	2345	243586	102851	4268777	2989005
社会人文科学研究	17234	251730	71637	5678858	2203794
文化社会团体				591	552
其他文化艺术	2088	36000	8125	1071036	588294
艺术教育	**14941**	**510231**	**125458**	**5471734**	**3223468**
文化、文物行政主管部门	**242112**	**5302384**	**911291**	**57237305**	**26230845**
文化文物行政执法机构	**5449**	**62263**	**23739**	**566390**	**412585**
其他	**24711**	**108202**	**29288**	**4326765**	**2296103**

7-9-12 企业单位主要财务情况

单位：千元

项目	资产、负债、所有者权益					
	资产总计	#固定资产原价	#当年提取的折旧总额	负债合计	所有者权益总计	#实收资本
总计	**684838383**	**25915683**	**2189958**	**57382300**	**62249926**	**37226336**
文化艺术服务	**343249008**	**8189581**	**1224484**	**4733896**	**9076958**	**4583721**
文艺创作与表演	337914900	4528052	366869	2594461	5882285	3075042
艺术表演场馆	5334108	3661529	857615	2139435	3194673	1508679
动漫企业服务	**18587463**	**2923876**	**359723**	**7106136**	**11481327**	**11498953**
文化用品、设备及相关文化产品的生产与销售	**7229402**	**2529500**	**79412**	**2253594**	**4975808**	**1036649**
#文物商店	2322576	452728	24604	519793	1802783	213466
文化市场经营机构（不含非公有制艺术表演团体）	**235768003**					
其他	**80004507**	**12272726**	**526339**	**43288674**	**36715833**	**20107013**

7-9-12 续表 1

单位：千元

项目	损益				
	营业收入	#主营业务收入	营业成本	#养老、医疗、失业等各种社会保险费	#住房公积金和住房补贴
总计	**193930359**	**10729775**	**146483946**	**2986064**	**253231**
文化艺术服务	**9215854**	**1561524**	**10122035**	**558245**	**127179**
文艺创作与表演	7963243	1106056	8562681	477759	101708
艺术表演场馆	1252611	455468	1559354	80486	25471
动漫企业服务	**8011798**	**7758046**	**7554324**	**203891**	**39284**
文化用品、设备及相关文化产品的生产与销售	**3942628**	**798307**	**3456576**	**61743**	**35563**
#文物商店	841928	782362	719778	31721	16070
文化市场经营机构（不含非公有制艺术表演团体）	**155035908**		**109344781**	**1980178**	
其他	**17724171**	**611898**	**16006230**	**182007**	**51205**

7-9-12 续表 2

单位：千元

项目	损益				
	#差旅费	#工会经费	营业利润	营业外收入	#政府补助
总计	**240469**	**44880**	**47448037**	**5406556**	**4663425**
文化艺术服务	**71004**	**15325**	**-906182**	**3780933**	**3523309**
文艺创作与表演	64324	11548	-599439	3335856	3133177
艺术表演场馆	6680	3777	-306743	445077	390132
动漫企业服务	**98394**	**10531**	**457474**	**646613**	**374169**
文化用品、设备及相关文化产品的生产与销售	**28271**	**6224**	**486052**	**136217**	**43316**
#文物商店	8096	2100	122150	37028	11814
文化市场经营机构（不含非公有制艺术表演团体）			**45692752**		
其他	**42800**	**12800**	**1717941**	**842793**	**722631**

7-9-12 续表 3

单位：千元

项目	损益		工资、福利费、税金		
	营业外支出	利润总额	本年发放工资总额	本年支付的职式福利费	本年应交税金总额
总计	**999748**	**51854845**	**36609633**	**314813**	**7715519**
文化艺术服务	**535880**	**2338871**	**4474418**	**98388**	**496660**
文艺创作与表演	480286	2256131	4099577	66570	412935
艺术表演场馆	55594	82740	374841	31818	83725
动漫企业服务	**81147**	**1022940**	**1546839**	**58838**	**418981**
文化用品、设备及相关文化产品的生产与销售	**162217**	**460052**	**1123826**	**48637**	**198792**
#文物商店	6020	153158	126802	9626	63502
文化市场经营机构（不含非公有制艺术表演团体）		**45692752**	**27486276**		**5726667**
其他	**220504**	**2340230**	**1978274**	**108950**	**874419**

7-9-13 各地区文化文物部门所属机构收支基本情况

单位：千元

地 区	本年收入合计	财政补贴收入	事业收入	上级补助收入	附属单位上缴收入	经营收入	其他收入
全 国	**138347002**	**89537048**	**6674800**	**3923256**	**11830**	**1039967**	**37160101**
中 央	7589358	5410601	972103	2486	300	31131	1172737
北 京	8393406	5668490	703891	84113	3	326961	1609948
天 津	2327223	1594072	111897	67694	2854	6778	543928
河 北	3878438	2349692	434113	43188	81	19241	1032123
山 西	4278920	2998149	228198	68702		50838	933033
内蒙古	3159781	2444841	24830	35422		5794	648894
辽 宁	2981736	2101556	53298	20394	633	25355	780500
吉 林	2429257	1871508	65938	26641		5313	459857
黑龙江	2085058	1618318	22397	29512	20	588	414223
上 海	6778278	4690927	542958	433290		6506	1104597
江 苏	11447209	5023908	235297	119315		22212	6046477
浙 江	8728836	5918211	574761	320207	318	70503	1844836
安 徽	2762494	1785609	59419	111712	262	4216	801276
福 建	3787322	2204455	129487	168501		25939	1258940
江 西	2539000	1634395	58277	88399	556	29907	727466
山 东	5369710	3895174	306776	154014	709	54241	958796
河 南	4199042	2878365	441140	92567	799	36113	750058
湖 北	3646221	2417972	162407	148751	920	47537	868634
湖 南	4200068	2954189	104746	83748	1121	22451	1033813
广 东	9795693	5859371	247578	197502	154	63196	3427892
广 西	3213306	1872821	66752	146744	770	27473	1098746
海 南	1600045	849951	51396	15527	1060	5890	676221
重 庆	2639685	1813298	83455	80177		9306	653449
四 川	7177452	4830658	262460	123522	100	22378	1938334
贵 州	2772240	1568243	34574	112851	84	7826	1048662
云 南	4147584	2114381	64608	734635	30	16428	1217502
西 藏	1508347	1117191	88656	48149	17	9889	244445
陕 西	6027994	4326112	301664	132409	357	44655	1222797
甘 肃	3290307	2146472	181824	69419	227	13761	878604
青 海	1262923	773703	27835	13754	45	555	447031
宁 夏	1255695	806894	2027	10497		3613	432664
新 疆	3074374	1997521	30038	139414	410	23373	883618

7-9-13 续表 1 单位：千元

地区	本年支出合计	#基本支出	#项目支出	#经营支出	在支出合计中		
					工资福利支出	商品和服务支出	#差旅费
全国	**130267898**	**53014253**	**58858726**	**908808**	**29367246**	**34497556**	**1037320**
中央	6550916	1809046	4130206	11747	1125578	2871795	124401
北京	7716905	1888353	4640551	184908	1192244	1855817	10037
天津	2427395	1110950	1122453	9922	491750	720528	7013
河北	3761760	1894407	1502709	20542	1010361	978894	19410
山西	4014416	1599770	1754661	70545	991080	1017519	30049
内蒙古	3018005	2032058	905988	6068	1083743	910947	36078
辽宁	2802759	1564650	961375	22778	786093	888946	23716
吉林	2191995	1089347	881983	4596	550721	572884	15919
黑龙江	2063657	1225743	598209	2331	632743	587515	17550
上海	6324946	2365426	3459358	9385	1363800	1977660	15108
江苏	10159749	3221015	2474683	20728	1657802	1851028	40094
浙江	8630777	3277937	4327606	69847	1946156	2486121	60456
安徽	2515775	1204984	892961	7251	638738	437271	19710
福建	3548535	1498209	1869598	33990	770071	795508	33451
江西	2373431	1149740	707058	25263	648109	428481	24855
山东	4923994	2556894	1732418	63826	1461451	1235144	25292
河南	4034127	2358200	1298396	35952	1292669	1032631	32635
湖北	3573606	1506770	1535669	30826	924200	886507	47645
湖南	4051659	1773977	1747072	25112	956931	894419	34624
广东	9887970	3474878	4930246	53469	1936855	2352421	53967
广西	2964897	1158940	1509345	26282	640249	750287	33550
海南	1423099	262870	965138	11407	193547	380900	11926
重庆	2604737	921806	1332271	14929	480257	815746	35375
四川	6677174	2626772	3656649	18276	1450048	1998451	87135
贵州	2642537	1145292	1149532	8986	615966	506615	34468
云南	3606441	1771243	1624532	16578	873200	886714	33360
西藏	1209371	471116	531713	6272	322636	98396	7859
陕西	5891215	2425304	2702996	49591	1349930	2092953	38727
甘肃	3135436	1407203	1230462	18798	789482	802521	37269
青海	1300034	434697	715368	817	195316	265576	6697
宁夏	1168113	390286	499262	6484	210797	163659	7023
新疆	3072467	1396370	1468258	21302	784723	953702	31921

7-9-13 续表 2

单位：千元

地区	在支出合计中						
	#劳务费	#福利费	#各种税金支出	对个人和家庭补助支出	#抚恤金和生活补助	其他资本性支出	#各种设备购置费
全国	**3092821**	**282638**	**316358**	**10407730**	**624970**	**14651688**	**5047567**
中央	177320	10555	35405	649945	38132	902847	443283
北京	92391	18109	29912	407220	14488	864082	275896
天津	55957	6953	5246	350241	6798	440918	113801
河北	99688	6294	5177	234168	21005	531399	136319
山西	121596	4006	10781	226343	13760	466873	101938
内蒙古	102816	5087	8603	316681	21462	338005	117979
辽宁	104570	4397	5411	338260	26046	234191	106711
吉林	44798	1204	3681	301417	13123	328458	85615
黑龙江	32746	1812	15290	341804	16515	220540	94820
上海	69804	18998	14339	270366	11640	1261791	340004
江苏	163247	10504	7402	602564	21724	736998	289235
浙江	334724	35370	21287	648945	23810	723101	417456
安徽	55505	4148	2388	288625	10404	217389	94564
福建	98235	5907	7807	277582	14628	559031	169925
江西	31822	11598	4431	263706	26346	234703	61352
山东	86504	4451	21904	354926	15501	393625	182808
河南	181543	32684	14208	320284	23582	471143	106584
湖北	79981	11445	6202	350337	15661	328717	132938
湖南	83222	17082	7266	286169	33400	368078	101047
广东	205590	22894	20690	884271	38213	1688671	406095
广西	55234	3029	7612	325748	38373	371819	113785
海南	29161	1371	1163	41998	6858	223164	77279
重庆	101658	4328	7672	249475	12898	229532	98501
四川	213200	11216	13210	532538	51532	653027	234407
贵州	57206	4248	1259	282232	15578	172111	78263
云南	72981	2532	2875	286207	13407	296953	89216
西藏	4918	257	100	54236	2921	99996	43035
陕西	119854	11725	6973	266358	34270	370025	223921
甘肃	76648	6784	10969	228493	20425	341921	101467
青海	29116	226	1165	99141	3749	147362	72416
宁夏	18322	263	218	79542	3529	98427	41899
新疆	92464	3161	15712	247908	15192	336791	95008

7-9-14 各地区文化部门所属机构收支基本情况

单位：千元

地区	本年收入合计	财政补贴收入	事业收入	上级补助收入	附属单位上缴收入	经营收入	其他收入
全国	**101026118**	**60601195**	**2767590**	**2903248**	**7854**	**456832**	**34289399**
中央	5552231	3805801	609426	2486		23585	1110933
北京	4684914	2996734	109064	83494	3	27140	1468479
天津	1852199	1283118	75169	67334	2420	5166	418992
河北	2487584	1443312	49014	14023	81	17635	963519
山西	2399001	1458287	97376	29222		12629	801487
内蒙古	2621010	1929068	18030	23785		5793	644334
辽宁	2317493	1497716	37445	19027	633	13236	749436
吉林	1923313	1424015	28056	11023		5006	455213
黑龙江	1729474	1306012	12198	15050	20	438	395756
上海	5058919	3422131	407203	395737		4858	828990
江苏	9706015	3677089	168687	83855		13209	5763175
浙江	6204327	4091624	163744	222594	258	65536	1660571
安徽	2113086	1255815	17235	73020	262	2450	764304
福建	2971871	1519205	99574	109350		21276	1222466
江西	1815075	1040457	33118	43243	530	14488	683239
山东	3607895	2586322	76634	90661	709	10021	843548
河南	2603654	1745509	143709	51967	5	13121	649343
湖北	2738899	1707405	83529	83846	25	37224	826870
湖南	2596756	1665841	68623	57477	1121	17090	786604
广东	8281027	4608689	151307	177513	154	51724	3291640
广西	2543509	1461812	20481	63530	770	8305	988611
海南	1341464	609016	48843	14477		4650	664478
重庆	2085733	1334773	59889	56144		325	634602
四川	5595272	3597932	41381	106925	100	15856	1833078
贵州	2148296	1061545	10233	58719	84	7826	1009889
云南	3690651	1764709	7566	716558	30	14873	1186915
西藏	724825	510292	1131	36414	17	3	176968
陕西	3139535	1972929	58081	91341	50	10227	1006907
甘肃	2100997	1182197	28117	32491	227	8591	849374
青海	1098630	637839	20822	11267	45	555	428102
宁夏	916740	480862	1346	10272		769	423491
新疆	2375723	1523139	20559	50403	310	23227	758085

7-9-14 续表 1

单位：千元

地区	本年支出合计	#基本支出	#项目支出	#经营支出	在支出合计中 工资福利支出	商品和服务支出	#差旅费
全国	**95453645**	**41033327**	**38806365**	**531863**	**22566411**	**22917236**	**748677**
中央	4605790	1139988	2936128	10233	765225	1996049	101521
北京	4304202	1098636	2593585	22707	535454	1176332	5566
天津	1779707	919279	779454	8411	406188	581542	4632
河北	2497422	1298448	910388	19004	715720	548044	13859
山西	2301127	1030675	723829	36189	625174	528227	20257
内蒙古	2482627	1779854	626823	6017	950665	708505	27214
辽宁	2196322	1231550	730126	18770	629770	610005	16854
吉林	1807124	945588	648376	4567	480028	446949	12434
黑龙江	1744848	1053776	452063	1985	532286	461131	13838
上海	4757771	2055248	2275776	7010	1180430	1567115	10435
江苏	8593793	2615130	1726600	14701	1318584	1288682	27528
浙江	6093615	2354097	2887409	65165	1472408	1486662	44652
安徽	1976591	977132	616742	4814	510289	286493	13367
福建	2855751	1256321	1435925	29579	637945	612711	26638
江西	1756339	874255	437040	16994	493417	262252	17037
山东	3488500	1847988	1186540	16645	1112131	859410	17126
河南	2603014	1697834	638856	25068	939782	538676	22115
湖北	2674994	1200007	1008162	23943	725824	571073	24532
湖南	2547047	1424715	757154	19305	760562	599689	22756
广东	8330124	2830731	4121025	46152	1608113	1819116	42906
广西	2453610	1023909	1159912	13156	544868	556646	25015
海南	1238669	229659	821708	10271	165112	282704	9651
重庆	1997501	788375	952332	4660	384919	541883	27072
四川	5193310	2114352	2738944	14321	1116865	1401945	67121
贵州	2044044	1035692	691399	8490	544537	413628	28434
云南	3107564	1589870	1332606	15524	781682	698313	28254
西藏	683048	365216	190875	2842	255477	52734	6613
陕西	3041701	1344355	1038180	25069	776790	691645	17698
甘肃	1959474	955102	597935	15724	555303	427059	17481
青海	1168745	390991	635167	817	168790	228775	4321
宁夏	868732	327104	273227	3341	172280	108225	5259
新疆	2300539	1237450	882079	20389	699793	565016	26491

7-9-14 续表 2

单位：千元

地区	在支出合计中						
	#劳务费	#福利费	#各种税金支出	对个人和家庭补助支出	#抚恤金和生活补助	其他资本性支出	#各种设备购置费
全国	**1992791**	**176080**	**198356**	**8569618**	**545890**	**9810075**	**4407844**
中央	134787	5996	20744	479449	35432	443402	351407
北京	64113	7350	6167	312089	9370	414083	257407
天津	50266	5700	4880	297219	6277	184930	97649
河北	31748	4122	2163	177671	16704	341443	120461
山西	47312	1813	3518	156759	11220	192696	76355
内蒙古	68301	4320	8502	282952	20333	259196	109771
辽宁	59263	4192	5152	291592	22578	210082	96967
吉林	33823	1072	2691	271552	11785	279628	78837
黑龙江	23882	1674	15235	299089	15549	181579	88120
上海	59656	15717	13044	246507	10479	469320	310701
江苏	110538	8089	5589	475347	19518	529189	252000
浙江	220177	21886	12016	480938	22504	570103	364359
安徽	34007	2364	1526	234746	9294	180989	79992
福建	78774	4282	7384	231283	13736	395185	158872
江西	16992	8848	3767	209369	22067	158166	53958
山东	53649	2632	4756	296054	13378	353304	171957
河南	45611	7523	6553	253917	19815	187638	83041
湖北	42973	7206	4193	289468	13909	279504	118385
湖南	44081	11904	6402	237974	29995	150971	83511
广东	171286	17625	18849	721149	29580	1526071	369013
广西	41725	1737	2629	291049	32781	332880	100005
海南	25155	1356	1021	35511	5993	198976	68555
重庆	71197	3161	6556	207360	11442	190226	88510
四川	159832	7525	8078	464868	47049	477184	210750
贵州	46960	3752	520	265819	14969	143511	68883
云南	53810	2289	2630	256607	12929	262431	81604
西藏	3497	249	100	43232	2769	99056	42848
陕西	63732	5385	3325	184343	27671	237428	177459
甘肃	30649	3317	6017	188426	15348	160753	66524
青海	23642	218	290	91770	3643	134374	61950
宁夏	13896	242	208	67044	3063	75105	38499
新疆	67457	2534	13851	228465	14710	190672	79494

7-9-15 各地区文物部门所属机构收支基本情况

单位：千元

地　区	本年收入合计	财政补贴收入	事业收入	上级补助收入	附属单位上缴收入	经营收入	其他收入
全　国	**35823228**	**27761038**	**3668541**	**1012811**	**3976**	**572902**	**2803960**
中　央	2037127	1604800	362677		300	7546	61804
北　京	3708492	2671756	594827	619		299821	141469
天　津	421165	269382	25728	360	434	1612	123649
河　北	1372590	888605	385019	29165		1606	68195
山　西	1698876	1379443	111406	39435		38209	130383
内蒙古	538771	515773	6800	11637		1	4560
辽　宁	650770	590859	15361	1367		12119	31064
吉　林	505944	447493	37882	15618		307	4644
黑龙江	303496	270054	363	14462		150	18467
上　海	1682571	1255410	135044	37483		1648	252986
江　苏	1575436	1215714	54163	35300		9003	261256
浙　江	2257925	1641962	339899	97463	60	3312	175229
安　徽	562363	454207	30893	38692		1766	36805
福　建	704601	605278	10457	53897		462	34507
江　西	685123	567461	12834	45156	26	15419	44227
山　东	1724707	1279012	223285	63353		44220	114837
河　南	1585844	1124286	296633	40560	794	22858	100713
湖　北	877323	684466	76478	64715	895	10313	40456
湖　南	1423495	1134442	13831	26271		5298	243653
广　东	1408904	1163638	82930	18872		7292	136172
广　西	638099	381730	44767	83214		19168	109220
海　南	258581	240935	2553	1050	1060	1240	11743
重　庆	553952	478525	23566	24033		8981	18847
四　川	1566656	1219690	218603	16597		6522	105244
贵　州	623944	506698	24341	54132			38773
云　南	401093	315094	37542	18077		1555	28825
西　藏	783522	606899	87525	11735		9886	67477
陕　西	2888459	2353183	243583	41068	307	34428	215890
甘　肃	1189310	964275	153707	36928		5170	29230
青　海	164293	135864	7013	2487			18929
宁　夏	338955	326032	681	225		2844	9173
新　疆	690841	468072	8150	88840	100	146	125533

7-9-15 续表 1

单位：千元

地区	本年支出合计	#基本支出	#项目支出	#经营支出	在支出合计中		
					工资福利支出	商品和服务支出	#差旅费
全国	**33190924**	**11115826**	**19416939**	**366784**	**6330835**	**11254807**	**275158**
中央	1945126	669058	1194078	1514	360353	875746	22880
北京	3412703	789717	2046966	162201	656790	679485	4471
天津	375422	149399	113005	1511	64744	127335	1958
河北	1224282	580833	567391	1538	285464	427711	5524
山西	1540493	453291	973841	34356	283081	434836	8408
内蒙古	535378	252204	279165	51	133078	202442	8864
辽宁	592548	324750	225710	4008	151561	277336	6800
吉林	384871	143759	233607	29	70693	125935	3485
黑龙江	266632	132552	133384	346	77845	113934	3124
上海	1547990	300088	1175612	2375	174321	403625	4595
江苏	1435991	503953	720050	6027	287524	540046	12012
浙江	2283863	770072	1353707	2978	398550	910523	12550
安徽	455198	170001	250084	2437	106061	129814	4971
福建	602227	180993	408212	210	98544	157205	5592
江西	580372	244862	263921	8269	139636	160726	7578
山东	1407319	686325	540284	47181	339511	365571	7798
河南	1420677	650300	659365	10871	347329	492787	10456
湖北	868896	284967	519587	6883	186263	307331	22752
湖南	1331578	301318	964891	5744	171779	274752	10189
广东	1447219	574230	772692	3137	292198	523054	10504
广西	476750	126525	323402	13126	86538	187729	8352
海南	184430	33211	143430	1136	28435	98196	2275
重庆	607236	133431	379939	10269	95338	273863	8303
四川	1468562	501237	913586	3955	325316	591388	19685
贵州	598493	109600	458133	496	71429	92987	6034
云南	450896	150454	274864	1054	77342	178475	4451
西藏	526323	105900	340838	3430	67159	45662	1246
陕西	2849514	1080949	1664816	24522	573140	1401308	21029
甘肃	1175962	452101	632527	3074	234179	375462	19788
青海	131289	43706	80201		26526	36801	2376
宁夏	299381	63182	226035	3143	38517	55434	1764
新疆	763303	152858	583616	913	81591	387308	5344

7-9-15 续表 2

单位：千元

地区	在支出合计中						
				对个人和家庭补助支出		其他资本性支出	
	#劳务费	#福利费	#各种税金支出		#抚恤金和生活补助		#各种设备购置费
全国	**1028790**	**100991**	**116562**	**1559878**	**70458**	**4416992**	**555874**
中央	42533	4559	14661	170496	2700	459445	91876
北京	28278	10759	23745	95131	5118	449999	18489
天津	4157	1226	366	37567	405	31646	14310
河北	67293	2108	3014	51878	4165	166837	14751
山西	69435	1967	7251	41839	1777	266408	19337
内蒙古	34515	767	101	33729	1129	78809	8208
辽宁	45143	196	259	44646	3347	23949	9744
吉林	10975	132	990	29865	1338	48830	6778
黑龙江	6628	137	55	28988	808	35573	4833
上海	10077	3195	1295	21125	1161	791991	28823
江苏	46651	2352	1813	90783	1642	200739	36277
浙江	86758	10930	9171	127410	871	120139	22399
安徽	14462	1784	339	30736	686	18909	3341
福建	16155	412	330	27266	685	158140	7163
江西	14787	2547	664	43191	4115	71522	4741
山东	26598	1819	17148	55173	2123	39248	10543
河南	135902	25081	7647	63150	3488	283378	23540
湖北	34064	4042	1981	53642	1678	47946	13286
湖南	36801	4376	856	34603	3272	175636	14496
广东	33849	5269	1173	134256	8213	132702	24602
广西	12349	1292	4983	26192	1215	27664	11582
海南	4006	15	142	6487	865	24188	8724
重庆	30461	1167	1116	42115	1456	39306	9991
四川	52430	3649	5132	66136	4445	175060	22874
贵州	10246	496	739	16413	609	28600	9380
云南	17080	243	245	16040	265	24203	5633
西藏	1421	8		11004	152	940	187
陕西	56122	6340	3648	82015	6599	132597	46462
甘肃	45999	3467	4952	40067	5077	181168	34943
青海	5474	8	875	7371	106	12988	10466
宁夏	4426	21	10	12498	466	23322	3400
新疆	23715	627	1861	18066	482	145110	14695

7-9-16 各地区分类型文化文物部门所属机构总收入

单位：千元

地区	总计	文化合计	#艺术表演团体	#艺术表演场馆	#图书馆	#群众文化
全国	**138347002**	**101026118**	**14588433**	**2878828**	**12129791**	**19017263**
中央	7589358	5552231	934109	30348	960821	
北京	8393406	4684914	1242269	34412	505190	623299
天津	2327223	1852199	436698	92174	335458	238112
河北	3878438	2487584	337591	76266	236526	379023
山西	4278920	2399001	487491	157445	219802	297096
内蒙古	3159781	2621010	619962	63790	353379	443901
辽宁	2981736	2317493	366716	50429	462627	427859
吉林	2429257	1923313	297269	83499	254554	473507
黑龙江	2085058	1729474	341630	16462	283061	364458
上海	6778278	5058919	1000438	142042	925812	1307079
江苏	11447209	9706015	738977	332509	754551	1276584
浙江	8728836	6204327	714057	307909	826524	1821959
安徽	2762494	2113086	322556	69289	272503	469177
福建	3787322	2971871	502528	168566	324978	405775
江西	2539000	1815075	245184	64860	239350	389803
山东	5369710	3607895	642554	143791	455117	763273
河南	4199042	2603654	528910	99507	282349	556601
湖北	3646221	2738899	573882	99004	458494	439809
湖南	4200068	2596756	382124	90795	290878	554842
广东	9795693	8281027	607535	288316	1176405	1735387
广西	3213306	2543509	292579	22080	259689	459686
海南	1600045	1341464	136259	6576	98503	94910
重庆	2639685	2085733	213414	17360	226144	609463
四川	7177452	5595272	437772	52061	551178	1145927
贵州	2772240	2148296	131546	5960	160192	447251
云南	4147584	3690651	352940	21901	248228	1500307
西藏	1508347	724825	159187	9074	19780	168842
陕西	6027994	3139535	491136	212750	254163	566575
甘肃	3290307	2100997	326897	54982	257019	362179
青海	1262923	1098630	97442	3898	66544	108265
宁夏	1255695	916740	100742	2332	132279	158262
新疆	3074374	2375723	526039	58441	237693	428052

7-9-16 续表

单位：千元

地区	文物合计	#文物科研机构	#文物保护管理机构	#博物馆	#其他文物机构
全国	**35823228**	**2438120**	**7069728**	**17136634**	**8434477**
中央	2037127	103725		1585254	348148
北京	3708492	398815	1029972	692344	1569581
天津	421165		22997	273359	
河北	1372590	118821	590138	377573	286058
山西	1698876	229935	287120	523727	648754
内蒙古	538771	37827	135953	343476	21515
辽宁	650770	53404	103752	439534	35037
吉林	505944	20457	123824	285219	75319
黑龙江	303496	8379	60987	231080	3050
上海	1682571		27157	1547677	31955
江苏	1575436	26769	196942	987781	135398
浙江	2257925	51134	738719	817004	619231
安徽	562363	39199	94060	338291	80315
福建	704601	2895	64899	453394	176324
江西	685123	48153	137483	426366	59184
山东	1724707	50462	496742	664182	483601
河南	1585844	229035	481551	499661	356196
湖北	877323	44125	84571	565326	180694
湖南	1423495	39844	328027	848865	167634
广东	1408904	74770	67339	962570	258428
广西	638099	48490	150154	401826	33696
海南	258581		23972	79186	155423
重庆	553952	43151	62863	425912	15808
四川	1566656	63159	411462	961697	104803
贵州	623944	29577	67882	362858	161472
云南	401093	44057	159576	163790	21153
西藏	783522	7368	183863	39341	552393
陕西	2888459	186807	434784	1007942	1257891
甘肃	1189310	327719	147934	459950	248959
青海	164293	17313	20692	62580	61808
宁夏	338955	24557	265593	44539	4266
新疆	690841	68173	68720	264330	280383

7-9-17 各地区分类型文化文物部门所属机构财政拨款

单位：千元

地区	总计	文化合计	#艺术表演团体	#艺术表演场馆	#图书馆	#群众文化
全国	**89537048**	**60601195**	**10653315**	**1104763**	**11372103**	**16237563**
中央	5410601	3805801	571019	411	806869	
北京	5668490	2996734	960615	90	488649	517321
天津	1594072	1283118	381510	11077	325113	226722
河北	2349692	1443312	238360	27750	231328	363397
山西	2998149	1458287	322565	77207	214422	291820
内蒙古	2444841	1929068	596789	52556	342862	432448
辽宁	2101556	1497716	301635	13047	455446	394869
吉林	1871508	1424015	252524	57426	249042	463888
黑龙江	1618318	1306012	286026	13251	276889	352006
上海	4690927	3422131	518604	29951	813978	1116049
江苏	5023908	3677089	418037	74727	705287	1179062
浙江	5918211	4091624	488605	115933	773982	1544454
安徽	1785609	1255815	164879	26695	246033	405844
福建	2204455	1519205	387857	65457	287115	339716
江西	1634395	1040457	183344	35957	219557	326725
山东	3895174	2586322	504724	66467	445533	700939
河南	2878365	1745509	344274	38071	272397	518023
湖北	2417972	1707405	459972	22654	429698	367795
湖南	2954189	1665841	292129	40129	271357	486572
广东	5859371	4608689	393464	121865	1140109	1526676
广西	1872821	1461812	221421	653	233472	388161
海南	849951	609016	63140	3246	94819	66059
重庆	1813298	1334773	160703	9036	214178	511604
四川	4830658	3597932	358285	21540	535866	1024852
贵州	1568243	1061545	98981	410	147455	366364
云南	2114381	1764709	309350	5065	233724	765373
西藏	1117191	510292	142041	8966	18202	143971
陕西	4326112	1972929	329375	120157	234546	469972
甘肃	2146472	1182197	257809	7996	245558	332811
青海	773703	637839	79596	1363	62593	99276
宁夏	806894	480862	90515	1433	130627	141500
新疆	1997521	1523139	475167	34177	225397	373294

7-9-17 续表

单位：千元

地　区	文物合计	#文物科研机构	#文物保护管理机构	#博物馆	#其他文物机构
全　国	**27761038**	**1353667**	**4646475**	**14497331**	**7251751**
中　央	1604800	40393		1287630	276777
北　京	2671756	12560	538491	643692	1477013
天　津	269382		18419	248303	
河　北	888605	58466	296935	300759	232445
山　西	1379443	189222	204825	415930	569266
内蒙古	515773	36082	126431	334180	19080
辽　宁	590859	52925	72879	430981	33808
吉　林	447493	17585	123079	233442	73387
黑龙江	270054	8363	36067	222677	2947
上　海	1255410		26444	1225935	3031
江　苏	1215714	12182	167432	910813	124792
浙　江	1641962	39445	367053	711031	524414
安　徽	454207	19210	71761	283308	79748
福　建	605278	1577	42350	388767	172584
江　西	567461	42634	111594	381164	32069
山　东	1279012	29501	255495	578298	415409
河　南	1124286	109246	360101	391331	262578
湖　北	684466	17614	53620	453962	159230
湖　南	1134442	39844	288977	654632	145234
广　东	1163638	47661	38614	898464	178826
广　西	381730	9496	45735	296147	29934
海　南	240935		18840	74965	147130
重　庆	478525	37602	60679	365314	14661
四　川	1219690	23671	388606	714146	93267
贵　州	506698	16136	52117	295489	142956
云　南	315094	6319	138390	149672	20613
西　藏	606899	1870	62170	39061	503798
陕　西	2353183	167941	276040	814110	1095092
甘　肃	964275	221395	73471	422885	246524
青　海	135864	11748	20405	58284	45427
宁　夏	326032	22015	256998	42753	4266
新　疆	468072	60964	52457	229206	125445

7-9-18 各地区分类型文化文物部门所属机构总支出

单位：千元

地区	总计	文化合计	#艺术表演团体	#艺术表演场馆	#图书馆	#群众文化
全国	**130267898**	**95453645**	**14260000**	**2861184**	**11635828**	**18286320**
中央	6550916	4605790	955390	17628	943479	
北京	7716905	4304202	1188617	36888	519569	527932
天津	2427395	1779707	398730	90172	315860	247265
河北	3761760	2497422	396923	85380	242406	379259
山西	4014416	2301127	464981	154541	199833	291129
内蒙古	3018005	2482627	556822	68906	341718	449245
辽宁	2802759	2196322	364970	58224	457066	432908
吉林	2191995	1807124	312940	86564	268393	430500
黑龙江	2063657	1744848	367720	47064	239074	402959
上海	6324946	4757771	938039	132332	920270	1185174
江苏	10159749	8593793	715143	322077	729368	1267163
浙江	8630777	6093615	712367	297301	831524	1808241
安徽	2515775	1976591	254059	69565	222782	462905
福建	3548535	2855751	515290	141999	299689	373803
江西	2373431	1756339	231289	79644	205750	351909
山东	4923994	3488500	613986	151340	427552	747001
河南	4034127	2603014	553991	103439	287266	559355
湖北	3573606	2674994	549397	101628	450536	435029
湖南	4051659	2547047	354229	91070	264574	571216
广东	9887970	8330124	598130	270021	1184242	1709514
广西	2964897	2453610	275273	19819	264251	451857
海南	1423099	1238669	135651	7466	91469	85898
重庆	2604737	1997501	221348	16676	219229	574870
四川	6677174	5193310	422253	51420	415810	1121895
贵州	2642537	2044044	144986	9538	151781	445315
云南	3606441	3107564	343737	21925	241958	1146157
西藏	1209371	683048	150057	8494	21751	189779
陕西	5891215	3041701	454932	202065	226265	576178
甘肃	3135436	1959474	322834	41991	229966	363219
青海	1300034	1168745	100847	5070	68766	108057
宁夏	1168113	868732	103515	2241	125713	156833
新疆	3072467	2300539	541554	68696	227918	433755

7-9-18 续表

单位：千元

地区	文物合计	#文物科研机构	#文物保护管理机构	#博物馆	#其他文物机构
全国	**33190924**	**2070163**	**6452992**	**16392930**	**7638133**
中央	1945126	99562		1527205	318359
北京	3412703	267196	955523	717968	1454889
天津	375422		23662	240253	
河北	1224282	103925	490255	318876	311226
山西	1540493	189138	296535	507769	537970
内蒙古	535378	51160	136771	327127	20315
辽宁	592548	42258	90932	408976	33544
吉林	384871	17369	95420	215678	54682
黑龙江	266632	8379	51953	203327	2973
上海	1547990		31816	1446784	33480
江苏	1435991	21505	178522	934808	119236
浙江	2283863	57022	745772	858491	595052
安徽	455198	31020	78138	307176	28929
福建	602227	3678	51561	392044	146512
江西	580372	21913	131589	357658	54648
山东	1407319	42640	462094	609472	263864
河南	1420677	142188	426595	503551	329821
湖北	868896	37754	76869	561990	177347
湖南	1331578	39844	315327	788022	154896
广东	1447219	83091	70046	969888	282749
广西	476750	39998	82785	325728	24103
海南	184430		23333	57925	103172
重庆	607236	52858	59247	469994	19340
四川	1468562	44026	394620	926431	78834
贵州	598493	25209	52813	365048	152651
云南	450896	43503	124562	265616	6749
西藏	526323	1878	144251	18829	360808
陕西	2849514	162978	447032	940596	1298275
甘肃	1175962	347102	130730	431264	262336
青海	131289	15510	8302	71281	34474
宁夏	299381	26928	211505	56682	4266
新疆	763303	50531	64432	266473	372633

【主要统计指标解释】

资产合计 指是指文化事业单位占有或者使用的能以货币计量的经济资源，包括各种财产、债权和其他权利。包括流动资产、固定资产、在建工程、无形资产和对外投资等。

固定资产原价 反映填表机构使用年限在一年以上、单位价值在规定标准以上，并在使用过程中基本保持原来物质形态的资产，包括房屋及构筑物；专用设备；通用设备；文物和陈列品；图书、档案；家具、用具、装具及动植物等，按原值（计提折旧的，按净值）进行反映。该指标根据“资产负债表”中的“固定资产原价”年（期）末数填列。

本年收入合计 反映行政事业单位在本年取得的全部收入，包括行政事业类资金收入和基本建设类收入，具体有财政拨款、上级补助收入、事业收入、经营收入、附属单位上缴收入和其他收入。根据“收入决算表”中的“本年收入合计”项填报。

1.财政补贴收入 反映填表单位本年度实际收到的本级财政拨款。包括一般预算财政拨款和政府性基金预算财政拨款。一级预算单位收到的应拨给下级单位使用的款项，年终时尚未拨出的，在编制财务决算表和填报统计报表时，应列为本单位的财政拨款。

2.上级补助收入 反映填表单位从行政主管部门和上级单位取得的非财政补贴收入。

3.事业收入 反映事业单位开展专业业务活动及辅助活动取得的收入。根据“收入决算表”中的“事业收入”项填报。

4.经营收入 反映事业单位在专业业务活动及辅助活动之外开展非独立核算经营活动取得的收入。根据“收入决算表”中的“经营收入”项填报。在确认经营收入时，应注意两个问题：一是经营收入是经营活动取得的收入，而不是专业业务活动及辅助活动取得的收入；二是经营收入是非独立核算的经营活动取得的收入，而不是独立核算的经营活动取得的收入。

5.附属单位上缴收入 反映填表事业单位拥有附属的独立核算机构，按有关规定上缴的收入。

6.其他收入 反映取得的除上述规定以外的各项收入，包括投资收益、利息收入、捐赠收入等。各单位从其他部门取得的财政拨款和非本级财政拨款均填列在本项内。

本年支出合计 反映填表机构在业务活动中发生的各项资产耗费和损失等支出情况，包括基本支出、项目支出、经营支出等内容。按经济功能分类，还可分为工资福利支出、商品和服务支出、对个人和家庭补助支出、其他资本性支出等内容。

1.基本支出 反映填表机构为保障其机构正常运转、完成日常工作任务而发生的人员支出和公用支出。

2.项目支出 反映填表机构为完成本机构特定的工作任务或事业发展目标，在基本支出之外发生的各项支出。项目支出明细在“项目支出决算明细表”中按支出经济分类科目进行反映。

3.经营支出 反映填表机构开展专业业务活动及辅助活动之外开展非独立核算经营活动发生的支出。在经营活动中应正确归集实际发生的各项费用数，无法归集的，应按规定的比例合理分摊。

按经济内容分类

1.工资福利支出 反映填表机构支付给在职职工和编制外长期聘用人员的各类劳动报酬，以及为上述人员缴纳的各项社会保险费等。主要包括基本工资、津贴补贴、奖金、社会保障缴费、伙食费、伙食补助费、绩效工资、其他工资福利支出等。根据“支出决算明细表”中的“工资福利支出”项填报。

2.商品和服务支出 反映填表机构在开展业务活动中购买商品和服务的支出（不包括用于购置固定资产的支出、战略性和应急储备支出等）。主要包括办公费、印刷费、咨询费、手续费、水费、电费、邮电费、取暖费、物业管理费、交通费、差旅费、出国费、维修（护）费、租赁费、会议费、培训费、招待费、专用材料费、专用燃料费、劳务费、委托业务费、工会经费、福利费等日常公用支出。根据“支出决算明细表”中的“商品和服务支出”项填报。

(1)差旅费 反映填表机构工作人员出差的住宿费、旅费、伙食补助费、杂费，以及干部及大中专学生调遣费、调干家属旅费补助等方面的支出。根据“支出决算明细表”中的“商品和服务支出”项的其中“差旅费”项填报。

(2)劳务费 反映填表机构支付给单位和个人的劳务费用。如：临时聘用人员、钟点工工资、翻译费、咨询费、评审费、手续费等。根据“支出决算明细表”中的“商品和服务支出”项的其中“劳务费”项填报。

(3)福利费 反映填表机构根据国家规定按工资总额一定比例提取的福利费。根据“支出决算明细表”中的“商品和服务支出”项的其中“福利费”项填报。

(4)各种税金支出 反映填表机构向国家交纳的各种税金，如房产税、营业税、车船使用税、土地使用税、城市维护建设税、印花税、教育费附加费、养路费、排污费等。从基本建设支出、结余和收益中支付的税金不包括在内。

3.对个人和家庭补助支出 反映政府对个人和家庭的补助支出，包括离休费、退休费、退职（役）费、抚恤金、生活补助、救济费、医疗费、助学金、奖励金、生产补贴、住房公积金、提租补贴、购房补贴以及其他对个人和家庭的补助支出等。

(1)抚恤金 指按规定支付给烈士家属、牺牲病故人员家属的一次性和定期抚恤金，革命残疾人员的抚恤金、离退休人员等其他人员的各项抚恤金。

(2)生活补助 指按规定支付给优抚对象、退伍军人的生活补助费，行政事业单位职工和家属生活补助，因公负伤等住院治疗、住疗养院期间的伙食补助费、长期赡养人员补助费等。

4.其他资本性支出 反映填表机构使用非各级发展与改革部门集中安排的用于购置固定资产、战略性和应急性储备、土地和无形资产，以及购建基础设施、大型修缮和财政支持企业更新改造所发生的支出。如：房屋建筑物购建、办公设备购置、专用设备购置、交通工具购置、大型修缮、信息网络购建、物资储备、土地补偿、安置补助、拆迁补偿等其他资本性支出。

各种设备、交通工具、图书购置费 反映填表机构用于购置不够基本建设投资额度、但按会计制度规定纳入固定资产核算范围的各种设备的支出。主要包括：办公设备购置、专用设备购置、交通工具购置（含车辆购置税）、信息网络购建（计算机硬件和软件开发应用）、图书购置、档案设备购置费等。

7 第三产业部分行业主要财务指标

7-10 公共管理、社会保障和社会组织

简要说明

一、主要内容

本篇资料主要包括社会组织、自治组织主要财务指标。

二、资料来源

本篇资料由民政部依据统计报表制度整理提供。

7-10-1 分地区社会组织主要财务情况

单位：万元

地区	单位数(个)	执行行政事业单位会计制度			执行民间非营利组织单位会计制度		
		固定资产原价	本年收入合计	本年支出合计	固定资产原价	本年收入合计	本年费用合计
全国合计	**606048**	**259575.3**	**378379.6**	**89551.3**	**15346719.3**	**20059288.4**	**19122330.6**
部本级	2252				760245.7	4300338.0	3583248.7
北京	9083				673642.1	1292623.9	1000789.5
天津	4729				96199.6	190319.9	170345.1
河北	17642	3111.1	537.3	275.1	1020414.1	346613.1	379087.1
山西	12330	3754.2	1570.5	1358.8	232635.0	170608.0	162008.2
内蒙古	11790	5550.6	3523.6	4314.4	72329.2	67709.8	70495.6
辽宁	20137	793.1	4167.0	4046.2	404943.6	336953.0	488666.6
吉林	10521	394.0	1029.1	752.1	11061.8	14866.6	22402.4
黑龙江	12479	845.5	262437.3	418.4	125625.4	25244.3	184557.8
上海	12365				295334.2	2529958.4	2057786.8
江苏	71571	156843.9	57485.5	46641.8	1738514.4	2562226.8	2034691.9
浙江	39844	10.0			1294418.1	1115571.7	1044170.3
安徽	22549	204.5	602.1	578.1	684340.7	396349.8	383173.2
福建	21357	5573.0	2321.3	2140.0	244166.3	172089.8	199007.5
江西	14236	9360.2	1760.0	1674.7	250605.3	228575.4	900652.6
山东	41165				653346.7	845096.9	846158.7
河南	27572	3716.3	2095.6	1494.1	357713.8	210351.4	151007.3
湖北	26560	1198.0	3645.5	3640.5	490504.3	429280.1	408768.9
湖南	24011	8456.5	7277.0	7463.5	387598.8	303531.3	309999.1
广东	47680	7625.5	7254.4	876.5	2511529.0	2466117.1	2063881.8
广西	20321	2067.2	974.9	851.9	153247.8	91002.3	87235.5
海南	4847	501.0	524.0	524.0	150097.0	60498.6	57880.8
重庆	14387	3233.6	5767.7	5767.7	574355.0	640586.6	574035.0
四川	37800	10617.1	1887.4	947.0	739249.5	679759.3	812373.0
贵州	9424	2600.2	1444.9	1160.6	193305.5	99413.2	81876.2
云南	19207	7006.7	1665.2	1116.1	444157.6	242091.5	301598.9
西藏	600	3080.7	8.2	9.2	5530.8	3076.8	2688.6
陕西	18050	569.3	768.9	590.6	520659.8	56582.9	220503.9
甘肃	14400	12628.2	3259.6	1959.2	93542.9	46872.8	55117.8
青海	3362	198.0	28.0	3.0	24235.2	27558.5	21986.5
宁夏	4324	5264.8	4636.0		50789.2	37538.0	374928.0
新疆	9453	4372.1	1708.6	947.8	92380.9	69882.6	71207.3

7-10-2 分地区自治组织主要财务情况

单位：万元

地 区	单位数(个)	执行企业会计制度			
		固定资产原 价	营业收入	费用合计	营业利润
全国合计	**682144**	**2863527.7**	**1362536.0**	**294416.3**	**24846.5**
北 京	6869	2461730.3	1300932.8	259860.4	23912.1
天 津	5273				
河 北	52471	355.0			
山 西	30354				
内蒙古	13427	30.0	2.0	2.5	
辽 宁	15663	1771.9		8.1	
吉 林	11308				
黑龙江	11741	4318.5	14.0	186.4	
上 海	5727	329337.5	59220.0	32772.2	928.4
江 苏	21400		140.0	140.0	
浙 江	32318	1626.0			
安 徽	18043				
福 建	16748	100.3	385.0	385.0	
江 西	20319	12593.0	1568.0	843.6	6.0
山 东	80015				
河 南	51342	6748.0	36.0	36.0	
湖 北	29635	1898.4			
湖 南	46623	12.0			
广 东	25933	26058.5	215.2	106.0	
广 西	16183	211.0			
海 南	3036	2.5			
重 庆	11030	14.0			
四 川	53123	3041.4		9.1	
贵 州	18763	75.0			
云 南	14238	1162.6		64.0	
西 藏	5464	7491.0			
陕 西	28761				
甘 肃	17297	30.5			
青 海	4608				
宁 夏	2741	1558.0			
新 疆	11691	3362.3	23.0	3.0	

7-10-2 续表 1

单位：万元

地 区	执行行政事业单位会计制度				
	固定资产原价	上年结转和结余	本年收入合计	本年支出合计	收支结余
全国合计	**15128537.8**	**878930.5**	**8366917.6**	**11373307.6**	**30651.1**
北 京	526232.8	188033.2	253518.0	329772.5	3177.6
天 津	186878.4	19854.4	151053.3	152332.2	
河 北	598851.2	17091.6	330044.2	328320.9	
山 西	457310.5	1778.0	151890.0	167893.6	4.0
内蒙古	81598.9	5.0	56881.5	56848.1	
辽 宁	196640.2	11572.4	105657.3	167439.9	3717.7
吉 林	71640.2	939.2	31799.9	28510.5	26.2
黑龙江	349288.4	33385.4	52689.2	57162.5	
上 海	1021996.8	135631.4	461963.8	393031.8	7428.1
江 苏	2012764.9	27844.8	778713.8	917764.4	1433.9
浙 江	3420456.4	91541.4	1204645.3	1021754.4	8854.5
安 徽	347725.5	9583.1	131662.8	127867.8	355.6
福 建	110638.8	1258.6	133368.2	133345.1	
江 西	109341.9	-389.8	60363.6	60572.2	
山 东	1399096.4		1175714.0	1175714.0	
河 南	241951.6	1366.6	124257.1	127161.8	248.8
湖 北	445760.8	172.7	199064.1	199497.6	
湖 南	258864.8	716.0	253278.6	247322.6	
广 东	1708045.0	80465.6	817564.6	603977.9	725.6
广 西	168778.3	413.5	88099.3	53025.8	149.0
海 南	25136.7	731.9	20247.7	18744.1	247.7
重 庆	161829.8	4812.3	65732.6	66412.0	3287.9
四 川	246511.0	160097.7	1354184.3	1353237.1	584.6
贵 州	36855.4	2632.7	25587.6	24358.0	
云 南	386345.8	86042.1	82281.1	75335.5	384.9
西 藏	18276.8		729.9	749.9	
陕 西	173063.3	954.5	67107.1	63180.7	
甘 肃	132551.8	249.6	66265.9	24837.4	
青 海	4709.1		778.9	682.4	
宁 夏	134740.1	39.0	80195.0	4185.5	
新 疆	94656.2	2107.6	41578.9	3392269.4	25.0

7-10-2 续表 2

单位：万元

地区	执行民间非营利组织单位会计制度			
	固定资产原价	上年结余	本年收入合计	本年费用合计
全国合计	**2494387.5**	**90812.2**	**2246029.9**	**833931.8**
北京				
天津	22.9			36.0
河北	21451.3	241.0	4486.5	5242.9
山西	20557.3	36.0	4579.2	7512.8
内蒙古	16430.1	30.0	8319.7	6934.7
辽宁	70192.3	2490.0	25735.6	25827.1
吉林				
黑龙江	8161.7	47.0	6856.3	5512.4
上海			1.0	498.2
江苏	564991.1	928.4	209049.7	184447.9
浙江	763016.7	3306.2	257671.6	190537.5
安徽	129212.3	2682.2	30193.9	32467.8
福建	117914.4	22825.8	62714.1	51521.3
江西	17192.2	1073.0	12570.5	14601.8
山东				
河南	98811.7	24.0	43209.5	46608.3
湖北	46623.7	722.0	70104.2	56151.4
湖南	24181.8		4767.5	4233.9
广东	157054.0	10310.1	28675.5	40437.0
广西	2379.8	34.0	941.4	1366.7
海南				
重庆	74161.9	633.0	33627.4	32653.0
四川	60166.5	1378.7	18804.3	33379.6
贵州	144046.1	29489.2	61801.8	60558.8
云南	102060.2	14530.1	17913.2	21191.6
西藏	336.0			
陕西				
甘肃	13056.2		1336637.6	1395.6
青海	29951.1	31.5	5591.6	6272.4
宁夏	3576.7		716.8	1414.3
新疆	8839.5		1061.0	3128.8

【主要统计指标解释】

固定资产原价 指报告期末社会福利企业、康复辅具机构按原值计算的，使用期限在一年以上，单位价值在1000元以上，并在使用过程中保持原来物质形态的资产总值，包括房屋及建筑物、机器设备、运输设备、工具器具等。

营业收入 批报告期内企业在销售商品或者提供劳动等经营收入总额。

营业利润 为营业收入减去营业成本、期间费用和各种流转税及附加税的税后余额。

7 第三产业部分行业主要财务指标

7-11 服务业企业

简要说明

一、主要内容

本篇资料主要内容是2014年服务业企业法人单位主要指标，包括规模以上服务业和规模以下服务业，主要分组包括按行业、地区等。

二、统计范围

规模以上服务业：年营业收入1000万元及以上，或年末从业人员50人及以上服务业法人单位。包括：交通运输、仓储和邮政业，信息传输、软件和信息技术服务业，租赁和商务服务业，科学研究和技术服务业，水利、环境和公共设施管理业，教育，卫生和社会工作；以及物业管理、房地产中介服务等行业。年营业收入500万元及以上，或年末从业人员50人及以上服务业法人单位。包括：居民服务、修理和其他服务业，文化、体育和娱乐业。

规模以下服务业：年营业收入1000万元以下，且年末从业人员50人以下的服务业法人单位。包括：交通运输、仓储和邮政业，信息传输、软件和信息技术服务业，租赁和商务服务业，科学研究和技术服务业，水利、环境和公共设施管理业，教育，卫生和社会工作；以及物业管理、房地产中介服务等行业。年营业收入500万元以下，且年末从业人员50人以下的服务业法人单位。包括：居民服务、修理和其他服务业，文化、体育和娱乐业。

三、统计调查方法

规模以上服务业企业法人单位为全面调查，规模以下服务业企业法人单位为抽样调查。

四、资料来源

服务业企业法人单位主要指标，根据规模以上和规模以下调查结果加工整理。规模以上服务业数据来自《规模以上服务业统计报表制度》调查结果。

五、其他

由于数据四舍五入影响，合计数与各分项之和可能存在细微偏差。

7-11-1 服务业企业法人单位分地区主要指标

地 区	单位数 (个)	营业收入 (亿元)	资产总计 (亿元)	从业人员 (万人)
全 国	**2513595**	**201385.4**	**1089965.0**	**5300.0**
北 京	350560	30759.4	206082.3	500.6
天 津	75506	7232.5	42285.8	134.8
河 北	78502	5287.6	21377.1	146.4
山 西	36725	2172.6	15413.2	93.3
内蒙古	31971	2524.4	17662.3	82.3
辽 宁	91186	4614.6	22378.6	168.4
吉 林	26261	1560.5	9124.8	56.1
黑龙江	32879	2247.0	9453.3	86.4
上 海	128191	23063.9	81864.9	366.1
江 苏	214374	19036.1	91081.7	434.5
浙 江	175575	11497.2	76990.1	292.5
安 徽	81422	5634.3	24548.1	142.4
福 建	79340	4934.7	27547.4	156.2
江 西	46969	3447.3	14231.1	118.6
山 东	147717	13145.3	44656.7	359.5
河 南	90971	5730.3	28808.4	226.3
湖 北	94927	6029.2	34112.8	185.9
湖 南	76821	4215.6	22320.0	167.9
广 东	269972	21053.4	101210.5	645.6
广 西	46211	1996.3	17190.6	91.1
海 南	13175	1231.8	8838.2	27.8
重 庆	60114	4540.9	26089.5	155.8
四 川	80248	6329.4	47649.1	215.2
贵 州	28594	1564.3	16832.5	58.9
云 南	39389	3534.3	26409.4	106.8
西 藏	2584	196.2	1422.3	5.2
陕 西	46352	3516.7	19326.8	118.7
甘 肃	21061	1441.1	13648.6	53.2
青 海	6949	400.5	4854.9	17.1
宁 夏	8203	356.8	2065.4	19.1
新 疆	30845	2091.1	14488.2	67.4

7-11-2 服务业企业法人单位分行业主要指标

行业名称	单位数（个）	营业收入（亿元）	资产总计（亿元）	从业人员（万人）
总 计	**2513595**	**201385.4**	**1089965.0**	**5300.0**
铁路运输业	325	6374.8	54881.2	211.5
道路运输业	147681	19515.9	77153.3	652.4
水上运输业	10805	5778.1	22942.0	69.5
航空运输业	1537	5443.1	15040.0	48.2
管道运输业	339	1005.3	4086.0	3.9
装卸搬运和运输代理业	74461	10745.7	12227.6	142.3
仓储业	27527	7728.5	19590.9	69.5
邮政业	13805	2830.7	2881.0	131.2
电信、广播电视和卫星传输服务	12435	16931.3	49637.8	187.0
互联网和相关服务	28065	3555.7	6811.6	54.3
软件和信息技术服务业	219467	14482.4	32078.7	325.3
物业管理业	118358	4765.0	15281.2	454.3
房地产中介服务业	70052	1315.1	6750.9	82.0
租赁业	57363	1886.3	10896.4	59.8
商务服务业	827611	56096.6	609672.2	1251.2
研究和试验发展	36945	2421.6	10157.0	57.4
专业技术服务业	195964	17545.0	52255.7	413.7
科技推广和应用服务业	132110	5418.7	14962.9	181.6
水利管理业	4892	291.0	5320.3	11.4
生态保护和环境治理业	6582	585.5	2370.0	14.2
公共设施管理业	39640	3244.9	30782.4	116.8
居民服务业	71990	1279.2	2836.4	101.3
机动车、电子产品和日用产品修理业	87226	1859.6	2731.1	94.2
其他服务业	37545	1078.7	3317.2	96.7
教育	55476	1575.9	3560.8	127.4
卫生	29859	2266.1	3699.3	120.4
社会工作	2339	43.9	463.9	4.8
新闻和出版业	5630	1363.1	4520.6	30.5
广播、电视、电影和影视录音制作业	14667	1422.4	5105.3	29.4
文化艺术业	36118	714.2	2966.8	35.2
体育	12784	311.2	1584.0	20.4
娱乐业	133997	1509.9	3400.8	102.2

7-11-3 交通运输、仓储和邮政业企业法人单位分地区主要指标

地 区	单位数(个)	营业收入(亿元)	资产总计(亿元)	从业人员(万人)
全 国	**276481**	**59422.2**	**208801.9**	**1328.6**
北 京	15875	4406.3	15529.0	82.4
天 津	10509	2625.2	8844.2	26.3
河 北	10046	2031.5	4774.5	35.3
山 西	5295	981.9	5351.7	31.3
内蒙古	4853	1163.1	5104.8	26.9
辽 宁	12096	2182.2	9209.3	59.4
吉 林	3400	683.0	2720.7	14.4
黑龙江	4224	1107.8	3307.2	35.6
上 海	15928	6805.8	16147.4	89.6
江 苏	27821	4750.1	11488.6	93.3
浙 江	17256	2905.8	9128.7	54.8
安 徽	10156	2119.2	4620.8	45.4
福 建	10138	1951.9	7517.9	37.9
江 西	8830	1588.5	6022.8	47.9
山 东	22730	4902.3	9445.5	108.3
河 南	10705	2073.8	8851.8	68.9
湖 北	9920	1660.9	8793.1	49.2
湖 南	6187	805.9	2500.9	29.5
广 东	28820	6036.3	21282.1	139.4
广 西	5314	782.4	3759.7	27.9
海 南	1337	717.0	2574.7	6.6
重 庆	5244	1365.2	4416.7	43.6
四 川	8616	1685.6	15707.6	58.4
贵 州	3012	457.5	3778.8	12.6
云 南	3865	846.8	4545.8	22.6
西 藏	211	47.1	146.3	1.1
陕 西	5073	1071.1	5282.0	33.7
甘 肃	2311	457.1	2438.6	17.3
青 海	684	134.1	1089.8	4.8
宁 夏	1223	118.9	392.1	3.0
新 疆	4801	957.8	4028.8	21.3

7-11-4 信息传输、软件和信息技术服务业企业法人单位分地区主要指标

地区	单位数(个)	营业收入(亿元)	资产总计(亿元)	从业人员(万人)
全国	**259967**	**34969.4**	**88528.1**	**566.6**
北京	69007	6622.3	31894.4	87.7
天津	11599	632.3	1771.6	14.8
河北	4670	687.5	1319.8	11.0
山西	1697	340.1	693.2	7.7
内蒙古	2186	323.7	643.9	6.6
辽宁	8565	794.2	1640.6	18.5
吉林	2304	381.8	788.2	8.1
黑龙江	3113	315.6	592.4	8.0
上海	15110	3347.6	5725.9	45.8
江苏	25518	3647.2	5580.5	60.9
浙江	18817	2714.5	5314.0	31.1
安徽	6047	579.9	721.2	10.9
福建	7040	807.6	1220.8	16.5
江西	2678	400.8	908.8	7.8
山东	9398	1836.6	6052.4	27.7
河南	5072	757.6	1630.9	14.8
湖北	8000	736.7	2495.4	16.7
湖南	4985	633.2	1221.2	12.9
广东	29016	4361.8	9141.6	74.7
广西	2066	352.5	655.4	6.2
海南	1194	159.6	333.9	2.6
重庆	5708	689.8	1507.4	13.1
四川	4739	1544.8	2425.1	23.8
贵州	1185	334.1	597.5	4.3
云南	3528	509.3	1039.2	9.3
西藏	106	42.8	48.6	0.7
陕西	4213	812.4	1431.4	14.5
甘肃	793	202.1	367.5	3.3
青海	294	73.5	155.1	1.4
宁夏	328	79.6	197.1	1.6
新疆	990	247.8	413.3	3.6

7-11-5 物业管理和房地产中介服务企业法人单位分地区主要指标

地区	单位数（个）	营业收入（亿元）	资产总计（亿元）	从业人员（万人）
全国	**188410**	**6080.1**	**22032.1**	**536.4**
北京	13380	738.8	2562.3	44.9
天津	4216	138.9	807.6	12.3
河北	7758	91.2	300.3	14.8
山西	3292	62.6	289.5	8.7
内蒙古	2991	64.2	161.2	8.1
辽宁	7822	168.0	557.4	17.4
吉林	2052	37.3	106.3	5.0
黑龙江	3250	57.5	205.9	6.3
上海	8769	528.8	1462.7	35.9
江苏	15299	568.8	1568.2	46.2
浙江	12457	312.0	846.7	30.6
安徽	6614	125.8	280.9	14.2
福建	4985	143.0	499.6	15.5
江西	3308	113.6	253.2	7.3
山东	11900	421.6	700.6	32.3
河南	6449	144.4	1284.5	14.3
湖北	8236	200.6	915.7	17.8
湖南	5269	175.2	339.2	16.7
广东	26335	1141.8	4421.5	84.8
广西	4145	66.8	885.0	9.9
海南	1441	42.6	299.7	4.5
重庆	5468	211.9	443.1	20.0
四川	5945	169.0	1078.7	23.0
贵州	1923	32.9	78.4	5.7
云南	3545	70.7	227.9	10.0
西藏	69	3.5	13.0	0.3
陕西	5396	124.5	422.3	13.2
甘肃	1719	34.0	219.4	4.6
青海	597	9.2	70.7	1.9
宁夏	776	17.8	44.7	3.0
新疆	3005	63.1	686.0	7.3

7-11-6 租赁和商务服务业企业法人单位分地区主要指标

地 区	单位数 (个)	营业收入 (亿元)	资产总计 (亿元)	从业人员 (万人)
全 国	**884974**	**57982.9**	**620568.6**	**1311.1**
北 京	134923	10753.1	126357.3	147.4
天 津	24807	1649.1	20701.9	29.9
河 北	24788	1470.8	12089.2	34.9
山 西	10658	387.8	7058.6	18.1
内蒙古	10386	621.1	9946.7	18.8
辽 宁	30826	648.8	7602.5	32.3
吉 林	7375	162.8	4364.1	8.6
黑龙江	9472	432.0	3620.6	15.9
上 海	50899	9102.0	49389.9	112.2
江 苏	75509	5956.4	58950.4	103.9
浙 江	68177	3305.9	52697.2	90.3
安 徽	29492	1858.9	15804.5	29.3
福 建	29809	1138.5	15525.5	40.8
江 西	15575	683.0	5531.5	25.4
山 东	48921	3095.1	22340.7	79.4
河 南	23092	997.6	10431.3	37.0
湖 北	32152	1611.4	16745.1	37.3
湖 南	23648	1262.9	15092.9	41.4
广 东	109523	5730.2	56389.8	181.6
广 西	17707	459.0	10245.2	24.7
海 南	4749	162.7	4346.5	5.6
重 庆	21180	1290.5	15987.3	40.0
四 川	23227	1478.7	22989.8	45.3
贵 州	9978	418.5	9978.6	13.5
云 南	13990	1598.0	17529.6	36.3
西 藏	1059	78.7	1125.3	1.7
陕 西	13303	497.6	9115.0	21.2
甘 肃	5387	460.2	6321.0	9.6
青 海	1971	119.0	3182.3	3.6
宁 夏	2928	51.2	1047.9	5.8
新 疆	9463	501.6	8060.3	19.3

7-11-7 科学研究与技术服务业企业法人单位分地区主要指标

地 区	单位数（个）	营业收入（亿元）	资产总计（亿元）	从业人员（万人）
全 国	**365019**	**25385.3**	**77375.6**	**652.7**
北 京	64099	6206.7	22426.6	76.8
天 津	14430	1559.2	4406.4	25.1
河 北	10518	661.4	1343.8	23.5
山 西	4937	229.8	1091.1	8.3
内蒙古	3704	153.3	492.0	7.7
辽 宁	12708	397.4	1929.9	15.5
吉 林	3300	131.3	265.6	5.5
黑龙江	4614	168.2	612.9	6.1
上 海	16538	2072.5	4515.1	38.3
江 苏	36822	2398.1	5527.9	65.0
浙 江	24175	1086.3	3133.7	34.2
安 徽	10878	446.2	1244.3	16.0
福 建	9943	410.7	1252.1	16.6
江 西	4402	206.1	349.1	8.8
山 东	25595	1560.3	3303.6	55.7
河 南	19523	1037.6	4497.0	43.4
湖 北	13147	1032.2	2456.2	29.1
湖 南	10157	552.7	1144.0	23.1
广 东	33764	2218.3	4815.6	67.2
广 西	5155	155.6	672.5	8.0
海 南	1405	63.8	507.9	2.7
重 庆	5543	447.1	1851.6	11.5
四 川	7362	761.7	2652.1	18.5
贵 州	3136	141.6	1180.7	5.4
云 南	4008	244.1	1059.9	7.9
西 藏	279	10.1	56.1	0.5
陕 西	6450	568.5	1237.5	15.7
甘 肃	2797	174.3	2539.5	6.1
青 海	805	37.7	167.7	1.9
宁 夏	865	46.8	143.6	2.4
新 疆	3958	205.8	500.0	6.0

7-11-8 水利、环境和公共设施管理业企业法人单位分地区主要指标

地　区	单位数（个）	营业收入（亿元）	资产总计（亿元）	从业人员（万人）
全　国	**51114**	**4121.4**	**38472.7**	**142.3**
北　京	4235	427.8	2970.8	8.3
天　津	1062	219.0	3667.4	2.4
河　北	2518	91.4	740.9	4.8
山　西	1334	41.6	451.2	4.1
内蒙古	1159	74.3	900.4	3.9
辽　宁	1803	66.0	635.4	4.0
吉　林	572	19.6	141.9	1.5
黑龙江	694	20.7	719.0	2.3
上　海	1638	322.8	2132.0	9.3
江　苏	4489	474.6	5097.8	12.3
浙　江	4093	326.8	3706.3	10.9
安　徽	2255	120.4	1128.2	4.0
福　建	2081	118.0	789.4	4.5
江　西	1083	84.8	538.7	3.5
山　东	3871	331.4	1362.9	12.6
河　南	2267	139.7	1011.5	7.3
湖　北	1882	205.2	1408.3	5.3
湖　南	1487	92.2	757.6	4.3
广　东	3540	294.6	2420.6	10.6
广　西	799	52.6	711.9	2.3
海　南	215	34.8	273.0	1.3
重　庆	1204	126.3	1168.6	3.9
四　川	1654	198.1	1656.6	5.7
贵　州	898	29.0	699.4	1.9
云　南	1084	58.5	1248.0	3.2
西　藏	20	2.5	10.7	0.2
陕　西	1616	91.6	864.3	4.0
甘　肃	508	11.4	796.5	1.3
青　海	259	2.5	126.6	0.4
宁　夏	246	13.6	123.1	0.5
新　疆	550	29.4	213.8	1.7

7-11-9 居民服务、修理和其他服务业企业法人单位分地区主要指标

地区	单位数(个)	营业收入(亿元)	资产总计(亿元)	从业人员(万人)
全国	**196761**	**4217.5**	**8884.6**	**292.1**
北京	16890	309.1	843.0	19.6
天津	5614	262.0	1035.8	17.3
河北	10061	123.4	205.5	10.7
山西	2969	38.0	91.5	5.1
内蒙古	2809	51.1	102.5	4.3
辽宁	7003	102.9	224.5	7.0
吉林	2786	41.6	423.7	3.9
黑龙江	2344	44.1	154.3	3.2
上海	11788	344.4	521.6	18.3
江苏	14350	423.0	642.2	21.2
浙江	13297	220.8	332.9	17.4
安徽	5435	97.9	101.3	7.0
福建	6337	118.6	173.3	8.7
江西	4842	153.5	244.1	6.0
山东	11992	423.2	464.0	19.3
河南	7748	156.7	322.7	9.4
湖北	8986	134.8	353.6	10.9
湖南	7675	200.9	196.9	13.4
广东	17713	386.6	502.3	38.2
广西	4160	44.6	68.0	4.5
海南	847	13.3	131.3	1.2
重庆	7944	185.2	277.2	11.2
四川	5747	98.8	257.3	9.7
贵州	3943	43.1	140.8	5.5
云南	3213	58.2	278.0	5.7
西藏	180	3.4	3.7	0.4
陕西	4704	66.0	171.4	6.2
甘肃	1640	19.3	115.7	1.6
青海	850	8.4	24.5	1.2
宁夏	788	9.0	36.4	0.9
新疆	2104	35.5	444.5	3.1

7-11-10　教育企业法人单位分地区主要指标

地　区	单位数（个）	营业收入（亿元）	资产总计（亿元）	从业人员（万人）
全　国	**55476**	**1575.9**	**3560.8**	**127.4**
北　京	5066	175.2	316.2	8.4
天　津	802	15.6	48.3	1.7
河　北	1201	15.9	63.9	2.4
山　西	1247	12.6	172.5	2.5
内蒙古	1190	14.1	31.7	1.8
辽　宁	2569	33.8	81.2	2.9
吉　林	745	11.2	47.0	1.6
黑龙江	754	10.8	23.0	2.4
上　海	925	84.1	163.6	4.4
江　苏	3541	153.1	205.2	8.3
浙　江	3050	83.9	209.8	5.9
安　徽	1407	50.5	218.7	4.1
福　建	2305	52.6	70.6	4.9
江　西	1478	50.2	103.1	3.9
山　东	1906	116.8	185.5	6.5
河　南	3481	100.2	197.8	10.0
湖　北	2691	55.1	99.8	4.8
湖　南	3048	82.0	117.4	7.0
广　东	6317	222.5	571.8	18.7
广　西	1150	11.0	21.6	1.5
海　南	618	5.4	48.5	0.8
重　庆	1922	48.5	49.3	3.7
四　川	2200	58.3	179.6	5.6
贵　州	1058	23.4	52.7	3.3
云　南	1098	36.6	129.9	3.1
西　藏	69	0.2	0.3	0.0
陕　西	866	22.0	40.3	2.2
甘　肃	1669	15.1	52.2	2.7
青　海	590	5.1	3.3	0.7
宁　夏	142	2.8	18.3	0.5
新　疆	369	7.4	37.7	0.9

7-11-11 卫生和社会工作企业法人单位分地区主要指标

地 区	单位数（个）	营业收入（亿元）	资产总计（亿元）	从业人员（万人）
全 国	**32198**	**2310.0**	**4163.2**	**125.2**
北 京	1922	152.4	195.7	5.2
天 津	465	36.8	48.8	1.8
河 北	689	43.1	139.3	2.8
山 西	604	37.6	61.4	2.8
内蒙古	765	35.1	99.7	2.2
辽 宁	1814	120.0	162.4	6.4
吉 林	487	48.0	115.3	3.6
黑龙江	479	48.8	99.3	3.1
上 海	1019	109.6	121.9	3.7
江 苏	1593	223.5	316.1	9.3
浙 江	1171	99.8	342.9	4.4
安 徽	725	66.9	94.9	3.8
福 建	1178	50.6	75.9	2.9
江 西	643	65.6	76.7	3.3
山 东	1376	150.3	181.6	6.4
河 南	4267	163.7	210.0	10.4
湖 北	1650	106.1	152.2	5.5
湖 南	1361	98.9	141.6	5.6
广 东	2415	216.8	288.1	9.7
广 西	392	18.2	16.3	1.6
海 南	182	4.5	8.3	0.5
重 庆	817	61.7	64.6	3.2
四 川	2851	147.3	177.2	11.6
贵 州	773	49.1	75.4	3.8
云 南	587	53.0	99.0	3.9
西 藏	49	2.6	4.6	0.1
陕 西	626	49.4	70.0	2.9
甘 肃	843	26.4	684.2	2.8
青 海	109	3.1	5.6	0.4
宁 夏	95	7.9	10.5	0.5
新 疆	250	13.2	23.6	1.4

7-11-12 文化、体育和娱乐业企业法人单位分地区主要指标

地 区	单位数(个)	营业收入(亿元)	资产总计(亿元)	从业人员(万人)
全 国	**203196**	**5320.7**	**17577.5**	**217.7**
北 京	25163	967.6	2987.0	20.0
天 津	2001	94.4	953.6	3.3
河 北	6253	71.6	400.0	6.1
山 西	4691	40.5	152.6	4.8
内蒙古	1929	24.4	179.4	2.0
辽 宁	5978	101.3	335.3	5.1
吉 林	3241	43.9	152.1	3.8
黑龙江	3936	41.7	118.7	3.4
上 海	5578	346.5	1684.9	8.4
江 苏	9432	441.3	1704.7	14.0
浙 江	13081	441.5	1278.1	12.9
安 徽	8413	168.6	333.3	7.7
福 建	5525	142.9	422.4	8.0
江 西	4131	101.2	203.2	4.7
山 东	10027	307.7	620.0	11.4
河 南	8367	159.0	370.8	10.7
湖 北	8264	286.2	693.6	9.2
湖 南	13003	311.7	808.3	14.1
广 东	12528	444.4	1377.2	20.6
广 西	5324	53.6	155.1	4.5
海 南	1187	28.2	314.4	1.9
重 庆	5084	114.7	323.9	5.6
四 川	17907	187.1	525.0	13.7
贵 州	2687	35.0	250.2	2.8
云 南	4472	59.1	252.1	4.9
西 藏	542	5.4	13.9	0.3
陕 西	4105	213.6	692.7	5.1
甘 肃	3393	41.1	114.0	3.9
青 海	789	7.8	29.3	0.8
宁 夏	811	9.3	51.7	0.9
新 疆	5354	29.3	80.3	2.9

7-11-13 规模以上服务业企业法人单位分地区主要指标

地 区	单位数(个)	固定资产原价(亿元)	本年折旧(亿元)	资产总计(亿元)	负债合计(亿元)	所有者权益合计(亿元)	营业收入(亿元)	营业成本(亿元)	营业税金及附加(亿元)
全 国	**128860**	**153989.3**	**9264.4**	**565225.6**	**284093.8**	**281132.2**	**130190.6**	**109201.1**	**1785.2**
北 京	13429	16913.5	845.7	143156.7	60563.8	82592.9	24953.1	18564.8	248.2
天 津	3441	4975.6	228.3	22456.4	13398.4	9058.0	4629.1	16763.9	79.2
河 北	2858	3791.9	252.2	8454.3	4879.9	3574.7	2777.0	2102.6	31.3
山 西	1457	1605.5	129.3	5968.5	2791.5	3177.0	1195.9	952.0	15.6
内 蒙	1356	3118.3	186.4	6740.3	3924.2	2816.1	1168.4	867.7	16.4
辽 宁	3556	4457.5	272.4	9497.1	5920.4	3576.7	2946.4	2238.8	38.1
吉 林	1089	1170.9	178.6	1738.8	1138.9	599.9	724.6	535.7	9.1
黑龙江	825	1300.9	119.4	2886.3	1862.9	1023.4	979.2	783.0	10.0
上 海	9621	10597.6	618.3	52452.2	25737.6	26714.6	18253.7	14140.7	161.4
江 苏	16048	10687.7	686.1	42552.6	24265.4	18287.2	10678.6	7859.0	175.0
浙 江	8766	7982.0	454.4	25144.3	12747.7	12396.5	7919.6	5334.1	107.8
安 徽	3179	3392.8	211.6	11280.3	5623.0	5657.3	2322.3	1597.1	36.2
福 建	3601	3919.8	232.8	11366.8	5697.0	5669.8	2493.9	1782.4	34.5
江 西	2243	4661.1	211.3	8943.9	3731.1	5212.8	1792.0	1360.4	31.3
山 东	11524	8306.7	628.1	16667.9	9065.3	7602.6	6672.3	4564.6	147.7
河 南	5606	7317.7	520.1	15931.5	8106.5	7825.2	3970.2	2943.0	61.7
湖 北	4072	5852.5	329.5	18374.1	10457.2	7917.0	3736.2	2771.8	66.2
湖 南	3276	2158.5	144.5	15037.0	6571.9	8465.0	1939.2	1551.9	38.2
广 东	14886	22360.0	1205.9	66452.7	33806.8	32645.8	16125.6	11452.8	239.1
广 西	1797	2436.8	118.3	9211.2	5179.2	4032.0	1243.1	851.1	22.6
海 南	585	1351.4	85.1	3873.7	2699.4	1174.3	915.3	697.7	8.8
重 庆	3030	3847.0	201.8	16026.0	8830.4	7195.6	2219.2	1626.9	33.6
四 川	5049	4147.1	376.6	16507.8	9390.2	7117.6	3499.8	2646.7	59.1
贵 州	1447	1840.3	105.9	6048.5	3568.0	2480.5	838.2	599.4	28.2
云 南	1539	4147.4	219.3	8710.2	4270.4	4439.8	1522.2	1158.6	22.7
西 藏	95	187.2	23.4	201.0	104.9	96.1	45.2	52.0	1.0
陕 西	1901	5568.1	238.4	9112.3	4679.2	4433.1	2455.4	1780.9	33.9
甘 肃	752	1809.1	70.7	3310.2	1986.1	1324.1	495.3	298.8	6.6
青 海	268	1407.8	85.0	1704.8	545.7	1159.1	221.9	220.0	1.9
宁 夏	362	319.1	36.2	430.0	233.9	196.1	191.5	133.1	3.2
新 疆	1202	2357.8	248.8	4988.3	2316.9	2671.4	1266.4	969.7	16.7

7-11-13 续表

地 区	销售费用、管理费用、财务费用合计(亿元)	投资收益(亿元)	营业利润(亿元)	利润总额(亿元)	应交所得税(亿元)	应付职工薪酬(亿元)	应交增值税(亿元)	从业人员(万人)
全 国	**26364.6**	**9222.6**	**15899.8**	**18600.4**	**2529.5**	**20103.0**	**2370.1**	**2360.1**
北 京	5706.1	5170.3	5450.4	5960.9	460.3	4099.0	486.8	293.4
天 津	653.4	75.4	391.7	471.1	90.1	488.4	62.4	51.3
河 北	504.1	21.3	190.1	263.7	76.7	427.7	46.8	61.6
山 西	229.2	132.8	132.4	151.8	20.9	152.4	24.6	31.3
内 蒙	304.3	85.6	57.5	78.7	16.5	234.4	22.5	35.4
辽 宁	582.9	50.5	146.3	204.4	39.4	481.5	42.0	69.2
吉 林	192.8	3.4	12.5	42.5	9.3	104.4	7.7	15.8
黑龙江	247.5	43.6	20.8	91.3	5.7	120.3	11.7	18.7
上 海	3299.2	987.2	1556.5	1936.3	312.0	2544.0	305.8	209.6
江 苏	1877.6	237.1	1048.0	1295.7	204.5	1458.9	174.9	209.2
浙 江	1595.8	243.5	1110.0	1251.5	186.1	1218.9	173.4	146.0
安 徽	460.4	103.2	281.6	337.6	56.5	288.7	47.6	51.5
福 建	548.0	162.3	254.4	338.4	70.2	415.0	46.4	60.3
江 西	334.5	-28.1	60.7	118.4	28.2	292.6	49.5	44.6
山 东	1124.0	97.1	902.8	979.6	187.7	901.4	135.2	135.8
河 南	667.3	18.3	331.4	391.1	71.5	544.3	57.8	95.4
湖 北	622.7	34.4	329.1	446.8	67.6	579.3	59.7	73.2
湖 南	572.1	26.1	176.6	234.8	44.1	283.9	31.4	49.3
广 东	3589.0	1260.2	2213.1	2495.6	374.3	2843.8	314.1	329.0
广 西	310.7	43.9	98.9	135.3	15.9	210.9	22.6	38.4
海 南	187.7	29.5	59.5	73.7	15.8	97.5	15.4	11.9
重 庆	423.2	54.2	209.1	281.2	32.2	459.4	31.4	67.5
四 川	747.6	95.9	182.5	280.5	50.2	598.3	53.5	91.7
贵 州	229.9	14.7	12.0	34.5	8.3	141.8	13.1	21.9
云 南	377.8	177.6	316.6	240.6	24.8	270.3	32.0	36.6
西 藏	22.1	-0.8	-17.6	-13.5	0.5	10.9	0.5	1.5
陕 西	532.8	40.7	212.4	241.8	39.3	457.4	47.4	54.1
甘 肃	129.7	2.2	64.0	71.4	7.8	74.2	7.8	14.5
青 海	49.1	1.0	-32.8	-9.2	1.2	53.3	5.8	6.1
宁 夏	51.0	2.5	5.0	10.3	2.3	43.4	3.4	6.7
新 疆	192.1	36.9	124.0	163.7	9.8	206.4	37.0	28.6

7-11-14 规模以上服务业企业法人单位分行业主要指标

行　业	单位数（个）	固定资产原　价（亿元）	本年折旧（亿元）	资产总计（亿元）	负债合计（亿元）	所有者权益合计（亿元）	营业收入（亿元）	营业成本（亿元）	营业税金及附加（亿元）
全　国	**128860**	**153989.3**	**9264.4**	**565225.6**	**284093.8**	**281132.2**	**130190.6**	**109201.1**	**1785.2**
铁路运输业	221	20965.9	724.9	29400.7	9373.3	20027.5	4712.0	4143.1	21.8
道路运输业	20419	26096.4	1235.0	51554.1	31366.1	20188.2	12850.1	10770.6	195.3
水上运输业	2512	9865.5	487.1	19155.5	10425.8	8729.7	4920.6	3955.3	32.7
航空运输业	289	10319.4	554.8	14439.7	8735.6	5704.1	5077.7	4368.8	19.3
管道运输业	72	2936.7	181.5	3797.3	834.1	2963.3	938.5	578.3	7.6
装卸搬运和运输代理业	6594	1892.4	118.8	6514.5	3949.6	2564.9	7562.5	6766.3	31.4
仓储业	3997	2453.2	154.6	12562.7	10311.9	2250.9	5459.5	4941.5	26.2
邮政业	969	1211.3	99.8	2264.4	1279.4	985.0	2341.5	1977.1	9.7
电信、广播电视和卫星传输服务	2322	36074.0	3218.6	44207.7	13803.1	30404.6	14610.3	8163.5	244.0
互联网和相关服务	977	855.5	92.9	4798.9	2381.9	2417.0	2851.0	1235.2	37.8
软件和信息技术服务业	9209	1873.6	190.9	15221.3	7532.8	7688.5	10588.4	6521.2	81.3
物业管理业	10806	1328.1	75.3	5185.2	3358.3	1826.9	2404.8	1581.9	140.1
房地产中介服务业	969	143.8	12.3	1127.2	882.6	244.6	403.9	183.3	20.4
租赁业	1211	1114.1	104.0	7003.7	5301.5	1702.2	916.3	563.9	15.3
商务服务业	27479	22248.7	984.4	284139.4	138455.0	145684.4	29264.2	21860.9	500.4
研究和试验发展	1526	775.4	62.0	4673.3	2676.9	1996.3	1465.4	1041.7	9.6
专业技术服务业	11965	3693.1	288.9	20971.8	12033.6	8938.4	12093.4	22386.8	153.2
科技推广和应用服务业	4646	789.9	58.4	5052.7	2823.6	2229.0	2518.3	1926.7	28.0
水利管理业	287	552.8	26.6	1710.7	830.4	880.3	106.8	77.6	2.4
生态保护和环境治理业	472	696.4	37.0	1404.8	796.4	608.3	371.3	274.8	3.9
公共设施管理业	3583	2875.7	150.8	14768.2	8952.1	5816.1	2057.3	1485.1	79.5
居民服务业	1931	318.8	29.6	712.1	484.9	227.1	400.5	218.9	12.9
机动车、电子产品和日用产品修理业	1729	114.3	10.9	391.0	241.1	150.0	460.8	347.4	6.3
其他服务业	1507	187.9	11.7	999.9	461.4	538.5	410.3	276.2	15.3
教育	3851	936.1	68.3	1636.0	931.3	704.7	844.9	482.6	21.7
卫生	3819	1177.3	124.3	1925.2	1218.8	706.4	1568.3	1144.1	4.4
社会工作	76	19.3	0.8	50.2	24.7	25.5	10.6	5.7	0.2
新闻和出版业	1216	691.0	44.5	3571.3	1349.0	2222.3	1162.3	747.6	14.1
广播、电视、电影和影视录音制作业	1497	606.2	43.5	2850.1	1167.0	1683.2	1113.6	745.6	14.3
文化艺术业	770	195.2	12.8	783.6	442.6	341.0	233.6	144.6	10.8
体育	613	383.6	19.7	875.1	702.9	172.2	169.1	132.3	10.7
娱乐业	1326	597.7	39.6	1477.3	966.3	511.0	302.6	152.6	14.5

7-11-14 续表

行 业	销售费用、管理费用、财务费用合计(亿元)	投资收益(亿元)	营业利润(亿元)	利润总额(亿元)	应交所得税(亿元)	应付职工薪酬(亿元)	应交增值税(亿元)	从业人员(万人)
全 国	**26364.6**	**9222.6**	**15899.8**	**18600.4**	**2529.5**	**20103.0**	**2370.1**	**2360.1**
铁路运输业	682.8	31.4	-62.7	-19.4	57.5	1045.3	117.8	91.9
道路运输业	2183.1	158.3	11.9	902.6	228.4	2334.3	278.0	404.1
水上运输业	672.8	206.2	469.9	589.2	114.7	581.1	76.4	50.7
航空运输业	707.0	53.8	88.1	259.9	54.3	788.1	39.8	46.1
管道运输业	42.5	1.8	312.8	400.8	58.7	41.5	53.8	2.9
装卸搬运和运输代理业	606.7	46.1	242.9	271.4	64.2	442.0	75.7	60.6
仓储业	609.1	16.8	-95.4	179.9	32.1	200.6	41.8	31.4
邮政业	355.9	23.9	62.6	72.6	19.7	823.0	29.4	92.8
电信、广播电视和卫星传输服务	3730.8	1092.6	3574.5	3542.2	500.7	1584.3	377.4	144.1
互联网和相关服务	775.0	16.8	816.0	842.2	96.3	367.1	99.8	23.7
软件和信息技术服务业	2985.1	165.7	1169.3	1393.7	167.6	2336.6	375.2	159.2
物业管理业	647.7	14.6	94.6	120.4	37.0	918.8	5.6	215.1
房地产中介服务业	197.7	6.3	11.4	14.4	7.9	183.3	2.3	22.5
租赁业	209.2	5.1	116.2	131.2	31.8	84.8	21.9	12.1
商务服务业	7059.1	6857.9	6831.3	7320.8	628.5	3793.3	323.0	461.4
研究和试验发展	353.4	78.3	168.5	205.3	28.5	291.4	31.9	19.1
专业技术服务业	1772.5	200.4	1171.3	1223.9	211.1	2176.3	248.5	184.5
科技推广和应用服务业	387.4	75.3	227.7	250.9	33.4	285.0	45.9	33.9
水利管理业	39.8	5.3	-5.3	8.0	2.1	21.5	3.0	2.9
生态保护和环境治理业	67.2	2.4	29.4	48.2	8.6	38.1	4.6	4.2
公共设施管理业	397.8	28.9	144.5	206.2	36.5	267.2	6.9	53.6
居民服务业	140.2	0.9	31.3	31.2	7.3	101.1	2.7	23.4
机动车、电子产品和日用产品修理业	85.8	2.6	23.5	24.3	5.2	63.0	15.1	11.4
其他服务业	95.6	-0.4	25.0	30.5	7.2	148.0	4.8	39.8
教育	283.1	2.6	72.9	78.3	13.7	266.6	3.5	47.4
卫生	393.2	1.9	57.0	62.4	19.1	384.3	1.7	59.6
社会工作	4.2	0.1	0.8	1.3	0.1	2.9	0.0	0.7
新闻和出版业	346.4	47.5	99.0	160.2	15.2	259.6	40.7	22.3
广播、电视、电影和影视录音制作业	239.5	66.0	196.1	205.2	24.4	121.7	30.9	12.4
文化艺术业	64.0	9.7	26.3	40.7	7.1	38.5	2.6	6.5
体育	109.4	1.8	-31.2	-22.4	1.8	54.4	1.5	8.0
娱乐业	120.8	1.9	19.5	24.5	8.6	59.4	7.8	11.9

【主要统计指标解释】

固定资产原价 指固定资产的成本，包括企业在购置、自行建造、安装、改建、扩建、技术改造某项固定资产时所发生的全部支出总额。根据会计“固定资产”科目的期末借方余额填报。

本年折旧 指企业在报告期内提取的固定资产折旧合计数。可以根据会计“财务状况变动表”中“固定资产折旧”项的数值填报。若企业执行2001年《企业会计制度》，可以根据会计核算中《资产减值准备、投资及固定资产情况表》内“当年计提的固定资产折旧总额”项本年增加数填报。

资产总计 指企业过去的交易或者事项形成的、由企业拥有或者控制的、预期会给企业带来经济利益的资源。资产一般按流动性（资产的变现或耗用时间长短）分为流动资产和非流动资产。其中流动资产可分为货币资金、交易性金融资产、应收票据、应收账款、预付款项、其他应收款、存货等；非流动资产可分为长期股权投资、固定资产、无形资产及其他非流动资产等。根据会计“资产负债表”中“资产总计”项目的期末余额数填报。

执行2006年《企业会计准则》或2011年《小企业会计准则》的企业：资产总计=流动资产合计+非流动资产合计；执行其他企业会计制度的企业资产包括流动资产、长期投资、固定资产、无形资产和其他资产等。

负债合计 指企业过去的交易或者事项形成的，预期会导致经济利益流出企业的现时义务。负债一般按偿还期长短分为流动负债和非流动负债。根据会计“资产负债表”中“负债合计”项目的期末余额数填报。

执行2006年《企业会计准则》或2011年《小企业会计准则》的企业：负债合计=流动负债合计+非流动负债合计；执行其他企业会计制度的企业负债包括流动负债和长期负债。

所有者权益合计 指企业资产扣除负债后由所有者享有的剩余权益。公司的所有者权益又称股东权益。包括实收资本、资本公积、盈余公积、未分配利润等。根据会计“资产负债表”中“所有者权益合计”项目的期末余额数填报。

营业收入 指企业经营主要业务和其他业务所确认的收入总额。营业收入合计包括“主营业务收入”和“其他业务收入”。根据会计“利润表”中“营业收入”项目的本期金额数填报。

营业成本 指企业经营主要业务和其他业务所发生的成本总额。包括企业（单位）在报告期内从事销售商品、提供劳务等日常活动发生的各种耗费。包括“主营业务成本”和“其他业务成本”。根据会计“利润表”中“营业成本”项目的本期金额数填报。

营业税金及附加 指企业因从事生产经营活动按税法规定缴纳的应从经营收入中抵扣的税金和附加，包括营业税、消费税、城市维护建设税、教育费附加等。根据会计“利润表”中“营业税金及附加”项目的本期金额数填报。

销售费用 指企业在销售商品和材料、提供劳务的过程中发生的各种费用，包括保险费、包装费、展览费和广告费、商品维修费、预计产品质量保证损失、运输费、装卸费等以及为销售本企业商品而专设的销售机构（含销售网点、售后服务网点等）的职工薪酬、业务费、折旧费等经营费用。建筑业企业销售费用指企业从事施工生产活动过程中发生的各项费用，包括应由企业负担的运输费、装卸费、包装费、保险费、维修费、展览费、差旅费、广告费和其他经费。房地产企业销售费用指企业在从事主要经营业务过程中所发生的各项销售费用，包括转让、销售、结算和出租开发产品等。执行2006年《企业会计准则》或2011年《小企业会计准则》的企业，根据会计“利润表”中“销售费用”项目的本期金额数填报。执行其他企业会计制度的企业，根据会计“利润表”中“营业费用（或经营费用）”项目的本期金额数填报。

管理费用 指企业为组织和管理企业生产经营所发生的费用，包括企业在筹建期间内发生的开办费、董事会和行政管理部门在企业经营管理中发生的，或者应当由企业统一负担的公司经费等。根据会计“利润表”中“管理费用”项目的本期金额数填报。

财务费用 指企业为筹集生产经营所需资金等而发生的筹资费用，包括企业生产经营期间发生的利息支出（减利息收入）、汇兑损失（减汇兑收益）以及相关的手续费等。根据会计“利润表”中“财务费用”项目的本期金额数填报。

投资收益 指企业确认的投资收益或投资损失，反映企业以各种方式对外投资所取得的收益。根据会计“利润表”中“投资收益”项目的本期金额数填报。如为投资损失以“-”号记。

营业利润 指企业从事生产经营活动所取得的利润。执行2006年《企业会计准则》的企业，营业利润为营业收入减去营业成本、营业税金及附加、销售费用、管理费用、财务费用、资产减值损失，再加上公允价值变动收益和投资收益。执行2011年《小企业会计准则》的企业，营业利润为营业收入减去营业成本、营业税金及附加、销售费用、管理费用、财务费用，再加上投资收益后的金额；执行其他企业会计制度的企业，营业利润为主营业务收入减去主营业务成本、主营业务税金及附加，加上其他业务利润后，再减去销售费用、管理费用、财务费用后的金额。根据会计“利润表”中“营业利润”项目的本期金额数填报。

利润总额 指企业在一定会计期间的经营成果，是生产经营过程中各种收入扣除各种耗费后的盈余，反映企业在报告期内实现的盈亏总额。根据会计“利润表”中“利润总额”项目的本期金额数填报。执行2006年《企业会计准则》或2011年《小企业会计准则》的企业，利润总额为营业利润加上营业外收入，减去营业外支出后的金额；执行其他企业会计制度的企业，利润总额为营业利润加上投资收益、补贴收入、营业外收入，再减去营业外支出后的金额。

应交所得税 指企业按税法规定，应从生产经营等活动的所得中缴纳的税金。执行2006年《企业会计准则》或2011年《小企业会计准则》的企业，根据会计“利润表”中“所得税费用”项目的本期金额数填报；执行其他企业会计制度的企业，根据会计“利润表”中 “所得税”项目的本期金额数填报。

应付职工薪酬 指企业为获得职工提供的服务而给予各种形式的报酬以及其他相关支出。包括职工工资、奖金、津贴和补贴，职工福利费，医疗保险费、养老保险费、失业保险费、工伤保险费和生育保险费等社会保险费，住房公积金，工会经费和职工教育经费，非货币性福利，因解除与职工的劳动关系给予的补偿，其他与获得职工提供的服务相关的支出。执行2006年《企业会计准则》或2011年《小企业会计准则》的企业，根据会计科目“应付职工薪酬”的本年贷方累计发生额填报；执行其他企业会计制度的企业，应将本年上述职工薪酬包含的科目归并填报。

应交增值税 指按税法规定，从事货物销售或提供加工、修理修配劳务等增加货物价值活动企业本期应交纳的税金，不含期初未抵扣税额。根据企业增值税申报表或会计相关科目贷方累计发生额，按下述公式计算填报：

应交增值税=销项税额－(进项税额－进项税额转出)－出口抵减内销产品应纳税额－减免税款＋出口退税

进项税额指企业在报告期内购入货物或接受应税劳务而支付的、准予从销项税额中抵扣的增值税额。

销项税额指企业在报告期内销售货物或提供应税劳务应收取的增值税额。

从业人员 指报告期内(年度、月度)平均拥有的就业人员数。按“谁用工，谁统计”的原则实施统计，包括参加企业活动的正式人员，劳务派遣人员和临时聘用人员。不包括在本企业领取工资、股息、红利等未参加服务业活动的人员。

7 第三产业部分行业主要财务指标

7-12 农林牧渔服务业

简要说明

一、主要内容

2010年以来各地区农林牧渔服务业产值和增加值。

二、资料来源

资料来源于《中国农村统计年鉴》。

7-12-1 各地区农林牧渔服务业产值

(按当年价格计算) 单位：亿元

地 区	2010年	2011年	2012年	2013年	2014年
全 国	**2535.1**	**2856.0**	**3170.1**	**3525.4**	**3908.0**
北 京	5.9	6.6	7.5	8.0	8.4
天 津	9.0	10.0	10.2	10.3	10.7
河 北	201.8	224.2	241.5	266.5	290.2
山 西	56.9	63.8	70.5	76.5	83.6
内蒙古	28.3	31.7	34.7	37.8	40.2
辽 宁	122.1	138.0	154.1	174.7	194.5
吉 林	58.2	67.2	72.8	75.5	80.9
黑龙江	52.0	62.6	73.6	83.6	94.6
上 海	8.7	9.7	10.7	11.7	11.5
江 苏	221.0	252.7	280.8	309.6	352.9
浙 江	41.6	46.7	51.1	54.9	60.0
安 徽	116.0	133.0	147.0	162.5	179.7
福 建	86.7	95.2	102.6	111.8	121.4
江 西	72.8	76.8	81.4	86.3	92.7
山 东	272.5	295.1	325.1	363.4	400.9
河 南	201.0	220.5	237.2	263.6	294.5
湖 北	131.3	152.9	183.7	216.7	262.3
湖 南	169.6	196.8	223.9	251.9	273.2
广 东	129.7	144.2	156.7	170.5	183.5
广 西	90.1	103.8	116.9	131.4	150.2
海 南	23.7	28.2	33.2	37.3	42.5
重 庆	13.6	15.7	17.9	19.9	22.2
四 川	64.6	74.0	83.1	92.3	102.3
贵 州	51.5	61.6	67.8	75.0	80.7
云 南	63.9	72.0	80.1	90.4	100.0
西 藏	3.1	3.0	3.1	3.1	3.3
陕 西	80.4	91.6	105.2	118.7	129.3
甘 肃	97.9	109.9	120.3	135.3	147.7
青 海	3.9	4.2	4.6	4.9	5.3
宁 夏	11.9	13.9	15.8	17.9	19.8
新 疆	45.6	50.3	57.0	63.3	68.7

7-12-2 各地区农林牧渔服务业增加值

(按当年价格计算)

单位：亿元

地区	2010年	2011年	2012年	2013年	2014年
全国	**1179.0**	**1332.9**	**1481.0**	**1644.3**	**1821.9**
北京	1.7	1.9	2.1	2.2	2.3
天津	1.4	1.5	1.6	1.6	1.6
河北	89.7	99.7	107.4	118.4	129.0
山西	26.3	29.6	32.7	35.6	39.3
内蒙古	16.8	18.8	20.6	22.4	23.9
辽宁	73.7	83.3	93.0	105.5	117.4
吉林	33.0	37.9	41.1	42.6	45.6
黑龙江	26.5	31.9	37.5	42.7	48.3
上海	3.3	3.7	3.9	4.4	4.4
江苏	121.7	142.6	158.9	176.2	200.8
浙江	20.4	22.9	25.0	26.9	29.4
安徽	57.7	66.2	73.2	80.9	89.5
福建	50.4	55.3	59.5	64.8	70.2
江西	40.7	42.8	45.3	48.0	51.6
山东	132.5	143.4	158.4	176.7	194.5
河南	65.7	71.8	77.1	86.3	101.7
湖北	41.2	49.5	58.1	67.9	79.0
湖南	73.3	85.1	96.8	108.9	118.1
广东	53.5	59.5	64.7	70.4	75.8
广西	35.4	40.8	47.9	52.9	60.5
海南	12.9	15.4	18.0	20.3	23.1
重庆	9.6	11.1	12.6	14.1	15.7
四川	39.7	45.8	51.3	56.9	63.1
贵州	22.9	27.4	30.0	33.2	35.6
云南	24.3	27.4	30.5	34.4	38.0
西藏	2.2	1.9	2.0	2.2	2.3
陕西	42.8	49.0	57.7	65.1	70.9
甘肃	25.5	28.6	31.3	35.2	38.4
青海	2.3	2.5	2.7	2.9	3.1
宁夏	7.6	8.9	10.1	11.5	12.7
新疆	24.2	26.6	30.2	33.5	36.0

【主要统计指标解释】

农林牧渔服务业 指对农、林、牧、渔业生产活动进行的各种支持性服务活动，不包括各种科学技术和专业技术服务活动。具体包括灌溉服务、农产品初级加工服务、其他农业服务、林业服务、兽医服务、其他畜牧服务、渔业服务等。

农林牧渔服务业产值 指对农林牧渔业生产活动进行的各种支持性服务活动的价值，等于农林牧渔服务业营业收入。

农林牧渔服务业增加值 指农、林、牧、渔及农林牧渔服务业生产货物或提供服务活动而增加的价值，为农林牧渔服务业现价产值扣除农林牧渔服务业现价中间消耗后的余额。

8 第三产业部分行业主要业务指标

8-1 批发和零售业

简要说明

一、主要内容

批发和零售业企业商品购销存情况。

二、统计范围

限额以上批发和零售业企业。

三、统计调查方法

对限额以上批发和零售业企业采用全面调查方法。

四、限额标准

批发业企业：年主营业务收入2000万元及以上。

零售业企业：年主营业务收入500万元及以上。

五、资料来源

本部分统计资料由国家统计局贸易外经统计司根据《批发和零售业统计报表制度》搜集的资料加工整理而得。

8-1-1 限额以上批发和零售业企业商品购、销、存情况
(按登记注册类型分)

单位：万元

项　　目	商品购进额	#进口	商品销售额	#出口	期末商品库存额
总　　计	**4936639500**	**385713820**	**5413197687**	**230139127**	**381237620**
一、批发业	**3971521536**	**354550639**	**4306783800**	**229093969**	**260808993**
#国有控股	1706228426	133168865	1821342991	70686996	103370213
内资企业	**3478292454**	**218005140**	**3730325243**	**194883645**	**218140340**
国有企业	270607578	18489652	314733105	9773051	27206254
集体企业	12574065	853276	13697450	392477	931116
股份合作企业	2933071	19152	3180039	94841	161698
联营企业	495864	24272	576862	10372	97491
国有联营企业	82360	7435	95612		13289
集体联营企业	72907	2776	76004	3139	13079
国有与集体联营企业	278591	326	311738	7232	60721
其他联营企业	62007	13735	93508		10402
有限责任公司	1756274340	127441151	1860462045	87776870	100488034
国有独资公司	388576406	17735241	416363571	9030283	15873110
其他有限责任公司	1367697934	109705910	1444098475	78746587	84614924
股份有限公司	423694251	29697922	443005672	24434052	31476346
私营企业	1004417997	41332028	1086512756	72237041	57305379
私营独资企业	6089389	17874	7108624	58891	349651
私营合伙企业	995406	34913	1180006	58424	50338
私营有限责任公司	970641617	40431569	1048583341	70438539	55118272
私营股份有限公司	26691585	847672	29640786	1681187	1787118
其他企业	7295289	147688	8157315	164942	474022
港、澳、台商投资企业	**149839726**	**31001247**	**175263924**	**15071172**	**13949089**
合资经营企业	37132147	1404270	38584403	1183386	1819477
合作经营企业	1477263	36959	1743160	122662	42551
独资经营企业	107348459	29538962	130423860	13750463	11745824
投资股份有限公司	3846940	21057	4307490	14661	254605
其他港澳台商投资企业	34917		205011		86633
外商投资企业	**343389356**	**105544253**	**401194633**	**19139152**	**28719563**
中外合资经营企业	96973264	9025283	109408661	2482494	5215129
中外合作经营企业	6519015	63213	6618386	5158	39003
外资企业	232557435	94698289	276898204	16613211	23111758
外商投资股份有限公司	3491164	61633	3768502	30768	182280
其他外商投资企业	3848478	1695835	4500881	7522	171393

8-1-1 续表 单位：万元

项目	商品购进额	#进口	商品销售额	#出口	期末商品库存额
二、零售业	**965117964**	**31163181**	**1106413887**	**1045158**	**120428627**
#国有控股	198104173	2674212	246149322	106194	26547575
内资企业	**863784184**	**25085820**	**980679231**	**1013979**	**107940056**
国有企业	19677627	242347	22505924	14078	6119477
集体企业	14578710	23573	15665589	1279	716409
股份合作企业	1763328	22183	1918228	799	135843
联营企业	1039656	31462	1139167		38598
国有联营企业	207189	29393	243505		8016
集体联营企业	339865		356871		19812
国有与集体联营企业	302962	2069	333439		7023
其他联营企业	189640		205352		3747
有限责任公司	378887119	12769496	424657848	502638	45953134
国有独资公司	14725168	610636	18574306	1620	1122209
其他有限责任公司	364161950	12158860	406083543	501019	44830925
股份有限公司	131629468	587239	166948860	44038	12565559
私营企业	312135623	11354788	342994544	450465	42058850
私营独资企业	12755461	130617	14030780	573	930520
私营合伙企业	1376273	20996	1546089	1	110349
私营有限责任公司	282782287	10838725	310285489	446616	39116392
私营股份有限公司	15221602	364449	17132186	3274	1901590
其他企业	4072655	54733	4849071	683	352187
港、澳、台商投资企业	**43576398**	**3878801**	**56249195**	**15829**	**7233251**
合资经营企业	11594869	1286333	15366003	7712	2674795
合作经营企业	598714		752519		24295
独资经营企业	29425322	2405619	37992777	7905	4258314
投资股份有限公司	865217	186849	1061347	212	187816
其他港澳台商投资企业	1092276		1076549		88032
外商投资企业	**57757382**	**2198560**	**69485462**	**15350**	**5255320**
中外合资经营企业	24729833	538089	31113249	5403	1671773
中外合作经营企业	2308329	29867	2583969		136665
外资企业	28906201	1599461	33395329	9947	3273563
外商投资股份有限公司	1443035	5036	1925987		118247
其他外商投资企业	369985	26108	466927		55071

8-1-2 限额以上批发和零售业企业商品购、销、存情况（按国民经济行业分）

单位：万元

项 目	商品购进额	#进口	商品销售额	#出口	期末商品库存额
总 计	**4936639500**	**385713820**	**5413197687**	**230139127**	**381237620**
一、批发业	**3971521536**	**354550639**	**4306783800**	**229093969**	**260808993**
农、林、牧产品批发	80725424	8549846	84537644	1217667	16813203
食品、饮料及烟草制品批发	321615740	11972056	392116881	7117224	30644306
#米、面制品及食用油批发	50289468	5467257	52970898	2032369	8844263
肉、禽、蛋、奶及水产品批发	27631973	1840134	30164639	2143188	1288804
酒、饮料及茶叶批发	44307860	1459328	57692253	348900	4617218
烟草制品批发	129633657	682584	172120571	436882	11253849
纺织、服装及家庭用品批发	306002643	26888575	349249992	73614067	29992015
#服装批发	72935173	4499995	86669414	27447700	8092441
鞋帽批发	15191542	873843	18102065	7349650	1820089
家用电器批发	92011319	11483889	98474943	4525643	10928114
文化、体育用品及器材批发	63936375	4315385	70071634	5916379	9648001
#文具用品批发	18271561	1236680	19264603	1015487	1213449
体育用品及器材批发	3995191	114527	4479623	792211	623076
图书批发	7435586	142827	7882785	68584	1740998
医药及医疗器材批发	159415669	12445790	179813510	2699383	28682446
#西药批发	105000452	5009086	115107247	1416050	18536615
中药批发	33768511	957831	39249861	337176	6524716
矿产品、建材及化工产品批发	2407139271	163014651	2524790203	63644541	94457617
#煤炭及制品批发	299066891	10206376	313392767	1602544	9880740
石油及制品批发	670333257	42808498	709098233	9494500	22883140
金属及金属矿批发	911287762	61270279	948561209	22856230	36459624
建材批发	118887665	8602518	127554010	6064350	5415370
化肥批发	53945147	1865615	55301255	1981899	5715440
农药批发	4256638	490333	4487636	839352	474575
机械设备、五金产品及电子产品批发	500941126	100643045	561466430	46925655	42114105
#汽车批发	174166798	44840740	200870185	4147589	16269550
计算机、软件及辅助设备批发	43043686	6428543	46252931	2811206	3302835
通讯及广播电视设备批发	82656989	19401758	88249731	4107319	4340687
贸易经纪与代理	47149442	10347570	52931128	12548576	3089503
其他批发业	84595848	16373721	91806377	15410478	5367798

8-1-2 续表 单位：万元

项　　目	商品购进额	#进口	商品销售额	#出口	期末商品库存额
二、零售业	**965117964**	**31163181**	**1106413887**	**1045158**	**120428627**
(一)按国民经济行业分					
综合零售	213275474	1804756	260304717	47906	27232114
#百货零售	113242637	1372607	146853785	27035	11370414
超级市场零售	89056893	254702	101109886	16964	15021717
食品、饮料及烟草制品专门零售	28588851	344504	33567373	235332	3202314
#粮油零售	3956008	14673	4337462	129855	498115
肉、禽、蛋、奶及水产品零售	5633157	27866	6481044	4807	380706
酒、饮料及茶叶零售	7185398	40500	8496560	5241	1096946
烟草制品零售	2263381	109286	2635396	35416	473430
纺织、服装及日用品专门零售	34649455	1489622	46050034	84509	7638633
#服装零售	21119613	931242	28438484	25469	4465545
文化、体育用品及器材专门零售	29608244	514521	33106396	57473	5833688
#体育用品及器材零售	976217	1527	1485800	1042	256379
图书、报刊零售	9743153	313344	10195155	8344	1826500
医药及医疗器材专门零售	49420887	456832	55922537	16170	11735187
#药品零售	46107013	170522	51798859	11893	11352676
汽车、摩托车、燃料及零配件专门零售	457680463	25799832	510524993	168621	52677393
#汽车零售	326082031	25580248	344156163	145968	47116999
机动车燃料零售	121463663	126241	155324621	1895	4461034
家用电器及电子产品专门零售	79278383	248782	86295443	27128	7697909
#日用家电设备零售	31796794	74307	34784476	18653	4007808
计算机、软件及辅助设备零售	21723175	29184	23532844	101	1103671
通信设备零售	8163728	31649	9058623	1420	723374
五金、家具及室内装饰材料专门零售	25707171	161730	31199658	60628	2048494
货摊、无店铺及其他零售业	46909036	342604	49442736	347390	2362897
#互联网零售	30417679	40171	30061264	295828	1302607
(二)按零售业态分					
有店铺零售	912893225	30770959	1052457508	722538	117609616
#超市	27554892	133764	30299373	20164	3539508
大型超市	85240020	171621	98307561	2892	14031344
百货店	107597399	1816065	141413389	28833	10836143
专业店	357979162	9212012	412385877	226198	34162322
专卖店	285669484	18534118	312787094	306459	50280821
无店铺零售	52224739	392222	53956379	322619	2819011

8-1-3 各地区限额以上批发和零售业企业商品购、销、存情况

单位：万元

地 区	商品购进额	#进口	商品销售额	#出口	期末商品库存额
全 国	**4936639500**	**385713820**	**5413197687**	**230139127**	**381237620**
北 京	564140316	91812957	594258897	26675668	53439317
天 津	303853865	17816133	323428886	5584844	15184559
河 北	106323493	1640476	115790732	1016585	6634796
山 西	108868787	1250227	119300935	525825	5181875
内蒙古	37723608	1532975	43920278	602562	4164696
辽 宁	157563513	5689318	171510661	3210226	8588453
吉 林	31755847	712496	35133832	128322	4533786
黑龙江	47764315	9186201	54980178	1553121	5139551
上 海	655082081	92003704	718126572	25810956	47502939
江 苏	409108539	22049762	453505065	22022041	25506304
浙 江	401363091	25599087	436681616	50333250	22712192
安 徽	84636371	1921492	94275180	2075297	15503737
福 建	167194829	14795904	187090089	14938557	11228233
江 西	31100303	314574	38353950	850672	3010750
山 东	292274030	12906263	321061894	9554919	16930373
河 南	104000739	2153221	121135833	835470	9218389
湖 北	154209320	3684158	163380528	1740250	15901827
湖 南	78331039	1310737	85820512	682232	8480746
广 东	602510848	45241497	667881203	49388614	47129208
广 西	46415289	1018979	51919398	1076534	4148921
海 南	26768436	2530093	28441103	54888	1396860
重 庆	85804878	3059776	96431972	1990187	13112291
四 川	126931855	5734064	137980567	2720953	9171054
贵 州	31821685	1574196	41497078	1105211	3817723
云 南	72293093	4321865	84108475	3315179	8388742
西 藏	1662139	3734	2237522	1	222117
陕 西	77779668	3957440	83888258	919943	4624123
甘 肃	38628915	328846	44576767	216621	2710141
青 海	11580116	8900	12771711	104966	647110
宁 夏	11109747	199554	11808633	35867	839944
新 疆	68038748	11355192	71899361	1069369	6166863

8-1-4 各地区限额以上批发业企业商品购、销、存情况

单位：万元

地区	商品购进额	#进口	商品销售额	#出口	期末商品库存额
全国	**3971521536**	**354550639**	**4306783800**	**229093969**	**260808993**
北京	484855047	89913810	507467958	26377197	46422418
天津	282401203	16843334	299296794	5577716	13358111
河北	78285490	942372	85275471	1014916	3683267
山西	91160579	764516	97640865	523283	2975127
内蒙古	24249452	1085537	27391815	591844	2672132
辽宁	123956546	4649478	132016763	3194262	5790201
吉林	18470447	521159	19074974	115985	3194287
黑龙江	34766875	8937798	38688539	1551848	3748590
上海	604827750	88939700	658918969	25788152	39346489
江苏	319055367	19403045	350297802	22010612	17582314
浙江	339925266	22213162	367229209	50294924	15072272
安徽	54782266	1373106	60693275	2053793	4580752
福建	135731362	13296528	147613216	14871906	8072584
江西	18641126	154528	24170133	845113	1584086
山东	203452475	11732134	221486349	9380037	9748636
河南	66647652	1347095	78311692	774685	4995298
湖北	101881441	2838268	107740756	1728607	6079246
湖南	46501201	447010	45438536	642087	4193537
广东	509442948	40554754	559532076	49231541	29512465
广西	34968997	727656	38739871	1076510	2421966
海南	22110835	2103664	23127115	54876	761791
重庆	60092689	2263816	65016130	1988936	10911355
四川	77792595	4394235	85753448	2678221	5322068
贵州	20427860	1038980	27505212	1102494	2304691
云南	55189478	3818971	64201652	3303210	6182272
西藏	720306	50	1112270		84872
陕西	52598228	3013160	55630081	905053	2397182
甘肃	30626074	131478	35272715	212819	1915567
青海	9995183	7529	10996111	104966	417886
宁夏	8058994	34452	8484993	35156	407328
新疆	59905807	11059312	62659009	1063221	5070203

8-1-5 各地区限额以上零售业企业商品购、销、存情况

单位：万元

地 区	商品购进额	#进口	商品销售额	#出口	期末商品库存额
全 国	**965117964**	**31163181**	**1106413887**	**1045158**	**120428627**
北 京	79285269	1899147	86790939	298471	7016899
天 津	21452662	972799	24132092	7128	1826448
河 北	28038003	698104	30515261	1669	2951529
山 西	17708208	485711	21660070	2542	2206748
内蒙古	13474156	447438	16528463	10718	1492564
辽 宁	33606967	1039840	39493898	15964	2798252
吉 林	13285400	191337	16058858	12337	1339499
黑龙江	12997440	248403	16291639	1273	1390961
上 海	50254331	3064004	59207603	22804	8156450
江 苏	90053172	2646717	103207263	11429	7923990
浙 江	61437825	3385925	69452407	38326	7639920
安 徽	29854105	548386	33581905	21504	10922985
福 建	31463467	1499376	39476873	66651	3155649
江 西	12459177	160046	14183817	5559	1426664
山 东	88821555	1174129	99575545	174882	7181737
河 南	37353087	806126	42824141	60785	4223091
湖 北	52327879	845890	55639772	11643	9822581
湖 南	31829838	863727	40381976	40145	4287209
广 东	93067900	4686743	108349127	157073	17616743
广 西	11446292	291323	13179527	24	1726955
海 南	4657601	426429	5313988	12	635069
重 庆	25712189	795960	31415842	1251	2200936
四 川	49139260	1339829	52227119	42732	3848986
贵 州	11393825	535216	13991866	2717	1513032
云 南	17103615	502894	19906823	11969	2206470
西 藏	941833	3684	1125252	1	137245
陕 西	25181440	944280	28258177	14890	2226941
甘 肃	8002841	197368	9304052	3802	794574
青 海	1584933	1371	1775600		229224
宁 夏	3050753	165102	3323640	711	432616
新 疆	8132941	295880	9240352	6148	1096660

【主要统计指标解释】

商品购进额 指从本企业以外的单位和个人购进（包括从国外直接进口）作为转卖或加工后转卖的商品金额（含增值税）。它反映批发和零售业从国内外市场上购进商品的总价。

进口 指直接从国外进口或委托外贸企业代理进口的商品金额，不包括从国内有关单位购进的进口商品。对外贸易企业只统计自主经营进口的商品，不统计受托代理进口的商品。

商品销售额 指对本单位以外的单位和个人出售的商品金额（包括售给本单位消费用的商品，含增值税），在批发和零售业中，本指标反映在国内市场上销售商品以及出口商品的总价。

出口 指直接向国（境）外出口商品和委托外贸企业代理出口的商品金额，商品出口不包括售给外贸企业出口或加工后出口的商品，以及在国内市场以外币销售的商品。外贸企业只统计自主经营出口的商品，不包括受托代理出口的商品。

期末商品库存额 指报告期末各种登记注册类型的批发和零售业企业（单位）已取得所有权的全部商品金额（含增值税）。它反映批发和零售业企业的商品库存情况，以及对市场商品供应的保证程度。

8 第三产业部分行业主要业务指标

8-2 交通运输、仓储和邮政业

简要说明

一、主要内容

1. 交通运输业资料主要包括：主要运输方式的线路里程、运输设备拥有量、技术质量情况，各种运输方式完成的货物运输量和旅客运输量，规模以上港口码头长度、泊位数量及货物吞吐量，城市公共交通运营线路网长度、运营车（船）数量及客运量等资料。

2. 邮政业资料主要包括：全国邮政主要业务量、营业网点及邮政邮路情况、邮政通信服务水平等。

二、调查范围及统计单位

1. 铁路资料：包括国家铁路（含控股合资）、地方铁路和非控股合资铁路运营情况，不含军用铁路及由厂矿企事业单位自建的铁路专用线和专用铁路。国家铁路（含控股合资）和非控股合资铁路运营资料来源于各铁路局及所属运输企业（公司）。地方铁路运营资料来源于各省地方铁路管理部门。

2. 公路、水路、港口资料：（1）公路和水路线路里程为年末通车和通航里程数，不含未正式投入使用的公路和航道里程；（2）民用汽车拥有量及机动车和汽车驾驶员人数，根据公安部交通管理局所属各省（自治区、直辖市）车管部门登记注册的车辆资料和驾驶员资料整理，不含军用车辆；（3）公路营运汽车拥有量，根据各省（自治区、直辖市）道路运输主管部门登记注册的从事公路运输的营业性运输车辆资料整理，属于民用汽车的一部分；（4）营业性民用运输船舶拥有量，根据各省（自治区、直辖市）交通运输主管部门登记注册的从事水上客、货运输的营业性船舶资料整理，不含非运输船舶及农业、渔业生产船舶；（5）公路、水路客货运输量资料，由交通运输部负责收集整理；（6）公路、水路运输量统计包括全面调查和非全面调查两种方式，统计范围是在各省交通运输主管部门登记注册的从事公路、水路客、货运输的营业性的车辆和船舶所完成的运输量；（7）规模以上港口的统计范围为年通过能力在1000万吨以上的沿海港口和200万吨以上的内河港口，以及从事外贸、集装箱装卸的港口，具体范围由交通运输部划定。

3. 管道运输资料：包括输原油、输成品油、输天然气及输其他气体的管道长度和完成的运输量。统计范围包括：油气田企业直接通向炼油厂、化工厂、电站等用户及装车站、油码头的管道，炼油厂通向用户（包括商业石油公司油库）的成品油管道，独立核算的管道运输企业通向用户及装车（站）栈桥、油码头的管道。管道运输资料主要来源于中国石油天然气集团公司、中国石油化工集团公司和中国海洋石油总公司所属的管道运输企业，由三家集团公司分别负责收集审核本部门资料。

4. 民航运输资料：统计对象为在我国境内注册从事民用航空运输飞行和通用航空飞行的航空运输企业和民用航空机场，不包括在我国境内运输飞行的外国航空公司。统计内容为各航空公司从事国内运输、港澳台运输、国际运输的定期航班航线条数及里程、运输量及飞机构成和运营情况、通用航空飞行完成情况等。

5. 城市公共交通资料：统计范围为全国所有设市城市的城市公共交通情况。

6. 邮政业资料：包括全国邮政企业和获得快递业务经营许可的快递企业，为社会公众提供的各类邮政及快递服务。

三、资料来源

本篇资料由国家统计局服务业统计司负责整理、编辑。有关交通运输业资料分别来源于公安部交通管理局所属各省车管部门、交通运输部、中国民用航空局、中国铁道总公司、中国石油天然气集团公司、中国石油化工集团公司和中国海洋石油总公司。有关邮政业资料来源于国家邮政局。

8-2-1 交通运输业基本情况

指　　标	2005	2007	2008	2009	2010	2011	2012	2013	2014
运输线路长度　　（万公里）									
铁路营业里程	7.54	7.80	7.97	8.55	9.12	9.32	9.76	10.31	11.18
国家铁路	6.22	6.36	6.40	6.55	6.62	6.60	6.63	6.66	6.70
合资铁路	0.85	0.95	1.08	1.59	2.06	2.28	2.69	3.21	4.04
地方铁路	0.48	0.48	0.49	0.41	0.44	0.44	0.45	0.44	0.44
公路里程	334.52	358.37	373.02	386.08	400.82	410.64	423.75	435.62	446.39
#高速公路	4.10	5.39	6.03	6.51	7.41	8.49	9.62	10.44	11.19
内河航道里程	12.33	12.35	12.28	12.37	12.42	12.46	12.50	12.59	12.63
#等级航道	6.10	6.12	6.11	6.15	6.23	6.26	6.37	6.49	6.54
定期航班航线里程	199.85	234.30	246.18	234.51	276.51	349.06	328.01	410.60	463.72
国际航线	85.59	104.74	112.02	91.99	107.02	149.44	128.47	150.32	176.72
国内航线	114.26	129.55	134.17	142.52	169.50	199.62	199.54	260.29	287.00
管道输油(气)里程	4.40	5.45	5.83	6.91	7.85	8.33	9.01	9.85	10.57
输油管	2.10	2.90	3.07	3.55	3.85	3.95	4.13	4.32	4.52
输气管	2.30	2.55	2.76	3.35	4.00	4.38	4.88	5.52	6.05
客运量总计　　（万人）	**1847018**	**2227761**	**2867892**	**2976898**	**3269508**	**3526319**	**3804035**	**2122992**	**2209391**
铁路	115583	135670	146193	152451	167609	186226	189337	210597	235704
公路	1697381	2050680	2682114	2779081	3052738	3286220	3557010	1853463	1908198
水运	20227	22835	20334	22314	22392	24556	25752	23535	26293
民航	13827	18576	19251	23052	26769	29317	31936	35397	39195
旅客周转量总计　（亿人公里）	**17466.7**	**21592.6**	**23196.7**	**24834.9**	**27894.3**	**30984.0**	**33383.1**	**27571.7**	**30097.4**
铁路	6062.0	7216.3	7778.6	7878.9	8762.2	9612.3	9812.3	10595.6	11604.8
公路	9292.1	11506.8	12476.1	13511.4	15020.8	16760.2	18467.5	11250.9	12084.1
水运	67.8	77.8	59.2	69.4	72.3	74.5	77.5	68.3	74.3
民航	2044.9	2791.7	2882.8	3375.2	4039.0	4537.0	5025.7	5656.8	6334.2
货运量总计　　（万吨）	**1862066**	**2275822**	**2585937**	**2825222**	**3241807**	**3696961**	**4099400**	**4098900**	**4386800**
铁路	269296	314237	330354	333348	364271	393263	390438	396697	381334
公路	1341778	1639432	1916759	2127834	2448052	2820100	3188475	3076648	3332838
水运	219648	281199	294510	318996	378949	425968	458705	559785	598283

注：1.从2005年起，公路里程包括村道，与以前年度数据不可比(以下相关表同)。
2.2008年，公路、水路客货运输量和周转量统计口径发生变化，不宜进行历史对比(以下相关表同)。
3.2011年起民航航线里程改为定期航班航线里程(以下相关表同)。
4.2013年公路水路客货运输数据，源自2013年交通运输业经济统计专项调查，统计范围口径有所调整(下同)。
5.从2013年起,管道运输由中国石油天然气集团公司、中国石油化工集团公司和中国海洋石油总公司提供(下同)。

8-2-1 续表

指 标	2005	2007	2008	2009	2010	2011	2012	2013	2014
民航	306.7	401.8	407.6	445.5	563.0	557.5	545.0	561.3	594.1
管道	31037	40552	43906	44598	49972	57073	61238	65209	73752
货物周转量总计 （亿吨公里）	**80258.1**	**101418.8**	**110300.5**	**122133.3**	**141837.4**	**159323.6**	**173770.7**	**168013.8**	**185837.4**
铁路	20726.0	23797.0	25106.3	25239.2	27644.1	29465.8	29187.1	29173.9	27530.2
公路	8693.2	11354.7	32868.2	37188.8	43389.7	51374.7	59534.9	55738.1	61016.6
水运	49672.3	64284.8	50262.7	57556.7	68427.5	75423.8	81707.6	79435.7	92774.6
民航	78.9	116.4	119.6	126.2	178.9	173.9	163.9	170.3	187.8
管道	1087.7	1865.9	1944.0	2022.4	2197.2	2885.4	3177.3	3495.9	4328.3
规模以上港口货物吞吐量（万吨）	**394196**	**526408**	**589080**	**697159**	**810180**	**911814**	**977473**	**1064891**	**1118803**
沿海规模以上港口	292777	388200	429599	475480.6	548358	616292	665245	728098	769557
#外贸	124166	165631	178271	197921.5	226938	252318	276221	302431	320839
内河规模以上港口	101418	138208	159481	221678.5	261822	295522	312228	336793	349246
#外贸	10063	14009	14288	18296	21025	23967	26831	29961	32091
民用汽车拥有量 （万辆）	**3159.66**	**4358.36**	**5099.61**	**6280.61**	**7801.83**	**9356.32**	**10933.09**	**12670.14**	**14598.11**
#载客汽车	2132.46	3195.99	3838.92	4845.09	6124.13	7478.37	8943.01	10561.78	12326.70
载货汽车	955.55	1054.06	1126.07	1368.60	1597.55	1787.99	1894.75	2010.62	2125.46
#私人汽车拥有量	1848.07	2876.22	3501.39	4574.91	5938.71	7326.79	8838.60	10501.68	12339.36
#载客汽车	1383.93	2316.91	2880.50	3808.33	4989.50	6237.46	7637.87	9198.23	10945.39
载货汽车	452.11	539.45	596.39	753.40	931.52	1067.43	1175.63	1275.49	1352.78
民用运输船舶拥有量 （艘）	**207294**	**191771**	**184190**	**176932**	**178407**	**179242**	**178591**	**172554**	**171977**
机动船	165900	157544	152247	149367	155624	157950	158309	155340	154974
驳船	41394	34227	31943	27565	22783	21292	20282	17214	17003
#私人运输船舶拥有量	95838	70017	64552						
机动船	83380	62228	57490						
驳船	12458	7789	7062						
规模以上港口码头泊位 （个）	**10652**	**12131**	**14205**	**20091**	**20333**	**20524**	**20450**	**20379**	**20516**
沿海规模以上港口	3641	3970	4914	5372	5529	5612	5715	5761	5923
#万吨级	769	967	1076	1214	1293	1366	1453	1524	1633
内河规模以上港口	7011	8161	9291	14719	14804	14912	14735	14618	14593
#万吨级	186	250	259	293	318	340	369	394	406
民用飞机 （架）	**1386**	**1813**	**1961**	**2181**	**2405**	**3191**	**3589**	**4004**	**4168**
#运输飞机	863	1134	1259	1417	1597	1764	1941	2145	2370
通用航空飞机	383	457	484	555	606	1124	1320	1519	1798

8-2-2 各地区交通运输业职工人数(2014年底)

单位：人

地　区	铁路运输业	道路运输业	水上运输业	航空运输业	管道运输业
全　国	**1902500**	**3881462**	**491124**	**507789**	**37632**
北　京	110883	282196	269	68975	6183
天　津	21202	51638	20070	9154	232
河　北	57000	144943	25734	4151	647
山　西	123050	84807	72	4933	440
内蒙古	108515	69230	24	4064	
辽　宁	119016	136190	46028	19601	3112
吉　林	67959	54719	123	5491	1104
黑龙江	135965	74614	2521	7154	656
上　海	42045	209885	55938	61645	1389
江　苏	24197	253433	81064	13249	11553
浙　江	29421	165213	32188	11979	108
安　徽	40656	116732	12401	2761	
福　建	40401	108676	16482	16389	12
江　西	61338	103656	9246	2693	276
山　东	81304	234715	62345	14758	3326
河　南	117956	242084	5096	11035	147
湖　北	86947	156845	14582	6686	738
湖　南	77848	107524	4549	8334	170
广　东	62602	383629	60873	108539	270
广　西	65814	79232	10777	9416	
海　南	5240	19568	5799	12575	30
重　庆	28304	181971	12832	8638	
四　川	63606	207857	10501	41694	621
贵　州	32061	54836	707	6391	
云　南	38552	78844	542	19614	355
西　藏	85	5573	130	582	176
陕　西	115063	111184	121	9004	2391
甘　肃	53722	48691	24	2560	55
青　海	19513	14738		1821	
宁　夏	16058	15682	86	2150	
新　疆	56177	82557		11753	3639

8-2-3 运输线路长度

单位：万公里

年 份	铁路营业里程	#国家铁路电气化里程	公路里程	#高速公路	内河航道里程	定期航班航线里程	#国际航线	管道输油(气)里程
1978	5.17	0.10	89.02		13.60	14.89	5.53	0.83
1980	5.33	0.17	88.83		10.85	19.53	8.12	0.87
1981	5.39	0.17	89.75		10.87	21.83	8.28	0.97
1982	5.33	0.18	90.70		10.86	23.27	9.99	1.04
1983	5.46	0.23	91.51		10.89	22.91	9.99	1.08
1984	5.48	0.30	92.67		10.93	26.02	10.74	1.10
1985	5.52	0.41	94.24		10.91	27.72	10.60	1.17
1986	5.58	0.44	96.28		10.94	32.43	10.76	1.30
1987	5.60	0.46	98.22		10.98	38.91	14.89	1.38
1988	5.62	0.57	99.96	0.01	10.94	37.38	12.83	1.43
1989	5.70	0.64	101.43	0.03	10.90	47.19	16.64	1.51
1990	5.79	0.69	102.83	0.05	10.92	50.68	16.64	1.59
1991	5.78	0.78	104.11	0.06	10.97	55.91	17.74	1.62
1992	5.81	0.84	105.67	0.07	10.97	83.66	30.30	1.59
1993	5.86	0.89	108.35	0.11	11.02	96.08	27.87	1.64
1994	5.90	0.90	111.78	0.16	11.02	104.56	35.19	1.68
1995	6.24	0.97	115.70	0.21	11.06	112.90	34.82	1.72
1996	6.49	1.01	118.58	0.34	11.08	116.65	38.63	1.93
1997	6.60	1.20	122.64	0.48	10.98	142.50	50.44	2.04
1998	6.64	1.30	127.85	0.87	11.03	150.58	50.44	2.31
1999	6.74	1.40	135.17	1.16	11.65	152.22	52.33	2.49
2000	6.87	1.49	167.98	1.63	11.93	150.29	50.84	2.47
2001	7.01	1.69	169.80	1.94	12.15	155.36	51.69	2.76
2002	7.19	1.74	176.52	2.51	12.16	163.77	57.45	2.98
2003	7.30	1.81	180.98	2.97	12.40	174.95	71.53	3.26
2004	7.44	1.86	187.07	3.43	12.33	204.94	89.42	3.82
2005	7.54	1.94	334.52	4.10	12.33	199.85	85.59	4.40
2006	7.71	2.34	345.70	4.53	12.34	211.35	96.62	4.81
2007	7.80	2.40	358.37	5.39	12.35	234.30	104.74	5.45
2008	7.97	2.50	373.02	6.03	12.28	246.18	112.02	5.83
2009	8.55	3.02	386.08	6.51	12.37	234.51	91.99	6.91
2010	9.12	3.27	400.82	7.41	12.42	276.51	107.02	7.85
2011	9.32	3.43	410.64	8.49	12.46	349.06	149.44	8.33
2012	9.76	3.55	423.75	9.62	12.50	328.01	128.47	9.01
2013	10.31	3.60	435.62	10.44	12.59	410.60	150.32	9.85
2014	11.18	3.69	446.39	11.19	12.63	463.72	176.72	10.57

8-2-4 客运量

单位：万人

年 份	总计	铁路				公路	水运	民航
			国家	地方	合资			
1952	24518	16352	16352			4559	3605	2
1957	63821	31262	31262			23772	8780	7
1962	122154	75003	74067	936		30737	16397	17
1965	96334	41245	40708	537		43693	11369	27
1970	130056	52455	51646	809		61812	15767	22
1975	192969	70465	69648	817		101350	21015	139
1978	253993	81491	80729	762		149229	23042	231
1980	341785	92204	91246	958		222799	26439	343
1985	620206	112110	110913	1197		476486	30863	747
1986	688211	108579	107358	1221		544259	34377	996
1987	746422	112479	111414	1065		593682	38951	1310
1988	809592	122645	121595	1050		650473	35032	1442
1989	791374	113805	112796	1009		644508	31778	1283
1990	772682	95712	94888	824		648085	27225	1660
1991	806048	95080	94208	872		682681	26109	2178
1992	860855	99693	98788	905		731774	26502	2886
1993	996634	105458	104580	878		860719	27074	3383
1994	1092882	108738	108009	729		953940	26165	4039
1995	1172596	102745	102081	664		1040810	23924	5117
1996	1245357	94797	93551	612	634	1122110	22895	5555
1997	1326094	93308	91919	659	730	1204583	22573	5630
1998	1378717	95085	92991	629	1465	1257332	20545	5755
1999	1394413	100164	97725	528	1911	1269004	19151	6094
2000	1478573	105073	101847	519	2707	1347392	19386	6722
2001	1534122	105155	101680	558	2917	1402798	18645	7524
2002	1608150	105606	101741	516	3349	1475257	18693	8594
2003	1587497	97260	93634	412	3214	1464335	17142	8759
2004	1767453	111764	107346	378	4040	1624526	19040	12123
2005	1847018	115583	110651	319	4613	1697381	20227	13827
2006	2024158	125656	119728	423	5505	1860487	22047	15968
2007	2227761	135670	128712	451	6507	2050680	22835	18576
2008	2867892	146193	144452	474	1267	2682114	20334	19251
2009	2976898	152451	150798	419	1234	2779081	22314	23052
2010	3269508	167609	164761	477	2371	3052738	22392	26769
2011	3526319	186226	179199	528	6498	3286220	24556	29317
2012	3804035	189337	187863	583	891	3557010	25752	31936
2013	2122992	210597	207541	690	2366	1853463	23535	35397
2014	2209391	235704	232381	762	2562	1908198	26293	39195

注：从2008年起，国家铁路和合资铁路客货运输量及周转量统计口径有调整，其中国家铁路包括了国家控股合资铁路部分，合资铁路仅指非控股合资(以下相关表同)。

8-2-5 客运量构成

单位：%

年 份	总计	铁路				公路	水运	民航
			国家	地方	合资			
1952	100.0	66.7	66.7			18.6	14.7	0.01
1957	100.0	49.0	49.0			37.2	13.8	0.01
1962	100.0	61.4	60.6	0.77		25.2	13.4	0.01
1965	100.0	42.8	42.3	0.56		45.4	11.8	0.03
1970	100.0	40.3	39.7	0.62		47.5	12.1	0.02
1975	100.0	36.5	36.1	0.42		52.5	10.9	0.07
1978	100.0	32.1	31.8	0.30		58.8	9.1	0.09
1980	100.0	27.0	26.7	0.28		65.2	7.7	0.10
1985	100.0	18.1	17.9	0.19		76.8	5.0	0.12
1986	100.0	15.8	15.6	0.18		79.1	5.0	0.14
1987	100.0	15.1	14.9	0.14		79.5	5.2	0.18
1988	100.0	15.1	15.0	0.13		80.3	4.3	0.18
1989	100.0	14.4	14.3	0.13		81.4	4.0	0.16
1990	100.0	12.4	12.3	0.11		83.9	3.5	0.21
1991	100.0	11.8	11.7	0.11		84.7	3.2	0.27
1992	100.0	11.6	11.5	0.11		85.0	3.1	0.34
1993	100.0	10.6	10.5	0.09		86.4	2.7	0.34
1994	100.0	9.9	9.9	0.07		87.3	2.4	0.37
1995	100.0	8.8	8.7	0.06		88.8	2.0	0.44
1996	100.0	7.6	7.5	0.05	0.05	90.1	1.8	0.45
1997	100.0	7.0	6.9	0.05	0.06	90.8	1.7	0.42
1998	100.0	6.9	6.7	0.05	0.11	91.2	1.5	0.42
1999	100.0	7.2	7.0	0.04	0.14	91.0	1.4	0.44
2000	100.0	7.1	6.9	0.04	0.18	91.1	1.3	0.45
2001	100.0	6.9	6.6	0.04	0.19	91.4	1.2	0.49
2002	100.0	6.6	6.3	0.03	0.21	91.7	1.2	0.53
2003	100.0	6.1	5.9	0.03	0.20	92.2	1.1	0.55
2004	100.0	6.3	6.1	0.02	0.23	91.9	1.1	0.69
2005	100.0	6.3	6.0	0.02	0.25	91.9	1.1	0.75
2006	100.0	6.2	5.9	0.02	0.27	91.9	1.1	0.79
2007	100.0	6.1	5.8	0.02	0.29	92.1	1.0	0.83
2008	100.0	5.1	5.0	0.02	0.04	93.5	0.7	0.67
2009	100.0	5.1	5.1	0.01	0.04	93.4	0.7	0.77
2010	100.0	5.1	5.0	0.01	0.07	93.4	0.7	0.82
2011	100.0	5.3	5.1	0.01	0.18	93.2	0.7	0.83
2012	100.0	5.0	4.9	0.02	0.02	93.5	0.7	0.84
2013	100.0	9.9	9.8	0.03	0.11	87.3	1.1	1.67
2014	100.0	10.7	10.5	0.03	0.12	86.4	1.2	1.77

8-2-6 旅客周转量

单位：亿人公里

年　份	总计	铁路				公路	水运	民航
			国家	地方	合资			
1952	248.02	200.64	200.64			22.64	24.50	0.24
1957	496.55	361.30	361.30			88.07	46.38	0.80
1962	1085.56	859.01	857.26	1.75		141.46	83.92	1.17
1965	697.04	478.99	477.81	1.18		168.20	47.37	2.48
1970	1031.05	718.19	715.94	2.25		240.06	71.01	1.79
1975	1434.55	954.09	952.59	1.50		374.48	90.59	15.39
1978	1743.07	1093.22	1090.81	2.41		521.30	100.63	27.92
1980	2281.34	1383.16	1380.37	2.79		729.50	129.12	39.56
1985	4436.39	2416.14	2412.51	3.63		1724.88	178.65	116.72
1986	4896.51	2586.71	2583.11	3.60		1981.74	182.06	146.00
1987	5418.18	2843.06	2840.00	3.06		2190.43	195.92	188.77
1988	6208.91	3260.31	3257.31	3.00		2528.24	203.92	216.44
1989	6074.56	3037.41	3034.37	3.04		2662.11	188.27	186.77
1990	5628.35	2612.64	2610.11	2.53		2620.32	164.91	230.48
1991	6178.32	2828.05	2824.84	3.21		2871.74	177.21	301.32
1992	6949.38	3152.24	3148.29	3.95		3192.64	198.38	406.12
1993	7858.00	3483.30	3479.38	3.92		3700.70	196.40	477.60
1994	8591.42	3636.04	3632.81	3.23		4220.30	183.50	551.58
1995	9001.90	3545.70	3542.61	3.09		4603.10	171.80	681.30
1996	9164.80	3347.60	3322.02	3.36	22.22	4908.79	160.57	747.84
1997	10055.48	3584.86	3543.53	4.72	36.61	5541.40	155.70	773.52
1998	10636.74	3773.42	3690.97	5.01	77.44	5942.81	120.27	800.24
1999	11299.74	4135.94	4046.27	4.40	85.27	6199.20	107.30	857.30
2000	12261.05	4532.59	4414.68	4.59	113.32	6657.42	100.50	970.54
2001	13155.13	4766.82	4636.55	5.20	125.07	7207.08	89.88	1091.35
2002	14125.63	4969.38	4803.05	5.26	161.07	7805.77	81.78	1268.70
2003	13810.50	4788.61	4622.79	3.99	161.83	7695.60	63.10	1263.19
2004	16309.08	5712.17	5511.96	3.98	196.23	8748.38	66.25	1782.28
2005	17466.74	6061.96	5833.20	3.53	225.23	9292.08	67.77	2044.93
2006	19197.21	6622.12	6353.27	4.66	264.19	10130.85	73.58	2370.66
2007	21592.58	7216.31	6896.18	5.32	314.81	11506.77	77.78	2791.73
2008	23196.70	7778.60	7739.15	5.85	33.60	12476.11	59.18	2882.80
2009	24834.94	7878.89	7840.09	5.63	33.16	13511.44	69.38	3375.24
2010	27894.26	8762.18	8725.72	6.31	30.15	15020.81	72.27	4039.00
2011	30984.03	9612.29	9582.71	6.62	22.97	16760.25	74.53	4536.96
2012	33383.09	9812.33	9783.99	6.88	21.46	18467.55	77.48	5025.74
2013	27571.65	10595.62	10550.32	7.28	38.02	11250.94	68.33	5656.76
2014	30097.38	11604.75	11556.36	7.26	41.13	12084.10	74.34	6334.19

8-2-7 旅客周转量构成

单位：%

年　份	总计	铁路	国家	地方	合资	公路	水运	民航
1952	100.0	80.9	80.9			9.1	9.9	0.1
1957	100.0	72.8	72.8			17.7	9.3	0.2
1962	100.0	79.1	79.0	0.16		13.0	7.7	0.1
1965	100.0	68.7	68.5	0.17		24.1	6.8	0.4
1970	100.0	69.7	69.4	0.22		23.3	6.9	0.2
1975	100.0	66.5	66.4	0.10		26.1	6.3	1.1
1978	100.0	62.7	62.6	0.14		29.9	5.8	1.6
1980	100.0	60.6	60.5	0.12		32.0	5.7	1.7
1985	100.0	54.5	54.4	0.08		38.9	4.0	2.6
1986	100.0	52.8	52.8	0.07		40.5	3.7	3.0
1987	100.0	52.5	52.4	0.06		40.4	3.6	3.5
1988	100.0	52.5	52.5	0.05		40.7	3.3	3.5
1989	100.0	50.0	50.0	0.05		43.8	3.1	3.1
1990	100.0	46.4	46.4	0.04		46.6	2.9	4.1
1991	100.0	45.8	45.7	0.05		46.5	2.9	4.9
1992	100.0	45.4	45.3	0.06		45.9	2.9	5.8
1993	100.0	44.3	44.3	0.05		47.1	2.5	6.1
1994	100.0	42.3	42.3	0.04		49.1	2.1	6.4
1995	100.0	39.4	39.4	0.03		51.1	1.9	7.6
1996	100.0	36.5	36.2	0.04	0.24	53.6	1.8	8.2
1997	100.0	35.7	35.2	0.05	0.36	55.1	1.5	7.7
1998	100.0	35.5	34.7	0.05	0.73	55.9	1.1	7.5
1999	100.0	36.6	35.8	0.04	0.75	54.9	0.9	7.6
2000	100.0	37.0	36.0	0.04	0.92	54.3	0.8	7.9
2001	100.0	36.2	35.2	0.04	0.95	54.8	0.7	8.3
2002	100.0	35.2	34.0	0.04	1.14	55.3	0.6	9.0
2003	100.0	34.7	33.5	0.03	1.17	55.7	0.5	9.1
2004	100.0	35.0	33.8	0.02	1.20	53.6	0.4	10.9
2005	100.0	34.7	33.4	0.02	1.29	53.2	0.4	11.7
2006	100.0	34.5	33.1	0.02	1.38	52.8	0.4	12.3
2007	100.0	33.4	31.9	0.02	1.46	53.3	0.4	12.9
2008	100.0	33.5	33.4	0.03	0.14	53.8	0.3	12.4
2009	100.0	31.7	31.6	0.02	0.13	54.4	0.3	13.6
2010	100.0	31.4	31.3	0.02	0.11	53.8	0.3	14.5
2011	100.0	31.0	30.9	0.02	0.07	54.1	0.2	14.6
2012	100.0	29.4	29.3	0.02	0.06	55.3	0.2	15.1
2013	100.0	38.4	38.3	0.03	0.14	40.8	0.2	20.5
2014	100.0	38.6	38.4	0.02	0.14	40.1	0.2	21.0

8-2-8 旅客运输平均运距

单位：公里

年 份	总计	铁路				公路	水运	民航
			国家	地方	合资			
1952	101	123	123			50	68	1200
1957	78	116	116			37	53	1143
1962	89	115	116	19		46	51	688
1965	72	116	117	22		38	42	919
1970	79	137	139	28		39	45	814
1975	74	135	137	18		37	43	1107
1978	69	134	135	32		35	44	1208
1980	67	150	151	29		33	49	1153
1985	72	216	218	30		36	58	1563
1986	71	238	241	29		36	53	1466
1987	73	253	255	29		37	50	1441
1988	77	266	268	29		39	58	1501
1989	77	267	269	30		41	59	1456
1990	73	273	275	31		40	61	1388
1991	77	297	300	37		42	68	1383
1992	81	316	319	44		44	75	1407
1993	79	330	333	45		43	73	1412
1994	79	334	336	44		44	70	1366
1995	77	345	347	46		44	72	1331
1996	74	353	355	55	350	44	70	1346
1997	76	384	386	72	502	46	69	1374
1998	77	397	397	80	529	47	59	1391
1999	81	413	414	83	446	49	56	1407
2000	83	431	433	89	419	49	52	1444
2001	86	453	456	93	429	51	48	1450
2002	88	471	472	102	481	53	44	1476
2003	87	492	494	97	504	53	37	1442
2004	92	511	513	105	486	54	35	1470
2005	95	524	527	111	488	55	34	1479
2006	95	527	531	110	480	54	33	1485
2007	97	532	536	118	484	56	34	1503
2008	81	532	536	124	265	47	29	1497
2009	83	517	520	134	269	49	31	1464
2010	85	523	530	132	127	49	32	1509
2011	88	516	535	125	35	51	30	1548
2012	88	518	521	118	241	52	30	1574
2013	130	503	508	106	161	61	29	1598
2014	136	492	497	95	161	63	28	1616

8-2-9 货运量

单位：万吨

年份	总计	铁路	国家	地方	合资	公路	水运	民航	管道
1952	31516	13217	13217			13158	5141	0.2	
1957	80365	27421	27421			37505	15438	0.8	
1962	85521	35261	34598	663		32794	17464	1.8	
1965	121083	49100	48358	742		48987	22993	2.7	
1970	150359	68132	66552	1580		56779	25444	3.7	
1975	202478	88955	86746	2209		72499	34987	4.7	6032
1978	248946	110119	107492	2627		85182	43292	6.4	10347
1980	546537	111279	108584	2695		382048	42676	8.9	10525
1985	745763	130709	127516	3193		538062	63322	19.5	13650
1986	853557	135635	132219	3416		620113	82962	22.4	14825
1987	948229	140653	136949	3704		711424	80979	29.9	15143
1988	982195	144948	140553	4395		732315	89281	32.8	15618
1989	988435	151489	146804	4685		733781	87493	31.0	15641
1990	970602	150681	146209	4472		724040	80094	37.0	15750
1991	985793	152893	147898	4995		733907	83370	45.2	15578
1992	1045899	157627	152317	5310		780941	92490	57.5	14783
1993	1115902	162794	156791	6003		840256	97938	69.4	14845
1994	1180396	163216	157278	5938		894914	107091	82.9	15092
1995	1234938	165982	159473	6509		940387	113194	101.1	15274
1996	1298421	171024	161787	7125	2112	983860	127430	115.0	15992
1997	1278218	172149	162010	7854	2285	976536	113406	124.7	16002
1998	1267427	164309	153435	8035	2839	976004	109555	140.1	17419
1999	1293008	167554	157239	7296	3019	990444	114608	170.4	20232
2000	1358682	178581	166056	8369	4156	1038813	122391	196.7	18700
2001	1401786	193189	179201	9542	4446	1056312	132675	171.0	19439
2002	1483447	204956	187578	11241	6137	1116324	141832	202.1	20133
2003	1564492	224248	199814	13064	11370	1159957	158070	219.0	21998
2004	1706412	249017	217816	14924	16277	1244990	187394	276.7	24734
2005	1862066	269296	231839	17802	19655	1341778	219648	306.7	31037
2006	2037060	288224	245476	19593	23154	1466347	248703	349.4	33436
2007	2275822	314237	262400	24390	27447	1639432	281199	401.8	40552
2008	2585937	330354	275243	27128	27983	1916759	294510	407.6	43906
2009	2825222	333348	277572	23873	31903	2127834	318996	445.5	44598
2010	3241807	364271	309541	19089	35641	2448052	378949	563.0	49972
2011	3696961	393263	329535	22179	41549	2820100	425968	557.5	57073
2012	4099400	390438	323559	22907	43971	3188475	458705	545.0	61238
2013	4098900	396697	322207	24999	49491	3076648	559785	561.3	65209
2014	4386800	381334	306942	50296	24095	3332838	598283	594.1	73752

注：1.从1979年起，公路运输包括社会车辆完成数量；从1984年起，还包括私营运输完成的数量(后相同)，从2008年起公路运输量统计原则上为营运车辆。水路运输量统计范围为在交通运输主管部门审批、备案、从事营业性货物运输生产的船舶。

2.1993年及以后年份，铁路货物运输指标口径有调整，增加了行包运量(后相同)。

3.本资料从2012年开始，将1980年以前的公路、水路货运历史数据按部门口径进行了调整(以下各表同)。

8-2-10 货运量构成

单位：%

年 份	总计	铁路	国家	地方	合资	公路	水运	民航	管道
1952	100.0	41.9	41.9			41.7	16.3		
1957	100.0	34.1	34.1			46.7	19.2		
1962	100.0	41.3	40.5	0.8		38.3	20.4		
1965	100.0	40.5	39.9	0.6		40.5	19.0		
1970	100.0	45.4	44.3	1.1		37.8	16.9		
1975	100.0	43.9	42.8	1.1		35.8	17.3		3.0
1978	100.0	44.3	43.2	1.1		34.2	17.4		4.2
1980	100.0	20.4	19.9	0.5		69.9	7.8		1.9
1985	100.0	17.5	17.1	0.4		72.1	8.5		1.6
1986	100.0	15.9	15.5	0.4		72.7	9.7		1.7
1987	100.0	14.8	14.4	0.4		75.0	8.5		1.6
1988	100.0	14.7	14.3	0.4		74.6	9.1		1.6
1989	100.0	15.4	14.9	0.5		74.2	8.9		1.6
1990	100.0	15.6	15.1	0.5		74.6	8.3		1.6
1991	100.0	15.5	15.0	0.5		74.4	8.5		1.6
1992	100.0	15.1	14.6	0.5		74.7	8.8		1.4
1993	100.0	14.6	14.1	0.5		75.3	8.8	0.01	1.3
1994	100.0	13.8	13.3	0.5		75.8	9.1	0.01	1.3
1995	100.0	13.4	12.9	0.5		76.1	9.2	0.01	1.2
1996	100.0	13.2	12.5	0.5	0.2	75.8	9.8	0.01	1.2
1997	100.0	13.5	12.7	0.6	0.2	76.4	8.9	0.01	1.3
1998	100.0	13.0	12.1	0.6	0.2	77.0	8.6	0.01	1.4
1999	100.0	13.0	12.2	0.6	0.2	76.6	8.9	0.01	1.6
2000	100.0	13.1	12.2	0.6	0.3	76.5	9.0	0.01	1.4
2001	100.0	13.8	12.8	0.7	0.3	75.4	9.5	0.01	1.4
2002	100.0	13.8	12.6	0.8	0.4	75.3	9.6	0.01	1.4
2003	100.0	14.3	12.8	0.8	0.7	74.1	10.1	0.01	1.4
2004	100.0	14.6	12.8	0.9	1.0	73.0	11.0	0.02	1.4
2005	100.0	14.5	12.4	1.0	1.1	72.1	11.8	0.02	1.7
2006	100.0	14.1	12.1	1.0	1.1	72.0	12.2	0.02	1.6
2007	100.0	13.8	11.5	1.1	1.2	72.0	12.4	0.02	1.8
2008	100.0	12.8	10.6	1.0	1.1	74.1	11.4	0.02	1.7
2009	100.0	11.8	9.8	0.8	1.1	75.3	11.3	0.02	1.6
2010	100.0	11.2	9.5	0.6	1.1	75.5	11.7	0.02	1.5
2011	100.0	10.6	8.9	0.6	1.1	76.3	11.5	0.02	1.5
2012	100.0	9.5	7.9	0.6	1.1	77.8	11.2	0.01	1.5
2013	100.0	9.7	7.9	0.6	1.2	75.1	13.7	0.01	1.6
2014	100.0	8.7	7.0	0.5	1.1	76.0	13.6	0.01	1.7

8-2-11 货物周转量

单位：亿吨公里

年 份	总计	铁路	国家	地方	合资	公路	水运	民航	管道
1952	762	601.6	601.6			14.5	145.8		
1957	1810	1345.9	1345.9			48.0	415.6	0.08	
1962	2236	1721.1	1719.1	2.0		62.1	452.6	0.15	
1965	3464	2698.7	2696.4	2.3		95.1	670.2	0.25	
1970	4566	3496.0	3491.4	4.6		138.1	931.3	0.35	
1975	7296	4255.6	4246.1	9.5		202.7	2574.7	0.60	262
1978	9829	5345.2	5333.5	11.7		274.1	3779.2	0.97	430
1980	12027	5717.5	5707.3	10.2		764.0	5052.8	1.41	491
1985	18365	8125.7	8111.6	14.1		1903.2	7729.3	4.15	603
1986	20147	8764.8	8750.1	14.7		2118.0	8647.9	4.81	612
1987	22229	9471.5	9455.7	15.8		2660.4	9465.1	6.52	625
1988	23826	9877.6	9860.2	17.4		3220.4	10070.4	7.32	650
1989	25592	10394.2	10373.0	21.2		3374.8	11186.8	6.93	629
1990	26208	10622.4	10601.2	21.2		3358.1	11591.9	8.18	627
1991	27987	10972.0	10948.1	23.9		3428.0	12955.5	10.10	621
1992	29218	11575.6	11548.5	27.0		3755.4	13256.2	13.42	617
1993	30647	12090.9	12059.7	31.2		4070.5	13860.8	16.61	608
1994	33435	12632.0	12600.6	31.4		4486.3	15686.6	18.58	612
1995	35909	13049.5	13015.2	34.2		4694.9	17552.2	22.30	590
1996	36590	13106.2	12935.0	48.6	122.5	5011.2	17862.5	24.93	585
1997	38385	13269.9	13063.0	50.7	156.2	5271.5	19235.0	29.10	579
1998	38089	12560.1	12304.5	50.7	204.8	5483.4	19405.8	33.45	606
1999	40568	12910.3	12649.8	37.6	222.9	5724.3	21263.0	42.34	628
2000	44321	13770.5	13444.0	43.6	282.9	6129.4	23734.2	50.27	636
2001	47710	14694.1	14368.8	55.4	270.0	6330.4	25988.9	43.72	653
2002	50686	15658.4	15219.1	62.8	376.5	6782.5	27510.6	51.55	683
2003	53859	17246.7	16475.6	69.0	702.1	7099.5	28715.8	57.90	739
2004	69445	19288.8	18285.5	89.1	914.2	7840.9	41428.7	71.80	815
2005	80258	20726.0	19533.4	99.2	1093.5	8693.2	49672.3	78.90	1088
2006	88840	21954.4	20557.2	105.7	1291.6	9754.2	55485.7	94.28	1551
2007	101419	23797.0	22112.5	132.7	1551.8	11354.7	64284.8	116.39	1866
2008	110300	25106.3	23648.9	150.9	1306.5	32868.2	50262.7	119.60	1944
2009	122133	25239.2	23649.9	126.6	1462.7	37188.8	57556.7	126.23	2022
2010	141837	27644.1	25937.3	116.1	1590.7	43389.7	68427.5	178.90	2197
2011	159324	29465.8	27631.7	138.7	1695.4	51374.7	75423.8	173.91	2885
2012	173771	29187.1	27220.5	136.2	1830.4	59534.9	81707.6	163.89	3177
2013	168014	29173.9	26845.0	154.9	2173.9	55738.1	79435.7	170.29	3496
2014	185837	27530.2	25103.4	135.0	2291.8	61016.6	92774.6	187.77	4328

8-2-12 货物周转量构成

单位：%

年份	总计	铁路				公路	水运	民航	管道
			国家	地方	合资				
1952	100.0	79.0	79.0			1.9	19.1		
1957	100.0	74.4	74.4			2.7	23.0		
1962	100.0	77.0	76.9	0.1		2.8	20.2	0.01	
1965	100.0	77.9	77.8	0.1		2.7	19.3	0.01	
1970	100.0	76.6	76.5	0.1		3.0	20.4	0.01	
1975	100.0	58.3	58.2	0.1		2.8	35.3	0.01	3.6
1978	100.0	54.4	54.3	0.1		2.8	38.4	0.01	4.4
1980	100.0	47.5	47.5	0.1		6.4	42.0	0.01	4.1
1985	100.0	44.2	44.2	0.1		10.4	42.1	0.02	3.3
1986	100.0	43.5	43.4	0.1		10.5	42.9	0.02	3.0
1987	100.0	42.6	42.5	0.1		12.0	42.6	0.03	2.8
1988	100.0	41.5	41.4	0.1		13.5	42.3	0.03	2.7
1989	100.0	40.6	40.5	0.1		13.2	43.7	0.03	2.5
1990	100.0	40.5	40.5	0.1		12.8	44.2	0.03	2.4
1991	100.0	39.2	39.1	0.1		12.2	46.3	0.04	2.2
1992	100.0	39.6	39.5	0.1		12.9	45.4	0.05	2.1
1993	100.0	39.5	39.4	0.1		13.3	45.2	0.05	2.0
1994	100.0	37.8	37.7	0.1		13.4	46.9	0.06	1.8
1995	100.0	36.3	36.2	0.1		13.1	48.9	0.06	1.6
1996	100.0	35.8	35.4	0.1	0.3	13.7	48.8	0.07	1.6
1997	100.0	34.6	34.0	0.1	0.4	13.7	50.1	0.08	1.5
1998	100.0	33.0	32.3	0.1	0.5	14.4	50.9	0.09	1.6
1999	100.0	31.8	31.2	0.1	0.5	14.1	52.4	0.10	1.5
2000	100.0	31.1	30.3	0.1	0.6	13.8	53.6	0.11	1.4
2001	100.0	30.8	30.1	0.1	0.6	13.3	54.5	0.09	1.4
2002	100.0	30.9	30.0	0.1	0.7	13.4	54.3	0.10	1.3
2003	100.0	32.0	30.6	0.1	1.3	13.2	53.3	0.11	1.4
2004	100.0	27.8	26.3	0.1	1.3	11.3	59.7	0.10	1.2
2005	100.0	25.8	24.3	0.1	1.4	10.8	61.9	0.10	1.4
2006	100.0	24.7	23.1	0.1	1.5	11.0	62.5	0.11	1.7
2007	100.0	23.5	21.8	0.1	1.5	11.2	63.4	0.11	1.8
2008	100.0	22.8	21.4	0.1	1.2	29.8	45.6	0.11	1.8
2009	100.0	20.7	19.4	0.1	1.2	30.4	47.1	0.10	1.7
2010	100.0	19.5	18.3	0.1	1.1	30.6	48.2	0.13	1.5
2011	100.0	18.5	17.3	0.1	1.1	32.2	47.3	0.11	1.8
2012	100.0	16.8	15.7	0.1	1.1	34.3	47.0	0.09	1.8
2013	100.0	17.4	16.0	0.1	1.3	33.2	47.3	0.10	2.1
2014	100.0	14.8	13.5	0.1	1.2	32.8	49.9	0.10	2.3

8-2-13 货物运输平均运距

单位：公里

年 份	总计	铁路				公路	水运	民航	管道
			国家	地方	合资				
1952	242	455	455			11	284		
1957	225	491	491			13	269	1000	
1962	261	488	497	30		19	259	833	
1965	286	550	558	31		19	291	930	
1970	304	513	525	29		24	366	951	
1975	360	478	489	43		28	736	1280	434
1978	395	485	496	45		32	873	1516	416
1980	220	514	526	38		20	1184	1580	467
1985	246	622	636	44		35	1221	2129	442
1986	236	646	662	43		34	1042	2146	413
1987	234	673	690	43		37	1169	2182	413
1988	243	681	702	40		44	1128	2231	416
1989	259	686	707	45		46	1279	2237	402
1990	270	705	725	47		46	1447	2211	398
1991	284	718	740	48		47	1554	2234	399
1992	279	734	758	51		48	1433	2335	417
1993	275	743	769	52		48	1415	2394	410
1994	283	774	801	53		50	1465	2241	406
1995	291	786	816	53		50	1551	2206	386
1996	282	766	800	68	580	51	1402	2168	366
1997	300	771	806	65	684	54	1696	2334	362
1998	301	764	802	63	721	56	1771	2388	348
1999	314	771	804	51	738	58	1855	2485	310
2000	326	771	810	52	681	59	1939	2555	340
2001	340	761	802	58	607	60	1959	2556	336
2002	342	764	811	56	614	61	1940	2551	339
2003	344	769	825	53	617	61	1817	2643	336
2004	407	775	839	60	562	63	2211	2595	329
2005	431	770	843	56	556	65	2261	2572	350
2006	436	762	837	54	558	67	2231	2698	464
2007	446	757	843	54	565	69	2286	2896	460
2008	427	760	859	56	467	171	1707	2934	443
2009	432	757	852	53	458	175	1804	2833	453
2010	438	759	838	61	446	177	1806	3177	440
2011	431	749	839	63	408	182	1771	3120	506
2012	424	748	841	59	416	187	1781	3007	519
2013	410	735	833	62	439	181	1419	3034	536
2014	424	722	818	56	456	183	1551	3161	587

8-2-14 各地区客运量

单位：万人

地 区	总计	铁路	国家	地方	合资	公路	水运
全 国	**2209391**	**235704**	**232381**	**762**	**2562**	**1908198**	**26293**
北 京	65063	12709	12609	100		52354	
天 津	18300	3687	3687			14530	83
河 北	60725	9571	9571			51151	4
山 西	34168	6949	6939		10	27091	128
内蒙古	18283	4789	4788		1	13494	
辽 宁	94172	12841	12820	21		80789	542
吉 林	35004	6935	6935			27866	203
黑龙江	46841	10096	9965	132		36379	366
上 海	13317	9194	9194			3754	369
江 苏	155207	15374	15374			137270	2563
浙 江	130145	13648	13118		531	112915	3581
安 徽	139553	7972	7972			131403	178
福 建	58719	8345	8345			48580	1794
江 西	67795	7840	7840			59674	281
山 东	74378	10304	10001	303		62052	2022
河 南	140180	11647	11646		1	128279	254
湖 北	100730	12379	12379			87803	548
湖 南	161837	9806	9806			150583	1449
广 东	180789	20942	18945		1997	157234	2613
广 西	51904	4770	4770			46623	512
海 南	14210	1543	1543			11042	1624
重 庆	68399	4057	4057			63630	712
四 川	138274	8905	8905			126691	2678
贵 州	86571	4409	4409			80231	1931
云 南	49080	3479	3272	207		44502	1099
西 藏	1571	163	163			1408	
陕 西	74188	7077	7055		22	66720	391
甘 肃	38986	2672	2672			36224	89
青 海	5444	615	615			4769	60
宁 夏	9186	657	657			8311	219
新 疆	37176	2329	2329			34847	
不分地区	39195						

注：不分地区合计数为民航完成客运量。

8-2-15 各地区旅客周转量

单位：亿人公里

地　区	总计	铁路				公路	水运
			国家	地方	合资		
全　国	**30097.38**	**11604.75**	**11556.36**	**7.26**	**41.13**	**12084.10**	**74.34**
北　京	273.93	135.63	135.51	0.12		138.30	
天　津	246.74	158.12	158.12			88.47	0.15
河　北	1276.66	985.91	985.91			290.48	0.28
山　西	384.51	202.38	201.67		0.72	181.99	0.13
内蒙古	363.13	201.73	201.72		0.02	161.40	
辽　宁	991.22	609.09	609.02	0.06		375.61	6.52
吉　林	424.47	250.95	250.95			173.27	0.25
黑龙江	493.09	261.45	259.16	2.29		231.23	0.40
上　海	209.87	84.46	84.46			124.34	1.06
江　苏	1455.21	600.17	600.17			852.00	3.03
浙　江	1076.76	513.14	494.58		18.56	558.06	5.56
安　徽	1417.34	617.64	617.64			799.37	0.32
福　建	622.73	284.91	284.91			334.95	2.87
江　西	971.35	654.50	654.50			316.48	0.37
山　东	1143.60	620.38	616.78	3.59		511.41	11.81
河　南	1746.03	900.63	900.62		0.01	844.86	0.54
湖　北	1209.01	722.20	722.20			483.89	2.93
湖　南	1660.69	881.37	881.37			776.48	2.84
广　东	2315.37	674.92	653.25		21.67	1629.79	10.67
广　西	652.68	236.96	236.96			413.23	2.48
海　南	120.48	28.06	28.06			89.08	3.33
重　庆	507.13	146.98	146.98			352.58	7.57
四　川	954.66	321.98	321.98			630.03	2.65
贵　州	635.50	217.39	217.39			412.92	5.19
云　南	437.32	113.88	112.68	1.20		321.06	2.37
西　藏	45.12	12.34	12.34			32.78	
陕　西	804.42	464.74	464.58		0.16	339.02	0.66
甘　肃	607.05	377.87	377.87			229.02	0.17
青　海	102.89	56.31	56.31			46.50	0.08
宁　夏	114.24	48.46	48.46			65.68	0.10
新　疆	500.00	220.19	220.19			279.81	
不分地区	6334.19						

注：不分地区合计数为民航完成旅客周转量。

8-2-16 各地区货运量

单位：万吨

地区	总计	铁路				公路	水运
			国家	地方	合资		
全国	**4386800**	**381334**	**306942**	**24095**	**50296**	**3332838**	**598283**
北京	26551	1135	1132	2		25416	
天津	49753	8874	8874			31130	9749
河北	209946	20619	17589	2712	318	185286	4041
山西	164918	76411	71759	1352	3300	88491	17
内蒙古	191869	65165	40655	5242	19269	126704	
辽宁	222138	19154	16520	2634		189174	13810
吉林	48311	6074	5761	314		41830	407
黑龙江	60213	11777	11144	508	125	47173	1262
上海	89980	549	549			42848	46583
江苏	196153	6376	6090	286		114449	75328
浙江	194250	4343	3496	65	781	117070	72837
安徽	434298	10488	10488			315223	108587
福建	111757	3402	3402			82573.37	25782
江西	151878	4934	4819	114		137782	9162
山东	264459	20268	17142	3126		230018	14172
河南	200801	11770	10597	894	279	179680	9351
湖北	150762	4689	4282	407		116279	29794
湖南	203053	4753	4517	236		172613	25687
广东	343491	9136	7842	925	368	257136	77219
广西	163023	6684	6684			134330	22009
海南	23632	854	854			11015	11763
重庆	97377	2054	1955	98		81206	14117
四川	159034	8541	7548	993		142132	8361
贵州	85672	6317	6317			78017	1338
云南	108544	4823	4127	696		103161	560
西藏	1914	43	43			1871	
陕西	157012	37483	11628		25855	119343	186
甘肃	57240	6448	6448			50781	10
青海	14638	3608	3608			11030	
宁夏	41308	6990	3499	3491		34318	
新疆	72168	7410	7410			64758	
不分地区	90658	162	161	0.16	0.45		16150

注：不分地区合计数中包括铁路行包运量、民航、管道及中国远洋运输集团总公司海外公司完成货运量。

8-2-17 各地区货物周转量

单位：亿吨公里

地 区	总计	铁路				公路	水运
			国家	地方	合资		
全 国	**185837.42**	**27530.19**	**25103.42**	**135.00**	**2291.77**	**61016.62**	**92774.56**
北 京	1036.71	871.52	871.51	0.00318		165.19	
天 津	3602.38	519.35	493.48		25.86	349.02	2734.01
河 北	12684.47	4183.14	3274.76	13.17	895.22	7019.56	1481.77
山 西	3710.81	2347.57	1543.37	2.24	801.97	1363.20	0.04
内蒙古	4471.08	2367.61	2029.79	41.55	296.27	2103.47	
辽 宁	12235.71	1181.28	1176.79	4.50		3074.90	7979.53
吉 林	1703.81	511.65	509.81	1.85		1190.78	1.38
黑龙江	1811.09	794.70	789.67	4.62	0.40	1008.46	7.94
上 海	18633.36	12.45	12.45			300.82	18320.09
江 苏	10417.86	352.27	351.93	0.34		1978.52	8087.07
浙 江	9539.70	223.11	197.14	0.09	25.88	1419.43	7897.16
安 徽	13500.60	809.99	809.99			7392.37	5298.24
福 建	4780.22	149.70	149.70			974.80	3655.72
江 西	3827.98	539.29	538.91	0.39		3073.31	215.37
山 东	8253.03	1314.20	1293.78	20.42		5711.38	1227.44
河 南	7401.12	1963.16	1951.50	9.21	2.45	4822.37	615.59
湖 北	5503.57	846.77	845.27	1.50		2340.56	2316.24
湖 南	4138.36	849.52	849.16	0.37		2578.90	709.94
广 东	14801.03	279.39	267.89	4.37	7.13	3113.84	11407.80
广 西	4089.65	770.44	770.44			2068.51	1250.70
海 南	1488.11	12.38	12.38			81.50	1394.23
重 庆	2594.96	165.84	165.51	0.33		797.80	1631.33
四 川	2465.13	800.40	795.84	4.55		1510.51	154.22
贵 州	1441.78	633.89	633.89			776.95	30.94
云 南	1445.58	430.14	425.68	4.46		1002.35	13.09
西 藏	110.38	24.42	24.42			85.96	
陕 西	3521.46	1603.38	1366.81		236.57	1917.45	0.62
甘 肃	2515.47	1522.86	1522.86			992.60	0.01
青 海	506.94	272.58	272.58			234.36	
宁 夏	836.84	306.37	285.33	21.05		530.47	
新 疆	1880.92	843.60	843.60			1037.32	
不分地区	20887.35	27.23	27.21		0.02		16344.08

注：不分地区合计数中包括铁路行包运量、民航、管道及中国远洋运输集团总公司海外公司完成货物周转量。

8-2-18 全国铁路基本情况

指　　标	2005	2007	2008	2009	2010	2011	2012	2013	2014
运输线路里程　　（公里）									
营业里程	**75437.6**	**77965.9**	**79687.3**	**85517.9**	**91178.5**	**93249.6**	**97625.5**	**103144.6**	**111821.1**
国家铁路	62200.0	63636.5	63974.9	65491.2	66239.0	66049.8	66297.9	66585.1	66989.2
合资铁路	8462.3	9516.6	10799.4	15887.5	20577.2	22766.1	26867.6	32135.7	40416.1
地方铁路	4775.3	4812.8	4913.0	4139.2	4362.3	4433.8	4460.0	4423.9	4415.8
复线里程	**25566.0**	**27030.9**	**28855.6**	**33194.7**	**37487.2**	**39499.7**	**43654.6**	**48192.3**	**56725.0**
国家铁路	24497.2	25793.9	26598.9	28682.0	29683.6	29883.9	30661.5	31854.5	32545.8
合资铁路	1055.2	1215.3	2235.0	4512.7	7799.0	9590.3	12993.1	16337.8	24179.2
地方铁路	13.6	21.7	21.7		4.6	25.4			
电气化铁路里程	**20150.6**	**25456.5**	**27555.0**	**35653.0**	**42464.4**	**46064.0**	**50867.2**	**55649.1**	**65055.5**
国家铁路	19408.2	24046.6	25007.3	30242.7	32717.2	34330.4	35486.5	35977.2	36851.4
合资铁路	742.4	1339.9	2477.7	5337.7	9674.5	11572.0	15380.7	19671.8	28204.1
地方铁路		70.0	70.0	72.6	72.6	161.6			
正线延展里程	**102924.5**	**106757.1**	**110712.9**	**119661.5**	**129438.8**	**133839.0**	**142338.3**	**152320.8**	**169806.7**
国家铁路	88561.2	91383.1	92671.5	95997.8	97608.1	97751.0	99052.7	100299.3	101550.6
合资铁路	9535.2	10443.9	13049.5	19523.8	27467.5	31653.1	38793.6	47565.5	63810.7
地方铁路	4828.1	4930.1	4991.9	4139.9	4363.2	4434.9	4492.1	4456.0	4445.4
运输设备									
机车拥有量　　（台）	**17473**	**18306**	**18437**	**18922**	**19431**	**20721**	**20797**	**20835**	**21096**
国家铁路	16547	17311	17336	17825	18349	19590	19625	19686	19990
合资铁路	578	660	755	826	803	836	875	865	813
地方铁路	348	335	346	271	279	295	297	284	293
客车拥有量　　（辆）	**41974**	**44243**	**45076**	**49354**	**52275**	**54731**	**57721**	**58965**	**60629**
国家铁路	40328	42471	43215	47436	50391	52838	55764	56841	58898
合资铁路	1518	1639	1739	1803	1753	1743	1807	1974	1581
地方铁路	128	133	122	115	131	150	150	150	150
货车拥有量　　（辆）	**548368**	**577521**	**591793**	**601412**	**625110**	**651175**	**670801**	**721850**	**716578**
国家铁路	541824	571078	584961	594388	622284	644677	664333	715492	710127
合资铁路	4521	4409	4752	4902	1125	4930	4930	4785	4656
地方铁路	2023	2034	2080	2122	1701	1568	1538	1573	1795
客货运输									
客运量　　（万人）	**115583**	**135670**	**146193**	**152451**	**167609**	**186226**	**189337**	**210597**	**235704**
国家铁路	110651	128712	144452	150798	164761	179199	187863	207541	232381
合资铁路	4613	6507	1267	1234	2371	6498	891	2366	2562
地方铁路	319	451	474	419	477	528	583	690	762
旅客周转量　（亿人公里）	**6061.96**	**7216.31**	**7778.60**	**7878.89**	**8762.18**	**9612.29**	**9812.33**	**10595.62**	**11604.75**
国家铁路	5833.20	6896.18	7739.15	7840.09	8725.72	9582.71	9783.99	10550.32	11556.36
合资铁路	225.23	314.81	33.60	33.16	30.15	22.97	21.46	38.02	41.13
地方铁路	3.53	5.32	5.85	5.63	6.31	6.62	6.88	7.28	7.26
货运量　　（万吨）	**269296**	**314237**	**330354**	**333348**	**364271**	**393263**	**390438**	**396697**	**381334**
国家铁路	231839	262400	275243	277572	309541	329535	323559	322207	306942
合资铁路	19655	27447	27983	31903	35641	41549	43971	49491	50296
地方铁路	17802	24390	27128	23873	19089	22179	22907	24999	24095
货物周转量　（亿吨公里）	**20726.02**	**23797.00**	**25106.29**	**25239.17**	**27644.13**	**29465.79**	**29187.09**	**29173.89**	**27530.19**
国家铁路	19533.35	22112.46	23648.91	23649.88	25937.35	27631.67	27220.50	26845.01	25103.42
合资铁路	1093.47	1551.84	1306.46	1462.71	1590.72	1695.40	1830.41	2173.94	2291.77
地方铁路	99.20	132.70	150.92	126.59	116.07	138.72	136.18	154.94	135.00

注：2010年合资铁路客、货车拥有量仅指非控股合资铁路客、货车拥有量。

8-2-19 各地区铁路线路年末里程

单位：公里

地区	铁路营业里程合计	国家铁路				合资铁路			地方铁路	
		营业里程	正线延展里程	复线里程	电气化里程	营业里程	复线里程	电气化里程	营业里程	正线延展里程
全国	**111821.1**	**66989.2**	**101550.6**	**32545.8**	**36851.4**	**40416.1**	**24179.2**	**28204.1**	**4415.8**	**4445.4**
北京	1284.8	1127.5	1845.3	586.6	613.8	141.0	139.1	139.1	16.2	16.2
天津	970.9	550.7	1057.8	375.3	407.0	420.2	313.1	266.5		
河北	6252.8	3712.1	6470.0	2590.4	2620.2	2161.8	1597.0	2109.7	378.9	378.9
山西	4979.5	2508.1	4176.6	1460.6	1787.5	2262.4	1754.6	1880.1	209.0	209.0
内蒙古	10226.0	4810.1	7049.6	2156.4	916.1	5254.3	1015.7	1350.2	161.6	161.6
辽宁	5129.6	4175.6	6408.0	2156.5	1744.4	755.1	657.6	704.2	198.8	198.8
吉林	4520.5	3588.4	4441.0	849.7	285.3	784.3	417.9	417.9	147.8	147.8
黑龙江	6019.3	4961.0	6778.5	1658.9	88.5	310.2	69.8	69.8	748.1	748.3
上海	465.0	242.6	429.2	140.4	168.3	222.4	181.2	181.2		
江苏	2678.0	798.4	1529.8	624.9	650.9	1867.0	863.9	864.2	12.5	12.5
浙江	2347.2	796.0	1400.7	598.1	473.9	1537.5	1168.7	1156.9	13.7	13.7
安徽	3548.4	2226.8	3599.4	1323.3	649.0	1321.7	735.1	865.4		
福建	2759.1	1054.2	1116.7	43.7	825.4	1705.0	1121.1	1321.2		
江西	3702.3	2501.9	3927.5	1368.6	1615.7	1075.4	924.2	1075.4	125.0	125.0
山东	5028.9	2684.3	4738.9	1800.5	2084.4	1804.4	1602.2	1804.4	540.2	540.7
河南	5199.8	2866.1	5145.7	2087.3	2360.9	1526.6	1268.0	1281.4	807.0	807.0
湖北	4059.3	2388.9	4114.9	1812.3	2141.0	1537.9	1315.3	1495.2	132.5	132.5
湖南	4550.5	2965.7	4423.3	1428.9	1888.1	1539.6	1110.4	1280.8	45.1	45.1
广东	4027.0	629.0	1471.4	552.7	473.4	3114.7	1848.3	1955.6	283.3	283.3
广西	4741.5	3004.8	3835.3	844.7	1061.0	1736.7	1318.2	1316.3		
海南	693.7					693.7	308.1	308.1		
重庆	1781.2	1183.8	1463.5	279.5	1139.4	564.2	383.4	564.2	33.2	33.2
四川	3976.0	2615.2	3510.8	937.8	2350.3	1100.8	603.7	946.3	260.0	260.4
贵州	2373.1	1839.1	2547.0	685.8	1728.0	534.0	277.7	534.0		
云南	2915.9	2194.0	2582.3	492.0	1372.5	666.0		491.2	55.9	55.9
西藏	786.3	786.3	780.3							
陕西	4524.1	2540.5	3663.1	1138.0	2093.9	1983.6	1369.2	1567.2		
甘肃	3403.4	2283.9	3890.8	1580.2	2170.0	1119.6	839.8	958.1		
青海	2124.6	1662.9	2466.0	936.7	938.6	461.7	267.0	267.0		
宁夏	1289.5	719.0	930.4	199.8	719.0	323.5		323.5	247.0	275.5
新疆	5462.8	3572.3	5756.7	1836.1	1484.9	1890.6	709.0	709.0		

8-2-20 国家铁路基本情况

指 标	1990	1995	2000	2005	2007	2008	2009	2010	2011	2012	2013	2014
营业里程 (公里)	**53378**	**54616**	**58656**	**62200**	**63637**	**63975**	**65491**	**66239**	**66050**	**66298**	**66585**	**66989**
正式营业	50310	50866	51262	57589	60032	60139	63789	64537	65488	66203	66490	66894
临时营业	3068	3750	7394	4611	3604	3836	1702	1702	562	95	95	95
正式营业里程比重 (%)	94.3	93.1	87.4	92.6	94.3	94.0	97.4	97.4	99.1	99.9	99.9	99.9
复线里程 (公里)	**13024**	**16909**	**21408**	**24497**	**25794**	**26599**	**28682**	**29684**	**29884**	**30661**	**31854**	**32546**
占营业里程比重 (%)	24.4	31.0	36.5	39.4	40.5	41.6	43.8	44.8	45.2	46.2	47.8	48.6
电气化铁路里程 (公里)	**6941**	**9703**	**14864**	**19408**	**24047**	**25007**	**30243**	**32717**	**34330**	**35486**	**35977**	**36851**
占营业里程比重 (%)	13.0	17.8	25.3	31.2	37.8	39.1	46.2	49.4	52.0	53.5	54.0	55.0
内燃牵引里程 (公里)	**16097**	**24749**	**39497**	**42792**	**39590**	**38968**	**35249**	**33522**	**31719**	**30811**	**30608**	**30138**
占营业里程比重 (%)	30.2	45.3	67.3	68.8	62.2	60.9	53.8	50.6	48.0	46.5	46.0	45.0
调度集中里程 (公里)	**1169**	**1226**	**1200**	**1828**	**5322**	**5541**	**11588**	**17977**	**14821**	**18780**	**20444**	**15477**
自动闭塞里程 (公里)	**10370**	**12910**	**18318**	**24149**	**26526**	**28100**	**31619**	**37500**	**34175**	**37300**	**38840**	**35396**
半自动闭塞里程 (公里)	**38832**	**40859**	**41695**	**39390**	**38563**	**37337**	**38615**	**37468**	**38270**	**33680**	**32893**	**30178**
无缝线路里程 (公里)	**14644**	**21854**	**29975**	**47965**	**57409**	**62159**	**68167**	**62954**	**75400**	**78466**	**81055**	**87695**
继电集中车站 (个)	**3535**	**4587**	**5232**	**4512**	**3923**	**3849**	**3449**	**3065**	**2814**	**2642**	**2492**	**2210**
占营业车站比重 (%)	62.9	73.9	90.4	81.1	70.8	63.8	56.7	51.4	54.1	50.9	47.4	42.2
计算机联锁车站 (个)				**944**	**1487**	**1888**	**2356**	**2792**	**2601**	**2863**	**3058**	**3048**
占营业车站比重 (%)				17.0	26.8	31.3	38.7	46.9	50.0	55.1	58.2	58.1

8-2-21 全国铁路机、客、货车拥有量

车类名称	1995	2000	2005	2006	2007	2008	2009	2010	2011	2012	2013	2014
机车 (台)	**15554**	**15253**	**17473**	**17799**	**18306**	**18437**	**18922**	**19431**	**20721**	**20797**	**20835**	**21096**
蒸汽机车	**4626**	**911**	**193**	**133**	**124**	**118**	**107**	**72**	**15**	**15**	**15**	**15**
国家铁路	4347	601	94	91	89	89	83	51				
合资铁路		151	40	11	11	9	9	9	9	9	9	9
地方铁路	279	159	59	31	24	20	15	12	6	6	6	6
内燃机车	**8411**	**10826**	**12114**	**12148**	**12111**	**12021**	**11805**	**10990**	**11081**	**10602**	**9961**	**9485**
国家铁路	8282	10355	11331	11348	11229	11041	10844	10041	10095	9578	8983	8552
合资铁路		303	494	521	578	661	712	689	716	752	719	665
地方铁路	129	168	289	279	304	319	249	260	270	272	259	268
电力机车	**2517**	**3516**	**5166**	**5518**	**6071**	**6298**	**7010**	**8369**	**9625**	**10180**	**10859**	**11596**
国家铁路	2517	3516	5122	5465	5993	6206	6898	8257	9495	10047	10703	11438
合资铁路			44	49	71	85	105	105	111	114	137	139
地方铁路				4	7	7	7	7	19	19	19	19
客车 (辆)	**32663**	**37249**	**41974**	**42659**	**44243**	**45076**	**49354**	**52275**	**54731**	**57721**	**58965**	**60629**
国家铁路	32404	35989	40328	40945	42471	43215	47436	50391	52838	55764	56841	58898
合资铁路		1057	1518	1578	1639	1739	1803	1753	1743	1807	1974	1581
地方铁路	259	203	128	136	133	122	115	131	150	150	150	150
货车 (辆)	**436414**	**443902**	**548368**	**564899**	**577521**	**591793**	**601412**	**625110**	**651175**	**670801**	**721850**	**716578**
国家铁路	432731	439943	541824	558483	571078	584961	594388	622284	644677	664333	715492	710127
合资铁路		937	4521	4360	4409	4752	4902	1125	4930	4930	4785	4656
地方铁路	3683	3022	2023	2056	2034	2080	2122	1701	1568	1538	1573	1795

注：2010年合资铁路客、货车拥有量仅指非控股合资铁路客、货车拥有量。

8-2-22 国家铁路客、货车拥有量

车类名称	1995	2000	2005	2007	2008	2009	2010	2011	2012	2013	2014
客车 (辆)	**32404**	**35989**	**40328**	**42471**	**43215**	**47436**	**50391**	**52838**	**55764**	**56841**	**58898**
软卧车	1537	2055	3109	3363	3472	3976	4071	4104	4311	4524	4701
硬卧车	7607	10139	12942	13786	13975	15249	16486	16981	17859	18018	18977
软座车	574	764	759	1611	2113	2603	3874	4675	6655	10623	12246
硬座车	18076	17571	16900	16748	16641	17938	17954	18228	17946	17447	16906
软硬座车	35	25	2								
餐　车	1695	1847	2108	2178	2185	2391	2517	2617	2737	2687	2756
行李车	1949	2144	2480	2411	2207	2448	2365	2195	2105	1826	1784
公务车	87	69	78	82	77	87	61	74	73	69	66
其　他	844	1375	1950	2292	2545	2744	3063	3964	4078	1647	1462
货车 (辆)	**432731**	**439943**	**541824**	**571078**	**584961**	**594388**	**622284**	**644677**	**664333**	**715492**	**710127**
按车型分											
棚　车	80437	92569	99206	102192	103449	103850	101481	101967	108444	122084	122627
敞　车	268179	252977	343480	366767	379050	388118	418778	443666	458328	475536	451748
平　车	27461	24685	30290	36336	37665	38766	39654	39543	39453	39308	34738
毒品车	1580	1578	2056	2056	2056	2056	2056	2056	2056	2056	2081
罐　车	37119	37778	38331	34592	33593	32346	30522	31448	31170	36161	41736
冷藏车	7030	7909	7419	7196	6588	6587	6153	6152	6140	6107	1883
其　他	10925	22447	21042	21939	22560	22665	23640	19845	18742	34240	55314
按载重量分											
50吨及以下	58763	23564	19583	20029	19964	19542	19680	19649	19610	20700	20663
51-59吨	27951		52565	50185	48246	47121	44640	42120	40797	42745	43273
60吨	342086	307521	265154	238911	219422	205182	198749	192080	184444	169310	141193
61-69吨	3546	103431	195911	197099	198340	196778	196554	195194	191321	191111	200165
70吨及以上	385	5427	8611	64854	98989	125765	162661	195634	228161	291626	304833
货车总标记载重量 (万吨)	**2502.9**	**2619.9**	**3294.5**	**3526.3**	**3645.4**	**3729.7**	**3934.3**	**4102.6**	**4251.9**	**4617.9**	**4560.9**
平均每辆车标记载重量 (吨)	**57.9**	**59.6**	**60.8**	**61.7**	**62.3**	**62.7**	**63.2**	**63.6**	**64.0**	**64.5**	**64.2**

8-2-23 铁路主要干线客货运输量

线路名称	货运量(万吨)	货物周转量(百万吨公里)	线路名称	客运量(万人)	旅客周转量(百万人公里)
京哈线	1007	47662	京沪线	8818	61316
京广线	5966	117126	新石线		
京沪线	4993	75378	沪昆线	10864	90261
京九线	3852	90586	鹰厦线	642	2888
京包线	14599	65697	京九线	8405	71524
滨洲线	7091	53337	京广线	15969	121583
滨绥线	902	12484	石太线	1202	6902
沈山线	753	27555	石德线	665	4934
沈大线	2076	33033	焦柳线	1756	14905
大秦线	2782	265249	京包线	1475	5028
石太线	5865	22461	包兰线	1162	5885
石德线	478	18199	北同蒲线	1491	2498
北同蒲线	18456	37084	南同蒲线	1514	4565
南同蒲线	5359	25120	陇海线	10474	66684
包兰线	6786	37466	宝中线		
新石线	5617	55856	兰新线	2538	36488
侯月线	2577	24551	兰青、青藏线	892	7732
太焦线	7062	9520	宝成、成渝线	3376	12878
焦柳线	2775	77745	襄渝线	1582	17471
胶济线	1062	29113	南昆线		
陇海线	6394	144169	成昆线	1184	6249
沪昆线	5998	113439	京哈线	8103	52698
鹰厦线	1899	8932	宁蓉线合宁客专		
湘桂线	670	22255	胶济客专	3313	12481
黎湛线	3546	16921	京津城际	2755	3283
宝成线	719	22794	石太客专	1202	6902
南昆线	1432	28325	宁蓉线合武客专		
襄渝线	1263	41687	沪深线甬厦段		
成渝线	566	12992			
川黔线	1374	9998			
成昆线	3282	34609			
兰新线	4821	156645			
兰青线	422	7515			
青藏线(全)	2715	23780			

8-2-24 铁路主要车站旅客发送量

单位：万人

车站名称	2000	2002	2003	2004	2005	2006	2007	2008	2009	2010	2011	2012	2013	2014
哈尔滨	1252	1345	1249	1448	1569	1827	2255	2413	2615	2805	3006	2925	2680	2546
沈　阳	1168	1235	1077	1176	1182	1272	1280	1473	1509	1433	1500	1619	1808	2026
鞍　山	295	306	288	327	312	291	333	419	477	485	462	441		
长　春	1062	1069	793	1147	1222	1316	1490							2449
本　溪	574	617	585	684	724	775	957	1050	1232	1179	850	920	901	707
锦　州	421	424	371	415	411	407	395	465	482	465	476	466		
吉　林	397	417	373	438	449	460	495	531	375	229	114	796	864	885
北　京	1997	2163	1795	2278	2478	2709	2998	3066	2785	2774	2749	2811	3324	3469
北京南	382	436	374	379	337	113			966	1408	1909	2563	3070	3474
北京西		2102	1896	2429	2622	3150	3632	3865	4090	4403	4682	4454	4623	5082
天　津	1004	1005	855	1040	1099	1076	905	1342	1770	2101	2251	2188	2409	2674
石家庄	864	956	877	1098	1178	1312	1405	1589	1681	1578	1593	1584	1871	2068
太　原	679	798	719	879	936	1045	1197	1368	1686	1991	2350	2350	2335	2004
郑　州	1333	1548	1475	1797	1924	2094	2207	2547	2679	2993	3240	3290	3275	3496
武　昌	821	883	826	973	1062	1052	998	1346	1705	1888	2000	2062	2205	2311
洛　阳	353	375	335	418	440	504	539	594	619	620	615	596	627	655
西　安	1063	1245	1196	1517	1669	2029	2360	2633	2543	2812	2790	2751	2800	2850
济　南	702	707	673	787	802	854	1042	1166	1225	1335	1287	1369	1532	1704
徐　州	632	647	611	696	714	795	884	247	1125	1187	1158	1033	1111	1214
南　京	897	995	940	1069	969	1322	1659	2063	2208	2470	2247	1911	2016	2076
蚌　埠	412	433	406	460	444	487	506	546	568	592	553	494		
镇　江	327	352	323	365	379	390	370	407	416	448	479	507		
常　州	4524	581	558	659	694	722	731	816	835	873	934	966	1049	1105
无　锡	704	802	785	956	1026	1065	1025	1118	1119	1186	1231	1238	1338	1442
苏　州	703	843	859	1018	1142	1191	1103	1277	1336	1418	1455	1573	1812	2090
上　海	2595	3118	3031	3648	3866	3786	3439	3612	3368	3252	2455	2254	2433	2693
杭　州	1061	1192	1129	1406	1462	1453	1578	1798	1751	2235	2230	2298	2091	1653
南　昌	795	1013	968	1148	1218	1277	1441	1671	1764	1861	2105	2074	2265	2312
广　州	1776	2001	2005	2336	2508	2594	2866	3170	2969	2993	3109	2791	2926	2898
深　圳	758	966	940	1189	1250	1319	1433	1724	1778	1942	2105	1893	1917	1850
柳　州	335	271	246	257	290	365	396	433	489	522	565	541		
成　都	1042	1282	1107	1344	1416	1659	1896	1972	2190	2687	2888	2667	2531	2601
重　庆	651	754	708	779	801	913	667	533	1061	1222	1578	1788	1894	2393
贵　阳	598	614	553	605	694	810	917	989	962	1041	1287	1271	1459	1557
兰　州	444	523	477	552	560	608	650	749	839	939	1006	959	1013	1055
乌鲁木齐	399	410	359	407	450	514	565	587	621	666	865	881	970	1019

注：2009年起重庆站为重庆北站数据，2010年起吉林站为吉林西站数据。

8-2-25 铁路主要车站货物发送量

单位：万吨

车站名称	2000	2002	2003	2004	2005	2006	2007	2008	2009	2010	2011	2012	2013	2014
峻　　德	418	538	572	742	733	705	633	605	945	496	475	434	389	370
鹤　　岗	822	803	843	952	1019	836	785	731	736	661	691	516	347	314
双 鸭 山	751	832	1011	1103	1181	1197	1280	1213	1343	1010	962	906	712	723
七 台 河	1338	1314	1304	1477	1474	1350	1427	1586	1791	1621	1653	1383	1147	1108
恒　　山	371	519	614	579	660	577	549	534	530	474	477	465	407	413
大 官 屯	657	670	662	748	755	629	579	588	656	571	513	470	582	564
本　　溪	405	518	483	508	589	736	893	1188	1003	1076	1078	1030	1084	1062
灵　　山	999	935	907	1086	1136	1449	1591	1709	1703	1571	1270	1097	1188	1102
霍 林 河	466	669	766	1079	1453	1780	2429	3133	6834	4652	2590	2753	2453	2336
阜　　新	531	573	529	575	578	674	647	741	997	819	782	639	684	600
新　　港	717	1223	1290	1227	1270	1262	1063	1119	1244	1168	1258	1272	1211	1285
古　　冶	866	873	843	813	798	818	838	826	1075	856	939	899	862	781
阳　　泉	1213	1374	1494	1518	1667	1684	1606	1717	2801	1760	1859	1837	1804	1947
白 羊 墅	986	1090	1052	1192	978	1141	1413	1490	2461	1664	1663	1566	1573	1638
云 岗 西	846	1020	1158	1147	1173	1053	1102	1083	1087	536	1042	1048	1099	1098
新 高 山	942	1160	1225	1423	1589	1636	1815	1801	1686	1307	1692	1352	1700	2070
大 同 东	740	1186	1401	1722	2127	2899	3341	3891	9896	5545	5997	6254	6502	7474
口　　泉	2089	2337	2595	2499	2638	2295	2366	2092	3094	1605	1568	1503	1367	1400
北 周 庄	62	101	160	450	654	1186	1877	1491	747	830	1534	1435	1264	1602
大　　新	2955	4060	4785	5523	5648	6788	7325	7473	14864	7326	7369	9016	8791	8679
古　　交	724	912	1031	1064	1242	1274	1370	1396	1178	960	901	833	844	915
玉 门 沟	918	1113	1108	1172	1311	1232	1260	1263	1513	1088	885	959	942	905
介　　休	574	587	653	709	837	885	1009	919	841	745	773	831	902	967
白云鄂博	739	850	918	1027	1111	1164	1171	1123	1110	1290	1327	1266	1120	911
万 水 泉	876	1209	1217	1218	1523	1777	1803	2265	3605	3236	3304	2989	3390	2960
嘉　　峰	153	249	438	664	1359	1252	1346	1419	2003	1571	1674	1614	1588	1619
晋 城 北	1293	1381	1279	1285	1235	1263	1247	1241	1467	1181	1195	1213	1205	1218
长 治 北	952	1038	1155	1201	1249	1337	1292	1371	2034	1442	1383	1393	1515	1697
平顶山东	1984	2309	2453	2453	2595	2649	2820	2973	4275	3041	2326	2025	1962	2046
武 昌 东	429	428	469	505	631	671	732	816	830	852	771	679	673	510
黄　　岛			1530	1578	1671	2048	1975	2097	2710	3635	4139	4550	4756	4442
日　　照	162	358	454	640	1350	1829	2328	2589	3794	3757	4372	4631	4591	3605
中　　云	238	596	663	696	972	1104	1213	1006		2278	2648	181	201	125
潘 集 西	491	970	1193	1334	1549	1421	1202	1549	3626	2158	2283	2153	2071	1909
湛　　江	210	421	515	669	906	1110	1176	1221	1405	1550	1454	1643	1798	1612

8-2-26 按货类分国家铁路货物运输量

货类名称	2013			2014		
	货运量（万吨）	货物周转量（百万吨公里）	平均运距（公里）	货运量（万吨）	货物周转量（百万吨公里）	平均运距（公里）
总　计	**321614**	**2670285**	**830**	**306259**	**2493431**	**814**
煤	167946	1086168	647	164131	1059626	646
石油	12732	108287	851	12807	111424	870
焦碳	9997	103321	1034	9590	98535	1028
金属矿石	40187	255083	635	36708	211520	576
钢铁及有色金属	21570	238943	1108	19665	213901	1088
非金属矿石	7264	49973	688	6452	40127	622
磷矿石	1462	18868	1291	1551	18740	1208
矿建材料	13548	42308	312	11891	33873	285
水泥	3569	13375	375	3417	13232	387
木材	2483	27872	1122	2187	23315	1066
粮食	10447	187182	1792	8260	145768	1765
棉花	437	16781	3844	496	19232	3878
化肥和农药	8340	141454	1696	7868	136485	1735
盐	1500	9631	642	1531	9635	629
化工品	4957	95504	1927	4836	93965	1943
金属制品	215	4251	1982	175	3439	1970
工业机械	398	7246	1819	422	7368	1748
电子电气	39	481	1248	17	226	1327
农业机具	2	37	1762	1	28	2290
鲜活货物	134	2941	2193	106	2242	2115
农副土特产品	231	4063	1756	216	3468	1609
饮食品及烟草制品	1673	28681	1715	1333	23442	1758
纺织品	24	464	1928	21	443	2086
文教用品	468	9304	1989	417	7904	1894
医药品	89	1812	2046	56	1137	2024
其他	3246	56121	1729	2593	41155	1587
零担	4	95	2281	452	5467	1209
集装箱	8656	160040	1849	9060	167734	1851

8-2-27 国家铁路运输主要技术经济指标

指标	2001	2003	2004	2005	2006	2007	2008	2009	2010	2011	2012	2013	2014
货运机车日产量（万吨公里）	99.9	105.8	108.7	110.6	114.3	120.4	123.6	128.6	135.0	138.5	138.3	139.7	143.4
内燃机车	100.7	101.4	103.4	105.6	108.5	110.4	110.3	110.9	130.0	109.5	109.9	106.0	107.1
电力机车	100.7	112.8	117.1	118.3	122.7	132.8	139.5	145.2	184.4	155.1	152.5	154.3	157.7
货运机车平均牵引总重（吨）	2760	2829	2934	3038	3105	3193	3289	3391	3467	3508	3530	3548	3535
内燃机车	2668	2679	2768	2848	2887	2920	2970	3002	3584	2964	2988	2973	2998
电力机车	2985	3071	3198	3335	3425	3528	3654	3736	4522	3790	3776	3768	3715
货运机车日车公里（公里）	437	450	455	458	465	480	483	487	489	494	491	493	503
客运机车日车公里（公里）	533	562	612	650	671	758	812	860	882	888	880	883	922
内燃机车每万吨公里耗油（公斤）	25.7	25.4	25.0	24.6	24.3	24.6	24.9	25.2	26.4	26.5	26.8	27.3	27.2
电力机车每万吨公里耗电（千瓦小时）	113.1	110.0	111.2	111.8	110.0	109.5	110.6	107.9	102.4	100.6	102.1	101.9	103.3
货物列车出发正点率（%）	97.2	96.9	96.5	97.0	97.4	97.2	96.9	96.5	95.8	95.7	95.2	95.3	95.4
货物列车运行正点率（%）	96.8	96.5	96.2	96.9	97.3	97.0	96.8	96.4	95.2	95.3	95.0	95.7	95.5
旅客列车出发正点率（%）	99.8	99.7	99.8	99.5	99.8	99.8	99.7	99.8	99.7	99.9	99.8	99.8	99.8
旅客列车运行正点率（%）	96.9	96.5	95.9	98.4	99.4	99.1	98.9	99.0	99.0	99.2	99.1	99.0	99.1
旅客列车技术速度（公里/小时）	69.5	71.7	73.7	74.2	74.7	78.8	80.1	80.3	80.6	81.0	80.0	82.1	84.9
旅客列车旅行速度（公里/小时）	60.5	62.2	64.4	65.2	65.4	68.9	69.6	70.2	70.8	71.5	70.8	72.6	75
客运密度（万人公里/公里）	785	765	903	938	1002	1084	1210	1197	1194	1235	1200	1314	1323
货物列车技术速度（公里/小时）	46.7	47.1	46.7	46.3	46.2	47.6	47.2	47.6	47.9	48.4	48.3	48.6	49.9
货物列车旅行速度（公里/小时）	39.5	32.8	32.2	32.1	32.1	33.2	32.8	32.8	33.4	34.0	33.8	34.3	35.6
货运密度（万吨公里/公里）	2412	2726	2997	3140	3242	3475	3697	3611	3747	3929	3798	3787	3493
货车周转时间（天）	5.08	5.10	4.94	4.90	4.87	4.76	4.73	4.68	4.48	4.45	4.68	4.7	4.68
一次货物作业时间（小时）	22.0	20.9	17.2	15.2	15.2	15.5	17.6	16.9	16.2	16.1	16.4	17.2	16.6
货车中转停留时间（小时）	4.6	4.5	4.4	4.3	4.4	4.3	4.6	4.7	4.5	4.5	4.7	4.8	4.7
货车静载重(准轨)（吨）	58.1	58.3	59.3	60.1	60.9	61.3	62.0	62.6	63.1	63.6	64.0	64.4	64.6
货车载重力利用率（%）	97.3	96.5	98.0	98.7	99.2	99.2	99.4	99.7	99.8	100.0	100.0	99.7	100.5

8-2-28 公路线路年末里程

单位：万公里

指　　标	2003	2004	2005	2006	2007	2008	2009	2010	2011	2012	2013	2014
公路线路里程	**180.98**	**187.07**	**334.52**	**345.70**	**358.37**	**373.02**	**386.08**	**400.82**	**410.64**	**423.75**	**435.62**	**446.39**
按技术等级分												
等级公路	143.87	151.58	213.99	228.29	253.54	277.85	305.63	330.47	345.36	360.96	375.56	390.08
高速公路	2.97	3.43	4.10	4.53	5.39	6.03	6.51	7.41	8.49	9.62	10.44	11.19
一级公路	2.99	3.35	4.17	4.53	5.01	5.42	5.95	6.44	6.81	7.43	7.95	8.54
二级公路	21.19	23.17	24.82	26.27	27.64	28.52	30.07	30.87	32.05	33.15	34.05	34.84
三级公路	32.48	33.53	34.72	35.47	36.39	37.42	37.90	38.80	39.36	40.19	40.70	41.42
四级公路	84.24	88.10	146.18	157.48	179.10	200.46	225.20	246.95	258.64	270.58	282.41	294.10
等外公路	37.11	35.48	120.53	117.41	104.83	95.16	80.46	70.35	65.28	62.79	60.07	56.31
按路面类型分												
有铺装路面里程	34.43	44.17	83.99	99.65	125.03	146.48	172.00	191.80	210.34	229.51	246.54	263.62
简易铺装路面里程	44.38	45.53	52.35	52.86	52.62	53.08	53.25	52.42	51.23	50.35	49.22	48.13
未铺装路面里程	102.17	97.37	198.17	193.19	180.72	173.45	160.83	156.60	149.07	143.89	139.87	134.64
按行政等级分												
国道	12.79	12.98	13.27	13.34	13.71	15.53	15.85	16.40	16.94	17.34	17.68	17.92
省道	22.34	22.79	23.38	23.96	25.52	26.32	26.60	26.98	30.40	31.21	31.79	32.28
县道	47.29	47.94	50.75	50.65	51.44	51.23	51.95	55.40	53.36	53.95	54.68	55.20
乡道	89.83	94.52	98.79	98.76	99.84	101.11	101.96	105.48	106.60	107.67	109.05	110.51
专用公路	8.73	8.84	6.34	5.80	5.71	6.72	6.72	6.77	6.90	7.37	7.68	8.03
村道			141.99	153.20	162.15	172.10	183.00	189.77	196.44	206.22	214.74	222.45
公路晴雨通车里程	**159.92**	**165.44**	**172.08**	**265.30**	**282.74**	**304.52**	**329.64**	**353.24**				
公路养护里程	**170.58**	**178.88**	**184.01**	**268.21**	**304.00**	**350.59**	**368.83**	**387.59**	**398.04**	**411.68**	**425.14**	**435.38**
公路绿化里程	**95.80**	**99.39**	**102.63**	**123.58**	**142.39**	**167.69**	**177.29**	**194.34**	**204.45**	**220.21**	**230.75**	**238.78**

注：统计指标“公路晴雨通车里程”、“公路养护里程”和“公路绿化里程”2005年及以前年份数据不包括村道上的该类基础设施，因统计范围不同，故2006年及以后年份数据与历史数据不可比；“公路晴雨通车里程”2011年起已不纳入统计。

8-2-29　各地区公路线路年末里程

单位：公里

年　份	总　计	等级公路						等外公路
			高速	一级	二级	三级	四级	
1980	888250	521134		196	12587	108291	400060	367116
1985	942395	606443		422	21194	128541	456286	335952
1990	1028348	741104	522	2617	43376	169756	524833	287244
1995	1157009	910754	2141	9580	84910	207282	606841	246255
1996	1185789	946418	3422	11779	96990	216619	617608	239371
1997	1226405	997496	4771	14637	111564	230787	635737	228909
1998	1278474	1069243	8733	15277	125245	257947	662041	209231
1999	1351691	1156736	11605	17716	139957	269078	718380	194955
2000	1679848	1315931	16285	25219	177787	305435	791206	363916
2001	1698012	1336044	19437	25214	182102	308626	800665	361968
2002	1765222	1382926	25130	27468	197143	315141	818044	382296
2003	1809828	1438738	29745	29903	211929	324788	842373	371090
2004	1870661	1515826	34288	33522	231715	335347	880954	354835
2005	3345187	2139887	41005	41687	248199	347160	1461835	1205299
2006	3456999	2282872	45339	45289	262678	354734	1574833	1174128
2007	3583715	2535383	53913	50093	276413	363922	1791042	1048332
2008	3730164	2778521	60302	54216	285226	374215	2004563	951642
2009	3860823	3056265	65055	59462	300686	379023	2252038	804558
2010	4008229	3304709	74113	64430	308743	387967	2469456	703520
2011	4106387	3453590	84946	68119	320536	393613	2586377	652796
2012	4237508	3609600	96200	74271	331455	401865	2705809	627908
2013	4356218	3755567	104438	79491	340466	407033	2824138	600652
2014	4463913	3900834	111936	85362	348351	414199	2940986	563079

注：以《1949-2010年全国交通运输统计摘要》为准，1996年和2000年的数据有所调整。

8-2-29 续表　　单位：公里

地 区	总 计	等级公路						等外公路
			高速	一级	二级	三级	四级	
全 国	**4463913**	**3900834**	**111936**	**85362**	**348351**	**414199**	**2940986**	**563079**
北 京	21849	21816	982	1267	3295	3524	12748	33
天 津	16110	16110	1113	1329	3132	1263	9273	
河 北	179200	172891	5888	5092	19274	18868	123768	6309
山 西	140436	137094	5011	2472	15164	18574	95873	3342
内蒙古	172167	160123	4237	6290	14484	30134	104978	12044
辽 宁	115430	100854	4172	3464	17971	31756	43492	14576
吉 林	96041	88667	2348	2016	9109	10673	64520	7374
黑龙江	162464	135033	4084	1771	10598	34030	84550	27431
上 海	12945	12945	825	449	3395	2722	5553	
江 苏	157521	149845	4488	12015	22790	15514	95039	7676
浙 江	116367	113730	3884	5679	9819	7976	86373	2636
安 徽	174373	169639	3752	2623	10694	17950	134619	4734
福 建	101190	82907	4053	776	9192	8178	60709	18283
江 西	155515	128262	4484	1902	9941	10619	101315	27254
山 东	259515	258442	5108	9775	25371	25058	193130	1073
河 南	249857	197624	5859	1778	25641	19794	144552	52233
湖 北	236933	224184	5096	3344	18033	12089	185621	12749
湖 南	236250	211279	5493	1184	11550	5982	187069	24971
广 东	212094	197131	6266	10787	19233	17840	143005	14963
广 西	114900	100647	3722	1026	10618	8334	76947	14252
海 南	26002	25386	757	307	1655	1453	21214	616
重 庆	127392	98680	2401	662	7766	5326	82525	28712
四 川	309742	257027	5506	3309	13881	12258	222073	52715
贵 州	179079	107573	4007	393	4497	8714	89962	71506
云 南	230398	189481	3255	1068	10596	8409	166153	40917
西 藏	75470	54443	38		1033	8228	45144	21026
陕 西	167145	151189	4466	1186	8409	15081	122047	15955
甘 肃	138084	114080	3262	321	7519	13311	89667	24004
青 海	72703	60806	1719	370	6447	5111	47159	11897
宁 夏	31276	31057	1343	1451	3350	6703	18210	219
新 疆	175468	131889	4316	1254	13894	28727	83697	43579

8-2-30 民用汽车拥有量

年　份	民用汽车总计（万辆）	载客汽车（万辆）	大型	中型	小型	微型
1978	135.84	25.90				
1980	178.29	35.08				
1985	321.12	79.45				
1990	551.36	162.19				
1995	1040.00	417.90				
2000	1608.91	853.73				
2001	1802.04	993.96				
2002	2053.17	1202.37	75.48	104.80	789.74	232.34
2003	2382.93	1478.81	75.76	115.96	1017.21	269.88
2004	2693.71	1735.91	78.06	124.54	1248.89	284.42
2005	3159.66	2132.46	82.13	131.65	1618.35	300.32
2006	3697.35	2619.57	87.34	137.00	2083.40	311.83
2007	4358.36	3195.99	93.82	140.52	2646.47	315.18
2008	5099.61	3838.92	100.39	143.19	3271.14	324.19
2009	6280.61	4845.09	107.95	145.80	4246.90	344.44
2010	7801.83	6124.13	116.44	146.07	5498.36	363.25
2011	9356.32	7478.37	126.54	147.41	6827.54	376.88
2012	10933.09	8943.01	128.13	131.78	8302.63	380.47
2013	12670.14	10561.78	131.38	117.06	9951.46	361.87
2014	14598.11	12326.70	139.61	112.06	11748.19	326.84

注：1.小轿车包括在载客汽车中（下表同）。
2.从2002年起，载客汽车和载货汽车的分项、其他汽车统计口径有调整，与以前年份不可比（下表同）。

8-2-30 续表

年　份	载货汽车（万辆）	重型	中型	轻型	微型	其他汽车（万辆）	机动车驾驶员（万人）	#汽车驾驶员
1978	100.17							192.45
1980	129.90							245.23
1985	223.20							462.44
1990	368.48						1635.85	790.96
1995	585.43						3501.52	1673.39
2000	716.32						7655.56	3746.51
2001	765.24						8455.04	4462.68
2002	812.22	148.28	218.69	360.58	84.66	38.58	9362.03	4827.08
2003	853.51	136.79	243.70	390.79	82.22	50.61	10611.04	5368.07
2004	893.00	153.90	233.94	425.74	79.43	64.80	11769.04	7101.64
2005	955.55	168.07	236.66	484.51	66.31	71.66	13069.52	8017.76
2006	986.30	174.01	235.39	532.13	44.76	91.49	14213.87	9317.24
2007	1054.06	186.74	243.46	587.22	36.63	108.31	15363.88	10567.15
2008	1126.07	200.84	249.73	644.96	30.54	134.62	17336.56	12276.80
2009	1368.60	315.08	262.21	765.33	25.97	66.92	19167.58	13740.73
2010	1597.55	394.80	269.75	911.88	21.12	80.14	20068.47	15129.89
2011	1787.99	460.58	267.80	1042.07	17.54	89.96	22817.62	17416.76
2012	1894.75	472.51	229.20	1179.65	13.40	95.33	25250.83	20028.52
2013	2010.62	501.97	196.40	1300.02	12.23	97.75	26955.93	21742.70
2014	2125.46	533.67	188.09	1385.77	17.93	145.95	29892.32	24812.07

8-2-31 各地区民用汽车拥有量

地　区	民用汽车总计（万辆）	载客汽车（万辆）	大型	中型	小型	微型
全　国	**14598.11**	**12326.70**	**139.61**	**112.06**	**11748.19**	**326.84**
北　京	530.83	496.92	5.38	10.50	470.92	10.11
天　津	274.14	245.40	2.64	1.73	231.18	9.85
河　北	930.08	780.56	4.33	2.38	732.23	41.62
山　西	424.36	362.84	2.84	1.66	340.83	17.51
内蒙古	342.14	288.62	2.46	1.02	275.70	9.43
辽　宁	520.04	436.52	6.42	5.29	416.74	8.07
吉　林	284.57	240.74	3.64	1.88	227.28	7.94
黑龙江	322.78	258.34	4.93	2.80	242.88	7.73
上　海	255.03	228.58	4.47	4.26	218.01	1.84
江　苏	1095.45	991.13	9.53	8.29	956.36	16.94
浙　江	1012.05	895.99	6.33	5.67	869.22	14.78
安　徽	422.46	333.37	4.54	2.93	321.75	4.15
福　建	386.60	318.06	2.88	3.26	305.96	5.95
江　西	287.68	227.02	2.56	1.86	218.80	3.81
山　东	1350.25	1168.25	9.67	5.71	1107.30	45.57
河　南	969.28	750.08	12.16	10.15	697.49	30.28
湖　北	422.23	345.84	5.19	4.02	333.19	3.45
湖　南	434.48	365.66	4.43	4.79	350.92	5.51
广　东	1331.84	1144.18	15.41	13.58	1103.63	11.56
广　西	316.53	256.99	3.38	1.89	243.58	8.14
海　南	75.11	61.52	1.18	0.65	59.11	0.59
重　庆	237.04	198.38	2.95	1.37	192.95	1.11
四　川	666.92	572.33	6.92	2.98	535.55	26.88
贵　州	244.72	195.17	2.22	2.23	187.04	3.69
云　南	429.74	346.66	2.50	2.69	328.97	12.49
西　藏	29.47	18.30	0.39	0.52	16.92	0.47
陕　西	384.88	331.64	3.21	2.13	315.58	10.72
甘　肃	185.31	139.91	2.12	1.32	134.59	1.87
青　海	68.84	54.26	0.73	0.59	52.19	0.74
宁　夏	91.05	65.55	0.97	0.64	63.06	0.87
新　疆	272.21	207.89	3.20	3.25	198.26	3.17

注：1.小轿车包括在载客汽车中（下表同）。
2.从2002年起，载客汽车和载货汽车的分项、其他汽车统计口径有调整，与以前年份不可比（下表同）。

8-2-31 续表

地 区	载货汽车（万辆）	重型	中型	轻型	微型	其他汽车（万辆）	机动车驾驶员（万人）	#汽车驾驶员
全 国	**2125.46**	**533.67**	**188.09**	**1385.77**	**17.93**	**145.95**	**29892.32**	**24812.07**
北 京	28.91	6.13	3.19	19.59		5.00	907.71	889.07
天 津	27.09	5.37	1.47	20.15	0.10	1.65	366.12	254.48
河 北	143.54	49.28	5.57	88.07	0.62	5.99	1573.42	1495.97
山 西	59.11	21.75	2.37	34.34	0.65	2.42	682.59	661.41
内蒙古	51.17	14.84	1.36	34.67	0.29	2.36	573.67	511.80
辽 宁	80.04	22.09	4.82	52.96	0.18	3.48	1048.31	936.55
吉 林	42.22	12.19	3.07	26.81	0.16	1.61	591.83	517.19
黑龙江	61.77	19.64	6.20	35.72	0.22	2.66	654.47	610.99
上 海	19.56	7.83	5.18	6.54	0.01	6.89	625.63	602.57
江 苏	97.17	36.33	14.86	45.82	0.16	7.15	2191.96	1844.30
浙 江	111.56	15.58	6.18	88.32	1.49	4.49	1583.05	1422.09
安 徽	86.15	30.34	4.85	50.71	0.25	2.94	1007.53	844.12
福 建	66.48	10.20	3.48	52.22	0.58	2.07	981.19	666.65
江 西	58.40	17.87	5.65	34.77	0.11	2.25	1027.24	692.41
山 东	175.39	52.10	9.90	112.93	0.45	6.61	2232.26	2083.99
河 南	165.63	43.70	21.28	93.64	7.01	53.56	1969.32	1816.97
湖 北	72.73	15.40	8.26	48.83	0.25	3.65	1128.85	886.45
湖 南	66.40	12.46	7.27	46.50	0.16	2.42	1106.64	815.86
广 东	181.81	25.80	15.83	136.69	3.49	5.85	2642.32	2120.21
广 西	57.22	13.59	6.72	36.21	0.69	2.32	1130.66	678.81
海 南	13.02	1.21	1.24	10.54	0.03	0.56	199.38	135.47
重 庆	36.94	9.79	4.09	23.05		1.72	579.36	407.13
四 川	91.02	20.44	13.94	56.46	0.18	3.57	1616.35	1181.92
贵 州	47.77	7.05	5.39	35.23	0.09	1.78	525.03	397.52
云 南	80.94	11.35	9.03	60.46	0.10	2.15	1010.93	641.38
西 藏	10.96	2.03	2.08	6.75	0.11	0.20	25.63	21.64
陕 西	49.86	14.09	3.72	31.89	0.16	3.38	818.80	738.26
甘 肃	43.79	9.56	4.00	30.18	0.05	1.61	352.27	319.32
青 海	13.82	2.69	0.85	10.25	0.04	0.76	130.14	99.08
宁 夏	24.45	6.20	1.40	16.77	0.08	1.05	155.12	132.44
新 疆	60.55	16.75	4.87	38.71	0.22	3.77	454.54	386.01

8-2-32 私人汽车拥有量

单位：万辆

年 份	私人汽车总计	载客汽车	大型	中型	小型	微型	载货汽车	重型	中型	轻型	微型	其他汽车
1985	28.49	1.93					26.48					
1990	81.62	24.07					57.48					
1995	249.96	114.15					131.83					
2000	625.33	365.09					259.09					
2001	770.78	469.85					298.95					
2002	968.98	623.76	9.89	35.87	408.49	169.51	341.29	48.27	84.40	158.67	49.95	3.94
2003	1219.23	845.87	7.36	42.51	586.90	209.10	367.35	44.47	95.20	176.58	51.09	6.00
2004	1481.66	1069.69	7.20	46.95	786.63	228.91	402.82	53.40	94.69	203.85	50.87	9.15
2005	1848.07	1383.93	7.61	50.88	1079.78	245.66	452.11	62.50	100.34	243.29	45.98	12.04
2006	2333.32	1823.57	11.19	56.20	1491.18	265.00	494.91	64.23	108.64	288.94	33.09	14.84
2007	2876.22	2316.91	7.91	55.73	1984.29	268.98	539.45	68.89	110.44	332.69	27.43	19.86
2008	3501.39	2880.50	8.57	57.97	2533.28	280.68	596.39	73.28	115.68	384.12	23.31	24.50
2009	4574.91	3808.33	8.72	59.96	3436.26	303.39	753.40	108.73	129.59	494.97	20.12	13.17
2010	5938.71	4989.50	9.34	61.00	4593.46	325.70	931.52	141.44	140.52	632.77	16.78	17.69
2011	7326.79	6237.46	9.99	62.34	5823.62	341.52	1067.43	164.28	144.52	744.39	14.24	21.90
2012	8838.60	7637.87	8.26	55.43	7226.48	347.71	1175.63	168.13	128.51	867.64	11.35	25.09
2013	10501.68	9198.23	6.95	46.95	8810.51	333.83	1275.49	174.39	111.85	978.73	10.52	27.95
2014	12339.36	10945.39	7.70	42.10	10590.75	304.83	1352.78	182.68	104.90	1050.60	14.59	41.20

8-2-33 各地区私人汽车拥有量

单位：万辆

地区	私人汽车总计	载客汽车					载货汽车					其他汽车
			大型	中型	小型	微型		重型	中型	轻型	微型	
全国	**12339.36**	**10945.39**	**7.70**	**42.10**	**10590.75**	**304.83**	**1352.78**	**182.68**	**104.90**	**1050.60**	**14.59**	**41.20**
北京	435.79	425.98	0.25	6.30	409.91	9.53	8.83	1.11	0.51	7.21		0.98
天津	235.15	215.21	0.13	0.69	205.02	9.37	19.44	2.03	0.80	16.53	0.07	0.50
河北	834.90	732.04	0.25	0.78	690.38	40.63	100.40	23.18	4.17	72.49	0.55	2.45
山西	367.02	326.13	0.10	0.41	309.21	16.41	40.03	10.16	1.69	27.63	0.56	0.86
内蒙古	300.49	263.02	0.15	0.34	253.69	8.85	36.53	6.66	1.00	28.63	0.24	0.93
辽宁	416.98	376.72	0.58	2.10	366.70	7.35	39.43	5.06	2.33	31.92	0.13	0.84
吉林	242.18	211.84	0.49	0.69	203.24	7.42	29.81	6.30	2.26	21.12	0.13	0.53
黑龙江	265.03	222.71	0.83	1.20	214.05	6.63	41.67	8.66	4.34	28.48	0.18	0.66
上海	183.30	182.81	0.18	1.41	179.56	1.65	0.28	0.08	0.06	0.15		0.21
江苏	927.48	875.50	0.10	3.41	856.12	15.87	49.66	14.84	6.56	28.13	0.13	2.33
浙江	869.95	797.75	0.14	2.01	781.84	13.76	71.36	3.31	2.44	64.34	1.27	0.84
安徽	335.40	293.40	0.12	0.91	288.43	3.94	41.01	3.43	1.93	35.45	0.21	0.99
福建	329.53	282.34	0.09	0.92	275.65	5.69	46.56	2.64	1.99	41.44	0.50	0.62
江西	234.17	200.56	0.04	0.41	196.73	3.38	33.04	2.69	2.69	27.57	0.09	0.57
山东	1191.62	1075.52	0.87	2.32	1028.67	43.66	113.34	13.88	6.10	92.94	0.41	2.76
河南	775.77	660.04	1.49	3.11	629.08	26.37	102.44	15.15	10.08	72.13	5.09	13.29
湖北	349.64	300.61	0.10	1.37	295.88	3.26	47.88	5.92	5.35	36.41	0.20	1.16
湖南	384.71	328.42	0.13	1.26	321.78	5.24	55.14	7.64	6.04	41.32	0.14	1.15
广东	1149.83	1033.42	1.00	8.17	1013.06	11.19	114.47	8.36	8.83	94.10	3.19	1.94
广西	266.87	229.16	0.04	0.56	221.13	7.43	36.89	5.18	4.14	26.96	0.62	0.83
海南	61.65	51.09	0.07	0.24	50.25	0.53	10.38	0.70	1.10	8.55	0.03	0.19
重庆	190.58	171.72	0.01	0.15	170.52	1.04	18.48	0.53	1.14	16.81		0.38
四川	576.10	513.54	0.15	0.68	487.70	25.01	61.28	6.54	8.17	46.41	0.16	1.28
贵州	207.47	170.46	0.04	0.20	166.85	3.38	36.42	3.08	3.57	29.68	0.09	0.59
云南	373.78	306.38	0.04	0.33	294.63	11.38	66.56	6.68	7.18	52.61	0.09	0.84
西藏	23.01	13.85	0.02	0.13	13.29	0.40	9.04	1.61	1.94	5.41	0.09	0.12
陕西	331.66	293.83	0.09	0.31	283.56	9.87	36.72	6.90	2.97	26.70	0.14	1.11
甘肃	141.96	112.34	0.03	0.24	110.78	1.28	29.09	4.04	2.56	22.45	0.04	0.53
青海	54.10	44.26	0.01	0.12	43.55	0.58	9.59	0.98	0.61	7.97	0.03	0.26
宁夏	77.61	57.76	0.05	0.23	56.69	0.78	19.39	3.78	1.12	14.42	0.07	0.46
新疆	205.60	177.00	0.15	1.10	172.81	2.94	27.62	1.56	1.26	24.63	0.17	0.98

8-2-34 进口汽车拥有量

单位：辆

年份	汽车总计	载客汽车	大型	中型	小型	微型	载货汽车	重型	中型	轻型	微型	其他汽车
2002	1361750	1025959	24798	69266	897362	34533	314172	87422	48797	165326	12627	21619
2003	1445408	1155590	21686	75699	1034475	23730	264075	73361	31510	150120	9084	25743
2004	1360832	1129985	19009	66065	1029846	15065	207798	49963	22836	129021	5978	23049
2005	1697266	1454215	18754	79698	1337564	18199	213621	48905	22078	139741	2897	29430
2006	1780998	1590420	16159	69930	1487474	16857	160552	33594	9808	116610	540	30026
2007	1964763	1799331	15628	67223	1701016	15464	134672	28896	7452	98032	292	30760
2008	2225960	2098630	14896	63790	2005820	14124	96597	20698	5318	70335	246	30733
2009	2527684	2449870	14700	61961	2357902	15307	57515	22788	3534	31009	184	20299
2010	3162537	3098870	15062	59691	3005826	18291	41073	19921	2532	18459	161	22594
2011	3982087	3925188	15799	57520	3825373	26496	34567	18134	1991	14329	113	22332
2012	4935806	4887568	15152	48960	4783708	39748	27090	13660	802	12543	85	21148
2013	5967943	5922756	13616	36486	5820386	52268	26159	12432	838	12858	31	19028
2014	7015557	6958216	12004	27554	6852228	66430	34780	15760	1177	17109	734	22561

8-2-35 各地区进口汽车拥有量

单位：辆

地区	汽车总计	载客汽车					载货汽车					其他汽车
			大型	中型	小型	微型		重型	中型	轻型	微型	
全国	**7015557**	**6958216**	**12004**	**27554**	**6852228**	**66430**	**34780**	**15760**	**1177**	**17109**	**734**	**22561**
北京	513184	509891	930	1411	502995	4555	2044	18	39	1987		1249
天津	119881	118697	195	449	116201	1852	779	432	21	326		405
河北	190426	188911	310	429	186216	1956	961	362	18	581		554
山西	130725	130131	395	525	127479	1732	388	143	8	237		206
内蒙古	183378	182470	306	354	181057	753	712	81	7	624		196
辽宁	326978	324584	769	996	321378	1441	1568	368	37	1161	2	826
吉林	120837	120119	273	424	118943	479	545	40	8	497		173
黑龙江	142094	140526	443	716	138930	437	1200	472	35	693		368
上海	271694	268701	751	1046	265357	1547	378	247	26	105		2615
江苏	516962	515039	743	2366	502008	9922	1206	719	15	472		717
浙江	754829	752913	585	1833	739969	10526	1668	1064	19	585		248
安徽	105513	105141	180	440	103774	747	278	157	10	111		94
福建	263972	262380	316	1314	257746	3004	1379	758	6	615		213
江西	77985	77085	139	229	75970	747	690	571	3	116		210
山东	344687	343223	735	1828	337222	3438	906	251	14	637	4	558
河南	256946	239726	682	1884	234276	2884	7893	3548	594	3032	719	9327
湖北	160028	159358	276	752	157555	775	438	156	4	278		232
湖南	180532	179667	233	577	177768	1089	567	355	16	195	1	298
广东	1006552	1001024	1431	3790	988377	7426	4547	3642	109	790	6	981
广西	119861	119004	416	692	116309	1587	430	213	25	192		427
海南	53545	53300	175	380	52452	293	109	28	1	80		136
重庆	142972	142353	105	270	141505	473	482	118	1	363		137
四川	303611	302019	338	790	297492	3399	1295	341	26	927	1	297
贵州	78998	78650	79	270	77621	680	212	47	5	160		136
云南	183919	182478	249	941	178433	2855	1215	606	45	564		226
西藏	16233	16078	72	184	15806	16	125	4	17	104		30
陕西	195253	194323	194	618	192260	1251	650	144	6	500		280
甘肃	62087	61644	133	481	60816	214	187	29	3	155		256
青海	24668	24361	109	284	23939	29	165	9	5	150	1	142
宁夏	44831	44203	101	236	43757	109	470	112	23	335		158
新疆	122376	120217	341	1045	118617	214	1293	725	31	537		866

8-2-36 新注册民用汽车数量

单位：辆

年 份	新注册民用汽车	载客汽车					载货汽车					其他汽车
			大型	中型	小型	微型		重型	中型	轻型	微型	
2002	3371951	2294649	97200	145062	1491479	560908	993761	186498	220969	501985	84309	83541
2003	4337485	3160859	100284	157523	2421951	481101	1075692	168363	259173	576073	72083	100934
2004	4511823	3332297	96462	138357	2841668	255810	1029497	228523	194438	564061	42475	150029
2005	5286287	4157504	99489	105314	3712056	240645	1024034	162859	175576	639557	46042	104749
2006	5730432	4678667	95428	82758	4382206	118275	925294	139120	147689	616910	21575	126471
2007	6079209	5000042	91087	72059	4772468	64428	917603	155155	157867	591014	13567	161564
2008	7631839	6226814	112811	64024	5928095	121884	1168226	236749	185338	733343	12796	236799
2009	12459452	10248554	114984	69548	9794452	269570	2148355	500593	242679	1391249	13834	62543
2010	15288186	12546891	148234	76519	12086273	235865	2637605	769644	238595	1614803	14563	103690
2011	16242474	13694540	163258	76472	13244774	210036	2442601	726854	173140	1535590	7017	105333
2012	17725011	15248801	163517	71013	14875884	138387	2386173	560063	139793	1681908	4409	90037
2013	20309394	17522965	168946	81160	17173792	99067	2689898	739027	133402	1814385	3084	96531
2014	22051905	19366787	151405	79646	19050695	85041	2542287	630588	104425	1805471	1803	142831

8-2-37 各地区新注册民用汽车数量

单位：辆

地区	新注册民用汽车	载客汽车					载货汽车					其他汽车
			大型	中型	小型	微型		重型	中型	轻型	微型	
全国	**22051905**	**19366787**	**151405**	**79646**	**1.9E+07**	**85041**	**2542287**	**630588**	**104425**	**1805471**	**1803**	**142831**
北京	503348	460588	3852	10396	444693	1647	40805	7836	1435	31534		1955
天津	235406	188104	4002	1443	181228	1431	46139	9700	1511	34629	299	1163
河北	1542425	1324915	7679	2940	1301295	13001	212874	67912	4241	140719	2	4636
山西	584150	520937	2720	1275	510866	6076	61463	23373	796	37293	1	1750
内蒙古	404470	362041	2229	769	356867	2176	41135	6640	824	33671		1294
辽宁	501724	441182	4829	1387	433192	1774	58743	17796	2683	38262	2	1799
吉林	387872	343813	3397	1065	338402	949	42984	11471	1183	30330		1075
黑龙江	393088	353580	4658	1193	346908	821	38146	6374	3283	28489		1362
上海	371994	320434	7717	3474	308765	478	32513	15129	5663	11721		19047
江苏	1775304	1665992	12264	3527	1644654	5547	102426	38434	9736	54255	1	6886
浙江	1474927	1319429	6696	3609	1300453	8671	151889	22281	5001	124303	304	3609
安徽	764659	646079	5538	2362	636549	1630	115665	42379	3108	70177	1	2915
福建	608537	527083	2761	2437	520001	1884	79775	15165	2339	62271		1679
江西	509865	422579	2750	2431	416437	961	84219	25452	4622	54145		3067
山东	2012866	1758987	12154	3970	1729045	13818	248051	70989	5276	171781	5	5828
河南	1468355	1280788	8343	4083	1262525	5837	142147	30777	3043	108324	3	45420
湖北	774351	684142	6144	3319	673561	1118	85841	23167	5395	57271	8	4368
湖南	760065	668049	5991	7140	652976	1942	87653	20181	5326	62146		4363
广东	2003013	1768230	15171	4250	1744991	3818	230493	41982	12294	175076	1141	4290
广西	484022	416071	3354	1058	411117	542	66169	15935	3668	46566		1782
海南	117776	102255	896	480	100641	238	15025	1472	1303	12250		496
重庆	532192	481013	3584	1572	475546	311	47446	12130	1877	33439		3733
四川	1127554	1032773	7538	2606	1020109	2520	92000	25219	4637	62142	2	2781
贵州	473512	392618	3492	3026	385215	885	75141	13882	2585	58673	1	5753
云南	654493	558284	2841	2808	550430	2205	93990	13882	3934	76174		2219
西藏	43443	29262	759	1171	26854	478	13826	2356	1208	10232	30	355
陕西	637460	571751	3426	2059	563579	2687	62286	15866	1599	44821		3423
甘肃	313048	251541	2259	1140	247533	609	59669	11429	1891	46349		1838
青海	116373	95087	600	535	93642	310	20587	4930	608	15048	1	699
宁夏	131963	102232	506	233	101138	355	29124	3471	735	24918		607
新疆	343650	276948	3255	1888	271483	322	64063	12978	2621	48462	2	2639

8-2-38 公路营运汽车拥有量

年份	汽车总计(万辆)	载客汽车		载货汽车			
		辆数(万辆)	客位(万客位)	辆数(万辆)	#普通载货汽车	吨位(万吨)	#普通载货汽车
1990	31.30	10.76	468.92	20.22	19.82	131.61	127.06
1995	27.49	13.73	480.61	13.75	13.12	103.13	94.56
2000	702.82	216.81	2524.45	486.02	475.24	1667.70	1573.73
2001	764.39	255.12	2701.68	509.27	496.65	1733.58	1621.40
2002	826.34	289.55	2972.32	536.78	520.27	1808.45	1674.79
2003	924.64	352.19	3430.64	572.45	553.23	1941.52	1788.86
2004	1067.18	439.09	3872.21	628.09	604.93	2338.61	2119.64
2005	733.22	128.40	1859.28	604.82	580.28	2537.75	2282.15
2006	802.58	161.92	2312.41	640.66	598.43	2822.69	2343.13
2007	849.22	164.73	2428.81	684.49	648.01	3135.69	2643.74
2008	930.61	169.64	2560.36	760.97	720.18	3686.20	3139.76
2009	1087.35	180.79	2799.71	906.56	859.27	4655.23	4002.80
2010	1133.32	83.13	2017.09	1050.19	996.43	5999.82	5223.23
2011	1263.75	84.34	2086.66	1179.41	1116.36	7261.20	6273.51
2012	1339.89	86.71	2166.55	1253.19	1184.58	8062.14	6963.29
2013	1504.73	85.26	2170.26	1419.48	1080.75	9613.91	5008.34
2014	1537.93	84.58	2189.55	1453.36	1091.32	10292.47	5241.45

注：1.小轿车包括在载客汽车中。
2.1999年以前数据仅为公路部门营运汽车，1999年为全国营运汽车。2000年起为全国运输汽车(含营运和非营运汽车)。2005年起为全国营运汽车（不含非营运汽车)。
3.从2010年起，公路营运载客汽车不包括在公路运输管理部门管理并注册登记的公共汽车和出租汽车。

8-2-39 各地区公路营运汽车拥有量

地 区	汽车总计（万辆）	载客汽车		载货汽车			
		辆数（万辆）	客位（万客位）	辆数（万辆）	#普通载货汽车	吨位（万吨）	#普通载货汽车
全 国	**1537.93**	**84.58**	**2189.55**	**1453.36**	**1091.32**	**10292.47**	**5241.45**
北 京	26.10	5.80	73.31	20.30	17.43	96.21	64.19
天 津	18.05	0.91	35.63	17.13	12.03	102.86	33.08
河 北	140.61	2.65	70.60	137.96	80.72	1204.94	354.93
山 西	53.05	1.42	39.64	51.63	31.71	499.58	194.16
内蒙古	40.97	1.27	42.02	39.70	26.78	309.30	153.67
辽 宁	82.13	2.60	82.32	79.53	61.71	506.49	281.37
吉 林	35.89	1.43	44.29	34.47	27.57	225.50	142.41
黑龙江	49.32	1.68	52.45	47.64	38.24	341.62	202.93
上 海	23.76	2.27	52.72	21.50	11.47	216.91	71.41
江 苏	79.19	4.53	167.59	74.66	53.56	614.30	315.03
浙 江	51.20	3.05	101.08	48.15	36.99	283.60	128.32
安 徽	72.31	3.35	89.63	68.96	50.91	519.44	282.11
福 建	29.57	1.82	50.70	27.75	20.61	193.90	82.91
江 西	40.18	1.72	47.36	38.46	26.87	337.34	156.80
山 东	105.76	2.99	96.30	102.77	60.54	987.50	372.95
河 南	123.54	4.94	144.23	118.59	84.92	855.08	393.00
湖 北	47.23	4.06	90.25	43.17	34.24	258.36	153.19
湖 南	45.03	4.87	114.13	40.16	35.41	224.52	160.06
广 东	84.00	4.05	162.49	79.94	62.66	503.26	251.41
广 西	48.81	3.41	92.86	45.40	39.54	263.92	193.83
海 南	6.17	0.59	16.66	5.58	5.13	22.86	16.69
重 庆	28.99	1.97	51.26	27.03	23.95	161.15	129.40
四 川	62.93	5.33	119.52	57.60	52.60	304.35	235.99
贵 州	28.15	3.07	65.37	25.08	23.67	104.53	93.51
云 南	63.85	4.92	80.84	58.93	56.80	244.90	214.98
西 藏	4.69	0.52	10.27	4.17	3.94	29.21	26.45
陕 西	41.40	2.60	59.27	38.80	31.56	239.26	147.99
甘 肃	31.49	2.02	45.29	29.47	26.47	147.18	108.75
青 海	9.49	0.34	8.10	9.15	8.35	55.12	43.54
宁 夏	13.59	0.58	16.97	13.02	9.72	102.99	62.19
新 疆	50.49	3.82	66.41	46.67	35.23	336.31	174.20

注：1.小轿车包括在载客汽车中。
2.1999年以前数据仅为公路部门营运汽车，1999年为全国营运汽车。2000年起为全国运输汽车(含营运和非营运汽车)。2005年起为全国营运汽车（不含非营运汽车)。
3.从2010年起，公路营运载客汽车不包括在公路运输管理部门管理并注册登记的公共汽车和出租汽车

8-2-40 内河航道年末里程

单位：公里

地 区	2005	#等级航道	2010	#等级航道	2011	#等级航道	2012	#等级航道	2013	#等级航道	2014	#等级航道
全 国	**123263**	**61013**	**124242**	**62290**	**124612**	**62648**	**124995**	**63719**	**125853**	**64900**	**126280**	**65362**
北 京												
天 津	88	88	88	88	88	88	88	88	88	88	88	88
河 北												
山 西	467	139	467	139	467	139	467	139	467	139	467	139
内蒙古	2403	2380	2403	2380	2403	2380	2403	2380	2403	2380	2403	2380
辽 宁	413	413	413	413	413	413	413	413	413	413	413	413
吉 林	1456	1381	1456	1381	1456	1381	1456	1381	1456	1381	1456	1381
黑龙江	5131	4756	5098	4723	5098	4723	5098	4723	5098	4723	5098	4723
上 海	2223	842	2226	845	2226	845	2281	888	2268	937	2191	916
江 苏	24349	7517	24228	7649	24252	7694	24270	8266	24333	8515	24360	8547
浙 江	9652	4756	9703	4832	9750	4913	9735	4945	9743	4953	9765	4974
安 徽	5587	4997	5596	5006	5596	5006	5623	5041	5642	5060	5642	5060
福 建	3245	1269	3245	1269	3245	1269	3245	1269	3245	1269	3245	1269
江 西	5638	2349	5638	2349	5638	2349	5638	2349	5638	2349	5638	2349
山 东	1012	892	1150	1035	1150	1035	1144	1057	1117	1030	1117	1030
河 南	1267	1150	1267	1150	1267	1150	1267	1150	1267	1150	1267	1150
湖 北	8181	5685	8260	5792	8260	5792	8271	5803	8271	5803	8433	5980
湖 南	11495	4126	11495	4126	11495	4126	11495	4126	11496	4127	11496	4127
广 东	11844	4306	11844	4306	11850	4312	12097	4668	12097	4668	12151	4668
广 西	5413	3331	5433	3352	5433	3352	5479	3352	5478	3352	5704	3483
海 南	343	76	343	76	343	76	343	76	343	76	343	76
重 庆	4103	1753	4331	1801	4331	1801	4331	1801	4331	1801	4331	1801
四 川	10720	3825	10720	3825	10720	3825	10720	3825	10720	3848	10720	3848
贵 州	3323	1846	3442	2094	3442	2094	3442	2094	3649	2354	3661	2399
云 南	2539	1810	2877	2206	3158	2422	3158	2422	3551	2816	3551	2816
西 藏												
陕 西	1066	558	1066	558	1066	558	1066	558	1066	558	1066	558
甘 肃	860	347	914	381	914	381	914	381	914	381	914	456
青 海	329	318	421	409	421	409	421	409	629	618	629	618
宁 夏	117	105	117	105	130	115	130	115	130	115	130	115
新 疆												

注：1.从2003年起，长江干流通航里程由各省分别统计，不再单列。
2.从2003年起，内河航道里程为内河航道通航里程数。

8-2-41 民用运输船舶拥有量

年 份	机动船					驳 船		
	艘数（艘）	净载重量（吨）	载客量（客位）	总功率（千瓦）	#拖船功率	艘数（艘）	净载重量（吨）	载客量（客位）
1995	299717	40940087	979985		1707115	57998	9449652	17722
2000	185018	42640605	1014013	19354496	1439743	44658	8640504	18258
2001	169329	45526726	1048915	20884813	1370221	41457	8968670	27902
2002	165936	48372587	945387	21995838	1433547	37041	8683075	33405
2003	163813	60745234	971514	26156815	1269607	40457	9871079	30631
2004	166854	75114059	961562	30527287	1197191	43846	11058522	34666
2005	165900	90756392	977846	36399287	1480381	41394	11030057	33496
2006	157805	98241489	1025861	39068361	1538957	36555	12015595	33355
2007	157544	106441173	1004546	39366720	1520924	34227	12373412	22316
2008	152247	111047702	994495	43550959	1564439	31943	13121439	14050
2009	149367	133384848	979384	46209122	1120381	27565	12702991	2166
2010	155624	168985654	1001395	53304379	1410719	22783	11422911	2260
2011	157950	202602789	1004622	59496603	1600896	21292	10040453	3768
2012	158309	218793742	1021260	63894591	1531873	20282	9692502	3798
2013	155340	234317614	1031711	64846571	1235661	17214	9692720	1287
2014	154974	247399826	1030973	70598481	1424950	17003	10452402	1334

注：不分地区数据为中国远洋运输集团总公司海外公司及中国海运集团总公司香港有限公司数。

8-2-42 各地区民用运输船舶拥有量

年 份 地 区	机动船					驳 船		
	艘数 (艘)	净载重量 (吨)	载客量 (客位)	总功率 (千瓦)	#拖船功率	艘数 (艘)	净载重量 (吨)	载客量 (客位)
2014	**154974**	**247399826**	**1030973**	**70598481**	**1424950**	**17003**	**10452402**	**1334**
北 京								
天 津	418	8308908	3137	1839220	87649	17	245039	
河 北	1547	3631085	17631	642168	5762	3	3983	
山 西	263	4657	3682	15425				
内蒙古								
辽 宁	528	8049073	30306	1311288	27045	7	21721	
吉 林	932	22620	19865	48183	5020	33	17110	
黑龙江	1260	90906	21821	171963	75561	351	211038	
上 海	1738	35895783	55496	14051083	94786	64	129248	
江 苏	38368	36854022	44150	10281356	398680	7790	4046987	
浙 江	17447	23988753	78133	6568896	110899	334	64321	
安 徽	27938	36123283	14727	9294436	41926	1559	679871	
福 建	2090	8506014	30474	2496041	17020	4	6427	
江 西	3761	2346501	9876	722264	1382	14	7611	
山 东	7789	11773276	67145	3376688	346751	4819	4204306	
河 南	5166	6425401	12227	1932189	3306	279	229940	
湖 北	4501	7274567	45671	1865772	55833	243	349069	
湖 南	7326	3308829	73339	1268430	7280	36	47183	220
广 东	8709	27280531	83020	6773127	114621	19	33717	
广 西	9074	7727187	114367	2013192	882	4	3250	
海 南	500	1798024	34510	552754		2	1614	
重 庆	3478	5487398	74757	1564281	13217	53	88210	
四 川	6564	1091129	83672	527405	15297	1078	55438	
贵 州	2025	129525	48837	156031		25	4658	
云 南	1008	124110	21937	102953	500	2	187	
西 藏								
陕 西	1175	29000	20102	40729	519	267	1474	1114
甘 肃	454	1616	8075	35711				
青 海	72		2020	13803				
宁 夏	713		11996	34235	1014			
新 疆								
不分地区	130	11127628		2898858				

注：不分地区数据为中国远洋运输集团总公司海外公司数。

8-2-43 沿海规模以上港口码头泊位数(2014年底)

港 口	总计 码头长度(米)	总计 泊位个数(个)	总计 #万吨级	生产用 码头长度(米)	生产用 泊位个数(个)	生产用 #万吨级	非生产用 码头长度(米)	非生产用 泊位个数(个)
总 计	**778579**	**5923**	**1633**	**701232**	**4970**	**1614**	**77347**	**953**
#大 连	42607	240	98	38730	215	98	3877	25
营 口	18166	87	54	17432	80	54	734	7
秦皇岛	17246	92	44	15928	72	44	1318	20
天 津	35954	162	106	34606	151	106	1348	11
烟 台	19041	98	59	17911	88	59	1130	10
威 海	4455	22	14	4455	22	14		
青 岛	22714	90	68	21696	84	68	1018	6
日 照	13504	52	45	13198	51	45	306	1
上 海	126044	1220	170	75091	608	156	50953	612
连云港	14653	62	53	14356	60	53	297	2
宁波-舟山	83313	687	150	80125	615	150	3188	72
台 州	12345	181	8	12309	180	8	36	1
温 州	17323	218	18	17323	218	18		
福 州	23070	174	53	22726	168	52	344	6
厦 门	28240	173	69	27216	154	69	1024	19
汕 头	9898	92	19	9627	87	19	271	5
深 圳	30231	153	66	28825	141	66	1406	12
广 州	50654	556	71	46958	510	69	3696	46
湛 江	17243	177	30	15542	146	30	1701	31
北 海	6040	56	11	5980	55	11	60	1
防 城	14903	123	34	14843	118	34	60	5
海 口	7049	52	16	6858	51	15	191	1
八 所	2324	13	9	2154	12	9	170	1

注：1.从2006年起，宁波－舟山港统计范围包括原宁波港和舟山港。
2.从2007年起，烟台港统计范围包括原烟台港和龙口港。
3.从2011年起，厦门港统计范围包括原厦门港和漳州港。

8-2-44 内河规模以上港口码头泊位数(2014年底)

港 口	总计 码头长度(米)	总计 泊位个数(个)	总计 #万吨级	生产用 码头长度(米)	生产用 泊位个数(个)	生产用 #万吨级	非生产用 码头长度(米)	非生产用 泊位个数(个)
总 计	**938553**	**14593**	**406**	**896513**	**13894**	**406**	**42040**	**699**
#重 庆	91322	1185		70501	824		20821	361
宜 昌	7412	47		5708	35		1704	12
武 汉	24785	280		21783	246		3002	34
黄 石	8412	140		7982	134		430	6
九 江	18828	191		16803	163		2025	28
安 庆	11735	168		10026	140		1709	28
池 州	10223	117		10223	117			
铜 陵	6598	88	1	6533	87	1	65	1
芜 湖	13452	144	11	13452	144	11		
马鞍山	10749	161		10699	160		50	1
南 京	33307	298	58	32195	281	58	1112	17
镇 江	21558	202	44	21438	200	44	120	2
泰 州	16926	124	57	16926	124	57		
扬 州	7657	47	23	7657	47	23		
江 阴	12022	70	29	11872	68	29	150	2
常 州	4388	31	8	4388	31	8		
南 通	18095	105	51	17540	99	51	555	6
上海(内河)	96671	1978		95879	1962		792	16

注：从2009年起，重庆港统计范围发生变化，包括原重庆、涪陵、万州、重庆航管处四个港区，与历史数据不可比。

8-2-45 沿海规模以上港口货物吞吐量

单位：万吨

港　口	1985	1990	1995	2000	2005	2008	2009	2010	2011	2012	2013	2014
总　计	**31154**	**48321**	**80166**	**125603**	**292777**	**429599**	**475481**	**548358**	**616292**	**665245**	**728098**	**769557**
#大　连	4381	4952	6417	9084	17085	24588	27202.8	31399	33691	37426	40746	42337
营　口	98	237	1156	2268	7537	15085	17603	22579	26085	30107	32013	33073
秦皇岛	4419	6945	8382	9743	16900	25231	24942.1	26297	28770	27099	27260	27403
天　津	1856	2063	5787	9566	24069	35593	38111.3	41325	45338	47697	50063	54002
烟　台	689	668	1361	1774	4506	11189	12351.1	15033	18029	20298	22157	23767
青　岛	2611	3034	5103	8636	18678	30029	31545.7	35012	37230	40690	45003	46802
日　照		925	1452	2674	8421	15102	18131	22597	25260	28098	30937	33502
上　海	11291	13959	16567	20440	44317	50808	49467.5	56320	62432	63740	68273	66954
连云港	929	1137	1716	2708	6016	10060	10843.2	12739	15627	17367	18898	19638
宁波-舟山	1040	2554	6853	11547	26881	52048	57684.3	63300	69393	74401	80978	87346
台　州				950	2067	3898	4293.94	4706	5099	5358	5628	6049
温　州			601	859	3097	4263	5998.81	6408	6950	6997	7379	7901
厦　门			1314	1965	4771	9702	11096.3	12728	15654	17227	19088	20504
汕　头	201	279	716	1284	1736	2806	3101.8	3509	4005	4563	5038	5161
深　圳				5697	15351	21125	19365	22098	22325	22807	23398	22324
广　州	1772	4163	7299	11128	25036	34700	36395.4	41095	43149	43517	45517	48217
湛　江	1231	1557	1885	2038	4647	6682	11838.2	13638	15539	17092	18006	20238
北　海				265	437	620	1014.85	1251	1591	1757	2078	2276
海　口	170	288	468	808	2118	2614	4855.5	5700	6549	7217	8293	8915
八　所	388	431	275	378	486	554	652	893	997	1095	1293	1400
三　亚	78	37	42	48	49	75						

注：1.从2006年起，宁波-舟山港统计范围包括原宁波港和舟山港，以往年度数据为原宁波港数据。
2.从2007年起，烟台港统计范围包括原烟台港和龙口港，以往年度数据为原烟台港数据。
3.从2011年起，厦门港统计范围包括原厦门港和漳州港。

8-2-46 内河规模以上港口货物吞吐量

单位：万吨

港　口	2000	2002	2003	2004	2005	2006	2007	2008	2009	2010	2011	2012	2013	2014
总　计	**44452**	**56701**	**66224**	**86414**	**101418**	**117510**	**138208**	**159481**	**221678**	**261822**	**295522**	**312228**	**336793**	**349246**
#上海(内河)	5853	8613	9857	10575	10749	6 709	6918	7362	9738	9019	10326	9819	9301	8575
南　京	6679	6108	6620	9589	10686	10091	10859	11125	12146	14719	17333	19197	20201	21001
江　阴	666	1357	2150	2683	4278	5739	7218	8740	10103	12522	12934	13248	12590	12462
常　州	379	562	754	540	805	2347	2029	2282	2724	3156	2769	2667	3067	3314
苏　州	364	410	6282	9059	11919	15085	18377	20348	24634					
南　通	2748	3746	5010	7218	8327	10386	12339	13214	13641	15070	17331	18526	20494	21599
扬　州	419	615	860	889	1179	1398	1591	1938	2938	3642	4370	4841	6189	7866
泰　州	187	329	806	1285	1581	2787	2128	2592	7467	9890	12038	13210	15425	15822
镇　江	2153	2630	3046	4839	5847	6318	7824	8705	8713	10634	11806	13460	14098	14061
芜　湖	830	1138	1410	1831	1850	3934	4681	5514	5710	6609	7473	8260	9313	10847
马鞍山	626	888	1052	1713	2011	2393	3684	4697	4191	4826	5306	6809	7489	8101
铜　陵	314	312	305	380	352	2405	2860	2872	3157	3914	4729	5507	5905	7045
安　庆	729	846	1043	1479	1835	2839	2852	2800	2554	2813	3010	3225	3006	3137
池　州	155	258	422	1073	1752	1952	2101	2250	2244	2576	3137	3488	3914	4279
九　江	623	573	614	842	928	760	733	596	2852	3291	3907	4827	6030	8036
武　汉	1738	1773	3124	4281	4939	5034	5278	5592	5409	6620	7602	7632	7701	8150
黄　石	227	515	585	675	1003	1195	962	1032	1520	1605	1781	1874	2098	2454
宜　昌	217	182	212	305	226	518	734	715	653	818	770	682	554	639
重　庆	781	638	641	820	950	1073	1317	1470	8612	9668	11606	12502	13676	14665
万　州	252	290	274	446	490	641	713	822						

注：从2009年起,重庆港统计范围发生变化，包括原重庆、涪陵、万州、重庆航管处四个港区，与历史数据不可比。

8-2-47 沿海规模以上港口分货类吞吐量

单位：万吨

货类名称	2012			2013			2014		
	合计	出港	进港	合计	出港	进港	合计	出港	进港
总　计	**665245**	**284076**	**381170**	**728098**	**311987**	**416111**	**769557**	**334653**	**434904**
煤炭	138102	74300	63803	150401	81341	69059	148649	83428	65221
石油、天然气及制品	63157	19652	43506	64298	19393	44905	67207	20189	47018
#原油	36817	6857	29960	38074	6736	31338	40468	7265	33203
金属矿石	111045	21176	89869	124328	23526	100802	133244	25283	107961
钢铁	23596	14428	9168	25848	16071	9777	28643	18773	9870
矿建材料	47348	16375	30973	52935	19948	32987	57082	21718	35364
水泥	4571	1182	3389	5513	1571	3941	6877	2259	4618
木材	4728	651	4077	5111	642	4469	5332	705	4627
非金属矿石	8988	3307	5681	11697	4177	7519	11475	4887	6589
化肥和农药	2236	1486	750	2336	1561	776	3320	2254	1066
盐	734	57	676	905	58	847	933	53	879
粮食	14309	4710	9598	15835	5387	10448	16510	5323	11187
机械、设备、电器	18749	9804	8945	18763	9673	9090	20832	10443	10390
化工原料及制品	10218	3836	6382	12208	4744	7464	13478	5477	8001
有色金属	920	223	697	1328	502	827	1282	502	780
轻工、医药产品	8270	4061	4209	9398	4577	4821	9814	4911	4902
农林牧渔业产品	2949	913	2036	3198	1032	2166	3783	1122	2661
其他	205325	107915	97410	223997	117785	106211	241097	127327	113770

8-2-48 内河规模以上港口分货类吞吐量

单位：万吨

货类名称	2012			2013			2014		
	合 计	出 港	进 港	合 计	出 港	进 港	合 计	出 港	进 港
总　计	**312228**	**132743**	**179485**	**336793**	**141771**	**195022**	**349246**	**141787**	**207459**
煤炭	61504	19099	42405	66898	20457	46441	70270	20941	49329
石油、天然气及制品	10680	4143	6537	11480	4304	7177	11344	4302	7042
#原油	2522	762	1760	2534	704	1830	2475	652	1823
金属矿石	38942	11132	27810	42684	11940	30744	46495	13076	33419
钢铁	18710	10081	8629	19393	10476	8918	18287	9805	8482
矿建材料	102096	44793	57302	110206	46884	63323	108190	41535	66655
水泥	20349	15332	5018	23110	17456	5653	24046	17933	6114
木材	1884	409	1475	2045	409	1636	2799	606	2192
非金属矿石	11638	6564	5074	11726	6968	4758	13296	7650	5647
化肥和农药	1577	809	768	1554	728	827	1888	1027	860
盐	585	240	345	716	346	370	802	457	345
粮食	5685	1844	3842	6688	2154	4535	7624	2457	5166
机械、设备、电器	762	560	201	794	613	181	942	705	238
化工原料及制品	8744	3380	5363	9440	3797	5642	10113	4102	6012
有色金属	282	139	143	303	172	131	309	180	129
轻工、医药产品	1732	864	868	1744	841	903	1732	772	960
农林牧渔业产品	1358	474	884	955	332	623	1124	450	674
其他	25699	12879	12819	27055	13895	13160	29984	15788	14196

8-2-49 民用航空航线及飞机年末数

指 标	2000	2005	2008	2009	2010	2011	2012	2013	2014
定期航班航线条数 （条）	**1165**	**1257**	**1532**	**1592**	**1880**	**2290**	**2457**	**2876**	**3142**
国际航线	133	233	297	263	302	443	381	427	490
国内航线	1032	1024	1235	1329	1578	1847	2076	2449	2652
#港澳地区航线	42	43	49	72	85	91	99	107	114
定期航班航线里程（公里）	**1502887**	**1998501**	**2461840**	**2345085**	**2765147**	**3490571**	**3280114**	**4106000**	**4637214**
国际航线	508405	855932	1120166	919899	1070167	1494387	1284712	1503150	1767210
国内航线	994482	1142569	1341674	1425186	1694980	1996184	1995402	2602850	2870004
#港澳地区航线	55759	61056	68592	107262	121437	135103	133333	168363	179320
定期航班通航机场 （个）	**139**	**135**	**152**	**165**	**175**	**178**	**180**	**190**	**200**
民用飞机期末架数 （架）	**982**	**1386**	**1961**	**2181**	**2405**	**3191**	**3589**	**4004**	**4168**
运输飞机	527	863	1259	1417	1597	1764	1941	2145	2370
大中型飞机	462	785	1155	1297	1453	1601	1769	1985	2218
#B737	186	358	527	593	650	700	756	854	958
B747	19	22	37	37	40	40	40	29	24
B757	48	64	52	51	48	51	46	45	41
B767	16	27	22	19	18	15	13	11	9
MD11	6	7	10	10	7	3	3		
MD90	22	22	22	22	11				
MD82	27	15	12						
A300	18	21	15	15	14	10	10	8	
A310	3	3							
A320	60	115	186	219	281	357	432	503	579
A340	8	16	17	19	19	19	14	13	8
小型飞机	65	78	104	120	144	163	172	160	152
通用航空飞机	301	383	484	555	606	1124	1320	1519	1798
教学校验飞机	154	140	218	209	202	303	328	340	359

注：2011年起民用航空航线条数改为定期航班航线条数,民航通航机场改为定期航班通航机场。

8-2-50 民用航空运输量及通用航空飞行时间

指　　标	2000	2005	2008	2009	2010	20111	2012	2013	2014
客运量　　　（万人）	**6722**	**13827**	**19251**	**23052**	**26769**	**29317**	**31936**	**35397**	**39195**
国际航线	690	1225	1519	1474	1931	2118	2336	2655	3155
国内航线	6031	12602	17732	21578	24838	27199	29600	32742	36040
#港澳地区航线	403	509	500	517	672	760	834	904	1005
旅客周转量　（万人公里）	**9705437**	**20449288**	**28827993**	**33752354**	**40389960**	**45369629**	**50257366**	**56567596**	**63341903**
国际航线	2328154	4524063	5772650	5662080	7589325	8780512	9919798	11457554	13168010
国内航线	7377283	15925225	23055343	28090274	32800635	36589118	40337568	45110042	50173893
#港澳地区航线	502405	709205	718211	749114	981817	1116167	1238849	1317488	1496639
货(邮)运量　　　（吨）	**1967123**	**3067168**	**4076376**	**4455347**	**5630371**	**5574779**	**5450342**	**5612526**	**5940988**
国际航线	492356	771551	1194708	1260983	1926315	1780427	1565170	1545310	1684272
国内航线	1474767	2295618	2881668	3194364	3704056	3794352	3885173	4067216	4256716
#港澳地区航线	135442	169247	156221	159019	216603	210028	207678	198561	223332
货邮周转量　（万吨公里）	**502683**	**788954**	**1196023**	**1262307**	**1788982**	**1739131**	**1638894**	**1702918**	**1877715**
国际航线	291550	452450	773683	794325	1253028	1187527	1064527	1091742	1237182
国内航线	211133	336504	422340	467982	535954	551604	574366	611176	640533
#港澳地区航线	19495	26263	24089	22743	28700	27607	27120	26156	29931
运输总周转量（万吨公里）	**1225007**	**2612724**	**3767652**	**4270726**	**5384490**	**5774427**	**6103217**	**6717231**	**7481156**
国际航线	465190	855235	1288988	1299511	1929689	1968352	1944881	2106757	2401117
国内航线	759818	1757488	2478663	2971215	3454801	3806075	4158336	4610474	5080039
#港澳地区航线	56878	89509	87925	89293	115895	126425	136648	142276	161733
通用航空飞行时间（小时）	**48707**	**84859**	**110706**	**123838**	**391135**	**502731**	**517037**	**590890**	**674944**
#农林业航空作业	22922	25428	24691	26309	29619	33158	31873	34118	38220
#航空护林	3927	6508	6000	7340	7748	9211	7453	6574	7026
播种造林	4060	1929	1555	1534	1419	2010	1315	1178	956
工业航空作业	25785	36514	50591	52916	65430	56682	77075	96354	84259

8-2-51 民用航空主要机型运用情况

机　　型	期末飞机架数（架）	运输飞行小时（小时）	运输飞行里程（万公里）	平均每可用机年生产飞行小时（小时/架）	平均每可用机日生产飞行小时（小时/架/日）	正班平均载运率（%）
总　　计	**4168**	**7640737**	**471889.4**	**2215**	**6.1**	**71.9**
#B747-400	4	5958	394.6	1597	4.4	55.7
B747-400COM						
B747-400F	13	40953	3134.7	3984	10.9	74.0
B737-800	706	2315739	138769.6	3674	10.1	75.7
B737-400		938	55.3	3127	8.6	83.5
B737-300	20	58757	3152.5	3038	8.3	80.2
B767-300	9	32531	2160.1	3854	10.6	66.0
B757-200	26	75367	4820.1	3226	8.8	69.5
B777-200A	14	38210	2530.7	3023	8.3	65.3
B777-200B		12100	858.0	3548	9.7	53.9
A321	192	597764	35915.7	3546	9.7	70.0
A320	579	1954000	118804.7	3798	10.4	77.8
A319	173	589129	36010.5	3644	10.0	68.3
A300-600		4413	254.6	2793	7.7	63.5
A330-200	85	373021	28314.3	4870	13.3	60.1
A330-300	62	203730	13498.8	4021	11.0	63.2
A340-300	4	2625	138.6	2188	6.0	56.1

注：期末飞机架数不含教学校验飞机。

8-2-52 各地区城市公共交通运营线路总长度(2014年底)

单位：公里

地 区	公共汽车、无轨电车	公交专用车道	轨道交通			
				地铁	轻轨	有轨电车
全 国	**817781**	**6897**	**2816**	**2418**	**304**	**66**
北 京	20249	395	527	527		
天 津	14881	65	147	87	52	8
河 北	33365	38				
山 西	20279	197				
内蒙古	26233	51				
辽 宁	29724	627	141	54	63	24
吉 林	14928	117	55		47	8
黑龙江	24312	53	17	17		
上 海	23897	162	578	548		
江 苏	57734	959	313	234	52	26
浙 江	57353	528	87	87		
安 徽	22316	109				
福 建	24968	129				
江 西	18763	49				
山 东	81902	852				
河 南	26774	113	26	26		
湖 北	22093	95	95	95		
湖 南	21506	282	22	22		
广 东	98474	1035	437	437		
广 西	18886	10				
海 南	5752	25				
重 庆	14986	15	202	113	89	
四 川	33872	474	59	59		
贵 州	8843	24				
云 南	40482	85	59	59		
西 藏	1304					
陕 西	14323	255	51	51		
甘 肃	9024	9				
青 海	8560					
宁 夏	7724	74				
新 疆	14277	73				

注：上海市轨道交通合计中包括磁悬浮运营线路总长度29公里。

8-2-53 各地区城市公共交通运营车(船)拥有量(2014年底)

单位：辆

地区	公共汽电车、轨道交通车辆合计(标台)	公共汽电车(标台)	#天然气车	液化石油气车	无轨电车	轨道交通(标台)	地铁	轻轨	有轨电车	出租汽车	轮渡运营船数(艘)
全国	**639625**	**597855**	**159785**	**8408**	**1995**	**41770**	**15696**	**1372**	**215**	**1370108**	**329**
北京	46171	34511	6191		553	11660	4664			67546	
天津	14267	12738	701			1529	450	152	24	31940	
河北	21737	21737	9787	268						70728	
山西	11625	11625	3651		121					42482	
内蒙古	10405	10405	3534							65314	
辽宁	28046	26871	4283	183	61	1175	258	156	72	92688	
吉林	12776	12286	3820			490		351	29	70859	
黑龙江	19571	19406	4474	691		165	66			104629	45
上海	29028	19835			384	9193	3660			50738	50
江苏	46792	43815	10993	515		2977	966	215	90	60872	15
浙江	34455	33165	5888	37	115	1290	516			43303	6
安徽	20497	20497	5802	50						54280	
福建	16640	16640	3160							23384	33
江西	10451	10451	882	242						17499	3
山东	44956	44956	15176	107	244					70940	3
河南	25632	25257	3434	74	92	375	150			60935	
湖北	24098	22653	6622	164	151	1445	578			40617	59
湖南	22151	21911	3600			240	96			35610	15
广东	69178	61685	14416	5760	274	7493	2996			68334	74
广西	11591	11591	1181							20386	
海南	3477	3477	866	229						6440	
重庆	15375	13551	2708			1824	390	498		23050	26
四川	33893	32918	19476	42		975	390			44183	
贵州	8222	8222	3898							24414	
云南	14211	13977	1144			234	234			28497	
西藏	672	672								2325	
陕西	15586	14881	7684	36		705	282			35527	
甘肃	7036	7036	3196							32892	
青海	3881	3881	2554							12749	
宁夏	4057	4057	2674	10						16119	
新疆	13150	13150	7990							50828	

注：1. 轨道交通车辆中包括上海磁悬浮车辆17辆。
2. 2014年起，公共汽电车、轨道交通车辆数为经过折算后的标准营运台数，与往年数据不可比，下表同。

8-2-54 各地区城市公共交通客运量

单位：万人次

地 区	客运总量	公共汽电车	轨道交通	出租汽车	轮渡
全 国	**13156624**	**7818820**	**1266576**	**4060570**	**10658**
北 京	882676	477180	338668	66828	
天 津	218281	151011	30061	37209	
河 北	377793	227715		150078	
山 西	267329	151955		115374	
内蒙古	283029	128111		154918	
辽 宁	756643	419453	35000	302190	
吉 林	429305	178481	7661	243163	
黑龙江	586549	264218	5387	316532	412
上 海	654127	266530	282727	103406	1464
江 苏	692353	461348	63438	167058	509
浙 江	538410	378320	15903	143871	316
安 徽	436029	247534		188495	
福 建	324791	246066		75411	3314
江 西	216600	150145		66417	38
山 东	592179	430839		161258	82
河 南	454854	276097	6786	171971	
湖 北	537249	353156	35624	146849	1620
湖 南	512969	330905	4580	177342	142
广 东	1309142	768995	331465	206194	2488
广 西	194881	146911		47970	
海 南	65821	48521		17300	
重 庆	427560	268736	51710	106840	274
四 川	663624	448491	22692	192441	
贵 州	306499	162967		143532	
云 南	273247	175887	4922	92438	
西 藏	23324	9401		13923	
陕 西	411574	259359	29953	122262	
甘 肃	208082	127390		80692	
青 海	73386	44500		28886	
宁 夏	101496	45541		55955	
新 疆	336821	173055		163766	

8-2-55 省会城市和计划单列市公共交通运营线路总长度(2014年底)

单位：公里

城市	公共汽车、无轨电车	公交专用车道	轨道交通			
				地铁	轻轨	有轨电车
北京	20249	395	527	527		
天津	14881	65	147	87	52	8
石家庄	3761	16				
太原	2880	111				
呼和浩特	1871	17				
沈阳	4113	165	54	54		
大连	3376	221	87		63	24
长春	4348	93	55		47	8
哈尔滨	4673	42	17	17		
上海	23897	162	578	548		
南京	8792	91	187	179		8
杭州	11885	136	66	66		
宁波	8773	81	21	21		
合肥	2603	34				
福州	4111	50				
厦门	6106	53				
南昌	3924	15				
济南	7558	83				
青岛	4310	165				
郑州	4652	82	26	26		
武汉	6779	35	95	95		
长沙	3173	130	22	22		
广州	18762	370	260	260		
深圳	20270	413	177	177		
南宁	3033					
海口	2199	25				
重庆	11989	3.5	202	113	89	
成都	7125	432	59	59		
贵阳	3336	13				
昆明	10396	85	59	59		
拉萨	629					
西安	6125	239	51	51		
兰州	1698	8.9				
西宁	1181					
银川	1755	74				
乌鲁木齐	2722	68				

注：上海市轨道交通合计中包括磁悬浮运营线路总长度29公里。

8-2-56 省会城市和计划单列市公共交通运营车(船)拥有量(2014年底)

单位：辆

城市	公共汽电车、轨道交通车辆合计(标台)	公共汽电车(标台)	#天然气车	液化石油气车	无轨电车	轨道交通(标台)	地铁	轻轨	有轨电车	出租汽车	轮渡运营船数(艘)
北京	46171	34511	6191		553	11660	4664			67546	
天津	14267	12738	701			1529	450	152	24	31940	
石家庄	5296	5296	3439							6825	
太原	3542	3542	1160		121					8292	
呼和浩特	2609	2609	1183							5568	
沈阳	7803	7158	1338			645	258			18929	
大连	6914	6384	959		61	530		156	72	11193	
长春	5840	5350	2901			490		351	29	16967	
哈尔滨	8049	7884	3584	210		165	66			16518	45
上海	29028	19835			384	9193	3660			50738	50
南京	12029	10239	2848	349		1790	726		20	13688	15
杭州	11293	10333	2011		115	960	384			11644	
宁波	5846	5516	1480			330	132			4627	3
合肥	5438	5438	1751							9402	
福州	4366	4366	839							6345	6
厦门	5448	5448	722							5209	27
南昌	3945	3945	289	140						5431	
青岛	8342	8342	2952		111					9720	3
济南	6346	6346	1998		133					8857	
郑州	8664	8289			15	375	150			10719	
武汉	11707	10262	1905	164	151	1445	578			16597	36
长沙	6840	6600	688			240	96			7817	
广州	21145	16467	2563	5760	274	4678	1878			21320	51
深圳	20612	17797	626			2815	1118			16275	
南宁	3817	3817	894							6723	
海口	1875	1875	560							3020	
重庆	13905	12081	1821			1824	390	498		19629	8
成都	16060	15085	10847			975	390			16035	
贵阳	3279	3279	2545							7535	
昆明	6904	6670	804			234	234			8097	
拉萨	508	508								1360	
西安	9712	9007	5374			705	282			13252	
兰州	2832	2832	2664							7054	
西宁	2220	2220	1378							5666	
银川	1905	1905	1581							4930	
乌鲁木齐	5889	5889	4190							12338	

注：轨道交通车辆中包括上海磁悬浮车辆17辆。

8-2-57 省会城市和计划单列市公共交通客运量

单位：万人次

城市	客运总量	公共汽电车	轨道交通	出租汽车	轮渡
北京	882676	477180	338668	66828	
天津	218281	151011	30061	37209	
石家庄	88158	65233		22925	
太原	71208	50057		21151	
呼和浩特	45896	37740		8156	
沈阳	187271	110713	25775	50783	
大连	158716	103785	9225	45706	
长春	152361	74927	7661	69773	
哈尔滨	185457	127877	5387	51781	412
上海	654127	266530	282727	103406	1464
南京	184923	104216	50317	29881	509
杭州	183907	137761	14515	31631	
宁波	64430	49469	1388	13353	220
合肥	100475	69134		31341	
福州	82216	59512		22673	31
厦门	115193	92769		19141	3283
南昌	82787	61773		21014	
青岛	130047	105592		24373	82
济南	98967	80312		18655	
郑州	135112	98748	6786	29578	
武汉	223711	148300	35624	38815	972
长沙	115109	75221	4580	35308	
广州	568771	264914	227790	73999	2068
深圳	373256	225739	103675	43842	
南宁	68023	51718		16305	
海口	38612	29523		9089	
重庆	382887	240681	51710	90311	185
成都	247738	182084	22692	42962	
贵阳	99358	66973		32385	
昆明	106965	84372	4922	17671	
拉萨	14608	7910		6698	
西安	244201	169767	29953	44481	
兰州	99874	77204		22670	
西宁	53471	34047		19424	
银川	52798	30271		22527	
乌鲁木齐	113765	87016		26749	

8-2-58 邮政主要业务量

指 标		2007	2008	2009	2010	2011	2012	2013	2014
邮政行业业务总量	(亿元)	1213.7	1401.8	1639.9	1985.3	1607.7	2036.8	2725.1	3696.1
函件	(万件)	695034.4	736334.7	753244.8	740141.0	737840.5	707405.0	634148.8	560955.7
国内函件		690401.3	729734.1	744846.9	731656.6	727362.0	696320.2	616556.6	527013.3
国际及港澳台函件		4633.1	6600.6	8397.9	8484.4	10478.4	11084.8	17592.2	33942.4
包裹	(万件)	9103.3	7936.7	7229.6	6642.5	6883.0	6875.5	6924.8	6024.2
国内包裹		8939.6	7783.1	7084.2	6496.0	6729.9	6710.9	6776.4	5894.0
国际及港澳台包裹		163.7	153.6	145.5	146.5	153.1	164.6	148.4	130.2
快递	(万件)	120189.6	151329.3	185784.8	233892.0	367311.1	568548.0	918674.9	1395925.3
汇兑	(万笔)	22875.2	26404.2	27177.4	28043.2	26474.3	22913.4	18520.6	12527.4
国内汇票		22827.0	26373.3	27149.6	28032.4	26544.6	22884.0	18493.0	12502.8
国际汇票		48.2	30.9	27.8	10.8	29.3	29.3	27.6	24.6
订销报纸累计份数	(万份)	1505639.6	1626004.2	1621040.2	1717080.6	1817050.7	1892652.5	1942934.7	1912277.3
订销杂志累计份数	(万份)	98104.1	104220.0	102073.1	104756.3	107701.6	112009.7	113720.0	107618.1
报纸期发份数	(万份)	7219.5	8954.5	7592.7	9598.9	8752.8	9048.3	8952.8	8757.8
杂志期发份数	(万份)	5811.1	6703.8	6316.8	7559.4	6254.8	6353.3	6188.0	6178.9
纪特邮票	(万枚)	113656.7	131872.6	110088.5	114622.5	102857.5	118276.0	118335.3	138990.4
集邮品册数	(万册)	3017.2	4121.9	3748.4	4687.5	6431.9	5746.1	4794.4	4311.9
邮政储蓄平均余额	(亿元)	16774.6	19260.3	22549.8	26546.4	31546.7	37903.6	43782.2	48203.5
邮政储蓄期末余额	(亿元)	17217.0	20799.2	24050.1	28471.4	34037.3	40486.7	45393.3	50333.6

注：1.邮政业务总量、快递的统计口径2006年及以前为中国邮政集团，2007年起为规模以上(年业务收入200万元以上)邮政业法人企业数据(下表同)。
2.邮政业务总量2010年及以前按2000年不变价格计算；2011年按2010年不变价格计算，按可比价格比上年增长25.0%。

8-2-59 各地区邮政主要业务量

地 区	邮政行业业务总量（亿元）	函 件（万件）	包 裹（万件）	汇 兑（万笔）	订销报纸累计份数（万份）	订销杂志累计份数（万份）	报刊期发 数（万份）	纪特邮票（万枚）	邮政储蓄期末余额（亿元）
全 国	**3696.1**	**560955.7**	**6024.2**	**12527.4**	**1912277.3**	**107618.1**	**14936.8**	**138990.4**	**50333.6**
北 京	203.2	66090.9	499.8	488.6	72504.2	3857.6	564.7	12435.4	1261.0
天 津	36.1	7794.4	130.6	138.4	20697.5	1112.4	169.4	3438.2	742.8
河 北	97.4	25605.1	300.1	270.4	92526.7	4679.9	785.8	6017.5	2102.1
山 西	36.6	3565.7	98.0	282.7	56534.8	2563.9	393.4	2987.5	1695.1
内蒙古	19.5	1638.5	103.2	416.2	33769.5	1516.1	261.8	2560.9	538.8
辽 宁	59.5	10423.2	203.9	609.5	55733.9	3100.0	385.8	4727.5	2026.6
吉 林	30.7	3033.9	130.4	278.1	28122.8	1507.7	196.9	3415.4	1108.7
黑龙江	44.6	6842.1	208.5	212.2	47015.7	3088.1	312.3	5389.8	1761.9
上 海	310.5	110282.5	408.5	515.9	97790.9	3928.7	810.8	6559.0	1225.6
江 苏	359.0	62633.9	327.0	912.3	166298.2	7409.6	1192.1	10209.3	4049.1
浙 江	538.8	59208.2	429.2	952.5	174817.3	7548.9	1141.4	6174.6	2165.5
安 徽	80.8	11804.5	126.7	126.6	69534.4	4961.3	688.5	4651.3	2382.7
福 建	162.7	18030.0	154.1	441.4	73124.4	3751.3	538.8	5423.3	1142.8
江 西	51.4	4770.8	103.9	172.4	50947.2	3115.1	346.9	7356.3	1523.7
山 东	145.8	29232.7	338.3	442.0	123258.7	7884.9	975.7	7000.0	3358.1
河 南	116.5	15828.2	263.8	744.7	122371.4	5333.8	1028.5	5338.0	3342.7
湖 北	98.7	6675.0	141.6	214.2	65621.7	6949.0	725.0	7740.7	2757.5
湖 南	81.2	4534.9	235.7	310.3	66540.5	4775.0	513.2	4346.7	2512.1
广 东	859.8	69168.1	529.6	2133.8	86821.8	7004.2	772.6	7361.2	3614.6
广 西	36.2	4993.7	117.3	286.8	34913.0	3663.1	372.5	2188.1	1258.6
海 南	10.7	739.8	38.9	79.3	17828.3	643.1	107.0	788.1	427.3
重 庆	47.0	4699.9	107.2	121.2	33370.3	2413.7	311.3	2549.0	1732.8
四 川	117.4	10509.7	230.8	514.3	91548.7	4667.2	659.6	4674.4	3138.6
贵 州	27.8	3809.4	57.3	351.5	37502.6	2500.1	290.1	2616.1	746.1
云 南	27.9	9549.7	162.8	428.8	47686.8	2125.3	298.5	2137.6	625.2
西 藏	2.4	391.4	41.6	89.6	9631.0	297.4	48.3	558.4	51.1
陕 西	45.9	3309.6	160.0	181.9	45528.2	3021.7	367.1	4022.1	1710.5
甘 肃	13.5	2664.1	89.6	191.3	28590.1	1503.8	210.3	1920.2	459.7
青 海	3.5	404.8	40.9	86.3	8520.5	278.8	47.8	763.6	138.4
宁 夏	10.7	814.0	27.4	76.9	8925.2	546.2	62.8	1108.8	124.5
新 疆	20.2	1907.8	217.4	457.3	44201.2	1870.2	357.6	2531.3	606.4

8-2-60 邮政邮路

指标		2006	2007	2008	2009	2010	2011	2012	2013	2014
邮路总条数	**(条)**	**20757**	**21034**	**21077**	**20838**	**20904**	**21385**	**24171**	**22550**	**23257**
#国际及港澳台邮路	(条)	130	143		169	126	151	146	119	128
全国干线邮路	(条)	1274	1315		1514	2035	2462	2600	2973	3203
省内干线邮路	(条)	1442	1449		1779	2424	2250	3890	2559	2910
航空邮路	(条)	1040	1070	1088	1204	1634	1842	1803	2140	2454
铁路邮路	(条)	163	155	168	175	181	200	197	228	124
汽车邮路	(条)	14833	15197	15369	15832	15816	16458	19552	18077	18816
水路邮路	(条)	142	135		115	103	117	82	87	122
其他邮路	(条)	4579	4477		3512	3170	2768	2537	2018	1741
总数中：快速邮路	(条)	711	737		973					
城市投递段道	(条)	49831	52307	55017	57304	53603	53786	56212	54821	58105
农村投递路线	(条)	98046	98822	99962	98759	99610	93661	91245	90680	90510
邮路总长度(单程)	**(公里)**	**3369392**	**3532980**	**3693464**	**4027751**	**4635569**	**5140272**	**5855107**	**5897229**	**6305556**
#国际及港澳台邮路	(公里)	474463	557625		706058	518609	484228	653307	454662	546032
全国干线邮路	(公里)	1645944	1673123		1954567	2564072	2917349	3417964	3817898	4161126
省内干线邮路	(公里)	297805	319445		381098	590472	788243	761445	614802	695962
航空邮路	(公里)	1777368	1855335	1908316	2178332	2529232	2718292	3160292	3334949	3622873
铁路邮路	(公里)	204733	211534	236860	248876	269700	309027	320144	395809	232976
汽车邮路	(公里)	1230633	1302915	1385102	1450782	1753027	2017483	2289077	2070847	2361997
水路邮路	(公里)	50732	57561		69132	3695	10529	11459	5163	193887.9
其他邮路	(公里)	105926	105635		80627	79914	84941	74135	91686	43391.3
总数中：快速邮路	(单程)	140140	137365		192744					
城市投递段道(单程)	(公里)	985785	1024046	1111749	1324378	1461321	1171464	1327674	1282319	1435111
农村投递路线(单程)	(公里)	3566982	3637553	3656936	3676051	3690561	3632579	3731657	3744733	3775875

8-2-61 分地区邮政邮路

地区	邮路总条数(条)	#航空邮路	#铁路邮路	#汽车邮路	城市投递段道(条)	农村投递路线(条)	邮路总长度(单程)(公里)	#航空邮路	#铁路邮路	#汽车邮路	城市投递段道(单程)(公里)	农村投递路线(单程)(公里)
全国	**23257**	**2454**	**124**	**18816**	**58105**	**90510**	**6305556**	**3622873**	**232976**	**2361997**	**1435111**	**3775875**
北京	1345	47	39	1139	2954	372	425591	68326	72209	98077	52396	19771
天津	172	38	2	130	752	266	133348	102769	5088	21184	18712	19382
河北	730	56	1	657	3092	3499	169077	73520	1783	92901	76230	192081
山西	541	39	3	393	1692	2528	55370	48874	4661	45571	39001	123081
内蒙古	859	94	4	737	1451	1490	199086	117700	3818	76909	45163	115219
辽宁	635	104	3	518	2285	2764	295151	232042	3786	58780	55995	116326
吉林	353	29	4	300	909	1631	127662	91514	3729	31654	31684	96668
黑龙江	560	44	7	495	2060	2734	163633	96768	8392	58407	45715	120421
上海	719	78	6	562	4255	637	207970	102413	12830	91777	67501	22755
江苏	1090	157		933	3340	4816	383630	217929		165701	99706	259663
浙江	1503	237	13	1090	2914	4128	501588	258801	32203	206175	87395	182704
安徽	612	50	2	551	1951	2915	134963	63900	1682	69267	49014	151640
福建	746	90	1	596	1888	3246	192848	129466	987	61701	36047	93057
江西	605	24	1	545	1356	3146	85252	27913	1775	54979	31208	99595
山东	966	215	2	746	3558	4708	322284	182765	2146	137237	98373	269973
河南	844	39	2	777	3133	4228	157955	49779	3508	103984	71630	199992
湖北	718	65	2	640	2116	3567	161205	69988	3209	87968	54472	207494
湖南	748	68		658	2222	5310	172200	82885		88714	63146	212111
广东	1671	274	7	1362	3996	4017	705444	450954	17012	236666	127187	224371
广西	939	110		797	1287	3952	234766	163500		70813	33325	113702
海南	151	40		102	396	531	92629	80385		11788	13936	28330
重庆	449	69	1	377	1015	1988	149337	100773	2041	46448	25394	58016
四川	1988	87	3	990	2623	10610	251631	139168	2694	95325	48212	177035
贵州	745	40	1	681	947	2776	99562	51399	2536	45369	23184	67892
云南	1290	109	1	1141	1436	5165	253942	164321	3212	85547	26614	165029
西藏	102	14	1	87	159	1696	53144	34126	1972	17046	5946	104314
陕西	733	81	3	587	1420	2745	64780	100710	4223	58268	30540	125548
甘肃	744	70	3	652	1165	2965	183221	118125	3837	60813	30813	133743
青海	133	27	2	93	302	191	83865	50596	4184	21039	6122	6770
宁夏	107		1	94	293	184	12208		2315	9335	9949	11370
新疆	459	59	9	386	1138	1705	232215	151464	27144	52555	30503	57822

8-2-62 邮政业营业网点

年份 地区	邮政业营业网点(处)	邮政局所总数(处)				信筒信箱(个)	邮政储蓄点(处)
			设在农村	电子化支局	邮政支局(处)		
2002	76358	56861	40419	17662	22227	217541	34444
2003	63555	56426	39911	18428	22207	275962	33540
2004	66393	55747	38721	20026	22413	222946	34424
2005	65917	55444	37930	24124	22910	202259	35024
2006	62799	54310	36387	33234	23233	197491	35704
2007	70655	53569	35364	35875	23281	195336	36016
2008	69146	51255	34843	37529	24171	224023	
2009	65672	48687	33303	37419	23489	206597	36869
2010	75739	47446	32624	38674	23997	171043	37439
2011	78667	46850	31865	38612	24857	148206	38117
2012	95572	47206	32372	39375	24791	150271	39087
2013	125115	47274	32527	39655	24646	147351	40190
2014	137562	51779	37328	41351	24647	142330	40224
北 京	4129	754	190	702	166	5552	565
天 津	1386	428	167	421	128	3636	416
河 北	4339	2274	1687	1596	1211	3798	1519
山 西	4100	1518	1072	962	446	1460	1220
内蒙古	2981	1506	982	974	706	2174	801
辽 宁	3846	1640	1013	1626	1143	4924	1934
吉 林	2369	1002	717	855	773	3962	1077
黑龙江	3156	1626	1041	1426	1010	2681	1680
上 海	4480	537	197	534	168	3169	476
江 苏	11861	2399	1762	2361	2181	6945	2510
浙 江	7499	1828	1361	1500	754	27718	1687
安 徽	4008	1903	1421	1610	908	3704	1764
福 建	4341	1361	1002	1150	921	9623	1024
江 西	3852	1779	1358	1419	353	3247	1477
山 东	6498	2870	2044	2854	2683	6333	3003
河 南	6526	2596	1902	2536	1670	4597	2308
湖 北	5581	1683	1181	1600	1210	4180	1630
湖 南	5190	2371	1901	1720	1132	3443	2062
广 东	14476	3139	1765	2805	1349	8154	2082
广 西	3419	1475	1167	1411	521	4418	1002
海 南	1109	423	319	322	215	3270	347
重 庆	3623	1720	1336	1694	459	2242	1730
四 川	10767	5880	5126	3020	1465	9339	3111
贵 州	3461	1737	1411	1404	755	2400	953
云 南	3638	1811	1364	1742	569	1804	858
西 藏	406	281	165	130	91	369	74
陕 西	3548	1698	1252	1045	593	2984	1268
甘 肃	2708	1493	1135	765	307	3732	599
青 海	708	427	294	145	86	322	179
宁 夏	808	330	197	178	27	439	201
新 疆	2749	1290	799	844	647	1711	667

注：营业网点1998年及以前为邮电局所，1999-2006年为邮政局所，统计口径从2002年起为邮政局所和邮政代办点，2007年邮政业营业网点数据包括邮政企业和年业务收入200万元以上快递企业。

8-2-63 邮政通信服务水平

指 标		2006	2007	2008	2009	2010	2011	2012	2013	2014
已通邮的行政村	(个)	638096	623507	614592	614729	606922	599228	596542	595143	596565
开办邮政储蓄业务的乡(镇)	(个)	20244	21053	20513	18871	18139	18018	17860	17984	18453
城区每日平均投递次数	(次)	2.1	2.1	2.1	2.0	2.1	2.1	2.0	2.0	2.1
农村每周平均投递次数	(次)	4.9	4.9	5.0	5.0	4.9	5.0	5.0	5.0	4.8
城区局内信箱(筒)每日开箱次数	(次)	2.2	2.2	2.1	2.1	2.1	1.9	1.9	1.9	1.8
城区局外信箱(筒)每日开箱次数	(次)	1.5	1.5	1.5	1.5	1.4	1.4	1.5	1.4	1.3
邮政储蓄市场占有率	(%)	9.9	10.0	9.6	9.2	9.4	9.9	10.1	10.1	10.4
平均每一营业网点服务面积	(平方公里)	152.9	135.9	138.8	146.2	126.8	122.0	100.4	76.7	69.8
平均每一营业网点服务人口	(万人)	2.1	1.9	1.9	2.0	1.8	1.7	1.4	1.1	1.0
平均每人每年发函件数	(件)	5.5	5.3	5.6	5.7	5.5	5.5	5.2	4.7	4.1
平均每百人每年订报刊数	(份)	11.2	9.9	11.9	10.4	12.8	11.1	11.4	11.1	10.9

8-2-64 各地区邮政通信服务水平

地 区	平均每一营业网点服务人口（万人）	城区每日平均投递次数（次）	农村每周平均投递次数（次）	邮政储蓄市场占有率（%）
全 国	**1.0**	**2.1**	**4.8**	**10.4**
北 京	0.5	3.0	7.0	5.3
天 津	1.1	2.0	6.5	9.4
河 北	1.7	2.0	5.0	8.2
山 西	0.9	2.0	5.0	12.0
内蒙古	0.8	2.0	3.0	6.7
辽 宁	1.1	2.2	4.1	14.2
吉 林	1.2	2.0	4.0	13.0
黑龙江	1.2	2.0	4.0	15.6
上 海	0.5	3.0	10.0	5.9
江 苏	0.7	2.0	6.1	11.1
浙 江	0.7	2.1	6.0	7.5
安 徽	1.5	2.0	5.9	16.3
福 建	0.9	1.8	5.1	9.1
江 西	1.2	1.8	4.3	9.7
山 东	1.5	2.0	6.0	10.1
河 南	1.4	2.0	5.4	14.9
湖 北	1.0	2.0	6.0	17.2
湖 南	1.3	2.0	3.0	15.3
广 东	0.7	2.0	8.1	6.9
广 西	1.4	2.0	5.0	12.6
海 南	0.8	2.0	6.0	15.5
重 庆	0.8	2.0	6.0	17.8
四 川	0.8	2.3	4.1	12.4
贵 州	1.0	2.0	3.0	11.3
云 南	1.3	2.0	3.0	6.5
西 藏	0.8	1.0	1.0	9.1
陕 西	1.1	2.0	3.0	12.7
甘 肃	1.0	2.0	5.0	6.9
青 海	0.8	2.0	3.0	6.7
宁 夏	0.8	2.0	5.0	6.2
新 疆	0.8	2.0	4.0	9.8

8-2-65 快递业务量

年 份 地 区	快 递 (万件)	快递业务收入 (万元)
1990	343.3	
1991	566.7	
1992	959.2	
1993	2156.2	
1994	4019.5	
1995	5562.7	
1996	7096.6	
1997	6878.9	
1998	7667.7	
1999	9091.3	
2000	11031.4	
2001	12652.7	
2002	14036.2	
2003	17237.8	
2004	19771.9	
2005	22880.3	
2006	26988.0	
2007	120189.6	3425851.6
2008	151329.3	4084274.6
2009	185785.8	4790030.7
2010	233892.0	5746029.8
2011	367311.1	7579878.2
2012	568548.0	10553324.2
2013	918674.9	14416815.3
2014	1395925.3	20453586.2
北 京	111011.9	1476107.9
天 津	12404.2	250712.6
河 北	34019.1	410725.8
山 西	9130.4	103493.4
内蒙古	4363.6	103218.8
辽 宁	16656.4	300127.3
吉 林	6640.2	130649.0
黑龙江	7014.5	124136.3
上 海	128366.1	3613060.4
江 苏	148435.2	2010744.2
浙 江	245744.8	2744402.5
安 徽	23859.1	291488.9
福 建	65417.3	810815.0
江 西	15993.6	182151.1
山 东	44685.0	670123.1
河 南	29484.0	408429.9
湖 北	33143.8	413805.5
湖 南	22716.2	262122.8
广 东	335555.9	4612533.2
广 西	9055.4	155902.0
海 南	2248.6	43190.6
重 庆	13886.3	201060.0
四 川	37941.8	479628.0
贵 州	4669.1	98170.6
云 南	8546.1	152401.0
西 藏	484.3	17384.5
陕 西	13762.3	179548.3
甘 肃	2655.6	51198.0
青 海	579.8	15442.2
宁 夏	1514.1	33500.2
新 疆	5940.5	107313.3

注：快递业务量2006年及以前为邮政特快专递，2007年起为规模以上(年业务收入200万元以上)快递服务企业业务量。

【主要统计指标解释】

铁路营业里程 又称营业长度（包括正式营业里程和临时营业里程），指办理客货运输业务的铁路正线总长度。凡是全线或部分建成双线及以上的线路，以第一线的实际长度计算；复线、站线、段管线、岔线和特殊用途线以及不计算运费的联络线都不计算营业里程。

电气化铁路里程 指在全部铁路营业里程中已安装了供电线路及设备，可以供电力机车牵引列车运行的区段的总里程。

铁路自动、半自动闭塞里程 为保证列车安全运行，在一个区间、同一时间内，一般只允许一列列车运行，这种保证列车在这个区间安全间隔运行的技术方法称为“闭塞”。自动或半自动闭塞里程是指装有列车自动或人工完成闭塞状态的铁路设备里程。

公路里程 指报告期末公路的实际长度。统计范围：包括城间、城乡间、乡（村）间能行驶汽车的公共道路，公路通过城镇街道的里程，公路桥梁长度、隧道长度、渡口宽度。不包括城市街道里程，断头路里程，农（林）业生产用道路里程，工（矿）企业等内部道路里程。统计原则：按已竣工验收或交付使用的实际里程计算；两条或多条公路共同经由同一路段的重复里程，只计算一次。

内河航道里程 指报告期末在江河、湖泊、水库、渠道和运河水域内，船舶、排筏在不同水位期可以通航的实际航道里程数。内河航道里程按主航道中心线实际长度计算。两省以河为界的航道里程，双方均按一半计算。

定期航班航线里程 指定期航班营运里程的总长度，以万公里为计算单位。航线里程的统计分为按重复距离计算和按不重复距离计算两种形式。“按重复距离计算”是指不同航线的相同航段距离可以重复累加；“按不重复距离计算”则不同航线相同航段只统计一次。

输油（气）管道长度 也称输油（气）里程，指油品（或天然气）的实际输送距离，一般按输油（气）管道的单线长度计算。若包括复线和备用线长度则称为输油（气）管道延展长度，是指管道铺设的实际长度。通常使用的是不包括复线的“输油（气）管道里程”。

货（客）运量 指在一定时期内，各种运输工具实际运送的货物（旅客）数量。货运按吨计算，客运按人计算。货物不论运输距离长短、货物类别，均按实际重量统计。旅客不论行程远近或票价多少，均按一人一次客运量统计；半价票、小孩票也按一人统计。

货物（旅客）周转量 指在一定时期内，由各种运输工具运送的货物（旅客）数量与其相应运输距离的乘积之总和。计算货物（旅客）周转量通常按发出站与到达站之间的最短距离，也就是计费距离计算。计算公式：货物（旅客）周转量=Σ（货物（旅客）运输量×运输距离）。

货（客）运密度 指报告期内某种运输方式在营运线路的某一区段平均每公里线路通过的货物（旅客）运输周转量。计算公式：货（客）运密度=货物（旅客）周转量/营业线路长度。

旅客运输平均运距 指报告期内平均每一位旅客的旅行距离。计算公式：旅客运输平均运距=旅客周转量/客运量。

货物运输平均运距 指报告期内平均每一吨货物的运输距离。计算公式：货物运输平均运距=货物周转量/货运量。

铁路货车平均静载重 指铁路货车在始发站静止状态下平均每车装载的货物重量，用以分析货车完成装车时车辆载重力的利用情况。计算公式：货车平均静载量=货物发送吨数/装车数。

静载重的多少取决于运送货物的性质、种类、车辆的类型和装载技术的高低。根据货车的平均标记载重与静载重进行对比，可以反映货车载重能力的利用程度。计算公式：货车载重力利用率（%）=货车平均静载重/货车平均标记载重×100%。

铁路货运机车日产量 指在一定时期内，平均每台货运机车在一昼夜内所完成的总重吨公里数，包括载运货物的重量和车辆本身的自重。该指标从时间和牵引能力两方面反映了机车运用效率。计算公式：货运机车平均日产量= 货运总重吨公里数/货运机车台日数。

民用汽车拥有量 指报告期末，在公安交通管理部门按照《机动车注册登记工作规范》，已注册登记领有民用车辆牌照的全部汽车数量。汽车拥有量统计的主要分类：根据汽车结构分为载客汽车、载货汽车及其他汽车；根据汽车所有者不同分为个人（私人）汽车、单位汽车；根据汽车的使用性质分为营运汽车、非营运汽车；根据汽车大小规格不同，载客汽车分为大型、中型、小型和微型，载货汽车分为重型、中型、轻型和微型。

机动船 又称自航船，指装有各种发动机推进装置，以机械动力行驶的船舶。

驳船 指本身无动力装置，或只设简易动力装置，依靠拖船或推船带动的平底船。

拖船 指专门拖带其它船舶、船队、木排的船舶。

船舶净载重量 指报告期末所拥有船舶的总载重量减去燃（物）料、淡水、粮食及供应品、人员及其行李等的重量及船舶常数后，能够装载货物的实际重量。

沿海港口 指位于海沿岸，具有一定设施和条件，供船舶停靠、旅客上下、货物装卸、生活物料供应等作业的港口。

内河港口 指位于江、河、湖沿岸，具有一定设施和条件，供船舶停靠、旅客上下、货物装卸、生活物料供应等作业的港口。

港口货物吞吐量 指经由水路进出港区范围，并经过装卸的货物数量。按货物流向分为进港吞吐量和出港吞吐量；按货物贸易性质分为内贸货物吞吐量和外贸货物吞吐量；按货物的类别分，可根据现行的交通行业标准《运输货物分类和代码》分类。

定期航班航线条数 指定期航班营运的航线条数。按国内航线（其中：港澳航线）、国际航线分类统计。

国际航线 指航线中任一航段的起讫点（技术经停点除外）在外国领土上的航线。

国内航线 指航线中各航段的起讫点（技术经停点除外）都在国内的航线。

地区航线 指航线中任一航段的起讫点在香港、澳门或台湾的航线（经香港、澳门、台湾飞往外国的航线统计为国际航线）。

飞机架数 指报告期末实有在册飞机数量，包括停场待修、在厂检修的飞机和租借飞机。

运输飞机 从事公共航空运输的民用飞机。分为大中型飞机和小型飞机，大中型飞机指100座及以上的运输飞机，小型飞机指100座以下的运输飞机。

正班平均载运率 指报告期内正班飞行所完成的运输总周转量与可提供周转量之比。

城市公共交通 指城市中供公众乘用的、经济方便的各种交通方式的总称。包括公共汽车、电车、轨道交通（地铁、轻轨、有轨电车、磁悬浮、索道、缆车等）、出租汽车、公共轮渡等客运交通设施。

运营线路网长度 指公共交通线路所通过的运营线路净长度。计算公式：运营线路网长度=运营线路总长度－Σ重复的线路长度

运营线路总长度 指全部运营线路长度之和。计算公式：运营线路长度=Σ各条运营线路长度=Σ〔1/2（上行起点至终点里程+下行起点至终点里程+上下行终点掉头里程〕。

单向行驶的环行线路长度等于起点至终点里程与终点下客站至起点里程之和的一半，不

包括折返、试车、联络线等非运营线路。

公交专用车道 指为了调整公共交通车辆与其他社会车辆的路权使用分配关系，提高公共交通车辆运营速度和道路资源利用率，而科学、合理设置的公共交通优先车道、专用车道（路）、路口专用线（道）、专用街道、单向优先专用线（道）等。

运营车数 指城市中用于公共交通运营业务的全部车辆数。地铁和轻轨在统计时一自然节为一辆。出租汽车指已经领取出租汽车专用牌照的运营车辆，包括技术完好的、在修的、长期行驶的以及拟报废尚未经上级机关批准的车辆。

轮渡运营船数 指用于城市客渡运营业务的全部船舶数。不含旅游客轮（长途旅游、市内供游人游览江、河、湖泊的船只）。

城市公共交通客运总量 指报告期内城市公共交通各种运输方式运送乘客的总人次。

邮政行业业务总量 指以货币形式表示的邮政行业企业为社会提供各类邮政服务或其他服务的总数量，是用于观察邮政业务发展变化总趋势的综合性总量指标。邮政业务总量是以各类业务的实物量分别乘以相应的不变单价，求出各类业务的货币量加总求得。

营业网点 指拥有固定地址、直接对外营业，可收寄邮件和快件的营业场所和服务机构数量。

邮政局所 指经邮政部门审批许可，有固定的局所地址、领有上级发给的日戳或戳记，直接对外营业，至少办理出售邮票和收寄挂号信函两种业务的服务机构。按级别可分为邮政支局、自办邮政所、代办邮政所和其他局所。

邮路 指各邮政局所之间，邮政局所与车站、码头、机场、转运站、邮件处理中心、报刊社之间，邮区中心局与邮政局所及各邮区中心局之间由自办或委办人员按固定班期规定路线交换邮件（包括机要文件，下同）、报刊的路线。包括农村地区运邮兼投递的路线，不包括城市、农村地区纯投递路线。按运输方式可分为航空邮路、铁路邮路、汽车邮路、水路邮路和其他邮路等。

农村投递路线 指农村邮政支局所自办或委办人员按固定班期、规定路线至农村乡（镇）、行政村等收件单位投递邮件、报刊所走的路线。

营业网点服务面积 指报告期行政区域平均每一营业网点服务的面积。计算公式：

$$\text{每一营业网点服务面积}=\frac{\text{行政区域土地面积（平方公里）}}{\text{营业网点总数（处）}}$$

营业网点服务人口 指报告期行政区域平均每一营业网点服务的人口数。计算公式：

$$\text{每一营业网点服务人口}=\frac{\text{行政区域总人口数（万人）}}{\text{营业网点总数（处）}}$$

8 第三产业部分行业主要业务指标

8-3 住宿和餐饮业

简要说明

一、主要内容

住宿和餐饮业企业经营情况。

二、统计范围

限额以上住宿和餐饮业企业。

三、统计调查方法

对限额以上住宿和餐饮业企业采用全面调查方法。

四、限额标准

住宿业企业：年主营业务收入200万元及以上。

餐饮业企业：年主营业务收入200万元及以上。

五、资料来源

本部分统计资料由国家统计局贸易外经统计司根据《住宿和餐饮业统计报表制度》搜集的资料加工整理而得。

8-3-1 限额以上住宿和餐饮业企业经营情况

单位：万元

项　　目	营业额	#客房收入	#餐费收入
总　　计	**81505732**	**20115505**	**54537142**
一、住宿业	**35352496**	**17391883**	**13334728**
#国有控股	9523782	4308934	3579938
(一)按登记注册类型分			
内资企业	**29847170**	**14682884**	**11471902**
国有企业	4175590	1833371	1695761
集体企业	537234	242955	209444
股份合作企业	102051	45607	34276
联营企业	53240	24538	19860
国有联营企业	27900	13838	9463
集体联营企业	8542	3141	4758
国有与集体联营企业	11789	5638	2667
其他联营企业	5009	1921	2972
有限责任公司	13291515	6524993	4989168
国有独资公司	1089403	491683	392202
其他有限责任公司	12202112	6033310	4596966
股份有限公司	1255268	547261	477044
私营企业	10120242	5312132	3917509
私营独资企业	1063904	550943	424975
私营合伙企业	251106	115533	110051
私营有限责任公司	8244841	4367061	3143688
私营股份有限公司	560390	278595	238795
其他企业	312030	152028	128841
港、澳、台商投资企业	**3449995**	**1680621**	**1150684**
合资经营企业	1491190	697518	543779
合作经营企业	518343	240539	171535
独资经营企业	1325179	679420	392429
投资股份有限公司	111786	60746	41891
其他投资企业	3497	2397	1049
外商投资企业	**2055331**	**1028378**	**712143**
中外合资经营企业	991727	478863	343518
中外合作经营企业	238072	108711	98408
外资企业	724581	390073	228375
外商投资股份有限公司	48919	26776	15219
其他外商投资企业	52032	23956	26621
(二)按国民经济行业分			
旅游饭店	28368580	13146849	11291977
一般旅馆	6250568	3847615	1808779
其他住宿业	733348	397420	233973

8-3-1 续表　　单位：万元

项　目	营业额	#客房收入	#餐费收入
二、餐饮业	**46153236**	**2723622**	**41202414**
#国有控股	2271157	279829	1678288
(一)按登记注册类型分			
内资企业	**33612837**	**2641618**	**28971008**
国有企业	695219	151306	484976
集体企业	250329	27472	192689
股份合作企业	160459	7111	136546
联营企业	57597	380	37245
国有联营企业			
集体联营企业	57597	380	37245
国有与集体联营企业			
其他联营企业			
有限责任公司	9853612	926056	8168247
国有独资公司	376629	41368	259550
其他有限责任公司	9476983	884688	7908697
股份有限公司	1291451	109249	1071062
私营企业	20781866	1383399	18420185
私营独资企业	3467489	187727	3099195
私营合伙企业	417457	32994	367277
私营有限责任公司	16047802	1101744	14210206
私营股份有限公司	849119	60933	743507
其他企业	522304	36646	460058
港、澳、台商投资企业	**4095708**	**55207**	**3938096**
合资经营企业	740354	13790	705858
合作经营企业	200768	4407	184489
独资经营企业	3124873	36936	3018668
投资股份有限公司	23946		23557
其他投资企业	5766	73	5524
外商投资企业	**8444690**	**26798**	**8293309**
中外合资经营企业	1923138	18171	1866902
中外合作经营企业	123408	1790	102290
外资企业	6327962	6118	6264074
外商投资股份有限公司	46523	473	44637
其他外商投资企业	23658	245	15407
(二)按国民经济行业分			
正餐服务	33936409	2686171	29383042
快餐服务	9297266	9365	9112287
饮料及冷饮服务	1261601	1299	1205470
其他餐饮业	1657960	26787	1501614

8-3-2 各地区限额以上住宿和餐饮业企业经营情况

单位：万元

地区	合计			住宿业			餐饮业		
	营业额	#客房收入	#餐费收入	营业额	#客房收入	#餐费收入	营业额	#客房收入	#餐费收入
全　国	**81505732**	**20115505**	**54537142**	**35352496**	**17391883**	**13334728**	**46153236**	**2723622**	**41202414**
北　京	8710405	1827251	5923025	3402224	1790225	874264	5308182	37027	5048761
天　津	1357842	231505	1013351	389780	202026	116526	968062	29479	896825
河　北	1049407	337603	627097	647153	273688	307619	402254	63915	319478
山　西	959324	282604	602810	393018	183260	171336	566306	99344	431473
内蒙古	887721	244185	597828	369284	166036	174212	518437	78149	423616
辽　宁	2383993	534214	1698368	1039368	480576	450710	1344626	53638	1247658
吉　林	473506	171399	266530	289707	131796	129960	183798	39603	136570
黑龙江	528887	196721	274048	329372	181187	112057	199515	15533	161991
上　海	8442609	1392542	6404106	2549952	1320963	702201	5892657	71579	5701905
江　苏	5721641	1219809	4121404	2085656	898294	958902	3635984	321515	3162502
浙　江	5499739	1445673	3665024	2800271	1243548	1272120	2699468	202126	2392904
安　徽	1823364	444586	1208133	707502	327708	322251	1115862	116878	885882
福　建	2993340	736385	2016041	1531695	672494	677330	1461645	63891	1338711
江　西	861078	312208	479697	526594	272228	207414	334484	39980	272284
山　东	5380551	1264336	3692250	2114358	916591	1004249	3266194	347745	2688001
河　南	3057919	886679	1929330	1507076	743979	616665	1550844	142700	1312665
湖　北	3635330	810641	2568527	1206005	600096	482244	2429325	210545	2086283
湖　南	2486959	799647	1475723	1448544	690279	602256	1038415	109368	873467
广　东	11292433	2779643	7461228	5013620	2549444	1661845	6278813	230199	5799382
广　西	932172	353932	495653	615265	332869	212731	316907	21063	282922
海　南	1046522	605930	352739	973348	603762	290217	73174	2168	62522
重　庆	2592949	471288	1928504	776991	379157	305034	1815958	92131	1623471
四　川	3703769	889818	2474479	1474281	760889	543778	2229488	128929	1930701
贵　州	694061	306032	331102	467047	285698	140101	227014	20334	191001
云　南	1225724	439149	642617	749004	422171	217583	476721	16978	425034
西　藏	70377	40002	21063	64236	39839	15166	6141	163	5897
陕　西	2337749	595549	1512450	1049208	487514	456872	1288542	108036	1055578
甘　肃	649200	228206	383537	360556	200021	129526	288644	28185	254012
青　海	117109	56802	51821	79590	48159	23595	37519	8643	28225
宁　夏	160048	49398	96951	83692	40492	35702	76356	8906	61249
新　疆	430004	161770	221707	308102	146896	120262	121902	14874	101445

【主要统计指标解释】

营业额 指住宿和餐饮业单位在经营活动中因提供服务或销售商品等取得的全部收入，包括客房收入、餐费收入、商品销售额（含增值税）和其他收入。

客房收入 指住宿和餐饮业单位在经营活动中因提供住宿服务取得的收入。

餐费收入 指住宿和餐饮业单位为顾客提供就餐服务取得的收入，包括经烹饪、调制加工后出售的各种食品，如主食、炒菜、凉拌菜等的收入。

8 第三产业部分行业主要业务指标

8-4 信息传输、软件和信息技术服务业

简要说明

一、主要内容

电信资料主要包括：电信主要电路及设备拥有量、电信主要业务量、电信主要通信能力、电信通信服务水平等。

二、统计范围

包括从事电信运营的中国电信、中国移动、中国联通三家基础电信企业，不含专用网业务资料。

三、资料来源

本篇资料由国家统计局服务业统计司负责整理、编辑。资料来源于工业和信息化部。

8-4-1 电信主要业务量

指标		2005	2006	2007	2008	2009	2010	2011	2012	2013	2014
电信业务总量	(亿元)	11403.0	14595.4	18591.3	22247.7	25553.6	29993.2	11725.8	12982.4	15707.2	18138.3
固定电话用户合计	(万户)	35044.5	36778.6	36563.7	34035.9	31373.2	29434.2	28509.8	27815.3	26698.5	24943.0
#无线市话用户		8530.0	9062.9	8456.2	6893.1	4599.4	2863.2	1785.2	1224.9	870.9	154.3
公用电话用户		2681.2	2960.7	2991.9	2771.5	2708.8	2595.9	2468.3	2347.1	2233.4	2056.9
城市电话用户		23975.3	25132.9	24859.8	23155.9	21190.0	19658.1	19121.7	18893.4	18456.8	17627.9
#住宅电话用户		17201.2	17697.6	16988.2	15588.3	12969.5	11973.4	11411.6	11013.2	10474.3	9896.1
农村电话用户		11069.2	11645.6	11704.0	10880.0	10183.2	9776.1	9388.1	8921.9	8241.7	7315.1
#住宅电话用户		10023.9	10561.5	10533.1	9612.2	8813.3	8325.0	7861.2	7315.8	6643.4	5769.2
移动电话用户合计	(万户)	39340.6	46105.8	54730.6	64124.5	74721.4	85900.3	98625.3	111215.5	122911.3	128609.3
#3G移动电话用户						1232.2	4705.1	12842.4	23280.3	40161.1	48525.5
互联网拨号用户	(万户)	3559.5	2644.6	1941.0	1227.8	754.4	590.1	550.7	569.8	485.1	441.6
互联网宽带接入用户	(万户)	3735.0	5085.3	6641.4	8287.9	10397.8	12629.1	15000.1	17518.3	18890.9	20048.3
#xDSL用户		2654.0	3709.8	5221.3	6701.7	8378.2	10071.6	11467.7	11474.9	10716.5	8938.6
固定本地电话通话时长合计	(亿分钟)							4227.4	3577.7	3023.1	2613.9
固定长途电话通话时长合计	(亿分钟)	894.2	1742.6	1756.7	1655.8	1314.6	1068.9	856.9	700.7	590.6	530.1
移动电话通话时长合计	(亿分钟)	12507.4	16870.7	23061.3	29355.6	35351.0	43261.2	50472.6	55444.9	58229.7	59012.7
#去话通话时长				11224.6	14378.5	17070.3	21129.0	25056.0	27603.5	28987.7	29270.1
移动短信业务量	(亿条)	3046.3	4295.4	5945.8	6996.9	7726.5	8277.5	8790.0	8973.1	8921.0	7674.2
卫星移动通信系统用户	(户)	6403	8310	10876	11395	11633	14663	16362	19933	29117	40651
卫星移动电话通话时长	(万分钟)	149.4	278.3	425.8	621.7	778.0	953.0	1733.4	1556.0	1763.4	1875.2

注：1.电信业务总量2010年及以前按2000年不变价格计算；2011年按2010年不变价格计算，按可比价格比上年增长15.2%。
2.固定长途电话通话时长合计2005年及以前不含固定IP电话通话时长。

8-4-2 各地区电信主要业务量

单位：万户

地区	电信业务总量(亿元)	固定电话用户	城市电话用户	#住宅电话	农村电话用户	#住宅电话	移动电话用户
全国	**18138.3**	**24943.0**	**17627.9**	**9896.1**	**7315.1**	**5769.2**	**128609.3**
北京	686.7	831.3	713.4	373.1	160.2	127.9	4076.4
天津	207.5	360.6	351.0	209.7	10.1	0.9	1351.8
河北	728.1	1085.1	807.5	545.2	263.8	233.3	6229.1
山西	394.6	554.2	462.1	267.9	128.5	90.6	3332.3
内蒙古	316.6	359.1	296.7	173.6	60.6	46.4	2634.6
辽宁	587.8	1151.2	671.5	541.1	408.5	392.2	4535.6
吉林	297.5	574.8	507.5	291.7	141.5	115.2	2612.3
黑龙江	385.9	640.5	514.8	451.6	102.8	100.9	3457.8
上海	595.5	840.2	830.1	483.3	10.1		3292.7
江苏	1321.3	2133.6	1222.9	610.0	910.7	715.0	8070.4
浙江	1143.9	1641.9	1128.5	483.1	513.4	346.7	7370.6
安徽	549.2	839.8	532.2	315.6	307.6	255.5	4215.9
福建	694.3	933.3	516.8	268.8	416.5	292.3	4276.7
江西	394.4	577.4	354.1	189.0	223.3	187.7	2938.5
山东	1066.8	1418.3	816.0	432.8	528.2	439.9	8664.1
河南	894.5	1143.0	736.6	355.7	437.1	337.6	7712.9
湖北	620.4	907.4	613.0	328.0	294.4	240.4	4606.8
湖南	663.7	844.1	582.4	329.3	261.7	212.1	4726.1
广东	2493.5	2950.6	2166.5	1047.6	784.0	555.2	14943.4
广西	465.9	499.9	336.9	146.7	163.0	133.7	3553.8
海南	128.8	170.0	119.9	66.1	50.1	36.6	907.4
重庆	370.9	579.5	437.8	294.7	141.8	121.5	2589.9
四川	909.6	1294.2	917.4	569.3	376.8	317.7	6608.5
贵州	353.9	339.1	261.4	159.9	77.8	63.6	2885.3
云南	538.9	429.8	312.3	160.8	117.5	80.1	3748.5
西藏	45.4	35.9	325.8	21.5	121.1	0.4	291.8
陕西	520.7	750.8	165.1	302.8	2.6	154.1	3607.2
甘肃	264.0	341.3	472.9	137.8	193.4	60.3	2058.6
青海	77.2	100.2	224.8	46.1	79.9	10.7	544.0
宁夏	91.9	102.7	85.6	54.4	13.8	10.7	688.3
新疆	329.0	513.3	144.5	223.5	14.7	90.3	2077.4
不分地区				15.6			

8-4-2 续表

单位：万户

地　区	固定本地电话通话时长(亿分钟)	固定长途电话通话时长(亿分钟)	移动电话通话时长(亿分钟)	移动短信业务量(亿条)
全　国	**2613.9**	**530.1**	**59012.7**	**7674.2**
北　京	135.7	42.4	1594.9	453.4
天　津	29.6	4.5	660.9	62.1
河　北	116.8	17.4	2709.1	267.0
山　西	37.6	5.7	1526.5	253.5
内蒙古	29.1	5.8	1290.9	128.3
辽　宁	111.9	14.0	2137.5	178.3
吉　林	25.3	6.5	1236.3	127.7
黑龙江	52.0	7.1	1567.0	101.0
上　海	179.2	43.9	1286.8	222.6
江　苏	191.9	35.0	3609.7	524.6
浙　江	149.7	29.9	3264.1	770.9
安　徽	77.7	28.6	1730.6	219.3
福　建	102.5	17.4	2110.1	544.8
江　西	45.2	10.2	1371.6	133.4
山　东	180.0	22.1	4003.1	413.3
河　南	118.6	12.7	3268.8	251.4
湖　北	82.3	17.4	1856.1	194.9
湖　南	99.0	11.8	2263.6	243.7
广　东	345.8	114.8	6875.4	880.5
广　西	70.4	9.3	1563.2	172.9
海　南	15.2	3.1	482.1	49.9
重　庆	57.5	5.4	1358.3	120.3
四　川	121.3	20.1	3186.9	327.5
贵　州	26.1	5.2	1503.5	123.5
云　南	46.2	7.9	1794.0	356.1
西　藏	2.6	0.7	145.8	18.7
陕　西	70.5	11.4	1697.2	197.8
甘　肃	18.3	4.5	1018.3	184.9
青　海	7.5	2.2	266.5	29.0
宁　夏	6.2	2.0	320.5	43.0
新　疆	62.2	11.0	1313.5	79.8

8-4-3 各地区固定电话用户情况

单位：万户

地 区	2005	2006	2007	2008	2009	2010	2011	2012	2013	2014
全 国	**35044.5**	**36778.6**	**36563.7**	**34035.9**	**31373.2**	**29434.2**	**28509.8**	**27815.3**	**26698.5**	**24943.0**
北 京	943.7	905.2	914.6	884.9	893.1	885.6	883.9	883.2	867.6	831.3
天 津	428.9	424.8	398.0	396.6	385.3	366.8	333.9	353.7	352.8	360.6
河 北	1581.6	1600.6	1526.7	1457.5	1343.9	1251.4	1242.7	1207.7	1152.4	1085.1
山 西	873.2	853.6	823.1	803.0	758.8	720.7	682.2	685.2	584.4	554.2
内蒙古	525.5	519.6	503.2	462.5	441.6	414.1	379.5	368.3	377.2	359.1
辽 宁	1626.6	1647.2	1667.1	1604.3	1529.1	1428.0	1352.1	1285.1	1222.4	1151.2
吉 林	756.0	718.7	729.8	621.7	581.3	595.2	579.3	578.8	579.0	574.8
黑龙江	1056.5	1051.3	1081.2	1028.0	870.2	813.5	793.5	776.1	747.8	640.5
上 海	996.7	1112.3	1022.0	1015.4	935.5	931.8	926.4	902.9	869.2	840.2
江 苏	3059.1	3224.9	3224.1	2968.3	2662.4	2498.8	2370.9	2387.2	2289.8	2133.6
浙 江	2231.7	2390.8	2407.9	2297.6	2130.9	1985.5	1947.9	1882.5	1781.3	1641.9
安 徽	1349.5	1501.4	1496.2	1379.9	1267.3	1231.0	1243.9	1091.4	976.7	839.8
福 建	1398.5	1474.5	1482.5	1431.0	1244.8	1045.7	1015.0	1017.3	983.5	933.3
江 西	829.3	880.6	885.2	846.9	748.5	709.6	673.9	644.2	622.4	577.4
山 东	2637.9	2544.1	2493.9	2421.1	2217.3	1992.2	1896.6	1854.2	1707.6	1418.3
河 南	1796.3	1945.4	1854.6	1562.4	1460.6	1426.8	1341.4	1288.7	1224.4	1143.0
湖 北	1236.4	1325.0	1280.2	1171.8	1088.3	1026.4	1020.3	1003.6	984.0	907.4
湖 南	1227.8	1341.3	1321.7	1257.3	1166.9	1077.0	1011.6	953.9	914.4	844.1
广 东	3442.5	3633.5	3750.2	3573.3	3366.7	3169.1	3147.1	3135.8	3099.9	2950.6
广 西	869.5	916.3	891.0	848.4	787.6	708.9	650.9	599.3	546.3	499.9
海 南	230.3	249.0	240.1	224.7	182.8	179.8	175.0	173.0	173.6	170.0
重 庆	688.9	725.5	722.5	678.9	627.7	582.7	571.3	575.7	580.3	579.5
四 川	1577.4	1711.3	1755.1	1660.4	1551.2	1419.1	1382.9	1347.1	1313.7	1294.2
贵 州	466.5	493.9	521.2	499.6	451.1	431.2	404.0	380.4	363.0	339.1
云 南	597.8	644.2	628.7	616.3	583.1	562.5	540.1	524.3	485.4	429.8
西 藏	52.0	67.8	67.3	70.7	53.9	43.9	40.5	40.5	40.4	35.9
陕 西	859.3	914.5	925.7	881.2	815.0	781.9	775.5	772.1	769.3	750.8
甘 肃	548.0	607.4	585.3	519.0	453.9	411.9	396.4	377.8	364.3	341.3
青 海	113.5	125.4	123.1	119.4	109.3	103.2	104.2	102.5	101.8	100.2
宁 夏	138.9	143.9	140.3	121.5	114.5	111.9	108.5	105.0	104.7	102.7
新 疆	592.7	688.0	678.1	612.2	550.5	528.0	518.3	517.9	518.7	513.3
不分地区	312.2	396.6	423.2							

8-4-4 各地区移动电话用户情况

单位：万户

地区	2005	2006	2007	2008	2009	2010	2011	2012	2013	2014
全国	**39340.6**	**46105.8**	**54730.6**	**64124.5**	**74721.4**	**85900.3**	**98625.3**	**111215.5**	**122911.3**	**128609.3**
北京	1459.4	1571.0	1598.3	1616.3	1825.5	2129.8	2576.0	3168.0	3373.8	4076.4
天津	502.6	601.2	738.3	865.0	992.5	1089.8	1235.6	1325.2	1323.2	1351.8
河北	1785.5	2251.0	2814.8	3214.1	3783.2	4353.6	5094.5	5513.1	6006.2	6229.1
山西	906.2	989.6	1420.4	1698.5	1952.3	2205.2	2446.9	2764.6	3105.5	3332.3
内蒙古	712.3	874.1	1046.9	1344.4	1616.0	2034.0	2316.2	2550.1	2690.6	2634.6
辽宁	1358.2	1611.0	1958.9	2421.5	2882.1	3341.8	3836.5	4291.3	4583.6	4535.6
吉林	915.7	1137.8	1311.1	1362.9	1574.2	1805.4	2004.1	2257.0	2372.1	2612.3
黑龙江	1132.3	1266.6	1449.2	1646.3	1865.9	2072.0	2376.6	2663.9	3020.4	3457.8
上海	1444.2	1609.5	1776.5	1880.9	2113.2	2361.6	2620.6	3008.3	3200.7	3292.7
江苏	2550.0	2873.0	3313.2	3957.0	4940.3	5923.1	6684.8	7471.4	7942.0	8070.4
浙江	2686.3	3012.3	3529.2	3976.7	4456.3	5047.4	5756.0	6442.6	7071.8	7370.6
安徽	1046.9	1216.7	1410.0	1715.1	2154.6	2798.7	3259.4	3609.8	3958.9	4215.9
福建	1302.3	1538.9	1808.7	2368.1	2639.1	3021.8	3553.2	4049.2	4303.3	4276.7
江西	798.4	933.3	1182.4	1277.3	1548.0	1811.3	2322.1	2573.4	2806.9	2938.5
山东	2347.3	2916.0	3738.1	4627.9	5334.5	6190.4	7118.1	7588.9	8333.4	8664.1
河南	1815.0	2353.3	2914.5	3501.0	3987.2	4402.0	5062.0	5787.6	7200.2	7712.9
湖北	1401.3	1683.3	1940.6	2528.7	3136.9	3454.7	3953.7	4554.1	4416.8	4606.8
湖南	1266.2	1494.5	1798.0	2240.3	2752.4	3257.0	3749.1	4262.0	4570.0	4726.1
广东	6406.6	7117.5	7842.1	8395.7	8923.3	9624.6	10792.8	12468.0	14706.1	14943.4
广西	1021.1	1204.1	1384.3	1623.9	1960.1	2214.5	2532.7	2884.1	3285.6	3553.8
海南	203.9	239.9	324.8	397.8	496.4	594.3	671.6	775.6	858.3	907.4
重庆	943.4	1064.6	1176.9	1281.7	1440.9	1664.4	1801.2	2069.6	2380.8	2589.9
四川	1689.7	1976.8	2400.4	2852.3	3466.9	4156.4	4817.9	5498.2	6283.3	6608.5
贵州	509.4	648.8	834.0	1179.0	1453.4	1800.6	2044.3	2321.4	2662.6	2885.3
云南	898.8	1068.9	1346.4	1635.9	1936.4	2244.5	2589.5	2895.8	3395.8	3748.5
西藏	46.9	60.5	73.7	87.0	124.0	157.6	196.4	235.5	265.6	291.8
陕西	938.1	1183.6	1612.7	1912.2	2337.4	2518.2	2907.2	3264.8	3512.5	3607.2
甘肃	408.4	545.9	686.4	895.3	1194.7	1390.1	1614.7	1763.5	1976.2	2058.6
青海	131.6	172.6	221.7	247.2	301.0	397.8	463.5	537.2	542.4	544.0
宁夏	181.1	218.6	269.8	323.3	382.8	437.3	520.5	591.0	627.2	688.3
新疆	531.3	671.1	808.3	1051.3	1113.0	1359.9	1670.9	2010.6	2133.9	2077.4
不分地区					37.0	40.5	36.7	19.8	1.6	

8-4-5 电信主要通信能力

指　　标		2007	2008	2009	2010	2011	2012	2013	2014
长途电路									
长途电话业务电路	(2M)	9978193	19267393	31086840	42767837	62990311	94762409	97682629	87580921
长途线路									
长途光缆线路长度	(公里)	792154	797979	831011	818133	842341	868175	890018	928398
长途光缆纤芯长度	(芯公里)	19391462	20052791	21632574	20747246	21745271	22950401	23985000	25440600
本地线路									
本地网中继光缆线路长度	(公里)	3388943	3975988	4481447	5350106	6170014	7233522	8344457	9977248
本地网中继光缆纤芯长度	(芯公里)	59070152	71049329	84541665	108108853	129712593	155269673	203732000	253119300
接入网光缆线路长度	(公里)	1596192	2004529	2982106	3794228	5106948	6691604	8219234	9706883
接入网光缆纤芯长度	(芯公里)	28489459	36508987	52878769	66727725	90298384	117987684	146542000	171989400
长途通信									
长途电话交换机容量	(万路端)	1709.2	1690.7	1684.9	1641.5	1602.3	1579.7	1280.5	982.9
本地网通信									
局用交换机容量	(万门)	51034.6	50863.2	49265.6	46537.3	43428.8	43749.3	41089.3	40517.1
互联网及其他数据通信									
互联网宽带接入端口	(万个)	8539.3	10890.4	13835.7	18781.1	23239.4	32108.4	35945.3	40546.1
其中：xDSL端口	(万个)	7084.3	9205.6	11310.7	14013.3	15542.1	15858.3	14742.8	13833.3
移动通信									
移动电话交换机容量	(万户)	85496.1	114531.4	144084.7	150284.9	171636.0	184023.8	196557.3	205024.9
卫星通信									
VSAT双向小站	(个)	2098	3445	4002	4371	4344	4365	4293	1922

注：2005-2011年长途电话业务电路采用将固定及移动长途电话业务电路、数据通信网长途电路和长途传输出租电路加总统计。

8-4-6 各地区电信主要通信能力

地 区	固定长途电话交换机容量（万路端）	局用交换机容量（万门）	移动电话交换机容量（万户）	长途光缆线路长度（公里）
全 国	**982.9**	**40517.1**	**205024.9**	**928398**
北 京	56.6	1519.7	4910.0	3977
天 津	11.8	717.7	2355.0	3481
河 北	31.8	1511.4	11550.7	35736
山 西	30.2	890.7	5021.2	29809
内蒙古	21.2	541.3	5885.3	66744
辽 宁	48.6	2081.3	6406.2	24583
吉 林	8.6	886.6	3895.0	23544
黑龙江	36.0	7401.8	7185.2	45619
上 海	71.6	1274.5	4228.0	5098
江 苏	37.6	2784.5	10473.1	36249
浙 江	85.2	1769.9	11141.2	25744
安 徽	14.4	749.0	7561.9	29537
福 建	9.5	1246.7	7895.0	22471
江 西	20.7	708.9	4085.9	19998
山 东	40.1	2245.8	11824.4	34873
河 南	133.7	1298.4	11097.0	31430
湖 北	17.0	1196.4	8255.8	30344
湖 南	46.4	1057.6	7266.4	38778
广 东	64.0	3157.6	21418.1	50650
广 西	32.4	1765.3	4623.3	38472
海 南	4.1	144.6	1532.4	3302
重 庆	6.5	857.3	3887.6	7134
四 川	37.4	1159.8	15269.3	56905
贵 州	18.3	746.7	4928.0	36252
云 南	22.4	735.0	5894.1	43676
西 藏	1.4	128.8	393.0	38297
陕 西	20.0	678.4	5136.1	28926
甘 肃	7.6	360.6	2633.8	31377
青 海	9.8	53.6	1268.0	38975
宁 夏	6.1	160.0	1146.0	9600
新 疆	27.2	685.4	5858.0	36819
不分地区	4.6	2.0		

注：电话交换机容量中不包括用户交换机容量。

8-4-7 电信通信服务水平

指　　标		2005	2006	2007	2008	2009	2010	2011	2012	2013	2014
固定电话普及率	(部/百人)	27.0	28.1	27.8	25.8	23.6	22.1	21.3	20.6	19.6	18.2
城市固定电话普及率	(部/百人)	40.3	41.7	40.6	37.4	33.9	31.2	30.0	27.4	25.2	24.0
移动电话普及率	(部/百人)	30.3	35.3	41.6	48.5	56.3	64.4	73.6	82.5	90.3	94.0
平均每千人拥有公用电话数	(部/千人)	20.6	22.6	22.8	21.0	20.4	19.5	18.4	17.4	16.4	15.0
互联网普及率	(%)	8.5	10.5	16.0	22.6	28.9	34.3	38.3	42.1	45.8	47.9
移动电话漫游国家和地区											
中国电信	(个)				211	211	220	258	258	258	258
中国移动	(个)	203	219	231	237	237	237	237	237	242	251
中国联通	(个)	118	170	179	204	217	239	246	247	250	251
开通互联网宽带业务的行政村比重	(%)						80.1	84.0	87.9	91.0	93.5

8-4-8 各地区电信通信服务水平

地 区	固定电话普及率 (部/百人)	城市固定电话普及率 (部/百人)	移动电话普及率 (部/百人)	每千人拥有公用电话 (部/千人)	互联网普及率 (%)	开通互联网宽带业务的行政村比重 (%)
全 国	**18.2**	**24.0**	**94.0**	**15.0**	**47.9**	**93.5**
北 京	38.6	36.1	189.5	38.0	75.3	100.0
天 津	23.8	28.7	89.1	20.8	61.4	33.0
河 北	14.7	23.1	84.4	9.1	49.1	98.7
山 西	15.2	22.2	91.3	15.4	50.6	85.2
内蒙古	14.3	20.6	105.2	9.4	45.7	49.0
辽 宁	26.2	25.4	103.3	20.0	58.8	100.0
吉 林	20.9	29.5	94.9	14.9	45.2	
黑龙江	16.7	24.5	90.2	11.4	41.7	100.0
上 海	34.6	38.6	135.7	15.0	71.1	100.0
江 苏	26.8	24.6	101.4	17.4	53.8	100.0
浙 江	29.8	32.9	133.8	34.3	62.9	100.0
安 徽	13.8	18.7	69.3	9.8	36.9	100.0
福 建	24.5	23.1	112.4	16.0	65.5	100.0
江 西	12.7	16.6	64.7	11.0	34.1	98.0
山 东	14.5	16.8	88.5	14.5	47.6	100.0
河 南	12.1	17.4	81.7	12.0	36.9	100.0
湖 北	15.6	20.1	79.2	14.0	45.3	92.1
湖 南	12.5	18.5	70.1	11.5	38.6	94.2
广 东	27.5	30.8	139.3	27.7	68.5	100.0
广 西	10.5	16.3	74.8	8.8	39.4	97.2
海 南	18.8	25.8	100.4	14.4	47.6	100.0
重 庆	19.4	25.5	86.6	9.3	45.7	100.0
四 川	15.9	25.5	81.2	7.8	37.3	77.5
贵 州	9.7	20.2	82.2	8.8	34.9	90.0
云 南	9.1	16.9	79.5	10.6	35.1	75.3
西 藏	11.3	45.0	91.9	4.4	39.4	72.0
陕 西	19.9	28.9	95.6	15.2	46.4	84.9
甘 肃	13.2	26.1	79.5	15.6	36.8	51.2
青 海	17.2	30.9	93.2	7.9	50.0	90.0
宁 夏	15.5	25.9	104.0	9.1	45.1	100.0
新 疆	22.3	38.9	90.4	17.1	50.3	97.0

8-4-9 各地区互联网上网人数

单位：万人

地区	2005	2006	2007	2008	2009	2010	2011	2012	2013	2014
全国	**11100**	**13700**	**21000**	**29800**	**38400**	**45730**	**51310**	**56400**	**61758**	**64875**
北京	428	468	737	980	1103	1218	1379	1458	1556	1593
天津	229	260	287	485	564	648	719	793	866	904
河北	486	631	762	1334	1842	2197	2597	3008	3389	3603
山西	269	380	536	819	1064	1250	1405	1589	1755	1838
内蒙古	116	160	322	385	575	747	854	965	1093	1142
辽宁	372	483	783	1138	1595	1916	2092	2199	2453	2580
吉林	201	271	434	520	726	882	966	1062	1163	1243
黑龙江	316	366	476	620	912	1127	1206	1329	1514	1599
上海	463	510	830	1110	1171	1239	1525	1606	1683	1716
江苏	790	1027	1757	2084	2765	3306	3685	3952	4095	4274
浙江	707	977	1509	2108	2452	2786	3052	3221	3330	3458
安徽	276	337	587	723	1069	1392	1585	1869	2150	2225
福建	397	516	866	1379	1629	1848	2102	2280	2402	2471
江西	187	285	511	610	790	950	1088	1267	1468	1543
山东	988	1126	1256	1983	2769	3332	3625	3866	4329	4634
河南	396	517	956	1283	2007	2417	2582	2856	3283	3474
湖北	463	532	706	1050	1469	1902	2129	2309	2491	2625
湖南	348	408	690	999	1406	1747	1936	2200	2410	2579
广东	1486	1831	3344	4554	4860	5324	6300	6627	6992	7286
广西	330	374	560	734	1030	1226	1353	1586	1774	1848
海南	69	117	144	216	244	303	338	384	411	421
重庆	189	220	356	598	803	990	1068	1195	1293	1357
四川	609	690	809	1103	1635	1998	2229	2562	2835	3022
贵州	109	142	224	433	573	751	840	991	1146	1222
云南	241	275	303	548	844	1021	1140	1321	1528	1643
西藏	9	16	36	47	53	81	90	101	115	123
陕西	314	395	517	790	995	1295	1429	1551	1689	1745
甘肃	125	152	219	327	535	655	700	795	894	951
青海	29	37	60	130	154	188	208	238	274	289
宁夏	32	42	61	102	141	175	207	258	283	295
新疆	126	155	363	625	634	819	882	962	1094	1139
不分地区										33

8-4-10 互联网主要指标

年份 地区	互联网上网人数（万人）	域名数（万个）	网站数（万个）	网页数（万个）	互联网宽带接入端口（万个）	互联网拨号用户（万户）	互联网宽带接入用户（万户）		
								#城市宽带接入用户	#农村宽带接入用户
1995						0.7			
1996						3.6			
1997	62					16.0			
1998	210					67.7			
1999	890					299.4			
2000	2250		26.5			900.5			
2001	3370		27.7			3652.7			
2002	5910		37.2			5246.5	325.3		
2003	7950		59.6		1802.3	5653.1	1115.1		
2004	9400		66.9		3578.1	5122.3	2487.5		
2005	11100	259.2	69.4		4874.7	3559.5	3735.0		
2006	13700	410.9	84.3	447257.8	6486.4	2644.6	5085.3		
2007	21000	1193.1	150.4	847108.5	8539.3	1941.0	6641.4		
2008	29800	1682.6	287.8	1608637.0	10890.4	1227.8	8287.9		
2009	38400	1681.8	323.2	3360173.2	13835.7	754.4	10397.8		
2010	45730	865.6	190.8	6000806.0	18781.1	590.1	12629.1	9963.5	2475.7
2011	51310	774.8	229.6	8658229.8	23239.4	550.7	15000.1	11691.4	3308.8
2012	56400	1341.2	268.1	12274681.7	32108.4	569.8	17518.3	13442.4	4075.9
2013	61758	1843.6	320.2	15004076.3	35945.3	485.1	18890.9	14153.6	4737.3
2014	64875	2059.6	334.9	18991864.9	40546.1	441.6	20048.3	15174.6	4873.7
北京	1593	265.5	45.7	5516153.3	1159.9	46.6	482.4	377.7	104.7
天津	904	15.4	3.6	793676.1	397.7	12.3	208.8	206.9	2.0
河北	3603	36.0	9.4	678615.3	2204.7	0.1	1127.6	704.9	422.8
山西	1838	13.2	3.6	453314.0	996.8	3.5	571.1	521.5	49.7
内蒙古	1142	6.3	1.2	27920.2	739.9		316.8	245.0	71.8
辽宁	2580	30.3	9.7	240854.6	2083.5	20.0	772.1	621.1	151.0
吉林	1243	10.7	2.1	130892.1	806.0	5.6	414.9	341.2	73.7
黑龙江	1599	79.1	2.8	34804.7	1044.0	7.9	484.6	425.2	59.4
上海	1716	102.3	31.4	1131036.1	1404.5	0.3	532.2	532.2	
江苏	4274	83.6	16.5	1451157.2	3503.3	10.8	1523.4	935.2	588.2
浙江	3458	91.2	21.9	2663566.9	2632.6	30.2	1276.1	871.0	405.1
安徽	2225	35.6	4.0	155013.4	1175.7	19.5	563.8	420.1	143.7
福建	2471	90.2	22.3	176838.4	1618.7	0.3	899.2	591.4	307.8
江西	1543	18.0	2.3	307100.6	975.1	1.4	434.2	322.6	111.6
山东	4634	304.2	15.8	627574.6	2949.1	40.1	1523.9	1070.4	453.5
河南	3474	63.3	12.4	510325.6	2016.4	100.9	1087.9	773.5	314.4
湖北	2625	35.5	6.8	190176.2	1266.1	13.1	869.7	723.5	146.3
湖南	2579	32.5	4.9	71291.9	1498.3	0.1	744.9	594.8	150.1
广东	7286	390.5	53.3	3021830.0	3597.7	69.8	2174.1	1639.9	534.2
广西	1848	26.4	2.5	133090.1	1126.2	7.6	592.4	483.9	108.5
海南	421	19.6	1.2	175663.0	223.9		120.3	90.6	29.7
重庆	1357	22.8	3.4	56027.7	963.4	0.0	475.4	399.4	76.0
四川	3022	67.1	12.2	80618.3	2200.4	7.5	883.1	654.5	228.7
贵州	1222	8.6	1.0	2002.1	580.6	5.4	310.9	259.3	51.6
云南	1643	11.2	1.4	295017.9	741.3	6.2	424.9	348.2	76.7
西藏	123	0.9	0.1	201.5	48.1		22.1	22.1	
陕西	1745	20.2	3.8	49839.2	1070.4	13.5	552.4	447.0	105.4
甘肃	951	4.8	0.7	5731.2	473.2	10.6	213.9	175.2	38.7
青海	289	1.6	0.2	827.1	134.2	0.7	61.4	56.8	4.6
宁夏	295	2.3	0.4	1733.6	180.3	1.5	78.2	71.6	6.6
新疆	1139	5.7	0.8	8972.0	734.3	6.3	305.7	248.2	57.5
不分地区	33	165.1	37.6						

【主要统计指标解释】

电信业务总量 指以货币形式表示的电信企业为社会提供各类电信服务的总数量，是用于观察电信业务发展变化总趋势的综合性总量指标。电信业务总量是以各类业务的实物量分别乘以相应的不变单价，求出各类业务的货币量加总求得。

移动短信业务量 指移动电话用户通过移动通信网络短信平台使用短信业务的通信量。

移动电话用户 指在电信企业营业网点办理开户登记手续，通过移动电话交换机进入移动电话网，占用移动电话号码的各类电话用户。包括各类签约用户、智能网预付费用户、无线上网卡用户。

固定电话用户 指在电信企业营业网点办理开户登记手续并已接入固定电话网上的全部电话用户。包括普通电话用户、无线市话用户、公共电话用户、窄带综合业务数字网（N-ISDN）用户、智能网专用接入终端用户等。

城市电话用户 指按行政区划属于中央直辖市、省辖市、地级市、县级市的市区、市郊区及县城区范围内的电话用户数。包括分布在农村地区但以县团级以上建制的独立工矿区、林区、驻军的电话用户。

农村电话用户 指按行政区划属于城市范围以外的乡（镇）、村电话用户。

住宅电话用户 指私人付费或安装在居民住宅并按照私人或住宅电话用户登记注册和收费的各类电话用户。

局用交换机容量 指安装在电信企业内用于接续本地固定电话的电话交换机容量。包括接入网设备容量（安装在电信运营企业用于连接话音用户的远端节点的设备容量）。

移动电话交换机容量 指移动电话交换机根据一定话务模型和交换机处理能力计算出来的最大同时服务用户的数量。按报告期末已割接入网正式投入使用的设备实际容量统计。

互联网宽带接入端口 指用于接入互联网用户的各类实际安装运行的接入端口的数量，包括xDSL用户接入端口、LAN接入端口、其他类型接入端口等，不包括窄带拨号接入端口。

电话普及率 指报告期行政区域总人口中，平均每百人拥有的话机数。计算公式：

$$\text{电话普及率}=\frac{\text{电话机总数(包括移动电话)（部）}}{\text{行政区域总人口数（人）}}\times 100$$

互联网上网人数 指过去半年内使用过互联网的6周岁及以上中国居民人数。

8 第三产业部分行业主要业务指标

8-5　金融业

简要说明

一、主要内容

本篇反映我国金融、证券和保险业发展情况。有以下四个部分：一是金融机构金融活动情况；二是存贷款利率调整情况；三是直接融资情况；四是保险业务情况。

二、资料来源

1. 反映金融机构活动情况的资料包括："金融机构人民币信贷收支表（年底余额）"，"货币供应量（年底余额）"，"货币供应量同比增长率"，"黄金和外汇储备"，"货币当局资产负债表（年底余额）"，"其他存款性公司资产负债表（年底余额）"，"外资银行资产负债表（年底余额）"，"社会融资规模增量及构成"，"社会融资规模存量及增长率"。金融机构信贷收支表统计范围包括中国人民银行、国家政策性银行、国有商业银行、其他商业银行、城市信用合作社、农村信用合作社、外资银行、财务公司、信托投资公司、金融租赁公司、邮政储蓄机构。中国人民银行总行根据金融机构的基层单位全面填报、并按各自系统汇总的资料，进行归并和汇总，最后得到金融机构的信贷收支表。黄金和外汇储备表中的资料取自于中国人民银行的资产负债表，由该行有关部门提供。

2. 反映存贷款利率调整情况的"金融机构法定存款利率"，"金融机构法定贷款利率表"，数据来自中国人民银行总行规定的、并对外发布的存贷款利率。

3. 反映直接融资情况的"证券市场基本情况"，"上市公司数量"，"上市公司地区分布"，"股票发行量和筹资额"，"股票交易情况"，"全国期货交易所市场概况"，"全国交易所上市基金成交概况"，资料由中国证券监督管理委员会提供。

4. 反映保险业务情况的"保险公司业务经济技术指标"，"保险公司资产情况"，"保险公司资金运用情况"，"各地区原保险保费收入和赔付支出情况"等，数据由中国保险监督管理委员会提供。

8-5-1 金融机构人民币信贷收支表(年底余额)

单位：亿元

项目	2013	2014	项目	2013	2014
资金来源			**资金运用**		
合计	**1174666.17**	**1323453**	**合计**	**1174666.17**	**1323453**
各项存款	1043846.86	1138645	各项贷款	718961.46	816770
单位存款	520825.90	565249	境内贷款	717087.69	814780
个人存款	466502.39	507831	短期贷款	290237.82	314796
财政性存款	30133.47	35664	中长期贷款	398862.41	459482
临时性存款	1661.06	1098	融资租赁	7660.83	9699
委托存款	354.33	442	票据融资	19594.00	29169
其他存款	24369.72	28360	各项垫款	732.63	1634
金融债券	6681.00	9843	境外贷款	1873.76	1990
流通中货币	58574.44	60260	有价证券	125399.38	144954
对国际金融机构负债	854.45	867	股权及其他投资	41751.79	65452
其他	64709.41	113838	黄金占款	669.84	670
			外汇占款	286303.83	294090
			在国际金融机构资产	1579.87	1516

注：1.本表统计口径包括中国人民银行、政策性银行、国有商业银行、股份制商业银行、城市商业银行、农村商业银行、农村合作银行、城市信用社、农村信用社、信托投资公司、财务公司、租赁公司、外资金融机构、中国邮政储蓄银行(下表同)。

2.2011年起，《金融机构人民币信贷收支》分类项目调整，部分数据与2010年以前不可比。

8-5-2 货币供应量(年底余额)

单位：亿元

年 份	货币和准货币 (M_2)	货币 (M_1)			准货币			
			流通中现金 (M_0)	单位活期存款		单位定期存款	个人存款	其他存款
1990	15293.4	6950.7	2644.4	4306.3	8342.7			
1991	19349.9	8633.3	3177.8	5455.5	10716.6			
1992	25402.2	11731.5	4336.0	7395.2	13670.7			
1993	34879.8	16280.4	5864.7	10415.7	18599.4	1247.9	15203.5	2148.0
1994	46923.5	20540.7	7288.6	13252.1	26382.8	1943.1	21518.8	2920.9
1995	60750.5	23987.1	7885.3	16101.8	36763.4	3324.2	29662.2	3777.0
1996	76094.9	28514.8	8802.0	19712.8	47580.1	5041.9	38520.8	4017.4
1997	90995.3	34826.3	10177.6	24648.7	56169.1	6738.5	46279.8	3150.7
1998	104498.5	38953.7	11204.2	27749.5	65544.9	8301.9	53407.5	3835.5
1999	119897.9	45837.3	13455.5	32381.8	74060.6	9476.8	59621.8	4962.0
2000	134610.3	53147.2	14652.7	38494.5	81463.1	11261.1	64332.4	5869.7
2001	158301.9	59871.6	15688.8	44182.8	98430.3	14180.1	73762.4	10487.8
2002	185007.0	70881.8	17278.0	53603.8	114125.2	16433.8	86910.7	10780.7
2003	221222.8	84118.6	19745.9	64372.6	137104.3	20940.4	103617.7	12546.2
2004	254107.0	95969.7	21468.3	74501.4	158137.2	25382.2	119555.4	13199.7
2005	298755.7	107278.8	24031.7	83247.1	191476.9	33100.0	141051.0	17325.9
2006	345577.9	126028.1	27072.6	98955.4	219549.9	38715.9	161587.3	19246.7
2007	403442.2	152560.1	30375.2	122184.9	250882.1	46932.5	172534.2	31415.4
2008	475166.6	166217.1	34219.0	131998.2	308949.5	60103.1	217885.4	30961.1
2009	610224.5	221445.8	38247.0	183198.8	388778.7	84819.5	260752.7	43206.5
2010	725851.8	266621.5	44628.2	221993.4	459230.3	105858.7	303302.5	50069.1
2011	851590.9	289847.7	50748.5	239099.2	561743.2	166616.0	352797.5	42329.7
2012	974148.8	308664.2	54659.8	254004.5	665484.6	195940.1	411362.6	58181.9
2013	1106525.0	337291.1	58574.4	278716.6	769233.9	232696.6	467031.1	69506.2
2014	1228374.8	348056.4	60259.5	287796.9	880318.4	264055.7	508878.1	107384.6

注：1. 2001年6月起，已将证券公司客户保证金计入货币供应量(M_2)，含在其他存款项内。
2.自2011年10起，货币供应量已包含住房公积金中心存款和非存款类金融机构在存款类金融机构的存款。

8-5-3 货币供应量同比增长率

单位：%

年 份	货币和准货币(M_2)	货币(M_1)	流通中现金(M_0)	单位活期存款	准货币	单位定期存款	个人存款	其他存款
1991	26.5	24.2	20.2	26.7	28.5			
1992	31.3	35.9	36.4	35.6	27.6			
1993								
1994	34.5	26.2	24.3	27.2	41.9	55.7	41.5	36.0
1995	29.5	16.8	8.2	21.5	39.4	71.1	37.9	29.3
1996	25.3	18.9	11.6	22.4	29.4	51.7	29.9	6.4
1997	17.3	16.5	15.6	16.9	17.8	24.5	19.3	-8.9
1998	14.8	11.9	10.1	12.6	16.7	23.2	15.4	21.7
1999	14.7	17.7	20.1	16.7	13.0	14.2	11.6	29.3
2000	12.3	16.0	8.9	18.9	10.0	18.8	7.9	18.3
2001	14.4	12.7	7.1	14.8	15.5	25.9	14.7	9.1
2002	16.8	16.8	10.1	19.2	16.8	21.8	17.8	2.8
2003	19.6	18.7	14.3	20.3	20.1	27.4	19.2	16.4
2004	14.7	13.6	8.7	15.1	15.3	21.2	15.4	5.2
2005	17.6	11.8	11.9	11.7	21.1	30.4	18.0	31.3
2006	16.9	17.5	12.7	18.9	16.6	17.1	14.6	36.2
2007	16.7	21.1	12.2	23.5	14.3	21.2	6.8	63.2
2008	17.8	9.1	12.7	8.2	23.2	28.1	26.3	-1.5
2009	28.5	33.2	11.8	38.8	26.0	42.0	19.7	39.6
2010	19.7	21.2	16.7	22.1	18.9	28.7	16.3	16.0
2011	13.6	7.9	13.8	6.7	16.8	18.1	16.2	17.7
2012	13.8	6.5	7.7	6.2	17.6	17.6	16.6	25.1
2013	13.6	9.3	7.2	9.7	15.6	18.8	13.5	19.5
2014	12.2	3.2	2.9	3.3	14.4	13.5	9.0	54.5

注：1.同期比增长率是按可比口径计算的。因1992年以前口径与1993年口径不一致，故1993年未计算增长率。
2.2001年6月起，已将证券公司客户保证金计入货币供应量(M_2)，含在其他存款内。
3.1997年初，中国人民银行对金融统计制度进行了调整，因此自1997年起的数据与历史数据不完全可比。

8-5-4 金融机构法定存款利率

单位：年利率%

调整时间	活期	定期					
		三个月	半年	一年	二年	三年	五年
1990.04.15	2.88	6.30	7.74	10.08	10.98	11.88	13.68
1990.08.21	2.16	4.32	6.48	8.64	9.36	10.08	11.52
1991.04.21	1.80	3.24	5.40	7.56	7.92	8.28	9.00
1993.05.15	2.16	4.86	7.20	9.18	9.90	10.80	12.06
1993.07.11	3.15	6.66	9.00	10.98	11.70	12.24	13.86
1996.05.01	2.97	4.86	7.20	9.18	9.90	10.80	12.06
1996.08.23	1.98	3.33	5.40	7.47	7.92	8.28	9.00
1997.10.23	1.71	2.88	4.14	5.67	5.94	6.21	6.66
1998.03.25	1.71	2.88	4.14	5.22	5.58	6.21	6.66
1998.07.01	1.44	2.79	3.96	4.77	4.86	4.95	5.22
1998.12.07	1.44	2.79	3.33	3.78	3.96	4.14	4.50
1999.06.10	0.99	1.98	2.16	2.25	2.43	2.70	2.88
2002.02.21	0.72	1.71	1.89	1.98	2.25	2.52	2.79
2004.10.29	0.72	1.71	2.07	2.25	2.70	3.24	3.60
2006.08.19	0.72	1.80	2.25	2.52	3.06	3.69	4.14
2007.03.18	0.72	1.98	2.43	2.79	3.33	3.96	4.41
2007.05.19	0.72	2.07	2.61	3.06	3.69	4.41	4.95
2007.07.21	0.81	2.34	2.88	3.33	3.96	4.68	5.22
2007.08.22	0.81	2.61	3.15	3.60	4.23	4.95	5.49
2007.09.15	0.81	2.88	3.42	3.87	4.50	5.22	5.76
2007.12.21	0.72	3.33	3.78	4.14	4.68	5.40	5.85
2008.10.09	0.72	3.15	3.51	3.87	4.41	5.13	5.58
2008.10.30	0.72	2.88	3.24	3.60	4.14	4.77	5.13
2008.11.27	0.36	1.98	2.25	2.52	3.06	3.60	3.87
2008.12.23	0.36	1.71	1.98	2.25	2.79	3.33	3.60
2010.10.20	0.36	1.91	2.20	2.50	3.25	3.85	4.20
2010.12.26	0.36	2.25	2.50	2.75	3.55	4.15	4.55
2011.02.09	0.40	2.60	2.80	3.00	3.90	4.50	5.00
2011.04.06	0.50	2.85	3.05	3.25	4.15	4.75	5.25
2011.07.07	0.50	3.10	3.30	3.50	4.40	5.00	5.50
2012.06.08	0.40	2.85	3.05	3.25	4.10	4.65	5.10
2012.07.06	0.35	2.60	2.80	3.00	3.75	4.25	4.75
2014.11.22	0.35	2.35	2.55	2.75	3.35	4.00	4.00

注：2014年11月22日，金融机构存款利率浮动区间由存款基准利率的1.1倍调整为1.2倍。

8-5-5 金融机构法定贷款利率

单位：年利率%

调整时间	短期贷款		中长期贷款		
	六个月以内（含六个月）	六个月至一年（含一年）	一年至三年（含三年）	三年至五年（含五年）	五年以上
1991.04.21	8.10	8.64	9.00	9.54	9.72
1993.05.15	8.82	9.36	10.80	12.06	12.24
1993.07.11	9.00	10.98	12.24	13.86	14.04
1995.01.01	9.00	10.98	12.96	14.58	14.76
1995.07.01	10.08	12.06	13.50	15.12	15.30
1996.05.01	9.72	10.98	13.14	14.94	15.12
1996.08.23	9.18	10.08	10.98	11.70	12.42
1997.10.23	7.65	8.64	9.36	9.90	10.53
1998.03.25	7.02	7.92	9.00	9.72	10.35
1998.07.01	6.57	6.93	7.11	7.65	8.01
1998.12.07	6.12	6.39	6.66	7.20	7.56
1999.06.10	5.58	5.85	5.94	6.03	6.21
2002.02.21	5.04	5.31	5.49	5.58	5.76
2004.10.29	5.22	5.58	5.76	5.85	6.12
2006.04.28	5.40	5.85	6.03	6.12	6.39
2006.08.19	5.58	6.12	6.30	6.48	6.84
2007.03.18	5.67	6.39	6.57	6.75	7.11
2007.05.19	5.85	6.57	6.75	6.93	7.20
2007.07.21	6.03	6.84	7.02	7.20	7.38
2007.08.22	6.21	7.02	7.20	7.38	7.56
2007.09.15	6.48	7.29	7.47	7.65	7.83
2007.12.21	6.57	7.47	7.56	7.74	7.83
2008.09.16	6.21	7.20	7.29	7.56	7.74
2008.10.09	6.12	6.93	7.02	7.29	7.47
2008.10.30	6.03	6.66	6.75	7.02	7.20
2008.11.27	5.04	5.58	5.67	5.94	6.12
2008.12.23	4.86	5.31	5.40	5.76	5.94
2010.10.20	5.10	5.56	5.60	5.96	6.14
2010.12.26	5.35	5.81	5.85	6.22	6.40
2011.02.09	5.60	6.06	6.10	6.45	6.60
2011.04.06	5.85	6.31	6.40	6.65	6.80
2011.07.07	6.10	6.56	6.65	6.90	7.05
2012.06.08	5.85	6.31	6.40	6.65	6.80
2012.07.06	5.60	6.00	6.15	6.40	6.55
2014.11.22	5.60	5.60	6.00	6.00	6.15

8-5-6 黄金和外汇储备

年 份	黄金储备（万盎司）	外汇储备（亿美元）	年 份	黄金储备（万盎司）	外汇储备（亿美元）
1978	1280	1.67	1997	1267	1398.90
1979	1280	8.40	1998	1267	1449.59
1980	1280	-12.96	1999	1267	1546.75
1981	1267	27.08	2000	1267	1655.74
1982	1267	69.86	2001	1608	2121.65
1983	1267	89.01	2002	1929	2864.07
1984	1267	82.20	2003	1929	4032.51
1985	1267	26.44	2004	1929	6099.32
1986	1267	20.72	2005	1929	8188.72
1987	1267	29.23	2006	1929	10663.40
1988	1267	33.72	2007	1929	15282.49
1989	1267	55.50	2008	1929	19460.30
1990	1267	110.93	2009	3389	23991.52
1991	1267	217.12	2010	3389	28473.38
1992	1267	194.43	2011	3389	31811.48
1993	1267	211.99	2012	3389	33115.89
1994	1267	516.20	2013	3389	38213.15
1995	1267	735.97	2014	3389	38430.18
1996	1267	1050.29			

8-5-7 货币当局资产负债表(年底余额)

单位：亿元

项目	2012	2013	2014
总资产	**294537.2**	**317278.6**	**338248.8**
国外资产	241416.9	272233.5	278622.9
外汇	236669.9	264270.0	270681.3
货币黄金	669.8	669.8	669.8
其他国外资产	4077.1	7293.7	7271.7
对政府债权	15313.7	15312.7	15312.7
对其他存款性公司债权	16701.1	13147.9	24985.3
对其他金融性公司债权	10038.6	8907.4	7848.8
对非金融性公司债权	25.0	25.0	11.6
其他资产	11041.9	7652.0	11467.5
总负债	**294537.2**	**317278.6**	**338248.8**
储备货币	252345.2	271023.1	294093.0
货币发行	60646.0	64980.9	67151.3
金融性公司存款			
其他存款性公司存款	191699.2	206042.2	226941.7
其他金融性公司存款			
非金融性公司存款			
不计入储备货币的金融性公司存款	1348.8	1330.3	1558.4
债券发行	13880.0	7762.0	6522.0
国外负债	1464.2	2088.3	1833.8
政府存款	20753.3	28610.6	31275.3
自有资金	219.8	219.8	219.8
其他负债	4525.9	6244.6	2746.5

注：1.自2011年1月起，中国人民银行采用国际货币基金组织关于储备货币的定义，不再将其他金融性公司在货币当局的存款计入储备货币。
2.自2011年1月起，境外金融机构在中国人民银行存款数据计入国外负债项目，不再计入其他存款性公司存款。

8-5-8 其他存款性公司资产负债表(年底余额)

单位：亿元

项　　目	2012	2013	2014
总资产	**1336862.8**	**1524751.5**	**1722029.9**
国外资产	28798.5	28814.1	36689.0
储备资产	197132.5	211775.6	233488.7
准备金存款	191146.3	205369.1	226597.0
库存现金	5986.2	6406.5	6891.7
对政府债权	56123.3	62341.5	71009.6
对中央银行债权	12709.0	10301.4	6564.0
对其他存款性公司债权	237024.6	260442.0	280389.3
对其他金融性公司债权	50519.9	72592.3	111553.5
对非金融性公司债权	534132.7	599575.2	673285.7
对其他居民部门债权	160193.8	196863.6	229215.6
其他资产	60228.6	82046.0	79834.6
总负债	**1336862.8**	**1524751.5**	**1722029.9**
对非金融机构及住户负债	891427.9	1012778.8	1102202.6
纳入广义货币的存款	861307.2	978444.3	1060730.7
单位活期存款	254004.5	278716.6	287796.9
单位定期存款	195940.1	232696.6	264055.7
个人存款	411362.6	467031.1	508878.1
不纳入广义货币的存款	24454.1	25940.3	31135.8
可转让存款	8036.1	7454.0	8156.7
其他存款	16418.0	18486.3	22979.1
其他负债	5666.6	8394.2	10336.0
对中央银行负债	13903.1	11663.2	26616.7
对其他存款性公司负债	108636.2	110397.9	111117.9
对其他金融性公司负债	62999.2	74804.7	112400.8
#计入广义货币的存款	58181.9	69506.2	107384.6
国外负债	9900.3	17973.0	25087.6
债券发行	92318.3	103672.1	123119.4
实收资本	30725.3	32545.8	36410.4
其他负债	126952.6	160916.0	185074.5

注：2011年企业活期存款改为“单位活期存款”，企业定期存款改为“单位定期存款”，居民储蓄存款改为“个人存款”，与上年统计口径一致。

8-5-9 外资银行资产负债表(年底余额)

单位：亿元

项目	2012	2013	2014
总资产	**24582.4**	**25805.0**	**28143.0**
国外资产	1612.5	1128.0	1889.0
储备资产	3228.5	3083.0	3205.0
准备金存款	3218.4	3073.0	3194.0
库存现金	10.1	10.0	11.0
对政府债权	1294.9	1535.0	2185.0
对中央银行债权		127.0	40.0
对其他存款性公司债权	5361.3	6313.0	5775.0
对其他金融性公司债权	752.2	1400.0	2125.0
对非金融性公司债权	10510.2	10581.0	11077.0
对其他居民部门债权	603.2	790.0	970.0
其他资产	1219.6	849.0	877.0
总负债	**24582.4**	**25805.0**	**28143.0**
对非金融机构及住户负债	13072.2	15108.0	15731.0
纳入广义货币的存款	10670.7	12120.0	12685.0
企业活期存款	2912.6	2887.0	3315.0
企业定期存款	5823.0	7193.0	7440.0
居民储蓄存款	1935.2	2040.0	1930.0
不纳入广义货币的存款	2401.5	2426.0	2621.0
可转让存款	1209.5	1158.0	1249.0
其他存款	1192.0	1268.0	1372.0
其他负债		561.0	424.0
对中央银行负债	8.6	1.0	2.0
对其他存款性公司负债	2571.0	1227.0	1785.0
对其他金融性公司负债	817.4	736.0	709.0
#计入广义货币的存款		552.0	512.0
国外负债	4082.5	5268.0	6057.0
债券发行	7.2	81.0	115.0
实收资本	1941.3	1586.0	1654.0
其他负债	2082.1	1799.0	2092.0

8-5-10 社会融资规模增量及构成

单位：亿元

年份	社会融资规模增量	#人民币贷款	#外币贷款(折合人民币)	#委托贷款	#信托贷款	#未贴现银行承兑汇票	#企业债券	#非金融企业境内股票融资
2002	20112	18475	731	175		-695	367	628
2003	34113	27652	2285	601		2010	499	559
2004	28629	22673	1381	3118		-290	467	673
2005	30008	23544	1415	1961		24	2010	339
2006	42696	31523	1459	2695	825	1500	2310	1536
2007	59663	36323	3864	3371	1702	6701	2284	4333
2008	69802	49041	1947	4262	3144	1064	5523	3324
2009	139104	95942	9265	6780	4364	4606	12367	3350
2010	140191	79451	4855	8748	3865	23346	11063	5786
2011	128286	74715	5712	12962	2034	10271	13658	4377
2012	157631	82038	9163	12838	12845	10499	22551	2508
2013	173169	88916	5848	25466	18404	7756	18111	2219
2014	164773	97816	3554	25070	5174	-1198	24329	4350

注：社会融资规模增量是指一定时期内实体经济(境内非金融企业和住户)从金融体系获得的资金总额。

8-5-11 社会融资规模存量及增长率

单位：亿元，%

年 份	社会融资规模存量	社会融资规模存量同比增速	#人民币贷款(%)	#外币贷款(折合人民币)(%)	#委托贷款(%)	#信托贷款(%)	#未贴现银行承兑汇票(%)	#企业债券(%)	#非金融企业境内股票融资(%)
2002	148532								
2003	181655	22.3	21.4	26.6	13.3		126.0	132.9	8.0
2004	204143	14.9	14.3	16.8	61.6		-8.0	4.0	8.5
2005	224265	13.5	13.3	11.0	11.8		0.7	129.1	4.2
2006	264500	18.1	16.3	9.0	20.0		44.9	68.7	12.5
2007	321326	21.5	16.4	21.9	29.9	84.0	138.4	41.0	45.8
2008	379765	20.5	18.7	5.1	29.1	84.3	9.2	78.7	17.7
2009	511835	34.8	31.3	55.5	35.8	63.4	36.5	86.2	18.3
2010	649869	27.0	19.9	15.9	44.2	34.4	135.5	42.3	30.9
2011	767478	18.2	16.1	13.1	21.2	13.5	24.8	36.2	17.7
2012	914186	19.1	15.0	27.2	17.1	75.0	20.7	44.4	8.6
2013	1074575	17.5	14.2	7.2	39.7	61.1	12.6	24.2	6.7
2014	1228591	14.3	13.6	4.1	29.2	10.7	-1.8	25.8	12.7

注：1.社会融资规模存量是指一定时期末(月末、季末或年末)实体经济(境内非金融企业和住户)从金融体系获得的资金余额。
2. 同比增速为可比口径数据。

8-5-12 证券市场基本情况

项　　目	2012	2013	2014
境内上市公司数（A、B股）（家）	2494	2489	2613
境内上市外资股公司数(B股)(家)	107	106	104
境外上市公司数（H股）　（家）	179	185	205
股票总发行股本　（亿股）	38395	40569	43610
#流通股本　（亿股）	31340	36744	39104
股票市价总值　（亿元）	230358	239077	372547
#股票流通市值　（亿元）	181658	199580	315624
股票成交量　（亿股）	32881.00	48372.68	73753.00
股票成交金额　（亿元）	314583	468729	743913
上证综合指数　（收盘）	2269.13	2115.98	3234.68
深证综合指数　（收盘）	881.17	1057.67	1415.19
股票有效账户数　（万户）	14046	13247	14215
平均市盈率			
上海	12.30	10.99	15.99
深圳	22.00	27.76	34.05
平均换手率　(%)			
上海	101.60	123.59	173.76
深圳	297.90	389.11	477.95
国债发行额　（亿元）	16154.20	20230.00	21120.60
公司信用类债券发行额　（亿元）	37338.28	36720.91	51172.91
债券成交额　（亿元）	403453.51	678436.00	935187.45
债券现货成交金额　（亿元）	9902.57	17413.00	28021.20
债券回购成交金额　（亿元）	393550.94	661023.00	907166.25
证券投资基金只数　（只）	1173	1551	1899
证券投资基金规模　（亿份）	31708.41	31167.18	42033.00
证券投资基金成交金额　（亿元）	8123.86	14786.16	19904.62
期货总成交量　（万手）	145053.00	206177.33	250585.57
期货总成交额　（亿元）	1711269.00	2674739.52	2919882.26

注：1.股票总发行股本中含(A+H)股公司发行的H股。
2.换手率=全年成交金额/[（本年末流通市值+上年末流通市值）/2]*100%
3.公司信用类债券包含非金融企业债券融资工具、企业债券以及公司债、可转债、可分离债、中小企业私募债。
4.债券成交数据为交易所债券市场数据。

8-5-13 上市公司数量

单位：个

年 份	全国合计	上交所	深交所	发A股公司	发B股公司	同时发A股、B股公司
1990	10	8	2			
1991	14	8	6			
1992	53	29	24			
1993	183	106	77	177	41	35
1994	291	171	120	287	58	54
1995	323	188	135	311	70	58
1996	530	293	237	514	85	69
1997	745	383	362	720	101	76
1998	851	438	413	825	106	80
1999	949	484	465	922	108	81
2000	1088	572	516	1060	114	86
2001	1160	646	514	1140	112	92
2002	1224	715	509	1213	111	100
2003	1287	780	507	1277	111	101
2004	1377	837	540	1363	110	96
2005	1381	834	547	1358	109	86
2006	1434	842	592	1411	109	86
2007	1550	860	690	1527	109	86
2008	1625	864	761	1602	109	86
2009	1718	870	848	1696	108	86
2010	2063	894	1169	2041	108	86
2011	2342	931	1411	2320	108	86
2012	2494	954	1540	2472	107	85
2013	2489	953	1536	2468	106	85
2014	2613	995	1618	2592	104	83

8-5-14 上市公司地区分布

单位：个

地区	上市公司家数	上交所	深交所
全国	**2613**	**995**	**1618**
北京	235	102	133
天津	42	21	21
河北	50	18	32
山西	35	19	16
内蒙古	25	16	9
辽宁	72	28	44
吉林	40	18	22
黑龙江	32	23	9
上海	206	145	61
江苏	255	88	167
浙江	266	88	178
安徽	80	31	49
福建	92	34	58
江西	32	15	17
山东	154	47	107
河南	67	26	41
湖北	86	36	50
湖南	74	21	53
广东	390	47	343
广西	32	14	18
海南	27	9	18
重庆	40	20	20
四川	91	36	55
贵州	21	10	11
云南	29	12	17
西藏	10	6	4
陕西	42	20	22
甘肃	26	13	13
青海	10	7	3
宁夏	12	4	8
新疆	40	21	19

8-5-15 股票发行量和筹资额

年 份	股票发行量（亿股）	A 股	H股，N股	B 股	股票筹资额（亿元）	A 股	#配 股	H股，N股	B 股
1991	5.00	5.00			5.00	5.00			
1992	20.75	10.00		10.75	94.09	50.00			44.09
1993	95.79	42.59	40.41	12.79	375.47	276.41	81.58	60.93	38.13
1994	91.26	10.97	69.89	10.40	326.78	99.78	50.16	188.73	38.27
1995	31.60	5.32	15.38	10.90	150.32	85.51	62.83	31.46	33.35
1996	86.11	38.29	31.77	16.05	425.08	294.34	69.89	83.56	47.18
1997	267.63	105.65	136.88	25.10	1293.82	825.92	170.86	360.00	107.90
1998	109.06	86.30	12.86	9.90	841.52	778.02	334.97	37.95	25.55
1999	122.93	98.11	23.05	1.77	944.56	893.60	320.97	47.17	3.79
2000	512.04	145.68	359.26	7.10	2103.24	1527.03	519.46	562.21	13.99
2001	141.48	93.00	48.48		1252.34	1182.13	430.63	70.21	
2002	291.74	134.20	157.54		961.75	779.75	56.61	181.99	
2003	281.43	83.64	196.79	1.00	1357.75	819.56	74.79	534.65	3.54
2004	227.92	54.88	171.51	1.53	1510.94	835.71	104.54	648.08	27.16
2005	567.05	13.80	553.25		1882.51	338.13	2.62	1544.38	
2006	1287.77	351.11	936.66		5594.29	2463.70	4.32	3130.59	
2007	637.24	413.27	223.97		8680.17	7722.99	227.68	957.18	
2008	180.34	114.96	65.38		3852.21	3457.75	151.57	317.26	
2009	400.05	244.47	155.58		6124.69	5004.90	105.97	1073.18	
2010	920.99	553.95	367.04		11971.93	9606.31	1438.25	2365.62	
2011	272.36	163.99	108.37		5814.19	5073.07	421.96	741.12	
2012	299.81	78.86	220.95		4134.38	3127.54	121.00	1006.84	
2013	259.92		259.92		3868.88	2802.76		1066.12	
2014	300.63	70.10	230.53		7087.44	4834.04	137.98	2253.40	

注：表中股票发行量仅指IPO数量。

8-5-16 股票交易情况

项　　目	2008	2009	2010	2011	2012	2013	2014
上市公司数　（家）	**1625**	**1718**	**2063**	**2342**	**2494**	**2489**	**2613**
上市股票数　（只）	**1711**	**1804**	**2149**	**2428**	**2579**	**2574**	**2696**
A股	1602	1696	2041	2320	2472	2468	2592
B股	109	108	108	108	107	106	104
股票总发行股本(亿股)	**18900.12**	**20606.26**	**26984.49**	**29745.11**	**31833.62**	**33822.04**	**36795.10**
A股	18629.77	20332.77	26701.51	29448.59	31551.24	33538.25	36517.75
B股	270.35	273.49	282.98	296.52	282.38	283.79	277.35
#流通股本	6964.97	14200.19	19442.15	22499.86	24778.22	29997.12	32289.25
A股	6696.76	13928.17	19160.47	22204.54	24497.05	29714.53	32013.11
B股	268.21	271.48	281.68	295.32	281.17	282.59	276.14
股票市价总值(亿元)	**121366**	**243939**	**265423**	**214758**	**230358**	**239077**	**372547**
A股	120567	242127	263221	213310	228775	237403	370823
B股	800	1812	2202	1448	1582	1674	1724
#股票流通市值	45214	151259	193110	164921	181658	199580	315624
A股	44419	149456	190917	163479	180083	197916	313910
B股	795	1803	2193	1442	1575	1664	1714
股票成交金额(亿元)	**267113**	**535987**	**545634**	**421645**	**314667**	**468729**	**742385**
A股	265890	533889	563466	420339	313715	466630	741378
B股	1222	2097	2168	1305	868	1439	1007
总成交股数　(亿股)	**24131.39**	**51106.99**	**42151.98**	**33956.57**	**32860.54**	**48372.68**	**73383.09**
A股	23912.78	50648.91	41806.42	33748.72	32681.93	47916.23	73188.22
B股	218.62	458.09	345.56	207.85	178.61	263.89	194.87
上证综合指数							
最高	5522.78	3478.01	3306.75	3067.46	2478.38	2444.80	3239.36
最低	1664.93	1844.09	2319.74	2134.02	1949.46	1849.65	1974.38
收盘	1820.81	3277.14	2808.08	2199.42	2269.13	2115.98	3234.68
深证综合指数							
最高	1584.40	1240.64	1412.64	1316.19	1020.29	1106.27	1504.48
最低	452.33	557.69	890.24	828.83	724.97	815.89	1004.93
收盘	553.30	1201.34	1290.86	866.65	881.17	1057.67	1415.19

注：1.本表股票总发行股本不含(A+H)股公司发行的H股。
2.2012、2013年股票总成交金额中包含约定购回式证券成交金额，故总成交金额大于A股B股成交金额之和。

8-5-17 全国期货交易所市场概况

年 份	全年总成交额(亿元)	全年总成交量(万手)	全年总实物交割额(亿元)	全年总实物交割量(万手)
1993	5521.99	890.69		
1994	31601.41	12110.72		
1995	100565.30	63612.07	181.52	83.09
1996	84119.16	34256.77	174.13	78.33
1997	61170.66	15876.32	93.75	38.18
1998	36967.24	10445.57	48.04	20.56
1999	22343.01	7363.91	109.41	16.12
2000	16082.29	5461.07	65.11	8.40
2001	30144.98	12046.35	57.54	64.85
2002	39490.28	13943.37	101.44	141.16
2003	108396.59	27992.43	127.34	129.54
2004	146935.32	30569.76	181.68	31.32
2005	134463.38	32287.41	141.87	29.23
2006	210063.37	44950.82	216.93	28.68
2007	409740.77	72846.08	275.49	230.88
2008	719173.33	136396.00	323.52	51.29
2009	1305142.92	215751.76	266.73	45.95
2010	2269852.25	304194.19	474.31	65.29
2011	937503.89	100372.56	461.94	60.05
2012	952824.54	134540.06	528.04	58.96
2013	1264673.31	186822.39	465.25	56.79
2014	1279712.53	228827.45	451.58	63.50

注：本表数据仅反映商品期货市场情况。

8-5-18 全国交易所上市基金成交概况

项 目	2013	2014	增减(%)
交易日数 (天)	238	245	2.94
基金成交金额 (亿元)	14786.16	13814.94	-6.57
#ETF	8962.32	13247.02	47.81
LOFE	173.02	184.47	6.62
基金日均成交金额 (亿元)	62.13	56.39	-9.24
基金成交股数 (亿份)	11281.55	6465.89	-42.69
#ETF	5956.32	5878.95	-1.30
LOFE	185.32	183.47	-1.00
上证基金指数开市	3956.37	3874.76	-2.06
上证基金指数最高	4319.18	5557.49	28.67
上证基金指数最低	3398.71	3624.31	6.64
上证基金指数收市	3880.27	5550.63	43.05
深证基金指数开市	4595.1	4974.04	8.25
深证基金指数最高	5141.8	6357.06	23.63
深证基金指数最低	4306.84	4719.62	9.58
深证基金指数收市	4976.74	6216.27	24.91

注：ETF是交易所交易基金的简称，LOFE是一种可以在交易所挂牌交易的开放式基金。
数据来源：上海、深圳证券交易所。

8-5-19 保险系统机构、人员数(年底数)

项目	2013			2014		
	机构数(个)	职工人数(人)	#女职工	机构数(个)	职工人数(人)	#女职工
总　计	**174**	**831303**	**437531**	**180**	**904253**	**478077**
保险集团公司	**10**	**3968**	**1916**	**10**	**4824**	**2114**
中资保险公司	**109**	**788540**	**413319**	**113**	**855320**	**451109**
#总公司	109	37210	17472	113	40989	19653
省级分公司	1476	204266	107337	1490	244445	131756
中心支分公司	7863	296500	160374	8117	314992	172893
支公司	20334	169416	86173	21861	188588	94158
营业部	2382	18622	9155	2343	15547	7466
营销服务部	42077	62461	32808	41240	50688	25183
中外合资公司	**55**	**38795**	**22296**	**57**	**44109**	**24854**
总公司	55	11936	6354	57	12791	6602
省级分公司	224	15313	8987	276	17162	9911

注：1.职工人数不包括营销、代理人员。
　　2.中资保险公司代表处期末职工人数2013年为65人，2014年为71人。

8-5-20 保险公司业务经济技术指标

单位：亿元

项　　目	保　费	赔款及给付
合　　计	**20234.8**	**7216.2**
财产保险公司	**7544.4**	**3968.3**
企业财产保险	387.4	215.2
家庭财产保险	33.7	11.5
机动车辆保险	5515.9	3026.7
工程保险	81.7	35.0
责任保险	253.3	107.7
信用保险	200.7	57.7
保证保险	199.9	29.1
船舶保险	55.1	33.6
货物运输保险	95.4	43.7
特殊风险保险	41.8	12.9
农业保险	325.8	205.8
健康险	169.1	124.8
意外伤害保险	171.9	55.2
其他险	12.8	9.4
人寿保险公司	**12690.4**	**3247.9**
寿险	10901.7	2728.4
健康险	1418.1	446.3
人身意外伤害险	370.6	73.2

注：本表人寿保险公司中包括中华控股寿险业务。

8-5-21 保险公司资产情况

单位：亿元

年份	总资产	#财产险公司	#寿险公司	#再保险公司	#中资公司	#外资公司
2002	6320.00	948.00	5161.00	211.00		
2003	9088.00	1176.00	7657.00	255.00		
2004	11953.68	1411.38	8352.9	262.37	11540.63	413.05
2005	15286.44	1718.81	13458.27	292.7	14630.97	665.64
2006	19704.19	2340.45	17446.26	311.31	18862.6	862.66
2007	28912.78	3880.51	23249.16	877.26	27656.26	1256.51
2008	33418.83	4687.03	27138.45	994.45	31893.93	1524.91
2009	40634.75	4892.62	33655.05	1162.01	38582.37	2052.39
2010	50481.61	5833.52	42642.66	1151.79	47860.49	2621.12
2011	59828.94	7919.95	49798.19	1579.11	56822.12	3006.83
2012	73545.73	9477.47	60991.22	1845.25	70080.33	3465.4
2013	82886.95	10941.45	68250.07	2103.93	78551.67	4335.28
2014	101591.47	14061.48	82487.20	3513.56	94950.98	6640.49

8-5-22 保险公司资金运用情况

单位：亿元

年份	资金运用余额	#银行存款	#国债	#金融债券	#企业债券	#证券投资基金
2004	10778.62	5071.10	2618.44	1026.25	639.73	666.32
2005	14092.69	5165.55	3590.65	1804.71	1204.55	1107.00
2006	17785.40	5989.11	3647.01	2754.25	2121.56	912.08
2007	26647.81	6503.44	3956.56	4897.84	2799.76	2519.41
2008	30552.83	8087.49	4208.26	8754.06	4598.46	1646.46
2009	37417.12	10519.68	4053.82	8746.10	6074.56	2758.78
2010	46046.62	13909.97	4815.78	10038.75	7935.69	2620.73
2011	55192.98	17692.69	4741.90	12418.80	8755.86	2909.92
2012	68542.58	23446.00	4795.02	14832.57	10899.98	3625.58
2013	76873.41	22640.98	4776.73	14811.84	13727.75	3575.52
2014	93314.43	25310.73	5009.88	15067.12	15465.13	4714.28

8-5-23 各地区原保险保费收入和赔付支出情况

单位：亿元

地区	原保险保费收入			赔付支出		
	小计	财产险业务	人身险业务	小计	财产险业务	人身险业务
全国	**20234.81**	**7203.38**	**13031.43**	**7216.21**	**3788.21**	**3428**
北京	1207.24	314.76	892.49	407.25	182.67	224.57
天津	317.75	108.87	208.88	104.39	59.91	44.47
山西	465.37	156.03	309.35	182.47	83.56	98.91
河北	931.94	356.72	575.22	395.03	172.3	222.72
内蒙古	313.97	138.26	175.71	110.45	66.22	44.23
辽宁	557.7	187.42	370.28	229.56	110.69	118.87
吉林	330	107.66	222.34	112.01	54.19	57.82
黑龙江	507.09	122.03	385.06	154.75	65.4	89.35
上海	986.75	320.36	666.39	378.66	177.24	201.42
江苏	1683.76	606.29	1077.47	616.78	336.3	280.48
浙江	1051.08	472.91	578.17	379.96	275.8	104.16
安徽	572.29	241.45	330.84	234.41	127.39	107.02
福建	554.61	182.19	372.42	170.02	92.6	77.42
江西	400.37	138.75	261.62	142.06	72.98	69.08
山东	1251.79	426.51	825.28	442.09	214.08	228.01
河南	1036.08	278.38	757.7	324.03	141.01	183.01
湖北	700.23	204.55	495.67	230.6	100.9	129.69
湖南	587.73	211.27	376.46	226.25	108.49	117.75
广东	1792.97	590	1202.98	546.69	292.35	254.35
广西	313.3	130.62	182.68	109.15	67.53	41.62
海南	85.15	37.83	47.32	36.93	27.83	9.1
重庆	407.26	138.87	268.39	151.43	77.36	74.07
四川	1060.63	371.76	688.87	373.94	195.9	178.04
贵州	213.06	112.43	100.63	89.67	55.93	33.74
云南	375.99	177.26	198.73	150.88	90.98	59.9
西藏	12.76	9.01	3.75	6.06	4.1	1.96
陕西	476.75	160	316.75	179.74	85.15	94.6
甘肃	208.44	80	128.44	84.42	38.92	45.5
青海	46.09	22.99	23.09	18.08	10.53	7.55
宁夏	83.92	36.37	47.55	29.31	19.4	9.91
新疆	317.41	131.63	185.78	121.17	76.6	44.57
#大连	199.27	71.86	127.41	61.27	32.08	29.19
#宁波	206.98	111.57	95.41	94.67	73.97	20.7
#厦门	131.21	57.08	74.13	44.97	29.62	15.35
#青岛	203.14	88.12	115.02	76.75	44.77	31.98
#深圳	548.66	206.95	341.71	155.76	101.05	54.71
集团、总公司本级	96.07	94.62	1.46	44.56	22.39	22.18

注：1.本表数据为各公司上报中国保险统计信息系统年报数据。
2.全国本级是指集团、总公司直接开展的业务，不计入任何地区。

【主要统计指标解释】

信贷资金　指金融机构以信用方式积聚和分配的货币资金。金融机构信贷资金的来源有各项存款、金融债券、对国际金融机构负债、流通中现金等；信贷资金的运用有各项贷款、有价证券及投资、金银占款、外汇占款、财政借款及在国际金融机构中的资产等。

存款　指企业、机关、团体或居民根据资金必须收回的原则，把货币资金存入银行或其他信贷机构保管并取得一定利息的一种信用活动形式。根据存款对象或性质的不同可划分为企业存款、财政存款、机关团体存款、城乡储蓄存款、农业存款、其他存款等科目。它是银行信贷资金的主要来源。

贷款　指银行或其他信贷机构根据资金必须归还的原则，按一定利率，为企业、个人等提供资金的一种信用活动形式。我国银行贷款分为短期贷款、中长期贷款、委托及信托类贷款、其他类贷款等。

保险公司　指在中国境内的、经过保险监督管理部门批准设立，并依法登记注册的各类商业保险公司。

保险金额　指保险人承担赔偿或者给付保险金责任的最高限额。

保费　指投保人为取得保险人在约定范围内所承担赔偿责任而支付给保险人的费用。

赔款　指保险人根据保险合同的规定，向被保险人支付的赔偿保险责任损失的金额。

给付　包括死伤医疗给付和满期给付。死伤医疗给付是指保险人根据人寿保险及长期健康保险合同的规定，因被保险人在保险期内发生保险责任范围内的保险事故支付给被保险人（或受益人）的金额。满期给付是指被保险人生存期满，保险人按人寿保险合同规定支付给被保险人的满期保险金额。

社会融资规模增量　指一定时期内实体经济（境内非金融企业和住户）从金融体系获得的资金总额。主要包括人民币贷款、外币贷款（折合人民币）、委托贷款、信托贷款、未贴现的银行承兑汇票、企业债券、非金融企业境内股票融资、投资性房地产、保险公司赔偿等。

社会融资规模存量　指一定时期（月末、季末或年末）实体经济（境内非金融企业和住户）从金融体系获得的资金余额。

8 第三产业部分行业主要业务指标

8-6 房地产业

简要说明

一、主要内容

本篇资料主要包括：历年房地产开发企业基本情况；房屋开竣工面积、商品房销售及土地购置情况。主要分组包括按地区、用途、登记注册类型、资质等级等。

二、统计范围

本篇资料仅包含房地产业中的房地产开发经营部分资料。

三、统计调查方法

调查方法为全面调查。

四、统计口径变化

2004 年数据，除平均销售价格、住宅竣工与销售套数为经济普查数据外，其他指标数据均为当年快报数据。

指标变化：2004 年以前的商品房销售面积和销售额为实际销售口径；2005 年以后的销售面积和销售额包括期房和现房。

五、数据来源

房地产开发统计资料来自联网直报房地产开发企业上报的基层库，除个别指标外，均为自年初累计数据。

8-6-1 房地产开发企业土地开发及购置

年 份 地 区	土地购置费用 (亿元)	待开发土地面积 (万平方米)	本年土地购置面积 (万平方米)
1997	247.60	17670.10	6641.70
1998	375.40	13530.70	10109.32
1999	500.03	13505.17	11958.90
2000	733.99	14754.77	16905.24
2001	1038.77	14582.13	23408.99
2002	1445.81	19178.65	31356.78
2003	2055.17	21782.58	35696.48
2004	2574.47	39635.30	39784.66
2005	2904.37	27522.00	38253.73
2006	3814.49	37523.65	36573.57
2007	4873.25	41483.97	40245.85
2008	5995.62	48161.07	39353.43
2009	6023.71	32816.54	31909.45
2010	9999.92	31457.95	39953.10
2011	11527.25	40220.76	44327.44
2012	12100.15	40195.99	35666.80
2013	13501.73	42280.47	38814.38
2014	17458.53	42136.28	33383.03
北 京	1378.94	617.66	580.76
天 津	281.37	583.10	122.74
河 北	511.39	854.52	1081.72
山 西	160.50	818.51	431.71
内蒙古	154.48	508.77	534.48
辽 宁	535.15	1470.83	1670.85
吉 林	155.20	364.60	928.40
黑龙江	167.14	302.41	416.58
上 海	873.61	648.15	313.18
江 苏	1745.93	5373.41	3454.27
浙 江	2680.59	1770.46	1887.92
安 徽	832.88	3024.17	3029.58
福 建	1170.49	1076.79	1294.16
江 西	179.64	668.17	918.20
山 东	889.55	2870.49	2225.50
河 南	352.80	1343.57	1116.16
湖 北	509.28	1717.46	1244.99
湖 南	338.51	2213.97	1111.98
广 东	1591.35	4736.77	1956.99
广 西	255.37	784.02	610.01
海 南	185.63	1422.14	288.47
重 庆	649.64	2474.73	1864.59
四 川	823.54	1506.51	1535.43
贵 州	140.33	1243.70	936.36
云 南	508.46	1272.44	1218.23
西 藏	7.96	2.42	58.10
陕 西	185.31	604.02	487.52
甘 肃	39.63	327.87	567.49
青 海	27.02	104.24	99.87
宁 夏	39.88	457.82	332.77
新 疆	86.93	972.54	1064.02

8-6-2 按资质等级分房地产开发企业土地购置面积

单位：平方米

地 区	总 计	一 级	二 级	三 级	四 级	暂 定	其 他
全 国	**333830332**	**5036816**	**28089330**	**37557619**	**29244858**	**208456963**	**25444746**
北 京	5807629	429314	305914	267481	2183760	2488811	132349
天 津	1227444		88093	103912	560381	465594	9464
河 北	10817208	558668	1008559	1110029	2968661	4854710	316581
山 西	4317085	49543	470977	284954	1877327	1486565	147719
内蒙古	5344826		404871	649181	2449409	1743629	97736
辽 宁	16708480	323221	789217	1372050	65991	12231868	1926133
吉 林	9284006	186560	1588052	1657783	1359211	4492400	
黑龙江	4165769		601757	1252187	209476	1749349	353000
上 海	3131804		281304	132144		1961382	756974
江 苏	34542666	803668	5091091	2069113	80215	19833889	6664690
浙 江	18879208	34730	598768	1596004	946691	13380265	2322750
安 徽	30295843	304885	933399	2028190	783446	23766830	2479093
福 建	12941606		180980	1010269	502476	10811861	436020
江 西	9181964		407684	885729	277338	7332533	278680
山 东	22254998	322826	1661968	2058876	2060211	14102931	2048186
河 南	11161606	2600	1214829	1247600	703785	7506414	486378
湖 北	12449934		748610	1101171	2263863	8236719	99571
湖 南	11119826	37570	796297	2268561	1319248	6351191	346959
广 东	19569868	314776	315262	1564516	1210177	14008627	2156510
广 西	6100127	160382	646900	587560	57190	4403319	244776
海 南	2884735		1158	86753	140881	2247487	408456
重 庆	18645896	16797	4503563	1996100		11858887	270549
四 川	15354299	457878	1499365	7589315	62531	4937550	807660
贵 州	9363634	49004	351397	349798	753206	7699250	160979
云 南	12182297	223370	1664562	742836	3231848	5411106	908575
西 藏	581011			312974		228806	39231
陕 西	4875203	225537	520521	757819	1365558	1317622	688146
甘 肃	5674866		172634	941053	689165	3872014	
青 海	998678	159661	168080	147498	47672	475767	
宁 夏	3327653	245514	691423	510744	132587	1747385	
新 疆	10640163	130312	382095	875419	942554	7452202	857581

8-6-3 房地产开发企业房屋建筑面积和造价

年份 地区	房屋施工面积(万平方米)	房屋竣工面积(万平方米)	房屋建筑面积竣工率(%)	房屋竣工价值(亿元)	房屋竣工造价(元/平方米)
1997	44985.46	15819.70	35.2	1859.25	1175
1998	50770.14	17566.60	34.6	2139.19	1218
1999	56857.63	21410.83	37.7	2467.58	1152
2000	65896.92	25104.86	38.1	2859.35	1139
2001	79411.68	29867.36	37.6	3369.45	1128
2002	94104.01	34975.75	37.2	4141.69	1184
2003	117525.99	41464.06	35.3	5279.95	1273
2004	140451.39	42464.87	30.2	5952.48	1402
2005	166053.26	53417.04	32.2	7752.24	1451
2006	194786.42	55830.92	28.7	8729.35	1564
2007	236318.24	60606.68	25.6	10039.89	1657
2008	283266.18	66544.77	23.5	11947.57	1795
2009	320368.16	72677.43	22.7	14689.37	2021
2010	405356.40	78743.88	19.4	17542.73	2228
2011	506775.48	92619.94	18.3	21975.91	2373
2012	573417.52	99424.96	17.3	24836.62	2498
2013	665571.89	101434.99	15.2	26805.38	2643
2014	726482.34	107459.05	14.8	30261.99	2816
北京	13588.08	3054.12	22.5	984.00	3222
天津	10652.37	2924.82	27.5	759.42	2596
河北	31628.39	4037.56	12.8	1138.41	2820
山西	15476.89	2182.48	14.1	655.30	3003
内蒙古	18474.17	2012.08	10.9	538.79	2678
辽宁	38616.88	6146.96	15.9	1548.47	2519
吉林	12268.44	1573.86	12.8	327.54	2081
黑龙江	14218.09	3000.90	21.1	730.01	2433
上海	14690.18	2313.29	15.7	1058.42	4575
江苏	57637.72	9620.47	16.7	2978.17	3096
浙江	42144.35	6390.17	15.2	2291.56	3586
安徽	33479.11	5196.37	15.5	1416.19	2725
福建	30051.77	3583.57	11.9	883.63	2466
江西	13332.64	1871.79	14.0	447.54	2391
山东	54508.45	7787.31	14.3	1786.02	2294
河南	38857.60	7324.34	18.8	1417.52	1935
湖北	26321.99	3431.18	13.0	958.11	2792
湖南	27747.75	4022.89	14.5	1006.23	2501
广东	53977.47	7327.99	13.6	2634.41	3595
广西	17472.15	1865.98	10.7	456.01	2444
海南	7557.15	1203.90	15.9	682.69	5671
重庆	28623.93	3717.78	13.0	1243.33	3344
四川	36499.35	5334.45	14.6	1439.17	2698
贵州	20369.36	2842.32	14.0	625.48	2201
云南	20034.58	1788.62	8.9	520.62	2911
西藏	273.17	52.47	19.2	14.96	2851
陕西	19466.10	2188.91	11.2	595.88	2722
甘肃	7660.30	813.22	10.6	174.80	2149
青海	2545.90	559.49	22.0	160.20	2863
宁夏	7019.37	1203.68	17.1	299.33	2487
新疆	11288.65	2086.08	18.5	489.80	2348

8-6-4 房地产开发企业住宅建筑面积和造价

年 份 地 区	住宅施工面积 (万平方米)	住宅竣工面积 (万平方米)	住宅建筑面积竣工率 (%)	住宅竣工价值 (亿元)	住宅竣工造价 (元/平方米)
1997	30374.66	12464.70	41.0	1269.91	1019
1998	36223.04	14125.73	39.0	1484.13	1051
1999	42590.34	17640.67	41.4	1831.35	1038
2000	50498.25	20603.32	40.8	2173.60	1055
2001	61582.99	24625.40	40.0	2622.41	1065
2002	73208.65	28524.70	39.0	3190.99	1119
2003	91390.49	33374.61	37.0	4128.94	1222
2004	108196.54	34677.18	32.1	4688.36	1352
2005	129078.38	43682.85	33.8	6060.13	1387
2006	151742.72	45471.75	30.0	6717.23	1477
2007	186788.43	49831.35	26.7	7853.07	1576
2008	222891.80	54334.10	24.4	9295.26	1711
2009	251328.78	59628.71	23.7	11500.24	1929
2010	314760.12	63443.10	20.2	13527.53	2132
2011	387705.98	74319.05	19.2	16947.74	2280
2012	428964.05	79043.20	18.4	19147.45	2422
2013	486347.33	78740.62	16.2	20039.42	2545
2014	515096.45	80868.26	15.7	22079.17	2730
北 京	6977.99	1804.34	25.9	500.63	2775
天 津	7204.46	2130.25	29.6	556.65	2613
河 北	24456.15	3195.11	13.1	841.28	2633
山 西	11471.77	1701.64	14.8	507.71	2984
内蒙古	12386.94	1496.66	12.1	395.98	2646
辽 宁	28524.54	4940.48	17.3	1197.95	2425
吉 林	9067.10	1309.26	14.4	266.81	2038
黑龙江	10424.11	2295.70	22.0	524.94	2287
上 海	8525.85	1535.55	18.0	644.47	4197
江 苏	41579.79	7259.11	17.5	2261.26	3115
浙 江	25874.49	4158.30	16.1	1503.17	3615
安 徽	23193.68	3829.60	16.5	1018.54	2660
福 建	19718.43	2568.02	13.0	622.95	2426
江 西	9975.73	1511.27	15.1	359.54	2379
山 东	40648.82	6090.74	15.0	1373.96	2256
河 南	29831.26	5767.18	19.3	1096.18	1901
湖 北	19610.09	2812.35	14.3	777.61	2765
湖 南	20567.96	3176.87	15.4	772.29	2431
广 东	38290.06	5442.49	14.2	1936.15	3557
广 西	13065.65	1441.84	11.0	338.86	2350
海 南	6008.91	1051.90	17.5	590.36	5612
重 庆	20294.49	2771.55	13.7	896.22	3234
四 川	24732.35	3871.28	15.7	998.89	2580
贵 州	13792.94	2046.43	14.8	435.15	2126
云 南	13607.78	1255.20	9.2	352.39	2807
西 藏	177.79	29.45	16.6	7.86	2670
陕 西	15475.10	1863.01	12.0	491.40	2638
甘 肃	5644.35	652.04	11.6	139.45	2139
青 海	1711.99	447.50	26.1	124.81	2789
宁 夏	4622.94	818.86	17.7	192.07	2346
新 疆	7632.93	1594.27	20.9	353.63	2218

8-6-5 按用途分房地产开发企业房屋施工面积

单位：万平方米

年份 地区	房屋施工面积	住宅	#别墅、高档公寓	办公楼	商业营业用房	其他
1997	44985.46	30374.66	1759.19	5335.15	6507.95	2767.34
1998	50770.10	36223.00	2032.10	5072.70	6551.30	2923.10
1999	56857.63	42590.34	1982.21	4383.17	6812.69	3071.43
2000	65896.92	50498.25	2986.69	4058.51	7825.67	3514.48
2001	79411.68	61582.99	3734.88	4120.00	9573.81	4134.88
2002	94104.01	73208.65	5009.23	4392.30	11501.45	5001.61
2003	117525.99	91390.49	5796.55	5088.41	14708.90	6338.19
2004	140451.39	108196.54	6598.11	5982.43	18293.23	7979.20
2005	166053.26	129078.38	8556.24	6618.80	20926.59	9429.49
2006	194786.42	151742.72	11471.45	7395.39	23712.76	11935.55
2007	236318.24	186788.43	14150.10	8321.51	25941.12	15267.18
2008	283266.18	222891.80	14608.82	9582.06	30465.05	20329.71
2009	320368.16	251328.78	14313.93	9996.19	34543.72	24499.46
2010	405356.40	314760.12	16579.52	12144.40	44631.92	33819.96
2011	506775.48	387705.98	18679.25	15991.01	55949.59	47128.90
2012	573417.52	428964.05	18579.98	19434.17	65813.91	59205.39
2013	665571.89	486347.33	19426.87	24577.41	80626.76	74020.40
2014	726482.34	515096.45	21266.37	29927.54	94320.05	87138.30
北京	13588.08	6977.99	485.37	2253.98	1278.52	3077.59
天津	10652.37	7204.46	354.92	864.64	1217.15	1366.11
河北	31628.39	24456.15	467.01	676.79	3422.20	3073.24
山西	15476.89	11471.77	119.50	462.29	1871.53	1671.30
内蒙古	18474.17	12386.94	285.86	641.90	3478.37	1966.96
辽宁	38616.88	28524.54	994.60	816.08	6095.79	3180.47
吉林	12268.44	9067.10	363.80	349.78	1759.35	1092.21
黑龙江	14218.09	10424.11	130.60	250.54	2086.29	1457.15
上海	14690.18	8525.85	1575.97	1779.04	1751.99	2633.29
江苏	57637.72	41579.79	2668.07	2310.53	7929.02	5818.37
浙江	42144.35	25874.49	1853.12	2925.46	5073.43	8270.97
安徽	33479.11	23193.68	542.36	1084.97	5963.25	3237.21
福建	30051.77	19718.43	765.93	1810.02	3622.17	4901.14
江西	13332.64	9975.73	338.13	471.78	1707.34	1177.80
山东	54508.45	40648.82	1023.75	1978.01	6810.56	5071.07
河南	38857.60	29831.26	257.48	1489.02	4220.45	3316.87
湖北	26321.99	19610.09	401.64	786.87	3347.13	2577.90
湖南	27747.75	20567.96	567.38	702.83	3253.43	3223.53
广东	53977.47	38290.06	3005.40	2137.02	5441.59	8108.79
广西	17472.15	13065.65	269.43	445.65	1913.63	2047.22
海南	7557.15	6008.91	750.80	133.40	672.58	742.25
重庆	28623.93	20294.49	840.75	1072.22	3316.67	3940.54
四川	36499.35	24732.35	904.44	1300.71	4880.91	5585.39
贵州	20369.36	13792.94	231.05	722.15	3123.45	2730.82
云南	20034.58	13607.78	1097.72	735.83	3006.23	2684.75
西藏	273.17	177.79	16.93	17.51	44.35	33.53
陕西	19466.10	15475.10	290.97	705.15	1935.20	1350.65
甘肃	7660.30	5644.35	46.74	178.95	1114.76	722.24
青海	2545.90	1711.99	10.31	122.47	434.78	276.67
宁夏	7019.37	4622.94	130.42	248.16	1344.36	803.91
新疆	11288.65	7632.93	475.93	453.78	2203.59	998.36

8-6-6 按用途分房地产开发企业房屋新开工面积

单位：万平方米

年份 地区	本年房屋新开工面积	住宅	#别墅、高档公寓	办公楼	商业营业用房	其他
1997	14026.98	10996.64	469.72	872.44	1462.45	695.44
1998	20387.90	16637.50	638.60	871.50	1938.65	940.25
1999	22579.41	18797.94	594.06	690.29	2198.56	892.62
2000	29582.64	24401.15	1169.09	898.81	3034.77	1247.91
2001	37394.18	30532.72	1456.69	1072.98	4105.40	1683.08
2002	42800.52	34719.35	2278.17	1254.24	4926.48	1900.45
2003	54707.53	43853.88	2349.29	1466.89	6706.80	2679.96
2004	60413.86	47949.01	2975.69	1704.19	7790.81	2969.85
2005	68064.44	55185.07	2834.97	1671.10	7675.47	3532.79
2006	79252.83	64403.80	4058.32	2134.94	8473.23	4240.86
2007	95401.53	78795.51	4914.41	2141.44	9093.89	5370.70
2008	102553.37	83642.12	4336.97	2471.95	10040.69	6398.62
2009	116422.05	93298.41	3649.80	2860.76	12415.03	7847.84
2010	163646.87	129359.31	5080.05	3668.07	17472.58	13146.91
2011	191236.87	147163.11	5653.01	5399.20	20730.78	17943.77
2012	177333.62	130695.42	4228.31	5986.46	22006.85	18644.89
2013	201207.84	145844.80	4454.59	6887.24	25902.00	22573.80
2014	179592.49	124877.00	4275.01	7349.10	25047.73	22318.66
北京	2449.39	1282.28	65.86	421.37	208.17	537.57
天津	2815.27	1986.56	68.25	132.38	275.08	421.25
河北	8239.03	6361.42	74.09	160.41	959.84	757.36
山西	3887.51	2739.99	16.10	169.59	483.97	493.95
内蒙古	3114.00	2151.45	51.68	72.47	483.48	406.60
辽宁	8192.17	6137.69	182.81	154.16	1267.55	632.77
吉林	3257.60	2283.82	50.57	79.06	533.80	360.92
黑龙江	3281.38	2327.27	22.88	70.04	523.78	360.29
上海	2782.02	1547.29	276.90	365.25	388.03	481.45
江苏	14220.35	10377.91	602.30	502.95	1873.32	1466.16
浙江	9676.14	5602.77	383.26	776.59	1359.26	1937.52
安徽	8736.77	5929.47	150.77	198.49	1738.20	870.61
福建	6754.06	4193.81	180.45	495.20	863.93	1201.12
江西	3348.42	2559.77	69.80	76.83	438.48	273.34
山东	13328.07	9821.37	196.43	456.55	1661.38	1388.77
河南	10586.54	8079.35	81.39	342.33	1291.23	873.63
湖北	7598.69	5817.89	92.52	178.85	958.80	643.15
湖南	8067.05	5735.60	128.80	193.17	1142.37	995.91
广东	13384.34	9174.08	594.84	636.11	1400.00	2174.14
广西	4138.43	2958.26	46.93	151.06	580.15	448.96
海南	1583.64	1200.74	68.48	9.02	233.98	139.89
重庆	6254.04	4275.96	148.36	264.17	774.73	939.19
四川	11328.04	7335.98	135.43	452.51	1743.46	1796.09
贵州	4616.49	2829.30	62.00	187.80	849.88	749.51
云南	5458.43	3654.29	260.05	183.86	826.61	793.67
西藏	191.49	118.43	15.37	10.09	35.51	27.45
陕西	3943.16	2933.94	21.77	208.88	482.79	317.54
甘肃	2050.36	1486.88	20.78	51.86	362.70	148.92
青海	694.77	406.66	2.53	53.11	149.39	85.61
宁夏	2053.77	1396.24	34.49	78.37	315.77	263.38
新疆	3561.09	2170.53	169.14	216.54	842.10	331.91

8-6-7 按用途分房地产开发企业房屋竣工面积

单位：万平方米

年份 地区	本年房屋竣工面积	住宅	#别墅、高档公寓	办公楼	商业营业用房	其他
1997	15819.70	12464.70	554.22	1057.66	1628.44	668.89
1998	17566.60	14125.70	609.00	996.40	1791.50	652.90
1999	21410.83	17640.67	646.03	979.19	2011.84	779.13
2000	25104.86	20603.32	959.34	952.01	2561.97	987.57
2001	29867.36	24625.40	1183.56	974.03	3111.66	1156.27
2002	34975.75	28524.70	1625.58	1013.65	3939.75	1497.65
2003	41464.06	33774.61	1735.87	1077.14	4825.06	1787.25
2004	42464.87	34677.18	2115.31	1034.60	4945.95	1807.14
2005	53417.04	43682.85	2538.79	1416.70	5888.03	2429.46
2006	55830.92	45471.75	2652.85	1393.71	6285.75	2679.72
2007	60606.68	49831.35	3033.34	1545.02	6096.49	3133.82
2008	66544.77	54334.10	2988.71	1824.64	6410.65	3975.38
2009	72677.43	59628.71	3020.47	1652.55	6823.72	4572.46
2010	78743.88	63443.10	3266.37	1815.85	8282.63	5202.30
2011	92619.94	74319.05	3335.27	2266.79	9472.65	6561.45
2012	99424.96	79043.20	3167.91	2315.36	10226.45	7839.94
2013	101434.99	78740.62	2856.04	2789.40	10852.42	9052.56
2014	107459.05	80868.26	2830.20	3144.18	12084.08	11362.54
北京	3054.12	1804.34	52.48	387.45	216.24	646.09
天津	2924.82	2130.25	153.00	117.15	267.75	409.67
河北	4037.56	3195.11	44.45	63.13	439.14	340.18
山西	2182.48	1701.64	21.52	29.97	257.71	193.16
内蒙古	2012.08	1496.66	38.44	34.02	311.13	170.27
辽宁	6146.96	4940.48	103.31	74.11	741.14	391.22
吉林	1573.86	1309.26	13.21	11.27	172.54	80.79
黑龙江	3000.90	2295.70	17.01	53.49	360.79	290.92
上海	2313.29	1535.55	180.10	165.03	208.36	404.36
江苏	9620.47	7259.11	389.05	269.53	1213.10	878.74
浙江	6390.17	4158.30	283.68	370.71	708.44	1152.71
安徽	5196.37	3829.60	78.93	120.97	834.63	411.17
福建	3583.57	2568.02	65.95	145.51	308.55	561.48
江西	1871.79	1511.27	51.00	25.45	249.47	85.61
山东	7787.31	6090.74	124.04	182.93	837.67	675.97
河南	7324.34	5767.18	17.63	228.49	652.77	675.91
湖北	3431.18	2812.35	27.60	36.12	389.91	192.79
湖南	4022.89	3176.87	61.70	71.48	435.23	339.31
广东	7327.99	5442.49	409.30	211.26	684.38	989.86
广西	1865.98	1441.84	19.14	40.78	204.63	178.73
海南	1203.90	1051.90	196.42	6.54	64.02	81.44
重庆	3717.78	2771.55	114.59	115.03	340.59	490.61
四川	5334.45	3871.28	98.44	144.31	653.93	664.93
贵州	2842.32	2046.43	64.98	73.69	364.03	358.16
云南	1788.62	1255.20	93.88	37.30	283.25	212.87
西藏	52.47	29.45	0.98	6.78	5.83	10.42
陕西	2188.91	1863.01	5.10	22.95	183.55	119.40
甘肃	813.22	652.04	6.21	11.50	100.23	49.45
青海	559.49	447.50	8.80	14.10	66.17	31.71
宁夏	1203.68	818.86	13.90	28.35	214.56	141.92
新疆	2086.08	1594.27	75.37	44.79	314.32	132.70

8-6-8 按用途分房地产开发企业房屋竣工价值

单位：万元

年份 地区	房屋竣工价值	住宅	#别墅、高档公寓	办公楼	商业营业用房	其他
1998	21391927	14841274	1797188	2696191	2908120	946342
1999	24675822	18313466	3243105	2307508	2821830	1233018
2000	28593463	21736046	4167662	1887549	3435603	1534265
2001	33694469	26224110	4653653	1794697	3972859	1702803
2002	41416949	31909883	4603868	1821081	5421762	2264223
2003	52799528	41289403	3861036	2179823	6707887	2622415
2004	59524820	46883710	3355237	2334105	7443231	2863774
2005	77522369	60601314	6585999	3330709	9442203	4148143
2006	87293459	67172276	7067080	3812779	11523290	4785114
2007	100398923	78530678	7956405	4117505	11996464	5754276
2008	119475659	92952620	7845093	4996314	13651868	7874857
2009	146893651	115002390	8769854	5233193	16690159	9967909
2010	175427347	135275286	10971101	6039054	22433546	11679461
2011	219759131	169477370	12621063	8319008	26176483	15786270
2012	248366202	191474476	12282888	8554573	28992746	19344407
2013	268053771	200394205	11967830	10957180	32756607	23945779
2014	302619873	220791656	13197486	11874068	39277437	30676712
北京	9839955	5006293	288471	1699636	947910	2186116
天津	7594222	5566491	391897	294935	692950	1039846
河北	11384128	8412843	214100	243934	1821001	906350
山西	6553049	5077121	127353	108110	888447	479371
内蒙古	5387879	3959797	103799	111213	895966	420903
辽宁	15484701	11979457	410062	210637	2278791	1015816
吉林	3275365	2668129	39976	27420	406919	172897
黑龙江	7300060	5249423	51352	141448	1149769	759420
上海	10584155	6444691	1067338	1339558	1236189	1563717
江苏	29781718	22612565	1997395	1063606	3882575	2222972
浙江	22915578	15031735	1428177	1468664	3004920	3410259
安徽	14161897	10185423	406681	396079	2649677	930718
福建	8836296	6229527	195964	420553	847540	1338676
江西	4475375	3595359	140846	74402	609032	196582
山东	17860203	13739569	288676	500651	1991504	1628479
河南	14175164	10961813	44326	407463	1397812	1408076
湖北	9581092	7776066	134337	148081	1164335	492610
湖南	10062313	7722854	209200	243971	1211554	883934
广东	26344077	19361480	1791374	980638	2842475	3159484
广西	4560135	3388647	40874	125180	610767	435541
海南	6826916	5903613	1961703	16971	452733	453599
重庆	12433320	8962150	575996	479430	1584134	1407606
四川	14391678	9988903	345279	545057	2092260	1765458
贵州	6254807	4351530	171053	175305	1050616	677356
云南	5206189	3523890	466693	177433	1033867	470999
西藏	149595	78632	9380	23801	21542	25620
陕西	5958825	4914016	9680	90438	630898	323473
甘肃	1747961	1394535	18080	26334	222803	104289
青海	1601984	1248140	33820	37839	229482	86523
宁夏	2993267	1920676	51391	94460	614382	363749
新疆	4897969	3536288	182213	200821	814587	346273

8-6-9 房地产开发企业商品房销售情况

年 份 地 区	商品房销售面积 (万平方米)	#住 宅	商品房销售额 (亿元)	#住 宅
1991	3025.46	2745.17	237.86	207.60
1992	4288.86	3812.21	426.59	379.85
1993	6687.91	6035.19	863.71	729.19
1994	7230.35	6118.03	1018.50	730.52
1995	7905.94	6787.03	1257.73	1024.07
1996	7900.41	6898.46	1427.13	1106.90
1997	9010.17	7864.30	1799.48	1407.56
1998	12185.30	10827.10	2513.30	2006.87
1999	14556.53	12997.87	2987.87	2413.73
2000	18637.13	16570.28	3935.44	3228.60
2001	22411.90	19938.75	4862.75	4021.15
2002	26808.29	23702.31	6032.34	4957.85
2003	33717.63	29778.85	7955.66	6543.45
2004	38231.64	33819.89	10375.71	8619.37
2005	55486.22	49587.83	17576.13	14563.76
2006	61857.07	55422.95	20825.96	17287.81
2007	77354.72	70135.88	29889.12	25565.81
2008	65969.83	59280.35	25068.18	21196.00
2009	94755.00	86184.89	44355.17	38432.90
2010	104764.65	93376.60	52721.24	44120.65
2011	109366.75	96528.41	58588.86	48198.32
2012	111303.65	98467.51	64455.79	53467.18
2013	130550.59	115722.69	81428.28	67694.94
2014	120648.54	105187.79	76292.41	62410.95
北 京	1454.19	1136.53	2738.74	2102.46
天 津	1612.98	1483.64	1486.94	1309.70
河 北	5706.19	5015.06	2928.00	2501.62
山 西	1576.27	1433.91	746.14	639.83
内蒙古	2457.18	1995.68	1064.82	765.04
辽 宁	5754.81	4932.08	3092.10	2518.87
吉 林	1581.72	1387.87	808.58	667.62
黑龙江	2475.74	2131.46	1208.54	962.69
上 海	2084.66	1780.91	3499.53	2923.44
江 苏	9846.84	8800.93	6898.42	5969.60
浙 江	4676.83	3941.49	4923.00	4172.58
安 徽	6202.18	5364.94	3345.19	2691.80
福 建	4119.48	3324.10	3763.52	2939.58
江 西	3067.16	2775.22	1621.76	1379.50
山 东	9180.12	7972.49	4879.66	4009.48
河 南	7879.67	7009.09	3440.58	2739.71
湖 北	5601.98	5002.60	3088.31	2543.76
湖 南	5439.53	4852.32	2299.11	1858.58
广 东	9315.76	8163.56	8461.84	6960.26
广 西	3156.55	2869.32	1532.05	1274.57
海 南	1003.97	942.84	935.21	873.22
重 庆	5100.39	4423.68	2814.99	2253.28
四 川	7142.44	6176.51	3997.37	3145.02
贵 州	3178.12	2707.09	1370.31	1000.01
云 南	3194.19	2618.02	1596.37	1165.39
西 藏	59.33	53.64	34.25	28.55
陕 西	3093.64	2836.69	1598.04	1368.12
甘 肃	1325.51	1212.60	602.34	513.47
青 海	415.77	362.92	211.27	155.83
宁 夏	1129.46	939.37	464.96	352.03
新 疆	1815.88	1541.25	840.47	625.35

8-6-10 房地产开发企业成套住宅竣工与销售情况

单位：套

年份 地区	住宅竣工套数 合计	#别墅、高档公寓	住宅销售套数 合计	#别墅、高档公寓
1999	1946358	44025		
2000	2139702	59880		
2001	2414392	72207		
2002	2629616	97751		
2003	3021134	108525		
2004	4042219	144949		
2005	3682523	135276	4235372	152339
2006	4005305	139632	5049094	219982
2007	4401203	159423	6251263	257776
2008	4939189	144618	5565827	157455
2009	5548897	143621	8040470	240129
2010	6019767	163207	8817526	223596
2011	7219163	155923	9139672	191881
2012	7642379	161899	9446424	184001
2013	7493133	126444	11046279	202081
2014	7659418	145182	10104351	167469
北京	200971	1550	125951	1826
天津	219038	10379	156473	3687
河北	303316	1622	489542	1913
山西	148916	616	123440	591
内蒙古	150505	3758	192573	3565
辽宁	557811	7247	539918	6173
吉林	156008	601	172679	2307
黑龙江	266432	924	237004	1249
上海	157460	8830	190501	17139
江苏	625539	15290	799894	16694
浙江	329661	10900	332946	7975
安徽	359269	4074	531732	5042
福建	232693	1698	314636	5473
江西	135631	3184	242095	2688
山东	546478	6144	726368	8168
河南	520871	1157	624792	1852
湖北	261049	1196	491879	5493
湖南	274082	3217	414492	4691
广东	467506	17305	739363	26157
广西	137760	958	269316	2234
海南	115559	15633	113011	7550
重庆	295698	7671	491027	10820
四川	396474	4586	649550	5800
贵州	177448	4290	250053	2643
云南	103660	3651	223681	8291
西藏	2694	47	5062	99
陕西	183774	418	272865	2621
甘肃	64187	155	118740	447
青海	44228	994	32808	2
宁夏	77305	1376	87380	1241
新疆	147395	5711	144580	3038

8-6-11 按用途分房地产开发企业商品房销售面积

单位：万平方米

年份 地区	商品房销售面积	住宅	#别墅、高档公寓	办公楼	商业营业用房	其他
1997	9010.17	7864.30	254.25	341.43	634.06	170.38
1998	12185.30	10827.10	345.30	400.60	810.80	146.80
1999	14556.53	12997.87	435.74	403.43	1003.17	152.06
2000	18637.13	16570.28	640.72	436.98	1399.31	230.56
2001	22411.90	19938.75	878.19	502.57	1696.15	274.44
2002	26808.29	23702.31	1241.26	538.92	2218.58	348.47
2003	33717.63	29778.85	1449.87	630.49	2833.10	475.19
2004	38231.64	33819.89	2323.05	692.84	3100.29	618.62
2005	55486.22	49587.83	2818.44	1096.23	4081.38	720.78
2006	61857.07	55422.95	3672.44	1231.04	4337.79	865.29
2007	77354.72	70135.88	4581.31	1465.23	4644.61	1109.01
2008	65969.83	59280.35	2865.25	1157.05	4206.06	1326.37
2009	94755.00	86184.89	4626.05	1544.43	5328.03	1697.65
2010	104764.65	93376.60	4219.10	1889.97	6994.84	2503.24
2011	109366.75	96528.41	3729.93	2004.97	7868.65	2964.71
2012	111303.65	98467.51	3476.00	2253.65	7759.28	2823.21
2013	130550.59	115722.69	3632.03	2883.35	8469.22	3475.33
2014	120648.54	105187.79	3047.35	2505.45	9076.93	3878.37
北　京	1454.19	1136.53	48.20	136.80	79.50	101.37
天　津	1612.98	1483.64	61.39	21.10	67.61	40.63
河　北	5706.19	5015.06	45.05	75.54	444.33	171.25
山　西	1576.27	1433.91	13.48	23.89	81.11	37.36
内蒙古	2457.18	1995.68	31.98	42.50	270.24	148.76
辽　宁	5754.81	4932.08	115.32	71.20	522.80	228.74
吉　林	1581.72	1387.87	37.44	11.83	138.04	43.99
黑龙江	2475.74	2131.46	21.23	15.34	239.56	89.38
上　海	2084.66	1780.91	257.24	120.28	102.86	80.61
江　苏	9846.84	8800.93	371.72	210.69	688.25	146.97
浙　江	4676.83	3941.49	220.95	185.22	333.88	216.24
安　徽	6202.18	5364.94	90.92	111.10	647.96	78.18
福　建	4119.48	3324.10	92.55	181.01	286.94	327.44
江　西	3067.16	2775.22	44.89	42.75	196.09	53.10
山　东	9180.12	7972.49	134.29	185.53	674.69	347.41
河　南	7879.67	7009.09	32.72	181.67	554.60	134.30
湖　北	5601.98	5002.60	95.68	65.91	423.25	110.22
湖　南	5439.53	4852.32	115.11	49.47	423.29	114.44
广　东	9315.76	8163.56	488.16	230.45	491.06	430.70
广　西	3156.55	2869.32	44.83	29.91	181.23	76.08
海　南	1003.97	942.84	83.19	5.48	47.53	8.12
重　庆	5100.39	4423.68	155.64	98.15	348.49	230.07
四　川	7142.44	6176.51	101.06	141.03	561.42	263.48
贵　州	3178.12	2707.09	59.54	84.08	337.76	49.20
云　南	3194.19	2618.02	172.05	66.50	328.99	180.67
西　藏	59.33	53.64	2.01	1.59	4.09	
陕　西	3093.64	2836.69	42.39	47.48	137.43	72.04
甘　肃	1325.51	1212.60	7.16	13.00	80.93	18.98
青　海	415.77	362.92	0.11	8.10	40.18	4.57
宁　夏	1129.46	939.37	13.56	8.83	132.44	48.82
新　疆	1815.88	1541.25	47.47	39.01	210.38	25.24

8-6-12 按用途分房地产开发企业商品房平均销售价格

单位：元/平方米

年份 地区	商品房平均销售价格	住宅	#别墅、高档公寓	办公楼	商业营业用房	其他
1997	1997	1790	5382	4677	3090	2129
1998	2063	1854	4596	5552	3170	1837
1999	2053	1857	4503	5265	3333	1804
2000	2112	1948	4288	4751	3260	1864
2001	2170	2017	4348	4588	3274	2033
2002	2250	2092	4154	4336	3489	1919
2003	2359	2197	4145	4196	3675	2241
2004	2778	2608	5576	5744	3884	2235
2005	3168	2937	5834	6923	5022	2829
2006	3367	3119	6585	8053	5247	3131
2007	3864	3645	7471	8667	5774	3351
2008	3800	3576	7801	8378	5886	3219
2009	4681	4459	9662	10608	6871	3671
2010	5032	4725	10934	11406	7747	4099
2011	5357	4993	10994	12327	8488	4182
2012	5791	5430	11460	12306	9021	4306
2013	6237	5850	12591	12997	9777	4907
2014	6324	5933	12965	11826	9817	5177
北　京	18833	18499	38267	26266	25414	7391
天　津	9219	8828	12643	16972	15671	8728
河　北	5131	4988	9026	6457	7182	3414
山　西	4734	4462	11466	13220	7549	3615
内蒙古	4333	3833	6088	6391	7234	5183
辽　宁	5373	5107	8335	5823	7982	5003
吉　林	5112	4810	9540	7015	7847	5537
黑龙江	4882	4517	11906	7799	8013	4691
上　海	16787	16415	33415	24978	22014	6105
江　苏	7006	6783	12849	8798	9929	4088
浙　江	10526	10586	13127	11118	13466	4389
安　徽	5394	5017	8804	6827	8513	3316
福　建	9136	8843	14040	11131	13017	7603
江　西	5288	4971	7443	9085	8998	5084
山　东	5315	5029	9179	9686	8224	3903
河　南	4366	3909	9038	9049	7891	7359
湖　北	5513	5085	7902	10470	9916	5066
湖　南	4227	3830	6662	9881	8110	4227
广　东	9083	8526	12130	18605	15183	7598
广　西	4854	4442	9032	9854	10123	5855
海　南	9315	9262	16962	23109	9333	6120
重　庆	5519	5094	9455	11147	10725	3414
四　川	5597	5092	10233	7765	11358	3992
贵　州	4312	3694	8073	6782	8653	4274
云　南	4998	4451	6771	11878	8846	3375
西　藏	5774	5323	7467	13643	8613	
陕　西	5166	4823	9973	9213	10753	5330
甘　肃	4544	4234	14640	8561	8423	5043
青　海	5081	4294	11396	8202	11704	3875
宁　夏	4117	3747	6392	7259	6719	3592
新　疆	4628	4057	5988	8399	8039	5241

【主要统计指标解释】

房屋施工面积　指报告期内施工的全部房屋建筑面积。包括本期新开工的房屋建筑面积、上期跨入本期继续施工的房屋建筑面积、上期停缓建在本期恢复施工的房屋建筑面积、本期竣工的房屋建筑面积以及本期施工后又停缓建的房屋建筑面积。多层建筑应填各层建筑面积之和。

房屋新开工面积　指报告期内新开工建设的房屋面积，以单位工程为核算对象，即整栋房屋的全部建筑面积，不能分割计算。不包括在上期开工跨入报告期继续施工的房屋建筑面积和上期停缓建而在本期复工的建筑面积。房屋的开工应以房屋正式开始破土刨槽（地基处理或打永久桩）的日期为准。

房屋竣工面积　指报告期内房屋建筑按照设计要求已全部完工，达到住人和使用条件，经验收鉴定合格或达到竣工验收标准，可正式移交使用的各栋房屋建筑面积的总和。

竣工面积以房屋单位工程（栋）为核算对象，在整栋房屋符合竣工条件后按其全部建筑面积一次性计算，而不是按各栋施工房屋中已完成的部分或层次分割计算。

商品房销售面积　指报告期内出售商品房屋的合同总面积（即双方签署的正式买卖合同中所确定的建筑面积）。商品房销售面积由现房销售面积和期房销售面积两部分组成。

（1）现房销售面积：指在报告期内正式签订买卖合同、已经竣工达到入住条件的商品房屋建筑面积。包括以一次性付款方式和分期付款方式销售的现房建筑面积。

（2）期房销售面积：指在报告期内正式签订买卖合同、正在建设尚未竣工交付使用的商品房屋建筑面积。包括以一次性付款方式和分期付款方式销售的商品房屋建筑面积。期房销售建筑面积竣工后不再结转为现房销售建筑面积。

商品房销售额　指报告期内出售商品房屋的合同总价款（即双方签署的正式买卖合同中所确定的合同总价）。该指标与商品房销售面积同口径，由现房销售额和期房销售额两部分组成。

（1）现房销售额：指报告期内销售的已竣工商品房屋的合同总价款。包括现房销售前期预收的定金、预收款、首付款及全部按揭贷款的本金等款项。该指标与现房销售面积同口径。

（2）期房销售额：指报告期内销售的正在建设尚未竣工的商品房屋的合同总价款。包括预售房屋前期预收的定金、预收款、首付款及全部按揭贷款的本金等项。该指标与期房销售面积同口径。

住宅竣工套数　指报告期内按照设计要求已全部完工，经验收合格，达到住人或使用条件的正式交给开发公司的成套住宅数量（以设计图纸为准）。

商品住宅销售套数　指报告期内出售商品房屋合同中总的成套住宅数量（即双方签署的正式买卖合同中所确定的成套住宅数量）。由现房销售套数和期房销售套数两部分组成。

房屋竣工价值　指报告期内按规定已经上报竣工的房屋本身的建造价值。一般按房屋设计和预算规定的内容计算。包括竣工房屋本身的基础、结构、屋面、装修以及水、电、卫等附属工程的建筑价值；也包括作为房屋建筑组成部分而列入房屋建筑工程预算内的设备（如电梯、通风设备等）的购置和安装费用。不包括厂房内的工艺设备、工艺管线的购置和安装，工艺设备基础的建造；室外的水、暖、电、卫、道路工程、挡土墙等环境工程的费用；办公和生活用家具的购置等费用；购置土地的费用；迁移补偿费和场地平整的费用及城市建设配套投资。

房屋竣工价值不仅包括该竣工房屋在报告期内完成的价值，也包括跨年施工的房屋在本期以前完成的价值。未竣工而转让给其他单位的房屋建筑工程，出让单位不计算竣工价值，待接受单位继续施工并符合竣工条件后，由接受单位计算其竣工价值，包括出让单位在出让前所完成的价值。房屋竣工价值一般按结算价格（或中标价）计算。

待开发土地面积 指经有关部门批准，通过各种方式获得土地使用权，但尚未开工建设的土地面积。

本年土地购置面积 指在本年内通过各种方式获得土地使用权的土地面积。

8 第三产业部分行业主要业务指标

8-7 租赁和商务服务业

简要说明

一、主要内容

本篇资料主要包括律师 、公证、调解等情况。

二、资料来源

本篇资料由司法部依据统计报表制度整理提供。

8-7-1 律师、公证和调解工作基本情况

项　　目	2009	2010	2011	2012	2013	2014
律师工作						
律师事务所　（个）	15888	17230	18235	19361	20609	22166
律师工作人员　（人）	173327	195170	214968	232384	248623	271452
#专职律师	155457	176219	192546	208356	225267	244255
兼职律师	8764	9294	9740	10108	10550	10545
担任法律顾问　（家）	338179	369129	392456	447993	456847	507289
民事诉讼代理　（件）	1499105	1569043	1693635	1779118	1887156	2100102
刑事诉讼辩护及代理(件)	564204	530800	569330	576050	592486	667391
行政诉讼代理　（件）	57286	51011	52136	43312	57659	64545
非诉讼法律事务　（件）	569304	549453	625229	585358	817703	673080
解答法律询问　（万人次）	383.1	474.5	513.6	436.9	452.3	464.3
公证工作						
公证处　（个）	3023	3026	3006	3007	2987	3006
公证员　（人）	11282	11457	12163	12333	12725	12960
办理公证文书　（万件）	1075.1	1104.8	1076.6	1120.8	1258.9	1221.6
人民调解工作						
司法助理员　（人）			54470	54822	56186	54350
人民调解委员会　（万个）	82.4	81.8	81.1	81.7	82.0	80.3
调解人员　（万人）	493.9	466.9	433.6	428.1	422.9	394.1
调解民间纠纷　（万件）	579.7	841.8	893.5	926.6	943.9	933.0

8-7-2 国内公证业务分类

分类	办证件数(件)	比重(%)
合计	**8392930**	**100.00**
合同(协议)	2186522	26.05
继承	863132	10.28
单方法律行为	2704170	32.22
现场监督	223161	2.66
保全证据	217191	2.59
公司章程	3073	0.04
组织资格	3133	0.04
财产权	7851	0.09
身份	13569	0.16
收养关系	2652	0.03
婚姻状况	14034	0.17
亲属关系	86105	1.03
有无违法犯罪记录	23916	0.28
其他有法律意义事实	79662	0.95
证书(执照)	35649	0.42
签名(印章)	488103	5.82
文本相符	269460	3.21
赋予执行效力	685861	8.17
执行证书	24577	0.29
抵押登记	32828	0.39
提存	4092	0.05
保管	7169	0.09
其他	417020	4.97

8-7-3 涉外公证文书分类

分 类	办证件数 (件)	比 重 (%)
合 计	**3597434**	**100.00**
合同(协议)	6941	0.19
继承	2452	0.07
委托	66441	1.85
声明	64709	1.80
遗嘱	311	0.01
其他单方法律行为	13095	0.36
公司章程	5013	0.14
组织资格	2660	0.07
收养关系	3494	0.10
婚姻关系	152955	4.25
亲属关系	370270	10.29
出生	489677	13.61
死亡	11017	0.31
生存、居住	11656	0.32
学历(学位)	200138	5.56
经历	17658	0.49
职务(职称)	8971	0.25
身份	10928	0.30
有无违法犯罪记录	428544	11.91
其他有法律意义事实	45444	1.26
证书(执照)	315375	8.77
签名(印章)	187375	5.21
文本相符	785085	21.82
其他	397225	11.04

8-7-4 调解民间纠纷分类

项 目	调解纠纷 (万件)		各类纠纷所占比重 (%)	
	2013	2014	2013	2014
合 计	**943.9**	**933.0**	**100.0**	**100.0**
#婚姻家庭	175.0	184.2	18.5	19.7
房屋、宅基地	62.6	64.7	6.6	6.9
邻 里	227.7	236.1	24.1	25.3
损害赔偿	74.5	72.7	7.9	7.8

【主要统计指标解释】

公证人员 指在公证处工作的人员总称，包括公证处主任、副主任、公证员、公证员助理(助理公证员)和其他从事辅助性工作的人员。

公证文书 指公证处根据当事人申请，依照事实和法律，按照法定程序制作的，具有法律效力的司法证明文书。

调解员 指在人民调解委员会担负调解民间纠纷工作的人员，包括调解委员会的委员和调解小组的调解员。

调解民间纠纷 指调解委员会按照法律规定，根据自愿原则，用说服教育的方法调解民间发生的有关民事权利和义务争执的件数，包括调解成功数和调解未成功数。

8 第三产业部分行业主要业务指标

8-8 科学研究和技术服务业

简要说明

一、主要内容

科技活动基本情况，包括R&D人员、R&D经费、科技成果和专利情况；气象、地震、海洋、测绘、质量监督检验检疫等综合技术服务部门业务活动情况；全国技术市场成交合同额情况等。

二、统计范围

科技活动统计资料范围为研究与试验发展（R&D）活动相对密集行业中的企事业单位和从事综合技术服务活动的单位。其中研究与试验发展（R&D）活动相对密集行业中的企事业单位具体包括规模以上工业法人单位、地级及以上独立核算的政府属科学研究与技术开发机构及科技信息与文献机构、全日制普通高等学校及附属医院以及其他行业（包括农、林、牧、渔业，建筑业，交通运输、仓储和邮政业，信息传输、软件和信息技术服务业，金融业，租赁和商务服务业，科学研究和技术服务业，水利、环境和公共设施管理业，卫生和社会工作，文化、体育和娱乐业等）企事业单位。

三、资料来源

科技活动基本情况资料由国家统计局、科技部、国防科工局、教育部、国家知识产权局等部门提供；研究与试验发展（R&D）课题学科分组情况由科技部、国防科工局、教育部提供；气象、地震、海洋、测绘、产品质量监督和检验检疫等资料，分别由中国气象局、中国地震局、国家海洋局、国家测绘地理信息局、国家质量监督检验检疫总局等部门提供；技术市场资料由科技部提供。

四、统计调查方法

研究与试验发展（R&D）活动情况采用全面调查取得；科协、测绘、气象、地震、海洋、产品质量监督和检验检疫、专利资料采用抽样等多种调查方法取得。

五、科技活动统计资料口径变动说明

2000年以前研究与试验发展（R&D）活动统计资料只包括大中型工业企业、政府属研究机构、普通高等学校，2000年及以后年份扩大到了全社会范围。

8-8-1 科技活动基本情况

指　　标		2005	2006	2007	2008	2009	2010	2011	2012	2013	2014
研究与试验发展(R&D)投入情况											
R&D人员全时当量	(万人年)	136.5	150.2	173.6	196.5	229.1	255.4	288.3	324.7	353.3	371.1
#基础研究		11.5	13.1	13.8	15.4	16.5	17.4	19.3	21.2	22.3	23.5
应用研究		29.7	30.0	28.6	28.9	31.5	33.6	35.3	38.4	39.6	40.7
试验发展		95.2	107.1	131.2	152.2	181.1	204.5	233.7	265.1	291.4	306.8
R&D经费内部支出	(亿元)	2450.0	3003.1	3710.2	4616.0	5802.1	7062.6	8687.0	10298.4	11846.6	13015.6
#基础研究		131.2	155.8	174.5	220.8	270.3	324.5	411.8	498.8	555.0	613.5
应用研究		433.5	489.0	492.9	575.2	730.8	893.8	1028.4	1162.0	1269.1	1398.5
试验发展		1885.2	2358.4	3042.8	3820.0	4801.0	5844.3	7246.8	8637.6	10022.5	11003.6
#政府资金		645.4	742.1	913.5	1088.9	1358.3	1696.3	1883.0	2221.4	2500.6	2636.1
企业资金		1642.5	2073.7	2611.0	3311.5	4162.7	5063.1	6420.6	7625.0	8837.7	9816.5
R&D经费内部支出与国内生产总值之比	(%)	1.32	1.38	1.38	1.46	1.68	1.73	1.79	1.93	2.01	2.05
科技成果及获奖数	(项)										
科技成果登记数		32359	33644	34170	35971	38688	42108	44208	51723	52477	53140
国家技术发明奖		40	56	51	55	55	46	55	77	71	70
国家科学技术进步奖		236	241	255	254	282	273	283	212	188	202
技术市场成交额	(亿元)	1551	1818	2227	2665	3039	3907	4764	6437	7469	8577
专利申请受理数	(件)	476264	573178	693917	828328	976686	1222286	1633347	2050649	2377061	2361243
#发明		173327	210490	245161	289838	314573	391177	526412	652777	825136	928177
实用新型		139566	161366	181324	225586	310771	409836	585467	740290	892362	868511
外观设计		163371	201322	267432	312904	351342	421273	521468	657582	659563	564555
专利申请授权数	(件)	214003	268002	351782	411982	581992	814825	960513	1255138	1313000	1302687
#发明		53305	57786	67948	93706	128489	135110	172113	217105	207688	233228
实用新型		79349	107655	150036	176675	203802	344472	408110	571175	692845	707883
外观设计		81349	102561	133798	141601	249701	335243	380290	466858	412467	361576

8-8-2 全国研究与试验发展(R&D)经费内部支出

单位：亿元，%

年 份	R&D经费内部支出	基础研究	应用研究	试验发展	与国内生产总值之比	R&D经费内部支出现价增长
1995	348.7	18.1	92.0	238.6	0.57	
1996	404.5	20.2	99.1	285.1	0.57	16.0
1997	509.2	27.4	132.5	349.3	0.64	25.9
1998	551.1	29.0	124.6	397.5	0.65	8.2
1999	678.9	33.9	151.6	493.5	0.76	23.2
2000	895.7	46.7	151.9	697.0	0.90	31.9
2001	1042.5	55.6	184.9	802.0	0.95	16.4
2002	1287.6	73.8	246.7	967.2	1.07	23.5
2003	1539.6	87.7	311.4	1140.5	1.13	19.6
2004	1966.3	117.2	400.5	1448.7	1.23	27.7
2005	2450.0	131.2	433.5	1885.2	1.32	24.6
2006	3003.1	155.8	489.0	2358.4	1.38	22.6
2007	3710.2	174.5	492.9	3042.8	1.38	23.5
2008	4616.0	220.8	575.2	3820.0	1.46	24.4
2009	5802.1	270.3	730.8	4801.0	1.68	25.7
2010	7062.6	324.5	893.8	5844.3	1.73	21.7
2011	8687.0	411.8	1028.4	7246.8	1.79	23.0
2012	10298.4	498.8	1162.0	8637.6	1.93	18.5
2013	11846.6	555.0	1269.1	10022.5	2.01	15.0
2014	13015.6	613.5	1398.5	11003.6	2.05	9.9

8-8-3 全国研究与试验发展(R&D)人员全时当量

单位：万人年，%

年 份	R&D人员全时当量	基础研究	比重	应用研究	比重	试验发展	比重
1992	67.43	5.84	8.66	20.90	30.99	40.70	60.36
1993	69.78	6.33	9.07	21.49	30.80	41.96	60.13
1994	78.32	7.64	9.76	24.20	30.90	46.48	59.35
1995	75.17	6.66	8.87	22.79	30.32	45.71	60.81
1996	80.40	6.96	8.65	23.65	29.42	49.79	61.93
1997	83.12	7.17	8.63	25.27	30.40	50.68	60.97
1998	75.52	7.87	10.42	24.97	33.06	42.68	56.51
1999	82.17	7.60	9.25	24.15	29.39	50.42	61.36
2000	92.21	7.96	8.63	21.96	23.82	62.28	67.54
2001	95.65	7.88	8.24	22.60	23.63	65.17	68.13
2002	103.51	8.40	8.12	24.73	23.89	70.39	68.00
2003	109.48	8.97	8.19	26.03	23.77	74.49	68.03
2004	115.26	11.07	9.61	27.86	24.17	76.33	66.22
2005	136.48	11.54	8.46	29.71	21.77	95.23	69.78
2006	150.25	13.13	8.74	29.97	19.95	107.14	71.31
2007	173.62	13.81	7.95	28.60	16.47	131.21	75.57
2008	196.54	15.40	7.83	28.94	14.72	152.20	77.44
2009	229.13	16.46	7.18	31.53	13.76	181.14	79.06
2010	255.38	17.37	6.80	33.56	13.14	204.46	80.06
2011	288.29	19.32	6.70	35.28	12.24	233.73	81.07
2012	324.68	21.22	6.53	38.38	11.82	265.09	81.65
2013	353.28	22.32	6.32	39.56	11.20	291.40	82.49
2014	371.06	23.54	6.34	40.70	10.97	306.82	82.69

8-8-4 各地区研究与试验发展(R&D)经费内部支出

单位：万元，%

地 区	R&D经费内部支出	基础研究	应用研究	试验发展	R&D经费内部支出与国内(地区)生产总值之比
全 国	**130156297**	**6135429**	**13985283**	**110035587**	**2.05**
北 京	12687953	1594874	2749447	8343632	5.95
天 津	4646868	160803	612554	3873512	2.96
河 北	3130881	58946	275703	2796232	1.06
山 西	1521871	62643	156391	1302837	1.19
内蒙古	1221346	22368	93516	1105462	0.69
辽 宁	4351851	200110	623236	3528505	1.52
吉 林	1307243	147066	401103	759074	0.95
黑龙江	1613469	124047	305869	1183554	1.07
上 海	8619549	611998	1044349	6963202	3.66
江 苏	16528208	458508	948983	15120717	2.54
浙 江	9078500	219520	410998	8447982	2.26
安 徽	3936070	224460	411041	3300569	1.89
福 建	3550325	75427	162333	3312565	1.48
江 西	1531114	42839	96845	1391431	0.97
山 东	13040695	243948	794643	12002104	2.19
河 南	4000099	76770	177064	3746265	1.14
湖 北	5108973	186200	691267	4231507	1.87
湖 南	3679345	115326	404031	3159989	1.36
广 东	16054458	424125	1264989	14365344	2.37
广 西	1119033	78630	129914	910488	0.71
海 南	169151	12005	24674	132472	0.48
重 庆	2018528	69354	189040	1760134	1.42
四 川	4493285	400876	883571	3208838	1.57
贵 州	554795	59759	63827	431209	0.60
云 南	859297	84966	134435	639896	0.67
西 藏	23519	3999	5408	14112	0.26
陕 西	3667730	195419	688142	2784169	2.07
甘 肃	768739	111549	116062	541129	1.12
青 海	143235	16886	27924	98426	0.62
宁 夏	238580	18555	22618	197407	0.87
新 疆	491587	33453	75308	382826	0.53

8-8-5 各地区研究与试验发展(R&D)人员全时当量

单位：人年

地 区	R&D人员全时当量	#研究人员	基础研究	应用研究	试验发展
全 国	**3710580**	**1524280**	**235398**	**407023**	**3068199**
北 京	245384	132411	39042	59082	147263
天 津	113335	44386	6012	12650	94674
河 北	100946	49005	4927	12157	83863
山 西	48955	26443	3391	6520	39047
内蒙古	36435	19868	1885	5322	29229
辽 宁	99586	52156	9187	14563	75836
吉 林	49774	27049	7988	13596	28190
黑龙江	62648	40363	10001	8915	43732
上 海	168173	72022	18232	23385	126564
江 苏	498801	156872	12936	24414	461456
浙 江	338398	86081	7235	12651	318516
安 徽	129319	48714	8854	15657	104806
福 建	135866	36873	4821	9907	121138
江 西	43469	21138	2938	4954	35577
山 东	286352	114762	14119	25449	246785
河 南	161444	68046	3681	8652	149116
湖 北	140741	67142	8428	18230	114082
湖 南	107432	52520	7028	13178	87234
广 东	506862	179533	15757	38014	453092
广 西	41208	18998	6283	9561	25364
海 南	7514	2569	748	848	5919
重 庆	58354	24868	3797	6781	47776
四 川	119676	62756	12202	23387	84090
贵 州	23969	12656	3415	3236	17317
云 南	30523	17025	5615	6752	18156
西 藏	1262	732	449	449	365
陕 西	97138	56268	7820	17214	72107
甘 肃	27122	16384	3926	5355	17841
青 海	4731	2514	735	997	3000
宁 夏	9500	3862	1358	1261	6883
新 疆	15662	10265	2588	3888	9184

8-8-6 国家财政科技支出

单位：亿元，%

年 份	国家财政总支出	国家财政科技拨款	中 央	地 方	科技拨款占财政总支出的比重
1980	1228.8	64.6			5.26
1981	1138.4	61.6			5.41
1982	1230.0	65.3			5.31
1983	1409.5	79.0			5.61
1984	1701.0	94.7			5.57
1985	2004.3	102.6			5.12
1986	2204.9	112.6			5.11
1987	2262.2	113.8			5.03
1988	2491.2	121.1			4.86
1989	2823.8	127.9			4.53
1990	3083.6	139.1	97.6	41.6	4.51
1991	3386.6	160.7	115.4	45.3	4.74
1992	3742.2	189.3	133.6	55.7	5.06
1993	4642.3	225.6	167.6	58.0	4.86
1994	5792.6	268.3	199.0	69.3	4.63
1995	6823.7	302.4	215.6	86.8	4.43
1996	7937.6	348.6	242.8	105.8	4.39
1997	9233.6	408.9	273.9	134.0	4.43
1998	10798.2	438.6	289.7	148.9	4.06
1999	13187.7	543.9	355.6	188.3	4.12
2000	15886.5	575.6	349.6	226.0	3.62
2001	18902.6	703.3	444.3	258.9	3.72
2002	22053.2	816.2	511.2	305.0	3.70
2003	24650.0	944.6	609.9	335.6	3.83
2004	28486.9	1095.3	692.4	402.9	3.84
2005	33930.3	1334.9	807.8	527.1	3.93
2006	40422.7	1688.5	1009.7	678.8	4.18
2007	49781.4	2135.7	1044.1	1091.6	4.29
2008	62592.7	2611.0	1287.2	1323.8	4.17
2009	76299.9	3276.8	1653.3	1623.5	4.29
2010	89874.2	4196.7	2052.5	2144.2	4.67
2011	109247.8	4797.0	2343.3	2453.7	4.39
2012	125953.0	5600.1	2613.6	2986.5	4.45
2013	140212.1	6184.9	2728.5	3456.4	4.41
2014	151785.6	6454.5	2899.2	3555.4	4.25

8-8-7 研究与开发机构科技活动情况

指标		2005	2006	2007	2008	2009	2010	2011	2012	2013	2014
机构基本情况											
机构数	(个)	3901	3803	3775	3727	3707	3696	3673	3674	3651	3677
#中央属		679	673	674	678	691	686	686	710	711	720
地方属		3222	3130	3101	3049	3016	3010	2987	2964	2940	2957
研究与试验发展(R&D)投入情况											
R&D人员	(万人)	24.1	25.7	29.0	30.4	32.3	34.2	36.2	38.8	40.9	42.3
R&D人员全时当量	(万人年)	21.5	23.1	25.5	26.0	27.7	29.3	31.6	34.4	36.4	37.4
#基础研究		2.8	3.2	3.6	3.8	4.1	4.2	5.0	5.7	6.1	6.6
应用研究		8.3	8.9	9.3	9.7	10.3	10.9	11.3	12.1	13.0	12.8
试验发展		10.4	11.0	12.6	12.5	13.4	14.2	15.2	16.5	17.3	18.0
R&D经费内部支出	(亿元)	513.1	567.3	687.9	811.3	996.0	1186.4	1306.7	1548.9	1781.4	1926.2
#基础研究		58.0	67.9	74.7	92.7	110.6	129.9	160.2	197.9	221.6	258.9
应用研究		176.3	196.2	227.1	271.3	350.9	387.6	417.2	469.3	525.8	552.9
试验发展		278.7	303.2	386.1	447.2	534.4	668.9	729.3	881.7	1034.0	1114.4
#政府资金		424.7	481.2	592.9	699.7	849.5	1036.5	1106.1	1292.7	1481.2	1581.0
企业资金		17.6	17.3	26.2	28.2	29.8	34.2	39.9	47.4	60.9	62.9
国外资金		1.8	2.6	3.4	4.0	4.2	3.4	4.9	5.1	5.7	9.1
其他资金		68.1	66.1	65.3	79.3	112.4	112.2	155.8	203.8	233.5	273.8
研究与试验发展(R&D)项目(课题)情况											
R&D项目(课题)数	(项)	39072	42262	49453	54900	61135	67050	70967	79343	85069	91465
R&D项目(课题)人员全时当量	(万人年)	17.6	20.2	22.2	22.9	23.7	25.4	27.3	31.1	32.7	34.0
R&D项目(课题)经费内部支出	(亿元)	353.5	365.4	451.7	537.7	579.8	681.5	807.1	1078.3	1221.7	1272.7
科技产出及成果情况											
发表科技论文	(篇)	109995	118211	126527	132072	138119	140818	148039	158647	164440	171928
#国外发表		15638	17597	19596	21498	25882	26862	31598	35173	41072	47032
出版科技著作	(种)	3578	3791	4134	4691	4788	3922	4292	4458	4619	5023
专利申请受理数	(件)	6814	8026	9802	12536	15773	19192	24059	30418	37040	41966
#发明专利		5064	6200	7782	9864	12361	14979	18227	23406	28628	32265
专利申请授权数	(件)	3234	3499	4036	5048	6391	8698	12126	16551	20095	24870
#发明专利		2088	2191	2467	3102	4077	5249	7862	10935	12542	15786

8-8-8 研究与开发机构研究与试验发展(R&D)课题学科分组情况

学　　科	R&D课题数 (个)	R&D课题参加人员全时当量 (人年)	R&D项目(课题)经费内部支出 (万元)
全　国	**91465**	**339874**	**12726914**
数　学	446	757	19230
信息科学与系统科学	800	4318	131599
力　学	421	702	26126
物理学	3710	7735	353025
化　学	3292	7352	182114
天文学	1242	1520	93063
地球科学	9774	14773	494738
生物学	8773	13837	352764
心理学	181	456	12380
农　学	14467	27349	427410
林　学	2267	4765	64201
畜牧、兽医科学	2662	5067	80195
水产学	1465	2485	46212
基础医学	1088	2848	46484
临床医学	2547	6420	139627
预防医学与卫生学	954	3551	47567
军事医学与特种医学	29	100	1747
药　学	1108	2280	65458
中医学与中药学	2550	5005	78550
工程与技术科学基础学科	2286	20867	546670
信息与系统科学相关工程与技术	621	1684	56999
自然科学相关工程与技术	1068	2748	71082
测绘科学技术	1405	2341	81579
材料科学	2842	9627	335931
矿山工程技术	204	463	11949
冶金工程技术	111	217	5470
机械工程	515	2212	49526
动力与电气工程	578	3430	180262
能源科学技术	683	2872	89585
核科学技术	639	14009	609227
电子、通信与自动控制技术	3225	51462	2194993
计算机科学技术	1557	6553	200980
化学工程	660	1068	30639
产品应用相关工程与技术	151	391	6023
纺织科学技术	32	103	1494
食品科学技术	518	939	16922
土木建筑工程	263	663	18288
水利工程	1485	2091	77211
交通运输工程	943	4343	173979
航空、航天科学技术	2724	78395	4877708
环境科学技术	3626	7200	182389
安全科学技术	575	1861	41029
管理学	768	1328	20860
马克思主义	99	200	2688
哲　学	188	367	5623
宗教学	104	219	2485
语言学	101	131	2397
文　学	208	392	5939
艺术学	96	685	7837
历史学	564	886	15678
考古学	246	707	16480
经济学	1835	2803	45236
政治学	393	639	9296
法　学	485	622	15789
军事学	11	42	2320
社会学	558	1005	12323
民族学	311	557	7443
新闻学与传播学	80	136	2011
图书馆、情报与文献学	425	1222	16099
教育学	384	783	10628
体育科学	93	221	2465
统计学	29	74	898

8-8-9 高等学校科技活动情况

指标		2005	2006	2007	2008	2009	2010	2011	2012	2013	2014
高等学校基本情况											
学校数	(个)	1792	1867	1908	2263	2305	2358	2409	2442	2491	2529
#理工农医		786	800	786	827	1003	970	975	1039	1070	1356
人文社科		815	843	840	869	954	963	997	1090	1150	1540
R&D机构	(个)	3936	4154	4502	5159	5784	7833	8630	9225	9842	10632
研究与试验发展(R&D)投入情况											
R&D人员	(万人)	38.7	42.1	44.8	47.8	50.9	59.4	63.2	67.8	71.5	76.3
R&D人员全时当量	(万人年)	22.7	24.2	25.4	26.6	27.5	29.0	29.9	31.4	32.5	33.5
#基础研究		7.8	9.0	9.4	10.9	11.3	12.0	12.9	14.0	14.7	15.5
应用研究		11.1	11.3	12.0	13.7	14.1	14.8	15.0	15.4	15.9	16.1
试验发展		3.9	3.9	4.0	2.0	2.1	2.1	2.0	1.9	1.9	1.9
R&D经费内部支出	(亿元)	242.3	276.8	314.7	390.2	468.2	597.3	688.8	780.6	856.7	898.1
#基础研究		56.7	71.4	86.8	114.8	145.5	179.9	226.7	275.7	307.6	328.6
应用研究		125.0	137.3	161.8	208.9	250.0	337.0	372.4	402.7	441.3	476.4
试验发展		60.6	68.2	66.1	66.5	72.6	80.3	89.8	102.2	107.8	93.1
#政府资金		133.1	151.5	177.7	225.5	262.2	358.8	405.1	474.1	516.9	536.5
企业资金		88.9	101.2	110.3	134.9	171.7	198.5	242.9	260.5	289.3	302.7
研究与试验发展(R&D)项目(课题)情况											
R&D项目(课题)数	(项)	280327	365294	375425	429096	476708	547717	604107	657027	711010	766731
R&D项目(课题)人员全时当量	(万人年)	22.5	26.8	25.2	26.6	27.4	28.9	29.9	31.3	32.4	33.5
R&D项目(课题)经费内部支出	(亿元)	193.5	287.0	258.2	323.2	363.5	467.0	535.3	607.3	662.7	701.8
科技产出及成果情况											
发表科技论文	(篇)	728082	830948	905985	964877	1016354	1062512	1109965	1117742	1127210	152147
#国外发表		69857	90722	108727	134058	156750	182247	218301	226097	249637	278599
出版科技著作	(种)	33064	34633	35733	37541	40919	38101	37472	38760	37866	39326
专利申请受理数	(件)	20094	24490	29860	40610	56641	72744	95592	113430	133865	149961
#发明专利		14673	18059	21864	29337	36241	44132	54362	66755	81251	93415
专利申请授权数	(件)	8843	12043	14111	19248	25570	37490	53055	74550	84930	85006
#发明专利		4715	6650	8251	10216	14408	18055	25064	34441	35873	39468

8-8-10 高等学校研究与试验发展(R&D)课题学科分组情况

学 科	R&D课题数（个）	R&D课题参加人员全时当量（人年）	R&D项目(课题)经费内部支出（万元）
全 国	**766731**	**334868**	**7018323**
数 学	11963	6353	156997
信息科学与系统科学	7499	3772	144407
力 学	3398	1611	64056
物理学	13226	7303	195900
化 学	19374	10577	274118
天文学	404	218	4921
地球科学	14743	6596	239676
生物学	21545	11384	315904
心理学	4595	1357	10159
农 学	17292	7998	228025
林 学	4110	2285	46094
畜牧、兽医科学	6157	3150	84002
水产学	2550	1215	34327
基础医学	18962	14259	173444
临床医学	46166	43330	385391
预防医学与卫生学	2732	1909	30297
军事医学与特种医学	147	80	1236
药 学	6521	4162	115836
中医学与中药学	15071	12223	80112
工程与技术科学基础学科	4260	2211	96888
信息与系统科学相关工程与技术	4630	2555	96954
自然科学相关工程与技术	2213	1176	38118
测绘科学技术	1763	912	28602
材料科学	20783	11321	385370
矿山工程技术	7055	3243	116655
冶金工程技术	1910	1053	45536
机械工程	21123	11546	376562
动力与电气工程	12634	5978	273938
能源科学技术	5205	3194	173445
核科学技术	848	586	28553
电子、通信与自动控制技术	22868	11653	461086
计算机科学技术	22774	12138	303137
化学工程	11459	5718	203845
产品应用相关工程与技术	975	531	20823
纺织科学技术	1791	929	25614
食品科学技术	5910	2984	69795
土木建筑工程	15906	8032	308612
水利工程	3913	1781	75764
交通运输工程	9441	4933	167391
航空、航天科学技术	4371	1729	182050
环境科学技术	14847	6935	225343
安全科学技术	1373	711	19203
管理学	72503	19819	225632
马克思主义	12240	3350	12205
哲 学	6060	1599	9754
宗教学	1048	290	2123
语言学	22260	6435	20591
文 学	18486	4864	21199
艺术学	26836	6795	63329
历史学	9409	2497	19801
考古学	1263	291	6921
经济学	50104	13073	111955
政治学	8602	2205	12661
法 学	21947	5277	34479
军事学	18	6	359
社会学	20740	5050	58734
民族学	5077	1495	8904
新闻学与传播学	8570	1966	15928
图书馆、情报与文献学	6445	1808	10112
教育学	43577	11423	51333
体育科学	13686	3886	13661
统计学	2987	834	7732
其 他	366	273	2725

8-8-11 全国气象部门基本情况

项　　目	2000	2005	2006	2007	2008	2009	2010	2011	2012	2013	2014
气象观测业务台站　（个）											
地面观测	2819	2405	2418	2431	2438	2416	2418	2419	2423	2424	2423
高空探测	156	120	122	123	121	118	120	120	120	120	120
自动气象站	550	7813	16775	23130	28235	31553	30693	33259	45926	53184	55488
天气雷达观测	238	253	252	304	313	330	342	259	230	212	224
大气成分观测		21	73	31	35	35	28	28	28	28	28
太阳辐射观测	99	105	110	103	142	157	100	100	100	100	100
农业气象观测	1125	769	771	739	635	653	653	653	653	653	653
生态与农业气象观测试验	68	67	68	69	67	68	68	68	68	68	68
卫星云图接收	319	435	384	496	621	311	361	363	363	364	364
大气本底站	4	6	7	7	7	7	7	7	7	7	7
闪电定位监测		234	292	354	387	417	425	319	334	334	391
沙尘暴监测		85	86	31	194	182	29	29	29	29	29
紫外线观测		178	178	174	203	149	164	160	153	157	168
风廓线雷达观测											61
空间天气观测											17
酸雨观测	82	299	513	334	330	337	342	342	365	365	365
臭氧观测	3	14	18	4	20	17	22	36	36	41	48
气象科学数据共享服务数据量　（GB）		**2089**	**218784**	**11250858**	**5198905**	**245739555**	**3583171**	**398134**	**4409824**	**505077**	**348736**
装备											
拥有计算机数(台)	27724	50683	57007	63350.3	72133	79349	90040	98101	108370	113208	108521
#高性能计算机		62	53	65	61	72	106	108	143	96	100
服务器及工作站		768	941	1046	1196	1751	2428	3124	4249	5005	6169
个人计算机（含个人服务器）		47950	53871	59610.3	67853	73750	82744	89530	97250	100368	102252
云图接收机数　（台）	354	506	423	438	453	407	421	453	453	542	698
电视会商系统设备　（套）		729	877	1041	1296	1805	1895	2071	2208	2529	
人工影响天气作业											
设备高炮　（门）		6393	6800	6969	6311	6973	6902	6636	6654	6761	6593
火箭发射系统　（部）		4129	4936	5039	4862	6355	7034	7109	7213	7632	7507
人员　（人）											
全国气象部门职工总数	59113	53214	53137	53321	53265	53180	53606	53665	53956	54426	54155

注：2006年起气象科学数据共享服务数据量是全国气象部门利用网络向社会提供气象资料的数据量，2005年以前是国家气象信息中心气象科学数据共享服务网的数据量。

8-8-12 各地区气象业务站点及观测项目情况

单位：个

地区和单位	地面观测业务	高空探测业务	自动气象站	天气雷达观测业务	农业气象观测站	环境气象观测站	闪电定位监测业务	卫星云图接收业务
全国	**2423**	**120**	**55488**	**224**	**653**	**645**	**391**	**364**
北京	20	1	315	1	7	20	1	3
天津	13		248	1	5	4	1	2
河北	142	3	2860	5	30	35	11	6
山西	109	1	1740	8	31	16	7	13
内蒙古	119	12	1528	11	29	21	20	6
辽宁	62	2	1492	5	25	41	14	16
吉林	54	3	1373	6	22	20	7	6
黑龙江	83	4	1177	11	36	25	19	8
上海	14	1	217	2	1	17	4	6
江苏	70	3	1329	10	19	39	10	5
浙江	72	3	2251	8	13	25	11	30
安徽	81	2	2072	10	22	14	7	5
福建	70	3	1884	6	23	6	9	18
江西	91	2	2452	6	18	24	12	9
山东	123	3	1696	11	19	38	13	15
河南	119	3	2403	12	35	37	17	28
湖北	82	3	2312	10	30	33	32	16
湖南	97	3	3494	10	22	7	10	7
广东	86	4	2015	10	26	21	9	9
广西	92	6	2391	10	24	12	11	12
海南	21	3	512	3	6	10	6	5
重庆	35	1	1924	4	13	42	5	4
四川	156	7	4725	10	45	12	25	14
贵州	84	2	2932	9	18	10	12	13
云南	125	5	3258	8	22	7	22	26
西藏	39	5	73	6	4	10	18	9
陕西	99	4	1675	8	21	19	11	20
甘肃	81	9	2136	7	23	24	6	17
青海	52	7	442	2	17	14	10	16
宁夏	25	1	856	3	7	10	5	5
新疆	105	14	1706	11	40	29	46	15
其他	2				1			

注：农业气象观测站包括生态与农业气象观测试验站；环境气象站包括大气成分观测站、大气本底站、沙尘暴监测站、紫外线观测站、酸雨观测站和臭氧观测站。

8-8-13 地震台、网基本情况

地区	国家地震观测台、网			国家地震遥测台、网		市、县地震台		
	国家级台	省级台	强震观测点	台网	子台	市、县级台	企业台	宏观观测点
全国	**182**	**204**	**700**	**1063**	**103**	**1212**	**272**	**33153**
北京	6	2	18	19		84	1	223
天津	4	5	33	34				123
河北	5	28	43	58	3	45	12	1666
山西	7	4	39	50	4	84	16	4124
内蒙古	6	17	2	40		35		460
辽宁	6	11	23	39	5	28	3	840
吉林	5	6	19	38	1	25		1345
黑龙江	11	2		36	4	45	1	5445
上海	2		40	34		7		9
江苏	9	6		16	11	71	2	1063
浙江	5	1	25	1	3	32		94
安徽	3	9	7	13	15	54	2	633
福建	4	10	74	34	2	28	8	311
江西	2	5	19	27				1169
山东	6	20		121	17	121	7	3111
河南	3	8	1	10	7	30	4	1745
湖北	5	8	37	38	1	11	33	867
湖南	4	3	1	26		26	4	362
广东	5	7	54	68	7	40	5	146
广西	4	4	15	22	2	53	30	981
海南	2	3	20	26		15		552
重庆	1	2	31	27				9
四川	13	13		61	11	80	5	2756
贵州								
云南	16	4	11	15		112	102	2309
西藏	8			10				
陕西	6	5	87	51	2	59	7	1430
甘肃	9	12	37	45	4	53	7	385
青海	5	2	16	31		12	20	89
宁夏	4	3	3	14		10		295
新疆	16	4	45	59	4	52	3	611

8-8-14 各地区测绘生产完成情况

地 区 和单位	大 地 测 量		地理信息 数据生产 （幅）	地图编制		
	GPS测量 （点）	水准测量 （公里）		地形图 （幅）	专题地图 （种）	地图集 （种）
全 国	**20905**	**19698**	**346388**	**81567**	**5362**	**445**
北 京			18299		11	11
天 津	5093		9044			
河 北	7654	209	12583	20	5	
山 西		100	4372	1578	76	12
内蒙古	100	606	532	1006	23	1
辽 宁		1204	3782	2325	72	
吉 林		84	1445		8	
黑龙江	324	4563	21495	11802	310	
上 海			33928	33928		2
江 苏	4		6911		1	
浙 江	2429	134	13424	6608	83	8
安 徽	1339	530	21480		98	2
福 建		48	255		348	1
江 西			3500		35	
山 东		259	9049	596	191	18
河 南			14241	1414	10	
湖 北		43	10397		2	1
湖 南	75	568	6737	2564	54	5
广 东		41	9124	294	426	
广 西		322	2252	17	13	1
海 南			2027	1042	199	7
重 庆		707	12729		126	11
四 川	1915	902	20091	5505	171	58
贵 州	430	50	5962	105	15	2
云 南	35	208	2400	388	201	
西 藏		30	31			
陕 西	644	3625	88335	2295	58	7
甘 肃		92	488		13	2
青 海	705	573	2923	4540	55	2
宁 夏		30	550		2	1
新 疆		80	2089	1028	28	3
青 岛						
大 连	37	266				
宁 波			171		10	
深 圳				905	1	
厦 门	121					
重庆测绘院		3	3460	3453		
中国地图出版集团					534	290
中国测绘科学研究院			2282	154		
国家基础地理信息中心		4421			2183	
卫星测绘应用中心						

8-8-15 各地区测绘成果提供情况

地 区 和单位	地形图合计 (张)	1:10000	1:50000	测绘基准成果 (点)	航摄成果 (片)	专题地图 (张)
全 国	**289570**	**74677**	**37153**	**141209**	**194590**	**29758**
北 京	8532	292		9520		
天 津				16		
河 北	1732	1419	221	2612		
山 西	4843	3583	615	541		666
内蒙古	7774	2384	4495	10858	30624	1370
辽 宁	3588	3168	367	7254	22103	116
吉 林	3742	2383	1359	3285	7617	5240
黑龙江	2524	884	1536	1166		
上 海	138150	56		5766		
江 苏	1275	1022	249	1023		
浙 江	780	417	363	934	15022	
安 徽	19819	9949	410	5301	141	
福 建	2413	2025	316	935	6727	56
江 西	2940	2648	244	2598	7810	
山 东	2859	1634	1059	985	1120	
河 南	1204	1151	50	157	2761	
湖 北	1534	616	858	1018	3607	
湖 南	4557	2948	930	1939		
广 东	963	886	42	24183	6901	
广 西	3152	2473	659	3645		39
海 南	53	19	20	476	2963	1426
重 庆	3223	2490	603	286	972	144
四 川	1540	901	539	934		
贵 州	6421	4401	1902	4267	5369	
云 南	6305	4782	1354	7206	4130	
西 藏	943		106	483		12748
陕 西	6351	4451	1798	3207	3631	
甘 肃	17771	12797	4650	1936	6943	1088
青 海	1712	392	1145	7519	36	472
宁 夏	1210	1140	57	315	7129	
新 疆	11351	3366	3375	9362	41033	6393
青 岛	162			4		
大 连	387					
宁 波	8467			246		
深 圳	358			82		
厦 门	1058					
国家基础地理 信息中心	9877		7831	21150	17951	

8-8-16　产品质量国家监督抽查情况

项　目	抽查产品(种)	抽查企业(家)	抽查产品(批)	不合格产品(批)
合　计	**159**	**24245**	**25672**	**1985**
食　品	5	6695	7451	113
日用消费品	64	7288	7639	974
建筑与装饰装修材料	28	4591	4596	349
农业生产资料	11	1851	1854	164
工业生产资料	51	3833	4132	385

8-8-17　各地区产品质量情况

单位：%

地　区	产品质量等级品率			质量损失率
	优等品率	一等品率	合格品率	
全　国	**68.19**	**22.06**	**9.75**	**0.19**
北　京	77.64	22.08	0.28	0.33
天　津	67.74	19.15	13.11	0.29
河　北	54.52	32.69	12.79	0.36
山　西	57.03	28.12	14.85	0.09
内蒙古	46.95	43.48	9.57	0.11
辽　宁				
吉　林				
黑龙江	9.82	64.98	25.20	0.72
上　海	80.18	6.89	12.93	0.23
江　苏	50.30	37.06	12.64	0.15
浙　江	47.95	33.48	18.57	0.18
安　徽	36.32	59.59	4.09	0.07
福　建	65.22	23.54	11.25	0.08
江　西	84.73	9.68	5.58	0.28
山　东	54.57	27.02	18.41	0.10
河　南	59.42	16.76	23.81	0.14
湖　北	49.59	20.34	30.07	0.12
湖　南	67.74	19.15	13.11	0.17
广　东	70.19	25.07	4.75	0.21
广　西	36.32	59.59	4.09	0.88
海　南				
重　庆				
四　川	67.08	26.17	6.75	0.09
贵　州	87.31	12.19	0.51	0.27
云　南				
西　藏				
陕　西	73.01	23.29	3.70	0.21
甘　肃	15.94	69.83	14.23	0.17
青　海	19.70	21.54	58.76	0.11
宁　夏	69.59	12.94	17.47	0.19
新　疆	46.56	28.28	25.17	0.30

注：本资料由75个重点工业城市抽样数据汇总而成。

8-8-18 产品质量省级监督抽查情况

地　区	抽查产品（种）	抽查企业（家）	抽查产品（批）	不合格产品（批）
全　国	**2864**	**100301**	**148037**	**11967**
北　京	119	2081	2341	183
天　津	97	2237	2609	51
河　北	76	4144	4583	515
山　西	135	3924	5702	98
内蒙古	46	1152	1513	152
辽　宁	73	2921	3470	278
吉　林	30	563	625	31
黑龙江				
上　海	202	4453	6241	621
江　苏	173	10745	10745	574
浙　江	195	4823	4823	336
安　徽	88	2828	3100	153
福　建	205	4995	7013	473
江　西	56	1631	1783	204
山　东	136	4062	4383	383
河　南	99	3432	5647	312
湖　北	52	3403	6429	495
湖　南	104	4593	9971	653
广　东	118	4593	5923	945
广　西	35	1422	1881	163
海　南	17	365	497	65
重　庆	265	7470	21778	1166
四　川	153	8754	12930	780
贵　州	86	2411	2875	331
云　南	66	4537	8611	1798
西　藏	15	274	1096	51
陕　西	87	2322	3610	310
甘　肃	76	3409	4591	404
青　海	44	584	771	138
宁　夏				
新　疆	16	2173	2496	304

8-8-19 各地区出入境货物检验检疫情况

地 区	批 次 (批)	#不合格	货 值 (万美元)	#不合格
全 国	**9931941**	**417722**	**120323744**	**13359359**
北 京	200107	5058	1480317	23874
天 津	369193	17889	6717314	925124
河 北	103995	2299	4265436	782987
山 西	12264	238	173362	35251
内蒙古	238361	1911	1005752	2997
辽 宁	311994	8098	6910706	676603
吉 林	79692	2615	531290	4868
黑龙江	178298	7646	1560067	7172
上 海	1678794	59053	16835543	781729
江 苏	690496	32992	10156128	1837598
浙 江	1004690	29949	14066191	1290609
安 徽	77869	1126	587605	7191
福 建	461080	23197	5828918	867943
江 西	79200	1589	656845	13876
山 东	831258	62344	14838168	2910342
河 南	59748	3695	2125162	152593
湖 北	60739	799	586729	11839
湖 南	70263	830	442922	3722
广 东	3024531	134535	22874333	2030887
广 西	133463	1943	2958182	794388
海 南	16312	460	1330686	18167
重 庆	31424	1383	356165	13929
四 川	34270	975	366484	13852
贵 州	2313	93	92211	4493
云 南	88654	9378	683170	55516
西 藏	574	6	3244	4
陕 西	26933	835	338369	28527
甘 肃	6957	45	154447	511
青 海	1159	143	21846	3117
宁 夏	8062	196	84541	2862
新 疆	49248	6402	2291611	56786

注：国家出入境货物检验检疫数据是由全国直属的35个检验检疫局直报国家质检总局汇总得到。

8-8-20 各地区技术市场成交额

单位：万元

地 区	2000	2005	2006	2007	2008	2009	2010	2011	2012	2013	2014
全 国	**6507519**	**15513694**	**18181813**	**22265261**	**26652288**	**30390024**	**39065753**	**47635589**	**64370683**	**74691254**	**85771790**
北 京	1402871	4895922	6973256	8825603	10272173	12362450	15795367	18902752	24585034	28517239	31371854
天 津	262581	507093	588624	723356	866122	1054611	1193390	1693819	2323275	2761575	3885631
河 北	94143	103827	156099	164329	165906	172112	192931	262471	378178	315581	292228
山 西	5258	47980	59213	82677	128425	162068	184911	224825	306088	527681	484595
内蒙古	60287	109939	107127	109835	94423	147651	271464	226719	1060962	387390	139393
辽 宁	347817	865167	806494	929290	997290	1197095	1306811	1596633	2306648	1733775	2174648
吉 林	71390	122261	153666	174845	196066	197598	188090	262614	251180	347167	285756
黑龙江	152382	142585	156934	350209	412565	488550	529123	620682	1004473	1017747	1202776
上 海	738952	2317328	3095095	3548877	3861695	4354108	4314374	4807491	5187473	5316804	5924481
江 苏	449568	1008296	688297	784173	940246	1082184	2493406	3334316	4009141	5275020	5431585
浙 江	276275	386954	399618	453474	589189	564581	603478	718968	813079	814958	872527
安 徽	61012	142553	184921	264515	324865	356174	461470	650337	861592	1308253	1698313
福 建	172601	171959	113187	145579	179690	232594	356569	345712	500920	446885	391913
江 西	69299	111227	93135	99533	77641	97893	230479	341861	397796	430552	507593
山 东	288135	983614	232005	450275	660126	719391	1006769	1263778	1400153	1793981	2492942
河 南	211621	263737	237288	261907	254425	263046	272002	387602	399435	402406	407919
湖 北	276000	501823	444427	522146	628971	770329	907218	1256876	1963922	3976158	5806801
湖 南	286833	417394	455281	460816	477024	440432	400940	353901	422420	772098	979342
广 东	482104	1124740	1070257	1328448	2016319	1709850	2358949	2750647	3649384	5293936	4132478
广 西	17741	94059	9423	9970	26996	17662	41362	56377	25238	73449	115833
海 南		10007	8535	7327	35602	5556	32651	34584	5666	38693	6525
重 庆	296594	357059	553479	395658	621884	383158	794410	681453	540188	902760	1562007
四 川	104150	190823	259323	303878	435313	545977	547393	678330	1112438	1485752	1990506
贵 州	620	10488	5361	6560	20356	17806	77191	136483	96743	183972	200392
云 南	187742	159175	82747	97496	50547	102469	108827	117144	454779	420003	479233
陕 西	92560	188977	179485	301710	438300	698074	1024140	2153664	3348153	5332787	6400198
甘 肃	26413	172736	214534	262107	297560	356287	430845	526386	730619	999936	1145162
青 海		11812	24665	53017	77033	84967	114051	168443	192989	268863	291001
宁 夏	6402	14131	5349	6641	8898	8982	9972	39447	29135	14289	31823
新 疆	66168	80029	76084	71724	73963	12078	45188	43783	53853	29953	28223
港澳台			15557	24308	49309	124063	126750	249756	353197	67307	91608
国 外			732342	1044979	1373366	1660227	2645234	2747738	5606534	3434284	4946503

8-8-21 海洋观测预报单位机构、人员情况

项　目	中心站	观测站	海洋预报机构
一、机构数（个）			
1994	7	56	4
1995	9	57	4
1996	10	56	4
1997	10	60	4
1998	10	56	4
1999	12	60	4
2000	12	60	4
2001	12	60	4
2002	12	63	4
2003	12	63	4
2004	12	63	4
2005	12	63	4
2006	12	63	4
2007	12	63	4
2008	12	67	4
2009	14	73	4
2010	14	73	4
2011	15	73	4
2012	16	74	4
2013	16	74	4
2014	17	124	5
二、人员数（人）			
1994	267	558	652
1995	348	580	658
1996	379	557	649
1997	531	592	932
1998	395	525	617
1999	362	468	621
2000	362	468	621
2001	362	468	621
2002	530	427	734
2003	530	427	734
2004	530	427	734
2005	530	427	734
2006	696	469	655
2007	696	469	657
2008	696	523	657
2009	948	444	601
2010	932	446	587
2011	968	431	588
2012	978	436	574
2013	989	435	617
2014	1343	427	1143

8-8-22 海洋观测调查情况

项　目	合计	志愿船观测	台站观测	断面观测	浮标观测
站点数(个)	322	69	107	119	27
观测数据(MB)	11067.3	226.0	10557.4	197.5	86.4

【主要统计指标解释】

研究与试验发展（R&D） 指在科学技术领域，为增加知识总量，以及运用这些知识去创造新的应用进行的系统的、创造性的活动，包括基础研究、应用研究、试验发展三类活动。

基础研究 指为了获得关于现象和可观察事实的基本原理的新知识(揭示客观事物的本质、运动规律，获得新发现、新学说)而进行的实验性或理论性研究，它不以任何专门或特定的应用或使用为目的。

应用研究 指为获得新知识而进行的创造性研究，主要针对某一特定的目的或目标。应用研究是为了确定基础研究成果可能的用途，或是为达到预定的目标探索应采取的新方法（原理性）或新途径。

试验发展 指利用从基础研究、应用研究和实际经验所获得的现有知识，为产生新的产品、材料和装置，建立新的工艺、系统和服务，以及对已产生和建立的上述各项作实质性的改进而进行的系统性工作。

研究与试验发展人员全时当量 是国际上通用的、用于比较科技人力投入的指标，指R&D全时人员（全年从事R&D活动累积工作时间占全部工作时间的90%及以上人员）工作量与非全时人员按实际工作时间折算的工作量之和。例如：有2个R&D全时人员（工作时间分别为0.9年和1年）和3个R&D非全时人员(工作时间分别为0.2年、0.3年和0.7年)，则R&D人员全时当量为1+1+0.2+0.3+0.7=3.2人年。

政府资金 指调查单位R&D经费内部支出中来自各级政府部门的各类资金，包括财政科学技术拨款、科学基金、教育等部门事业费以及政府部门预算外资金的实际支出。

企业资金 指调查单位R&D经费内部支出中来自本企业的自有资金和接受其他企业委托而获得的经费，以及科研院所、高校等事业单位从企业获得的资金的实际支出。

专利 是专利权的简称，是发明创造经审查合格后，由国务院专利行政部门依据专利法授予申请人对该项发明创造享有的专有权。发明创造是指发明、实用新型和外观设计。

发明专利 指对产品、方法或者其改进所提出的新的技术方案。

实用新型专利 指对产品的形状、构造或者其结合所提出的适于实用的新的技术方案。

外观设计专利 指对产品的形状、图案或者其结合以及色彩与形状、图案的结合所作出的富有美感并适于工业应用的新设计。

8 第三产业部分行业主要业务指标

8-9　水利、环境和公共设施管理业

简要说明

一、主要内容

本篇主要反映我国水环境、大气环境、工业固体废物、生态环境、自然灾害和突发环境事件、环境污染治理投资、城市环境、农村环境等情况。

二、资料来源

水资源、供水和用水情况由水利部提供;"三废"排放及处理、工业污染治理投资、空气质量、噪声监测、自然保护区和突发环境事件等情况由环境保护部提供；海水水质和海洋灾害情况由国家海洋局提供；湿地、森林火灾和森林病虫鼠害情况由国家林业局提供；城市环境和城市基础设施建设投资情况由住房和城乡建设部提供；农村环境、地质灾害、公共交通等情况分别由国家卫生计生委、农业部、国土资源部、交通运输部提供。

8-9-1 环境保护基本情况

指标		2005	2006	2007	2008	2009	2010	2011	2012	2013	2014
水环境											
水资源总量	(亿立方米)	28053	25330	25255	27434	24180	30906	23257	29527	27958	27267
地表水		26982	24358	24242	26377	23125	29798	22214	28371	26839	26264
地下水		8091	7643	7617	8122	7267	8417	7215	8416	8081	7745
地表水与地下水资源重复量		7020	6671	6604	7065	6212	7308	6171	7261	6963	6742
人均水资源量	(立方米/人)	2152	1932	1916	2071	1816	2310	1730	2186	2060	1999
供水总量	(亿立方米)	5633	5795	5819	5910	5965	6022	6107	6142	6183	6095
#地表水		4572	4707	4724	4796	4839	4882	4953	4963	5007	4920
地下水		1039	1066	1069	1085	1095	1107	1109	1134	1126	1117
用水总量	(亿立方米)	5633	5795	5819	5910	5965	6022	6107	6142	6183	6095
#农业		3580	3664	3600	3663	3723	3689	3744	3880	3922	3869
工业		1285	1344	1403	1397	1391	1447	1462	1424	1406	1356
生活		675	694	710	729	748	766	790	729	750	767
废水排放总量	(亿吨)	525	537	557	572	589	617	659	685	695	716
#工业废水排放量		243	240	247	242	234	237	231	222	210	205
生活污水排放量		281	297	310	330	355	380	428	463	485	510
化学需氧量排放量	(万吨)	1414	1428	1382	1321	1278	1238	2500	2424	2353	2295
#工业		555	542	511	458	440	435	355	338	319	311
生活		859	887	871	863	838	803	939	913	890	864
农业								1186	1154	1126	1102
氨氮排放量	(万吨)	150	141	132	127	123	120	260	254	246	239
#工业		53	42	34	30	27	27	28	26	25	23
生活		97	99	98	97	95	93	148	145	141	138
农业								83	81	78	76
大气环境											
工业废气排放量	(亿标立方米)	268988	330990	388169	403866	436064	519168	674509	635519	669361	694190
二氧化硫排放量	(万吨)	2549	2589	2468	2321	2214	2185	2218	2118	2044	1974
#工业		2168	2235	2140	1991	1866	1864	2017	1912	1835	1740
生活		381	354	328	330	348	321	200	206	209	234
氮氧化物排放量	(万吨)							2404	2338	2227	2078
#工业								1730	1658	1546	1405
生活								37	39	41	45
机动车								638	640	641	628
烟(粉)尘排放总量								1279	1236	1278	1741
#工业								1101	1029	1095	1456
生活								115	143	124	227
机动车								63	64	59	57

注：1.2011年环境保护部对统计制度中的指标体系、调查方法及相关技术规定等进行了修订，统计范围扩展为工业源、农业源、城镇生活源、机动车、集中式污染治理设施5个部分。
2.2012年起，生活用水量中的牲畜用水量调整至农业用水量中。

8-9-1 续表 1

指 标		2005	2006	2007	2008	2009	2010	2011	2012	2013	2014
固体废物											
一般工业固体废物产生量	(万吨)							322772	329044	327702	325620
危险废物产生量	(万吨)							3431	3465	3157	3634
一般工业固体废物综合利用量	(万吨)							195215	202462	205916	204330
危险废物综合利用量	(万吨)							1773	2005	1700	2062
一般工业固体废物综合利用率	(%)							60.5	61.5	62.8	62.1
危险废物综合利用率	(%)							51.7	57.8	53.9	56.4
一般工业固体废物处置量	(万吨)							70465	70745	82969	80388
危险废物处置量	(万吨)							916	698	701	929
一般工业固体废物贮存量	(万吨)							60424	59786	42634	45033
危险废物贮存量	(万吨)							824	847	811	691
一般工业固体废物倾倒丢弃量	(万吨)							433	144	129	59
生态环境											
森林面积	(万公顷)	19545	19545	19545	19545	20769	20769	20769	20769	20769	20769
森林覆盖率	(%)	20.36	20.36	20.36	20.36	21.63	21.63	21.63	21.63	21.63	21.63
当年造林面积	(万公顷)	540	384	391	535	626	591	600	560	610	555
自然保护区数	(个)	2349	2395	2531	2538	2541	2588	2640	2669	2697	2729
#国家级		243	265	303	303	319	319	335	363	407	428
自然保护区面积	(万公顷)	14995	15154	15188	14894	14775	14944	14971	14979	14631	14699
自然保护区面积占国土面积比重	(%)	15.0	15.2	15.2	14.9	14.7	14.9	14.9	14.9	14.8	
湿地面积	(万公顷)	3848.6	3848.6	3848.6	3848.6	5360.3	5360.3	5360.3	5360.3	5360.3	5360.3
湿地面积占国土面积比重	(%)	4.0	4.0	4.0	4.0	5.6	5.6	5.6	5.6	5.6	5.6
自然灾害											
发生地质灾害次数	(处)	17751	102804	25364	26580	10580	30670	15804	14675	15374	
#滑坡		9367	88523	15478	13450	6310	22250	11504	11112	9832	
崩塌		7654	13160	7722	8080	2378	5688	2445	2152	3288	
泥石流		566	417	1215	843	1442	1981	1358	952	1547	
发生地震灾害次数	(次)	13	10	3	17	8	12	18	12	14	20
#5.0级以上		11	9	2	12	7	5	14	11	14	19
海洋赤潮发生次数	(次)	82	93	82	68	68	69	55	73	46	56
森林火灾次数	(次)	11542	8170	9260	14144	8859	7723	5550	3966	3929	3703
#重大		16	7	4	13	35	22	9	1		2
特大		3	5			1	4				1
森林火灾受害森林面积	(万公顷)	7.4	40.8	2.9	5.3	4.6	4.6	2.7	1.4	1.4	1.9
林业有害生物发生面积	(万公顷)	961.0	1100.7	1209.7	1141.8	1142.0	1164.2	1168.1	1176.9	1223.0	1206.4
林业有害生物防治面积	(万公顷)	640.7	735.5	801.2	784.0	819.4	812.4	728.5	782.6	766.8	787.4
林业有害生物防治率	(%)	66.7	66.8	66.2	68.7	71.8	69.8	62.4	66.5	62.7	65.3
环境污染											
突发环境事件次数	(次)	1406	842	462	474	418	420	542	542	712	471

注：1. 森林面积和森林覆盖率2009-2014年为第八次全国森林资源清查数(2009-2013年)，包括香港、澳门特别行政区和台湾省数据；2005-2008年为第七次清查数(2004-2008年)，包括香港、澳门特别行政区和台湾省数据。
2. 2007年起，造林总面积中增加无林地和疏林地新封山育林面积。
3. 湿地面积和湿地面积占国土面积比重2009-2014年为第二次全国湿地资源调查(2009-2013)资料，包括台湾省和香港、澳门特别行政区数据；2005-2008年为全国首次湿地调查(1995-2003)资料，不包括台湾省和香港、澳门特别行政区数据。

8-9-1 续表 2

指　　标	2005	2006	2007	2008	2009	2010	2011	2012	2013	2014
环境污染治理投资										
环境污染治理投资　(亿元)	2565.2	2779.5	3668.8	4937.0	5258.4	7612.2	7114.0	8253.5	9037.2	9575.5
环境污染治理投资占国内生产总值比重　(%)	1.38	1.28	1.37	1.56	1.52	1.86	1.47	1.55	1.54	1.51
城镇环境基础设施建设投资(亿元)	1466.9	1528.4	1749.0	2247.7	3245.1	5182.2	4557.2	5062.7	5223.0	5463.9
#燃气	164.3	179.2	187.0	199.2	219.2	357.9	444.1	551.8	607.9	574.0
集中供热	250.0	252.5	272.4	328.2	441.5	557.5	593.3	798.1	819.5	763.0
排水	431.5	403.6	517.1	637.2	1035.5	1172.7	971.6	934.1	1055.0	1196.1
园林绿化	456.3	475.2	601.6	823.9	1137.6	2670.6	1991.9	2380.0	2234.9	2338.5
市容环境卫生	164.8	217.9	171.0	259.2	411.2	423.5	556.2	398.6	505.7	592.2
工业污染治理投资　(亿元)	458.2	483.9	552.4	542.6	442.6	397.0	444.4	500.5	849.7	997.7
#治理废水	133.7	151.1	196.1	194.6	149.5	129.6	157.7	140.3	124.9	115.2
治理废气	213.0	233.3	275.3	265.7	232.5	188.2	211.7	257.7	640.9	789.4
治理固体废物	27.4	18.3	18.3	19.7	21.9	14.3	31.4	24.7	14.0	15.1
治理噪声	3.1	3.0	1.8	2.8	1.4	1.4	2.2	1.2	1.8	1.1
治理其他	81.0	78.3	60.7	59.8	37.4	62.0	41.4	76.5	68.1	76.9
当年完成环保验收项目环保投资　(亿元)	640.1	767.2	1367.4	2146.7	1570.7	2033.0	2112.4	2690.4	2964.5	3113.9
城市环境情况										
城区面积　(万平方公里)	41.3	16.7	17.6	17.8	17.5	17.9	18.4	18.3	18.3	18.4
城市建设用地面积　(万平方公里)		3.2	3.6	3.9	3.9	4.0	4.2	4.6	4.7	5.0
城市污水处理率　(%)	52.0	55.7	62.9	70.2	75.3	82.3	83.6	87.3	89.3	90.2
城市燃气普及率　(%)	82.1	79.1	87.4	89.6	91.4	92.0	92.4	93.2	94.3	94.6
城市生活垃圾清运量　(万吨)	15577	14841	15215	15438	15734	15805	16395	17081	17239	17860
城市生活垃圾无害化处理率　(%)	51.7	52.2	62.0	66.8	71.4	77.9	79.7	84.8	89.3	91.8
城市人均公园绿地面积　(平方米)	7.89	8.30	8.98	9.71	10.66	11.18	11.80	12.26	12.64	13.08
城市公园个数　(个)	7077	6908	7913	8557	9050	9955	10780	11604	12401	13037
农村环境情况										
农村改水累计受益人口　(万人)	88893	86629	87859	89447	90251	90834	89971	91208	94040	91511
农村改水累计受益率	94.1	91.1	92.1	93.6	94.3	94.9	94.2	95.3	95.6	95.8
农村累计使用卫生厕所户数(万户)	13740	13873	14442	15166	16056	17138	18019	18628	19401	19939
农村卫生厕所普及率　(%)	55.3	55.0	57.0	59.7	63.2	67.4	69.2	71.7	74.1	76.1
农村累计使用卫生公厕户数(万户)	1034.1	2126.3	2049.0	2739.5	2970.7	2827.7	2972.8	2896.6	3165.1	3990.9
农村沼气池产气量　(亿立方米)	72.9	83.6	101.7	118.4	130.8	139.6	152.8	157.6	157.8	155.0
农村太阳能热水器　(万平方米)	3205.6	3941.0	4286.4	4758.7	4997.1	5488.9	6231.9	6801.8	7294.6	7782.9
农村太阳灶数　(万台)	68.6	86.5	111.9	135.7	148.4	161.7	213.9	220.7	226.4	230.0

8-9-2 水资源情况

地　区	水资源总量（亿立方米）	地表水资源量	地下水资源量	地表水与地下水资源重复量	人均水资源量（立方米/人）
全　国	**27266.9**	**26263.9**	**7745.0**	**6742.0**	**1998.6**
北　京	20.3	6.5	16.0	2.2	95.1
天　津	11.4	8.3	3.7	0.6	76.1
河　北	106.2	46.9	89.3	30.1	144.3
山　西	111.0	65.2	97.3	51.4	305.1
内蒙古	537.8	397.6	236.3	96.1	2149.9
辽　宁	145.9	123.7	82.3	60.1	332.4
吉　林	306.0	251.0	120.2	65.2	1112.2
黑龙江	944.3	814.4	295.4	165.5	2463.1
上　海	47.1	40.1	10.0	3.0	194.8
江　苏	399.3	296.4	118.9	16.0	502.3
浙　江	1132.1	1118.2	231.8	217.9	2057.3
安　徽	778.5	712.9	178.9	113.3	1285.4
福　建	1219.6	1218.4	330.5	329.3	3218.0
江　西	1631.8	1613.3	397.2	378.7	3600.6
山　东	148.4	76.6	116.9	45.0	152.1
河　南	283.4	177.4	166.8	60.9	300.7
湖　北	914.3	885.9	282.0	253.6	1574.3
湖　南	1799.4	1791.5	434.1	426.2	2680.1
广　东	1718.4	1709.0	420.5	411.1	1608.4
广　西	1990.9	1989.6	403.0	401.7	4203.3
海　南	383.5	378.7	96.7	91.9	4266.0
重　庆	642.6	642.6	121.8	121.8	2155.9
四　川	2557.7	2556.5	606.2	605.1	3148.5
贵　州	1213.1	1213.1	294.4	294.4	3461.1
云　南	1726.6	1726.6	558.4	558.4	3673.3
西　藏	4416.3	4416.3	985.1	985.1	140200.0
陕　西	351.6	325.8	124.1	98.3	932.8
甘　肃	198.4	190.5	112.6	104.7	767.0
青　海	793.9	776.0	349.4	331.5	13675.5
宁　夏	10.1	8.2	21.3	19.4	153.0
新　疆	726.9	686.6	443.9	403.6	3186.9

8-9-3 供水用水情况

地 区	供水总量(亿立方米)				用水总量(亿立方米)					人均用水量(立方米/人)
		地表水	地下水	其 他		农 业	工 业	生 活	生 态	
全 国	**6094.9**	**4920.5**	**1116.9**	**57.5**	**6094.9**	**3869.0**	**1356.1**	**766.6**	**103.2**	**446.7**
北 京	37.5	9.3	19.6	8.6	37.5	8.2	5.1	17.0	7.2	175.7
天 津	24.1	15.9	5.3	2.8	24.1	11.7	5.4	5.0	2.1	161.2
河 北	192.8	46.8	142.1	4.0	192.8	139.2	24.5	24.1	5.1	262.0
山 西	71.4	32.8	35.1	3.5	71.4	41.5	14.2	12.2	3.4	196.1
内蒙古	182.0	89.1	90.8	2.2	182.0	137.5	19.7	10.5	14.3	727.6
辽 宁	141.8	80.0	58.4	3.3	141.8	89.6	22.8	24.4	4.9	322.9
吉 林	133.0	87.5	44.9	0.6	133.0	89.8	26.8	12.8	3.6	483.3
黑龙江	364.1	196.3	167.6	0.2	364.1	316.1	29.0	17.7	1.3	949.7
上 海	105.9	105.9	0.1		105.9	14.6	66.2	24.4	0.8	437.6
江 苏	591.3	574.7	9.7	6.9	591.3	297.8	238.0	52.8	2.7	743.8
浙 江	192.9	189.7	2.2	0.9	192.9	88.2	55.7	43.8	5.2	350.5
安 徽	272.1	239.9	30.3	1.8	272.1	142.8	92.7	31.9	4.7	449.3
福 建	205.6	198.5	6.5	0.7	205.6	95.6	75.3	31.5	3.2	542.6
江 西	259.3	248.3	9.1	2.0	259.3	168.6	61.3	27.4	2.1	572.2
山 东	214.5	121.3	86.0	7.3	214.5	146.7	28.6	33.4	5.8	219.8
河 南	209.3	88.6	119.4	1.3	209.3	117.6	52.6	33.4	5.7	222.1
湖 北	288.3	279.1	9.2		288.3	156.9	90.2	40.7	0.6	496.5
湖 南	332.4	314.6	17.8		332.4	200.2	87.7	41.8	2.7	495.1
广 东	442.5	425.5	15.3	1.7	442.5	224.3	117.0	96.1	5.1	414.2
广 西	307.6	295.2	11.6	0.8	307.6	209.2	56.8	39.2	2.4	649.4
海 南	45.0	41.9	3.0	0.1	45.0	33.4	3.9	7.5	0.2	500.7
重 庆	80.5	78.9	1.5	0.1	80.5	23.7	36.7	19.1	0.9	270.0
四 川	236.9	217.9	17.3	1.7	236.9	145.4	44.7	42.5	4.2	291.6
贵 州	95.3	90.9	2.8	1.7	95.3	50.4	27.7	16.6	0.7	271.9
云 南	149.4	142.5	5.8	1.1	149.4	103.3	24.6	19.5	2.0	317.9
西 藏	30.5	26.7	3.8		30.5	27.7	1.7	1.1		967.3
陕 西	89.8	55.2	33.3	1.3	89.8	57.9	14.0	15.4	2.5	238.3
甘 肃	120.6	90.9	28.1	1.6	120.6	97.8	12.8	8.2	1.8	466.2
青 海	26.3	22.6	3.6	0.1	26.3	21.0	2.4	2.5	0.4	453.8
宁 夏	70.3	64.7	5.5	0.2	70.3	61.3	5.0	1.7	2.3	1068.6
新 疆	581.8	449.4	131.4	1.1	581.8	551.0	13.3	12.3	5.3	2550.7

注：1.生态用水仅包括部分河湖、湿地人工补水和城市环境用水。

2.2012年起，生活用水量中的牲畜用水量调整至农业用水量中。

8-9-4 各地区废水中主要污染物排放情况

地区	废水排放总量（万吨）	废水中主要污染物排放量											
		COD（万吨）	氨氮（万吨）	总氮（万吨）	总磷（万吨）	石油类（吨）	挥发酚（吨）	铅（千克）	汞（千克）	镉（千克）	六价铬（千克）	总铬（千克）	砷（千克）
全国	**7161751**	**2294.6**	**238.5**	**456.1**	**53.4**	**16203.6**	**1378.4**	**73185**	**746**	**17251**	**34925**	**132797**	**109730**
北京	150714	16.9	1.9	3.7	0.5	51.1	0.4	41		1	157	267	8
天津	89361	21.4	2.4	3.7	0.5	58.8	1.1	96	5	3	67	299	12
河北	309824	126.9	10.3	38.5	4.7	964.1	33.9	322	2	15	2619	5650	52
山西	145033	44.1	5.4	9.2	1.0	957.6	653.5	299	43	52	19	802	265
内蒙古	111917	84.8	4.9	18.9	2.2	1226.5	183.5	7058	44	760	37	89	15638
辽宁	262879	121.7	10.0	20.8	2.9	789.7	8.4	131	7	24	199	685	71
吉林	122171	74.3	5.3	12.8	1.6	231.9	3.9	165	6	30	135	216	890
黑龙江	149644	142.4	8.5	27.6	2.8	223.3	4.3	44	2	4	40	100	13
上海	221160	22.4	4.5	1.5	0.2	656.0	1.7	132	8	7	1109	2524	71
江苏	601158	110.0	14.3	17.4	1.9	1160.1	44.8	1204	4	26	3554	9677	308
浙江	418262	72.5	10.3	9.6	1.2	506.2	5.0	454	6	244	4709	12903	185
安徽	272313	88.6	10.0	18.6	2.0	709.8	5.4	1345	6	145	221	758	2245
福建	260579	63.0	8.9	9.3	1.3	373.4	1.9	3727	13	634	2146	10391	3754
江西	208289	72.0	8.6	11.2	1.5	687.5	14.2	6145	75	1769	571	922	7355
山东	514423	178.0	15.5	57.4	6.4	507.4	35.2	877	11	1051	509	7860	2400
河南	422832	131.9	13.9	42.7	5.1	1069.7	116.2	3138	20	784	966	27844	1084
湖北	301704	103.3	12.0	19.3	2.4	939.6	12.9	5882	36	1039	10224	13539	12448
湖南	309960	122.9	15.4	22.3	2.7	542.7	18.4	21609	152	6537	1253	5919	35794
广东	905082	167.1	20.8		2.8	450.5	10.0	2278	20	396	3279	13355	856
广西	219304	74.4	7.9	11.4	1.4	269.9	10.0	5009	91	954	132	1353	5012
海南	39351	19.6	2.3	4.1	0.5	47.3	0.1	3	4			101	13
重庆	145822	38.6	5.1	5.4	0.7	328.8	8.5	113		5	352	706	63
四川	331277	121.6	13.5	22.5	2.6	545.5	2.8	1209	15	86	751	1790	1679
贵州	110912	32.7	3.8	4.7	0.5	330.8	0.6	397	10	197	70	9351	276
云南	157544	53.4	5.6	7.7	0.8	319.3	2.1	4846	16	846	106	190	7354
西藏	5450	2.8	0.3	0.6	0.0	0.8	5.4	5		1	1	2	5203
陕西	145785	50.5	5.8	10.0	1.0	621.6	5.3	1426	29	512	166	696	1018
甘肃	65973	37.3	3.8	5.1	0.5	281.0	4.4	4382	88	824	499	3406	3266
青海	23001	10.5	1.0	0.8	0.1	339.3	1.0	693	8	244	6	13	1479
宁夏	37277	22.0	1.7	3.1	0.3	165.5	156.9	31	2	2	20	105	70
新疆	102748	67.0	4.6	17.3	1.4	847.9	26.8	125	22	57	1009	1285	847

8-9-5 全海域未达到第一类海水水质标准的海域面积

单位：平方公里

海　区	第二类水质海域面积	第三类水质海域面积	第四类水质海域面积	劣于第四类水质海域面积
全　国	**43280**	**42740**	**21550**	**41140**
渤　海	8180	6600	3770	5750
黄　海	12510	13540	4990	2970
东　海	17470	10700	11200	28330
南　海	5120	11900	1590	4090

8-9-6 主要城市空气质量指标

单位：微克/立方米

城　市	二氧化硫年平均浓度	二氧化氮年平均浓度	可吸入颗粒物(PM_{10})年平均浓度	一氧化碳日均值第95百分位浓度(毫克/立方米)	臭氧日最大8小时第90百分位浓度	细颗粒物($PM_{2.5}$)年平均浓度	空气质量达到及好于二级的天数(天)
北　京	22	57	116	3.2	200	86	168
天　津	49	54	133	2.9	157	83	175
石家庄	62	53	206	4.2	161	124	97
唐　山	73	60	163	4.7	169	101	133
秦皇岛	54	49	113	3.5	114	61	239
邯　郸	57	51	186	3.9	147	115	93
保　定	67	55	224	5.4	178	129	79
太　原	73	36	138	3.2	125	72	197
大　同	46	32	95	3.6	114	43	300
阳　泉	88	44	154	2.8	101	71	96
长　治	38	39	116	3.5	102	67	235
临　汾	60	32	94	4.2	95	63	240
呼和浩特	50	44	122	4.0	117	46	240
包　头	54	46	151	3.3	140	55	187
赤　峰	56	25	112	1.6	108	47	257
沈　阳	82	52	124	2.0	165	74	190
大　连	30	39	85	1.4	110	53	276
鞍　山	57	38	133	3.8	146	76	198
抚　顺	38	37	103	2.2	165	58	240
本　溪	46	40	97	4.0	126	61	239
锦　州	62	42	102	2.4	155	63	236
长　春	41	47	118	1.5	132	68	239
吉　林	24	38	109	2.5	141	66	240
哈尔滨	57	52	111	1.6	111	72	241
齐齐哈尔	29	21	63	1.5	92	39	300
牡丹江	25	32	91	1.7	119	59	264
上　海	18	45	71	1.3	149	52	278
南　京	25	54	124	1.6	183	74	188
无　锡	29	45	106	1.7	182	68	210
徐　州	38	37	119	2.0	152	67	238
常　州	36	40	104	1.7	171	67	231
苏　州	25	53	86	1.5	164	66	227
南　通	26	40	96	1.3	153	62	257
连云港	30	35	111	2.0	145	61	250
扬　州	34	37	106	1.5	130	65	222
镇　江	24	46	107	1.6	147	68	240
杭　州	21	50	98	1.3	169	65	216

8-9-6 续表 1　　　　单位：微克/立方米

城　市	二氧化硫年平均浓度	二氧化氮年平均浓度	可吸入颗粒物(PM_{10})年平均浓度	一氧化碳日均值第95百分位浓度(毫克/立方米)	臭氧日最大8小时第90百分位浓度	细颗粒物($PM_{2.5}$)年平均浓度	空气质量达到及好于二级的天数(天)
宁　波	17	41	73	1.4	140	46	302
温　州	17	50	75	1.7	134	46	299
湖　州	22	48	87	1.4	166	64	222
绍　兴	36	50	96	1.4	167	63	228
合　肥	23	31	113	1.6	69	83	151
芜　湖	27	28	96	1.9	72	67	249
马鞍山	29	35	108	2.1	105	67	247
福　州	8	36	65	1.3	137	34	310
厦　门	16	37	59	1.0	128	37	344
泉　州	9	24	68	1.2	96	34	346
南　昌	25	33	85	1.6	129	52	294
九　江	30	31	86	1.4	136	46	280
济　南	69	57	172	2.4	190	87	107
青　岛	38	45	107	1.6	154	58	236
淄　博	123	67	171	3.1	187	97	91
枣　庄	74	47	170	1.8	195	92	103
烟　台	28	40	84	1.6	152	52	246
潍　坊	59	42	146	2.2	209	78	123
济　宁	73	47	154	2.2	184	88	125
泰　安	50	46	132	2.6	146	76	193
日　照	31	38	112	2.0	148	62	231
郑　州	43	51	158	3.1	116	88	135
开　封	34	37	128	3.2	130	83	150
洛　阳	49	42	129	3.3	143	74	151
平顶山	56	46	141	2.0	146	88	171
安　阳	58	54	154	4.9	160	97	113
焦　作	62	46	134	3.7	166	80	181
三门峡	56	40	130	2.9	165	76	188
武　汉	21	55	114	1.8	156	82	177
宜　昌	49	36	137	2.1	110	93	173
荆　州	43	39	150	2.3	138	88	173
长　沙	24	42	84	1.8	117	74	224
株　洲	36	39	102	1.7	139	74	229
湘　潭	34	45	108	1.7	131	73	219
岳　阳	30	29	130	2.2	74	58	271
常　德	36	25	101	2.9	98	71	227
张家界	18	18	91	2.6	114	65	229
广　州	17	48	67	1.5	165	49	282

8-9-6 续表 2

单位：微克/立方米

城 市	二氧化硫年平均浓度	二氧化氮年平均浓度	可吸入颗粒物(PM_{10})年平均浓度	一氧化碳日均值第95百分位浓度(毫克/立方米)	臭氧日最大8小时第90百分位浓度	细颗粒物($PM_{2.5}$)年平均浓度	空气质量达到及好于二级的天数(天)
韶 关	33	31	66	2.7	152	49	269
深 圳	9	35	53	1.4	126	34	348
珠 海	11	33	53	1.4	138	34	321
汕 头	14	22	63	1.3	133	40	328
湛 江	13	15	47	1.6	134	29	318
南 宁	15	37	84	1.6	126	49	292
柳 州	32	30	92	1.7	155	67	240
桂 林	22	28	86	2.0	136	66	250
北 海	13	14	58	1.9	144	29	322
海 口	6	16	42	0.9	102	23	346
重 庆	24	39	98	1.8	146	65	246
成 都	19	59	123	2.0	147	77	216
自 贡	22	26	108	1.5	75	74	217
攀 枝 花	51	32	83	3.2	99	40	336
泸 州	25	38	93	1.5	137	65	262
德 阳	21	35	89	1.8	141	62	264
绵 阳	16	39	82	1.4	131	56	270
南 充	25	35	108	1.5	76	73	241
宜 宾	27	31	97	3.3	138	66	245
贵 阳	24	31	74	1.3	103	48	301
遵 义	25	31	91	1.2	103	57	281
昆 明	20	36	70	1.5	111	35	350
曲 靖	27	21	58	1.8	118	35	353
玉 溪	28	22	53	3.4	122	30	337
拉 萨	10	20	59	1.8	134	25	321
西 安	32	47	152	3.0	128	77	172
铜 川	35	40	118	3.4	148	69	219
宝 鸡	24	36	120	3.4	120	70	220
咸 阳	31	38	132	2.3	131	71	202
渭 南	35	37	127	2.3	122	75	202
延 安	35	51	121	3.8	138	53	254
兰 州	29	48	126	2.7	108	61	247
金 昌	59	20	118	2.5	132	41	276
西 宁	41	38	121	2.5	89	63	261
银 川	69	42	112	2.4	124	53	255
石 嘴 山	81	31	127	1.8	151	51	230
乌鲁木齐	25	56	146	3.4	109	61	202
克拉玛依	8	28	78	2.2	123	42	179

8-9-7 各地区废气中主要污染物排放情况

地区	废气中主要污染物排放量		
	二氧化硫(万吨)	氮氧化物(万吨)	烟(粉)尘(万吨)
全 国	**1974.42**	**2078.00**	**1740.75**
北 京	7.89	15.10	5.74
天 津	20.92	28.23	13.95
河 北	118.99	151.25	179.77
山 西	120.82	106.99	150.68
内蒙古	131.24	125.83	102.15
辽 宁	99.46	90.20	112.07
吉 林	37.23	54.92	47.51
黑龙江	47.22	73.06	79.35
上 海	18.81	33.28	14.17
江 苏	90.47	123.26	76.37
浙 江	57.40	68.79	37.97
安 徽	49.30	80.73	65.28
福 建	35.60	41.17	36.79
江 西	53.44	54.01	46.23
山 东	159.02	159.33	120.81
河 南	119.82	142.20	88.21
湖 北	58.38	58.02	50.40
湖 南	62.37	55.28	49.62
广 东	73.01	112.21	44.95
广 西	46.66	44.24	40.29
海 南	3.26	9.50	2.32
重 庆	52.69	35.50	22.61
四 川	79.64	58.54	42.86
贵 州	92.58	49.11	37.79
云 南	63.67	49.89	36.68
西 藏	0.42	4.83	1.39
陕 西	78.10	70.58	70.91
甘 肃	57.56	41.84	34.58
青 海	15.43	13.45	23.99
宁 夏	37.71	40.40	23.92
新 疆	85.30	86.28	81.39

8-9-8 各地区固体废物处理利用情况

单位：万吨

地 区	一般工业固体废物产生量	一般工业固体废物综合利用量	一般工业固体废物处置量	一般工业固体废物贮存量	一般工业固体废物倾倒丢弃量
全 国	**325620**	**204330**	**80388**	**45033**	**59.4**
北 京	1021	895	126		
天 津	1735	1724	11		
河 北	41928	18228	22927	1512	
山 西	30199	19681	7716	2867	
内蒙古	23191	13260	8272	2256	0.4
辽 宁	28666	10719	9422	8725	5.9
吉 林	4944	3478	1116	593	
黑龙江	6312	4069	1558	776	3.3
上 海	1925	1877	47	2	
江 苏	10925	10578	279	183	0.3
浙 江	4542	4303	205	41	
安 徽	12000	10466	1079	893	
福 建	4835	4278	585	51	
江 西	10821	6121	232	4476	3.1
山 东	19199	18380	582	428	
河 南	15917	12319	3013	717	
湖 北	8006	6139	1701	221	0.5
湖 南	6934	4410	1876	707	0.6
广 东	5665	4893	631	150	1.9
广 西	8038	5058	1454	1792	0.4
海 南	515	274	34	207	
重 庆	3068	2648	407	72	6.7
四 川	14246	6185	5512	2849	1.1
贵 州	7394	4313	1382	1819	1.5
云 南	14481	7216	4633	2826	6.7
西 藏	383	8	34	358	
陕 西	8682	5464	2136	1093	
甘 肃	6141	3086	2044	1014	
青 海	12423	6999	3	5449	
宁 夏	3694	2928	563	329	
新 疆	7790	4334	807	2628	26.8

8-9-8 续表

地　区	危险废物产生量	危险废物综合利用量	危险废物处置量	危险废物贮存量
全　国	**3633.52**	**2061.80**	**929.02**	**690.62**
北　京	14.83	8.21	6.61	0.02
天　津	12.11	3.99	8.15	0.00
河　北	38.95	19.52	19.14	0.52
山　西	22.24	17.24	4.76	0.33
内蒙古	112.54	34.71	38.30	40.21
辽　宁	98.08	33.41	49.76	16.41
吉　林	104.94	62.10	42.02	0.82
黑龙江	31.38	8.50	22.51	0.53
上　海	62.84	26.79	35.73	1.13
江　苏	243.33	125.25	113.07	7.02
浙　江	157.92	62.35	89.83	11.39
安　徽	78.08	65.08	13.18	0.61
福　建	28.23	10.47	14.11	5.00
江　西	46.91	29.51	17.70	1.62
山　东	709.77	639.77	62.77	12.39
河　南	66.98	39.75	26.76	0.54
湖　北	73.41	37.77	29.77	6.20
湖　南	260.64	232.54	7.49	22.74
广　东	169.41	85.77	82.80	1.29
广　西	105.71	71.82	27.52	9.24
海　南	2.22	0.17	2.08	0.19
重　庆	37.62	21.92	14.99	1.04
四　川	133.39	68.89	66.23	1.42
贵　州	32.95	24.81	5.97	3.07
云　南	240.00	137.08	28.58	79.93
西　藏				
陕　西	63.70	21.21	34.78	10.02
甘　肃	35.00	9.81	19.83	6.37
青　海	325.68	146.03	5.00	176.81
宁　夏	5.34	3.08	2.13	0.16
新　疆	319.33	14.26	37.44	273.60

8-9-9 各地区城市生活垃圾清运和处理情况

地 区	生活垃圾清运量(万吨)	无害化处理厂数(座)	#卫生填埋	#焚烧	#其他	无害化处理能力(吨/日)	#卫生填埋	#焚烧	#其他
全 国	**17860.2**	**818**	**604**	**188**	**26**	**533455**	**335316**	**185957**	**12182**
北 京	733.8	25	16	3	6	21371	12121	5200	4050
天 津	215.9	8	4	4		9400	5100	4300	
河 北	614.1	40	32	7	1	17184	10524	6500	160
山 西	445.0	23	17	5	1	10525	7115	3350	60
内蒙古	324.6	26	24	1	1	11190	9890	1200	100
辽 宁	917.1	29	25	2	2	22657	20075	1780	802
吉 林	504.6	17	14	3		10893	7443	3450	
黑龙江	553.4	22	16	3	3	10995	8355	1000	1640
上 海	608.4	12	5	5	2	20530	11230	8300	1000
江 苏	1352.4	58	29	28	1	50574	20257	29817	500
浙 江	1229.1	59	26	32	1	45981	16076	29705	200
安 徽	464.8	26	20	6		15153	10203	4950	
福 建	598.9	27	13	13	1	18149	5349	12300	500
江 西	308.5	17	17			9273	9273		
山 东	958.5	59	41	16	2	35171	19211	14700	1260
河 南	832.8	43	39	4		23207	19257	3950	
湖 北	739.3	39	28	11		24016	13066	10950	
湖 南	600.8	34	32	2		21609	20009	1600	
广 东	2214.2	65	40	21	4	64901	39906	23235	1760
广 西	338.9	19	17	2		8091	7491	600	
海 南	144.2	9	6	3		3880	2230	1650	
重 庆	399.4	16	14	2		8710	5110	3600	
四 川	780.0	40	32	8		21677	14217	7460	
贵 州	273.8	14	14			5545	5545		
云 南	349.5	23	16	7		9943	3583	6360	
西 藏	30.8								
陕 西	517.9	17	16		1	15047	14897		150
甘 肃	253.0	16	16			4475	4475		
青 海	77.6	5	5			2110	2110		
宁 夏	118.4	8	8			2980	2980		
新 疆	360.6	22	22			8218	8218		

8-9-9 续表

地区	无害化处理量（万吨）	#卫生填埋	#焚烧	#其他	粪便清运量（万吨）	粪便处理量（万吨）	生活垃圾无害化处理率(%)
全国	**16393.7**	**10744.3**	**5329.9**	**319.6**	**1552.0**	**692.0**	**91.8**
北京	730.8	488.6	156.1	86.2	216.1	197.4	99.6
天津	208.7	102.1	106.6		32.7	14.0	96.7
河北	531.9	376.3	150.5	5.1	96.9	14.2	86.6
山西	409.7	292.2	117.5		34.1	0.7	92.1
内蒙古	311.8	286.4	24.5	0.9	48.1	9.7	96.1
辽宁	840.0	737.3	70.6	32.1	90.4	18.3	91.6
吉林	312.4	216.2	96.2		65.1	42.7	61.9
黑龙江	325.7	277.6	12.3	35.9	134.8	29.7	58.9
上海	608.4	328.8	238.5	41.2	199.9	59.3	100.0
江苏	1326.9	455.2	871.6		82.4	41.3	98.1
浙江	1229.0	460.4	768.6		71.0	57.4	100.0
安徽	462.5	333.0	129.5		18.5	4.4	99.5
福建	586.1	188.5	376.9	20.7	4.0	2.9	97.9
江西	287.1	287.1			8.1	8.1	93.1
山东	958.5	533.9	386.9	37.6	127.2	57.5	100.0
河南	773.1	635.8	137.3		44.4	12.7	92.8
湖北	666.6	322.4	344.2		19.5	4.6	90.2
湖南	599.0	568.4	30.6		14.4	7.3	99.7
广东	1912.7	1196.0	661.7	55.1	85.1	51.6	86.4
广西	323.3	311.2	12.0		9.8	3.2	95.4
海南	144.0	82.3	61.6		5.3		99.8
重庆	396.2	261.0	135.2		67.0	17.3	99.2
四川	743.9	494.2	249.7		18.0	7.0	95.4
贵州	255.3	255.3			4.2	3.0	93.3
云南	323.2	132.0	191.2		16.1	7.0	92.5
西藏							
陕西	496.1	491.1		4.9	16.0	6.6	95.8
甘肃	158.4	158.4			17.6	11.4	62.6
青海	67.0	67.0			1.3		86.3
宁夏	110.4	110.4			3.9	2.7	93.3
新疆	295.3	295.3			0.4	0.3	81.9

8-9-10 环保重点城市道路交通噪声监测情况

城　市	等效声级 dB(A)	城　市	等效声级 dB(A)	城　市	等效声级 dB(A)
北　京	69.1	温　州	67.4	深　圳	68.8
天　津	67.5	湖　州	68.2	珠　海	67.1
石家庄	68.4	绍　兴	67.8	汕　头	68.4
唐　山	65.2	合　肥	67.5	湛　江	66.9
秦皇岛	65.1	芜　湖	68.3	南　宁	69.1
邯　郸	69.4	马鞍山	66.5	柳　州	66.2
保　定	67.7	福　州	68.7	桂　林	69.7
太　原	68.0	厦　门	66.3	北　海	66.6
大　同	67.2	泉　州	68.3	海　口	68.2
阳　泉	66.0	南　昌	67.4	重　庆	66.6
长　治	67.0	九　江	65.2	成　都	69.2
临　汾	69.8	济　南	69.7	自　贡	69.3
呼和浩特	69.0	青　岛	67.8	攀枝花	67.8
包　头	66.2	淄　博	66.4	泸　州	68.3
赤　峰	67.1	枣　庄	68.6	德　阳	66.7
沈　阳	69.9	烟　台	69.1	绵　阳	67.9
大　连	67.9	潍　坊	68.1	南　充	67.6
鞍　山	65.7	济　宁	66.6	宜　宾	68.2
抚　顺	69.1	泰　安	68.4	贵　阳	69.5
本　溪	65.9	日　照	65.3	遵　义	64.7
锦　州	68.6	郑　州	62.2	昆　明	68.2
长　春	69.1	开　封	67.7	曲　靖	65.7
吉　林	69.5	洛　阳	67.3	玉　溪	65.7
哈尔滨	69.3	平顶山	69.1	拉　萨	67.9
齐齐哈尔	68.2	安　阳	69.0	西　安	68.0
牡丹江	65.8	焦　作	66.1	铜　川	66.2
上　海	69.8	三门峡	65.3	宝　鸡	67.8
南　京	67.2	武　汉	69.2	咸　阳	66.1
无　锡	66.8	宜　昌	68.7	渭　南	66.1
徐　州	69.1	荆　州	68.1	延　安	68.2
常　州	67.9	长　沙	69.8	兰　州	68.3
苏　州	65.8	株　洲	65.4	金　昌	66.0
南　通	68.3	湘　潭	66.0	西　宁	69.8
连云港	67.5	岳　阳	69.3	银　川	66.6
扬　州	66.2	常　德	68.5	石嘴山	65.2
镇　江	67.0	张家界	69.8	乌鲁木齐	66.4
杭　州	68.6	广　州	68.9	克拉玛依	64.4
宁　波	68.1	韶　关	67.2		

8-9-11 环保重点城市区域环境噪声监测情况

城 市	等效声级 dB(A)	城 市	等效声级 dB(A)	城 市	等效声级 dB(A)
北 京	53.6	温 州	54.5	深 圳	56.8
天 津	53.6	湖 州	53.9	珠 海	54.2
石家庄	52.4	绍 兴	55.3	汕 头	56.1
唐 山	52.2	合 肥	54.4	湛 江	53.9
秦皇岛	56.3	芜 湖	54.9	南 宁	53.5
邯 郸	53.5	马鞍山	55.5	柳 州	55.0
保 定	55.8	福 州	57.8	桂 林	54.0
太 原	52.9	厦 门	56.5	北 海	54.8
大 同	53.7	泉 州	54.9	海 口	54.9
阳 泉	54.8	南 昌	53.9	重 庆	53.7
长 治	52.0	九 江	53.6	成 都	54.2
临 汾	52.0	济 南	54.2	自 贡	57.4
呼和浩特	54.2	青 岛	58.2	攀枝花	51.6
包 头	54.0	淄 博	52.9	泸 州	54.5
赤 峰	53.5	枣 庄	54.9	德 阳	50.4
沈 阳	55.8	烟 台	54.2	绵 阳	53.5
大 连	54.4	潍 坊	55.1	南 充	56.9
鞍 山	53.2	济 宁	51.5	宜 宾	54.3
抚 顺	54.0	泰 安	55.3	贵 阳	59.0
本 溪	56.0	日 照	52.3	遵 义	55.0
锦 州	53.4	郑 州	54.0	昆 明	53.8
长 春	55.6	开 封	53.5	曲 靖	51.5
吉 林	53.3	洛 阳	53.1	玉 溪	54.9
哈尔滨	59.3	平顶山	55.1	拉 萨	48.2
齐齐哈尔	51.7	安 阳	54.3	西 安	55.2
牡丹江	55.9	焦 作	53.9	铜 川	55.4
上 海	55.6	三门峡	53.7	宝 鸡	53.6
南 京	53.8	武 汉	55.3	咸 阳	57.0
无 锡	57.3	宜 昌	53.4	渭 南	54.8
徐 州	56.7	荆 州	53.5	延 安	56.4
常 州	52.6	长 沙	54.7	兰 州	54.4
苏 州	54.0	株 洲	54.0	金 昌	53.4
南 通	58.0	湘 潭	52.7	西 宁	52.5
连云港	53.3	岳 阳	51.0	银 川	53.0
扬 州	54.6	常 德	54.5	石嘴山	53.0
镇 江	54.8	张家界	52.2	乌鲁木齐	53.2
杭 州	56.4	广 州	55.1	克拉玛依	52.9
宁 波	58.2	韶 关	55.7		

8-9-12 各地区湿地面积

地区	湿地面积（千公顷）	天然湿地	近岸及海岸	河流	湖泊	沼泽	人工湿地	湿地面积占国土面积比重(%)
全国	**53602.6**	**46674.7**	**5795.9**	**10552.1**	**8593.8**	**21732.9**	**6745.9**	**5.41**
北京	48.1	24.2		22.7	0.2	1.3	23.9	2.86
天津	295.6	151.1	104.3	32.3	3.6	10.9	144.5	26.13
河北	941.9	694.6	231.9	212.5	26.6	223.6	247.3	4.91
山西	151.9	108.1		96.9	3.1	8.1	43.8	0.97
内蒙古	6010.6	5878.8		463.7	566.2	4848.9	131.8	5.08
辽宁	1394.8	1077.7	713.2	251.5	2.9	110.1	317.1	6.64
吉林	997.6	862.9		223.5	112.0	527.4	134.7	5.32
黑龙江	5143.3	4953.8		733.5	356.0	3864.3	189.5	11.31
上海	464.6	409.0	386.6	7.3	5.8	9.3	55.6	25.85
江苏	2822.8	1948.8	1087.5	296.6	536.7	28.0	874.0	20.86
浙江	1110.1	843.3	692.5	141.2	8.9	0.7	266.8	8.64
安徽	1041.8	713.6		309.6	361.1	42.9	328.2	7.47
福建	871.0	711.2	575.6	135.1	0.3	0.2	159.8	6.29
江西	910.1	710.7		310.8	374.1	25.8	199.4	5.45
山东	1737.5	1103.0	728.5	257.8	62.6	54.1	634.5	7.60
河南	627.9	380.7		368.9	6.9	4.9	247.2	3.76
湖北	1445.0	764.2		450.4	276.9	36.9	680.8	7.77
湖南	1019.7	813.5		398.4	385.8	29.3	206.2	4.81
广东	1753.4	1158.1	815.1	337.9	1.5	3.6	595.3	6.83
广西	754.3	536.6	259.0	268.9	6.3	2.4	217.7	3.10
海南	320.0	242.0	201.7	39.7	0.6		78.0	0.81
重庆	207.2	87.7		87.3	0.3	0.1	119.5	2.51
四川	1747.8	1665.6		452.3	37.4	1175.9	82.2	3.61
贵州	209.7	151.6		138.1	2.5	11.0	58.1	1.19
云南	563.5	392.5		241.8	118.5	32.2	171.0	1.47
西藏	6529.0	6524.0		1434.5	3035.2	2054.3	5.0	5.35
陕西	308.5	276.2		257.6	7.6	11.0	32.3	1.50
甘肃	1693.9	1642.4		381.7	15.9	1244.8	51.5	3.73
青海	8143.6	8001.0		885.3	1470.3	5645.4	142.6	11.27
宁夏	207.2	169.5		97.9	33.5	38.1	37.7	4.00
新疆	3948.2	3678.3		1216.4	774.5	1687.4	269.9	2.38

注：本表为中国第二次湿地调查（2009－2013）资料，按类型分面积数据不包括台湾省、香港特别行政区和澳门特别行政区；湿地面积不包括水稻田湿地。

8-9-13 各地区自然保护基本情况

地 区	自然保护区数（个）	#国家级	#省级	自然保护区面积（万公顷）	#国家级	#省级
全 国	**2729**	**428**	**858**	**14699.2**	**9651.6**	**3778.2**
北 京	20	2	12	13.4	2.6	7.1
天 津	8	3	5	9.1	3.8	5.3
河 北	44	13	25	70.5	25.3	41.9
山 西	46	7	39	110.3	11.7	98.5
内蒙古	182	29	60	1264.3	428.4	603.2
辽 宁	104	17	30	274.3	97.5	85.6
吉 林	48	20	20	245.2	110.7	132.4
黑龙江	250	36	85	747.4	303.1	258.8
上 海	4	2	2	13.6	6.6	7.0
江 苏	30	3	10	53.0	29.9	8.5
浙 江	33	10	10	19.9	14.7	1.8
安 徽	104	7	29	45.5	13.9	21.8
福 建	90	16	21	43.3	24.0	8.4
江 西	202	14	37	129.0	23.1	37.9
山 东	88	7	38	111.9	22.0	55.2
河 南	33	12	19	74.1	43.7	30.2
湖 北	70	18	21	101.7	42.8	32.8
湖 南	128	23	28	131.0	63.6	37.7
广 东	390	15	63	185.4	32.6	52.8
广 西	77	22	45	142.1	38.9	81.5
海 南	49	10	22	270.5	15.7	253.4
重 庆	57	6	18	83.8	27.5	23.4
四 川	168	30	64	829.8	293.6	276.9
贵 州	124	8	7	89.0	24.4	10.6
云 南	157	20	38	283.2	150.3	67.1
西 藏	47	9	14	4136.9	3715.3	420.9
陕 西	60	22	31	113.1	60.0	47.2
甘 肃	60	20	36	916.8	687.7	217.6
青 海	11	7	4	2166.5	2073.4	93.1
宁 夏	14	9	5	53.3	46.0	7.4
新 疆	31	11	20	1971.2	1218.9	752.3

8-9-14 地质灾害及防治情况

年份 地区	发生地质灾害数量（处）	#滑坡	#崩塌	#泥石流	#地面塌陷	人员伤亡（人）	#死亡人数	直接经济损失（万元）	地质灾害防治项目数（个）	地质灾害防治投资（万元）
全国	**10937**	**8149**	**1860**	**554**	**307**	**637**	**360**	**567027**	**32019**	**1634039**
北京	24		18		6			59	9	3000
天津									5	630
河北	12	1	1	1	2			222	85	19571
山西	15	1	14			14	14	159	165	51805
内蒙古	4				4	3	1	300	1	559
辽宁	1	1							64	14897
吉林	25	4	7	11	3			75	14	11522
黑龙江	1		1						8	2959
上海										
江苏	7	3	1		3			2270	96	11036
浙江	243	153	61	26	3	11	5	3929	1411	46482
安徽	126	49	70	3	4			590	537	21937
福建	87	57	25	4		4	4	2511	920	84218
江西	394	310	48	10	26	17	15	2317	79	12236
山东	10		1		9			28	86	21277
河南	30	1	6		23			130	3	5588
湖北	493	369	80	10	34	27	16	16082	196	34772
湖南	4740	3890	685	75	66	70	33	71956	775	45492
广东	422	149	250	9	11	11	6	5485	2992	86057
广西	330	106	169	7	45	14	12	2607	559	23999
海南	19	3	15	1				1320	65	2883
重庆	1342	1187	88	40	24	85	59	194164	231	42434
四川	850	545	112	184	5	29	7	77138	18982	394682
贵州	710	653	31	13	13	106	53	65096	1847	127577
云南	644	482	70	72	7	180	83	99564	2561	206062
西藏	100	19	19	61	1	3		11465	8	6893
陕西	172	87	68	2	15	55	44	4717	118	306001
甘肃	83	46	13	16	2	2	2	3591	163	37122
青海	32	27	5					42	19	7934
宁夏	6	3	1					38	1	1000
新疆	15	3	1	9	1	6	6	1172	19	3414

8-9-15 各地区森林火灾情况

地区	森林火灾次数(次)	一般火灾	较大火灾	重大火灾	特别重大火灾	火场总面积(公顷)	受害森林面积(公顷)	#天然林	#人工林	伤亡人数(人)	#死亡人数	其他损失折款(万元)
全国	**3703**	**2080**	**1620**	**2**	**1**	**55340**	**19110**	**3710**	**12537**	**112**	**53**	**42513**
北京	1	1				1	1		1			
天津	2	2				2	2		2			
河北	93	78	15			1168	165	2	163	3	1	1
山西	10		10			760	165	2	163	2		211
内蒙古	160	80	79		1	5950	3426	2743	496	1		418
辽宁	105	77	28			1045	378	65	292			17
吉林	71	58	13			134	52	1	45	1		378
黑龙江	33	27	6			301	142	136	6			
上海												
江苏	31	29	2			45	5		5			9
浙江	155	25	130			1749	786		395	9	4	
安徽	140	72	68			749	265	3	262	1	1	5
福建	130	10	120			1644	1145	114	1031	2	2	33774
江西	158	29	129			3635	1579	81	1499	4	3	1402
山东	25	7	18			272	160		160			
河南	265	210	55			975	334		334	4	3	18
湖北	235	208	27			1223	185	3	182	1	1	25
湖南	259	78	181			3728	1935	5	1930	5	4	369
广东	128	36	92			2364	930	23	907	14	10	190
广西	403	186	217			6244	1241	8	1233	10	3	855
海南	91	49	42			389	268		268			89
重庆	9	6	3			16	3	1	2			6
四川	442	365	77			4713	766	347	419	3	2	1114
贵州	201	136	65			1982	488	82	406	7	6	254
云南	365	164	199	2		15345	4236	51	2078	34	7	3112
西藏	1	1										
陕西	109	78	31			441	288	9	161	9	6	213
甘肃	21	18	3			101	37	10	27			37
青海	8	7	1			49	38		5			11
宁夏	24	24				198	4		4			
新疆	28	19	9			118	87	27	60	2		7

8-9-16 森林有害生物防治情况

地 区	合 计			森林病害	
	发生面积(公顷)	防治面积(公顷)	防治率(%)	发生面积(公顷)	防治面积(公顷)
全 国	**12064467**	**7874333**	**65.3**	**1372778**	**867109**
北 京	39574	39574	100.0	1975	1975
天 津	47686	47680	100.0	6863	6860
河 北	531803	446126	83.9	27884	24448
山 西	242091	112292	46.4	6788	6097
内蒙古	1227272	526410	42.9	212847	12324
辽 宁	658954	513451	77.9	63862	48594
吉 林	263438	157010	59.6	26096	23391
黑龙江	445566	398918	89.5	45166	38230
上 海	4996	4941	98.9	416	412
江 苏	92443	87221	94.4	10306	9930
浙 江	102542	94635	92.3	14126	12482
安 徽	384240	312727	81.4	55769	29782
福 建	231208	215608	93.3	10465	9583
江 西	265891	177789	66.9	56309	35942
山 东	522272	513415	98.3	85345	83207
河 南	573034	481160	84.0	111707	98597
湖 北	393516	234638	59.6	42691	23399
湖 南	350266	329266	94.0	36266	34000
广 东	306689	114287	37.3	12920	8733
广 西	348872	96781	27.7	39116	9385
海 南	20731	7856	37.9	397	209
重 庆	289433	159926	55.3	21530	21400
四 川	743962	520947	70.0	91015	44444
贵 州	234565	205213	87.5	13498	11200
云 南	303276	283003	93.3	43886	41766
西 藏	277188	163361	58.9	87560	49587
陕 西	429513	342295	79.7	30339	27927
甘 肃	354643	200634	56.6	88045	64984
青 海	225235	92752	41.2	467	
宁 夏	269787	162491	60.2	17811	11101
新 疆	1733000	798800	46.1	92389	69938
大兴安岭	150782	33126	22.0	18922	7183

8-9-16 续表

地 区	森林虫害		森林鼠害		有害植物	
	发生面积 (公顷)	防治面积 (公顷)	发生面积 (公顷)	防治面积 (公顷)	发生面积 (公顷)	防治面积 (公顷)
全 国	**8412810**	**5995374**	**2116002**	**960292**	**162877**	**51557**
北 京	37599	37599				
天 津	40822	40820				
河 北	460149	384535	43770	37143		
山 西	188453	83450	45521	22078	1329	667
内蒙古	763235	377167	251190	136920		
辽 宁	591607	461497	3485	3360		
吉 林	210762	110272	26580	23347		
黑龙江	189671	170313	210729	190375		
上 海	4581	4529				
江 苏	82137	77291				
浙 江	88416	82153				
安 徽	328471	282945				
福 建	220701	205983	42	42		
江 西	209581	141847				
山 东	436927	430208				
河 南	461327	382563				
湖 北	244811	177432	2176	1885	103838	31922
湖 南	314000	295266				
广 东	268820	96807			24949	8747
广 西	309351	86996			406	400
海 南	8034	7171			12300	476
重 庆	201256	118786	66647	19740		
四 川	611707	447502	41240	29000		
贵 州	214704	188347	6363	5667		
云 南	243991	231032	3222	3194	12176	7011
西 藏	131321	87840	58307	25933		
陕 西	308988	236802	90185	77566		
甘 肃	158649	78005	107948	57644		
青 海	78084	15199	146684	77553		
宁 夏	118940	79277	125158	69779	7879	2335
新 疆	827398	569718	813212	159144		
大兴安岭	58317	6021	73544	19922		

8-9-17 地震灾害情况

年份 地区	地震灾害次数 (次)	5.0-5.9级	6.0-6.9级	7.0级以上	人员伤亡 (人)	#死亡人数	直接经济损失 (万元)
2000	10	7	2		2987	10	146792
2001	12	8	2	1	750	9	148449
2002	5	4			362	2	14774
2003	21	10	6	1	7465	319	466040
2004	11	8	1		696	8	94959
2005	13	9	2		882	15	262811
2006	10	9			229	25	79962
2007	3	1	1		422	3	201922
2008	17	6	4	2	446293	69283	85949594
2009	8	5	2		407	3	273782
2010	12	4		1	13795	2705	2361077
2011	18	11	2	1	540	32	6020873
2012	12	8	3		1279	86	828757
2013	14	10	3	1	15965	294	9953631
2014	20	14	4	1	3666	623	3326078
浙江	1						21743
四川	3	2	1		79	5	438177
云南	8	5	3		3587	618	2779840
西藏	1	1					
青海	1	1					
新疆	6	5		1			108061

8-9-18 主要海洋灾害情况

灾种	发生次数 (次)	人员死亡、失踪 (人)	直接经济损失 (亿元)
合计	**100**	**24**	**136.14**
风暴潮	9	6	135.78
赤潮	56		
海浪	35	18	0.12
海冰			0.24

8-9-19 各地区突发环境事件情况

地 区	突发环境事件次数(次)	特别重大环境事件	重大环境事件	较大环境事件	一般环境事件
全 国	**471**		**3**	**16**	**452**
北 京	11				11
天 津	1				1
河 北	2				2
山 西	6				6
内蒙古	2				2
辽 宁	4				4
吉 林	1				1
黑龙江					
上 海	108				108
江 苏	70			5	65
浙 江	27			1	26
安 徽	9				9
福 建	20			2	18
江 西	6				6
山 东	6			1	5
河 南	6				6
湖 北	5		2		3
湖 南	2			1	1
广 东	23		1		22
广 西	8				8
海 南	3				3
重 庆	16				16
四 川	7			2	5
贵 州	3				3
云 南	3				3
西 藏					
陕 西	82			2	80
甘 肃	22			1	21
青 海	6				6
宁 夏	7			1	6
新 疆	5				5

8-9-20 各地区城市市政设施情况

地区	道路长度（公里）	道路面积（万平方米）	城市桥梁（座）	城市道路照明灯（千盏）	排水管道长度（公里）
全国	**352333**	**683028**	**61872**	**23019**	**511179**
北京	8107	13834	2244	249	14290
天津	7275	13144	869	310	18748
河北	12859	30113	1378	625	15924
山西	7107	14470	640	437	7428
内蒙古	8612	18432	374	746	12123
辽宁	16692	28997	1663	1562	16783
吉林	8922	16887	750	501	9870
黑龙江	12252	18359	1032	622	9922
上海	4851	9964	2439	524	20972
江苏	39070	71151	14013	3198	66256
浙江	19382	37323	9732	1392	35960
安徽	12932	29124	1441	810	24580
福建	7987	15436	1799	690	12709
江西	7250	15578	659	602	10814
山东	39404	78308	5109	1790	49554
河南	11627	28017	1287	825	19348
湖北	18209	31145	1917	642	21484
湖南	10947	20062	728	643	12612
广东	38213	67446	6377	2124	50320
广西	7638	15614	735	591	8771
海南	2188	4747	151	169	3522
重庆	6893	14528	1379	450	11081
四川	12488	26264	2027	929	20606
贵州	3295	6531	573	401	5577
云南	7338	14182	653	413	10136
西藏	585	970	10	29	610
陕西	6170	13557	678	622	7237
甘肃	4151	8758	445	265	5016
青海	925	1835	127	116	1469
宁夏	2134	6332	183	227	1460
新疆	6831	11917	460	516	5997

8-9-21 各地区城市污水处理情况

地 区	污水处理厂（座）	污水处理厂污水处理能力（万立方米/日）	污水处理厂污水处理量（万立方米）	其他污水处理设施处理能力（万立方米/日）	其他污水处理设施处理量（万吨）	污水再生利用量（万吨）	城市污水处理率（%）	#污水处理厂集中处理率
全 国	**1807**	**13086.8**	**3827239**	**2036.7**	**188959**	**363460**	**90.2**	**85.9**
北 京	51	429.5	136533	12.5	2575	68260	86.1	84.5
天 津	40	260.0	74276	2.6	668	2597	91.0	90.2
河 北	73	520.9	149281	2.3	298	31798	95.1	94.9
山 西	33	203.8	58490	4.7	802	9338	88.4	87.2
内蒙古	40	189.5	51041			6120	89.2	89.2
辽 宁	90	767.7	210349	16.1	3283	22350	89.1	87.7
吉 林	38	258.3	74513	4.5	579	706	90.1	89.4
黑龙江	53	317.3	77004	373.5	16861	5266	77.2	63.4
上 海	51	788.0	207865				89.7	89.7
江 苏	189	1111.0	310725	511.4	59704	61233	93.5	78.4
浙 江	78	782.0	220057	56.5	6787	3383	90.7	88.0
安 徽	63	411.9	130097	204.3	8682	1060	96.2	90.2
福 建	49	324.3	99691	110.1	5820	96	88.7	83.8
江 西	35	224.4	67090	18.0	979	796	83.8	82.6
山 东	151	927.8	280681	7.3	602	51142	95.3	95.1
河 南	66	550.3	154223	12.5	2594	7619	92.5	91.0
湖 北	74	540.6	170798	69.8	6824	15176	92.1	88.6
湖 南	59	408.6	129321	142.7	16458	801	90.1	79.9
广 东	226	1848.8	596142	8.7	976	94	91.6	91.4
广 西	34	286.6	75795	385.6	33820	29	87.5	60.5
海 南	23	87.6	20321			998	71.4	71.4
重 庆	42	252.9	85981	4.9	980	726	93.0	91.9
四 川	75	479.2	137587	48.4	9991	2792	85.4	79.6
贵 州	28	140.8	42669			22122	94.8	94.8
云 南	31	219.3	69399	14.2	1868	29529	91.1	88.8
西 藏	2	6.2	1710				16.1	16.1
陕 西	33	280.5	79492			6869	91.6	91.6
甘 肃	22	137.2	29785	23.8	3545	2161	85.0	76.0
青 海	8	34.2	10476			649	59.2	59.2
宁 夏	11	65.5	21462		3587	1535	92.4	79.2
新 疆	39	232.1	54385	2.3	676	8215	86.2	85.2

8-9-22 各地区城市绿地和园林

地 区	城市绿地面积（公顷）	#公园绿地	公 园（个）	公园面积（公顷）	建成区绿化覆盖率（%）
全 国	**2527962**	**576817**	**13037**	**352423**	**40.22**
北 京	68438	23223	245	13294	49.13
天 津	25307	7652	94	2124	34.93
河 北	79393	23541	479	16373	41.93
山 西	40448	12253	259	9417	40.08
内蒙古	57372	16423	260	12090	39.79
辽 宁	121982	26406	374	13829	40.11
吉 林	45263	13912	183	6231	35.82
黑龙江	76346	16681	331	9626	35.98
上 海	125741	17789	161	2301	38.43
江 苏	265543	42901	883	21879	42.61
浙 江	132619	26155	1106	15949	40.75
安 徽	89512	18909	348	11303	41.18
福 建	60396	14475	557	11402	42.80
江 西	50809	13955	310	8596	44.61
山 东	205208	51952	790	32621	42.79
河 南	85661	23834	306	12002	38.32
湖 北	75546	20866	329	11206	37.87
湖 南	57273	14355	247	9555	38.64
广 东	421884	83195	3408	70151	41.44
广 西	72414	11086	196	7767	39.26
海 南	14672	3437	58	2074	41.32
重 庆	52515	21107	307	10751	40.60
四 川	82116	22191	466	12369	37.51
贵 州	35721	7906	63	5066	33.97
云 南	37309	9113	646	6673	38.14
西 藏	4195	725	59	723	43.77
陕 西	36354	10999	191	5417	40.46
甘 肃	22342	7320	116	4079	30.81
青 海	5340	1786	29	949	31.56
宁 夏	23195	4897	73	2282	37.98
新 疆	57050	7774	163	4325	36.83

8-9-23 各地区城市设施水平

地 区	城市用水普及率(%)	城市燃气普及率(%)	每万人拥有公共交通车辆(标台)	人均城市道路面积(平方米)	人均公园绿地面积(平方米)	每万人拥有公共厕所(座)
全 国	**97.64**	**94.57**	**12.99**	**15.34**	**13.08**	**2.79**
北 京	100.00	100.00	24.84	7.44	15.94	2.92
天 津	100.00	100.00	18.14	16.71	9.73	1.53
河 北	99.29	94.26	11.34	18.49	14.45	3.92
山 西	98.54	95.77	8.85	13.34	11.30	2.98
内蒙古	97.79	92.28	9.01	21.10	18.80	4.67
辽 宁	98.72	96.19	11.79	12.75	11.61	2.35
吉 林	93.79	91.98	10.32	14.62	12.05	3.23
黑龙江	96.20	86.23	12.78	13.32	12.10	5.13
上 海	100.00	100.00	11.97	4.11	7.33	2.54
江 苏	99.75	99.49	15.08	23.89	14.41	3.75
浙 江	99.93	99.81	15.46	18.40	12.90	3.96
安 徽	98.63	96.81	11.60	20.33	13.20	2.23
福 建	99.49	98.83	13.33	13.61	12.76	2.74
江 西	97.78	95.18	8.56	15.77	14.13	2.01
山 东	99.92	99.49	13.17	25.77	17.10	2.00
河 南	92.99	83.76	9.75	11.67	9.93	3.01
湖 北	98.75	94.71	11.91	16.57	11.10	2.73
湖 南	97.05	91.24	12.46	13.76	9.85	2.31
广 东	97.26	96.64	13.28	13.20	16.28	1.89
广 西	94.40	92.99	9.19	15.75	11.19	2.15
海 南	98.10	96.49	11.97	17.97	13.01	1.83
重 庆	96.78	94.27	11.18	11.68	16.97	2.29
四 川	91.12	90.89	14.22	13.32	11.26	2.17
贵 州	94.47	76.30	10.61	10.33	12.50	2.17
云 南	97.85	76.18	12.36	17.12	11.00	2.87
西 藏	89.07	57.13	8.43	14.44	10.80	4.51
陕 西	96.31	95.08	15.85	15.38	12.48	4.30
甘 肃	94.95	83.48	9.67	15.30	12.79	2.50
青 海	99.71	88.81	14.40	11.08	10.78	4.04
宁 夏	97.26	89.23	13.17	23.16	17.91	2.51
新 疆	98.15	96.87	15.54	16.46	10.74	3.36

【主要统计指标解释】

水资源总量 指当地降水形成的地表和地下产水量，即地表径流量与降水入渗补给量之和，不包括过境水量。

地表水资源量 指河流、湖泊、冰川等地表水体中由当地降水形成的、可以逐年更新的动态水量，即天然河川径流量。

地下水资源量 指当地降水和地表水对饱水岩土层的补给量。

地表水与地下水资源重复量 指地表水和地下水相互转化的部分，即在河川径流量中包括一部分地下水排泄量，地下水补给量中包括一部分来源于地表水的入渗量。

供水总量 指各种水源工程为用户提供的包括输水损失在内的毛供水量。

地表水源供水量 指地表水体工程的取水量，按蓄、引、提、调四种形式统计。从水库、塘坝中引水或提水，均属蓄水工程供水量；从河道或湖泊中自流引水的，无论有闸或无闸，均属引水工程供水量；利用扬水站从河道或湖泊中直接取水的，属提水工程供水量；跨流域调水指水资源一级区或独立流域之间的跨流域调配水量，不包括在蓄、引、提水量中。

地下水源供水量 指水井工程的开采量，按浅层淡水、深层承压水和微咸水分别统计。城市地下水源供水量包括自来水厂的开采量和工矿企业自备井的开采量。

其他水源供水量 包括污水处理再利用、集雨工程、海水淡化等水源工程的供水量。

用水总量 指分配给用户的包括输水损失在内的毛用水量。按用户特性分为农业、工业、生活和生态用水四大类。

农业用水 包括农田灌溉用水、林果地灌溉用水、草地灌溉用水、鱼塘补水和畜禽用水。

工业用水 按新水取用量计，不包括企业内部的重复利用水量。

生活用水 包括城镇生活用水和农村生活用水。城镇生活用水由居民用水和公共用水（含第三产业及建筑业等用水）组成；农村生活用水指居民生活用水。

生态环境补水 仅包括人为措施供给的城镇环境用水和部分河湖、湿地补水。

一般工业固体废物产生量 系指未被列入《国家危险废物名录》或者根据国家规定的危险废物鉴别标准（GB5085）、固体废物浸出毒性浸出方法（GB5086）及固体废物浸出毒性测定方法（GB／T 15555）鉴别方法判定不具有危险特性的工业固体废物。计算公式为：

一般工业固体废物产生量=（一般工业固体废物综合利用量-其中：综合利用往年贮存量）+一般工业固体废物贮存量+（一般工业固体废物处置量-其中：处置往年贮存量）+一般工业固体废物倾倒丢弃量

一般工业固体废物综合利用量 指报告期内企业通过回收、加工、循环、交换等方式，从固体废物中提取或者使其转化为可以利用的资源、能源和其他原材料的固体废物量（包括当年利用的往年工业固体废物累计贮存量）。如用作农业肥料、生产建筑材料、筑路等。综合利用量由原产生固体废物的单位统计。

一般工业固体废物处置量 指报告期内企业将工业固体废物焚烧和用其他改变工业固体废物的物理、化学、生物特性的方法，达到减少或者消除其危险成分的活动，或者将工业固体废物最终置于符合环境保护规定要求的填埋场的活动中，所消纳固体废物的量。

一般工业固体废物贮存量 指报告期内企业以综合利用或处置为目的，将固体废物暂时贮存或堆存在专设的贮存设施或专设的集中堆存场所内的量。专设的固体废物贮存场所或贮存设施必须有防扩散、防流失、防渗漏、防止污染大气、水体的措施。

一般工业固体废物倾倒丢弃量 指报告期内企业将所产生的固体废物倾倒或者丢弃到固体废物污染防治设施、场所以外的量。

危险废物产生量 指当年全年调查对象实际产生的危险废物的量。危险废物指列入国家危险废物名录或者根据国家规定的危险废物鉴别标准和鉴别方法认定的，具有爆炸性、易燃性、易氧化性、毒性、腐蚀性、易传染性疾病等危险特性之一的废物。按《国家危险废物名录》（环境保护部、国家发展和改革委员会2008部令第1号）填报。

危险废物综合利用量 指当年全年调查对象从危险废物中提取物质作为原材料或者燃料的活动中消纳危险废物的量。包括本单位利用或委托、提供给外单位利用的量。

危险废物处置量 指报告期内企业将危险废物焚烧和用其他改变工业固体废物的物理、化学、生物特性的方法，达到减少或者消除其危险成分的活动，或者将危险废物最终置于符合环境保护规定要求的填埋场的活动中，所消纳危险废物的量。处置量包括处置本单位或委托给外单位处置的量。

危险废物贮存量 指将危险废物以一定包装方式暂时存放在专设的贮存设施内的量。专设的贮存设施指对危险废物的包装、选址、设计、安全防护、监测和关闭等符合《危险废物贮存污染控制标准》（GB18597-2001）等相关环保法律法规要求，具有防扩散、防流失、防渗漏、防止污染大气和水体措施的设施。

自然保护区 指对有代表性的自然生态系统、珍稀濒危野生动植物物种的天然分布区、水源涵养区、有特殊意义的自然历史遗迹等保护对象所在的陆地、陆地水体或海域，依法划出一定面积进行特殊保护和管理的区域。以县及县以上各级人民政府正式批准建立的自然保护区为准。风景名胜区、文物保护区不计在内。

湿地 指天然或人工、长久或暂时性的沼泽地、泥炭地或水域地带，包括静止或流动、淡水、半咸水、咸水体，低潮时水深不超过6米的水域以及海岸地带地区的珊瑚滩和海草床、滩涂、红树林、河口、河流、淡水沼泽、沼泽森林、湖泊、盐沼及盐湖。

突发环境事件 指突然发生，造成或者可能造成重大人员伤亡、重大财产损失和对全国或者某一地区的经济社会稳定、政治安定构成重大威胁和损害，有重大社会影响的涉及公共安全的环境事件。

环境污染治理投资 指在工业污染源治理和城市环境基础设施建设的资金投入中，用于形成固定资产的资金。包括工业污染源治理工程投资、建设项目“三同时”环保投资，以及城市环境基础设施建设所投入的资金。

全年供水总量 指报告期供水企业（单位）供出的全部水量。包括有效供水量和漏损水量。

燃气普及率 指报告期末使用燃气的城市人口数与城市人口总数的比率。计算公式为：

$$\text{燃气普及率}=\frac{\text{城市用气人口数}}{\text{城市人口总数}}\times 100\%$$

生活垃圾清运量 指报告期内收集和运送到垃圾处理厂(场)的生活垃圾数量。生活垃圾指城市日常生活或为城市日常生活提供服务的活动中产生的固体废物以及法律行政规定的视为城市生活垃圾的固体废物。包括：居民生活垃圾、商业垃圾、集市贸易市场垃圾、街道清扫垃圾、公共场所垃圾和机关、学校、厂矿等单位的生活垃圾。

生活垃圾无害化处理率 指报告期生活垃圾无害化处理量与生活垃圾产生量比率。在统计上，由于生活垃圾产生量不易取得，可用清运量代替。计算公式为：

$$\text{生活垃圾无害化处理率}=\frac{\text{生活垃圾无害化处理量}}{\text{生活垃圾产生量}}\times 100\%$$

公园绿地 指城市中向公众开放的，以游憩为主要功能，有一定的游憩设施和服务设施，同时兼有健全生态、美化景观、防灾减灾等综合作用的绿化用地。

农村改水累计受益人口 指各种改水形式的受益人口。

卫生厕所 指有完整下水道系统的水冲式、三格化粪池式、净化沼气池式、多翁漏斗式公厕以及粪便及时清理并进行高温堆肥无害化处理的非水冲式公厕。

累计使用卫生公厕户数 指农民因某种原因没有兴建自己的卫生厕所，而使用村内卫生公厕户数。

8 第三产业部分行业主要业务指标

8-10 居民服务、修理和其他服务业

简要说明

一、主要内容

本篇资料主要包括殡葬服务、婚姻服务情况。

二、资料来源

本篇资料由民政部依据统计报表制度整理提供。

8-10-1 殡葬服务情况

年份 地区	殡葬类单位数 (个)	从业人员 (人)	火化炉数 (台)	火化数 (万具)	安葬数 (万具)	火化率 (%)
2005	3284	68588	5037	450.2	54.8	53.0
2006	3549	70500	5649	430.2	45.4	48.2
2007	3669	73227	4838	442.1	53.3	48.4
2008	3754	74731	4789	453.4	49.9	48.5
2009	3896	74050	5123	454.2	52.9	48.2
2010	3951	75230	5229	474.1	60.5	49.0
2011	4103	75254	5209	468.1	59.9	48.8
2012	4357	77254	5539	477.7	60.9	49.5
2013	4382	80768	5743	468.9	62.8	48.2
2014	4559	82651	5908	459.3	60.4	47.0
北　京	54	1703	90	9.1	2.1	75.5
天　津	28	818	66	6.7	0.7	66.6
河　北	183	3442	374	20.6	0.9	38.9
山　西	65	974	65	2.2	0.4	8.9
内蒙古	129	2029	158	6.6	2.5	41.1
辽　宁	293	5054	364	27.8	2.8	89.8
吉　林	146	4491	167	7.6	0.3	37.8
黑龙江	149	3099	251	16.5	2.4	59.1
上　海	75	3080	94	12.3	5.5	88.0
江　苏	258	4364	533	47.5	5.5	74.3
浙　江	225	3560	346	30.7	3.9	87.8
安　徽	188	2978	258	26.0	3.5	63.3
福　建	158	2884	218	19.8	1.5	73.2
江　西	139	1926	201	9.0	1.8	27.2
山　东	173	3509	494	58.2	0.9	75.5
河　南	259	5915	315	22.3		29.3
湖　北	178	3695	318	20.8	1.1	45.2
湖　南	232	3118	151	8.2	4.5	15.5
广　东	315	7666	409	47.4	2.3	81.8
广　西	107	1942	91	7.7	2.9	22.7
海　南	17	269	7	0.3	0.7	5.0
重　庆	116	2094	116	7.9	0.2	32.9
四　川	305	4287	281	20.6	1.8	31.7
贵　州	148	3483	124	7.2	5.3	24.9
云　南	210	1437	174	6.2	1.8	17.6
西　藏	2	31	6	0.1	1.5	4.1
陕　西	111	2438	89	5.3	1.4	19.8
甘　肃	75	818	54	1.8	0.6	10.0
青　海	35	169	43	0.7		18.7
宁　夏	27	143	8	0.4	0.3	12.2
新　疆	159	1235	43	1.8	1.1	14.1

8-10-2 婚姻服务情况

年份 地区	结婚登记（万对）	内地居民登记结婚			涉外及港澳台居民登记结婚	离婚（万对）	粗离婚率（‰）
			初婚（万人）	再婚（万人）			
1985	831.30	829.06	1607.63	50.48	2.22	45.79	0.44
1990	951.10	948.69	1819.13	78.24	2.38	80.00	0.69
1995	934.10	929.71	1776.07	83.35	4.40	105.60	0.88
2000	848.50	842.00	1581.39	102.62	6.49	121.29	0.96
2005	823.10	816.60	1483.00	163.10	6.43	178.50	1.37
2006	945.00	938.20	1705.60	184.40	6.82	191.30	1.46
2007	991.40	986.30	1779.70	203.10	5.11	209.80	1.59
2008	1098.30	1093.20	1972.50	224.10	5.10	226.90	1.71
2009	1212.40	1207.50	2168.80	256.00	4.92	246.80	1.85
2010	1241.00	1236.10	2200.90	281.10	4.90	267.80	2.00
2011	1302.36	1297.48	2309.88	294.85	4.88	287.40	2.13
2012	1323.59	1318.27	2361.17	286.02	5.33	310.38	2.29
2013	1346.93	1341.43	2385.96	307.89	5.50	350.01	2.57
2014	1306.74	1302.04	2286.81	326.68	4.70	295.73	2.67
北 京	17.00	16.89	25.38	8.63	0.11	5.62	3.08
天 津	9.94	9.90	17.39	2.48	0.04	3.90	2.98
河 北	66.13	66.07	109.99	22.28	0.06	14.69	2.52
山 西	35.07	35.06	63.75	6.39	0.02	4.79	1.80
内蒙古	21.68	21.66	33.60	9.75	0.02	6.66	3.54
辽 宁	34.51	34.32	62.75	6.27	0.19	12.62	3.48
吉 林	23.52	23.43	42.91	4.13	0.10	10.74	4.44
黑龙江	35.23	35.04	61.77	8.68	0.19	15.80	4.88
上 海	14.19	14.00	20.14	8.25	0.20	5.30	2.54
江 苏	83.45	83.29	141.84	25.06	0.16	17.82	2.75
浙 江	43.68	43.31	73.27	14.09	0.37	11.10	2.47
安 徽	79.89	79.80	136.88	22.90	0.09	13.95	2.82
福 建	37.53	36.90	68.02	7.04	0.63	7.03	2.30
江 西	37.12	37.00	65.87	8.38	0.12	7.29	1.97
山 东	83.18	83.05	135.83	30.54	0.14	18.13	2.40
河 南	117.58	117.46	228.59	6.57	0.12	19.35	2.45
湖 北	62.19	62.05	118.23	6.16	0.15	13.37	2.71
湖 南	62.20	62.02	106.07	18.33	0.18	14.64	2.62
广 东	89.15	88.31	162.01	16.28	0.84	15.16	1.67
广 西	47.23	47.06	84.54	9.91	0.17	8.08	2.13
海 南	9.00	8.92	16.63	1.38	0.08	1.08	1.57
重 庆	30.45	30.37	43.26	17.64	0.08	11.54	4.45
四 川	77.42	77.27	120.92	33.93	0.16	22.96	3.38
贵 州	43.72	43.68	85.22	2.22	0.04	7.08	2.73
云 南	46.48	46.10	81.47	11.50	0.38	7.92	2.14
西 藏	1.96	1.95	3.54	0.38	0.00	0.21	0.84
陕 西	38.12	38.08	65.56	10.69	0.05	6.83	2.26
甘 肃	20.18	20.17	39.19	1.17	0.01	2.52	1.63
青 海	5.40	5.40	9.95	0.85	0.00	0.75	2.16
宁 夏	5.60	5.59	9.73	1.46	0.00	1.13	2.40
新 疆	27.92	27.89	52.50	3.33	0.03	7.67	4.74

【主要统计指标解释】

火化率 指当年处理遗体数除以当年死亡人数乘以100%。

$$火化率=\frac{当年处理遗体数}{当年死亡人数}\times 100\%$$

粗离婚率 指当年离婚对数占年平均人口的比重，计算公式为：

$$粗离婚率=\frac{当年离婚对数}{年平均人口数}\times 1000‰$$

8 第三产业部分行业主要业务指标

8-11 教 育

简要说明

一、主要内容

教育统计资料包括公办教育和民办教育、学历教育和非学历教育。具体有高等教育（研究生教育、普通高等教育和成人高等教育）、中等教育（高中阶段教育和初中阶段教育）、初等教育（小学）、学前教育、特殊教育（盲聋哑和弱智学校等）以及教育经费等资料。主要指标包括学校数、在校学生数、招生数、毕业生数、教职工数和专任教师数等。

二、资料来源

教育事业统计资料由教育部提供，详细资料见《中国教育统计年鉴》（教育部发展规划司编）；技工学校资料由人力资源和社会保障部提供。

8-11-1 各级各类学校、教职工和专任教师情况

项　目	学校数(所)	教职工数(人)	专任教师(人)
高等教育			
研究生培养机构	(788)		
普通高校	(571)		
科研机构	(217)		
普通高等学校	2529	2335723	1534510
本科院校	1202	1703121	1091654
#独立学院	283	183308	136303
高职(专科)院校	1327	625017	438300
其他普通高教机构	(31)	7585	4556
成人高等学校	295	52921	31538
民办的其他高等教育机构	(799)	26290	12083
中等教育	**79670**	**7615512**	**6025122**
高中阶段教育	25677	3651059	2529133
高中	13799	2518951	1670720
普通高中	13253	2509396	1662700
完全中学	5647	1046042	514675
高级中学	6619	1272557	1100768
十二年一贯制学校	987	190797	47257
成人高中	546	9555	8020
中等职业教育	11878	1132108	858413
普通中专	3536	418120	306906
成人中专	1457	73380	53134
职业高中	4067	360865	293323
技工学校	2818	265203	194631
其他中职机构	(402)	14540	10419
初中阶段教育	53993	3964453	3495989
初中	52623	3955721	3488430
初级中学	37958	2852397	2563537
九年一贯制学校	14639	1102498	475624
十二年一贯制学校			49637
完全中学			398863
职业初中	26	826	769
成人初中	1370	8732	7559
初等教育	**219632**	**5529436**	**5655561**
普通小学	201377	5488941	5633906
小学	201377	5488941	5105281
九年一贯制学校			483924
十二年一贯制学校			44701
成人小学	18255	40495	21655
#扫盲班	12861	26141	10848
工读学校	**79**	**2820**	**1900**
特殊教育	**2000**	**57360**	**48125**
学前教育	**209881**	**3142226**	**1844148**

注：1.完全中学的学校数和教职工数计入高中阶段教育，九年一贯制学校的校数和教职工数计入初中阶段教育，十二年一贯制学校的校数和教职工数计入高中阶段教育。专任教师是按照教育层次划分归类。
2."()"内数据为不计校数。

8-11-2 各级各类学历教育学生情况

单位：人

项　　目	毕业生数	招生数	在校生数	女学生占学生总数的比重(%)
高等教育				
研究生	535863	621323	1847689	49.16
博　士	53653	72634	312676	36.93
硕　士	482210	548689	1535013	51.65
普通本专科	6593671	7213987	25476999	52.12
本　科	3413787	3834152	15410653	52.46
专　科	3179884	3379835	10066346	51.59
成人本专科	2212329	2656040	6531212	56.11
本　科	899050	1102409	2797917	57.21
专　科	1313279	1553631	3733295	55.29
其他各类高等学历教育				
在职人员攻读硕士学位		162374	596086	35.96
网络本专科生	1661306	2061852	6314472	48.79
本　科	586272	781445	2287010	52.37
专　科	1075034	1280407	4027462	46.75
中等教育	**28928894**	**28641793**	**86015438**	**47.35**
高中阶段教育	14349208	14163578	41706510	48.06
高中	8119745	7965960	24153687	49.98
普通高中	7996189	7965960	24004723	49.97
完全中学	2514209	2530020	7576658	49.58
高级中学	5281303	5186359	15735711	50.40
十二年一贯制学校	200677	249581	692354	44.42
成人高中	123556		148964	51.21
中等职业教育	6229463	6197618	17552823	45.42
普通中专	2477321	2596594	7491366	52.99
成人中专	900470	741601	1943596	43.62
职业高中	1783728	1615358	4728165	45.57
技工学校	1067944	1244065	3389696	29.53
初中阶段教育	14579686	14478215	44308928	46.69
初中	14135127	14478215	43846297	46.67
初级中学	10296180	10452499	31720045	47.13
九年一贯制学校	1681372	1877028	5524430	44.83
十二年一贯制学校	219881	259380	755092	41.26
完全中学	1934473	1886935	5839005	46.63
职业初中	3221	2373	7725	47.48
成人初中	444559		462631	48.67
初等教育	**15882235**	**16584245**	**95674926**	**46.35**
普通小学	14766280	16584245	94510651	46.26
小学	13265761	14993164	85260959	46.44
九年一贯制学校	1376765	1454522	8485902	44.90
十二年一贯制学校	123754	136559	763790	41.24
成人小学	1115955		1164275	53.91
#扫盲班	441537		455524	58.54
工读学校	**3000**	**3528**	**8494**	**14.14**
特殊教育	**49032**	**70713**	**394870**	**35.56**
学前教育	**15271571**	**19877752**	**40507145**	**46.32**

注：1.完全中学、九年一贯制学校和十二年一贯制学校的学生数按教育层次分别计入对应教育阶段的学生数中。
2.特殊教育学生数中包括义务教育阶段随班就读的学生、其他学校附设特教班。

8-11-3　各级各类非学历教育学生情况

单位：人

项　　目	结业生数	注册生数
总　　计	**60047595**	**53503280**
高等教育	9202798	7366574
研究生课程进修班	34836	56427
自考助学班	149228	376213
普通预科生		44451
进修及培训	9018734	6889483
#资格证书培训	2233496	2078655
岗位证书培训	2517423	2116553
中等职业教育	50844797	46136706
#资格证书培训	8283003	7356309
岗位证书培训	11821244	10704491
中等职业学校	6049504	3759486
#资格证书培训	2490008	1617346
岗位证书培训	1858154	1125192
职业技术培训机构	44795293	42377220
#资格证书培训	5792995	5738963
岗位证书培训	9963090	9579299

8-11-4　各级各类民办教育情况

单位：人

项　　目	学校数（所）	教职工数	专任教师	毕业生数	招生数	在校生数	其　他
民办高等教育							
民办高校	728	412824	293954	1419645	1729617	5871547	317345
硕　士				106	170	408	
本　科				808097	927750	3748336	
专　科				611442	801697	2122803	
#独立学院	283	183308	136303	625703	651237	2690625	29095
本　科				581894	605654	2554396	
专　科				43809	45583	136229	
民办的其他高等教育机构	(799)	26290	12083				883009
民办中等教育							
高中阶段教育	4785	466438	336912	1483909	1546821	4282286	
民办普通高中	2442	355368	262622	744437	827299	2386542	
民办中等职业教育	2343	111070	74290	739472	719522	1895744	294471
初中阶段教育	4744	376317	286825	1421784	1677377	4870018	
#民办普通初中	4743	376312	286821	1421774	1677353	4869950	
民办普通小学	**5681**	**225892**	**168023**	**1045563**	**1148019**	**6741425**	
民办幼儿园	**139282**	**2056325**	**1131802**	**6737691**	**9536605**	**21253781**	
另：民办培训机构	**(20001)**	**234896**	**135365**				**8679377**

注：1.“其他”包括：自考助学班学生、预科生、进修及培训学生数。
2. 民办普通高中的教职工和专任教师数中包含民办普通初中的教职工和专任教师数。
3. 民办中等职业教育数据中未含技工学校数据。
4.“()”括号内数据不计校数。

8-11-5 各级各类学校情况

单位：所

年 份	普通高等学校	#高职(专科)院校	普通高中	中等职业教育	初中	#职业初中	普通小学	特殊教育	学前教育
1978	598		49215		113130		949323	292	163952
1980	675		31300		87077		917316	292	170419
1985	1016		17318		77529	1626	832309	375	172262
1990	1075		15678		73462	1509	766072	746	172322
1995	1054		13991		68564	1535	668685	1379	180438
2000	1041	442	14564		63898	1194	553622	1539	175836
2001	1225	628	14907		66590	1065	491273	1531	111706
2002	1396	767	15406		65645	984	456903	1540	111752
2003	1552	908	15779	14682	64730	1019	425846	1551	116390
2004	1731	1047	15998	14454	63757	697	394183	1560	117899
2005	1792	1091	16092	14466	62486	601	366213	1593	124402
2006	1867	1147	16153	14693	60885	335	341639	1605	130495
2007	1908	1168	15681	14832	59384	275	320061	1618	129086
2008	2263	1184	15206	14847	57914	213	300854	1640	133722
2009	2305	1215	14607	14401	56320	153	280184	1672	138209
2010	2358	1246	14058	13872	54890	67	257410	1706	150420
2011	2409	1280	13688	13093	54117	54	241249	1767	166750
2012	2442	1297	13509	12663	53216	49	228585	1853	181251
2013	2491	1321	13352	12262	52804	40	213529	1933	198553
2014	2529	1327	13253	11878	52623	26	201377	2000	209881

8-11-6 各级各类学校专任教师情况

单位：万人

年 份	普通高等学校	#高职(专科)院校	普通高中	中等职业教育	初中	#职业初中	普通小学	特殊教育	学前教育
1978	20.6		74.1		244.1		522.6	0.4	27.8
1980	24.7		57.1		245.6		549.9	0.5	41.1
1985	34.4		49.2		218.5		537.7	0.7	55.0
1990	39.5		56.2		247.0	2.9	558.2	1.4	75.0
1995	40.1		55.1		282.1	3.7	566.4	2.5	87.5
2000	46.3	8.7	75.7		328.7	3.8	586.0	3.2	85.7
2001	53.2	12.4	84.0		338.6	3.7	579.8	2.9	54.6
2002	61.8	15.6	94.6		346.8	3.7	577.9	3.0	57.1
2003	72.5	19.7	107.1		349.8	3.1	570.3	3.0	61.3
2004	85.8	23.8	119.1		350.1	2.4	562.9	3.1	65.6
2005	96.6	26.8	130.0	75.0	349.2	2.0	559.3	3.2	72.2
2006	107.6	31.6	138.7	79.9	347.5	1.2	558.8	3.3	77.6
2007	116.8	35.5	144.3	85.9	347.3	0.9	561.3	3.5	82.7
2008	123.8	37.7	147.6	89.5	347.6	0.7	562.2	3.6	89.9
2009	129.5	39.5	149.3	86.9	351.8	0.5	563.3	3.8	98.6
2010	134.3	40.4	151.8	87.2	352.5	0.2	561.7	4.0	114.4
2011	139.3	41.3	155.7	88.2	352.5	0.2	560.5	4.1	131.6
2012	144.0	41.3	159.5	88.1	350.4	0.2	558.6	4.4	147.9
2013	149.7	43.7	162.9	86.8	348.1	0.1	558.5	4.6	166.3
2014	153.5	43.8	166.3	85.8	348.8	0.1	563.4	4.8	184.4

8-11-7 各级各类学校招生情况

单位：万人

年 份	普通本专科	#高职(专科)院校	普通高中	中等职业教育	初中	#职业初中	普通小学	特殊教育	学前教育
1978	40.2		692.9		2006.0		3315.4	0.6	
1980	28.1		383.4		1557.6	6.7	2942.3	0.6	
1985	61.9		257.5		1367.0	17.6	2298.2	0.9	
1990	60.9		249.8		1389.3	19.4	2064.0	1.6	
1995	92.6		273.6		1781.1	28.8	2531.8	5.6	
2000	220.6	48.7	472.7		2295.6	32.3	1946.5	5.3	1531.1
2001	268.3	66.6	558.0		2287.9	30.0	1944.2	5.6	1398.2
2002	320.5	89.1	676.7		2281.8	29.5	1952.8	5.3	1373.6
2003	382.2	199.6	752.1		2220.1	24.8	1829.4	4.9	1316.8
2004	447.3	237.4	821.5		2094.6	16.4	1747.0	5.1	1350.3
2005	504.5	268.1	877.7	655.7	1987.6	11.1	1671.7	4.9	1356.2
2006	546.1	293.0	871.2	747.8	1929.5	5.9	1729.4	5.0	1391.3
2007	565.9	283.8	840.2	810.0	1868.6	4.8	1736.1	6.3	1433.6
2008	607.7	310.6	837.0	812.1	1859.6	3.4	1695.7	6.2	1482.7
2009	639.5	313.4	830.3	868.5	1788.5	2.1	1637.8	6.4	1546.9
2010	661.8	310.5	836.2	870.4	1716.6	1.1	1691.7	6.5	1700.4
2011	681.5	324.9	850.8	813.9	1634.7	0.7	1736.8	6.4	1827.3
2012	688.8	314.8	844.6	754.1	1570.8	0.5	1714.7	6.6	1911.9
2013	699.8	318.4	822.7	674.8	1496.1	0.4	1695.4	6.6	1970.0
2014	721.4	338.0	796.6	619.8	1447.8	0.2	1658.4	7.1	1987.8

8-11-8 各级各类学校在校学生情况

单位：万人

年份	普通本专科	#高职(专科)院校	普通高中	中等职业教育	初中	#职业初中	普通小学	特殊教育	学前教育
1978	85.6		1553.1		4995.2		14624.0	3.1	787.7
1980	114.4		969.8		4551.8	13.5	14627.0	3.3	1150.8
1985	170.3		741.1		4010.1	45.2	13370.2	4.2	1479.7
1990	206.3		717.3		3916.6	47.9	12241.4	7.2	1972.2
1995	290.6		713.2		4727.5	69.7	13195.2	29.6	2711.2
2000	556.1	100.9	1201.3		6256.3	88.6	13013.3	37.8	2244.2
2001	719.1	146.8	1405.0		6514.4	83.3	12543.5	38.6	2021.8
2002	903.4	193.4	1683.8		6687.4	83.4	12156.7	37.5	2036.0
2003	1108.6	479.4	1964.8		6690.8	72.4	11689.7	36.5	2003.9
2004	1333.5	595.7	2220.4		6527.5	52.5	11246.2	37.2	2089.4
2005	1561.8	713.0	2409.1	1600.0	6214.9	43.1	10864.1	36.4	2179.0
2006	1738.8	795.5	2514.5	1809.9	5958.0	20.6	10711.5	36.3	2263.9
2007	1884.9	860.6	2522.4	1987.0	5736.2	15.3	10564.0	41.9	2348.8
2008	2021.0	916.8	2476.3	2087.1	5585.0	10.8	10331.5	41.7	2475.0
2009	2144.7	964.8	2434.3	2195.2	5440.9	7.3	10071.5	42.8	2657.8
2010	2231.8	966.2	2427.3	2238.5	5279.3	3.4	9940.7	42.6	2976.7
2011	2308.5	958.9	2454.8	2205.3	5066.8	2.6	9926.4	39.9	3424.5
2012	2391.3	964.2	2467.2	2113.7	4763.1	1.9	9695.9	37.9	3685.8
2013	2468.1	973.6	2435.9	1923.0	4440.1	1.1	9360.5	36.8	3894.7
2014	2547.7	1006.6	2400.5	1755.3	4384.6	0.8	9451.1	39.5	4050.7

8-11-9 各级各类学校毕业生情况

单位：万人

年份	普通本专科	#高职(专科)院校	普通高中	中等职业教育	初中	#职业初中	普通小学	特殊教育	学前教育
1978	16.5		682.7		1692.8		2287.9	0.3	
1980	14.7		616.2		964.8	7.9	2053.3	0.4	
1985	31.6		196.6		1007.2	8.9	1999.9	0.4	
1990	61.4		233.0		1123.0	13.9	1863.1	0.5	
1995	80.5		201.6		1244.4	17.0	1961.5	1.9	
2000	95.0	17.9	301.5		1633.5	26.4	2419.2	4.3	
2001	103.6	19.3	340.5		1731.5	24.5	2396.9	4.6	1160.2
2002	133.7	27.7	383.8		1903.7	23.8	2351.9	4.4	1152.7
2003	187.7	94.8	458.1		2018.5	22.9	2267.9	4.5	1072.0
2004	239.1	119.5	546.9		2087.3	16.9	2135.2	4.7	1059.7
2005	306.8	160.2	661.6	418.2	2123.4	16.9	2019.5	4.3	1025.4
2006	377.5	204.8	727.1	479.1	2071.6	9.2	1928.5	4.5	1045.1
2007	447.8	248.2	788.3	530.9	1963.7	6.9	1870.2	5.0	1049.1
2008	512.0	286.3	836.1	580.7	1868.0	5.1	1865.0	5.2	1040.5
2009	531.1	285.6	823.7	625.2	1797.7	3.0	1805.2	5.7	1040.6
2010	575.4	316.4	794.4	665.3	1750.4	1.8	1739.6	5.9	1057.6
2011	608.2	328.5	787.7	660.3	1736.7	1.2	1662.8	4.4	1184.7
2012	624.7	320.9	791.5	674.9	1660.8	0.9	1641.6	4.9	1433.6
2013	638.7	318.7	799.0	674.4	1561.5	0.7	1581.1	5.1	1491.7
2014	659.4	318.0	799.6	622.9	1413.5	0.3	1476.6	4.9	1527.2

8-11-10 研究生和留学人员情况

单位：人

年份	研究生数			出国留学人员	学成回国留学人员
	毕业生数	招生数	在校学生数		
1978	9	10708	10934	860	248
1980	476	3616	21604	2124	162
1985	17004	46871	87331	4888	1424
1990	35440	29649	93018	2950	1593
1995	31877	51053	145443	20381	5750
2000	58767	128484	301239	38989	9121
2001	67809	165197	393256	83973	12243
2002	80841	202611	500980	125179	17945
2003	111091	268925	651260	117307	20152
2004	150777	326286	819896	114682	24726
2005	189728	364831	978610	118515	34987
2006	255902	397925	1104653	134000	42000
2007	311839	418612	1195047	144000	44000
2008	344825	446422	1283046	179800	69300
2009	371273	510953	1404942	229300	108300
2010	383600	538177	1538416	284700	134800
2011	429994	560168	1645845	339700	186200
2012	486455	589673	1719818	399600	272900
2013	513626	611381	1793953	413900	353500
2014	535863	621323	1847689	459800	364800

8-11-11 分学科研究生情况

单位：人

项目	毕业生数	博士	硕士	招生数	博士	硕士	在校学生数	博士	硕士
分学科研究生数（总计）	**535863**	**53653**	**482210**	**621323**	**72634**	**548689**	**1847689**	**312676**	**1535013**
#女	272956	20588	252368	316438	28380	288058	908287	115459	792828
学术型学位	362950	51675	311275	380561	70619	309942	1234835	304963	929872
专业学位	172913	1978	170935	240762	2015	238747	612854	7713	605141
哲学	4354	680	3674	4415	860	3555	14604	3952	10652
经济学	26283	2262	24021	28064	2917	25147	78909	13009	65900
法学	39390	2803	36587	41907	3702	38205	122541	16076	106465
教育学	29063	971	28092	34694	1364	33330	88615	5870	82745
文学	31741	1887	29854	31967	2438	29529	92627	10614	82013
历史学	5339	799	4540	5765	984	4781	17999	4451	13548
理学	49002	10922	38080	62014	14855	47159	189830	56412	133418
工学	184647	18537	166110	217500	27605	189895	669703	129161	540542
农学	19443	2382	17061	23383	3181	20202	66068	13013	53055
医学	61192	8457	52735	70466	9575	60891	204148	33474	170674
军事学	229	23	206	209	26	183	717	164	553
管理学	69672	3466	66206	81641	4489	77152	246846	23976	222870
艺术学	15508	464	15044	19298	638	18660	55082	2504	52578
分学科研究生数（普通高校）	**528797**	**52290**	**476507**	**613152**	**70713**	**542439**	**1822821**	**305833**	**1516988**
#女	270071	20108	249963	313167	27679	285488	898591	113246	785345
学术型学位	357129	50312	306817	374007	68700	305307	1213969	298126	915843
专业学位	171668	1978	169690	239145	2013	237132	608852	7707	601145
哲学	4234	647	3587	4261	795	3466	14166	3788	10378
经济学	25606	2054	23552	27341	2663	24678	76788	12120	64668
法学	38596	2678	35918	40945	3488	37457	119840	15481	104359
教育学	29063	971	28092	34694	1364	33330	88615	5870	82745
文学	31651	1857	29794	31870	2396	29474	92321	10476	81845
历史学	5206	775	4431	5622	946	4676	17623	4346	13277
理学	48465	10780	37685	61347	14646	46701	187720	55643	132077
工学	182088	18151	163937	214709	27051	187658	660448	126799	533649
农学	18671	2202	16469	22478	2938	19540	63385	12189	51196
医学	60563	8326	52237	69792	9425	60367	202124	33001	169123
军事学	228	23	205	209	26	183	715	164	551
管理学	69083	3415	65668	80752	4393	76359	244537	23642	220895
艺术学	15343	411	14932	19132	582	18550	54539	2314	52225
分学科研究生数（科研机构）	**7066**	**1363**	**5703**	**8171**	**1921**	**6250**	**24868**	**6843**	**18025**
#女	2885	480	2405	3271	701	2570	9696	2213	7483
学术型学位	5821	1363	4458	6554	1919	4635	20866	6837	14029
专业学位	1245		1245	1617	2	1615	4002	6	3996
哲学	120	33	87	154	65	89	438	164	274
经济学	677	208	469	723	254	469	2121	889	1232
法学	794	125	669	962	214	748	2701	595	2106
教育学									
文学	90	30	60	97	42	55	306	138	168
历史学	133	24	109	143	38	105	376	105	271
理学	537	142	395	667	209	458	2110	769	1341
工学	2559	386	2173	2791	554	2237	9255	2362	6893
农学	772	180	592	905	243	662	2683	824	1859
医学	629	131	498	674	150	524	2024	473	1551
军事学	1		1				2		2
管理学	589	51	538	889	96	793	2309	334	1975
艺术学	165	53	112	166	56	110	543	190	353

8-11-12 分类型普通高等学校情况

单位：所

项　　目	合计	本科院校	高职(专科)院　　校	#高等职业技术学院
合　　计	**2529**	**1202**	**1327**	**1186**
综合大学	603	291	312	310
理工院校	895	352	543	529
农业院校	82	42	40	40
林业院校	19	6	13	13
医药院校	188	103	85	40
师范院校	218	151	67	5
语文院校	54	30	24	23
财经院校	258	122	136	125
政法院校	71	33	38	33
体育院校	32	16	16	15
艺术院校	91	42	49	49
民族院校	18	14	4	4

8-11-13 普通本科分学科学生情况

单位：人

项　　目	毕业生数	招生数	在校学生数
总　计	**3413787**	**3834152**	**15410653**
#女	1751501	2117046	8084728
#师范生	364225	350128	1491135
哲　学	1943	2659	9249
经济学	206239	222989	908196
法　学	129800	137558	543271
教育学	112424	140969	544314
文　学	362972	354778	1476075
#外语	200266	187566	801342
历史学	16866	18201	72078
理　学	255304	273910	1073015
工　学	1132226	1299865	5119977
农　学	59796	70675	269252
医　学	209748	240758	1111699
管理学	633878	699494	2858602
艺术学	292591	372296	1424925

8-11-14 普通专科分学科学生情况

单位：人

项　目	毕业生数	招生数	在校学生数
总　计	**3179884**	**3379835**	**10066346**
#女	1661370	1876208	5192725
#师范生	171317	147331	525662
农林牧渔大类	55541	55299	170247
交通运输大类	144556	178228	507136
生化与药品大类	75017	68220	211106
资源开发与测绘大类	49103	41343	138748
材料与能源大类	43188	40111	120998
土建大类	358518	411078	1200394
水利大类	13695	14870	44497
制造大类	407139	445265	1291512
电子信息大类	294869	312589	906667
环保、气象与安全大类	15250	15096	44671
轻纺食品大类	54313	51546	155289
财经大类	674602	729039	2138322
医药卫生大类	317784	365417	1085522
旅游大类	102073	111067	325576
公共事业大类	30804	35748	100812
文化教育大类	344016	300436	1012786
艺术设计传媒大类	147302	158993	467176
公安大类	12684	11423	33930
法律大类	39430	34067	110957

8-11-15 成人本科分学科学生情况

单位：人

项　目	毕业生数	招生数	在校学生数
总　计	**899050**	**1102409**	**2797917**
#女	508009	642039	1600602
#师范生	98217	106189	255046
哲　学		21	121
经济学	29430	27395	80459
法　学	48075	46347	120714
教育学	53105	68352	156432
文　学	93542	83296	221320
#外语	27455	22525	65319
历史学	1722	1544	4148
理　学	22818	21287	53078
工　学	216776	265285	695893
农　学	13729	19177	44553
医　学	172323	264594	628798
管理学	231711	288851	739279
艺术学	15819	16260	53122

8-11-16 成人专科分学科学生情况

单位：人

项 目	毕业生数	招生数	在校学生数
总 计	**1313279**	**1553631**	**3733295**
#女	707097	865101	2064264
#师范生	104257	138046	302937
农林牧渔大类	23175	30026	66113
交通运输大类	44038	50631	125188
生化与药品大类	14496	12128	31828
资源开发与测绘大类	35959	29583	101502
材料与能源大类	14786	9277	28021
土建大类	98510	134193	301649
水利大类	5920	5885	13878
制造大类	158416	175257	421493
电子信息大类	87868	92091	222785
环保、气象与安全大类	2053	2801	6333
轻纺食品大类	6895	8238	19353
财经大类	344536	391820	914388
医药卫生大类	182846	240639	643238
旅游大类	20585	26284	60226
公共事业大类	41045	59438	131973
文化教育大类	179838	228064	513220
艺术设计传媒大类	35098	37175	86246
公安大类	1827	3713	7273
法律大类	15388	16388	38588

8-11-17 网络本科分学科学生情况

单位：人

项 目	毕业生数	招生数	在校学生数
总 计	**586272**	**781445**	**2287010**
#女	318390	411779	1197782
#师范生	14487	14390	32639
哲 学			
经济学	29634	30862	105471
法 学	57820	57956	215298
教育学	22691	33140	80779
文 学	41156	39435	140588
#外语	8247	6789	32335
历史学	456	428	1065
理 学	6249	7010	17312
工 学	117665	194852	479028
农 学	4537	7300	16153
医 学	47070	74184	184861
管理学	256880	332659	1034553
艺术学	2114	3619	11902

8-11-18　网络专科分学科学生情况

单位：人

项　目	毕业生数	招生数	在校学生数
总　计	**1075034**	**1280407**	**4027462**
#女	519552	591307	1883036
#师范生	11471	12540	26600
农林牧渔大类	57479	47563	198903
交通运输大类	25638	32974	88024
生化与药品大类	3444	4481	12351
资源开发与测绘大类	13460	15041	40927
材料与能源大类	4443	5548	10792
土建大类	101674	153082	396924
水利大类	5217	6175	20548
制造大类	51429	83760	215971
电子信息大类	39947	50035	170688
环保、气象与安全大类	2845	3080	7887
轻纺食品大类	765	1029	2827
财经大类	319835	377713	1215380
医药卫生大类	43871	60411	177215
旅游大类	3935	5791	22595
公共事业大类	216717	245580	793387
文化教育大类	107899	115293	382987
艺术设计传媒大类	5333	7111	30948
公安大类	880	1189	2121
法律大类	70223	64551	236987

8-11-19　普通高中情况

项　目	学校数（所）				毕业生数（人）	招生数（人）	在校学生数（人）
		完全中学	高级中学	十二年一贯制学校			
总计	**13253**	**5647**	**6619**	**987**	**7996189**	**7965960**	**24004723**
教育部门	10624	4630	5765	229	7191710	7078044	21439620
其他部门	177	64	70	43	58004	58526	172301
地方企业	10	3	3	4	2038	2091	6260
民办	2442	950	781	711	744437	827299	2386542
城区	6422	2736	3080	606	3728799	3648727	11139584
教育部门	4856	2134	2570	152	3316247	3184449	9788649
其他部门	85	31	32	22	27895	27236	82856
地方企业	8	3	3	2	1230	1364	3987
民办	1473	568	475	430	383427	435678	1264092
镇区	6164	2580	3286	298	4015534	4046834	12079068
教育部门	5269	2233	2980	56	3666670	3678217	11013263
其他部门	86	29	38	19	27613	29019	82236
地方企业	2			2	808	727	2273
民办	807	318	268	221	320443	338871	981296
乡村	667	331	253	83	251856	270399	786071
教育部门	499	263	215	21	208793	215378	637708
其他部门	6	4		2	2496	2271	7209
地方企业							
民办	162	64	38	60	40567	52750	141154

8-11-20 中等职业学校分学科学生情况

单位：人

项　　目	毕业生数	#获得职业资格证书	招生数	在校学生数
总　　计	**5161519**	**4032975**	**4953553**	**14163127**
#女	2579642	1974003	2360733	6972046
农林牧渔类	643914	449566	394930	1323974
资源环境类	36805	27962	21188	68286
能源与新能源类	23992	20262	18613	57011
土木水利类	210472	167524	228806	613386
加工制造类	802368	697743	701260	2041623
石油化工类	38705	30928	27465	90018
轻纺食品类	57266	47973	48461	126192
交通运输类	330196	276981	494849	1230956
信息技术类	907595	742863	811143	2291937
医药卫生类	452132	284019	488066	1465838
休闲保健类	24171	18905	30829	81890
财经商贸类	568646	427803	555208	1570698
旅游服务类	209832	173236	243852	673944
文化艺术类	233776	180086	236955	696562
体育与健身	38738	21961	43591	118798
教育类	449815	370190	476544	1367044
司法服务类	24692	15854	19886	53771
公共管理与服务类	64684	44528	55703	146339
其他	43720	34591	56204	144860

8-11-21 进城务工子女和农村留守儿童在校情况

单位：人

项　　目	总计	进城务工人员随迁子女	#外省迁入	#本省外县迁入	农村留守儿童
普通小学					
毕业生数	2627219	1080772	498863	581909	1546447
招生数	4125265	1755669	808633	947036	2369596
#受过学前教育	4044827	1739497	801939	937558	2305330
在校学生数	23651171	9555861	4445085	5110776	14095310
#女	10389863	4042598	1871169	2171429	6347265
初中					
毕业生数	2399676	750392	258215	492177	1649284
招生数	3426128	1180922	478583	702339	2245206
在校学生数	10050302	3391446	1310100	2081346	6658856
#女	4429766	1403723	538253	865470	3026043

8-11-22 技工学校情况

年 份	学校数（所）	教职工数（万人）	毕业生数（万人）	招生数（万人）	在校学生数（万人）
1985	3548	21.5	22.6	35.5	74.2
1986	3765	24.4	23.3	39.4	89.2
1987	3952	26.2	26.5	42.3	103.1
1988	3996	28.0	31.1	46.1	116.1
1989	4102	29.6	36.8	47.0	125.8
1990	4184	30.8	41.3	50.6	133.2
1991	4269	32.5	45.4	54.4	142.2
1992	4392	33.6	45.7	60.2	155.6
1993	4477	33.5	49.7	66.4	171.7
1994	4430	34.0	55.7	71.4	187.1
1995	4521	33.7	68.2	74.1	188.6
1996	4467	33.5	68.1	72.7	191.8
1997	4395	31.0	69.9	73.4	193.1
1998	4362	31.0	68.2	59.4	181.3
1999	4098	26.9	66.2	51.5	156.0
2000	3792	24.0	64.6	50.4	140.1
2001	3470	22.0	47.7	55.1	134.7
2002	3075	20.3	45.4	73.3	153.0
2003	2970	20.2	45.3	91.6	193.1
2004	2884	20.5	53.5	109.7	234.5
2005	2855	20.4	69.0	118.4	275.3
2006	2880	21.5	86.4	134.8	320.8
2007	2995	24.0	99.7	158.5	367.1
2008	3075	24.7	109.0	161.4	397.5
2009	3077	26.0	115.5	156.7	415.3
2010	3008	26.6	121.6	159.0	422.1
2011	2924	26.6	119.2	163.9	430.4
2012	2901	26.8	120.5	157.1	423.8
2013	2882	26.9	116.9	133.5	386.6
2014	2818	26.5	106.8	124.4	339.0

8-11-23 小学学龄儿童净入学率和各级普通学校毕业生升学率

单位：%

年份	小学学龄儿童净入学率	小学升学率	初中升学率	高中升学率
1990	97.8	74.6	40.6	27.3
1991	97.9	77.7	42.6	28.7
1992	97.2	79.7	43.4	34.9
1993	97.7	81.8	44.1	43.3
1994	98.4	86.6	47.8	46.7
1995	98.5	90.8	48.3	49.9
1996	98.8	92.6	48.8	51.0
1997	98.9	93.7	57.5	48.6
1998	98.9	94.3	50.7	46.1
1999	99.1	94.4	50.0	63.8
2000	99.1	94.9	51.2	73.2
2001	99.1	95.5	52.9	78.8
2002	98.6	97.0	58.3	83.5
2003	98.7	97.9	59.6	83.4
2004	98.9	98.1	63.8	82.5
2005	99.2	98.4	69.7	76.3
2006	99.3	100.0	75.7	75.1
2007	99.5	99.9	80.5	70.3
2008	99.5	99.7	82.1	72.7
2009	99.4	99.1	85.6	77.6
2010	99.7	98.7	87.5	83.3
2011	99.8	98.3	88.9	86.5
2012	99.9	98.3	88.4	87.0
2013	99.7	98.3	91.2	87.6
2014	99.8	98.0	95.1	90.2

注：1.1991年以前的入学率是按7-11周岁统一计算的；从1991年起入学率是按各地不同入学年龄和学制分别计算的。
2.高中升学率为普通高校招生数与普通高中毕业生数之比。

8-11-24 各地区普通本专科学生情况

单位：人

地区	招生数	本科	专科	在校学生数	本科	专科
全国	**7213987**	**3834152**	**3379835**	**25476999**	**15410653**	**10066346**
北京	156928	125328	31600	604578	499256	105322
天津	139187	81103	58084	505795	329233	176562
河北	318201	164369	153832	1164341	665836	498505
山西	205525	112975	92550	713218	421926	291292
内蒙古	115584	58523	57061	406414	234824	171590
辽宁	273759	180487	93272	998281	705124	293157
吉林	168940	114189	54751	618273	463349	154924
黑龙江	197057	124977	72080	730614	515481	215133
上海	137985	88424	49561	506644	364679	141965
江苏	444886	250613	194273	1698636	1012643	685993
浙江	267874	148487	119387	978216	599978	378238
安徽	310302	152276	158026	1080545	605040	475505
福建	208383	120555	87828	748480	477753	270727
江西	283187	126830	156357	916415	497642	418773
山东	533622	233809	299813	1796665	960951	835714
河南	474235	235486	238749	1679744	955201	724543
湖北	393140	203830	189310	1419699	864875	554824
湖南	326627	165350	161277	1136302	665305	470997
广东	535441	261453	273988	1794188	998186	796002
广西	220044	93969	126075	701913	355979	345934
海南	54540	26035	28505	180565	104704	75861
重庆	197192	106066	91126	691555	433586	257969
四川	386216	185041	201175	1328329	749123	579206
贵州	139429	65665	73764	460401	273417	186984
云南	168227	96041	72186	577044	379211	197833
西藏	8802	5612	3190	33474	22159	11315
陕西	288268	168353	119915	1099613	705800	393813
甘肃	129325	72771	56554	452300	288351	163949
青海	15477	8652	6825	52907	34320	18587
宁夏	32807	19001	13806	111432	71616	39816
新疆	82797	37882	44915	290418	155105	135313

8-11-24 续表

单位：人

地区	毕业生数	本科	专科	授予学位数	预计毕业生数	本科	专科
全国	**6593671**	**3413787**	**3179884**	**3338323**	**6998928**	**3701175**	**3297753**
北京	149231	115102	34129	113110	160603	122520	38083
天津	123505	73195	50310	70302	137339	79342	57997
河北	344518	153111	191407	150645	333704	161591	172113
山西	174060	85406	88654	83161	193765	91936	101829
内蒙古	111723	53455	58268	51769	111800	56653	55147
辽宁	247510	152303	95207	150590	267464	167502	99962
吉林	151779	104859	46920	101113	160237	112006	48231
黑龙江	185376	119246	66130	117141	197460	127251	70209
上海	132411	85103	47308	83063	138771	92992	45779
江苏	478713	245558	233155	234303	501615	256398	245217
浙江	253708	134219	119489	131611	273040	146082	126958
安徽	299877	133251	166626	130300	296325	143683	152642
福建	190144	102431	87713	101708	203650	114131	89519
江西	240289	111412	128877	109318	239613	117040	122573
山东	464076	215460	248616	215907	484335	232438	251897
河南	445252	208915	236337	205186	471670	225882	245788
湖北	390921	198066	192855	193963	397135	214485	182650
湖南	295911	151349	144562	147686	306803	158023	148780
广东	440952	211422	229530	208815	493346	232597	260749
广西	174050	70983	103067	69580	190998	81127	109871
海南	44792	23527	21265	22505	49205	25969	23236
重庆	165817	92380	73437	88408	187554	104418	83136
四川	338643	174616	164027	172882	374724	183590	191134
贵州	98599	51173	47426	48651	118829	59591	59238
云南	141970	74098	67872	72016	149012	91210	57802
西藏	9109	4891	4218	4808	9560	5073	4487
陕西	277356	150931	126425	148037	307346	171687	135659
甘肃	118697	64285	54412	62204	126382	68865	57517
青海	12732	7150	5582	6807	13962	7899	6063
宁夏	24456	13282	11174	12780	28858	15701	13157
新疆	67494	32608	34886	29954	73823	33493	40330

8-11-25 各地区普通高等学校(机构)情况

单位：人

地区	学校数(所)	教职工数	校本部教职工	专任教师	正高级	副高级	中级	初级	无职称	行政人员	教辅人员	工勤人员
全国	**2529**	**2335723**	**2218556**	**1534510**	**189136**	**448625**	**613729**	**195763**	**87257**	**318508**	**206321**	**159217**
北京	89	142267	123273	68380	17433	24182	22226	2709	1830	23047	17872	13974
天津	55	47043	46026	31008	4599	10020	12130	3014	1245	7505	4444	3069
河北	118	102294	99198	68578	9617	20342	26946	8255	3418	13854	8935	7831
山西	79	60393	57784	40317	2966	10661	15711	7847	3132	7907	5368	4192
内蒙古	50	37691	36772	25000	2571	7641	9537	3665	1586	5566	3732	2474
辽宁	116	97927	95269	64246	8987	19736	26303	6602	2618	15086	7912	8025
吉林	58	62916	59540	38549	5808	12035	14979	5182	545	8351	6165	6475
黑龙江	80	77000	74036	46870	7347	15173	19212	3947	1191	11210	7930	8026
上海	68	73373	67398	40558	7317	13018	16109	2679	1435	12511	8876	5453
江苏	159	160471	150694	104549	13386	34522	44712	8713	3216	22739	14173	9233
浙江	104	87375	83035	58076	7999	17895	24983	3601	3598	13632	8036	3291
安徽	118	80254	75550	56525	4525	15147	21810	11974	3069	8481	5978	4566
福建	88	65775	63135	43902	4938	12287	17633	7162	1882	10170	6002	3061
江西	95	76014	72785	54429	5465	14633	22734	8903	2694	8697	5723	3936
山东	141	143939	139054	101380	10379	28745	43690	14634	3932	17661	11858	8155
河南	129	130031	124514	95134	8020	25258	38071	17844	5941	12624	8405	8351
湖北	123	128878	122289	82821	10622	25927	31273	10544	4455	18744	12005	8719
湖南	124	97652	92966	64919	7037	18828	27198	7316	4540	13307	9142	5598
广东	141	140348	135226	95193	11473	24548	40153	9318	9701	19661	12718	7654
广西	70	57474	52356	37680	3993	10262	14826	4204	4395	6872	4206	3598
海南	17	13973	13832	8894	949	2196	3660	1242	847	2221	1288	1429
重庆	63	55406	53529	38944	4298	10752	15784	5331	2779	7444	3818	3323
四川	107	119257	113203	81404	8604	21394	31871	14304	5231	14368	8971	8460
贵州	55	38899	38405	28144	2670	8681	9183	4264	3346	5837	2638	1786
云南	67	48337	47324	35396	3776	9615	13353	5862	2790	5340	3493	3095
西藏	6	3640	3567	2601	221	851	1001	424	104	478	234	254
陕西	92	103332	97648	64970	7965	17679	27419	9018	2889	14282	9941	8455
甘肃	43	36944	34557	25283	2949	7661	9746	3324	1603	4233	2588	2453
青海	12	6182	5882	3920	732	1314	1036	467	371	754	677	531
宁夏	18	11261	10850	7759	1213	2176	2203	1257	910	1532	846	713
新疆	44	29377	28859	19081	1277	5446	8237	2157	1964	4394	2347	3037

8-11-26 各地区普通高中情况

单位：人

地 区	学校数（所）	教职工数	#专任教师	毕业生数	招生数	在校学生数
全 国	**13253**	**2509396**	**1662700**	**7996189**	**7965960**	**24004723**
北 京	306	53980	21107	57773	55184	177554
天 津	181	29293	15964	61100	54656	169606
河 北	567	123490	83426	361988	382253	1104076
山 西	499	95452	60931	273507	255585	827821
内蒙古	278	52019	33610	162138	155257	484042
辽 宁	415	63201	48924	231520	208916	652613
吉 林	240	41807	28368	155501	132338	415736
黑龙江	378	59529	42543	198990	181627	566805
上 海	246	30518	16981	50971	52857	157416
江 苏	567	129204	96540	396668	319780	1034205
浙 江	561	88836	65596	296640	251727	790838
安 徽	694	117016	75237	429396	370649	1201286
福 建	542	97748	50923	227273	208637	629074
江 西	442	82883	51197	277005	316232	904696
山 东	544	152633	121613	543232	559235	1712659
河 南	774	147314	110759	602825	644935	1895457
湖 北	541	90378	68126	349485	295276	918959
湖 南	580	102395	68459	320363	365462	1057008
广 东	1012	242521	148361	728690	696807	2140193
广 西	445	70347	48357	253288	304639	838231
海 南	104	24368	12204	58466	56947	176524
重 庆	258	66270	38376	221234	209843	647915
四 川	732	155801	92099	504932	497717	1489794
贵 州	438	72766	52365	238495	349047	942656
云 南	446	77206	49494	221640	268066	768469
西 藏	29	5037	4403	16182	18398	55669
陕 西	506	85368	56924	304394	279795	851044
甘 肃	402	61263	43761	223828	208136	654430
青 海	102	12084	7998	32367	39188	113471
宁 夏	61	12836	10274	54966	52909	163513
新 疆	363	65833	37780	141332	173862	462963

8-11-27 各地区中等职业学校情况

单位：人

地 区	学校数(所)	教职工数	#专任教师	毕业生数	#获得职业资格证书	招生数	在校学生数	预计毕业生数
全 国	**9060**	**866905**	**663782**	**5161519**	**4032975**	**4953553**	**14163127**	**4902884**
北 京	94	11674	7199	66964	37300	29765	126019	55207
天 津	80	9506	6734	33249	28858	30768	93841	33817
河 北	631	57500	44228	297687	209301	224076	655366	262992
山 西	444	32830	25127	154227	122853	131843	399157	147958
内蒙古	258	19784	14645	81296	56540	82400	231865	77801
辽 宁	296	28745	20590	115269	81742	108270	333220	113908
吉 林	299	24003	17539	76901	45190	43508	150044	56503
黑龙江	361	23299	16968	99655	67345	78379	243190	86576
上 海	104	13389	8382	55827	47815	40960	130982	45932
江 苏	260	52976	43323	265876	230586	234361	723628	250484
浙 江	304	38848	33190	202669	193770	179078	533785	181066
安 徽	431	39295	32087	326438	297133	334170	914742	340743
福 建	226	21417	17102	152109	139792	140906	437610	166499
江 西	407	20055	15426	154133	116746	149358	437172	144529
山 东	460	64488	49274	354032	284896	319143	948167	334371
河 南	702	67699	51767	419551	322300	393380	1103864	393250
湖 北	301	29809	21905	147158	122979	126656	372601	128264
湖 南	501	33272	25106	205099	175148	227065	644800	203185
广 东	495	58051	45216	457010	261493	417047	1282205	407820
广 西	295	28173	20417	230497	137042	271153	782675	257344
海 南	88	7123	4819	43688	21628	45410	129497	41220
重 庆	139	19022	15239	115701	98258	115977	339110	111060
四 川	483	52400	40653	468087	427842	443842	1079228	432457
贵 州	209	20257	16342	108500	93567	235809	544462	125508
云 南	385	27303	21312	146232	114020	176030	490558	156033
西 藏	9	1125	993	6408	1892	7087	16990	6102
陕 西	307	24998	17622	160629	129020	135299	377135	128517
甘 肃	244	20156	15788	88913	74341	88185	262602	94302
青 海	38	3022	2450	20116	14123	27303	77163	22117
宁 夏	33	3203	2477	36834	24117	30388	81966	26169
新 疆	176	13483	9862	70764	55338	85937	219483	71150

8-11-28 各地区初中情况

单位：人

地 区	学校数（所）	专任教师	城镇	农村	在校学生数	城镇	农村
全 国	**52623**	**3488430**	**2803510**	**684920**	**43846297**	**36361710**	**7484587**
北 京	337	32500	29951	2549	306789	289038	17751
天 津	326	26176	23189	2987	267214	238803	28411
河 北	2391	170121	134727	35394	2288195	1887101	401094
山 西	1919	115922	91518	24404	1218952	1028599	190353
内蒙古	725	60750	56127	4623	669657	638594	31063
辽 宁	1533	98888	87445	11443	1055661	951840	103821
吉 林	1195	66974	51994	14980	622883	523414	99469
黑龙江	1569	95410	76800	18610	916293	790747	125546
上 海	522	37133	36121	1012	426789	416629	10160
江 苏	2077	174783	164807	9976	1852029	1766416	85613
浙 江	1719	119099	108607	10492	1499062	1382374	116688
安 徽	2905	155211	111791	43420	1924134	1503493	420641
福 建	1239	97933	76007	21926	1125729	933773	191956
江 西	2127	121389	89941	31448	1750083	1362811	387272
山 东	2917	265310	232152	33158	3147954	2792790	355164
河 南	4566	283461	208307	75154	3993606	3112552	881054
湖 北	2011	133632	110542	23090	1375940	1166611	209329
湖 南	3314	170084	119275	50809	2206344	1679614	526730
广 东	3387	278511	247514	30997	3767505	3379754	387751
广 西	1843	117805	95114	22691	1950844	1610525	340319
海 南	392	25300	23608	1692	337350	321275	16075
重 庆	921	75700	68376	7324	979386	892218	87168
四 川	3901	200868	156756	44112	2583315	2103488	479827
贵 州	2166	119623	85911	33712	2068326	1499433	568893
云 南	1670	122558	80982	41576	1897966	1293252	604714
西 藏	96	9505	7976	1529	124295	101815	22480
陕 西	1714	107450	94535	12915	1117284	1027085	90199
甘 肃	1538	84838	51097	33741	970919	639224	331695
青 海	268	15348	11802	3546	211993	172734	39259
宁 夏	235	19080	15557	3523	278323	240296	38027
新 疆	1100	87068	54981	32087	911477	615412	296065

8-11-29 各地区普通小学情况

单位：人

地区	学校数(所)	专任教师	城镇	农村	在校学生数	城镇	农村
全国	**201377**	**5633906**	**3517936**	**2115970**	**94510651**	**64012039**	**30498612**
北京	1040	56870	51158	5712	821152	757471	63681
天津	842	38968	31960	7008	573187	467313	105874
河北	12529	333537	180915	152622	5642864	3315202	2327662
山西	6885	176840	109944	66896	2245019	1694913	550106
内蒙古	2174	107262	81657	25605	1296454	1118584	177870
辽宁	4429	141049	105233	35816	1984633	1599182	385451
吉林	4806	112729	68357	44372	1268804	936154	332650
黑龙江	3115	131577	88659	42918	1486016	1201084	284932
上海	757	51481	48834	2647	802960	758138	44822
江苏	4023	270190	232757	37433	4714813	4090389	624424
浙江	3344	190423	156961	33462	3545013	2985475	559538
安徽	10547	237902	127290	110612	4151398	2509761	1641637
福建	5167	158698	108338	50360	2746253	2093333	652920
江西	9764	210329	120527	89802	4129817	2655129	1474688
山东	10770	389080	254646	134434	6484744	4435019	2049725
河南	25578	494031	254727	239304	9286003	5288495	3997508
湖北	5513	199172	131463	67709	3211598	2330782	880816
湖南	8560	248118	149078	99040	4738403	3106409	1631994
广东	10731	454377	341365	113012	8319147	6691211	1627936
广西	12946	217311	104039	113272	4318063	2215504	2102559
海南	1619	50222	33633	16589	752643	591017	161626
重庆	4586	116360	83951	32409	2034165	1596962	437203
四川	6959	304909	188910	115999	5313193	3537279	1775914
贵州	9275	192850	89525	103325	3463056	1818331	1644725
云南	12608	225874	88846	137028	3826943	1605867	2221076
西藏	829	20267	8850	11417	295142	125785	169357
陕西	6574	159356	114699	44657	2264095	1836796	427299
甘肃	8979	140476	59019	81457	1802371	944336	858035
青海	1114	25224	14946	10278	461061	293405	167656
宁夏	1763	33357	19789	13568	588694	383645	205049
新疆	3551	145067	67860	77207	1942947	1029068	913879

8-11-30 各地区特殊教育情况

单位：人

地 区	学校数（所）	专任教师数	毕业生数	招生数	在校学生数	#女
全 国	**2000**	**48125**	**49032**	**70713**	**394870**	**140408**
北 京	22	966	1997	1110	7742	2780
天 津	20	599	273	529	3016	1045
河 北	157	3101	1203	2213	12604	4599
山 西	62	1432	832	1411	8165	3372
内蒙古	44	1209	457	1200	6231	2212
辽 宁	74	2049	786	971	8320	2923
吉 林	47	1418	643	765	5403	2033
黑龙江	74	1899	1176	1482	9101	3323
上 海	29	1228	1610	1150	7917	2813
江 苏	106	3242	3018	3403	22378	7885
浙 江	84	2132	2101	2444	15884	5695
安 徽	66	1347	1189	2722	14304	5189
福 建	74	1825	3346	4150	25104	8507
江 西	87	1128	1638	3888	19765	6441
山 东	145	4797	3297	3607	21805	7586
河 南	142	3466	1215	3556	18348	6602
湖 北	83	1712	1218	2113	11080	4094
湖 南	76	1527	1202	2924	15697	5645
广 东	104	3009	2440	5300	28285	8499
广 西	72	1221	1018	2718	13187	4453
海 南	7	213	270	394	1872	618
重 庆	36	878	1729	2609	13893	4970
四 川	122	2211	9004	8014	42289	15451
贵 州	65	1241	1470	2769	13535	4822
云 南	59	1315	2993	4175	21009	7970
西 藏	5	146	26	239	1226	524
陕 西	52	1035	883	1376	7852	2922
甘 肃	33	671	818	1285	7635	2852
青 海	14	155	197	413	2250	896
宁 夏	10	260	186	490	3058	1283
新 疆	29	693	797	1293	5915	2404

8-11-31 各地区各级学校生师比

(教师人数=1)

年份 地区	普通小学	初中	普通高中	中等职业学校	普通高校
2005	19.43	17.80	18.54	21.34	16.85
2006	19.17	17.15	18.13	22.65	17.93
2007	18.82	16.52	17.48	23.13	17.28
2008	18.38	16.07	16.78	23.32	17.23
2009	17.88	15.47	16.30	25.27	17.27
2010	17.70	14.98	15.99	25.69	17.33
2011	17.71	14.38	15.77	24.97	17.42
2012	17.36	13.59	15.47	24.19	17.52
2013	16.76	12.76	14.95	22.97	17.53
2014	16.78	12.57	14.44	21.34	17.68
北京	14.44	9.44	8.41	17.51	15.95
天津	14.71	10.21	10.62	13.94	17.45
河北	16.92	13.45	13.23	14.82	17.28
山西	12.70	10.52	13.59	15.89	18.63
内蒙古	12.09	11.02	14.40	15.83	18.17
辽宁	14.07	10.68	13.34	16.18	17.27
吉林	11.26	9.30	14.66	8.55	17.66
黑龙江	11.29	9.60	13.32	14.33	16.19
上海	15.60	11.49	9.27	15.63	17.02
江苏	17.45	10.60	10.71	16.70	16.24
浙江	18.62	12.59	12.06	16.08	16.76
安徽	17.45	12.40	15.97	28.51	18.87
福建	17.30	11.49	12.35	25.59	17.38
江西	19.64	14.42	17.67	28.34	18.05
山东	16.67	11.87	14.08	19.24	17.77
河南	18.80	14.09	17.11	21.32	17.98
湖北	16.12	10.30	13.49	17.01	17.88
湖南	19.10	12.97	15.44	25.68	18.95
广东	18.31	13.53	14.43	28.36	18.94
广西	19.87	16.56	17.33	38.33	17.87
海南	14.99	13.33	14.46	26.87	19.26
重庆	17.48	12.94	16.88	22.25	17.39
四川	17.43	12.86	16.18	26.55	18.01
贵州	17.96	17.29	18.00	33.32	17.93
云南	16.94	15.49	15.53	23.02	18.84
西藏	14.56	13.08	12.64	17.11	13.93
陕西	14.21	10.40	14.95	21.40	18.17
甘肃	12.83	11.44	14.95	16.63	18.15
青海	18.28	13.81	14.19	31.50	15.36
宁夏	17.65	14.59	15.92	33.09	17.01
新疆	13.39	10.47	12.25	22.26	17.72

8-11-32 每十万人口各级学校平均在校生数

单位：人

年份/地区	学前教育	小 学	初中阶段	高中阶段	高等教育
1991	1907	10502	3465	1355	304
1992	2072	10413	3518	1365	313
1993	2190	10656	3599	1448	376
1994	2219	10819	3681	1293	433
1995	2262	11010	3945	1610	457
1996	2208	11273	4180	1780	470
1997	2058	11435	4289	1905	482
1998	1944	11287	4408	1978	504
1999	1864	10855	4656	2032	594
2000	1782	10335	4969	2005	723
2001	1602	9937	5161	2021	931
2002	1595	9525	5240	2283	1146
2003	1560	9100	5209	2523	1298
2004	1617	8725	5058	2824	1420
2005	1676	8358	4781	3070	1613
2006	1731	8192	4557	3321	1816
2007	1787	8037	4364	3409	1924
2008	1873	7819	4227	3463	2042
2009	2001	7584	4097	3495	2128
2010	2230	7448	3955	3504	2189
2011	2554	7403	3779	3495	2253
2012	2736	7196	3535	3411	2335
2013	2876	6913	3279	3227	2418
2014	2977	6946	3222	3065	2488
北 京	1726	3883	1451	1630	5429
天 津	1629	3893	1815	1924	4283
河 北	2957	7696	3121	2579	2098
山 西	2667	6185	3358	3686	2519
内蒙古	2238	5191	2681	2941	2156
辽 宁	1991	4521	2405	2427	2933
吉 林	1679	4612	2264	2207	3168
黑龙江	1397	3875	2389	2381	2555
上 海	2082	3325	1767	1197	3348
江 苏	2948	5938	2333	2542	2858
浙 江	3379	6448	2727	2726	2408
安 徽	2868	6885	3191	3583	2245
福 建	3859	7277	2983	3030	2513
江 西	3524	9132	3870	3286	2527
山 东	2700	6662	3234	3099	2421
河 南	3922	9865	4242	3480	2203
湖 北	2653	5538	2373	2393	3121
湖 南	3037	7082	3298	2712	2160
广 东	3564	7816	3540	3802	2356
广 西	4182	9150	4134	3676	2052
海 南	3506	8407	3768	3648	2317
重 庆	3012	6849	3298	3849	3017
四 川	2970	6554	3187	3312	2244
贵 州	3423	9888	5906	4422	1690
云 南	2658	8166	4050	2897	1731
西 藏	2600	9458	3983	2329	1676
陕 西	3527	6015	2968	3598	3652
甘 肃	2402	6980	3760	3755	2219
青 海	3028	7980	3669	3651	1220
宁 夏	2765	8999	4254	3772	2255
新 疆	3322	8581	4025	3277	1749

注：1.高等教育包括普通高等学校和成人高等学校。
2.高中阶段合计数据包括普通高中、成人高中、普通中专、职业高中、技工学校和成人中专。
3.初中阶段包括普通初中和职业初中。

【主要统计指标解释】

普通高等学校 指通过国家普通高等教育招生考试，招收高中毕业生为主要培养对象，实施高等学历教育的全日制大学、独立设置的学院、独立学院和高等专科学校、高等职业学校及其他普通高校机构。

大学、独立设置的学院主要实施本科及本科层次以上的教育。独立学院主要实施本科层次的教育。高等专科学校、高等职业学校实施专科层次的教育。

其他机构是指承担国家普通招生计划任务不计校数的机构，包括普通高等学校分校、大专班等。

成人高等学校 指通过国家成人高等教育招生考试，招收具有高中毕业或同等学力的人员为主要培养对象，利用函授、业余、脱产等多种形式，对其实施高等学历教育的学校。包括：职工高等学校、农民高等学校、管理干部学院、教育学院、独立函授学院、广播电视大学、其他机构。其他机构是指承担国家成人招生计划任务不计校数的机构。

小学学龄儿童净入学率 指调查范围内已入小学学习的学龄儿童占校内外学龄儿童总数的比重。计算公式为：

$$\text{小学学龄儿童净入学率}=\frac{\text{已入学的小学学龄儿童数}}{\text{校内外小学学龄儿童总数}}\times 100\%$$

8 第三产业部分行业主要业务指标

8-12　卫生和社会工作

简要说明

一、主要内容

本篇资料主要包括卫生、社会服务、残疾人事业等内容。

卫生统计资料主要包括卫生机构、卫生人员、卫生设施、各级各类医疗卫生机构服务、妇幼保健、疾病控制、居民病伤死亡原因、医疗保障等情况。

社会服务统计资料主要包括社会服务企事业机构、人员、家庭收养、优抚安置、社会救助、社会捐赠、社区服务等情况。

残疾人统计资料主要包括残疾人康复、教育、就业、扶贫和残联组织建设等情况。

二、资料来源

卫生资料由国家卫生和计划生育委员会信息中心提供。社会服务资料由民政部提供。残疾人资料由中国残疾人联合会整理提供。

详细资料分别见《中国卫生和计划生育统计年鉴》（卫生和计划生育委员会信息中心编）、《中国民政统计年鉴》（民政部规划财务司编）、《中国残疾人事业统计年鉴》（中国残疾人联合会编）。

8-12-1 医疗卫生机构情况

单位：个

年份	合计	#医院	#综合医院	#中医医院	#专科医院	#基层医疗卫生机构	#社区卫生服务中心(站)	#乡镇卫生院
1949	3670	2600						
1950	8915	2803	2692	4	85			
1955	67725	3648	3351	67	188			
1960	261195	6020	5173	330	401			24849
1965	224266	5330	4747	131	339			36965
1970	149823	5964	5353	117	385			56568
1975	151733	7654	6817	160	543			54026
1978	169732	9293	7539	447	643			55018
1980	180553	9902	7859	678	694			55413
1981	800205	10252	8044	781	718			55500
1982	801869	10471	8146	878	731			55496
1983	870686	10901	8370	1009	772			55559
1984	905424	11381	8545	1218	810			55549
1985	978540	11955	9197	1485	938			47387
1986	999102	12442	9363	1646	1030			46967
1987	1012804	12962	9657	1790	1097			47177
1988	1012485	13544	9916	1932	1190			47529
1989	1027522	14090	10242	2046	1265			47523
1990	1012690	14377	10424	2115	1362			47749
1991	1003769	14628	10562	2195	1345			48140
1992	1001310	14889	10774	2269	1376			46117
1993	1000531	15436	11426	2298	1438			45024
1994	1005271	15595	11549	2336	1440			51929
1995	994409	15663	11586	2361	1445			51797
1996	1078131	15833	11696	2405	1473			51277
1997	1048657	15944	11771	2413	1488			50981
1998	1042885	16001	11779	2443	1495			50071
1999	1017673	16678	11868	2441	1533			49694
2000	1034229	16318	11872	2453	1543	1000169		49229
2001	1029314	16197	11834	2478	1576	995670		48090
2002	1005004	17844	12716	2492	2237	973098	8211	44992
2003	806243	17764	12599	2518	2271	774693	10101	44279
2004	849140	18393	12900	2611	2492	817018	14153	41626
2005	882206	18703	12982	2620	2682	849488	17128	40907
2006	918097	19246	13120	2665	3022	884818	22656	39975
2007	912263	19852	13372	2720	3282	878686	27069	39876
2008	891480	19712	13119	2688	3437	858015	24260	39080
2009	916571	20291	13364	2728	3716	882153	27308	38475
2010	936927	20918	13681	2778	3956	901709	32739	37836
2011	954389	21979	14328	2831	4283	918003	32860	37295
2012	950297	23170	15021	2889	4665	912620	33562	37097
2013	974398	24709	15887	3015	5127	915368	33965	37015
2014	981432	25860	16524	3115	5478	917335	34238	36902

注：1. 村卫生室数计入医疗卫生机构数中。
2. 2008年社区卫生服务中心(站)减少的原因是江苏省约5000家农村社区卫生服务站划归村卫生室。
3. 2002年起,医疗卫生机构数不再包括高中等医学院校本部、药检机构、国境卫生检疫所和非卫生部门举办的计划生育指导站。
4. 2013年起，医疗卫生机构数包括原计生部门主管的计划生育技术服务机构。
5. 1996年以前门诊部(所)不包括私人诊所。

8-12-1 续表 单位：个

年份	#村卫生室	#门诊部(所)	#专业公共卫生机构数	#疾病预防控制中心	#专科疾病防治院(所/站)	#妇幼保健院(所/站)	#卫生监督所(中心)
1949		769			11	9	
1950		3356		61	30	426	
1955		51600		315	287	3944	
1960		213823		1866	683	4213	
1965		170430		2499	822	2910	
1970		79600		1714	607	1124	
1975		80739		2912	683	2128	
1978		94395		2989	887	2571	
1980		102474		3105	1138	2745	
1981	610079	111189		3202	1197	2789	
1982	608431	113916		3271	1272	2827	
1983	674669	115826		3274	1326	2851	
1984	707168	117028		3339	1458	2955	
1985	777674	126604		3410	1566	2996	
1986	795963	127575		3475	1635	3059	
1987	807844	128459		3512	1697	3082	
1988	806497	128422		3532	1727	3103	
1989	820798	128112		3591	1747	3112	
1990	803956	129332		3618	1781	3148	
1991	794733	128665		3652	1818	3187	
1992	796523	125873		3673	1845	3187	
1993	806945	115161		3729	1872	3115	
1994	813529	105984		3711	1905	3190	
1995	804352	104406		3729	1895	3179	
1996	755565	237153		3737	1887	3172	
1997	733624	229474		3747	1893	3180	
1998	728788	229349		3746	1889	3191	
1999	716677	226588		3763	1877	3180	
2000	709458	240934	11386	3741	1839	3163	
2001	698966	248061	11471	3813	1783	3132	
2002	698966	219907	10787	3580	1839	3067	571
2003	514920	204468	10792	3584	1749	3033	838
2004	551600	208794	10878	3588	1583	2998	1284
2005	583209	207457	11177	3585	1502	3021	1702
2006	609128	212243	11269	3548	1402	3003	2097
2007	613855	197083	11528	3585	1365	3051	2553
2008	613143	180752	11485	3534	1310	3011	2675
2009	632770	182448	11665	3536	1291	3020	2809
2010	648424	181781	11835	3513	1274	3025	2992
2011	662894	184287	11926	3484	1294	3036	3022
2012	653419	187932	12083	3490	1289	3044	3088
2013	648619	195176	31155	3516	1271	3144	2967
2014	645470	200130	35029	3490	1242	3098	2975

8-12-2 各地区医疗卫生机构情况

单位：个

地 区	合计	医 院						
		小计	综合医院	中医医院	中西医结合医院	民族医院	专科医院	护理院
总 计	**981432**	**25860**	**16524**	**3115**	**384**	**233**	**5478**	**126**
北 京	9638	608	296	144	18	3	144	3
天 津	4990	373	254	40	4		75	
河 北	78895	1341	894	179	31		237	
山 西	40777	1234	638	188	14		394	
内蒙古	23426	639	379	79	13	55	111	2
辽 宁	35441	962	584	106	8	1	262	1
吉 林	19891	582	346	73	5	2	154	2
黑龙江	21229	1002	672	130	9	5	185	1
上 海	4984	332	182	18	8		102	22
江 苏	31995	1524	999	102	23		343	57
浙 江	30358	935	444	132	26		319	14
安 徽	24824	968	640	96	15		215	2
福 建	28030	557	345	78	9	2	123	
江 西	38873	565	371	100	8		86	
山 东	77012	1854	1195	179	15	3	454	8
河 南	71154	1412	877	233	16		285	1
湖 北	36077	771	483	102	14	3	169	
湖 南	61571	1018	612	135	18	3	249	1
广 东	48085	1260	760	148	11		337	4
广 西	34667	486	298	90	10	4	82	2
海 南	5075	191	150	16	5		20	
重 庆	18767	565	404	48	9		103	1
四 川	81070	1814	1217	189	22	23	363	
贵 州	28995	1067	821	83	16	9	135	3
云 南	24281	1060	706	120	32	3	199	
西 藏	6795	112	88		1	20	3	
陕 西	37247	977	694	144	8		129	2
甘 肃	27916	427	275	76	9	13	54	
青 海	6241	185	114	13	1	36	21	
宁 夏	4255	161	105	19	2	3	32	
新 疆	18873	878	681	55	4	45	93	

注：部分地区人口计生部门所属的计划生育技术服务机构未报数据。

8-12-2 续表 1　　单位：个

地区	基层医疗卫生机构					
	小计	社区卫生服务中心(站)	街道卫生院	乡镇卫生院	村卫生室	门诊部(所)
总计	**917335**	**34238**	**595**	**36902**	**645470**	**200130**
北京	8802	1896			2802	4104
天津	4419	569	1	148	2350	1351
河北	75623	1169		1960	61450	11044
山西	39010	854	451	1202	28248	8255
内蒙古	22053	1180	3	1332	13835	5703
辽宁	33297	1138	13	1012	19844	11290
吉林	18856	364		773	11225	6494
黑龙江	18725	765	4	992	11638	5326
上海	4489	1027			1310	2152
江苏	28921	2803	2	1044	15523	9549
浙江	28673	6166	9	1139	12042	9317
安徽	22014	1941	1	1398	15288	3386
福建	25994	531		879	19242	5342
江西	37372	610	6	1593	31017	4146
山东	72834	2308		1637	53870	15019
河南	66952	1312	3	2055	56721	6861
湖北	34503	1175	36	1150	24919	7223
湖南	57637	666	2	2298	44699	9972
广东	44675	2527	21	1201	28161	12765
广西	32497	269		1270	21917	9041
海南	4754	152		298	2761	1543
重庆	17886	500	12	933	10778	5663
四川	76110	928		4575	55981	14626
贵州	26432	596	18	1427	20945	3446
云南	21835	479		1376	13364	6616
西藏	6542	9		678	5366	489
陕西	34202	589	9	1601	25969	6034
甘肃	25254	597	3	1375	16681	6598
青海	5878	205	1	404	4481	787
宁夏	3918	122		223	2455	1118
新疆	17178	791		929	10588	4870

8-12-2 续表 2

地 区	专业公共卫生机构								
	小计	疾病预防控制中心	专科疾病防治院(所、站)	健康教育所(站)	妇 幼 保健院(所、站)	急救中心(站)	采供血机构	卫生监督所(中心)	计划生育技术服务机 构
总 计	**35029**	**3490**	**1242**	**172**	**3098**	**325**	**541**	**2975**	**23186**
北 京	117	32	26	1	19	12	7	18	2
天 津	145	24	17	1	22	2	6	19	54
河 北	1657	193	7	3	222	5	14	180	1033
山 西	463	134	8	13	133	9	21	131	14
内蒙古	660	119	53	23	117	7	18	114	209
辽 宁	1031	131	86	10	110	13	23	89	569
吉 林	348	68	50	3	68	6	20	38	95
黑龙江	1443	169	112		148	14	27	138	835
上 海	116	20	19	2	21	11	8	18	17
江 苏	1290	123	43	5	110	34	30	109	836
浙 江	577	100	20	3	89	44	20	101	200
安 徽	1755	121	48	3	121	14	23	113	1312
福 建	1404	96	24	1	87	7	9	85	1095
江 西	827	148	110	7	112	8	13	110	319
山 东	2108	181	131	3	161	17	26	105	1484
河 南	2478	180	22	4	164	28	22	177	1881
湖 北	696	112	76	1	100	11	21	103	272
湖 南	2810	147	86	3	139	3	15	130	2287
广 东	1978	137	136	31	130	18	43	138	1345
广 西	1646	113	41	1	104	2	27	110	1248
海 南	121	28	21	1	24	3	2	24	18
重 庆	298	42	15	3	40		11	39	148
四 川	2962	207	34	18	202	17	27	204	2253
贵 州	1464	101	9		100	5	28	95	1126
云 南	1324	150	29	7	145	21	16	142	814
西 藏	139	82			54		2	1	
陕 西	1949	119	6	4	118	4	10	115	1573
甘 肃	2082	103	7	13	100	3	17	92	1747
青 海	174	56	1	4	24		9	55	25
宁 夏	166	25		4	22	2	5	24	84
新 疆	801	229	5		92	5	21	158	291

8-12-2 续表 3

单位：个

地区	其他医疗卫生机构					
	小计	疗养院	医学科研机构	医学在职培训机构	统计信息中心	其他
总 计	**3208**	**172**	**206**	**414**	**63**	**2353**
北 京	111		28	9	9	65
天 津	53	3	9	13	1	27
河 北	274	3	2		1	268
山 西	70	8	7	4	2	49
内蒙古	74	6	8	4	3	53
辽 宁	151	15	6	3	4	123
吉 林	105	11	4	1	1	88
黑龙江	59	3	10	10	4	32
上 海	47	4	9	8	2	24
江 苏	260	14	8	29	3	206
浙 江	173	14	7	42	5	105
安 徽	87	7	11	22	2	45
福 建	75	11	8	23	1	32
江 西	109	3	5	3		98
山 东	216	18	8	24	3	163
河 南	312	2	6	84	1	219
湖 北	107		1	22	3	81
湖 南	106	1	3	2	1	99
广 东	172	14	17	17	4	120
广 西	38	5	14	1	2	16
海 南	9	2				7
重 庆	18	4		6	1	7
四 川	184	3	6	17	5	153
贵 州	32	1	2	9		20
云 南	62	6	10	6	1	39
西 藏	2	1		1		
陕 西	119	5	11	42	1	60
甘 肃	153	4	5	11	2	131
青 海	4		1			3
宁 夏	10	1		1	1	7
新 疆	16	3				13

8-12-3 村卫生室情况

年 份 地 区	村卫生室(个)						设卫生室的村数
	合计	村办	乡卫生院设点	联合办	私人办	其他	占行政村数%
1985	777674	305537	29769	88803	323904	29661	87.4
1990	803956	266137	29963	87149	381844	38863	86.2
1995	804352	297462	36388	90681	354981	22876	88.9
2000	709458	300864	47101	89828	255179	16486	89.8
2005	583209	313633	32396	38561	180403	18216	85.8
2006	609128	333790	34803	36805	186524	17206	88.1
2007	613855	340082	33633	33649	186841	19650	88.7
2008	613143	342692	40248	31698	180157	18348	89.4
2009	632770	350515	45434	31035	183699	22087	90.4
2010	648424	365153	49678	32650	177080	23863	92.3
2011	662894	372661	56128	33639	175747	24719	93.4
2012	653419	370099	58317	32278	167025	25700	93.3
2013	648619	371579	59896	32690	158811	25643	93.0
2014	645470	349428	59396	29180	160549	46917	93.3
北 京	2802	2468	10	3	297	24	71.2
天 津	2350	838	622	113	260	517	63.5
河 北	61450	27452	2107	1039	27179	3673	100.0
山 西	28248	19630	957	740	3351	3570	100.0
内蒙古	13835	5471	1903	318	5363	780	100.0
辽 宁	19844	9457	354	148	9319	566	100.0
吉 林	11225	4237	1092	1336	4074	486	100.0
黑龙江	11638	8845	669	158	1324	642	100.0
上 海	1310	969	179	48		114	81.6
江 苏	15523	8309	4119	2093	39	963	100.0
浙 江	12042	7500	1238	175	2107	1022	43.0
安 徽	15288	7215	3152	1481	947	2493	100.0
福 建	19242	11890	309	237	4751	2055	100.0
江 西	31017	14183	234	1629	13335	1636	100.0
山 东	53870	27178	14369	4598	4197	3528	73.4
河 南	56721	33520	820	2852	16569	2960	100.0
湖 北	24919	15551	4085	2445	1999	839	97.9
湖 南	44699	29621	1542	1045	8754	3737	100.0
广 东	28161	21418	1433	176	4356	778	100.0
广 西	21917	7725	2156	695	8586	2755	100.0
海 南	2761	768	130	24	1632	207	100.0
重 庆	10778	6255	1122	378	1941	1082	100.0
四 川	55981	27132	1578	2556	20390	4325	100.0
贵 州	20945	9308	2146	533	6977	1981	100.0
云 南	13364	9944	1360	620	500	940	100.0
西 藏	5366	1760	2634	150		822	100.0
陕 西	25969	19502	719	607	4360	781	97.6
甘 肃	16681	6987	1622	958	5475	1639	100.0
青 海	4481	1820	595	571	1060	435	100.0
宁 夏	2455	769	363	212	843	268	100.0
新 疆	10588	1706	5777	1242	564	1299	100.0

8-12-4 卫生人员情况

单位：人

年 份	卫生人员	卫生技术人员	执业(助理)医师		注册护士	药师(士)	检验师(士)	乡村医生和卫生员	其他技术人员	管理人员	工勤技能人员
				执业医师							
1949	541240	505040	363400	314000	32800	3357				11877	24323
1950	611240	555040	380800	327400	37800	8080				21877	34323
1955	1052787	874063	500398	402409	107344	60974	15394			86465	92259
1960	1769205	1504894	596109	427498	170143	119293				132034	132277
1965	1872300	1531600	762804	510091	234546	117314			10996	168845	160899
1970	6571795	1453247	702304	446251	295147			4779280	10813	156862	171593
1975	7435212	2057068	877716	521617	379545	219904	77506	4841695	14122	251420	270907
1978	7883041	2463931	978152	609608	405223	266570	98806	4777469	22950	298104	320587
1980	7355483	2798241	1153234	709473	465798	308438	114290	3820776	27834	310805	397827
1981	7199133	3011038	1243787	620291	525311	323786	123652	3403012	29622	318721	436740
1982	6954413	3142943	1307205	668010	563912	342451	130625	2996609	32207	326883	455771
1983	6757244	3252836	1352651	704060	595569	351002	136630	2667214	37830	326927	472437
1984	6622973	3343998	1381456	716365	616080	358969	140728	2409327	42539	341271	485838
1985	5606105	3410910	1413281	724238	636974	365145	145217	1293094	46052	358812	497237
1986	5725854	3506517	1444150	745592	680583	372760	150132	1279935	50957	370056	518389
1987	5842621	3608618	1481754	777333	717596	382121	156878	1278499	57255	371167	527082
1988	5924557	3723756	1618174	1095926	829261	394287	161615	1247045	65063	368227	520466
1989	6028234	3809097	1718018	1257668	921687	401098	166383	1241275	73530	384890	519442
1990	6137711	3897921	1763086	1302997	974541	405978	170371	1231510	85504	396694	526082
1991	6278458	3984974	1779545	1310933	1011943	409325	176832	1253324	91265	408819	540076
1992	6409307	4073986	1808194	1327875	1039674	413598	180754	1269061	99177	417670	549413
1993	6540522	4117067	1831665	1372471	1056096	413025	183657	1325106	113138	432903	552311
1994	6630710	4199217	1882180	1425375	1093544	417166	186415	1323701	116921	438084	552787
1995	6704395	4256923	1917772	1454926	1125661	418520	189488	1331017	120782	450013	545660
1996	6735097	4311845	1941235	1475232	1162609	424952	192873	1316095	125480	444571	537106
1997	6833962	4397805	1984867	1505342	1198228	428295	198016	1317786	133369	448047	536955
1998	6863315	4423721	1999521	1513975	1218836	423644	200846	1327633	145060	435507	531394
1999	6894985	4458669	2044672	1561584	1244844	418574	201272	1324937	150041	434997	526341
2000	6910383	4490803	2075843	1603266	1266838	414408	200900	1319357	157533	426789	515901
2001	6874527	4507700	2099658	1637337	1286938	404087	203378	1290595	157961	412757	505514
2002	6528674	4269779	1843995	1463573	1246545	357659	209144	1290595	179962	332628	455710
2003	6216971	4380878	1942364	1534046	1265959	357378	209616	867778	199331	318692	450292
2004	6332739	4485983	1999457	1582442	1308433	355451	211553	883075	209422	315595	438664
2005	6447246	4564050	2042135	1622684	1349589	349533	211495	916532	225697	312826	428141
2006	6681184	4728350	2099064	1678031	1426339	353565	218771	957459	235466	323705	436204
2007	6964389	4913186	2122925	1715460	1558822	325212	206487	931761	243460	356569	519413
2008	7251803	5174478	2201904	1791881	1678091	330525	212618	938313	255149	356854	527009
2009	7781448	5535124	2329206	1905436	1854818	341910	220695	1050991	275006	362665	557662
2010	8207502	5876158	2413259	1972840	2048071	353916	230572	1091863	290161	370548	578772
2011	8616040	6202858	2466094	2020154	2244020	363993	238874	1126443	305981	374885	605873
2012	9115705	6675549	2616064	2138836	2496599	377398	249255	1094419	319117	372997	653623
2013	9790483	7210578	2794754	2285794	2783121	395578	266607	1081063	359819	420971	718052
2014	10234213	7589790	2892518	2374917	3004144	409595	279277	1058182	379740	451250	755251

注：1. 卫生人员和卫生技术人员包括公务员中的卫生监督员。
2. 2013年卫生人员数包括卫生计生部门主管的计划生育技术服务机构人员数。
3. 执业(助理)医师数包括村卫生室执业(助理)医师数。
4. 1985年以前乡村医生和卫生员系赤脚医生数。

8-12-5 各地区卫生人员情况

单位：人

地 区	合计	卫生技术人员							乡村医生和卫生员	其他技术人员	管理人员	工勤技能人员
		小计	执业(助理)医师	#执业医师	注册护士	药师(士)	技师(士)	其他				
全 国	**10234213**	**7589790**	**2892518**	**2374917**	**3004144**	**409595**	**407296**	**876237**	**1058182**	**379740**	**451250**	**755251**
北 京	274036	213245	79949	75299	88488	12744	11291	20773	3406	13451	15494	28440
天 津	111672	84880	33340	31007	31577	5193	4697	10073	5205	4095	9275	8217
河 北	512877	351513	157725	121014	121845	14975	17831	39137	83519	23788	19334	34723
山 西	289266	209474	89835	76689	79055	10045	11127	19412	39450	11025	11273	18044
内蒙古	202999	154483	62182	52624	56723	9668	8235	17675	18422	8457	9487	12150
辽 宁	339187	256284	101636	91213	105828	13214	14297	21309	24642	12640	17458	28163
吉 林	206092	151427	63234	55377	57433	7794	7845	15121	18954	7564	12496	15651
黑龙江	283494	212207	81371	68892	77720	11390	12465	29261	24359	9501	16565	20862
上 海	201735	164054	61202	57425	71929	9225	9497	12201	802	9880	9796	17203
江 苏	589559	458503	178551	149651	188767	25521	23063	42601	37796	19977	26080	47203
浙 江	455809	375902	145725	124670	145141	24451	19372	41213	8546	18130	14914	38317
安 徽	365662	268039	103742	80525	111497	12909	15908	23983	48271	13893	13668	21791
福 建	273602	206516	75324	64366	85664	13794	10496	21238	27201	9480	7713	22692
江 西	280766	201362	74647	62050	84140	13700	13212	15663	46841	7332	8026	17205
山 东	838474	603785	230883	195791	245711	31741	30441	65009	132234	36505	25151	40799
河 南	745144	494815	189335	134405	191117	23963	29346	61054	119307	33585	34009	63428
湖 北	438164	335583	126123	103905	144109	17837	17520	29994	42264	17431	18054	24832
湖 南	462694	341404	133372	99058	136247	20321	19030	32434	48020	17668	22758	32844
广 东	732573	583009	216799	176112	233483	36548	29433	66746	28515	23388	29009	68652
广 西	357622	258599	86525	68419	103955	14353	13542	40224	36757	10813	17488	33965
海 南	66556	50580	17609	14122	22383	2685	2649	5254	3565	2111	3422	6878
重 庆	210501	154278	58084	44252	62739	7628	7210	18617	22775	6200	10010	17238
四 川	626938	451938	179523	145028	175520	22642	22093	52160	72998	20079	31842	50081
贵 州	237518	169963	57845	45649	67204	6912	9562	28440	36294	8881	10831	11549
云 南	282760	208905	75426	62266	82823	8790	11130	30736	35666	10284	9250	18655
西 藏	26531	12882	5609	3987	2715	593	583	3382	11109	723	694	1123
陕 西	336288	252611	76460	63214	97221	13544	15734	49652	33372	4258	23786	22261
甘 肃	178968	126396	47681	38626	45472	6056	6423	20764	21682	6639	12601	11650
青 海	46363	33936	12953	10954	12750	1729	2119	4385	6938	1682	1247	2560
宁 夏	50714	39800	15023	13328	15096	2376	2179	5126	3930	1683	2048	3253
新 疆	199649	153417	54805	44999	59792	7254	8966	22600	15342	8597	7471	14822

8-12-6 各地区社区卫生服务中心(站)人员情况

单位：人

地区	合计	卫生技术人员							其他技术人员	管理人员	工勤技能人员
		小计	执业(助理)医师	执业医师	注册护士	药师(士)	技师(士)	其他			
全国	**488771**	**417503**	**176998**	**141752**	**145672**	**33021**	**19721**	**42091**	**18963**	**20380**	**31925**
北京	30676	25561	11276	9300	7500	2876	1222	2687	1541	1298	2276
天津	7418	5980	2481	2206	1731	644	360	764	337	646	455
河北	15564	13521	6616	5284	4771	711	654	769	620	719	704
山西	11993	10546	4892	4139	4003	559	427	665	381	533	533
内蒙古	11482	10090	4578	3688	3487	834	387	804	491	455	446
辽宁	15411	12948	5394	4676	5342	928	650	634	643	948	872
吉林	8404	6871	2786	2390	2572	454	324	735	431	502	600
黑龙江	15797	13351	5329	4455	4895	952	792	1383	593	888	965
上海	33856	27958	12080	10650	10083	2387	1447	1961	1505	1209	3184
江苏	43495	36813	15596	12765	11865	3215	1749	4388	1555	1630	3497
浙江	38503	33485	14630	10650	8829	3255	1560	5211	1574	989	2455
安徽	18346	16187	7149	5347	6141	881	766	1250	657	720	782
福建	11362	9855	4111	3325	3426	924	421	973	567	280	660
江西	8735	7561	2956	2605	3087	656	533	329	241	425	508
山东	32908	28788	11606	9294	9885	2190	1312	3795	1555	1105	1460
河南	20830	17349	7505	5855	6372	855	853	1764	882	1094	1505
湖北	20323	17326	7108	5789	6909	1151	814	1344	923	874	1200
湖南	14625	12636	5464	3877	4444	1057	598	1073	557	524	908
广东	47151	40859	17811	13554	14351	3717	1590	3390	1266	1349	3677
广西	6597	5804	2381	1980	2195	473	259	496	208	192	393
海南	2771	2348	817	643	1052	157	84	238	84	160	179
重庆	9982	8250	3248	2223	2898	590	373	1141	294	520	918
四川	19108	15846	6481	5213	5753	1237	764	1611	696	1102	1464
贵州	6348	5355	2096	1629	2119	218	233	689	399	329	265
云南	6164	5351	2213	1747	2035	258	212	633	237	264	312
西藏	161	120	53	43	19	2	4	42	3	1	37
陕西	11269	9478	3362	2624	3222	686	558	1650	46	948	797
甘肃	7468	6748	2858	2357	2657	382	277	574	196	200	324
青海	2174	1878	697	582	700	187	68	226	76	86	134
宁夏	1172	1091	392	308	456	92	34	117	37	13	31
新疆	8678	7549	3032	2554	2873	493	396	755	368	377	384

8-12-7 各地区乡镇卫生院人员情况

单位：人

地区	合计	卫生技术人员							其他技术人员	管理人员	工勤技能人员	每千农业人口乡镇卫生院人员数
		小计	执业(助理)医师	执业医师	注册护士	药剂人员	技师(士)	其他				
全国	**1247299**	**1053348**	**432831**	**248173**	**281864**	**73502**	**55292**	**209859**	**55774**	**41677**	**96500**	**1.43**
北京												
天津	5133	4446	2416	1794	939	298	220	573	139	328	220	1.38
河北	55543	45501	24541	12360	6782	2488	2129	9561	3876	1700	4466	1.09
山西	23583	20019	10182	6119	4506	1316	863	3152	1236	651	1677	1.01
内蒙古	20171	17711	9063	5428	3508	1194	727	3219	830	648	982	1.40
辽宁	24663	18640	8607	5549	4963	1349	1118	2603	1342	1502	3179	1.20
吉林	24566	19298	8536	5845	4957	1285	968	3552	1234	1525	2509	1.73
黑龙江	23067	19267	8164	4984	3695	1356	1005	5047	910	1303	1587	1.21
上海												
江苏	72367	60284	26444	19497	19185	4731	3244	6680	2957	2441	6685	2.36
浙江	47702	41499	17898	11355	9730	3960	1961	7950	1820	1037	3346	1.45
安徽	48538	42111	19590	10913	11325	2841	2942	5413	1751	1456	3220	0.91
福建	33203	27993	9637	6873	9512	2780	1407	4657	1444	650	3116	1.37
江西	44898	39069	14750	9950	12237	4127	3069	4886	1323	646	3860	1.23
山东	116543	103482	41299	27611	28840	7513	5601	20229	5502	2387	5172	2.13
河南	101969	79901	35057	15448	18581	5163	5298	15802	6480	3916	11672	1.18
湖北	75182	64583	26754	15955	21417	4239	3157	9016	3665	2442	4492	1.87
湖南	78175	65263	29660	13991	16302	6080	3661	9560	3848	2642	6422	1.40
广东	79294	66426	28487	13066	18815	4900	2747	11477	3618	2211	7039	1.95
广西	66527	56298	16769	8100	17044	3771	2891	15823	2802	1185	6242	1.65
海南	10213	7980	2626	1347	2837	533	332	1652	485	465	1283	1.79
重庆	31515	25888	10759	5846	6934	1430	931	5834	1466	1272	2889	1.57
四川	97671	79852	33822	20012	20739	4620	3277	17394	3504	5903	8412	1.51
贵州	32845	29183	9902	4624	7571	1133	1568	9009	1460	1233	969	0.91
云南	32244	28227	10050	5466	7887	975	1509	7806	1648	606	1763	0.98
西藏	3633	3317	1054	601	299	90	5	1869	215	27	74	1.36
陕西	38374	33879	9417	5560	7679	2500	2373	11910	374	2213	1908	1.58
甘肃	28165	25574	7818	4453	7848	1394	972	7542	669	482	1440	1.43
青海	4702	4272	1669	1133	990	212	164	1237	157	116	157	1.56
宁夏	4333	3941	1805	1295	829	388	182	737	156	62	174	1.08
新疆	22480	19444	6055	2998	5913	836	971	5669	863	628	1545	1.67

8-12-8 各地区村卫生室人员情况

单位：人

地区	人员总数	执业(助理)医师	注册护士	乡村医生和卫生员			平均每村村卫生室人员	每千农业人口村卫生室人员数
				合计	乡村医生	卫生员		
全　国	**1460389**	**304343**	**97864**	**1058182**	**985692**	**72490**	**2.26**	**1.67**
北　京	4505	791	308	3406	3375	31	1.61	1.85
天　津	7006	1410	391	5205	5072	133	2.98	1.88
河　北	114228	26775	3934	83519	79012	4507	1.86	2.24
山　西	51436	9463	2523	39450	36543	2907	1.82	2.21
内蒙古	26435	5981	2032	18422	17312	1110	1.91	1.83
辽　宁	31770	4887	2241	24642	24257	385	1.60	1.55
吉　林	25118	4738	1426	18954	18160	794	2.24	1.76
黑龙江	32482	6577	1546	24359	23421	938	2.79	1.70
上　海	5359	3899	658	802	680	122	4.09	3.85
江　苏	66771	22862	6113	37796	36223	1573	4.30	2.18
浙　江	23340	11570	3224	8546	8084	462	1.94	0.71
安　徽	69446	16540	4635	48271	45227	3044	4.54	1.30
福　建	35817	6591	2025	27201	26493	708	1.86	1.47
江　西	62475	11370	4264	46841	45203	1638	2.01	1.71
山　东	161681	19910	9537	132234	128313	3921	3.00	2.96
河　南	166511	35384	11820	119307	108851	10456	2.94	1.93
湖　北	65368	15774	7330	42264	40463	1801	2.62	1.62
湖　南	73613	20447	5146	48020	43940	4080	1.65	1.31
广　东	48124	13549	6060	28515	26154	2361	1.71	1.19
广　西	49820	9610	3453	36757	33173	3584	2.27	1.23
海　南	6389	1639	1185	3565	2716	849	2.31	1.12
重　庆	31196	6732	1689	22775	21568	1207	2.89	1.56
四　川	93949	19474	1477	72998	67739	5259	1.68	1.45
贵　州	41543	3766	1483	36294	27210	9084	1.98	1.15
云　南	42935	4658	2611	35666	33528	2138	3.21	1.31
西　藏	11575	357	109	11109	9020	2089	2.16	4.35
陕　西	43174	6897	2905	33372	31857	1515	1.66	1.78
甘　肃	31212	5776	3754	21682	18990	2692	1.87	1.58
青　海	9694	2109	647	6938	6031	907	2.16	3.21
宁　夏	5450	1060	460	3930	3170	760	2.22	1.35
新　疆	21967	3747	2878	15342	13907	1435	2.07	1.64

注：本表包括乡镇卫生院在村卫生室工作的执业(助理)医师和注册护士。

8-12-9 乡村医生和卫生员情况

单位：人

年 份	乡村医生和卫生员			平均每村乡村医生和卫生员	每千农业人口乡村医生和卫生员
	合计	乡村医生	卫生员		
1980	1463406	607879	2357370	2.10	1.79
1985	1293094	643022	650072	1.80	1.55
1990	1231510	776859	454651	1.64	1.38
1991	1253324	794507	458817	1.69	1.39
1992	1269061	816557	452504	1.73	1.41
1993	1325106	910664	414442	1.81	1.47
1994	1323701	933386	390351	1.81	1.47
1995	1331017	955933	375084	1.81	1.48
1996	1316095	954630	361465	1.79	1.46
1997	1317786	972288	345498	1.80	1.45
1998	1327633	990217	337416	1.81	1.46
1999	1324937	1009665	315272	1.82	1.45
2000	1319357	1019845	299512	1.81	1.44
2001	1290595	1021542	269053	1.82	1.41
2003	867778	791956	75822	1.31	0.98
2004	883075	825672	57403	1.37	1.00
2005	916532	864168	52364	1.46	1.05
2006	957459	906320	51139	1.53	1.10
2007	931761	882218	49543	1.52	1.06
2008	938313	893535	44778	1.55	1.06
2009	1050991	995449	55542	1.75	1.19
2010	1091863	1031828	60035	1.68	1.23
2011	1126443	1060548	65895	1.91	1.27
2012	1094419	1022869	71550	1.86	1.25
2013	1081063	1004502	76561	1.83	1.23
2014	1058182	985692	72490	1.64	1.21

注：1985年以前的乡村医生系赤脚医生。

8-12-10 每千人口卫生技术人员数

单位：人

年 份	卫生技术人员			执业(助理)医师			执业医师	注册护士		
	合计	城市	农村	合计	城市	农村		合计	城市	农村
1949	0.93	1.87	0.73	0.67	0.70	0.66	0.58	0.06	0.25	0.02
1955	1.42	3.49	1.01	0.81	1.24	0.74	0.70	0.14	0.64	0.04
1960	2.37	5.67	1.85	1.04	1.97	0.90	0.79	0.23	1.04	0.07
1965	2.11	5.37	1.46	1.05	2.22	0.82	0.70	0.32	1.45	0.10
1970	1.76	4.88	1.22	0.85	1.97	0.66	0.43	0.29	1.10	0.14
1975	2.24	6.92	1.41	0.95	2.66	0.65	0.57	0.41	1.74	0.18
1980	2.85	8.03	1.81	1.17	3.22	0.76	0.72	0.47	1.83	0.20
1985	3.28	7.92	2.09	1.36	3.35	0.85	0.70	0.61	1.85	0.30
1990	3.45	6.59	2.15	1.56	2.95	0.98	1.15	0.86	1.91	0.43
1995	3.59	5.36	2.32	1.62	2.39	1.07	1.23	0.95	1.59	0.49
1998	3.64	5.30	2.35	1.65	2.34	1.11	1.25	1.00	1.64	0.51
1999	3.64	5.24	2.38	1.67	2.33	1.14	1.27	1.02	1.64	0.52
2000	3.63	5.17	2.41	1.68	2.31	1.17	1.30	1.02	1.64	0.54
2001	3.62	5.15	2.38	1.69	2.32	1.17	1.32	1.03	1.65	0.54
2002	3.41			1.47			1.17	1.00		
2003	3.48	4.88	2.26	1.54	2.13	1.04	1.22	1.00	1.59	0.50
2004	3.53	4.99	2.24	1.57	2.18	1.04	1.25	1.03	1.63	0.50
2005	3.50	5.82	2.69	1.56	2.46	1.26	1.24	1.03	2.10	0.65
2006	3.60	6.09	2.70	1.60	2.56	1.26	1.28	1.09	2.22	0.66
2007	3.72	6.44	2.69	1.61	2.61	1.23	1.30	1.18	2.42	0.70
2008	3.90	6.68	2.80	1.66	2.68	1.26	1.35	1.27	2.54	0.76
2009	4.15	7.15	2.94	1.75	2.83	1.31	1.43	1.39	2.82	0.81
2010	4.39	7.62	3.04	1.80	2.97	1.32	1.47	1.53	3.09	0.89
2011	4.61	6.68	2.66	1.83	2.62	1.10	1.50	1.67	2.62	0.79
2012	4.94	8.54	3.41	1.94	3.19	1.40	1.58	1.85	3.65	1.09
2013	5.27	9.18	3.64	2.06	3.39	1.48	1.67	2.05	4.00	1.22
2014	5.56	9.70	3.77	2.12	3.54	1.51	1.71	2.20	4.30	1.31

注：1. 2002年以前，执业(助理)医师数系医生，执业医师数系医师,注册护士数系护师(士)。
2. 城市包括直辖市区和地级市辖区，农村包括县及县级市。
3. 分母系常住人口数。

8-12-11 各地区每千人口卫生技术人员数

单位：人

地区	卫生技术人员			执业(助理)医师			执业医师			注册护士		
	合计	城市	农村	合计	城市	农村	合计	城市	农村	合计	城市	农村
总　计	**5.56**	**9.70**	**3.77**	**2.12**	**3.54**	**1.51**	**1.74**	**3.29**	**1.08**	**2.20**	**4.30**	**1.31**
北　京	9.91	16.38	8.09	3.72	6.10	3.74	3.50	5.77	3.13	4.11	6.84	2.60
天　津	5.60	8.97	5.52	2.20	3.39	2.76	2.04	3.24	2.17	2.08	3.47	1.46
河　北	4.76	10.95	3.25	2.14	4.45	1.56	1.64	4.11	1.04	1.65	4.77	0.91
山　西	5.74	11.33	3.85	2.46	4.51	1.79	2.10	4.20	1.39	2.17	4.94	1.19
内蒙古	6.17	11.19	4.40	2.48	4.17	1.90	2.10	3.90	1.47	2.26	4.79	1.36
辽　宁	5.84	9.24	3.40	2.31	3.54	1.45	2.08	3.36	1.15	2.41	4.13	1.15
吉　林	5.50	8.37	4.45	2.30	3.42	1.89	2.01	3.25	1.54	2.09	3.58	1.50
黑龙江	5.54	9.04	3.82	2.12	3.28	1.57	1.80	3.06	1.17	2.03	3.88	1.08
上　海	6.76	11.58	7.58	2.52	4.25	4.20	2.37	4.08	2.07	2.96	5.13	2.33
江　苏	5.76	8.98	4.29	2.24	3.22	1.82	1.88	3.04	1.34	2.37	4.02	1.58
浙　江	6.82	11.59	5.82	2.65	4.29	2.36	2.26	3.98	1.86	2.64	4.87	2.05
安　徽	4.41	6.64	2.78	1.71	2.34	1.17	1.32	2.15	0.77	1.83	3.18	0.99
福　建	5.43	10.33	3.81	1.98	3.75	1.40	1.69	3.50	1.08	2.25	4.57	1.48
江　西	4.43	8.86	3.01	1.64	3.05	1.17	1.37	2.88	0.89	1.85	4.26	1.13
山　东	6.17	9.30	4.83	2.36	3.49	1.87	2.00	3.24	1.47	2.51	4.17	1.80
河　南	5.24	9.94	3.19	2.01	3.42	1.31	1.42	3.11	0.77	2.03	4.65	1.05
湖　北	5.77	8.62	4.17	2.17	3.06	1.65	1.79	2.88	1.20	2.48	4.08	1.63
湖　南	5.07	10.40	3.48	1.98	3.67	1.45	1.47	3.34	0.94	2.02	5.00	1.20
广　东	5.44	11.30	3.31	2.02	4.03	1.35	1.64	3.67	0.82	2.18	4.82	1.12
广　西	5.44	7.91	3.58	1.82	2.70	1.18	1.44	2.52	0.79	2.19	3.52	1.31
海　南	5.60	9.76	4.11	1.95	3.34	1.45	1.56	3.13	1.01	2.48	4.68	1.70
重　庆	5.16	6.06	3.23	1.94	2.17	1.32	1.48	1.86	0.81	2.10	2.72	1.09
四　川	5.55	8.00	3.76	2.21	2.92	1.59	1.78	2.73	1.15	2.16	3.60	1.27
贵　州	4.85	10.99	2.99	1.65	3.93	0.99	1.30	3.67	0.70	1.92	5.02	1.09
云　南	4.43	10.97	3.49	1.60	4.17	1.23	1.32	3.89	0.94	1.76	4.73	1.33
西　藏	4.05	13.96	3.29	1.76	6.15	1.43	1.25	5.39	0.94	0.85	4.78	0.57
陕　西	6.69	9.71	4.78	2.03	3.11	1.36	1.67	2.83	0.99	2.58	4.28	1.56
甘　肃	4.88	7.42	3.44	1.84	2.83	1.28	1.49	2.61	0.90	1.75	3.14	1.04
青　海	5.82	17.50	3.58	2.22	6.35	1.43	1.88	5.82	1.12	2.19	8.09	1.05
宁　夏	6.01	9.70	3.21	2.27	3.53	1.31	2.01	3.30	1.04	2.28	4.01	0.98
新　疆	6.68	15.50	5.82	2.38	5.88	2.04	1.96	5.64	1.57	2.60	6.65	2.19

注：分母系常住人口数。

8-12-12 医疗卫生机构床位数

单位：万张

年份	合计	医院				基层医疗卫生机构			专业公共卫生机构			其他医疗卫生机构
			综合医院	中医医院	专科医院		社区卫生服务中心(站)	乡镇卫生院		妇幼保健院(所、站)	专科疾病防治院(所、站)	
1949	8.46	8.00										
1950	11.91	9.71	8.46	0.01	0.74					0.27		
1955	36.28	21.53	17.08	0.14	2.80					0.57		
1960	97.68	59.14	44.74	1.42	7.95			4.63		0.88	1.74	
1965	103.33	61.20	48.04	1.04	7.49			13.25		0.92		
1970	126.15	70.50	57.21	1.01	7.79			36.80		0.70		
1975	176.43	94.02	76.33	1.37	11.11			62.03		0.97	2.88	
1978	204.17	110.00	87.33	3.40	12.10			74.73		1.16	2.63	
1980	218.44	119.58	94.11	5.00	12.87			77.54		1.64	2.73	
1981	223.38	124.09	96.80	5.79	13.49			76.31		1.97	2.71	
1982	228.03	128.52	99.83	6.40	13.90			75.32		2.33	2.73	
1983	234.16	134.53	103.99	7.24	14.58			74.62		2.75	2.85	
1984	241.24	141.24	108.00	8.65	15.29			73.14		3.18	2.96	
1985	248.71	150.86	112.77	11.23	16.56			72.06		3.46	2.95	
1986	256.25	155.98	117.52	12.52	17.71			71.12		3.67	3.06	
1987	268.50	165.34	123.71	14.21	19.03			72.30		4.00	3.07	
1988	279.49	174.70	129.06	15.55	20.23			72.61		4.35	3.00	
1989	286.70	181.46	133.60	16.60	20.93			72.30		4.50	3.10	
1990	292.54	186.89	136.90	17.57	21.95			72.29		4.66	3.10	
1991	299.19	192.61	140.55	18.82	22.26			72.92		4.80	3.17	
1992	304.94	197.66	144.10	20.04	22.71			73.28		5.00	3.22	
1993	309.90	203.64	156.63	21.35	24.37			73.08		4.50	3.03	
1994	313.40	207.04	158.70	22.18	24.85			73.24		4.80	2.98	
1995	314.06	206.33	158.72	22.72	24.51			73.31		5.13	3.07	
1996	309.96	209.65	159.73	23.75	24.86			73.47		5.60	2.83	
1997	313.45	211.92	161.21	24.46	24.97			74.24		6.02	3.06	
1998	314.30	213.41	162.00	24.95	25.01			73.77		6.30	2.90	
1999	315.90	215.07	163.25	25.33	25.03			73.40		6.63	2.93	
2000	317.70	216.67	164.09	25.93	25.08	76.65		73.48	11.86	7.12	2.84	12.52
2001	320.12	215.56	150.50	24.60	25.65	77.14		74.00	12.02	7.40	2.70	15.40
2002	313.61	222.18	168.38	24.67	26.21	71.05	1.20	67.13	12.37	7.98	3.18	8.01
2003	316.40	226.95	171.34	26.02	26.72	71.05	1.21	67.27	12.61	8.09	3.38	5.79
2004	326.84	236.35	177.68	27.55	28.26	71.44	1.81	66.89	12.73	8.70	3.12	6.32
2005	336.75	244.50	183.47	28.77	29.21	72.58	2.50	67.82	13.58	9.41	3.34	6.09
2006	351.18	256.04	190.29	30.32	32.05	76.19	4.12	69.62	13.50	9.93	2.80	5.45
2007	370.11	267.51	197.16	32.16	34.37	85.03	7.66	74.72	13.29	10.62	2.59	4.28
2008	403.87	288.29	211.28	35.03	37.77	97.10	9.80	84.69	14.66	11.73	2.64	3.82
2009	441.66	312.08	227.11	38.56	41.67	109.98	13.13	93.34	15.40	12.61	2.71	4.21
2010	478.68	338.74	244.95	42.42	45.95	119.22	16.88	99.43	16.45	13.44	2.93	4.26
2011	515.99	370.51	267.07	47.71	49.65	123.37	18.71	102.63	17.81	14.59	3.14	4.29
2012	572.48	416.15	297.99	54.80	55.74	132.43	20.32	109.93	19.82	16.16	3.57	4.08
2013	618.19	457.86	325.52	60.88	62.11	134.99	19.42	113.65	21.49	17.55	3.85	3.85
2014	660.12	496.12	349.99	66.50	68.58	138.12	19.59	116.72	22.30	18.48	3.76	3.58

8-12-13 各地区医疗卫生机构床位数

单位：张

地 区	合计	医 院							基层医疗卫生机构	
		小计	综合医院	中医医院	中西医结合医院	民族医院	专科医院	护理院	小计	社区卫生服务中心
总 计	**6601214**	**4961161**	**3499924**	**665005**	**67277**	**22768**	**685839**	**20348**	**1381197**	**171754**
北 京	109811	102852	62501	13150	5453	177	21471	100	4515	4515
天 津	60869	52350	29335	5836	1660		15519		7111	2891
河 北	322909	236889	177534	30105	5260		23990		73108	5579
山 西	177442	133957	93445	14914	1959		23639		38053	3170
内蒙古	129011	99050	69928	10319	1066	5898	11689	150	25460	3539
辽 宁	255513	210154	145169	21848	1400	300	41237	200	35295	5530
吉 林	140995	113960	80044	12540	1505	82	19559	230	21250	2898
黑龙江	201337	163122	117338	19476	848	272	25158	30	29286	6126
上 海	117510	98261	58257	5829	3395		25365	5415	17074	17074
江 苏	392293	309301	200400	39247	5803		53148	10703	74803	18543
浙 江	245756	213365	141283	30594	4741		35622	1125	23061	7089
安 徽	252044	187730	134819	25653	1582		25498	178	58561	7427
福 建	164781	122838	86734	16872	2793	80	16359		32727	3046
江 西	186727	125110	87769	22692	958		13691		48987	2866
山 东	500631	359637	259023	49907	2745	199	47263	500	117092	12306
河 南	459338	332705	242494	51264	1510		37387	50	106408	9236
湖 北	317500	222388	164577	31217	2771	869	22954		80287	11487
湖 南	355485	247018	165734	42403	1576	106	37150	49	93562	7724
广 东	405751	319729	235375	38816	1985		42439	1114	60605	7513
广 西	201600	129383	90407	21450	2893	355	14148	130	59733	1338
海 南	34466	26456	20797	3325	360		1974		6178	571
重 庆	160579	109299	74515	17028	1482		16175	99	47407	7312
四 川	459596	319155	218143	45478	6846	778	47910		128645	9046
贵 州	182189	135561	102584	17490	1437	521	13306	223	41699	2797
云 南	224899	169722	124657	21694	1914	362	21095		47895	3387
西 藏	11929	7984	6338		50	1298	298		3374	58
陕 西	199372	154871	118116	23702	1316		11685	52	34900	3193
甘 肃	122412	90528	65811	17661	1244	818	4994		27629	2304
青 海	33007	26936	18960	2302	30	2767	2877		5730	481
宁 夏	32506	28493	22421	3825	128	115	2004		3052	87
新 疆	142956	112357	85416	8368	567	7771	10235		27710	2621

8-12-13 续表 单位：张

地 区	社区卫生服务站	街 道卫生院	乡 镇卫生院	门诊部	护理站	专业公共卫生机构				其他医疗卫生机构
						小计	专科疾病防治院(所、站)	妇 幼保健院(所、站)	急救中心(站)	
总 计	**24159**	**9396**	**1167245**	**8306**	**337**	**223033**	**37618**	**184815**	**600**	**35823**
北 京						2444	484	1939	21	
天 津			4134	86		992	682	310		416
河 北	4088		62930	511		11907	837	11015	55	1005
山 西	1142	4962	28434	345		3727	190	3522	15	1705
内蒙古	2694	15	18945	267		3811	340	3471		690
辽 宁	109	229	29381	46		3728	2371	1227	130	6336
吉 林	216		17982	145	9	3027	976	2051		2758
黑龙江	1165	21	21529	445		7329	3477	3848	4	1600
上 海						1452	170	1282		723
江 苏	463	35	55551	105	106	5572	1085	4482	5	2617
浙 江	121	83	15398	370		7813	598	7194	21	1517
安 徽	6	30	50851	247		4831	1438	3390	3	922
福 建			29671	10		6842	1456	5355	31	2374
江 西	970	70	44802	279		10820	2525	8295		1810
山 东	4053		99716	807	210	20670	4318	16222	130	3232
河 南	966	72	95562	572		20080	1339	18711	30	145
湖 北	714	1417	66557	112		14825	2486	12339		
湖 南	855	80	83407	1496		14778	3913	10865		127
广 东	20	866	52042	164		23852	5160	18692		1565
广 西	20		58319	56		11683	416	11267		801
海 南	127		5458	22		1350	72	1278		482
重 庆	171	925	38491	508		3058	178	2880		815
四 川	1879		117042	678		11303	1095	10152	56	493
贵 州	168	492	38172	70		4831	455	4376		98
云 南	772		43526	210		6255	501	5717	37	1027
西 藏	11		3305			531		531		40
陕 西	685	86	30831	105		8035	890	7145		1566
甘 肃	1169	7	23811	326	12	3605	32	3561	12	650
青 海	973	6	4234	36		341	35	306		
宁 夏	136		2799	30		861		861		100
新 疆	466		24365	258		2680	99	2531	50	209

8-12-14 各地区医疗卫生机构门诊服务情况

地区	诊疗人次数(人次)	门急诊	观察室留观病例数(人次)	健康检查人数(人次)	急诊病死率(%)	观察室病死率(%)	居民平均就诊次数(次)
总计	**7601866343**	**7258643320**	**59770825**	**373055601**	**0.07**	**0.06**	**5.58**
北京	213599178	211641192	2673813	5941010	0.07	0.09	9.93
天津	115775100	111837221	1519592	3890557	0.08	0.05	7.63
河北	412894081	374311494	2050167	14102836	0.17	0.07	5.59
山西	127674055	116914292	616312	7880264	0.14	0.08	3.50
内蒙古	100336312	92833372	416046	5334157	0.11	0.19	4.01
辽宁	184512966	170081242	2731897	10504484	0.13	0.06	4.20
吉林	106349360	93801837	663068	4175443	0.10	0.07	3.86
黑龙江	120844594	110434804	608483	5978442	0.11	0.23	3.15
上海	250597123	244966926	174999	6525530	0.12	2.91	10.33
江苏	525785762	510212751	2042101	27304127	0.04	0.04	6.61
浙江	504249625	494254210	1134420	22597352	0.03	0.18	9.15
安徽	262820439	251244757	1699417	13281508	0.08	0.02	4.32
福建	212119356	205275563	941769	9433210	0.03	0.02	5.57
江西	210871031	200913602	1938261	11612553	0.03	0.02	4.64
山东	631266197	599058888	4194188	28007615	0.17	0.09	6.45
河南	549630611	516747293	1993938	29492363	0.08	0.08	5.82
湖北	344751784	331068508	3849606	17291258	0.07	0.04	5.93
湖南	250506548	233887075	4649348	16061221	0.03	0.04	3.72
广东	780947749	759432031	6874002	39302701	0.02	0.04	7.28
广西	249326114	240929775	2113577	13910281	0.03	0.02	5.24
海南	45312522	44412063	300937	1619138	0.19	0.01	5.02
重庆	137979802	131982387	3106192	7202475	0.06	0.01	4.61
四川	445206023	427506915	3502563	27264658	0.07	0.03	5.47
贵州	130160314	124048640	1785540	7918794	0.04	0.02	3.71
云南	218902301	212355002	4290907	9020933	0.04	0.04	4.64
西藏	13130998	12352932	112226	1153667	0.03	0.04	4.13
陕西	175084631	169930418	219541	7828900	0.09	0.18	4.64
甘肃	123287048	114923824	1744173	8553767	0.10	0.02	4.76
青海	22534190	21219812	507740	1691543	0.28	0.01	3.87
宁夏	35620816	34291903	644927	2240767	0.13	0.02	5.38
新疆	99789713	95772591	671075	5934047	0.14	0.24	4.34

8-12-15 各地区医院住院服务情况

地区	入院人数(人)			出院人数(人)			住院病人手术人次数(人次)		
	合计	公立	民营	合计	公立	民营	合计	公立	民营
总 计	**153751386**	**134147920**	**19603466**	**153190733**	**133805448**	**19385285**	**41121043**	**35919590**	**5201453**
北 京	2562329	2271590	290739	2557249	2268615	288634	1036732	950183	86549
天 津	1375813	1231418	144395	1374437	1230920	143517	555861	540940	14921
河 北	7669850	6874917	794933	7607979	6829765	778214	1852598	1692299	160299
山 西	3268333	2907389	360944	3248767	2895644	353123	825522	721723	103799
内蒙古	2490733	2293437	197296	2483632	2287997	195635	551095	503774	47321
辽 宁	5584002	4982089	601913	5556970	4969428	587542	1208244	1081757	126487
吉 林	3035518	2723099	312419	3001124	2707697	293427	667200	583230	83970
黑龙江	4116602	3794029	322573	4091908	3774172	317736	1121699	1036922	84777
上 海	2946524	2804183	142341	2945459	2805324	140135	1537888	1471556	66332
江 苏	9425776	7356081	2069695	9396724	7346605	2050119	2776016	2138815	637201
浙 江	6825478	6178087	647391	6802584	6169911	632673	2223270	1978269	245001
安 徽	6199539	5108646	1090893	6171657	5094880	1076777	1530752	1219526	311226
福 建	4121408	3639131	482277	4114167	3637457	476710	1019953	876021	143932
江 西	4318838	3851407	467431	4313101	3855828	457273	961601	823449	138152
山 东	11299350	10007649	1291701	11248949	9974658	1274291	2794837	2470924	323913
河 南	10525738	9480948	1044790	10473401	9445029	1028372	2420576	2170704	249872
湖 北	7338125	6720845	617280	7356978	6724659	632319	1921596	1736258	185338
湖 南	7900432	7028778	871654	7881147	7015989	865158	1735519	1546075	189444
广 东	10750123	9645990	1104133	10738558	9640890	1097668	4239254	3823840	415414
广 西	4779387	4529673	249714	4779589	4531747	247842	1109616	1043888	65728
海 南	785052	756669	28383	782693	754281	28412	149088	137090	11998
重 庆	3474090	2774446	699644	3462961	2771843	691118	929398	707597	221801
四 川	9895002	7868018	2026984	9845845	7852126	1993719	2619933	2157884	462049
贵 州	4445618	3224108	1221510	4399922	3198834	1201088	1009563	771194	238369
云 南	5515785	4389111	1126674	5497178	4378434	1118744	1494077	1213654	280423
西 藏	185394	167767	17627	187251	170101	17150	37160	30648	6512
陕 西	4881954	4250071	631883	4854163	4227590	626573	1159487	1017803	141684
甘 肃	2626826	2468464	158362	2604476	2451591	152885	489008	448283	40725
青 海	713935	631091	82844	729244	620696	108548	140574	124904	15670
宁 夏	866477	777244	89233	874358	775901	98457	233416	183942	49474
新 疆	3827355	3411545	415810	3808262	3396836	411426	769510	716438	53072

8-12-16 社区卫生服务中心(站)医疗服务情况

年份 地区	社区卫生服务中心						社区卫生服务站	
	诊疗人次 (万人次)	入院人数 (人)	病床使用率 (%)	平均住院日 (日)	医师日均担负诊疗人次 (人次)	医师日均担负住院床日 (日)	诊疗人次 (万人次)	医师日均担负诊疗人次 (人次)
2004	4615.6	151965	61.2	21.0	13.0	0.7	5095.5	11.1
2005	5938.5	266215	60.7	17.2	13.7	0.8	6281.5	11.0
2006	8285.5	436288	57.9	15.5	13.0	0.8	9378.9	13.1
2007	12712.4	743186	59.6	13.1	13.1	0.8	9875.0	14.6
2008	17247.3	1032788	58.7	13.4	12.9	0.8	8425.1	12.5
2009	26080.2	1642427	59.8	10.6	14.0	0.7	11617.3	13.7
2010	34740.4	2180577	56.1	10.4	13.6	0.7	13711.1	13.6
2011	40950.0	2473426	54.4	10.2	14.0	0.7	13703.8	13.7
2012	45475.1	2686554	55.5	10.1	14.8	0.7	14393.6	14.0
2013	50788.6	2920630	57.0	9.8	15.7	0.7	14921.2	14.3
2014	53618.8	2980571	55.6	9.9	16.1	0.7	14912.0	14.4
北京	4323.9	23476	33.3	18.0	16.9	0.1	533.6	21.8
天津	1739.8	11943	20.4	12.4	28.2	0.2	3.3	65.5
河北	654.5	57736	45.4	9.9	8.7	0.7	1029.2	11.7
山西	360.4	34684	45.9	10.9	5.6	0.5	426.4	7.6
内蒙古	387.7	35391	46.4	9.5	6.5	0.6	425.6	8.4
辽宁	953.5	85769	51.3	9.2	10.6	0.7	528.2	12.1
吉林	390.7	26243	31.0	8.8	6.1	0.3	59.3	12.4
黑龙江	646.7	63772	44.4	11.8	5.9	0.5	174.9	7.8
上海	8488.4	86130	87.2	55.1	28.2	1.2		
江苏	5987.8	327139	50.1	9.4	18.6	0.7	1383.5	21.4
浙江	7926.4	60675	38.7	15.7	23.1	0.2	498.1	25.9
安徽	986.1	130723	45.4	7.7	10.6	0.8	1030.8	12.5
福建	1068.6	66756	42.0	6.1	13.9	0.4	339.2	14.2
江西	328.3	50425	51.8	7.8	7.9	0.8	334.2	11.1
山东	1735.7	214000	48.2	8.1	9.8	0.8	1421.5	13.5
河南	1118.7	162189	49.7	9.3	9.4	0.9	1046.6	16.2
湖北	1439.1	309967	69.6	8.0	10.4	1.3	681.7	18.4
湖南	813.9	248218	67.9	6.9	7.7	1.2	229.1	7.6
广东	9315.5	168675	54.3	8.2	24.6	0.3	1922.1	29.8
广西	651.3	28981	56.6	8.1	14.4	0.4	165.9	12.9
海南	107.1	20017	85.6	7.3	14.6	1.6	202.6	15.6
重庆	626.6	244607	75.2	7.8	8.9	1.9	154.3	14.6
四川	1712.6	225406	59.5	8.0	13.8	1.0	452.7	13.2
贵州	183.9	80954	54.6	5.0	8.0	1.5	260.6	9.6
云南	350.3	68502	57.7	8.1	11.1	1.4	254.4	11.1
西藏	4.0		33.3		3.2		0.8	16.9
陕西	493.5	58288	42.3	8.7	9.0	0.6	297.8	12.2
甘肃	300.1	34090	56.2	6.9	7.9	0.6	388.1	12.2
青海	63.3	9637	56.5	8.4	8.4	0.8	170.4	17.6
宁夏	20.3	126	4.7	8.9	7.9		130.5	18.1
新疆	440.0	45752	51.3	9.0	10.6	0.8	366.3	11.3

8-12-17　乡镇卫生院医疗服务情况

年　份	诊疗人次数（亿次）	入院人数（万人）	病床周转次数（次）	病床使用率（%）	平均住院日（日）
1981	14.38	2123	29.5	53.5	6.3
1982	14.19	2228	31.0	54.2	6.0
1983	13.65	2373	33.4	56.6	5.9
1984	12.65	1893	27.9	49.1	6.0
1985	11.00	1771	26.4	46.0	5.9
1986	11.18	1782	26.9	46.0	5.9
1987	11.30	1959	28.5	47.4	5.6
1988	11.36	2031	29.2	47.3	5.6
1989	10.60	1935	28.3	44.6	5.4
1990	10.65	1958	28.6	43.4	5.2
1991	10.82	2016	29.1	43.5	5.1
1992	10.34	1960	28.7	42.9	5.1
1993	8.98	1855	27.9	38.4	4.6
1994	9.73	1913	29.4	40.5	4.6
1995	9.38	1960	29.9	40.2	4.6
1996	9.44	1916	28.6	37.0	4.4
1997	9.16	1918	26.0	34.5	4.5
1998	8.74	1751	24.4	33.3	4.6
1999	8.38	1688	24.2	32.8	4.6
2000	8.24	1708	24.8	33.2	4.6
2001	8.24	1700	23.7	31.3	4.5
2002	7.10	1625	28.0	34.7	4.0
2003	6.91	1608	28.1	36.2	4.2
2004	6.81	1599	27.0	37.1	4.4
2005	6.79	1622	25.8	37.7	4.6
2006	7.01	1836	28.8	39.4	4.6
2007	7.59	2662	36.7	48.4	4.8
2008	8.27	3313	42.0	55.8	4.4
2009	8.77	3808	42.9	60.7	4.8
2010	8.74	3630	38.4	59.0	5.2
2011	8.66	3449	35.2	58.1	5.6
2012	9.68	3908	37.4	62.1	5.7
2013	10.07	3937	36.1	62.8	5.9
2014	10.29	3733	33.2	60.5	6.3
中心卫生院	4.24	1737	35.1	63.5	6.3
乡卫生院	6.04	1996	31.7	58.2	6.2

注：1993年以前的诊疗人次及入院人数系推算数字。

8-12-18 监测地区5岁以下儿童和孕产妇死亡率

年 份	新生儿死亡率(‰)			婴儿死亡率(‰)			5岁以下儿童死亡率(‰)			孕产妇死亡率(1/10万)		
	合计	城市	农村	合计	城市	农村	合计	城市	农村	合计	城市	农村
1991	33.1	12.5	37.9	50.2	17.3	58.0	61.0	20.9	71.1	80.0	46.3	100.0
1992	32.5	13.9	36.8	46.7	18.4	53.2	57.4	20.7	65.6	76.5	42.7	97.9
1993	31.2	12.9	35.4	43.6	15.9	50.0	53.1	18.3	61.6	67.3	38.5	85.1
1994	28.5	12.2	32.3	39.9	15.5	45.6	49.6	18.0	56.9	64.8	44.1	77.5
1995	27.3	10.6	31.1	36.4	14.2	41.6	44.5	16.4	51.1	61.9	39.2	76.0
1996	24.0	12.2	26.7	36.0	14.8	40.9	45.0	16.9	51.4	63.9	29.2	86.4
1997	24.2	10.3	27.5	33.1	13.1	37.7	42.3	15.5	48.5	63.6	38.3	80.4
1998	22.3	10.0	25.1	33.2	13.5	37.7	42.0	16.2	47.9	56.2	28.6	74.1
1999	22.2	9.5	25.1	33.3	11.9	38.2	41.4	14.3	47.7	58.7	26.2	79.7
2000	22.8	9.5	25.8	32.2	11.8	37.0	39.7	13.8	45.7	53.0	29.3	69.6
2001	21.4	10.6	23.9	30.0	13.6	33.8	35.9	16.3	40.4	50.2	33.1	61.9
2002	20.7	9.7	23.2	29.2	12.2	33.1	34.9	14.6	39.6	43.2	22.3	58.2
2003	18.0	8.9	20.1	25.5	11.3	28.7	29.9	14.8	33.4	51.3	27.6	65.4
2004	15.4	8.4	17.3	21.5	10.1	24.5	25.0	12.0	28.5	48.3	26.1	63.0
2005	13.2	7.5	14.7	19.0	9.1	21.6	22.5	10.7	25.7	47.7	25.0	53.8
2006	12.0	6.8	13.4	17.2	8.0	19.7	20.6	9.6	23.6	41.1	24.8	45.5
2007	10.7	5.5	12.8	15.3	7.7	18.6	18.1	9.0	21.8	36.6	25.2	41.3
2008	10.2	5.0	12.3	14.9	6.5	18.4	18.5	7.9	22.7	34.2	29.2	36.1
2009	9.0	4.5	10.8	13.8	6.2	17.0	17.2	7.6	21.1	31.9	26.6	34.0
2010	8.3	4.1	10.0	13.1	5.8	16.1	16.4	7.3	20.1	30.0	29.7	30.1
2011	7.8	4.0	9.4	12.1	5.8	14.7	15.6	7.1	19.1	26.1	25.2	26.5
2012	6.9	3.9	8.1	10.3	5.2	12.4	13.2	5.9	16.2	24.5	22.2	25.6
2013	6.3	3.7	7.3	9.5	5.2	11.3	12.0	6.0	14.5	23.2	22.4	23.6
2014	5.9	3.5	6.9	8.9	4.8	10.7	11.7	5.9	14.2	21.7	20.5	22.2

8-12-19 孕产妇保健情况

年份	活产数（人）	高危产妇比重（%）	建卡率（%）	系统管理率（%）	产前检查率（%）	产后访视率（%）	住院分娩率(%)			新法接生率(%)		
							合计	市	县	合计	市	县
1980										91.4	98.7	90.3
1985							43.7	73.6	36.4	94.5	98.7	93.5
1990	14517207						50.6	74.2	45.1	94.0	98.6	93.9
1991	15293237						50.6	72.8	45.5	93.7	98.1	93.2
1992	11746275		76.6		69.7	69.7	52.7	71.7	41.2	84.1	91.2	82.0
1993	10170690		75.7		72.2	71.0	56.5	68.3	51.0	83.6	81.1	84.7
1994	11044607		79.1		76.3	74.5	65.6	76.4	50.4			87.4
1995	11539613		81.4		78.7	78.8	58.0	70.7	50.2			87.6
1996	11412028	7.3	82.4	65.5	83.7	80.1	60.7	76.5	51.7			95.5
1997	11286021	8.1	84.5	68.3	85.9	82.3	61.7	76.4	53.0			91.8
1998	10961516	8.6	86.2	72.3	87.1	83.9	66.2	79.0	58.1			92.6
1999	10698467	9.2	87.9	75.4	89.3	85.9	70.0	83.3	61.5	96.8	98.9	95.4
2000	10987691	10.0	88.6	77.2	89.4	86.2	72.9	84.9	65.2	96.6	98.8	95.2
2001	10690630	11.1	89.4	78.6	90.3	87.2	76.0	87.0	69.0	97.3	99.0	96.1
2002	10591949	11.9	89.2	78.2	90.1	86.7	78.7	89.4	71.6	96.7	98.6	95.4
2003	10188005	11.8	87.6	75.5	88.9	85.4	79.4	89.9	72.6	95.9	98.5	94.1
2004	10892614	12.4	88.3	76.4	89.7	85.9	82.8	91.4	77.1	97.3	98.9	96.2
2005	11415809	12.8	88.5	76.7	89.8	86.0	85.9	93.2	81.0	97.5	98.7	96.7
2006	11770056	13.0	88.2	76.5	89.7	85.7	88.4	94.1	84.6	97.8	98.7	97.2
2007	12506498	13.7	89.3	77.3	90.9	86.7	91.7	95.8	88.8	98.4	99.1	97.9
2008	13307045	15.7	89.3	78.1	91.0	87.0	94.5	97.5	92.3	99.1	99.6	98.7
2009	13825431	16.4	90.9	80.9	92.2	88.7	96.3	98.5	94.7	99.3	99.8	99.0
2010	14218657	17.1	92.9	84.1	94.1	90.8	97.8	99.2	96.7	99.6	99.9	99.4
2011	14507141	17.7	93.8	85.2	93.7	91.0	98.7	99.6	98.1	99.7	99.9	99.6
2012	15442995	18.5	94.8	87.6	95.0	92.6	99.2	99.7	98.8	99.8	99.9	99.7
2013	15108153	19.4	95.7	89.5	95.6	93.5	99.5	99.9	99.2	99.9	100.0	99.7
2014	15178881	20.7	95.8	90.0	96.2	93.9	99.6	99.9	99.4	99.9	100.0	99.8

8-12-20 甲乙类法定报告传染病发病率、死亡率及病死率排序

顺位 No.	发病		死亡		病死	
	疾病名称	发病率 (1/10万)	疾病名称	死亡率 (1/10万)	疾病名称	病死率 (%)
1	病毒性肝炎	90.25	艾滋病	0.89	鼠疫	100.00
2	肺结核	65.63	肺结核	0.17	狂犬病	92.42
3	梅毒	30.93	狂犬病	0.06	人感染H7N9禽流感	40.91
4	细菌性和阿米巴性痢疾	11.33	病毒性肝炎	0.04	人感染高致病性禽流感	33.33
5	淋病	7.05	人感染H7N9禽流感	0.01	艾滋病	26.65
6	布鲁氏菌病	4.22	流行性出血热	0.01	流脑	7.06
7	猩红热	4.00	梅毒	0.01	新生儿破伤风	3.52
8	麻疹	3.88	麻疹	0.002	流行性乙型脑炎	3.38
9	登革热	3.46	流行性乙型脑炎	0.002	炭疽	1.21
10	艾滋病	3.33	疟疾	0.002	钩端螺旋体病	1.20
11	伤寒和副伤寒	1.02	新生儿破伤风	0.001	疟疾	0.82
12	出血热	0.85	流脑	0.001	出血热	0.69
13	血吸虫病	0.31	登革热	0.0004	病毒性肝炎	0.04
14	百日咳	0.25	钩端螺旋体病	0.0004	肺结核	0.25
15	疟疾	0.22	细菌性和阿米巴性痢疾	0.0003	百日咳	0.06
16	狂犬病	0.07	炭疽	0.0002	麻疹	0.05
17	流行性乙型脑炎	0.06	鼠疫	0.0002	梅毒	0.02
18	钩端螺旋体病	0.04	淋病	0.0001	登革热	0.01
19	新生儿破伤风	0.03	布病	0.0001	布病	0.004
20	人感染H7N9禽流感	0.02	百日咳	0.0001	细菌性和阿米巴性痢疾	0.003
21	炭疽	0.02	人感染高致病性禽流感	0.0001	淋病	0.002
22	流脑	0.01	猩红热		霍乱	
23	霍乱	0.002	伤寒和副伤寒		猩红热	
24	鼠疫	0.0002	血吸虫病		血吸虫病	
25	人感染高致病性禽流感	0.0002	霍乱		伤寒和副伤寒	
26	传染性非典型肺炎		传染性非典型肺炎		传染性非典	
27	脊髓灰质炎		脊髓灰质炎		脊髓灰质炎	
28	白喉		白喉		白喉	

注：新生儿破伤风发病率和死亡率单位为‰。

8-12-21 城市居民主要疾病死亡率及死因构成

疾病名称	死亡率(1/10万)			构成(%)			位次		
	合计	男	女	合计	男	女	合计	男	女
传染病(含呼吸道结核)	6.64	9.15	4.05	1.08	1.30	0.77	10	8	10
寄生虫病	0.04	0.05	0.03	0.01	0.01	0.01	17	16	17
恶性肿瘤	161.28	203.37	117.88	26.17	28.82	22.49	1	1	2
血液,造血器官及免疫疾病	1.25	1.33	1.16	0.20	0.19	0.22	15	14	15
内分泌,营养和代谢疾病	17.64	16.56	18.75	2.86	2.35	3.58	6	7	6
精神障碍	2.66	2.68	2.64	0.43	0.38	0.50	11	11	11
神经系统疾病	6.91	7.13	6.69	1.12	1.01	1.28	8	10	8
心脏病	136.21	140.43	131.85	22.10	19.90	25.15	2	2	1
脑血管病	125.78	139.60	111.53	20.41	19.78	21.27	3	3	3
呼吸系统疾病	74.17	85.22	62.77	12.03	12.08	11.97	4	4	4
消化系统疾病	14.53	17.83	11.13	2.36	2.53	2.12	4	6	7
肌肉骨骼和结缔组织疾病	1.66	1.26	2.08	0.27	0.18	0.40	14	15	12
泌尿生殖系统疾病	6.65	7.44	5.83	1.08	1.05	1.11	9	9	9
妊娠,分娩产褥期并发症	0.09		0.18	0.01		0.03	16		16
围生期疾病	2.11	2.53	1.69	0.34	0.36	0.32	12	12	13
先天畸形,变形和染色体异常	1.83	2.08	1.58	0.30	0.29	0.30	13	13	14
诊断不明	2.43	3.03	1.81	0.39	0.43	0.35			
其他疾病	7.08	5.64	8.57	1.15	0.80	1.64			
损伤和中毒外部原因	37.77	50.06	25.10	6.13	7.09	4.79	5	5	5

8-12-22 农村居民主要疾病死亡率及死因构成

疾病名称	死亡率(1/10万)			构成(%)			位次		
	合计	男	女	合计	男	女	合计	男	女
传染病(含呼吸道结核)	7.90	10.85	4.81	1.19	1.42	0.87	8	8	10
寄生虫病	0.05	0.06	0.05	0.01	0.01	0.01	19	16	17
恶性肿瘤	152.59	196.32	106.87	23.02	25.66	19.23	1	1	3
血液,造血器官及免疫疾病	1.10	1.21	0.99	0.17	0.16	0.18	17	15	15
内分泌营养和代谢疾病	13.13	11.77	14.55	1.98	1.54	2.62	7	7	6
精神障碍	2.70	2.70	2.70	0.41	0.35	0.48	11	12	11
神经系统疾病	6.66	6.81	6.49	1.00	0.89	1.17	10	10	8
心脏病	143.72	148.70	138.50	21.68	19.43	24.92	3	3	1
脑血管病	151.91	169.00	134.04	22.92	22.09	24.12	2	2	2
呼吸系统疾病	80.02	88.54	71.11	12.07	11.57	12.79	4	4	4
消化系统疾病	14.51	18.86	9.97	2.19	2.47	1.79	6	6	7
肌肉骨骼和结缔组织疾病	1.63	1.37	1.89	0.25	0.18	0.34	16	14	13
泌尿生殖系统疾病	7.09	8.17	5.96	1.07	1.07	1.07	9	9	9
妊娠分娩产褥期并发症	0.14		0.28	0.02		0.05	18		16
围生期疾病	2.44	2.93	1.92	0.37	0.38	0.35	14	11	12
先天畸形,变性和染色体异常	2.10	2.35	1.84	0.32	0.31	0.33	15	13	14
诊断不明	2.58	2.85	2.29	0.39	0.37	0.41			
其他疾病	6.44	5.37	7.56	0.97	0.70	1.36			
损伤和中毒外部原因	55.29	75.32	34.35	8.34	9.84	6.18	5	5	5

8-12-23 新型农村合作医疗情况

指　　标	2007	2008	2009	2010	2011	2012	2013	2014
开展新农合县(区、市)数　(个)	2451	2729	2716	2678	2637	2566	2489	
参加新农合人数(亿人)	7.26	8.15	8.33	8.36	8.32	8.05	8.02	7.36
参合率　(%)	86.2	91.5	94.2	96.0	97.5	98.3	98.7	98.9
人均筹资　(元)	58.9	96.3	113.4	156.6	246.2	308.5	370.6	410.9
当年基金支出　(亿元)	346.6	662.3	922.9	1187.8	1710.2	2408.0	2909.2	2890.4
补偿受益人次(亿人次)	4.53	5.85	7.59	10.87	13.15	17.45	19.42	16.52

8-12-24 各地区新型农村合作医疗情况

地 区	参加新农合人数(万人)	人均筹资(元)	本年度筹资总额(亿元)	补偿受益人次(万人次)	基金使用率(%)
总 计	**73627.3**	**410.9**	**3025.28**	**165220.6**	**95.5**
北 京	242.6	1090.9	26.46	582.3	91.1
天 津					
河 北	5235.0	396.7	207.66	13606.8	94.9
山 西	2191.2	395.1	86.57	4062.0	95.8
内蒙古	1289.3	420.1	54.17	849.0	92.3
辽 宁	1972.6	407.9	80.46	2734.9	95.7
吉 林	1321.3	414.6	54.78	674.2	88.6
黑龙江	1530.6	392.9	60.13	2720.9	91.8
上 海	98.7	1710.0	16.88	1707.3	100.0
江 苏	4076.1	457.5	186.49	15747.6	97.6
浙 江	1374.6	523.9	72.02	5263.5	100.0
安 徽	5190.8	410.3	212.97	10226.7	94.7
福 建	2531.4	400.5	101.37	1752.6	98.2
江 西	3407.8	390.4	133.03	5621.0	94.1
山 东					
河 南	8262.0	380.9	314.67	26640.0	98.6
湖 北	3951.3	401.1	158.48	13619.3	98.3
湖 南	4795.8	384.6	184.46	5318.9	95.3
广 东					
广 西	4159.2	392.8	163.37	6059.8	99.8
海 南	501.6	386.3	19.37	1158.0	94.5
重 庆	2123.4	499.7	106.10	2787.3	70.7
四 川	6227.3	397.9	247.77	15722.8	91.3
贵 州	3247.4	393.6	127.82	5755.3	96.4
云 南	3304.5	387.1	127.91	10040.2	100.3
西 藏	253.0	418.2	10.58	551.0	93.2
陕 西	2569.9	439.0	112.83	5229.5	94.4
甘 肃	369.0	514.6	18.99	261.0	100.0
青 海	1922.9	378.0	72.68	3634.2	100.0
宁 夏	360.0	499.3	17.97	830.3	100.0
新 疆	1118.1	440.7	49.27	2064.3	96.5

8-12-25 医疗卫生监督处罚案件

单位：件

指标	总计	医疗机构							
		合计	医院	妇幼保健院	社区卫生服务机构	卫生院	疗养院	门诊部	诊所
案件数	23109	22863	4263	155	943	1710	16	1544	6438
结案数	23019	22774	4197	156	938	1707	15	1558	6391
违法事实									
未取得执业许可证擅自执业	575	575	35		17	10		18	338
逾期不校验医疗机构执业许可证	100	100	13	3	3	11		1	47
出卖/转让/出借医疗机构执业许可证	65	65	26	3	4	5	2	4	13
诊疗活动超出登记范围	3662	3662	520	15	186	167	4	270	1556
使用非卫生技术人员	6625	6625	1732	74	377	654	7	616	2239
出具虚假证明文件	69	60	36		1	4		4	8
违法发布医疗广告	1161	1161	795	6	9	7		236	88
使用未取得护士执业证书人员或使用未变更执业地点等的护士从事护理工作	594	594	111	4	28	29		98	204
造成、发生医疗事故	58	57	48	1	1	1			3
未取得母婴保健技术许可擅自从事母婴保健技术服务	333	326	164	4	14	6		72	43
未获取许可开展人类辅助生殖技术	6	6	1		1			1	3
擅自购置、违规使用大型医用设备	29	29	13		2	8			2
以不正当手段非法取得执业证书									
违反医疗技术规范	9								
未取得资格证明或未经注册从事医疗工作	88								
其他违法行为	11918	11781	1402	73	417	1121	6	450	2551
处罚程序									
简易程序	5603	5576	1018	19	142	206	3	302	1492
一般程序	17416	17198	3179	137	796	1501	12	1256	4899
#听证	350	330	76	1	12	51	1	50	106
处罚决定									
警告	11026	10951	2220	88	434	957	7	787	2769
罚款	19600	19431	3180	136	883	1584	13	1161	5864
罚款金额(万元)	5656.2	5559.2	1761.6	86.8	226.2	711.5	7.5	593.8	1258.1
没收违法所得	448	425	146	3	14	10	1	68	82
没收金额(万元)	485.3	476.6	194.1	1.4	23.8	17.6	138.0	37.0	45.3
没收药品器械	214	175	9		3	3		10	99
责令停止执业	630	558	99	1	20	30	2	29	271
责令限期补办校验手续	53	53	17	2	2	4		5	13
责令暂停执业活动	141	112	37		2	5		13	25
取缔	94	58	1						45
其他	204	174	42	4	3	10		17	43
行政复议	3	3						1	
行政诉讼	2	2							

8-12-25 续表 单位：件

指　　标			卫生技术人员						非卫生技术人员
	村卫生室	其他	合计	医师	药师	护士	医技	乡村医生	
案件数	7276	518	146	119		3	2	22	100
结案数	7296	516	141	117		3	3	18	104
违法事实									
未取得执业许可证擅自执业	76	81							
逾期不校验医疗机构执业许可证	19	3							
出卖/转让/出借医疗机构执业许可证	5	3							
诊疗活动超出登记范围	887	57							
使用非卫生技术人员	795	131							
出具虚假证明文件	4	3	9	9					
违法发布医疗广告	9	11							
使用未取得护士执业证书人员或使用未变更执业地点等的护士从事护理工作	101	19							
造成、发生医疗事故	2	1	1	1					
未取得母婴保健技术许可擅自从事母婴保健技术服务	15	8	5	4				1	2
未获取许可开展人类辅助生殖技术									
擅自购置、违规使用大型医用设备	4								
以不正当手段非法取得执业证书									
违反医疗技术规范			9	9					
未取得资格证明或未经注册从事医疗工作			21	18				3	67
其他违法行为	5519	242	105	82		3	2	18	32
处罚程序									
简易程序	2317	77	18	17		1			9
一般程序	4979	439	123	100		2	3	18	95
#听证	28	5	13	9		1	1	2	7
处罚决定									
警告	3473	216	55	53		1		1	20
罚款	6158	452	72	51		1	3	17	97
罚款金额(万元)	759.7	154.0	57.1	48.4		1.0	3.7	4.0	39.9
没收违法所得	83	18	14	11			1	2	9
没收金额(万元)	9.7	9.7	2.4	2.1			0.1	0.3	6.3
没收药品器械	46	5	10	6			1	3	29
责令停止执业	81	25	22	10			1	11	50
责令限期补办校验手续	7	3							
责令暂停执业活动	23	7	27	26				1	2
取缔	5	7	6	4			1	1	30
其他	50	5	27	25		1		1	3
行政复议	2								
行政诉讼	2								

8-12-26 社会服务基本情况

指　　标	单位数（个）		职工人数（万人）	
	2013	2014	2013	2014
社会服务	**1562298**	**1668143**	**1197.8**	**1251.0**
社会工作	**323061**	**370893**	**269.3**	**277.3**
提供住宿的社会服务机构和设施	45977	96094	42.4	54.7
养老服务机构	42475	33043	35.6	33.4
社区养老服务机构和设施		59284		14.3
社会福利医院	155	156	1.4	1.4
复退军人精神病院	106	98	1.1	1.2
儿童福利机构	529	545	1.2	1.3
未成年人救助保护中心	274	345	0.2	0.2
生活无着人员救助管理站	1891	1949	1.8	1.8
安置农场	26	13	0.1	0.1
军供站	325	327	0.6	0.5
其他提供住宿的机构	196	334	0.4	0.5
不提供住宿的社会服务机构	277084	274799	226.9	222.5
老龄机构	2571	2558	1.0	1.0
为残疾人提供服务机构	18227	16389	137.3	125.4
低保救助对象服务机构	987	992	0.7	0.7
救灾储备单位	784	868	0.2	0.2
福利彩票发行机构	940	893	1.1	1.1
军队离退休人员管理中心	145	185	0.2	0.2
军队离退休人员活动中心	28	30	0.1	0.1
烈士纪念建筑物管理机构	1463	1516	1.0	1.0
社区服务机构和设施	251939	251368	85.3	92.8
成员组织和其他社会服务	**1236853**	**1294987**	**926.5**	**971.8**
成员组织	1230412	1288192	917.4	962.5
社会组织	547245	606048	636.6	682.3
社会团体	289026	309736	353.2	373.6
基金会	3549	4117	1.9	2.0
民办非企业	254670	292195	281.6	306.6
自治组织	683167	682144	280.7	280.2
居委会	94620	96693	48.4	49.7
村委会	588547	585451	232.3	230.5
其他社会服务	6441	6795	9.1	9.3
婚姻服务机构	2059	2236	1.0	1.0
殡葬服务机构	4382	4559	8.1	8.3
殡仪馆	1784	1801	4.6	4.6
公墓	1506	1598	2.5	2.7
骨灰堂	29	19	0.1	0.1
殡葬管理单位	1063	1141	0.9	1.0
其他事业单位	**2384**	**2263**	**2.0**	**2.0**

注：2014年，社会服务机构数口径有调整，包含社区服务设施数(下同)。

8-12-27 提供住宿的社会服务床位数

单位：万张

年份 地区	床位数	#老年及残疾人床位	#儿童床位	#救助及其他社会服务床位	每千人口社会服务机构床位数(张)	每千老年人口养老床位数(张)
1991	82.8	78.3	0.7		0.71	
1992	89.8	85.2	0.8		0.77	
1993	92.7	87.4	0.9	0.4	0.78	
1994	95.5	90.1	0.9	0.5	0.80	
1995	97.6	91.9	1.1	0.6	0.81	
1996	100.8	95.0	1.2	0.6	0.82	
1997	103.1	97.2	1.3	0.6	0.83	
1998	105.8	99.6	1.5	0.6	0.85	
1999	108.9	102.4	1.6	0.8	0.87	
2000	113.0	104.5	1.8	2.6	0.89	
2001	140.7	114.6	2.3	19.6	1.10	
2002	141.5	114.9	2.5	19.8	1.10	
2003	142.9	120.6	2.7	15.1	1.11	
2004	157.2	139.5	3.0	10.2	1.21	
2005	180.7	158.1	3.2	15.0	1.38	10.97
2006	204.5	179.6	3.2	17.3	1.56	12.05
2007	269.6	242.9	3.4	18.6	2.04	15.83
2008	300.3	267.4	4.3	23.2	2.26	16.72
2009	326.5	293.5	4.8	22.3	2.45	17.56
2010	349.6	316.1	5.5	21.9	2.61	17.79
2011	396.4	369.2	6.8	13.9	2.94	19.96
2012	449.3	416.5	8.7	17.4	3.32	21.48
2013	526.7	493.7	9.8	15.7	3.87	24.39
2014	613.5	390.2	10.8	17.0	4.49	27.20
北京	14.4	12.5	0.2	0.8	6.68	45.69
天津	6.3	5.3	0.1	0.1	4.16	20.88
河北	45.3	19.7	0.1	1.4	6.13	38.87
山西	8.9	6.7	0.1	0.3	2.44	16.48
内蒙古	18.9	8.5	0.2	0.3	7.55	49.00
辽宁	22.1	17.6	0.4	0.8	5.04	24.31
吉林	9.6	7.7	0.4	0.3	3.48	17.82
黑龙江	14.1	12.5	0.3	0.5	3.69	21.80
上海	12.9	11.1	0.2	0.3	5.32	33.49
江苏	57.1	36.4	0.5	0.6	7.18	38.61
浙江	44.1	28.9	0.3	0.5	8.01	52.90
安徽	34.3	11.3	0.7	0.7	5.64	34.95
福建	12.5	4.3	0.2	0.4	3.27	25.66
江西	18.6	17.3	0.1	0.5	4.10	28.43
山东	56.9	32.6	0.7	0.6	5.81	31.03
河南	35.6	25.7	0.4	1.1	3.77	25.18
湖北	27.7	23.3	0.8	0.7	4.77	27.25
湖南	20.3	11.2	0.5	0.6	3.01	16.76
广东	22.2	15.7	0.5	1.2	2.07	15.34
广西	15.5	3.4	0.3	0.4	3.25	21.92
海南	1.8	1.5	0.0	0.1	2.00	16.60
重庆	16.4	10.0	0.3	0.2	5.49	25.01
四川	46.2	38.5	0.8	2.1	5.67	24.51
贵州	11.8	3.0	0.3	0.4	3.36	22.42
云南	8.2	5.3	0.4	0.7	1.73	11.18
西藏	1.1	0.7	0.3	0.1	3.36	27.66
陕西	11.8	9.4	0.3	0.5	3.14	17.79
甘肃	9.2	3.1	0.4	0.3	3.56	24.75
青海	1.9	1.3	0.2	0.1	3.31	26.64
宁夏	1.3	1.0	0.1	0.1	1.99	15.10
新疆	6.4	4.7	0.7	0.4	2.78	21.01

注：1. 老年人口指60岁及以上老年人口。
2. 2001年起，社会服务机构床位数口径有所调整，除收养性机构床位数外，还包括了救助类机构床位数、社区类机构床位数以及军休所、军供站等机构床位数。
3. 2011年起，老年及残疾人床位含社区服务床位(含日间照料床位)。

8-12-28 为残疾人提供服务机构情况

年份	单位数（个）	残疾职工人数（万人）	利润额（亿元）
1978	920	3.5	0.8
1979	1106	4.8	0.8
1980	1309	5.5	0.9
1981	1574	6.1	0.7
1982	1704	6.4	0.8
1983	5930	9.6	0.9
1984	6710	11.6	1.3
1985	14872	23.2	5.1
1986	19865	31.4	4.2
1987	27793	43.3	8.8
1988	40496	55.9	16.5
1989	41565	60.5	16.1
1990	41827	63.8	17.8
1991	43805	70.1	21.3
1992	49836	77.8	32.6
1993	56881	84.5	44.7
1994	60233	90.9	44.1
1995	60237	93.9	49.1
1996	59397	93.6	45.1
1997	55509	91.0	66.3
1998	50514	85.6	63.9
1999	44628	79.0	76.7
2000	40670	72.5	99.0
2001	37980	69.9	119.5
2002	35758	68.3	148.3
2003	33976	67.9	189.9
2004	32410	66.2	219.0
2005	31211	63.7	225.2
2006	30199	55.9	237.8
2007	24974	56.3	169.3
2008	23780	61.9	119.2
2009	22783	62.7	125.4
2010	22226	62.5	150.8
2011	21507	62.8	140.1
2012	20205	59.7	118.4
2013	18227	53.9	106.9
2014	16389	47.9	95.2

8-12-29 各地区为残疾人提供服务机构情况

地 区	单位数 (个)	残疾职工人数 (万人)	利润额 (亿元)
总 计	**16389**	**47.9**	**95.2**
北 京	574	1.0	0.4
天 津	223	0.6	0.2
河 北	541	1.4	1.4
山 西	378	1.5	0.5
内蒙古	144	0.5	0.3
辽 宁	1749	3.9	2.1
吉 林	318	0.7	
黑龙江	441	0.8	
上 海	928	2.5	15.8
江 苏	2608	8.7	12.3
浙 江	1934	6.7	42.1
安 徽	343	0.7	1.3
福 建	277	0.8	0.4
江 西	298	1.0	0.7
山 东	1222	3.5	7.6
河 南	815	2.4	0.4
湖 北	534	1.3	0.5
湖 南	499	1.6	0.1
广 东	147	0.6	0.3
广 西	124	0.3	0.9
海 南	13	0.1	
重 庆	745	2.6	7.8
四 川	682	2.2	0.8
贵 州	41	0.1	
云 南	267	1.2	-2.2
西 藏	3	0.0	
陕 西	200	0.4	1.3
甘 肃	64	0.1	
青 海	36	0.1	
宁 夏	80	0.2	
新 疆	161	0.4	0.1

8-12-30 孤儿和家庭儿童收养情况

年 份 地 区	孤儿数 (人)	家庭儿童收养登记总数 (件)	中国公民收养登记	外国公民收养登记	家庭儿童 收养比例(%)
1996		18896	14804	4092	
1997		21548	17193	4355	
1998		26498	20611	5887	
1999		38074	31916	6158	
2000		55802	49037	6765	
2001		44706	36089	8617	
2002		45336	35372	9964	
2003		54159	44884	9275	
2004		52603	40084	12519	
2005		49506	35470	14036	
2006		48178	38393	9785	
2007		45192	36893	8299	
2008	67921	42550	37009	5541	65.0
2009	127599	44260	39801	4459	34.8
2010	252110	34529	29618	4911	13.7
2011	509695	31424	27579	3845	6.1
2012	570075	27278	23157	4121	4.8
2013	548845	24460	21230	3230	4.5
2014	525179	22772	19885	2887	4.3
北 京	2287	199	145	54	8.7
天 津	884	129	110	19	14.6
河 北	15663	400	346	54	2.6
山 西	15349	252	78	174	1.6
内蒙古	5883	225	132	93	3.8
辽 宁	7760	184	172	12	2.4
吉 林	5401	43	21	22	0.8
黑龙江	7884	47	29	18	0.6
上 海	2054	255	182	73	12.4
江 苏	18445	2018	1828	190	10.9
浙 江	5088	4206	4126	80	82.7
安 徽	27073	1010	911	99	3.7
福 建	6437	1288	1233	55	20.0
江 西	24860	607	439	168	2.4
山 东	18023	2416	2312	104	13.4
河 南	45326	439	193	246	1.0
湖 北	26990	717	635	82	2.7
湖 南	45489	803	700	103	1.8
广 东	41711	1789	1308	481	4.3
广 西	23701	1624	1504	120	6.9
海 南	2152	162	162		7.5
重 庆	12422	297	245	52	2.4
四 川	30174	1073	1022	51	3.6
贵 州	21646	426	260	166	2.0
云 南	22995	1239	1139	100	5.4
西 藏	5869	32	32		0.5
陕 西	13013	328	157	171	2.5
甘 肃	21999	130	64	66	0.6
青 海	15991	42	30	12	0.3
宁 夏	7077	48	37	11	0.7
新 疆	25533	344	333	11	1.3

注：2011年以前的“孤儿数”指领取《儿童福利证》的孤儿数，2011年起指失去父母或查找不到生父母的未满18周岁的未成年人数。家庭儿童收养比例=家庭儿童收养人数/孤儿数×100%。

8-12-31 社会救助情况

单位：万人

年 份 地 区	城市居民最低 生活保障人数	农村居民最低 生活保障人数	农村集中供 养五保人数	农村分散供 养五保人数
2007	2272.1	3566.3	138.0	393.3
2008	2334.8	4305.5	155.6	393.0
2009	2345.6	4760.0	171.8	381.6
2010	2310.5	5214.0	177.4	378.9
2011	2276.8	5305.7	184.5	366.5
2012	2143.5	5344.5	185.3	360.3
2013	2064.2	5388.0	183.5	353.8
2014	1877.0	5207.2	174.3	354.8
北 京	8.9	5.1	0.2	0.2
天 津	13.6	10.1	0.1	1.1
河 北	62.5	209.9	6.7	16.4
山 西	72.6	140.7	2.5	13.5
内蒙古	70.6	122.2	2.5	6.4
辽 宁	80.2	80.7	3.4	10.5
吉 林	75.9	79.0	2.4	9.2
黑龙江	127.3	117.3	5.1	8.6
上 海	18.7	3.0	0.1	0.2
江 苏	30.7	119.1	10.2	9.6
浙 江	6.4	50.8	3.5	0.1
安 徽	72.4	208.9	16.1	27.0
福 建	14.7	73.9	0.9	7.5
江 西	98.3	170.1	12.1	10.9
山 东	44.6	258.2	16.8	5.8
河 南	118.9	397.9	18.7	30.0
湖 北	107.1	221.6	7.0	18.7
湖 南	134.0	316.0	10.3	40.0
广 东	31.6	158.8	2.7	21.1
广 西	44.8	329.0	2.2	26.7
海 南	11.1	21.5	0.2	2.9
重 庆	41.0	50.2	6.4	9.9
四 川	173.4	425.3	27.0	23.5
贵 州	47.6	416.8	3.9	7.8
云 南	100.9	458.9	3.9	17.2
西 藏	4.7	32.3	0.8	0.8
陕 西	57.8	181.6	4.9	8.4
甘 肃	81.4	339.0	1.3	11.0
青 海	20.3	37.2	0.5	1.9
宁 夏	16.8	39.2	0.4	1.0
新 疆	88.1	132.7	1.4	6.8

8-12-32 民政部门医疗救助情况

年份 地区	资助参加医疗保险（万人）	资助参加合作医疗（万人）	直接医疗救助（万人次）	资助参加合作医疗支出（万元）	资助参加医疗保险支出（万元）	直接医疗救助支出（万元）
2005		654.9	199.6	9508.4		48140.3
2006		1317.1	201.3	25888.3		169550.7
2007		2517.3	377.1	47971.5		349149.3
2008	642.6	3432.4	1203.1	71024.0	38889.0	488082.1
2009	1095.9	4059.1	1140.4	105035.1	58631.3	807748.6
2010	1461.2	4615.4	1479.3	139619.5	76050.0	1042328.1
2011	1549.8	4825.3	2144.0	220189.0	105163.0	1469146.5
2012	1387.1	4490.4	2173.7	258295.7	116470.7	1663140
2013	1490.1	4868.7	2126.4	300427.0	144061.2	1804596.5
2014	1702.0	5021.7	2395.3	322959.9	161507.9	2041295.0
北京	5.3	6.0	8.9	350.9	4598.8	13425.1
天津	30.0		20.7		6017.0	19023.4
河北	16.4	196.6	25.9	13620.0	1913.7	48288.6
山西	59.1	137.5	22.0	8240.3	4495.0	53796.0
内蒙古	60.9	109.1	30.2	6757.4	4639.5	60320.8
辽宁	75.5	99.0	74.3	7635.8	14799.2	38717.6
吉林	89.3	96.2	78.6	11233.6	4710.8	50701.1
黑龙江	132.1	130.5	62.9	9102.4	11262.4	100694.9
上海	8.3	1.0	10.0	106.1	3500.9	20006.0
江苏	23.4	118.4	310.6	12924.5	7685.5	96686.9
浙江	4.8	67.9	153.6	10043.8	1167.0	71627.0
安徽	53.7	237.3	94.7	16284.1	3568.5	87955.0
福建	3.4	81.8	79.9	5984.6	341.7	39189.8
江西	101.3	251.3	154.9	8646.8	10449.6	142260.6
山东	32.8	222.1	26.9	18707.1	5499.6	67756.4
河南	63.9	325.1	85.7	20558.7	6492.8	78595.2
湖北	136.9	263.6	101.7	18080.3	4537.8	99531.9
湖南	116.8	261.9	98.0	16073.3	8120.6	96172.9
广东	85.8	145.5	98.7	11514.9	13371.7	80974.3
广西	21.5	253.8	42.3	13229.2	1530.4	79795.7
海南	11.3	27.4	8.5	1756.9	1070.0	23060.0
重庆	62.0	113.7	260.0	6237.3	4051.8	63868.3
四川	155.4	475.3	176.3	33963.9	12925.8	160568.3
贵州	33.6	319.6	30.2	14650.9	1222.8	69201.2
云南	106.3	453.8	82.2	28279.5	9294.6	67424.7
西藏	3.1	1.8	3.9	509.9	318.4	12348.8
陕西	10.3	81.1	38.9	6695.3	1138.1	100358.7
甘肃	77.2	340.9	40.9	9534.6	2847.9	79007.4
青海	20.9	45.7	28.6	2432.0	1688.3	28168.0
宁夏	15.5	26.3	33.1	1532.8	1064.7	25087.6
新疆	85.3	131.3	112.2	8273.0	7183.0	66682.8

注：本表数据来源于民政部。

8-12-33 优抚安置情况

年份 地区	国家重点优抚对象（万人）	定期抚恤人数	定期补助人数	伤残人员	接收军队离退休人员人数（人）
2007	622.4	48.9	487.1	86.5	28058
2008	633.2	47.9	498.2	87.2	21378
2009	630.7	45.9	497.7	87.2	18904
2010	625.0	44.8	493.5	86.7	13451
2011	852.5	42.2	724.4	85.9	14530
2012	944.4	41.2	818.4	84.9	18570
2013	950.5	36.6	832.6	81.2	38706
2014	917.3	31.1	809.6	76.6	27699
北　京	4.5	0.2	3.1	1.1	5008
天　津	4.6	0.1	3.8	0.7	243
河　北	56.6	1.4	50.6	4.6	1244
山　西	18.1	0.8	14.9	2.4	337
内蒙古	4.8	0.2	3.4	1.2	150
辽　宁	23.5	0.7	19.8	3.0	2617
吉　林	12.8	0.5	10.4	1.9	621
黑龙江	12.4	0.6	10.0	1.8	343
上　海	4.0	0.6	2.8	0.7	1024
江　苏	49.5	1.6	43.0	4.9	1568
浙　江	27.6	0.5	24.9	2.2	593
安　徽	47.5	1.1	43.1	3.4	287
福　建	18.8	1.0	16.6	1.2	474
江　西	32.2	2.8	27.1	2.4	256
山　东	96.0	3.4	81.7	10.8	1786
河　南	75.3	1.8	67.2	6.4	1139
湖　北	47.9	3.2	41.6	3.1	1309
湖　南	87.8	2.7	80.0	5.1	663
广　东	43.3	0.8	40.1	2.4	671
广　西	29.5	0.4	27.9	1.1	314
海　南	2.7	0.4	2.1	0.2	602
重　庆	28.0	0.6	25.3	2.1	326
四　川	86.0	2.9	77.2	6.0	1756
贵　州	23.3	0.4	21.4	1.5	119
云　南	35.2	0.7	32.7	1.8	625
西　藏	0.5	0.2	0.1	0.2	74
陕　西	26.8	1.1	23.4	2.2	1544
甘　肃	12.1	0.3	10.8	1.0	1008
青　海	1.5	0.1	1.1	0.3	192
宁　夏	1.2	0.0	0.9	0.2	145
新　疆	3.4	0.2	2.5	0.7	661

8-12-34 社会捐赠情况

单位：亿元

年份 地区	社会捐赠款物合计	社会捐赠款	民政部门	各类社会组织	社会捐赠其他物资折款
1997	14.0	4.2			9.9
1998	113.2	50.2	50.2		63.0
1999	17.8	6.9	5.0	2.0	10.8
2000	16.3	9.3	5.4	3.9	7.0
2001	20.0	11.7	7.6	4.1	8.3
2002	20.8	19.0	11.1	7.9	1.8
2003	43.4	41.0	29.2	11.9	2.4
2004	35.1	34.0	17.1	16.9	1.2
2005	61.9	60.3	31.3	29.0	1.6
2006	89.5	83.1	43.0	40.1	6.4
2007	148.4	132.8	50.9	81.9	15.6
2008	764.0	744.5	479.3	265.2	19.6
2009	485.9	483.7	66.5	417.2	2.2
2010	601.7	596.8	179.8	417.0	4.9
2011	494.9	490.1	96.6	393.5	4.8
2012	578.8	572.5	101.7	470.8	6.3
2013	575.1	566.4	107.6	458.8	8.7
2014	380.7	368.8	81.7	287.1	11.9
部本级	0.3	0.3	0.3		
北　京	40.7	38.6	8.1	30.5	2.1
天　津	2.9	2.9	0.6	2.3	
河　北	2.4	2.4	0.1	2.3	
山　西	1.3	1.3	0.1	1.2	
内蒙古	1.5	0.7	0.1	0.6	0.8
辽　宁	8.8	8.8	4.3	4.5	0.1
吉　林	2.8	2.8	2.1	0.7	
黑龙江	0.4	0.4	0.1	0.3	
上　海	39.1	39.1	1.8	37.3	
江　苏	90.0	86.1	14.8	71.3	3.9
浙　江	36.6	36.6	9.4	27.2	0.1
安　徽	3.4	3.4	0.0	3.4	
福　建	2.8	2.3	0.9	1.4	0.5
江　西	5.4	2.2	1.0	1.3	3.2
山　东	26.2	26.2	1.9	24.3	
河　南	3.3	3.2	0.4	2.9	
湖　北	6.2	5.7	0.8	4.9	0.5
湖　南	14.5	14.3	2.7	11.6	0.3
广　东	53.4	53.2	12.2	41.0	0.1
广　西	0.6	0.6	0.1	0.5	
海　南	0.3	0.3	0.2	0.1	
重　庆	13.1	12.9	5.3	7.5	0.3
四　川	6.9	6.9	3.0	3.9	
贵　州	1.7	1.7	0.8	0.9	
云　南	12.3	12.2	10.0	2.3	0.1
西　藏	0.4	0.4	0.2	0.2	
陕　西	0.4	0.4	0.1	0.4	
甘　肃	0.5	0.5	0.1	0.4	
青　海	0.7	0.7	0.1	0.6	
宁　夏	1.3	1.3	0.1	1.3	
新　疆	0.4	0.4	0.2	0.1	

注：社会捐赠其他物资折款指民政部门接收的捐赠衣被和物资。

8-12-35 社区服务机构基本情况

单位：个

年 份 地 区	社区服务机构数					便民、利民服务网点	社区服务机构覆盖率(%)
		社区服务指导中心数	社区服务中心数	社区服务站数	其他社区服务机构数		
1993	92946		3711		89235	169503	8.3
1994	98679		4034		94645	204229	8.8
1995	115175		4380		110795	234024	11.0
1996	132309		5055		127254	259201	12.7
1997	138366		5113		133253	307226	13.5
1998	154196		6154		148042	345075	16.2
1999	164962		7623		157339	405740	18.0
2000	187888		6444		181444	451567	22.4
2001	201758		6179		195579	539544	25.5
2002	206743		7898		198845	622986	26.9
2003	203945		7520		196425	668418	27.5
2004	205926		7804		198122	703760	28.5
2005	203275		8479		194796	664764	28.7
2006	160007		8565		151442	457896	22.7
2007	172002		9319	50116	112567	892656	24.7
2008	162976		9873	30021	123082	748684	23.7
2009	174976		10003	53170	111803	692625	25.6
2010	152941		12720	44237	95984	539136	22.4
2011	160352		14391	56156	89805	452868	23.6
2012	200162	809	15497	87931	95925	397222	29.5
2013	251939	890	19014	108377	123658	358518	36.9
2014	251368	918	23088	120188	107174	302039	36.9
北 京	10911	17	193	6350	4351	10372	154.0
天 津	1793	13	273	1263	244	5683	33.1
河 北	10028	27	785	1515	7701	4338	48.0
山 西	2910	24	530	1827	529	5400	10.1
内蒙古	2227	4	982	709	532	8816	15.8
辽 宁	6295	29	738	3987	1541	8704	34.6
吉 林	633	27	349	257		273	5.6
黑龙江	2204	40	466	1340	358	7307	18.4
上 海	3810	8	249	2878	675	16243	57.4
江 苏	29324	68	2550	14704	12002	39851	110.9
浙 江	23544	29	2438	11648	9429	63830	73.9
安 徽	6097	41	1240	2891	1925	7333	30.1
福 建	3183	26	225	2780	152	2687	17.4
江 西	3137	45	339	1058	1695	3060	15.7
山 东	22758	120	1221	10558	10859	31033	29.5
河 南	3226	51	599	905	1671	1400	5.7
湖 北	8692	32	558	4529	3573	3177	28.5
湖 南	5421	56	490	2987	1888	4416	18.6
广 东	55011	35	2741	12992	39243	8514	175.1
广 西	906	2	80	524	300	1286	47.0
海 南	1658	2	71	1443	142	19	51.7
重 庆	4107	12	282	2097	1716	11478	44.4
四 川	12790	80	1726	7926	3058	24826	10.5
贵 州	17589	18	1564	15608	399	15509	91.9
云 南	1547	5	109	1240	193	23	8.9
西 藏	39	6	15	18		6	0.6
陕 西	3153	55	514	2146	438	2455	10.0
甘 肃	4999	26	986	1708	2279	8318	29.8
青 海	271		29	242			3.7
宁 夏	805	6	74	641	84	950	28.2
新 疆	2300	14	672	1417	197	4732	18.7

注：1.其他社区服务机构数是指民政业务范围以外的其他以提供服务为主的社区服务设施，如：社区性服务站、社区文化服务站、残疾人康复站等。
2.社区服务指导中心是指县级以上建立的除有一般社区服务中心(站)的职能外，还对社区服务中心和社区服务站的工作具有指导作用的社区服务机构。

8-12-36 残疾人事业基本情况

项目		2011	2012	2013	2014
康复					
视力残疾康复					
白内障复明手术	(万例)	75.8	79.6	74.6	74.8
#贫困白内障患者免费手术		31.0	33.4	29.1	30.0
低视力者配用助视器	(万人)	3.6	11.7	12.9	14.2
盲人定向行走训练	(万人)	2.5	12.0	12.0	12.3
听力语言残疾康复					
新收训聋儿	(万人)	1.8	2.0	2.0	1.9
培训聋儿家长	(万人)	3.0	3.9	3.9	3.9
肢体残疾康复	(万人)				
脑瘫儿童机构康复训练		1.8	3.0	3.5	4.0
肢体残疾儿童社区、家庭康复训练		1.2	2.4	3.0	3.2
肢体残疾人社区、家庭康复训练		13.7	30.4	28.8	29.4
智力残疾康复	(万人)				
智力残疾儿童康复训练		2.8	11.5	10.1	10.4
成年智力残疾人社区、家庭康复			2.5	3.1	3.5
精神病防治康复					
监护精神病人	(万人)	421	449	462	464
显好率	(%)	68.4	67.2	66.2	66.2
社会参与率	(%)	53.8	52.6	51.4	51.7
孤独症儿童机构训练	(人)	6910	11119	16656	19727
残疾人辅助器具供应服务					
辅助器具供应	(万件)	74.3	114.5	128.3	152.4
残疾人假肢装配	(万例)	3.1	3.9	2.9	2.9
残疾人矫形器装配	(万例)	1.5	4.0	4.7	6.4
教育					
未入学学龄残疾儿童少年	(万人)	12.6	9.1	8.4	8.5
特殊教育普通高中在校生	(人)	7207	7043	7313	7227
残疾人中等职业教育在校生	(人)	11572	10442	11350	11671
高等院校录取残疾考生	(人)	8027	8363	8926	8183
就业					
城镇残疾人新增安排就业	(万人)	31.8	32.9	36.9	25.3
集中就业		9.7	10.2	10.7	7.6
按比例就业		7.5	8.0	8.7	7.0
个体及其他形式就业		14.6	14.7	17.5	10.7
社会保障	**(万人)**				
城镇残疾职工参加社会保险		299.3	280.9	296.7	282.8
残疾居民参加城乡社会养老保险		1492.5	1659.1	2039.8	2180.0
城乡残疾人纳入最低生活保障		1031.4	1070.5	1093.0	1105.6
托养残疾人		60.7	74.7	94.4	93.2
扶贫					
扶持农村贫困残疾人	(万人次)	211.8	229.9	238.7	233.2
农村残疾人实用技术培训	(万人次)	92.3	86.1	85.6	72.6
农村贫困残疾人危房改造	(万户)	9.4	13.2	12.2	9.0
受益残疾人	(万人)	11.5	15.7	14.4	10.3
维权					
残疾人法律援助工作站	(个)	545	811	901	1348
残疾人法律救助工作站办理的案件	(件)	4153	6453	7905	4666
贫困残疾人家庭无障碍改造	(万户)	10.2	14.1	13.6	14.9
残疾人机动轮椅车燃油补贴	(万人)	41.9	55.4	65.7	67.9
组织建设					
残疾人人口库持证残疾人	(万人)	2195.1	2527.2	2811.5	2946.7

【主要统计指标解释】

医疗卫生机构 指从卫生行政部门取得《医疗机构执业许可证》，或从民政、工商行政、机构编制管理部门取得法人单位登记证书，为社会提供医疗保健、疾病控制、卫生监督服务或从事医学科研和医学在职培训等工作的单位。医疗卫生机构包括医院、基层医疗卫生机构、专业公共卫生机构、其他医疗卫生机构。

基层医疗卫生机构 包括社区卫生服务中心(站)、街道卫生院、乡镇卫生院、村卫生室、门诊部、诊所(医务室)。

专业公共卫生机构 包括疾病预防控制中心、专科疾病防治机构、妇幼保健机构、健康教育机构、急救中心(站)、采供血机构、 卫生监督机构、卫生部门主管的计划生育技术服务中心。

其他医疗卫生机构 包括疗养院、临床检验中心、医学科研机构、医学在职教育机构、医学考试中心、农村改水中心、人才交流中心、统计信息中心等卫生事业单位。

医院等级 指由卫生行政部门确定的级别（一、二、三级）和由医疗机构评审委员会评定的等次（甲、乙、丙等），是反映医院规模和医疗水平的综合指标。

卫生人员 指在医院、基层医疗卫生机构、专业公共卫生机构及其他医疗卫生机构工作的职工，包括卫生技术人员、乡村医生和卫生员、其他技术人员、管理人员和工勤人员等。

卫生技术人员 包括执业医师、执业助理医师、注册护士、药师（士）、检验技师、影像技师（士）、卫生监督员和见习医（药、护、技）师（士）等卫生专业人员。不包括从事管理工作的卫生技术人员。

执业医师 指《医师执业证》“级别”为“执业医师”且实际从事医疗、预防保健工作的人员，不包括实际从事管理工作的执业医师。执业医师类别分为临床、中医、口腔和公共卫生四类。

每千人口执业(助理)医师 每千人口执业(助理)医师=（执业医师数+执业助理医师数)/人口数×10000。人口数系年末常住人口。

每千人口医疗卫生机构床位 每千人口医疗卫生机构床位=医疗卫生机构床位/人口数×10000。人口数系年末常住人口。

门诊病人次均医药费用 又称每诊疗人次医疗费用。即（医疗门诊收入+药品门诊收入）/总诊疗人次数。

出院病人人均医药费用 又称出院者人均医疗费用。即（医疗住院收入+药品住院收入）/出院人数。

出院病人日均医药费 即（医疗住院收入+药品住院收入）/出院者占用总床日数。

甲乙类法定报告传染病发病率 是指某年某地区每10万人口中甲、乙类法定报告传染病发病数。即甲乙类法定报告传染病发病率=甲、乙类法定报告传染病发病人数/人口数×100000。

甲乙类法定报告传染病死亡率 是指某年某地区每10万人口中甲、乙类法定报告传染病死亡数。即甲乙类法定报告传染病死亡率=甲、乙类法定报告传染病死亡人数/人口数×100000。

甲乙类法定报告传染病病死率　是指某年某地区甲、乙类法定报告传染病死亡人数与发病人数之比。即甲乙类法定报告传染病病死率=甲、乙类法定报告传染病死亡人数/发病人数×100%。

粗死亡率　指年内一定地区的死亡人数与同期平均人数之比，一般以‰表示。

病死率　表示一定时期内(通常为一年),患某种疾病的死亡人数与发病人数之比，一般以%表示。

军供站　即军队供应管理单位，指地方政府委托民政部门管理的、独立核算的、为战时或平时军队来往服务的军用饮食供应站、军用供水站、军人转运接待站等单位的总称。

残疾人提供服务机构　指以集中安置有一定劳动能力的残疾人就业为目的（残疾职工占生产人员10%以上）、带有社会福利性质的企业总称。为残疾人提供服务的机构包括：为残疾人提供工作岗位的企业、为残疾人提供服务的康复辅具机构和其他为残疾人服务的福利机构。

说明：为残疾人提供工作岗位的企业（为原福利工厂）、为残疾人提供服务的康复辅具机构（为原康复辅具机构或假肢厂）、其他为残疾人服务的福利机构（为原其他福利企业）。

孤儿数　指失去父母或查找不到生父母的未满18周岁的未成年人的人数。由地方县级以上民政部门依据有关规定和条件认定。

家庭儿童收养登记总数　指中国公民收养查找不到生父母的弃婴、儿童和福利机构抚养的孤儿以及外国人收养中国儿童并在中国县级及以上民政部门办理儿童收养登记后取得合法收养关系的总件数。县级及以上民政部门办理儿童收养登记一次为一件。

中国公民收养登记　指收养人是中国公民（包括港澳台居民及华侨）的儿童收养登记。

外国公民收养登记　指收养人是具有外国国籍（包括无国籍人）的人员，或夫妻共同收养有一方是外国人的，按外国人办理收养登记。

城市居民最低生活保障人数　指在报告期末家庭平均收入在当地规定的最低生活保障线以下的城镇居民数。包括“三无”对象，失业人员和在职、下岗、退休人员等。

农村居民最低生活保障人数　指报告期末在建立农村最低生活保障制度的地区，得到当地政府或集体给予最低生活保障的农业人口家庭人数。

五保户　指无法定抚养义务人，或者虽有法定抚养义务人，但是抚养人无抚养能力的；无劳动能力的；无生活来源的老年人、残疾人和未成年人。

传统救济人数　指国家规定由民政部门救济的特殊人员和60年代精简退职老职工救济人员。特殊人员包括麻风病人、原国民党起义、投诚人员、归侨、台胞台属、宽大释放人员、摘掉右派帽子人员、因公负伤的下乡知青、因计划生育手术事故造成死亡和丧失劳动能力人员等传统民政救济对象。

社区服务机构数　指报告期末设立的社区服务指导中心、社区服务中心、社区服务站、、其他社区服务机构的总和数。具有面向老人及其家庭的商品递送、医疗保健、家庭保洁、日间照料、陪伴服务等为社区居家养老服务的设施和突出综合服务的职能。包括党员活动室、就业保障网络、社区卫生服务站、文化活动室、图书室、“爱心超市”、社区捐助接收站点、警务站（室）、老年活动室、未成年人文化活动场所等具有综合服务功能的机构。

社区服务设机构覆盖率　计算公式为：

$$\text{社区服务机构覆盖率}=\frac{\text{社区服务机构数}}{\text{村委会数}+\text{居委会数}}\times 100\%$$

未入学学龄残疾儿童少年　指截止到本年度12月31日，《义务教育法》规定的入学年龄段(6-14周岁或7-15周岁)内的，因各种原因未能入学的各类残疾儿童少年。

城镇残疾人新增安排就业　指本年度通过集中就业、按比例就业、个体就业、公益性岗位就业、辅助性就业及其他形式新安排就业的城镇（非农业户口）残疾人。

集中就业 指城镇残疾人集中在福利企业、工疗机构、盲人按摩机构等单位就业。

按比例就业 指城镇残疾人分散在机关、团体、企事业单位及各种经济组织等单位就业。

个体及其他形式就业 指除集中就业和按比例就业外，城镇残疾人通过公益性岗位就业、个体就业、辅助性就业及其他形式实现就业。其中，公益性岗位就业指城镇残疾人在城镇公共管理和涉及居民利益的非营利性的服务岗位上就业，辅助性就业指通过对城镇智力、精神和重度肢体等残疾人辅助性服务，帮助其从事简单的劳动实现就业。

8 第三产业部分行业主要业务指标

8-13 文化、体育和娱乐业

简要说明

一、主要内容

本篇主要反映新闻出版、广电、文化、文物、档案、体育事业发展情况。

内容包括图书、期刊、报纸、音像制品的出版、印刷、发行以及引进和输出版权情况；广播影视宣传、覆盖、技术等方面的情况；艺术表演团体、公共图书馆、群众艺术馆、博物馆以及国家档案馆等单位的机构、人员、经费和业务活动情况；体育系统运动员获世界冠军、创世界记录以及分技术等级运动员、教练员发展情况。

二、资料来源

新闻出版、广播、电影、电视资料由国家新闻出版广电总局提供；文化资料由文化部提供；文物资料由国家文物局提供；档案资料由国家档案局提供；体育资料由国家体育总局提供。

详细资料分别见《中国新闻出版统计资料汇编》（国家新闻出版广电总局编）、《全国广播电影电视业发展指标统计》（国家新闻出版广电总局编）、《中国文化文物统计年鉴》（文化部编）、《体育事业统计年鉴》（国家体育总局体育经济司编）。

8-13-1　图书出版情况

类　　别	种　数 (种)	印　数 (万册)
图书总计	**448431**	**818465**
使用“中国标准书号”部分合计	**447981**	**815464**
马列主义、毛泽东思想	780	1918
哲学	8472	5387
社会科学总论	5610	2675
政治、法律	18005	17712
军事	1408	772
经济	31627	14784
文化、科学、教育、体育	173825	624367
语言、文字	21057	19741
文学	46897	50864
艺术	26797	18477
历史、地理	16995	12703
自然科学总论	834	559
数理科学、化学	7964	3863
天文学、地球科学	2583	1158
生物科学	2690	1630
医学、卫生	18951	11340
农业科学	5082	2350
工业技术	47024	18764
交通运输	5297	3111
航空、航天	468	165
环境科学	2067	849
综合性图书	3548	2275
不使用“中国标准书号”部分合计	**450**	**3001**
图片	450	461
国标(GB)、部标(BB)等标准类文件印品		2193
活页文选、活页歌篇、小件印品等		347

8-13-2 图书、期刊和报纸出版情况

年份 地区	图书			期刊		报纸	
	种数(种)	#新出版	总印数(亿册、亿张)	种数(种)	总印数(亿册)	种数(种)	总印数(亿份)
1978	14987	11888	37.7	930	7.6	186	127.8
1980	21621	17660	45.9	2191	11.3	188	140.4
1985	45603	33743	66.7	4705	25.6	1445	246.8
1990	80224	55245	56.4	5751	17.9	1444	211.3
1995	101381	59159	63.2	7583	23.4	2089	263.3
1996	112813	63647	71.6	7916	23.1	2163	274.3
1997	120106	66585	73.1	7918	24.4	2149	287.6
1998	130613	74719	72.4	7999	25.4	2053	300.4
1999	141831	83095	73.2	8187	28.5	2038	318.4
2000	143376	84235	62.7	8725	29.4	2007	329.3
2001	154526	91416	63.1	8889	28.9	2111	351.1
2002	170962	100693	68.7	9029	29.5	2137	367.8
2003	190391	110812	66.7	9074	29.5	2119	383.1
2004	208294	121597	64.1	9490	28.3	1922	402.4
2005	222473	128578	64.7	9468	27.6	1931	412.6
2006	233971	160757	64.1	9468	28.5	1938	424.5
2007	248283	136226	62.9	9468	30.4	1938	438.0
2008	274123	148978	70.6	9549	31.0	1943	442.9
2009	301719	168296	70.4	9851	31.5	1937	439.1
2010	328387	189295	71.7	9884	32.2	1939	452.1
2011	369523	207506	77.1	9849	32.9	1928	467.4
2012	414005	241986	79.2	9867	33.5	1918	482.3
2013	444427	255981	83.1	9877	32.7	1915	482.4
2014	448431	255890	81.8	9966	30.9	1912	463.9
中 央	183457	107131	21.9	2951	9.6	221	80.4
北 京	10802	6474	1.7	172	0.4	35	9.5
天 津	5745	3755	0.5	254	0.4	24	7.6
河 北	7022	3071	2.2	229	0.5	65	15.8
山 西	3458	1866	1.3	201	0.3	60	21.6
内蒙古	3157	1937	0.7	147	0.2	58	3.4
辽 宁	11942	7405	1.3	323	0.9	70	15.1
吉 林	21565	11425	2.6	239	0.9	52	9.3
黑龙江	5043	3626	0.7	315	0.5	68	6.9
上 海	24420	13055	3.2	636	1.4	72	11.4
江 苏	23936	14383	5.6	468	1.2	81	28.2
浙 江	12687	6867	3.7	225	0.8	69	33.7
安 徽	9934	5227	2.6	186	0.6	51	12.1
福 建	3456	2442	0.9	176	0.4	42	11.2
江 西	5890	3535	2.0	164	0.8	41	11.3
山 东	14282	8153	4.6	269	1.2	87	30.7
河 南	7705	4244	2.0	248	0.9	78	21.0
湖 北	15910	9571	2.7	424	2.8	74	19.0
湖 南	11340	5634	4.2	253	1.3	48	13.7
广 东	9495	6005	3.0	388	1.6	101	39.0
广 西	7871	3752	4.0	185	0.5	54	7.3
海 南	3747	1698	0.6	44	0.1	14	2.5
重 庆	6062	3190	1.5	138	0.5	27	6.2
四 川	9095	5252	2.0	353	0.6	88	16.8
贵 州	845	721	1.0	90	0.2	30	3.6
云 南	6958	3781	1.5	127	0.4	42	6.1
西 藏	547	237	0.1	35	0.0	25	0.8
陕 西	9334	4667	1.9	286	0.5	43	6.8
甘 肃	2410	1319	0.5	136	1.1	50	5.1
青 海	597	269	0.1	53	0.0	26	1.4
宁 夏	1987	1253	0.4	37	0.1	14	1.1
新 疆	7732	3945	1.0	214	0.2	102	5.5

8-13-3 各地区少年儿童读物和课本出版情况

地区	种数(种)		总印数（万册）		总印张(千印张)	
	儿童读物	课本	儿童读物	课本	儿童读物	课本
全国	**32712**	**92370**	**49693**	**349949**	**3091760**	**27398531**
中央	8091	54982	11569	101740	667328	10334433
北京	1906	758	2569	1794	214314	156512
天津	687	975	918	1195	54146	107901
河北	608	435	857	11862	38580	802726
山西	202	102	410	5020	13460	369674
内蒙古	207	859	86	4601	5756	324656
辽宁	903	2733	991	3990	79703	300565
吉林	3438	1207	3794	5670	298057	362587
黑龙江	533	708	178	3583	14727	249415
上海	1422	5390	3480	14768	156528	1256931
江苏	1843	3370	2583	24188	174863	1496886
浙江	2578	1791	5166	13085	387598	842416
安徽	2042	951	2079	12801	143409	910917
福建	318	437	381	4139	22727	297739
江西	1596	401	3158	7535	183062	557087
山东	1136	1653	2709	20687	169451	1254769
河南	280	1295	389	11290	16141	758189
湖北	490	2731	844	8283	80983	678961
湖南	1126	1258	1241	14550	93054	767514
广东	580	1670	1210	18819	31749	1347382
广西	1084	435	2186	11515	138771	756974
海南	33	59	164	1208	7308	77815
重庆	27	1959	12	6808	509	448438
四川	744	1932	1143	9320	50307	742361
贵州	39	116	668	6426	14715	451080
云南	28	197	27	7269	659	496428
西藏	16	169	7	1024	254	71896
陕西	346	1782	593	7401	18146	542777
甘肃	88	62	142	3342	6714	256579
青海	4	221	1	930	15	66929
宁夏	23		18	906	1516	65621
新疆	294	1732	120	4200	7210	244373

8-13-4 课本出版情况

项目	种数(种)	#新出版	总印数(万册)	总印张(千印张)	定价总金额(万元)
总计	**92370**	**34147**	**349949**	**27398531**	**3676175**
大专及以上课本	59215	23578	33218	5866909	1112414
中专、技校课本	7768	2651	7579	950631	170837
中学课本	8829	2162	167384	12530288	1323130
小学课本	6783	1741	134540	7017374	827637
业余教育课本	5199	2567	4053	641981	157319
扫盲课本	4		21	705	92
教学用书	4572	1448	3154	390643	84746

8-13-5 各地区音像制品及电子出版物情况

地 区	录像制品出版品种(种)	录像制品出版数量(万盒、万张)	录像制品发行数量(万盒、万张)	录音制品出版品种(种)	录音制品出版数量(万盒、万张)	录音制品发行数量(万盒、万张)	电子出版物出版品种(种)	电子出版物出版数量(万张)
全 国	**5850**	**10453.8**	**7937.5**	**9505**	**22385.1**	**28230.4**	**11823**	**35048.8**
中 央	2361	3858.0	4206.1	3517	15602.2	17502.7	7632	26588.7
北 京	54	287.0	29.9	301	252.6	26.5	92	27.9
天 津	2	0.4	0.6	37	9.2	6.7	82	25.5
河 北	61	35.0	7.6	69	363.7	508.6	79	164.5
山 西	44	7.9	51.1	83	20.6	285.0	266	32.3
内蒙古	54	15.0	8.0	27	10.9	10.0	10	1.0
辽 宁	158	4293.6	1680.5	92	127.9	342.2	287	365.3
吉 林	93	54.1	39.0	100	18.5	84.2	60	8.4
黑龙江	7	1.5	1.5					
上 海	729	327.0	316.5	3042	3174.8	2866.0	797	1656.6
江 苏	167	97.0	66.9	274	967.6	581.0	458	2812.6
浙 江	162	123.4	35.5	71	297.9	351.2	366	839.5
安 徽	55	12.9	17.3	56	18.3	56.5	23	74.3
福 建	35	29.7	212.1	54	18.8	59.6	32	8.1
江 西	77	52.3	211.0	240	123.0	1468.1	32	19.1
山 东	259	175.4	63.5	112	29.7	919.6	489	254.6
河 南	107	110.9	183.1	23	4.0	27.4	91	29.6
湖 北	93	53.0	121.9	45	28.6	247.7	216	489.8
湖 南	265	126.6	82.1	230	578.9	1573.8	51	198.7
广 东	637	563.6	246.5	656	440.9	1049.9	209	1217.6
广 西	58	52.3	57.1	117	46.7	36.1	12	1.2
海 南	4	4.4	4.7	14	10.1	2.6	1	0.2
重 庆	16	2.5	43.2	78	32.0	61.5	121	116.2
四 川	54	47.9	76.7	38	17.3	19.5	334	96.4
贵 州			0.2	1	0.4	0.2		
云 南	131	57.8	89.4	69	17.0	70.3	28	4.5
西 藏	63	23.7	4.2	52	14.3	0.3		
陕 西	54	24.2	35.3	91	157.2	68.9	44	14.7
甘 肃	12	2.4	2.8	7	0.4	0.1	3	0.1
青 海	12	6.7	16.1	3	0.4	1.5	4	1.0
宁 夏							4	0.4
新 疆	26	8.2	27.1	6	1.3	2.7		

8-13-6 全国图书、期刊、报纸进出口情况

指标	出口		进口	
	数量（万册、份）	金额（万美元）	数量（万册、份）	金额（万美元）
总计	**1689.42**	**5649.66**	**2538.85**	**28381.57**
图书	1465.75	5060.59	977.81	12588.38
哲学、社会科学	111.65	1677.83	69.09	1937.54
文化、教育	216.22	940.68	202.70	2211.28
文学、艺术	143.87	918.84	127.67	1431.67
自然、科学技术	41.53	302.77	47.12	2716.90
少儿读物	807.08	547.68	172.45	689.53
综合性图书	145.40	672.78	358.78	3601.45
期刊	188.07	544.35	396.68	14232.07
报纸	35.60	44.73	1164.36	1561.13

8-13-7 全国音像、电子出版物进出口情况

指标	出口		进口	
	数量（盒、张）	金额（万美元）	数量（盒、张）	金额（万美元）
总计	**20692**	**156.46**	**134380**	**21000.13**
录音合计	937	0.09	130769	99.32
激光唱片	937	0.09	130769	99.32
录像合计	19755	27.62	3611	5.22
DVD—V	19755	27.62	3611	5.22
VCD				
电子出版物				
数字出版物		128.75		20895.59

注：本表数据为全国有出版物进口经营许可证的出版物进出口经营单位数据。

8-13-8 版权合同登记及引进和输出情况

单位：项

项目	合计	图书	录音制品	录像制品	电子出版物	软件	电影	电视节目	其他
版权合同登记	**17376**	**16214**			**194**	**276**		**10**	**552**
本年引进版权									
总数	**16695**	**15542**	**208**	**451**	**120**	**46**	**8**	**316**	**4**
美国	5451	4840	41	404	25	19	6	116	
英国	2842	2655	2	37	27	5		115	1
德国	841	807	18		7	6		2	1
法国	779	754			6	6	1	10	2
俄罗斯	98	97			1				
加拿大	165	160			1	1		3	
新加坡	213	211			1			1	
日本	1783	1736	11	7	20	2		7	
韩国	1216	1160	12	3	11	1		29	
香港地区	229	181	37		2		1	8	
澳门地区	8	8							
台湾地区	1270	1171	81		6	1		11	
其他	1800	1762	6		13	5		14	
本年输出版权									
总数	**10293**	**8088**	**139**	**73**	**433**	**5**		**1555**	
美国	1216	734	53	66	139	5		219	
英国	507	410			38			59	
德国	408	304			46			58	
法国	371	313						58	
俄罗斯	226	177	9		40				
加拿大	129	67	1					61	
新加坡	416	248	12		36			120	
日本	388	346			27			15	
韩国	642	623	6		11			2	
香港地区	437	277	34		1			125	
澳门地区	107	13						94	
台湾地区	2412	2284	9		54			65	
其他	3034	2292	15	7	41			679	

8-13-9 各地区出版物发行网点数和从业人员

地 区	发行网点合 计(处)	国有书店及 其发行网点	供销社	出版社	邮政系统	其他批发网点	其他零售网点	新华书店系统、出版社自办发行单位从业人数(人)	#新华书店及其发行网点
全 国	**169619**	**8922**	**700**	**444**	**37785**	**8462**	**113306**	**140674**	**130471**
中 央	127	3		124				2743	1448
北 京	9555	124		18	2347	1960	5106	5146	4634
天 津	2415	63		13		170	2169	1402	1292
河 北	7273	376		8	2107	214	4568	7593	6796
山 西	2832	392		7	309	147	1977	6085	5468
内蒙古	1329	179		7		60	1083	1263	1191
辽 宁	6112	291		12	481	417	4911	6130	5834
吉 林	2344	103		14	985	157	1085	4702	3102
黑龙江	2185	189	67	5	377	129	1418	2769	2667
上 海	7785	170		80	2214	329	4992	2494	1814
江 苏	14177	896		18	2220	276	10767	7038	6896
浙 江	11453	649		15	2551	304	7934	7662	7553
安 徽	8742	630		11	3657	305	4139	5075	4923
福 建	4289	183		5	1170	291	2640	3805	3800
江 西	3555	337	28	6	21	176	2987	3570	3427
山 东	8020	485		4	690	201	6640	7654	7634
河 南	8596	1062		12	2290	323	4909	11965	10654
湖 北	4676	99		16	600	500	3461	4316	4001
湖 南	8754	316		13	4588	181	3656	8100	6924
广 东	10281	413	605	4		669	8590	8410	8381
广 西	4429	250		3	1728	78	2370	3983	3930
海 南	723	27		4	373	41	278	1287	1229
重 庆	5036	267		3	852	208	3706	2554	2554
四 川	10668	154			3160	233	7121	8223	8223
贵 州	3900	220		3	875	133	2669	1320	1279
云 南	8301	235		8	1810	134	6114	3550	3536
西 藏	159	76		1	12		70	386	382
陕 西	4385	206		24	1595	269	2291	4811	4500
甘 肃	2381	277		1	82	218	1803	2829	2767
青 海	982	58			189	30	705	595	595
宁 夏	1016	31		1	392	47	545	673	658
新 疆	3139	161		4	110	262	2602	2541	2379

8-13-10 各地区出版印刷生产情况

地 区	企业数（个）	工业销售产值（万元）	印刷产量		装订产量（万令）	用纸量（万令）
			黑白（万令）	彩色（万对开色令）		
全 国	**9079**	**15047217.11**	**31936.28**	**252658.60**	**31965.32**	**65406.06**
北 京	794	1269704.30	2471.60	17818.47	3316.47	5115.43
天 津	124	199679.92	2648.02	74796.12	182.93	3844.13
河 北	773	747515.18	1487.29	3601.80	3005.84	4023.17
山 西	167	170124.55	316.96	1766.79	297.69	630.96
内蒙古	86	62908.86	89.95	519.96	76.19	216.99
辽 宁	221	266153.01	2216.73	3251.31	916.23	662.66
吉 林	213	270278.30	1193.84	2134.13	410.54	1188.01
黑龙江	169	134399.00	310.66	2677.32	354.82	608.79
上 海	246	1082188.43	563.23	14930.83	633.76	1448.81
江 苏	415	753150.45	1207.19	6370.09	1278.05	3139.44
浙 江	928	2129530.68	1631.28	23892.18	1766.68	5371.28
安 徽	280	479430.66	838.72	4399.58	997.17	1624.50
福 建	332	450297.78	402.50	1854.19	330.78	720.74
江 西	139	315370.83	1012.18	1554.58	948.01	1043.48
山 东	489	1003362.42	3524.03	29890.63	4613.94	10085.98
河 南	428	393738.87	1104.78	3857.28	1190.58	2401.11
湖 北	357	443443.29	1285.45	3236.75	1468.91	2598.74
湖 南	498	863970.89	1130.36	5736.50	1308.43	4489.12
广 东	874	2217429.80	3191.44	32583.07	4447.76	7425.93
广 西	171	236835.22	1925.78	4574.24	1026.92	3162.48
海 南	28	38896.61	75.44	586.88	63.86	153.15
重 庆	197	283871.00	479.22	1150.01	454.14	685.24
四 川	201	237057.00	1310.58	3549.59	1148.42	1454.13
贵 州	165	84345.36	147.41	1683.94	129.21	358.62
云 南	164	235753.31	325.78	1708.43	337.73	743.53
西 藏	29	17439.92	33.56	66.60	27.29	67.64
陕 西	214	436080.88	622.39	2910.27	720.97	1259.34
甘 肃	105	70731.08	208.10	420.73	197.13	328.26
青 海	52	22257.15	29.72	175.03	30.79	91.20
宁 夏	87	34031.07	49.48	129.11	50.94	115.11
新 疆	133	97241.30	102.61	832.18	233.15	348.06

8-13-11　国家综合档案馆基本情况

年　份	馆藏档案（万卷、万件）	照片档案（万张）	开放档案（万卷、万件）	利用档案（万卷、万件次）	档案馆建筑面积（万平方米）
1991	9637.4	371.0	2094.3	937.0	348.1
1992	10003.5	402.4	2018.7	773.8	255.7
1993	10726.8	435.5	2140.7	891.9	275.9
1994	10782.9	449.6	2454.6	674.4	268.3
1995	11318.3	485.5	2790.3	529.3	282.5
1996	11341.4	494.6	2939.2	485.4	297.5
1997	12222.9	553.0	3304.6	501.0	347.6
1998	12276.5	579.7	3556.5	446.5	310.7
1999	12866.8	584.5	3808.2	508.5	328.4
2000	13314.0	631.7	4072.0	494.4	336.2
2001	13756.6	642.8	4129.7	575.4	342.0
2002	14790.7	720.5	4301.1	548.8	351.0
2003	15945.9	797.4	4618.4	602.6	361.4
2004	17601.5	827.9	4868.3	813.9	376.8
2005	18688.7	908.8	5132.3	868.0	393.1
2006	21656.5	1277.2	5746.3	1166.4	406.1
2007	23675.3	1393.3	5875.5	1244.9	421.9
2008	25051.0	1505.3	6072.2	1257.4	465.4
2009	28089.2	1646.3	6687.4	1308.0	473.3
2010	32198.6	1809.2	7428.6	1417.3	504.4
2011	35445.5	1965.8	7828.4	1564.5	551.1
2012	40547.7	1827.4	8254.6	1521.1	627.1
2013	44759.1	1927.6	8490.0	1477.8	709.3
2014	53470.3	2041.8	9179.7	1688.8	924.0

8-13-12 档案馆机构和人员情况

单位：个、人

年　份	国家综合档案馆		国家专门档案馆		部门档案馆		企　业	事业单位	科技事业单
	馆　数	专职人员	馆　数	专职人员	馆　数	专职人员	档案馆数	档案馆数	位档案馆数
1991	2957	21657	211	2038	128	2171	229	19	28
1992	2962	22226	206	2082	122	2258	231	19	28
1993	2980	23624	200	2245	122	1448	221	20	31
1994	2983	23568	205	2294	136	2160	209	20	36
1995	3024	24777	216	2484	144	2168	213	27	38
1996	3011	24542	226	2658	134	2072	232	23	44
1997	3021	24904	223	2578	162	2521	228	26	46
1998	3034	24197	232	3200	149	2411	245	27	46
1999	3046	23530	225	3436	142	2123	304	40	59
2000	3070	23701	234	3319	141	1865	307	53	80
2001	3100	23652	243	3448	142	2086	286	47	84
2002	3110	22825	253	3435	148	2109	299	75	93
2003	3121	23086	260	3514	141	1770	300	75	85
2004	3127	23401	258	3591	149	1932	300	79	99
2005	3142	23413	238	3452	145	2020	301	105	63
2006	3154	22689	239	3537	137	1699	216	110	95
2007	3161	21399	245	3737	146	1985	215	126	94
2008	3170	21414	240	3663	154	1886	241	141	87
2009	3191	20949	241	3626	149	1814	233	167	96
2010	3194	19750	252	3833	167	1747	223	160	111
2011	3196	19985	255	3843	170	2121	183	179	124
2012	3237	18009	238	3577	183	2161	204	260	
2013	3325	18106	240	3579	218	2182	189	274	
2014	3319	17863	247	3538	209	2129	169	252	

注：2012年新修订的《全国档案事业统计年报制度》不再细分事业单位的属性，统称“省部属事业单位档案馆”。省部属事业单位包括文化事业档案馆数，科技事业单位档案馆数。

8-13-13 广播电视事业发展情况

指　　标	2010	2013	2014
广播			
广播节目综合人口覆盖率　(%)	96.78	97.79	97.99
#农村	95.64	97.00	97.29
公共广播节目套数　(套)	2549	2637	2686
公共广播节目播出时间　(万小时)	1266.0	1379.5	1405.8
广播节目制作时间　(万小时)	681.4	739.1	764.7
电视			
电视节目综合人口覆盖率　(%)	97.62	98.42	98.60
#农村	96.78	97.86	98.11
有线广播电视用户数　(万户)	18872	22894	23458
#农村	7293	8911	7986
#数字电视	8870	17160	19143
有线广播电视用户数占家庭总户数比重　(%)	46.40	54.14	54.82
#农村有线广播电视用户数占农村家庭总户数比重	29.35	35.29	31.55
公共电视节目套数　(套)	3272	3250	3329
公共电视节目播出时间　(万小时)	1635.50	1705.72	1747.61
电视剧播出数　(万部)	24.92	24.10	23.28
#进口电视剧播出数	0.88	0.36	0.29
电视剧播出数　(万集)	635.86	661.42	669.00
#进口电视剧播出数	19.51	9.89	8.05
动画电视播出时间　(万小时)		29.31	30.48
#进口动画电视播出时间		1.40	1.59
电视节目制作时间　(万小时)	274.29	339.78	327.74
电影			
国有电影制片厂　(个)	38	38	38
#电影故事片厂	31	31	31
电影院线　(条)	37	42	45
银幕　(块)	6256	18195	23600
全国电影票房收入　(亿元)	157.21	217.69	296.39
#国产电影票房收入		127.67	161.55
进口电影票房收入		90.02	134.84
广播电视技术及其他			
广播电视总收入　(亿元)	2301.87	3734.88	3635.51
广播电视从业人员数　(万人)	75.09	84.43	86.44
中、短波转播发射台　(座)	822	850	856
调频转播发射台　(万座)	1.16	1.03	0.93
电视转播发射台　(万座)	1.60	1.34	1.13
微波实有站　(座)	2376	2207	2302

8-13-14 各地区广播电视从业人员情况

单位：人

地区	从业人员	#长期职工	按岗位分：管理人员	按岗位分：专业技术人员	专业技术人员：编辑、记者	专业技术人员：播音员、主持人	专业技术人员：工程技术人员
全国合计	**864351**	**807517**	**141392**	**449088**	**152571**	**29116**	**149882**
国家广电总局直属	52962	47445	8237	27186	7673	641	12239
北京	46028	41775	9188	20805	5586	785	4768
天津	8160	7525	1036	5351	2180	273	1187
河北	38018	35469	5474	18930	6758	1579	5741
山西	21558	19597	2856	10757	5247	737	3288
内蒙古	18625	17276	2191	12790	4559	928	3150
辽宁	28700	27826	5103	16762	5217	1023	6604
吉林	20289	20111	2509	15048	5071	831	5197
黑龙江	19283	18829	2824	11498	4817	883	3983
上海	27703	26001	3725	12495	3439	505	3692
江苏	53699	50097	8421	27735	8679	1708	8863
浙江	46634	42810	6088	22366	7700	1729	7572
安徽	23071	22070	4103	14708	4864	1235	4662
福建	25912	23757	4049	11050	3735	713	3222
江西	20180	18718	3965	8454	2983	760	2523
山东	57026	53218	8234	32070	12036	2414	10846
河南	50649	48497	7504	21076	9702	1540	6556
湖北	38247	37191	7003	20339	5894	1194	7730
湖南	44312	41333	8335	21043	6365	1133	7743
广东	51862	48252	9413	25582	7092	1672	8654
广西	15907	15274	3345	10125	3765	718	3859
海南	4931	4617	923	2853	910	159	1462
重庆	12128	11496	2161	6441	1896	340	1928
四川	39439	36181	8679	19415	5125	1200	5121
贵州	16019	14155	3342	7380	3195	585	2361
云南	19135	18801	2722	10938	4143	844	4600
西藏	4509	3754	594	2999	478	122	891
陕西	19432	18536	3117	10330	3995	868	3592
甘肃	15274	14144	3044	6982	3006	662	2048
青海	3755	3052	395	2958	951	244	1426
宁夏	4725	4507	904	2303	871	226	825
新疆	16179	15203	1908	10319	4639	865	3549

8-13-14 续表

单位：人

地区				按职称分			
	艺术人员	经营人员	其他人员	正高	副高	中级	初级及以下
全国合计	**17856**	**44550**	**273871**	**7782**	**33782**	**127866**	**401137**
国家广电总局直属	1455	2047	17539	1055	3059	8345	33550
北京	2037	3921	16035	598	1362	4371	16981
天津	228	126	1773	254	516	1085	4830
河北	839	1645	13614	487	1692	5542	14364
山西	121	190	7945	177	648	3802	7366
内蒙古	217	104	3644	345	1536	4207	7850
辽宁	1207	868	6835	446	1479	7124	10883
吉林	197	3297	2732	274	1488	3702	11501
黑龙江	584	521	4961	499	1698	4353	9152
上海	1937	1832	11483	279	999	5212	9570
江苏	730	3260	17543	265	1414	6966	28768
浙江	661	2318	18180	270	1688	6664	21648
安徽	504	2499	4260	84	702	3580	11404
福建	311	1419	10813	127	963	2791	11534
江西	362	531	7761	127	626	2026	7569
山东	887	2161	16722	532	2881	9561	29009
河南	339	1409	22069	144	1213	6458	22666
湖北	488	2838	10905	308	1251	7319	18834
湖南	700	2636	14934	238	1087	5637	22729
广东	1276	2219	16867	210	1326	5822	24900
广西	307	954	2437	92	550	2676	10234
海南	74	120	1155	20	136	484	2777
重庆	396	995	3526	82	484	1630	5287
四川	433	3736	11345	121	736	3659	18376
贵州	87	462	5297	57	402	1764	5304
云南	211	819	5475	118	910	3783	6127
西藏	30	6	916	53	157	474	2291
陕西	306	930	5985	158	747	2604	6470
甘肃	206	437	5248	101	564	1888	6268
青海	110	5	402	37	266	700	2027
宁夏	95	163	1518	89	297	778	2767
新疆	521	82	3952	135	905	2859	8101

8-13-15 广播电视节目制作时间

单位：小时

项　目	1995	2005	2010	2011	2012	2013	2014
广播节目制作	**2332164**	**6139227**	**6814226**	**6936960**	**7188245**	**7391245**	**7647267**
新闻	353368	1066880	1216632	1295019	1333084	1397353	1443464
专题	1054140	1822621	1955180	2016386	2044073	2091787	2120517
综艺	924656	1937290	1942828	1905916	1973796	1976162	2020456
广播剧		75456	80181	119477	140493	178163	185405
广告		671071	775931	766463	796009	785278	808148
其他		565909	843474	833699	900790	962502	1069277
电视节目制作	**383513**	**2553861**	**2742949**	**2950490**	**3436301**	**3397834**	**3277394**
新闻	80800	637956	719680	802376	886905	866756	918296
专题	193391	525528	640857	775565	892521	854124	848276
综艺	109322	382350	407849	416289	483174	464977	468355
影视剧		193771	93536	75452	163348	201117	116750
广告		524892	526839	508294	555192	542823	510275
其他		289364	354188	372515	455161	468035	415441

8-13-16 广播电视节目播出时间

单位：小时

指　标	总　计	新闻资讯类节目	专题服务类节目	综艺益智类节目	广播(影视)剧类节目	广告类节　目	其他类节　目
广播	**14058328**	**2837111**	**3167377**	**3748730**	**784852**	**1312387**	**2207871**
#中央级	342366	107857	135643	58311	10455	14555	15545
电视	**17476126**	**2443782**	**2196434**	**1436727**	**7426969**	**2032610**	**1939603**
#中央级	291462	80249	85482	41140	69645	5020	9927

8-13-17 各地区广播电视节目综合人口覆盖情况及制作播出情况

地 区	广播节目综合人口覆盖率(%)	#农村	电视节目综合人口覆盖率(%)	#农村	公共广播节目套数(套)	公共电视节目套数(套)	电视剧播出数(部)	#进口	动画电视播出时间(小时)	#进口
全 国	**97.99**	**97.29**	**98.60**	**98.11**	**2686**	**3329**	**232802**	**2878**	**304839**	**15883**
总局直属					22	35	1447	69	5315	484
北 京	100.00	100.00	100.00	100.00	25	26	505	2	6995	1860
天 津	100.00	100.00	100.00	100.00	22	24	2752		2813	720
河 北	99.34	99.21	99.27	99.05	137	178	13127	25	6889	1316
山 西	98.04	96.64	98.95	98.28	112	116	5932	46	9805	62
内蒙古	98.42	96.99	98.57	97.38	125	121	12694	46	8578	75
辽 宁	98.81	97.91	98.96	98.16	110	118	8598	213	5892	550
吉 林	98.62	97.98	98.75	98.17	73	76	6899	119	1374	
黑龙江	98.62	98.19	98.82	98.47	95	118	4365	102	2739	605
上 海	100.00	100.00	100.00	100.00	21	25	1191	39	14559	2419
江 苏	99.99	99.99	99.88	99.79	130	126	8765	56	12804	
浙 江	99.57	99.49	99.65	99.58	111	115	8811	61	20661	382
安 徽	98.55	98.18	98.72	98.39	105	112	8604	65	7699	456
福 建	98.31	97.94	98.70	98.44	90	101	3133		8366	
江 西	97.51	96.98	98.55	98.19	107	113	9777	311	13936	271
山 东	98.72	98.37	98.49	98.15	158	194	13603		13580	1473
河 南	98.21	97.86	98.26	98.00	152	167	15157	34	8502	195
湖 北	98.90	98.59	98.89	98.51	87	114	13154	88	10109	40
湖 南	93.48	90.25	97.51	96.37	102	139	11251	62	22151	986
广 东	99.90	99.80	99.90	99.85	148	163	5446	101	24745	1131
广 西	96.60	96.07	98.20	97.91	70	117	5439	28	10580	
海 南	96.49	95.39	95.47	93.92	24	15	875		1377	260
重 庆	98.44	97.88	98.95	98.61	37	46	5142	67	7928	
四 川	97.04	96.34	98.07	97.57	126	208	18079	304	18023	458
贵 州	91.52	90.48	95.39	94.76	40	102	2141	50	2001	
云 南	96.48	95.67	97.48	96.89	50	158	10359	5	10288	365
西 藏	94.78	93.69	95.91	94.93	9	12	738		652	
陕 西	97.77	97.25	98.49	98.12	107	123	7243		7710	
甘 肃	97.89	97.50	98.35	98.02	91	107	6646	110	9562	120
青 海	97.03	95.93	97.51	96.71	12	16	1048	1	2408	
宁 夏	96.15	93.70	99.11	98.61	24	28	2492	15	4290	17
新 疆	96.48	96.28	96.94	96.51	164	216	17389	859	22507	1638

8-13-18 各地区有线广播电视传输干线网络及用户情况

地　区	有线广播电视传输干线网络总长(万公里)	有线广播电视用户数(万户)	#数字电视	#付费电视	#农村有线广播电视	有线广播电视用户数占家庭总户数的比重(%)	#农　村
全国合计	**415.34**	**23458.23**	**19143.21**	**4505.41**	**7986.36**	**54.82**	**31.55**
北　京	18.29	551.57	469.15	216.49	75.83	106.85	68.56
天　津	0.65	312.68	283.86	19.99	28.82	88.95	23.34
河　北	17.36	914.40	750.29	78.44	296.98	39.31	18.54
山　西	10.21	515.25	367.97	9.64	172.30	39.23	33.18
内蒙古	3.65	342.04	271.67	16.55	80.59	40.59	23.19
辽　宁	12.98	935.33	716.22	19.37	239.45	62.13	35.10
吉　林	9.33	574.78	512.89	163.46	207.38	57.60	43.21
黑龙江	17.56	764.60	701.40	92.20	88.52	59.86	15.49
上　海	4.41	687.79	554.65	152.22	69.86	130.38	84.36
江　苏	34.94	2291.47	1787.11	358.59	1255.12	94.55	92.32
浙　江	27.53	1499.71	1442.62	352.57	905.80	92.43	75.57
安　徽	5.10	769.48	386.34	43.28	370.86	35.89	25.61
福　建	10.29	724.03	594.66	123.85	395.66	69.26	53.81
江　西	12.26	609.44	498.80	102.71	436.19	48.64	49.39
山　东	32.48	1889.75	1730.75	430.68	465.76	61.90	23.40
河　南	17.76	1030.47	452.85	45.79	383.18	32.97	18.70
湖　北	24.47	1056.67	895.95	258.98	450.22	51.32	34.44
湖　南	12.46	878.03	768.26	156.70	241.59	43.81	22.51
广　东	22.53	2161.86	1971.21	423.97	289.14	91.45	27.22
广　西	10.98	639.12	429.03	170.75	286.63	40.86	26.85
海　南	0.58	117.80	91.43	40.79	35.95	44.85	25.76
重　庆	14.77	504.07	390.11	153.13	145.25	40.76	20.46
四　川	46.61	1471.09	1132.46	408.24	541.10	46.89	26.14
贵　州	16.43	386.18	386.18	83.40	97.51	30.79	9.64
云　南	10.75	489.77	473.09	235.31	171.49	34.40	18.42
西　藏	0.39	22.18	14.86	1.01	2.69	30.50	4.99
陕　西	3.84	654.72	501.31	197.69	176.96	51.82	24.95
甘　肃	4.82	206.41	197.03	66.13	24.53	25.19	5.03
青　海	0.59	70.00	64.48	26.85	2.82	40.69	3.01
宁　夏	1.31	96.37	96.37			46.66	
新　疆	5.66	291.21	210.21	56.66	48.18	34.97	14.71

8-13-19 各地区广播电视技术情况

地 区	中、短波转播发射台（座）	中波发射机（部）	短波发射机（部）	调频转播发射台（座）	调 频 发射机（部）	电视转播发射台（座）	电视发射机（部）	微波实有站（座）
总 计	**856**	**2451**	**628**	**9259**	**17918**	**11254**	**24397**	**2302**
总局直属	35	73	280	2	24	2	17	36
北 京	1	5		17	25	15	31	10
天 津	5	23	1	14	39	11	31	16
河 北	31	49		159	290	253	443	32
山 西	15	40		119	212	180	388	82
内蒙古	56	226	11	561	1121	857	1437	238
辽 宁	35	92		230	363	359	568	91
吉 林	34	97		79	291	146	412	136
黑龙江	43	110		148	540	184	547	79
上 海	3	8		11	26	11	20	
江 苏	21	104	1	106	224	83	322	73
浙 江	36	148		97	264	100	255	84
安 徽	23	113		291	547	136	495	100
福 建	37	96	2	88	258	73	268	162
江 西	15	34		422	539	237	423	12
山 东	30	103	1	131	238	150	407	38
河 南	30	103		139	190	153	399	52
湖 北	28	86		432	611	885	1170	116
湖 南	25	45	1	100	175	179	407	154
广 东	29	103	2	98	255	90	220	205
广 西	20	37	2	392	905	128	392	50
海 南	3	7		22	59	22	64	77
重 庆	5	13		58	253	46	137	33
四 川	40	104	3	393	731	566	944	131
贵 州	12	29	2	260	385	91	280	5
云 南	60	105	2	283	811	187	631	95
西 藏	42	151		2636	5151	2060	6475	
陕 西	14	36	1	171	381	124	238	52
甘 肃	30	60	2	630	894	2235	3318	91
青 海	21	61	195	257	393	1011	1541	
宁 夏	11	34		24	70	27	582	22
新 疆	66	156	122	889	1653	653	1535	30

8-13-20 电视节目进出口情况

指标	合计	欧洲	非洲	美洲	#美国
全年电视节目进口总额（万元）	**209024**	**9962**	**105**	**21271**	**20059**
#电视剧	169807	1371		11053	10784
动画电视	11028	229		1019	1019
纪录片	5275	1472	105	1221	1078
全年电视节目进口量（时）	**26089**	**7217**	**3**	**6207**	**6074**
#电视剧（部/集）	635/14022	82/281		110/2459	109/2411
动画电视（时）	4560	416		1041	1041
纪录片（时）	2133	1245	3	376	342
全年电视节目出口总额（万元）	**27226**	**2178**	**28**	**3225**	**2306**
#电视剧	20795	678	7	1210	319
动画电视	3190	42	1	1244	1238
纪录片	746	21	13	390	378
全年电视节目出口量（时）	**21670**	**695**	**314**	**8472**	**4559**
#电视剧（部/集）	296/13824	11/361	4/155	66/3908	30/992
动画电视（时）	2628	41	19	689	419
纪录片（时）	1546	15	106	957	240

8-13-20 续表

指标	亚洲	#日本	#韩国	#东南亚	#中国香港	#中国台湾	大洋洲
全年电视节目进口总额（万元）	**175848**	**93940**	**44295**	**11072**	**21435**	**5056**	**1838**
#电视剧	157383	85462	44129	9330	14800	3662	
动画电视	9780	8384			249	1147	
纪录片	2190	3	4		2175	8	287
全年电视节目进口量（时）	**12592**	**3088**	**3348**	**1239**	**3371**	**1543**	**70**
#电视剧（部/集）	443/11282	67/825	186/4437	48/1540	108/2941	33/1519	
动画电视（时）	3103	2421			159	523	
纪录片（时）	493	6	1		484	3	16
全年电视节目出口总额（万元）	**21669**	**1934**	**833**	**3189**	**6514**	**7773**	**125**
#电视剧	18879	1314	767	3152	5403	7439	22
动画电视	1810	617	23	22	951	102	92
纪录片	322		43		88	186	
全年电视节目出口量（时）	**11980**	**261**	**505**	**3410**	**1178**	**2994**	**208**
#电视剧（部/集）	211/9239	6/336	14/630	91/3897	24/1029	71/3183	4/161
动画电视（时）	1795	9	3	137	230	184	84
纪录片（时）	469		28		37	402	

8-13-21 电影综合情况

年 份	电影故事片厂（个）	生产故事影片（部）	生产动画影片（部）	生产科教影片（部）	生产纪录影片（部）	生产特种影片（部）
1978	12	46	26	289	202	
1979	17	65	25	349	317	
1980	17	82	32	337	242	
1981	19	105	33	277	276	
1982	19	112	33	284	259	
1983	19	127	37	343	299	
1984	20	144	37	387	337	
1985	20	127	45	357	419	
1986	20	134	46	383	417	
1987	22	146	45	353	347	
1988	22	158	38	344	350	
1989	22	136	53	334	259	
1990	22	134	51	326	296	
1991	22	130	46	351	283	
1992	22	170	56	354	307	
1993	22	154	47	252	300	
1994	22	148	32	182	22	
1995	30	146	37	40	111	
1996	30	110	58	33	39	
1997	31	88	28	34	95	
1998	31	82	9	30	54	
1999	31	99	3	20	14	
2000	31	91	1	49	10	
2001	27	88	1	56	9	
2002	31	100	2	60	7	
2003	31	140	2	53	6	
2004	31	212	4	30	10	
2005	32	260	7	33	2	
2006	32	330	13	36	13	
2007	32	402	6	34	9	
2008	33	406	16	39	16	2
2009	31	456	27	52	19	4
2010	31	526	16	54	16	9
2011	31	558	24	76	26	5
2012	31	745	33	74	15	26
2013	31	638	29	121	18	18
2014	31	618	40	52	25	23

注：1.本表电影故事片厂指国有电影故事片厂。
2.2005年及以前动画片数为美术片数。

8-13-22 主要文化机构情况

单位：个

年份	公共图书馆	文化馆(站)	省级、地市级文化馆	县市级文化馆	乡镇(街道)文化站	博物馆	艺术表演团体	艺术表演场馆
1978	1218	6893	92	2748	4053	349	3150	1095
1980	1732	8739	218	2912	5609	365	3533	1444
1985	2344	8576	335	2960	5281	711	3317	1377
1986	2406	8913	337	2993	5583	777	3195	2058
1987	2440	8974	348	2973	5653	827	3094	2148
1988	2485	9045	358	2975	5712	903	2985	2081
1989	2512	9037	366	2955	5716	967	2850	2050
1990	2527	9216	366	2955	5895	1013	2805	1955
1991	2535	10507	371	2894	7242	1075	2772	2068
1992	2558	9564	372	2900	6292	1106	2753	2037
1993	2572	10155	370	2886	6899	1130	2707	2024
1994	2589	11276	374	2887	8015	1161	2698	1998
1995	2615	13487	373	2886	10228	1194	2682	1958
1996	2620	45253	392	2892	41969	1219	2664	1934
1997	2628	45449	385	2901	42163	1282	2663	1947
1998	2662	45834	386	2901	42547	1339	2652	1929
1999	2669	45837	389	2905	42543	1363	2632	1911
2000	2675	45321	390	2907	42024	1392	2619	1900
2001	2696	43379	399	2842	40138	1461	2605	1854
2002	2697	42516	389	2854	39273	1511	2587	1829
2003	2709	41816	382	2846	38588	1515	2601	1900
2004	2720	41402	380	2841	38181	1548	2759	1928
2005	2762	41588	375	2851	38362	1581	2805	1866
2006	2778	40088	395	2819	36874	1617	2866	1839
2007	2799	40601	411	2806	37384	1722	4512	1732
2008	2820	41156	389	2829	37938	1893	5114	1662
2009	2850	41959	361	2862	38736	2252	6139	1499
2010	2884	43382	374	2890	40118	2435	6864	1461
2011	2952	43675	379	2906	40390	2650	7055	1429
2012	3076	43876	382	2919	40575	3069	7321	1279
2013	3112	44260	385	2930	40945	3473	8180	1344
2014	3117	44423	385	2928	41110	3658	8769	1338

注：1.2007年以前艺术表演团体为文化系统内数据，2007年起含非文化部门单位。艺术表演场馆不含民营艺术表演场馆。
2.1996年以前文化站数据未包括其他部门所属乡镇文化站。1996-1998年包括其他部门所属文化站，1999年以后，其他部门所属文化站划归文化部门管理。

8-13-23 文化文物机构人员情况

机构类别	机构（个）	文化部门	国有经济	集体经济	其他经济	其他部门
总计	**287356**	**65562**	**64345**	**314**	**903**	**221794**
艺术业	10135	3329	2837	201	291	6806
公共图书馆业	3117	3117	3117			
群众文化服务业	44423	44423	44421		2	
艺术教育业	135	135	130	2	3	
文化市场经营机构	213547					213547
文艺科研机构	225	224	221		3	1
文物业	8421	7515	7237	69	209	906
其他	7353	6819	6382	42	395	534

8-13-23 续表

机构类别	从业人员（人）	文化部门	国有经济	集体经济	其他经济	其他部门
总计	**2040199**	**638204**	**593832**	**7303**	**37069**	**1401995**
艺术业	288858	137957	114831	6753	16373	150901
公共图书馆业	56071	56071	56071			
群众文化服务业	170299	170299	170283		16	
艺术教育业						
文化市场经营机构	1181884					1181884
文艺科研机构	4651	4643	4504		139	8
文物业	148095	130077	126613	188	3276	18018
其他	177900	126716	109191	346	17179	51184

8-13-24 全国文化系统艺术表演场馆基本情况

项　　目	机构数（个）	从业人员（人）	座席数（个）	演(映)出场次（万场次）	#艺术演出
总　计	**1338**	**25709**	**1187359**	**78.07**	**6.95**
按登记注册类型分					
国 有	1222	21872	907650	53.09	4.95
集 体	20	244	10400	0.33	0.13
其 他	96	3593	269309	24.65	1.88
按性质分					
执行事业会计制度	950	15908	694364	27.51	3.69
执行企业会计制度	388	9801	492995	50.56	3.27
按机构类型分					
剧场	576	11560	445654	12.69	3.30
影剧院	604	10121	431399	58.77	1.47
书场、曲艺场	9	156	566	0.14	0.14
杂技、马戏场	2	38	3462	0.01	0.01
音乐厅	13	471	12831	0.22	0.19
综合性	101	2863	276571	6.08	1.79
其他艺术表演场馆	33	500	16876	0.15	0.06
按隶属关系分					
中央	7	232	6684	0.14	0.14
省、区、市	110	4310	88552	12.11	1.18
地、市	369	9113	251788	35.01	3.24
县、市及以下	852	12054	840335	30.80	2.40

8-13-24 续表

项　　目	观众人次（万人次）	#艺术演出	收入合计（万元）	#财政拨款	#演出收入	支出合计（万元）
总　计	**6844**	**2598**	**403699**	**149079**	**84512**	**396749**
按登记注册类型分						
国 有	5326	2216	318888	127491	62208	316932
集 体	66	27	2126	764	119	1635
其 他	1452	355	82686	20824	22185	78182
按性质分						
执行事业会计制度	3150	1498	233930	110066.1	38965	235254
执行企业会计制度	3694	1100	169769	39013.2	45547	161495
按机构类型分						
剧场	2332	1420	214510	96452	52238	212032
影剧院	3413	583	113052	23008	14110	114030
书场、曲艺场	15	15	1635	931	244	1529
杂技、马戏场	9	9	336		53	340
音乐厅	150	122	18599	5454	4832	17540
综合性	868	421	50674	20392	12156	46258
其他艺术表演场馆	57	28	4894	2843	880	5020
按隶属关系分						
中央	56	54	5941	41	4029	4608
省、区、市	1102	729	142123	54453	39066	24791
地、市	2474	893	144858	49095.8	26227	85103
县、市及以下	3212	922	110777	45489	15191	284474

8-13-25 全国文化系统艺术表演团体基本情况

项目	机构(个)	从业人员(人)	演出场次(万场次)	#国内演出	#农村	国内演出观众人次(万人次)
总计	**8769**	**262887**	**173.91**	**171.08**	**114.04**	**91020**
按登记注册类型分						
国有	1675	97899	30.15	27.80	18.28	27141
集体	184	6629	5.01	4.89	3.37	2954
其他	6910	158359	138.74	138.39	92.40	60925
按隶属关系分						
中央	18	5291	0.38	0.35	0.01	461
省、区、市	191	29120	6.21	5.79	1.63	4267
地、市	505	38346	10.04	9.27	5.01	8772
县、市及以下	8055	190130	157.29	155.68	107.39	77520
按性质分						
执行事业会计制度	1581	84179	28.84	26.66	18.04	24448
执行企业会计制度	7188	178708	145.07	144.42	95.99	66572
按管理部门分						
文化部门	2053	115292	39.57	36.78	23.55	33442
其他部门	6716	147595	134.34	134.31	90.49	57577
按剧种分						
话剧、儿童剧、滑稽剧类	806	18804	11.94	11.91	4.50	5201
歌舞、音乐类	2020	69058	35.89	34.69	21.39	18541
京剧、昆曲类	116	7841	2.35	2.31	1.53	1958
地方戏曲类	2505	87929	52.89	52.63	44.09	40497
杂技、魔术、马戏类	553	16352	26.72	25.84	16.09	7146
曲艺类	285	5373	6.62	6.46	3.63	2411
乌兰牧骑	126	3955	1.33	1.26	0.88	926
综合性艺术表演团体	2356	53544	36.17	35.97	21.93	14330

8-13-25 续表

项目	#农村	收入合计(万元)	#财政拨款	#演出收入	支出合计(万元)	政府采购的公益演出活动	
						演出场次(万场次)	观众人次(万人次)
总计	**55863**	**2264046**	**1195914**	**757028**	**2024045**	**10.85**	**9893.36**
按登记注册类型分							
国有	18134	1294568	977289	160673	1282095	8.76	8163.88
集体	2190	51382	30863	13827	50326	0.67	549.94
其他	35538	918096	187762	582528	691624	1.42	1179.55
按隶属关系分							
中央	75	147740	92808	24957	148917	0.05	60.41
省、区、市	1459	636288	463005	93996	612174	1.55	1348.44
地、市	5067	476836	363465	61619	466897	2.84	2547.47
县、市及以下	49261	1003182	276636	576457	796057	6.41	5937.05
按性质分							
执行事业会计制度	16986	1134136	882596	124552	1119748	7.40	6945.68
执行企业会计制度	38877	1129910	313318	632476	904297	3.45	2947.68
按管理部门分							
文化部门	22073	1458843	1065332	220174	1426000	10.59	9675.98
其他部门	33790	805203	130582	536854	598045	0.27	217.38
按剧种分							
话剧、儿童剧、滑稽剧类	2405	224194	119306	76656	193728	0.38	243.63
歌舞、音乐类	6835	714304	414568	187156	673593	2.57	2047.34
京剧、昆曲类	1288	143936	110135	14574	137186	0.30	332.69
地方戏曲类	31828	601769	364103	191682	515662	5.39	5465.76
杂技、魔术、马戏类	3162	107890	33504	64092	91726	0.27	261.32
曲艺类	1182	47538	24948	14697	43534	0.25	175.96
乌兰牧骑	518	25317	24243	406	24579	0.31	164.12
综合性艺术表演团体	8638	399020	105097	207706	343973	1.38	1202.55

8-13-26 各地区艺术表演团体、艺术表演场馆演出情况

地区	艺术表演团体				艺术表演场馆				
	机构数(个)	演出场次(万场次)	#国内演出	国内演出观众人次(万人次)	机构数(个)	演(映)出场次(万场次)	#艺术演出	观众人次(万人次)	#艺术演出
全国	**8769**	**173.91**	**171.08**	**91020**	**1338**	**78.07**	**6.95**	**6844**	**2598**
中央	18	0.38	0.35	461	7	0.14	0.14	56	54
北京	344	2.48	2.23	1026	17	1.13	0.25	216	171
天津	66	1.10	1.09	418	28	1.60	0.19	153	82
河北	458	7.75	7.63	5370	77	1.82	0.13	144	47
山西	351	5.54	5.36	3592	99	7.22	0.19	327	95
内蒙古	177	2.56	2.41	1779	19	1.54	0.05	83	30
辽宁	207	1.57	1.51	826	33	0.47	0.16	135	51
吉林	56	0.59	0.57	503	28	2.04	0.34	150	44
黑龙江	39	0.57	0.49	311	34	0.12	0.07	56	32
上海	158	2.80	2.78	1017	24	1.16	0.26	238	149
江苏	287	6.28	6.12	2606	111	32.51	1.70	1697	289
浙江	891	18.27	18.24	14670	62	4.61	0.52	744	286
安徽	988	28.96	28.90	14096	48	1.00	0.23	317	102
福建	393	10.84	10.80	4182	57	4.78	0.10	251	35
江西	219	3.42	3.39	2239	49	0.68	0.28	198	123
山东	481	16.50	16.41	3747	93	0.95	0.21	313	159
河南	598	20.64	20.61	11110	140	1.06	0.17	221	98
湖北	273	3.90	3.82	3344	52	2.71	0.24	262	146
湖南	271	4.97	4.91	1712	57	2.60	0.20	319	129
广东	325	4.70	4.64	2742	44	1.52	0.22	272	144
广西	67	0.92	0.90	664	17	2.06	0.14	115	62
海南	71	0.97	0.97	1673	7	0.08	0.04	24	13
重庆	512	6.21	6.12	1557	15	0.06	0.05	23	16
四川	492	6.42	6.37	1887	41	0.19	0.13	93	59
贵州	105	1.65	0.88	611	7			3	2
云南	284	5.34	5.28	2606	17	0.10	0.08	39	25
西藏	88	0.54	0.45	412	14	0.03	0.01	9	5
陕西	143	2.40	2.32	2110	85	0.81	0.19	188	91
甘肃	190	2.23	2.21	2150	22	1.60	0.58	70	37
青海	64	0.32	0.30	261	16	0.19	0.02	56	5
宁夏	31	1.41	1.41	414	3	0.06		7	1
新疆	122	1.68	1.64	923	15	3.24	0.08	67	15

8-13-27 群众文化机构基本情况

指标		总计	省、区、直辖市(级)	地市级	县市级	#县文化馆	乡镇(街道)文化站	#乡镇文化站
机构数	(个)	44423	31	354	2928	1666	41110	34465
从业人员	(人)	170299	1819	10514	43110	23479	114856	93307
组织文艺活动	(万次)	147.20	0.59	6.21	31.56	13.07	108.84	73.88
参加文艺活动人次	(万人次)	36382	2491	3036	11779	5794	19077	14161
举办训练班	(万次)	46.93	0.20	2.93	11.32	3.69	32.48	19.97
参加培训人次	(万人次)	3578	32	205	788	293	2552	1616
举办展览个数	(万个)	13.17	0.04	0.37	2.07	1.10	10.68	8.26
参观展览人次	(万人次)	10263	299	1046	3227	1659	5690	4356
组织各类理论研讨和讲座次数	(次)	25555	793	3955	20807	7991		
参加研讨和讲座人次	(万人次)	445.37	13.53	94.62	337.22	145.30		
藏书	(万册)	24845	18	60	524	233	24243	18495
拥有计算机台数	(万台)	34.67	0.20	1.17	3.23	1.62	30.07	23.84
本年收入合计	(亿元)	190.17	6.18	21.80	57.51	24.17	104.69	74.73
本年支出合计	(亿元)	182.86	6.10	20.82	55.64	23.63	100.31	73.03
馆办文艺团体	(个)	6447	97	1061	5289	2500		
馆办文艺团体演出场次	(万场次)	13.34	0.15	1.19	12.00	7.04		
馆办老年大学	(个)	705	12	76	617	334		
群众业余文艺团体	(万个)	40.46	0.02	0.90	6.42	3.17	33.13	24.43

8-13-28 公共图书馆基本情况

指标		总计	#少儿图书馆	按隶属关系分：中央	省、区、直辖市(级)	地市级	县市级	#县图书馆
机构数	(个)	3117	108	1	39	361	2716	1630
从业人员	(人)	56071	2201	1722	7817	14131	32401	15397
总藏量	(万册件)	79092	3392	3378	18754	20736	36224	14527
当年购买的报刊种类	(万种)	108.83	3.47	1.76	16.37	30.01	60.69	26.28
有效借书证数	(万个)	3944	185	200	525	1429	1791	466
总流通人次	(万人次)	53036	2137	398	8302	15712	28624	9619
#书刊文献外借人次		22737	982	12.32	2905	7085	12735	4962
书刊文献外借册次	(万册次)	46734	2324	108	10173	13192	23261	7718
组织各类讲座次数	(次)	54939	3217	288	5093	14714	34844	15219
举办展览	(个)	18124	589	19	1804	3923	12378	6316
举办培训班	(个)	30523	2788	482	3125	7988	18928	9492
计算机	(台)	198586	7326	2705	19561	44248	132072	67741
#电子阅览室终端数		121597	4145	398	7091	24005	90103	48350
阅览室坐席数	(万个)	85.55	3.04	0.52	6.90	20.90	57.23	26.67

8-13-29 各地区公共图书馆基本情况

地 区	公共图书馆（个）	总藏量（万册件）	人均拥有公共图书馆藏量（册）	有效借书证数（万个）	总流通人次（万人次）	#书刊文献外借人次	书刊文献外借册次（万册次）	阅览室座席数（个）
总 计	**3117**	**79091.635**	**0.58**	**3944**	**53035.981**	**22736.658**	**46734**	**855520**
中 央	1	3378		200	398			5155
北 京	24	2223	1.03	98	1146	395	953	15908
天 津	31	1598	1.05	67	681	285	779	14258
河 北	172	2105	0.29	73	1210	443	838	32120
山 西	126	1472	0.40	46	676	298	446	25925
内蒙古	116	1449	0.58	26	621	262	571	25577
辽 宁	129	3563	0.81	110	1892	724	1623	31073
吉 林	66	1662	0.60	72	599	323	608	18953
黑龙江	107	1721	0.45	55	893	311	631	23310
上 海	25	7363	3.04	173	3961	1899	7854	21656
江 苏	114	6280	0.79	526	5425	3217	4481	44782
浙 江	98	5634	1.02	926	5480	1953	4936	50930
安 徽	113	1753	0.29	75	1546	846	1394	29453
福 建	88	2660	0.70	92	2052	851	2118	30453
江 西	114	2127	0.47	81	1213	655	1059	31506
山 东	153	4480	0.46	166	2558	1540	2623	50094
河 南	157	2312	0.25	97	1968	1060	1569	41448
湖 北	112	2822	0.49	128	1868	1052	1755	36643
湖 南	136	2422	0.36	99	1570	792	1476	31244
广 东	138	6367	0.59	438	7657	1698	3848	80527
广 西	112	2482	0.52	61	1998	754	1099	26991
海 南	21	412	0.46	12	268	72	188	5352
重 庆	43	1242	0.42	58	1221	471	990	19177
四 川	198	3162	0.39	76	1867	836	1536	41680
贵 州	95	1217	0.35	39	525	306	384	19816
云 南	151	1864	0.40	41	1210	530	892	27456
西 藏	78	125	0.39	1	17	7	9	2359
陕 西	114	1514	0.40	32	927	354	635	18792
甘 肃	103	1307	0.50	28	658	335	537	18974
青 海	49	394	0.67	12	120	60	105	3422
宁 夏	26	690	1.04	13	266	137	282	8034
新 疆	107	1292	0.56	23	544	256	407	22452

8-13-29 续表

地 区	每万人拥有公共图书馆建筑面积(平方米)	组织各类讲座次数(次)	参加讲座人次(万人次)	举办展览(个)	参观展览人次(万人次)	举办培训班(个)	参加培训人次(万人次)	计算机(台)	#电子阅览室终端数
总 计	**90.0**	**54939**	**973.70**	**18124**	**3820.71**	**30523**	**220.45**	**198586**	**121597**
中 央		288	7.20	19	138.00	482	1.50	2705	398
北 京	115.7	1785	16.06	320	115.12	871	4.21	4094	1920
天 津	169.4	706	10.46	240	74.06	746	3.56	3605	1806
河 北	65.3	1788	26.63	578	77.62	631	4.52	6968	4473
山 西	111.8	1799	22.39	452	51.02	749	4.75	5686	4264
内蒙古	137.0	971	15.15	257	34.47	315	2.20	6928	4079
辽 宁	112.6	2343	35.36	732	226.69	1786	7.36	7367	3908
吉 林	89.6	757	13.43	204	83.96	319	2.71	4718	2668
黑龙江	75.7	934	15.35	464	70.60	650	5.28	5824	3923
上 海	170.8	2363	26.92	371	78.34	1116	8.33	7016	2129
江 苏	119.4	2934	60.61	1160	191.62	1536	11.53	10026	5279
浙 江	155.9	3741	65.95	1786	352.54	2721	13.83	9851	5755
安 徽	60.6	1768	44.72	584	94.33	797	6.12	7488	5376
福 建	98.5	2364	32.30	751	135.75	740	4.09	5911	3650
江 西	80.7	1441	33.32	780	166.75	883	6.24	7015	4542
山 东	74.7	3051	55.47	914	107.07	1317	11.24	10875	6839
河 南	57.8	2557	49.15	839	98.65	1333	11.79	8878	6095
湖 北	91.1	1812	39.76	661	124.98	1025	8.63	7089	4762
湖 南	56.7	2604	51.79	574	93.44	1355	14.61	6370	4361
广 东	105.2	5742	120.22	1551	748.74	2613	17.25	14398	8412
广 西	70.3	1699	37.59	646	130.44	1500	10.48	5851	3957
海 南	89.7	224	3.31	85	13.34	154	0.71	1382	994
重 庆	88.0	1101	22.31	508	116.68	836	6.35	3985	2767
四 川	61.4	2670	52.56	816	153.10	1405	18.10	10010	6545
贵 州	62.3	1492	14.97	279	26.22	603	4.21	5104	3166
云 南	72.6	2148	30.91	798	116.30	1607	13.85	7313	5246
西 藏	134.2	42	0.88	32	1.44	35	0.24	1155	847
陕 西	65.4	1669	23.17	552	82.05	931	6.79	5633	3685
甘 肃	81.0	954	22.27	387	49.23	374	3.10	4709	3084
青 海	77.8	199	2.69	60	3.14	157	0.95	1921	1295
宁 夏	167.1	287	5.84	69	6.01	204	1.35	2194	1655
新 疆	97.5	706	14.93	655	59.00	732	4.59	6517	3717

8-13-30 文物业基本情况

项 目	机 构（个）	从业人员（人）	本年收入合 计（万元）	本年支出合 计（万元）	资产总计（万元）	实际使用房屋建筑面积（万平方米）
总 计	**8421**	**148095**	**3926216**	**3643551**	**10177757**	**2435**
按单位性质分						
文物科研机构	118	7314	243812	207016	409355	102
文物保护管理机构	3280	37843	757303	689769	1551192	305
博物馆	3658	83970	1955512	1874197	7089757	1933
文物商店	71	1565	87896	72580	232258	15
其他文物机构	1294	17403	881693	799989	895197	80
按隶属关系分						
中 央	11	3582	209914	199983	655444	58
省、区、市	301	20831	977461	931449	2415410	276
地、市	1507	42422	1225224	1148663	2835107	847
县、市	6602	81260	1513618	1363456	4271796	1254
按管理部门分						
文物部门	7515	130077	3582323	3319092	7943570	1991
其他部门	906	18018	343893	324459	2234187	444

8-13-30 续表

项 目	文物藏品（件/套）	#一级品	本年从有关部门接收文物数（件/套）	本年藏品征集数（件/套）	举办陈列展 览（个）	参观人次（万人次）
总 计	**40635827**	**98236**	**189515**	**315092**	**21170**	**84256**
按单位性质分						
文物科研机构	1459852	1357	310	121	39	301
文物保护管理机构	2092332	7006	2966	16671	1566	12182
博物馆	29299673	89532	186236	298148	19565	71774
文物商店	7700873	60				
其他文物机构	83097	281	3	152		
按隶属关系分						
中 央	3160790	20197	904	2490	180	2592
省、区、市	15369684	30875	3302	65330	1522	9059
地、市	8983044	24773	9525	60374	6390	28993
县、市	13122309	22391	175784	186898	13078	43613
按管理部门分						
文物部门	31977227	92399	27138	169493	17937	70515
其他部门	8658600	5837	162377	145599	3233	13742

8-13-31 各地区博物馆基本情况

地区	机构数（个）	从业人员（人）	#专业技术人员	文物藏品（件/套）	基本陈列展览（个）	参观人次（万人次）	门票销售总额（万元）
总计	**3658**	**83970**	**30934**	**29299673**	**19565**	**71774**	**331007**
中央	4	3030	1429	3160790	180	2592	83572
北京	41	1222	392	1251584	236	498	2113
天津	22	747	417	669665	150	926	897
河北	105	3318	1076	375522	532	2494	1234
山西	99	2685	811	803379	296	1222	16301
内蒙古	75	1470	838	493522	429	990	363
辽宁	63	2202	1078	467050	364	1152	3252
吉林	78	1214	642	374808	428	959	4112
黑龙江	158	2387	1089	694942	708	2066	3264
上海	103	3138	1513	2359064	864	1967	17266
江苏	301	5948	2131	1721406	1891	7044	13172
浙江	187	4010	1466	1061045	1417	4121	1976
安徽	164	2657	1009	715617	880	2406	57
福建	98	1940	725	483880	689	2308	
江西	137	2873	1064	476469	525	2476	162
山东	243	5369	2279	1502130	1833	4818	19204
河南	248	6265	1453	917092	1096	4532	6969
湖北	174	3380	1687	1894926	857	2600	1091
湖南	109	2639	830	554636	464	3574	419
广东	176	3309	1609	1080018	1404	4021	4537
广西	106	1703	800	411224	397	1508	27618
海南	18	270	102	43715	114	157	
重庆	78	2246	773	646125	421	2154	11604
四川	206	5795	1427	3283205	768	5329	28980
贵州	74	1171	371	115588	183	1293	23
云南	86	1076	679	1245402	452	1679	13
西藏	4	85	44	66126	18	38	
陕西	238	7101	1795	1436898	790	3831	82226
甘肃	147	3082	854	543923	708	2008	561
青海	22	228	148	181009	67	233	
宁夏	12	266	125	80080	72	128	
新疆	82	1144	278	188833	332	652	23

8-13-32 体育系统机构人员情况

单位：个、人

指标	合计		国家级	
	机构	人员	机构	人员
总计	**7106**	**148247**	**44**	**4915**
体育行政机关	3004	27783	1	220
运动项目管理部门	305	33815	23	1351
本科院校	8	4848	1	1023
职业、运动技术学院	17	5233		
体育运动学校	250	15442		
竞技体校	12	501		
少儿体育运动学校(业余体校)	1463	20697		
单项运动学校	22	388		
体育中学	35	1516		
训练基地	70	2444	5	647
体育场馆	683	14731	1	334
体育科研机构	59	1335	1	111
其他事业单位	1068	16336	11	769
其他	110	3178	1	460

8-13-32 续表

单位：个、人

指标	省级		地级		县级	
	机构	人员	机构	人员	机构	人员
总计	**734**	**55508**	**1859**	**45637**	**4469**	**42187**
体育行政机关	55	1920	431	6909	2517	18734
运动项目管理部门	218	29345	61	3081	3	38
本科院校	7	3825				
职业、运动技术学院	15	4854	2	379		
体育运动学校	39	2686	171	11390	40	1366
竞技体校	1	133	7	283	4	85
少儿体育运动学校(业余体校)	26	513	312	8117	1125	12067
单项运动学校	7	94	11	247	4	47
体育中学			20	920	15	596
训练基地	25	1253	34	436	6	108
体育场馆	62	3031	371	8310	249	3056
体育科研机构	29	989	28	229	1	6
其他事业单位	230	5403	369	4433	458	5731
其他	20	1462	42	903	47	353

8-13-33 运动员获世界冠军情况

年 份	项 数 (项)	人 数 (人)	个 数 (个)
1978	4	4	4
1979	12	20	12
1980	3	3	3
1981	25	53	25
1982	12	31	13
1983	37	50	39
1984	33	46	37
1985	42	70	46
1986	26	56	26
1987	64	72	69
1988	54	59	54
1989	80	83	82
1990	54	61	54
1991	88	86	93
1992	86	68	89
1993	101	106	103
1994	79	86	79
1995	98	187	102
1996	72	58	75
1997	87	96	92
1998	75	89	83
1999	91	129	92
2000	92	109	110
2001	79	138	90
2002	99	123	110
2003	17	94	84
2004	27	175	101
2005	22	159	106
2006	24	169	141
2007	22	217	123
2008	24	151	120
2009	30	223	142
2010	22	180	108
2011	24	198	138
2012	24	140	107
2013	22	164	124
2014	22	206	98

8-13-34 运动员分项创世界纪录情况

项 目	项 数(项)	人(队)数（人/队）	次 数（次）
总 计	**10**	**5人4队**	**10**
游 泳			
自行车			
射 击	6	2人4队	6
举 重	3	2人	3
短道速滑	1	1人	1

8-13-35 各地区分技术等级运动员发展人数

单位：人

地 区	合 计	#女	国际级运动健将	#女	运动健将	#女	一 级运动员	#女	二 级运动员	#女
总 计	**45141**	**16667**	**127**	**62**	**910**	**395**	**11410**	**5030**	**32694**	**11180**
国家直属	254	82	3	2	11	4	12	3	228	73
地方合计	44887	16585	124	60	899	391	11398	5027	32466	11107
北 京	1826	793	12	3	93	38	528	274	1193	478
天 津	1540	592					421	175	1119	417
河 北	2460	925					592	274	1868	651
山 西	1567	627	4	3	15	8	329	141	1219	475
内蒙古	1214	360	1		60	22	306	128	847	210
辽 宁	2099	797	15	10	144	59	525	216	1415	512
吉 林	776	267	9	6	18	7	239	89	510	165
黑龙江	1152	371	17	7	88	50	299	133	748	181
上 海	2157	898	4	1	46	28	788	346	1319	523
江 苏	2452	1067	17	9	113	45	754	386	1568	627
浙 江	2407	894	3	2	5	2	619	256	1780	634
安 徽	1436	598	2	1	37	16	354	154	1043	427
福 建	1282	541	15	5	62	27	320	171	885	338
江 西	1078	376	1	1	29	9	277	118	771	248
山 东	3582	1241					1019	479	2563	762
河 南	2302	674					598	229	1704	445
湖 北	3646	938					388	164	3258	774
湖 南	1415	585	6	3	28	16	391	176	990	390
广 东	1382	619			8	2	83	31	1291	586
广 西	705	303					214	108	491	195
海 南	323	136					140	58	183	78
重 庆	1470	526			27	5	353	160	1090	361
四 川	2175	927	9	3	33	16	669	312	1464	596
贵 州	279	82	1	1	9	3	85	34	184	44
云 南	1098	324			18	8	177	46	903	270
西 藏	4	2			4	2				
陕 西	753	312	5	2	30	12	382	175	336	123
甘 肃	590	203			18	10	122	41	450	152
青 海	155	56	1	1	10	5	65	25	79	25
宁 夏	440	152	2	2	4	1	107	39	327	110
新 疆	1122	399					254	89	868	310

8-13-36 分项目分技术等级运动员发展人数

单位：人

项目	合计	#女	国际级运动健将	#女	运动健将	#女	一级运动员	#女	二级运动员	#女
总计	**45141**	**16667**	**127**	**62**	**910**	**395**	**11410**	**5030**	**32694**	**11180**
田径	6937	2224	1	1	51	23	660	287	6225	1913
游泳	2921	1291	4	3	25	12	698	314	2194	962
跳水	156	83	4	2	9	4	50	26	93	51
水球	86	33			9	8	54	17	23	8
花样游泳	81	81	3	3	1	1	18	18	59	59
体操	332	166	3	1	27	17	150	76	152	72
艺术体操	273	273	4	4	1	1	177	177	91	91
蹦床	56	23	2	1	18	9	19	9	17	4
举重	354	149	5	2	10	4	142	69	197	74
拳击	986	180			7	4	274	56	705	120
摔跤										
中国式摔跤	723	163			41	14	136	51	546	98
柔道	947	375			26	9	301	127	620	239
跆拳道	1497	606	4	4	33	14	592	280	868	308
自行车	246	107	5		25	11	114	47	102	49
击剑	364	158	4	2	9	2	119	55	232	99
马术	7	2					4	2	3	
现代五项	15	10			5	4	10	6		
射击	760	366	4	2	10	4	385	184	361	176
射箭	188	80	2		2	1	67	24	117	55
赛艇	601	273			7	6	311	151	283	116
皮划艇	369	82	1		21	5	187	36	160	41
帆船	107	50	5	2	11	6	68	35	23	7
帆板	61	27	1	1			52	26	8	
足球	4887	1571			50	12	1303	535	3534	1024
篮球	5608	1938	7	5	28	10	861	369	4712	1554
排球	3008	1369			53	27	1147	579	1808	763
沙滩排球	118	59	1	1	2	1	54	25	61	32
乒乓球	2713	1153	4	2	12	1	1005	447	1692	703
羽毛球	1418	619	11	2	38	16	543	255	826	346
网球	1312	471			2	1	53	22	1257	448
手球	695	309			30	22	191	98	474	189
曲棍球	267	163			17	10	108	73	142	80
棒球	239	3					77	3	162	
垒球	130	130			4	4	46	46	80	80
速度滑冰	163	52	8	4	37	14	78	18	40	16

8-13-36 续表

单位：人

项 目	合 计	#女	国际级运动健将	#女	运动健将	#女	一 级运动员	#女	二 级运动员	#女
短道速滑	84	30	7	3	5	3	25	12	47	12
花样滑冰	19	16	2	1	6	5	4	3	7	7
冰 球	40	25			24	16	12	7	4	2
冰 壶	56	28	4	1	9	5	19	11	24	11
高山滑雪	9	1			4	1	3		2	
越野滑雪	22	5					3	2	19	3
跳台滑雪	2	2							2	2
自由式滑雪	26	8					20	5	6	3
单板滑雪	19	8					6	3	13	5
冬季两项	1	1					1	1		
技 巧	121	66			8	3	47	24	66	39
软式网球	22	8					12	5	10	3
武 术	2896	742	10	5	55	19	392	138	2439	580
滑 水	11	4			1		9	3	1	1
蹼 泳	18	11	2	1			10	7	6	3
围 棋	380	91	4	1	4	1	22	11	350	78
国际象棋	191	76			1		44	21	146	55
象 棋	163	70			6	2	34	13	123	55
登 山	22	6			1	1	20	5	1	
攀 岩	36	16			2		9	5	25	11
摩 托 车										
铁人三项	2						2			
高尔夫球	38	13			4		26	12	8	1
橄 榄 球	215	86			9	5	87	24	119	57
车辆模型	28	6					6		22	6
航海模型	39	9	2				15	7	22	2
航空模型	83	13			1		53	7	29	6
跳 伞	5	2			1	1	4	1		
滑 翔										
速度轮滑										
健 美	93	26	5	3	23	12	15	3	50	8
摩 托 艇	4	1			1		3	1		
公开水域游泳										
健 美 操	603	315	3		79	33	68	37	453	245
五人制足球	68	29					46	12	22	17
无线电测向										
军事五项										

8-13-37 各地区分等级教练员发展人数

单位：人

地 区	合 计	#女	国家级	#女	高 级	#女	一 级	#女	二 级	#女	三 级	#女
总 计	**1648**	**475**	**35**	**10**	**293**	**81**	**512**	**137**	**554**	**167**	**254**	**80**
北 京	26	7			8	1	5	2	13	4		
天 津	40	9	2		11	3	14	2	8	2	5	2
河 北	36	10	1	1	3		16	5	12	4	4	
山 西	47	14			9	2	23	8	10	4	5	
内蒙古	43	15			7	3	10	3	13	2	13	7
辽 宁	112	33			14	3	30	10	51	16	17	4
吉 林	47	11	1		20	5	13	4	12	2	1	
黑龙江	61	17	4	2	17	5	16	1	14	7	10	2
上 海	42	16	1	1	10	2	10	4	10	4	11	5
江 苏	111	27	3	2	12	1	37	6	40	11	19	7
浙 江	65	23			19	7	21	6	19	8	6	2
安 徽	14	4			4	1	3		4	2	3	1
福 建	131	52			22	12	38	14	48	15	23	11
江 西	45	14	1		9	3	9	3	16	4	10	4
山 东	149	49	1		25	6	41	11	68	26	14	6
河 南	48	14	2		11	3	15	4	16	5	4	2
湖 北	42	6			3	2	25	2	5	2	9	
湖 南	50	17	2	1	5	1	15	4	20	7	8	4
广 东	112	27	8	1	25	6	45	12	22	4	12	4
广 西	76	27	2	1	11	5	25	8	31	12	7	1
海 南	9	2			1		2	1	4		2	1
重 庆	30	8			2	1	3		14	4	11	3
四 川	68	17	1		13	4	13	4	19	5	22	4
贵 州	14	4	1	1	3		9	3	1			
云 南	85	18	2		6	1	20	7	41	7	16	3
西 藏	6						3		2		1	
陕 西	39	11	2		4		19	6	7	1	7	4
甘 肃	45	13			9	1	12	5	21	6	3	1
青 海	15	2			5	1	9	1	1			
宁 夏	8	2			3	1	3	1	2			
新 疆	32	6	1		2	1	8		10	3	11	2

【主要统计指标解释】

使用“中国标准书号”合计 使用统一书号的主要有两类：1.各级技术标准文献；2.年画、年历画、台历、无书名页的单张美术印刷品或折页美术印刷品，不另加封面的出版物（如活页文选、活页歌篇、小件印品）等。

不使用“中国标准书号”部分合计 指图片、图标（GB）、部标（BB）等标准类文件印品、活页文选、活页歌篇、小件印品等。

少年儿童读物类图书和课本出版种数 少年儿童读物是指供初中及初中以下少年儿童阅读的书籍，课本是指供大、中、小学生及业余教育使用的书籍。

国家综合档案馆 指归口中央或地方各级档案行政管理部门直接管理的，按行政区划或历史时期设置的，收集和管理所辖范围内多种门类档案的档案馆。

公共广播节目套数 指经国家广电总局批准的、广播电视播出机构开办的不向听众收取收听费用，以为大众提供公共广播服务为主要目的，用固定频率播出，并编有整套自办节目时间表的广播节目套数。

全年制作广播节目时间 指广播电视节目制作机构全年自采、自编、自录的及合作制作、加工制作的各类广播节目，包括直播广播节目。

公共电视节目套数 指经国家广电总局批准的、广播电视播出机构开办的不向观众收取收看费用，以为大众提供公共电视服务为主要目的，用固定频率播出的自办电视节目套数。

付费电视节目套数/时间 指经国家广电总局批准的、广播电视播出机构开办的向观众收取收看费用，以提供个性化、对象化、专业化为主的电视节目套数以及全年的播出时间（含重复播出时间）。

全年制作电视节目时间 指广播电视节目制作机构全年自采、自编、自录的及合作制作、加工制作的各类电视节目，包括直播电视节目。

全年公共电视节目播出时间 指广播电视播出机构自办节目频道内全年播出公共电视节目的时间（含重复播出时间）。

中、短波转播发射台 经省以上广电行政部门批准的有固定人员编制，固定频率和播出时间的中、短波发射台和转播台。

调频转播发射台 经省以上广电部门批准的有固定人员编制，固定频率和播出时间的调频发射台和转播台。

电视转播发射台 经省以上广电部门批准的有固定人员编制，固定频率和播出时间的电视发射台和转播台。

有线广播电视用户数 指通过广播电视有线传输网收看电视节目的家庭用户数，包括接收模拟信号和接收数字信号的有线电视用户数。

数字电视用户数 指通过广播电视有线传输网收看数字信号电视节目的家庭用户数。

广播综合人口覆盖率 根据国家广电总局制定的《广播电视人口覆盖率统计技术标准和方法》进行统计调查的，在对象区内能接收到中央、省、地市或县通过无线、有线或卫星等各种技术方式转播的各级广播节目的人口数占全部总人口的比重。

电视发射转播台 经省以上广电部门批准的有固定人员编制，固定频率和播出时间的电视发射台和转播台。

电视节目综合人口覆盖率 根据国家广电总局制定的《广播电视人口覆盖率统计技术标准和方法》进行统计调查的，在对象区内能接收到中央、省、地市、或县通过无线、有线或卫星等各种技术方式转播的中央电视节目的人口数占全部总人口的比重。

有线电视入户率 计算公式为：（有线广播电视用户数/全国总户数）×100%

艺术表演团体 指由文化部门主办或实行行业管理（经文化市场行政部门审批或已申报登记并领取相关许可证），专门从事表演艺术等活动的各类专业艺术表演团体，含民间职业剧团。不包括群众业余文艺表演团体。

艺术表演场馆 指由文化部门主办或实行行业管理（经文化市场行政部门审批或已申报登记并领取相关许可证），有观众席、舞台、灯光设备，公开售票、专供文艺团体演出的文化活动场所。

文物及文化保护 指对具有历史、文化、艺术、科学价值，并经有关部门鉴定，列入文物保护范围的不可移动文物的保护和管理活动；对我国语言、文字、民间文化艺术、民俗等非物质遗产的文化保护和管理活动。包括近现代重要史迹及具有代表性、纪念性的建筑物的保护（含革命遗址、纪念碑、名人故居）；寺庙、清真寺、教学及各种祠、堂、碑遗址的保护；古文化遗址、古墓地、古建筑、石窟寺、石记得等的保护；民族语言、文字遗产保护；民间艺术（民间传说、神话、歌谣、故事、音乐、舞蹈、戏曲、曲艺皮影、绘画、剪纸等）遗产保护；民间、民俗传统活动（传统节日、庆典、民族艺术活动、民族体育活动等）遗产保护；民族制作（建筑风格、服饰、家具、木器、陶器、铜器等）遗产保护；其他未列明的文物与文化保护。

博物馆 指为了研究、教育、欣赏的目的，收藏、保护、展示人类活动和自然环境的见证物，向公众开放，非营利性、永久性社会服务机构，包括以博物馆（院）、纪念馆（舍）、美术（艺术）馆、科技馆、陈列馆等专有名称开展活动的单位。

总藏量 指图书馆已编目的古籍、图书、期刊和报纸的合订本、小册子、手稿，以及缩微制品、录像带、录音带、光盘等视听文献资料数量之和。

藏品 是文博机构根据收藏品的文化属性、自然属性等情况，所划分的文物藏品、标本藏品、模型藏品（含具有收藏、展示价值的雕塑、绘画等艺术作品）和复制品藏品的总和。本指标所统计的藏品是指报告期末，该机构已经整理并登记入账的藏品数。

8 第三产业部分行业主要业务指标

8-14 公共管理、社会保障和社会组织

简要说明

本篇资料主要包括社会活动参与、公检法、劳动保障等内容。

一、社会活动参与的内容主要包括历届全国人大代表情况、历届全国政协委员情况、全国工会组织情况。全国人大代表数由全国人大提供，依全国人大换届情况每五年更新一次；全国政协委员数由全国政协提供，依全国政协换届情况每五年更新一次；全国工会组织情况由中华全国总工会依据统计报表制度整理提供。

二、公检法统计资料主要包括公安机关的刑事案件立案情况和治安案件查处情况，交通事故情况，检察机关的办案情况，人民法院审理案件和收结案情况。资料分别由公安部、最高人民检察院、最高人民法院依据统计报表制度整理提供。

三、社会组织和自治组织统计资料由民政部依据统计报表制度整理提供。

四、劳动保障统计资料主要包括参加社会保险人员情况、社会保险基金情况、劳动争议仲裁等情况。劳动保障资料是人力资源和社会保障部根据其人力资源和社会保障统计报表制度整理提供。

8-14-1 历届全国人民代表大会代表人数

届别	年份	代表总数(人)	#女代表	#少数民族代表	占代表总数比重(%) 女代表	少数民族代表
一届	1954	1226	147	177	12.0	14.4
二届	1959	1226	150	180	12.2	14.7
三届	1964	3040	542	373	17.8	12.3
四届	1975	2885	653	270	22.6	9.4
五届	1978	3497	740	381	21.2	10.9
六届	1983	2978	632	404	21.2	13.6
七届	1988	2970	634	445	21.3	15.0
八届	1993	2978	626	439	21.0	14.7
九届	1998	2979	650	428	21.8	14.4
十届	2003	2984	604	415	20.2	13.9
十一届	2008	2987	637	411	21.3	13.8
十二届	2013	2987	699	409	23.4	13.7

8-14-2 历届全国政治协商会议委员人数

届别	年份	委员总数(人)	#中国共产党委员	#少数民族委员	占委员总数比重(%) 中国共产党委员	少数民族委员
六届	1983	2042	811	179	39.7	8.8
七届	1988	2038	832	221	40.8	10.8
八届	1993	2093	831	241	39.7	11.5
九届	1998	2195	875	258	39.9	11.8
十届	2003	2238	895	262	40.0	11.7
十一届	2008	2237	892	250	39.9	11.2
十二届	2013	2237	893	258	39.9	11.5

8-14-3 公安机关立案的刑事案件及构成

案件类别	立案(起)		构成(%)	
	2013	2014	2013	2014
合计	**6598247**	**6539692**	**100.00**	**100.00**
杀人	10640	10083	0.16	0.15
伤害	161910	140709	2.45	2.15
抢劫	146193	111187	2.22	1.70
强奸	34102	33417	0.52	0.51
拐卖妇女儿童	20735	16483	0.31	0.25
盗窃	4506414	4435984	68.30	67.83
诈骗	676771	785306	10.26	12.01
走私	1853	2083	0.03	0.03
伪造、变造货币,出售、购买、运输、持有、使用假币	768	899	0.01	0.01
其他	1038861	1003541	15.74	15.35

8-14-4 公安机关受理和查处治安案件数

案件类别	受理(起)	查处(起)	每万人口受理案件数(起/万人)
合计	**11878456**	**11202216**	**86.3**
扰乱单位秩序	110179	108458	0.8
扰乱公共场所秩序	424549	423001	3.1
寻衅滋事	80768	76830	0.6
阻碍执行职务	31361	30607	0.2
非法携带枪支、弹药、管制工具	52964	52145	0.4
违反危险物质管理规定	21205	20654	0.2
殴打他人	3283733	3164686	23.8
故意伤害	229277	212400	1.7
盗窃	2326509	1988722	16.9
敲诈勒索	14028	12207	0.1
抢夺	30404	21501	0.2
盗窃、损毁公共设施	12617	11028	0.1
伪造、变造、倒卖有价票证、凭证	6377	6199	0.1
违反旅馆业管理	116292	115139	0.8
违反房屋出租管理	123063	122624	0.9
诈骗	398982	325474	2.9
卖淫、嫖娼	86729	85887	0.6
赌博	367458	363006	2.7
毒品违法活动	658908	652949	4.8
其他	3503053	3408699	32.6

8-14-5 交通事故情况

类别	发生数(起)	死亡人数(人)	受伤人数(人)	直接财产损失(万元)
总计	**196812**	**58523**	**211882**	**107542.9**
#重大事故	11	131	114	71.0
#特大事故	2	98	17	258.5
机动车	180321	54944	194887	103386.0
#汽车	136386	42847	141718	93837.2
摩托车	40185	10411	49727	7987.9
拖拉机	2458	1018	2260	656.5
非机动车	14175	2311	15737	2719.4
#自行车	1393	289	1284	265.9
行人乘车人	2242	1247	1167	1403.5
其他	74	21	91	34.1

8-14-6 各地区交通事故情况

地区	发生数(起)	死亡人数(人)	受伤人数(人)	直接财产损失(万元)
全国	**196812**	**58523**	**211882**	**107542.9**
北京	3196	851	3333	3064.7
天津	5322	828	6171	4256.3
河北	5009	2499	4533	4947.9
山西	5121	2080	5422	2952.2
内蒙古	3406	1006	3236	1491.9
辽宁	5650	2012	5404	2623.6
吉林	2794	1323	2694	3448.5
黑龙江	3451	1153	3600	4069.3
上海	1172	902	624	462.9
江苏	13187	4668	12101	6328.0
浙江	17135	4403	17219	6655.3
安徽	16077	2647	18199	6733.9
福建	8684	1995	9817	3756.2
江西	2873	1389	2901	4010.6
山东	13570	3703	12815	4927.6
河南	6355	1642	6459	3360.9
湖北	5271	1772	5471	5072.4
湖南	8542	1794	11134	7012.1
广东	26445	5491	30219	7200.1
广西	3942	2154	3902	1694.9
海南	2058	576	2872	1457.1
重庆	5220	970	7281	1531.1
四川	9193	2664	11026	7320.4
贵州	1145	795	1412	1282.5
云南	5725	3053	6351	3460.9
西藏	388	247	508	509.1
陕西	5055	1655	4609	3652.4
甘肃	3035	1430	3569	1290.9
青海	1029	532	1209	884.8
宁夏	1752	393	2026	856.0
新疆	5010	1896	5765	1228.3

8-14-7 人民检察院直接立案侦查案件情况

案件分类	受案（件）	立案件数（件）	立案人数（人）	#要案	结案件数（件）	结案人数（人）
合　计	**63341**	**41487**	**55101**	**4040**	**37844**	**50816**
贪污	18519	9424	15546	439	8981	14845
贿赂	26166	19523	21889	2718	16914	19106
挪用公款	3067	2670	3331	101	2557	3201
集体私分	289	184	380	67	191	409
巨额财产来源不明	248	11	11	4	8	8
滥用职权	6015	3891	5450	376	3598	5024
玩忽职守	5853	4156	5851	157	4056	5702
徇私舞弊	1583	827	1122	38	767	1024
其他	1601	801	1521	140	772	1497

注：结案中含上年旧存（以下各表同）。

8-14-8 人民检察院审查逮捕、审查起诉情况

案件分类	批捕、决定逮捕合计		决定起诉合计	
	（件）	（人）	（件）	（人）
合　计	**658210**	**899297**	**1027115**	**1437899**
危害公共安全案	49974	55473	221217	230372
破坏社会主义市场经济秩序案	38160	56165	56962	91025
侵犯公民人身、民主权利案	120412	152939	176292	235597
侵犯财产案	244477	334177	309512	441971
妨害社会管理秩序案	186853	279800	228684	391099
危害国防利益案	184	230	252	374
军人违反职责案	10	15	13	20
贪污贿赂案	15728	17373	26589	35845
渎职侵权案	1810	2162	6931	10185
其他	602	963	663	1411

8-14-9 人民检察院办理刑事抗诉案件情况

案件类别	提出抗诉(件)	审判结果合计(件)	改判(件)	改判(人)	维持原判(件)	发回重审(件)
合 计	**7053**	**4808**	**2605**	**3819**	**939**	**1264**
二审小计	6126	4089	2267	3384	881	941
贪污贿赂案件	751	542	227	312	147	168
渎职侵权案件	194	131	54	83	33	44
刑事案件	5181	3416	1986	2989	701	729
再审小计	927	719	338	435	58	323
贪污贿赂案件	130	80	29	34	8	43
渎职侵权案件	25	14	5	7	2	7
刑事案件	772	625	304	394	48	273

8-14-10 人民检察院办理民事、行政抗诉案件情况

单位：件

案件类别	合 计	民事案件	行政案件
提请抗诉	6326	5910	416
抗 诉	4299	4064	235
提出再审检察建议	5079	4877	202
抗诉案件再审	3770	3609	161
改 判	1613	1565	48
发回重审	518	499	19
调 解	514	491	23
维持原判	860	798	62
其 他	265	256	9

8-14-11 人民检察院受理举报、控告、申诉案件情况

单位：件

案件类别	受　理	处　理	#分送检察机关	#转其他机关
合　计	**444094**	**435438**	**262869**	**96573**
首次举报	175869	172955	140972	10756
首次控告	88986	86028	33438	31372
首次申诉	179239	176455	88459	54445

8-14-12 人民检察院处理申诉案件情况

单位：件

案件分类	受　案	立案复查	结　案	#改变原决定
合　计	**17359**	**10273**	**14764**	**1680**
不服检察机关处理决定	6076	4085	5245	633
不服不批捕	713	474	666	31
不服不起诉	3759	2531	3114	117
不服撤案	34	22	33	3
不服原免予起诉	68	37	66	2
其他	1502	1021	1366	480
不服法院刑事判决裁定	11283	6188	9519	1047
刑罚执行中被害人申诉	3359	1886	2890	337
刑罚执行中被告人申诉	3701	2134	3231	419
刑罚执行完毕后被害人申诉	1119	640	889	119
刑罚执行完毕后被告人申诉	3104	1528	2509	172

8-14-13 人民检察院纠正违法情况

项　目	2013	2014
书面提出纠正件次合计(件次)	**147316**	**111872**
立案监督小计	57381	46677
监督立案	31754	26396
监督撤案	25627	20281
侦查监督小计	72718	54949
刑事审判监督	17217	10246
刑罚执行监督人次小计(人次)	**60750**	**68445**
监管活动	43389	43855
超期羁押	455	474
减刑、假释、保外就医	16906	24116
已纠正件次合计　　(件次)	**141780**	**100804**
立案监督小计	54570	38909
监督立案	29359	21236
监督撤案	25211	17673
侦查监督小计	70432	52004
刑事审判监督	16778	9891
刑罚执行监督人次小计(人次)	**60013**	**67942**
监管活动	42873	43618
超期羁押	432	497
减刑、假释、保外就医	16708	23827

8-14-14 人民法院审理一审案件情况

单位：件

年 份	收 案	刑 事	民 商 事	#知识产权	#海事海商	行政
1978	447755	146968	300787			
1979	513789	123846	389943			
1980	763535	197856	565679			
1981	906051	232125	673926			
1982	1024160	245219	778941			
1983	1343164	542648	756436			527
1984	1355460	431357	838307			983
1985	1319741	246655	846391		238	916
1986	1611282	299720	989409		301	632
1987	1875229	289614	1213219		346	5940
1988	2290624	313306	1455130		569	8573
1989	2913515	392564	1815385		725	9934
1990	2916774	459656	1851897		753	13006
1991	2901685	427840	1880635		951	25667
1992	3051157	422991	1948786		1654	27125
1993	3414845	403267	2089257		1830	27911
1994	3955475	482927	2383764		1959	35083
1995	4545676	495741	2718533		2847	52596
1996	5312580	618826	3093995		3945	79966
1997	5288379	436894	3277572		4534	90557
1998	5410798	482164	3375069		5166	98350
1999	5692434	540008	3519244		5736	97569
2000	5356294	560432	3412259		6976	85760
2001	5344934	628996	3459025		6891	100921
2002	5132199	631348	4420123			80728
2003	5130760	632605	4410236			87919
2004	5072881	647541	4332727			92613
2005	5161170	684897	4380095			96178
2006	5183794	702445	4385732			95617
2007	5550062	724112	4724440			101510
2008	6288831	767842	5412591			108398
2009	6688963	768507	5800144			120312
2010	6999350	779595	6090622			129133
2011	7596116	845714	6614049			136353
2012	8442657	996611	7316463			129583
2013	8876733	971567	7781972	88583	11224	123194
2014	9489787	1040457	8307450	95522	12174	141880

注：1.一审案件指人民法院按照诉讼级别管辖按第一审程序审理的案件。
2.2002年起，经济纠纷和海事海商并入民事案件中。

8-14-15 人民法院审理刑事一审案件收结案情况

单位：件

项目	收案	结案
合计	**1040457**	**1023017**
危害公共安全罪	219894	217826
破坏社会主义市场经济秩序罪	57776	55858
侵犯公民人身权利民主权利罪	187631	185295
侵犯财产罪	311652	307688
妨害社会管理秩序罪	228684	223954
危害国防利益罪	257	243
贪污贿赂罪	27543	25583
渎职罪	5927	5496
其他	1093	1074
合计中含自诉案件	7166	7102

注：结案中含上年旧存(以下各表同)。

8-14-16 人民法院审理刑事案件罪犯情况

单位：人

年份	刑事罪犯总数	#青少年罪犯			青少年罪犯占刑事罪犯比重(%)
			不满18岁	18岁至25岁	
1997	526312	199212	30446	168766	37.9
1998	528301	208076	33612	174464	39.4
1999	602380	221153	40014	181139	36.7
2000	639814	220981	41709	179272	34.5
2001	746328	253465	49883	203582	34.0
2002	701858	217909	50030	167879	31.0
2003	742261	231715	58870	172845	31.2
2004	764441	248834	70086	178748	32.6
2005	842545	285801	82692	203109	33.9
2006	889042	303631	83697	219934	34.2
2007	931745	316298	87506	228792	33.9
2008	1007304	322061	88891	233170	32.0
2009	996666	302023	77604	224419	30.3
2010	1006420	287978	68193	219785	28.6
2011	1050747	282429	67280	215149	26.9
2012	1173406	282990	63782	219208	24.1
2013	1157784	265439	55817	209622	22.9
2014	1183784	249576	50415	199161	21.1

8-14-17 人民法院审理婚姻家庭、继承一审案件收结案情况

单位：件

项 目	收 案	结 案					
			调 解	判 决	驳 回	撤 诉	其 他
合 计	**1635244**	**1618904**	**724776**	**494784**	**7644**	**379034**	**12666**
婚姻家庭	1548493	1534452	672592	476255	6903	366893	11809
离 婚	1318744	1307242	565857	411494	5493	314967	9431
赡养纠纷	24794	24573	8525	7901	126	7670	351
抚养、扶养关系纠纷	50539	50076	31242	9481	192	8826	335
抚育费纠纷	27963	27674	11425	9337	173	6451	288
其 他	126453	124887	55543	38042	919	28979	1404
继承	86751	84452	52184	18529	741	12141	857
法定继承	50705	50185	34839	8498	315	6149	384
遗嘱继承	6612	6482	3084	2230	67	1046	55
其 他	29434	27785	14261	7801	359	4946	418

8-14-18 人民法院审理合同纠纷一审案件收结案情况

单位：件

项 目	收 案	结 案					
			调 解	判 决	驳 回	撤 诉	其 他
合 计	**4589375**	**4375771**	**1295072**	**1716963**	**90683**	**1197175**	**75878**
借款合同	1753767	1653846	473791	764268	23811	365960	26016
买卖合同	696358	664075	221489	251798	8189	170821	11778
电信合同	68259	68388	18761	1939	151	47213	324
租赁合同	172416	164387	41344	69108	2369	48987	2579
劳动争议	386576	374299	141071	146797	8567	69754	8110
房地产合同	173024	165928	57531	66249	1939	35883	4326
供用动力合同	55183	54235	15136	5261	760	33017	61
建设工程合同	118649	108195	27950	47093	2285	27261	3606
农村承包合同	19174	18530	5836	6634	423	5419	218
承揽合同	76515	73616	22907	27464	852	20522	1871
其 他	1069454	1030272	269256	330352	41337	372338	16989

8-14-19　人民法院审理权属、侵权纠纷及其他民事一审案件收结案情况

单位：件

项　　目	收　案	结　案					
			调　解	判　决	驳　回	撤　诉	其　他
合　　计	**2082831**	**2015667**	**653108**	**709596**	**29888**	**319534**	**303541**
所有权及其相关权利	267184	255454	64684	99943	9814	75423	5590
特别程序	381916	376192	5688	57527	11842	24007	277128
人身权纠纷	1015701	978342	464201	378855	3335	120133	11818
#人身损害赔偿	980968	944708	453003	364430	3002	112996	11277
特殊侵权纠纷	218331	212154	69191	105993	1712	32279	2979
不当得利	30254	29116	6555	12018	884	8973	686
票据、证券、股票纠纷	32334	31305	8828	13568	957	6462	1490
其　他	137111	133104	33961	41692	1344	52257	3850

8-14-20　人民法院审理行政一审案件收结案情况

单位：件

项　　目	收　案	结　案						
			维　持	撤　销	驳　回	撤　诉	单独赔偿	其　他
合　　计	**141880**	**130964**	**14424**	**10452**	**12353**	**39592**	**394**	**53749**
土地等资源	19345	18658	1578	2176	2495	4623	53	7733
公　安	14497	13829	2361	568	858	4668	40	5334
城　建	22406	20860	855	1780	2775	5414	82	9954
交通运输	2188	2043	133	73	99	1199	5	534
工　商	4434	4268	604	266	337	1775	3	1283
环　保	809	792	46	18	40	417	2	269
计划生育	5009	5009	180	27	27	3653	1	1121
税　务	398	389	40	34	34	137		144
卫　生	596	599	32	26	44	287		210
乡政府	2444	2324	134	263	287	702	13	925
劳动和社会保障	12291	12002	2293	1167	524	3366	6	4646
其　他	57463	50191	6168	4054	4833	13351	189	21596

8-14-21 工会组织情况

单位：万人

年 份	工会基层组织数（万个）	全国已建工会组织的基层单位的职工与会员人数				工会专职工作人员人数
		职工人数	#女职工	会员人数	#女会员	
1952	20.7	1393.2		1002.3		5.3
1957	16.5	2158.3		1746.7		
1962	16.5	2667.1		1922.0		8.6
1979	32.9	6897.2	2171.7	5147.3		17.9
1980	37.6	7448.2	2518.6	6116.5		24.3
1981	41.1	8183.0	2902.0	6843.9	2412.8	29.1
1982	43.3	8586.6	3065.9	7331.6	2629.3	32.2
1983	44.7	8845.7	3191.8	7693.4	2771.4	33.7
1984	46.6	9243.9	3370.3	8029.1	2950.3	41.9
1985	46.5	9643.0	3596.7	8525.8	3149.2	38.1
1986	50.2	9949.6	3664.3	8908.5	3309.2	45.9
1987	53.6	10411.8	3900.4	9336.5	3486.9	47.0
1988	56.4	10747.4	4434.9	9628.9	3647.0	47.4
1989	58.9	10998.6	4178.7	9909.2	3777.7	48.8
1990	60.6	11156.9	4291.0	10135.6	3897.7	55.6
1991	61.4	11351.4	4394.8	10389.1	3991.6	58.0
1992	61.7	11223.9	4377.1	10322.5	3974.0	58.0
1993	62.7	11103.8	4359.9	10176.1	3949.6	55.4
1994	58.3	11269.6	4483.2	10202.5	4018.1	56.0
1995	59.3	11321.4	4515.3	10399.6	4116.5	46.8
1996	58.6	11181.4	4500.0	10211.9	4093.1	60.5
1997	51.0	10111.5	4004.8	9131.0	3579.4	57.7
1998	50.4	9716.5	3882.0	8913.4	3546.7	48.4
1999	50.9	9683.0	3797.9	8689.9	3406.2	49.7
2000	85.9	11472.1	4534.5	10361.5	3917.3	48.2
2001	153.8	12997.0	5087.9	12152.3	4696.6	
2002	171.3	14461.5	5157.6	13397.8	4665.2	47.2
2003	90.6	13301.6	5079.3	12340.5	4601.2	46.5
2004	102.0	14436.7	5502.6	13694.9	5135.3	45.6
2005	117.4	15985.3	6016.3	15029.4	5574.8	47.7
2006	132.4	18143.6	6719.3	16994.2	6177.8	54.3
2007	150.8	20452.4	7494.5	19329.0	7042.2	60.2
2008	172.5	22487.5	8168.8	21217.1	7773.8	70.5
2009	184.5	24535.3	8652.6	22634.4	8248.4	74.6
2010	197.6	25345.4	9288.1	23996.5	8871.5	86.4
2011	232.0	27304.7	10211.2	25885.1	9763.6	99.8
2012	266.3	29371.5	11014.5	28021.3	10611.0	107.9
2013	276.7	29946.2	11227.6	28786.9	10886.0	115.6
2014	278.1	29930.9	11299.4	28811.8	10977.7	115.5

注：2003年起工会基层组织数统计口径有所调整。

8-14-22 社会组织情况

年份 地区	单位数（个）	社会团体	民办非企业单位	基金会	年末职工人数（人）	#女性	社会团体	民办非企业单位	基金会
2000	153322	130668	22654						
2001	210939	128805	82134						
2002	244509	133297	111212						
2003	266612	141167	124491	954					
2004	289432	153359	135181	892					
2005	319762	171150	147637	975					
2006	354393	191946	161303	1144	4251850	1062770	2695983	1540476	15391
2007	386916	211661	173915	1340	4568515	1166211	2885287	1664959	18269
2008	413660	229681	182382	1597	4758332	1406787	2855858	1892060	10414
2009	431069	238747	190479	1843	5446666	1581352	3356506	2078160	12000
2010	445631	245256	198175	2200	6181918	1628947	3960704	2208050	13164
2011	461971	254969	204388	2614	5992765	1495862	3630298	2348326	14141
2012	499268	271131	225108	3029	6132774	1777824	3469467	2644621	18686
2013	547245	289026	254670	3549	6365813	1880817	3531635	2815532	18646
2014	606048	309736	292195	4117	6822623	2003785	3736265	3065964	20394
中央级	2252	1941	84	227	33101	14510	29608	1501	1992
北　京	9083	3730	5035	318	104147	37214	37242	64601	2304
天　津	4729	2215	2450	64	38270	15926	11483	26676	111
河　北	17642	9810	7783	49	260419	71292	131274	128874	271
山　西	12330	6855	5416	59	148571	42896	80241	68187	143
内蒙古	11790	7044	4655	91	87880	26901	55876	31631	373
辽　宁	20137	8966	11102	69	204806	62657	107695	96575	536
吉　林	10521	5671	4771	79	55888	11843	34920	20865	103
黑龙江	12479	5471	6932	76	138980	50623	96425	42423	132
上　海	12365	3909	8257	199	157443	33570	31355	124993	1095
江　苏	71571	32706	38382	483	533822	146460	216457	315701	1664
浙　江	39844	19430	20033	381	356994	107451	132073	223908	1013
安　徽	22549	11977	10492	80	231774	60682	103447	128125	202
福　建	21357	13892	7286	179	259139	55110	187430	70630	1079
江　西	14236	8030	6156	50	179910	53139	94098	85579	233
山　东	41165	17738	23335	92	342065	80613	139121	202622	322
河　南	27572	11183	16285	104	221127	71200	74266	146479	382
湖　北	26560	11878	14587	95	355090	100503	220021	134222	847
湖　南	24011	12194	11628	189	241550	80367	123396	117107	1047
广　东	47680	22132	24990	558	574091	244758	184832	386169	3090
广　西	20321	12311	7961	49	321481	69324	241198	79905	378
海　南	4847	2334	2457	56	45476	17317	21475	23721	280
重　庆	14387	7049	7284	54	146041	63672	46082	99558	401
四　川	37800	20030	17642	128	514534	146467	319728	193906	900
贵　州	9424	5624	3760	40	173845	43795	131701	41941	203
云　南	19207	12987	6145	75	448907	161589	386579	62119	209
西　藏	600	570	17	13	12452	4398	12224	157	71
陕　西	18050	9907	8055	88	252343	52503	168539	83324	480
甘　肃	14400	10742	3605	53	169563	32146	146582	22972	9
青　海	3362	2209	1126	27	16880	3982	11725	5110	45
宁　夏	4324	3129	1140	55	60510	11989	53168	7067	275
新　疆	9453	6072	3344	37	135524	28888	106004	29316	204

8-14-23 自治组织情况

年份 地区	单位数 (个)	村民委员会	社区居委会	年末成员数 (万人)	#女性	村民委员会	社区居委会
2000	840083	731659	108424	363.4	78.0	315.0	48.4
2001	791867	699974	91893	362.8	76.3	316.4	46.4
2002	767364	681277	86087	333.8	71.6	294.2	39.6
2003	740917	663486	77431	358.8	76.5	319.1	39.7
2004	722050	644166	77884	334.6	68.0	292.1	42.5
2005	709026	629079	79947	311.1	68.5	265.7	45.4
2006	704386	623669	80717	287.3	77.6	243.0	44.3
2007	694715	612709	82006	282.7	71.5	241.1	41.6
2008	687698	604285	83413	276.0	71.8	233.9	42.2
2009	683767	599078	84689	277.1	71.9	234.0	43.1
2010	681715	594658	87057	277.3	71.6	233.4	43.9
2011	679133	589653	89480	277.3	73.4	231.9	45.4
2012	679628	588475	91153	279.2	74.2	232.3	46.9
2013	683167	588547	94620	280.7	76.1	232.3	48.4
2014	682144	585451	96693	280.2	76.7	230.5	49.7
北京	6869	3937	2932	3.4	1.8	1.4	2.0
天津	5273	3698	1575	2.5	1.2	1.5	1.0
河北	52471	48636	3835	18.5	3.3	16.6	1.9
山西	30354	28072	2282	11.1	2.6	10.0	1.1
内蒙古	13427	11192	2235	5.2	1.7	4.1	1.1
辽宁	15663	11558	4105	7.1	3.0	4.5	2.6
吉林	11308	9313	1995	3.4	1.2	2.8	0.6
黑龙江	11741	8902	2839	5.3	1.7	3.9	1.4
上海	5727	1605	4122	2.7	1.5	0.6	2.1
江苏	21400	14428	6972	11.0	3.4	7.2	3.8
浙江	32318	27997	4321	12.6	3.6	10.6	2.0
安徽	18043	14786	3257	7.7	2.3	6.0	1.7
福建	16748	14440	2308	7.0	1.7	5.8	1.2
江西	20319	17011	3308	7.7	2.0	6.5	1.3
山东	80015	73388	6627	32.1	9.3	28.9	3.2
河南	51342	46938	4404	21.2	4.8	19.0	2.1
湖北	29635	25448	4187	11.3	3.6	9.3	2.0
湖南	46623	41523	5100	16.6	4.8	14.4	2.2
广东	25933	19347	6586	12.3	3.6	8.6	3.8
广西	16183	14291	1892	8.1	2.0	6.9	1.2
海南	3036	2561	475	1.6	0.4	1.3	0.3
重庆	11030	8255	2775	5.4	1.8	3.8	1.6
四川	53123	46318	6805	21.3	5.2	18.3	3.0
贵州	18763	16747	2016	8.9	2.0	7.7	1.2
云南	14238	12035	2203	7.1	1.5	5.8	1.3
西藏	5464	5255	209	2.5	0.5	2.3	0.1
陕西	28761	26608	2153	10.8	2.7	9.7	1.1
甘肃	17297	15957	1340	6.8	1.3	6.1	0.7
青海	4608	4157	451	1.8	0.4	1.6	0.2
宁夏	2741	2274	467	1.1	0.4	0.9	0.2
新疆	11691	8774	2917	5.9	1.6	4.2	1.7

8-14-24 社会保险基金收支及累计结余

单位：亿元

年 份	合 计	基本养老保险	失业保险	城镇基本医疗保险	工伤保险	生育保险
基金收入						
1990	186.8	178.8	7.2			
1995	1006.0	950.1	35.3	9.7	8.1	2.9
1996	1252.4	1171.8	45.2	19.0	10.9	5.5
1997	1458.2	1337.9	46.9	52.3	13.6	7.4
1998	1623.1	1459.0	68.4	60.6	21.2	9.8
1999	2211.8	1965.1	125.2	89.9	20.9	10.7
2000	2644.9	2278.5	160.4	170.0	24.8	11.2
2001	3101.9	2489.0	187.3	383.6	28.3	13.7
2002	4048.7	3171.5	213.4	607.8	32.0	21.8
2003	4882.9	3680.0	249.5	890.0	37.6	25.8
2004	5780.3	4258.4	290.8	1140.5	58.3	32.1
2005	6975.2	5093.3	340.3	1405.3	92.5	43.8
2006	8643.2	6309.8	402.4	1747.1	121.8	62.1
2007	10812.3	7834.2	471.7	2257.2	165.6	83.6
2008	13696.1	9740.2	585.1	3040.4	216.7	113.7
2009	16115.6	11490.8	580.4	3671.9	240.1	132.4
2010	19276.1	13872.9	649.8	4308.9	284.9	159.6
2011	25153.3	18004.8	923.1	5539.2	466.4	219.8
2012	30738.8	21830.2	1138.9	6938.7	526.7	304.2
2013	35252.9	24732.6	1288.9	8248.3	614.8	368.4
2014	39827.7	27619.9	1379.8	9687.2	694.8	446.1
基金支出						
1990	151.9	149.3	2.5			
1995	877.1	847.6	18.9	7.3	1.8	1.6
1996	1082.4	1031.9	27.3	16.2	3.7	3.3
1997	1339.2	1251.3	36.3	40.5	6.1	4.9
1998	1636.9	1511.6	51.9	53.3	9.0	6.8
1999	2108.1	1924.9	91.6	69.1	15.4	7.1
2000	2385.6	2115.5	123.4	124.5	13.8	8.3
2001	2748.0	2321.3	156.6	244.1	16.5	9.6
2002	3471.5	2842.9	182.6	409.4	19.9	12.8
2003	4016.4	3122.1	199.8	653.9	27.1	13.5
2004	4627.4	3502.1	211.3	862.2	33.3	18.8
2005	5400.8	4040.3	206.9	1078.7	47.5	27.4
2006	6477.4	4896.7	198.0	1276.7	68.5	37.5
2007	7887.8	5964.9	217.7	1561.8	87.9	55.6
2008	9925.1	7389.6	253.5	2083.6	126.9	71.5
2009	12302.6	8894.4	366.8	2797.4	155.7	88.3
2010	15018.9	10755.3	423.3	3538.1	192.4	109.9
2011	18652.9	13363.2	432.8	4431.4	286.4	139.2
2012	23331.3	16711.5	450.6	5543.6	406.3	219.3
2013	27916.3	19818.7	531.6	6801.0	482.1	282.8
2014	33002.7	23325.8	614.7	8133.6	560.5	368.1
累计结余						
1990	117.3	97.9	19.5			
1995	516.8	429.8	68.4	3.1	12.7	2.7
1996	696.1	578.6	86.4	6.4	19.7	5.0
1997	831.6	682.8	97.0	16.6	27.7	7.5
1998	791.1	587.8	133.4	20.0	39.5	10.3
1999	1009.8	733.5	159.9	57.6	44.9	13.9
2000	1327.5	947.1	195.9	109.8	57.9	16.8
2001	1622.8	1054.1	226.2	253.0	68.9	20.6
2002	2423.4	1608.0	253.8	450.7	81.1	29.7
2003	3313.8	2206.5	303.5	670.6	91.2	42.0
2004	4493.4	2975.0	385.8	957.9	118.6	55.9
2005	6073.7	4041.0	519.0	1278.1	163.5	72.1
2006	8255.9	5488.9	724.8	1752.4	192.9	96.9
2007	11236.6	7391.4	979.1	2476.9	262.6	126.6
2008	15225.6	9931.0	1310.1	3431.7	384.6	168.2
2009	19006.5	12526.1	1523.6	4275.9	468.8	212.1
2010	23407.5	15787.8	1749.8	5047.1	561.4	261.4
2011	30233.1	20727.8	2240.2	6180.0	742.6	342.5
2012	38106.6	26243.5	2929.0	7644.5	861.9	427.6
2013	45588.1	31274.8	3685.9	9116.5	996.2	514.7
2014	52462.3	35644.5	4451.5	10644.8	1128.8	592.7

注：1.2007年及以后城镇基本医疗保险基金中包括城镇职工基本医疗保险和城镇居民基本医疗保险。
2.2010年及以后基本养老保险基金中包括城镇职工基本养老保险和城乡居民基本养老保险。
3.工伤保险累计结余中含储备金。

8-14-25 社会保险基本情况

年份	失业保险			城镇基本医疗保险			工伤保险		年末参加生育保险人数（万人）
	年末参保人数（万人）	全年发放失业保险金人数（万人）	全年发放失业保险金（亿元）	年末参保人数（万人）	年末参保城镇职工	年末参保城镇居民	年末参保人数（万人）	年末享受工伤待遇的人数（万人）	
1994	7967.8	196.5	5.1	400.3	400.3		1822.1	5.8	915.9
1995	8237.7	261.3	8.2	745.9	745.9		2614.8	7.1	1500.2
1996	8333.1	330.8	13.9	855.7	855.7		3102.6	10.1	2015.6
1997	7961.4	319.0	18.7	1762.0	1762.0		3507.8	12.5	2485.9
1998	7927.9	158.1	20.4	1877.6	1877.6		3781.3	15.3	2776.7
1999	9852.0	271.4	31.9	2065.3	2065.3		3912.3	15.1	2929.8
2000	10408.4	329.7	56.2	3786.9	3786.9		4350.3	18.8	3001.6
2001	10354.6	468.5	83.3	7285.9	7285.9		4345.3	18.7	3455.1
2002	10181.6	657.0	116.8	9401.2	9401.2		4405.6	26.5	3488.2
2003	10372.9	741.6	133.4	10901.7	10901.7		4574.8	32.9	3655.4
2004	10583.9	753.5	137.5	12403.6	12403.6		6845.2	51.9	4383.8
2005	10647.7	677.8	132.4	13782.9	13782.9		8478.0	65.1	5408.5
2006	11186.6	598.1	125.8	15731.8	15731.8		10268.5	77.8	6458.9
2007	11644.6	538.5	129.4	22311.1	18020.0	4291.1	12173.3	96.0	7775.3
2008	12399.8	516.7	139.5	31821.6	19995.6	11826.0	13787.2	117.8	9254.1
2009	12715.5	483.9	145.8	40147.0	21937.4	18209.6	14895.5	129.6	10875.7
2010	13375.6	431.6	140.4	43262.9	23734.7	19528.3	16160.7	147.5	12335.9
2011	14317.1	394.4	159.9	47343.2	25227.1	22116.1	17695.9	163.0	13892.0
2012	15224.7	390.1	181.3	53641.3	26485.6	27155.7	19010.1	190.5	15428.7
2013	16416.8	416.7	203.2	57072.6	27443.1	29629.4	19917.2	195.2	16392.0
2014	17042.6	422.0	233.3	59746.9	28296.0	31450.9	20639.2	198.2	17038.7

8-14-26 参加基本养老保险人数

单位：万人

年 份	年末参加基本养老保险人数	城镇职工基本养老保险					城乡居民基本养老保险
		合 计	职 工	#企业(含其他)	离退休人 员	#企业(含其他)	
1989	5710.3	5710.3	4816.9	4816.9	893.4	893.4	
1990	6166.0	6166.0	5200.7	5200.7	965.3	965.3	
1991	6740.3	6740.3	5653.7	5653.7	1086.6	1086.6	
1992	9456.2	9456.2	7774.7	7774.7	1681.5	1681.5	
1993	9847.6	9847.6	8008.2	8008.2	1839.4	1839.4	
1994	10573.5	10573.5	8494.1	8494.1	2079.4	2079.4	
1995	10979.0	10979.0	8737.8	8737.8	2241.2	2241.2	
1996	11116.7	11116.7	8758.4	8758.4	2358.3	2358.3	
1997	11203.9	11203.9	8670.9	8670.9	2533.0	2533.0	
1998	11203.1	11203.1	8475.8	8475.8	2727.3	2727.3	
1999	12485.4	12485.4	9501.8	8859.2	2983.6	2863.8	
2000	13617.4	13617.4	10447.5	9469.9	3169.9	3016.5	
2001	14182.5	14182.5	10801.9	9733.0	3380.6	3171.3	
2002	14736.6	14736.6	11128.8	9929.4	3607.8	3349.2	
2003	15506.7	15506.7	11646.5	10324.5	3860.2	3556.9	
2004	16352.9	16352.9	12250.3	10903.9	4102.6	3775.0	
2005	17487.9	17487.9	13120.4	11710.6	4367.5	4005.2	
2006	18766.3	18766.3	14130.9	12618.0	4635.4	4238.6	
2007	20136.9	20136.9	15183.2	13690.6	4953.7	4544.0	
2008	21891.1	21891.1	16587.5	15083.4	5303.6	4868.0	
2009	23549.9	23549.9	17743.0	16219.0	5806.9	5348.0	
2010	35984.1	25707.3	19402.3	17822.7	6305.0	5811.6	10276.8
2011	61573.3	28391.3	21565.0	19970.0	6826.2	6314.0	33182.0
2012	78796.3	30426.8	22981.1	21360.9	7445.7	6910.9	48369.5
2013	81968.4	32218.4	24177.3	22564.7	8041.0	7484.8	49750.1
2014	84231.9	34124.4	25531.0	23932.3	8593.4	8013.6	50107.5

8-14-27 各地区城镇职工基本养老保险情况

地区	年末参加城镇职工基本养老保险人数(万人)	职工	离退休人员	基金收支情况(亿元)		
				基金收入	基金支出	累计结余
全国	**34124.4**	**25531.0**	**8593.4**	**25309.7**	**21754.7**	**31800.0**
北京	1392.6	1163.7	228.9	1331.3	841.7	2160.8
天津	545.4	370.2	175.3	534.4	491.7	361.7
河北	1262.0	908.3	353.6	958.8	953.1	818.8
山西	692.0	501.1	190.9	663.9	555.9	1232.8
内蒙古	524.9	332.2	192.7	501.7	486.1	471.6
辽宁	1769.2	1167.3	601.9	1534.2	1477.9	1283.8
吉林	676.7	415.6	261.1	519.2	516.9	423.9
黑龙江	1090.1	646.7	443.4	922.2	1028.3	323.3
上海	1457.4	1005.0	452.4	1688.5	1505.5	1260.0
江苏	2691.9	2054.3	637.6	1922.6	1584.2	2854.5
浙江	2548.0	2079.2	468.8	1618.6	1220.0	2695.5
安徽	829.2	596.9	232.3	656.5	519.9	882.0
福建	848.3	708.1	140.2	453.3	378.9	490.3
江西	783.9	562.8	221.1	490.1	444.6	430.5
山东	2370.2	1858.7	511.5	1672.7	1557.7	1973.0
河南	1431.6	1089.3	342.3	922.8	830.7	931.3
湖北	1266.2	847.0	419.2	977.8	950.6	821.6
湖南	1118.9	769.8	349.0	811.5	730.4	878.6
广东	4809.5	4363.6	445.9	2059.4	1289.1	5444.2
广西	557.6	377.3	180.3	413.8	412.4	448.0
海南	242.3	182.4	59.9	140.8	138.5	103.7
重庆	825.5	532.2	293.3	678.4	573.8	662.0
四川	1839.7	1191.6	648.1	1576.8	1313.2	2013.3
贵州	361.5	274.3	87.1	259.8	207.8	407.2
云南	397.9	279.2	118.7	358.2	288.2	573.0
西藏	15.2	11.6	3.7	23.3	14.9	40.4
陕西	716.5	516.1	200.3	576.2	542.9	445.6
甘肃	298.8	193.9	105.0	298.2	258.6	361.2
青海	94.6	65.7	28.8	93.1	90.8	84.3
宁夏	151.4	107.2	44.2	117.2	118.3	165.3
新疆	490.8	341.6	149.1	526.1	426.1	744.7
不分地区	24.5	17.8	6.8	8.3	5.9	13.1

注：不分地区合计中，包括中国人民银行、中国农业发展银行数。

8-14-28 各地区城乡居民基本养老保险情况

地区	参保人数(万人)	#达到领取待遇年龄参保人数	基金收支情况(亿元)		
			基金收入	基金支出	累计结余
全国	**50107.5**	**14741.7**	**2310.2**	**1571.2**	**3844.6**
北京	186.3	35.8	36.7	21.3	116.8
天津	106.1	74.1	41.6	20.3	127.7
河北	3404.4	897.9	100.4	64.4	169.3
山西	1537.4	355.6	54.5	31.9	99.4
内蒙古	761.9	202.1	33.8	29.2	62.7
辽宁	1032.0	375.2	45.8	37.4	50.5
吉林	654.8	233.4	21.6	16.1	35.5
黑龙江	821.8	263.8	25.7	19.3	50.4
上海	78.3	47.7	42.8	40.6	74.2
江苏	2347.9	988.0	215.4	175.7	379.9
浙江	1342.1	580.1	136.6	126.6	139.4
安徽	3337.2	874.2	109.3	65.3	176.7
福建	1473.0	396.3	58.1	39.4	82.6
江西	1798.1	436.6	49.0	29.4	89.7
山东	4539.9	1353.4	266.4	157.4	469.5
河南	4843.8	1300.3	153.1	99.6	243.3
湖北	2230.5	640.1	80.0	52.2	135.6
湖南	3298.3	913.3	98.1	65.2	143.6
广东	2407.7	835.1	180.6	105.9	297.7
广西	1713.9	529.6	60.3	49.3	66.1
海南	274.8	68.9	14.4	9.2	20.4
重庆	1112.5	385.8	63.8	41.4	89.2
四川	3013.9	1130.9	150.5	110.9	255.1
贵州	1586.6	446.8	47.8	32.0	59.8
云南	2160.5	463.6	66.4	36.1	124.7
西藏	140.9	23.5	5.9	3.5	9.1
陕西	1710.8	417.5	73.0	47.2	122.1
甘肃	1240.1	288.3	41.7	24.1	78.2
青海	224.6	43.3	10.4	5.9	16.5
宁夏	182.1	36.9	8.5	4.8	16.1
新疆	545.2	103.9	18.3	9.5	42.6

注：2012年8月起，新型农村社会养老保险和城镇居民社会养老保险制度全覆盖工作全面启动，合并为城乡居民社会养老保险。

8-14-29 各地区失业保险情况

地 区	年末参加失业保险人数(万人)	年末领取失业保险金人数(万人)	基金收支情况(亿元)		
			基金收入	基金支出	累计结余
全 国	**17042.6**	**207.2**	**1379.8**	**614.7**	**4451.5**
北 京	1057.1	3.0	62.6	35.9	163.7
天 津	287.6	2.6	39.4	32.9	104.8
河 北	508.7	7.1	51.5	20.6	154.1
山 西	407.7	3.0	36.5	12.4	133.2
内蒙古	236.3	2.4	27.5	6.4	92.1
辽 宁	664.3	8.5	52.9	17.7	227.4
吉 林	258.7	2.2	26.8	11.4	86.4
黑龙江	478.4	4.8	33.9	7.0	145.7
上 海	634.1	9.8	89.8	83.6	157.0
江 苏	1442.7	32.1	114.9	70.2	383.4
浙 江	1210.3	8.2	109.5	50.2	343.1
安 徽	422.0	6.5	38.6	17.6	92.4
福 建	524.1	4.5	34.8	10.0	128.0
江 西	271.8	1.3	13.1	2.3	55.1
山 东	1154.3	19.9	68.6	49.3	261.0
河 南	773.3	10.2	48.6	16.4	133.9
湖 北	519.0	5.6	45.0	25.9	139.4
湖 南	509.5	6.9	31.0	10.9	98.9
广 东	2840.2	10.9	135.6	27.7	515.7
广 西	259.0	6.1	31.1	8.2	110.4
海 南	157.5	2.0	6.0	4.2	30.0
重 庆	439.1	2.8	28.2	4.8	94.8
四 川	635.8	29.8	105.7	41.1	278.6
贵 州	191.9	1.5	20.3	9.8	65.3
云 南	236.9	5.3	26.6	5.9	108.3
西 藏	12.5	0.004	2.5	0.1	11.4
陕 西	344.3	2.9	29.9	4.9	130.1
甘 肃	162.4	1.0	16.6	1.9	61.5
青 海	39.3	0.4	5.9	0.5	25.1
宁 夏	73.5	1.3	8.4	3.8	27.3
新 疆	290.2	4.7	38.1	21.2	93.3

8-14-30 各地区城镇基本医疗保险参保人数

单位：万人

地 区	年末参保人数合计	城镇职工	在岗职工	退休人员	城镇居民
全 国	**59746.9**	**28296.0**	**21041.3**	**7254.8**	**31450.9**
北 京	1604.3	1431.3	1171.2	260.1	173.0
天 津	1023.6	509.6	326.0	183.6	514.0
河 北	1697.5	944.5	658.2	286.3	753.1
山 西	1101.2	657.3	481.8	175.5	443.9
内蒙古	998.1	470.7	332.1	138.6	527.4
辽 宁	2387.2	1649.2	1072.5	576.7	738.0
吉 林	1380.0	575.6	378.1	197.5	804.4
黑龙江	1586.4	873.9	549.6	324.3	712.5
上 海	1678.5	1420.8	967.6	453.2	257.7
江 苏	3797.5	2361.8	1784.9	577.0	1435.7
浙 江	4847.6	1900.0	1576.0	324.1	2947.5
安 徽	1756.4	739.9	528.0	211.9	1016.5
福 建	1293.0	737.3	594.3	143.0	555.7
江 西	1494.2	579.2	381.5	197.7	915.0
山 东	3988.0	1860.2	1448.8	411.4	2127.8
河 南	2340.0	1182.4	855.2	327.2	1157.6
湖 北	1968.0	933.3	646.4	286.9	1034.7
湖 南	2300.7	807.9	546.1	261.8	1492.8
广 东	9804.2	3647.1	3226.1	420.9	6157.1
广 西	1067.3	482.6	338.8	143.8	584.7
海 南	386.8	191.7	138.0	53.7	195.2
重 庆	3256.8	575.8	408.8	167.0	2681.1
四 川	2576.5	1329.4	921.9	407.5	1247.1
贵 州	687.1	354.8	254.9	99.9	332.4
云 南	1135.9	462.6	324.0	138.6	673.3
西 藏	58.9	33.0	25.2	7.8	25.9
陕 西	1246.2	574.2	389.8	184.4	671.9
甘 肃	630.6	302.6	206.4	96.2	328.1
青 海	190.4	93.3	64.2	29.1	97.1
宁 夏	578.6	116.1	85.1	31.0	462.5
新 疆	885.1	498.0	359.9	138.2	387.1

8-14-31 分地区城镇基本医疗保险基金收支情况

单位：亿元

地区	基金收入			基金支出			累计结余		
	合计	职工	居民	合计	职工	居民	合计	职工	居民
全国	**9687.2**	**8037.9**	**1649.3**	**8133.6**	**6696.6**	**1437.0**	**10644.8**	**9449.8**	**1195.0**
北京	703.1	682.7	20.3	662.5	648.4	14.1	242.1	227.1	15.1
天津	237.5	204.6	32.9	208.5	185.1	23.4	98.9	80.3	18.6
河北	298.3	270.9	27.5	232.6	212.8	19.8	414.6	373.6	41.0
山西	182.9	167.4	15.6	160.0	146.4	13.6	239.7	219.1	20.6
内蒙古	166.9	146.5	20.4	144.2	127.8	16.4	169.5	148.9	20.6
辽宁	377.7	351.3	26.4	348.7	329.9	18.8	375.3	344.2	31.1
吉林	141.5	118.3	23.2	114.9	95.8	19.1	202.5	164.4	38.2
黑龙江	241.3	210.4	30.9	217.1	192.8	24.3	298.0	256.9	41.1
上海	673.4	648.7	24.7	476.3	452.0	24.3	882.8	876.1	6.7
江苏	771.6	697.5	74.1	651.9	585.5	66.4	914.1	863.4	50.7
浙江	809.1	604.1	205.0	650.7	444.6	206.0	921.5	876.0	45.4
安徽	210.8	173.6	37.2	178.3	147.6	30.8	246.1	201.2	44.9
福建	235.1	215.4	19.7	173.8	157.5	16.3	365.6	352.2	13.4
江西	144.4	111.9	32.5	115.8	93.8	22.1	183.1	129.2	53.9
山东	770.5	501.6	268.8	677.2	430.4	246.8	626.8	527.4	99.4
河南	277.4	235.5	41.9	235.9	204.1	31.8	352.0	297.3	54.7
湖北	260.1	219.5	40.6	247.4	216.7	30.6	253.2	192.6	60.6
湖南	258.3	199.4	58.9	219.9	168.4	51.5	261.0	211.8	49.2
广东	1054.7	774.4	280.3	815.4	580.6	234.8	1558.7	1336.9	221.8
广西	147.9	128.9	18.9	124.8	112.6	12.2	210.2	175.1	35.1
海南	51.6	43.5	8.1	42.0	35.2	6.8	64.2	54.2	10.0
重庆	277.7	171.6	106.1	248.7	155.8	92.9	228.6	168.7	59.9
四川	495.7	383.0	112.7	410.1	309.0	101.1	571.3	504.6	66.7
贵州	96.2	88.3	7.9	93.7	86.7	7.1	85.1	73.1	11.9
云南	189.0	160.8	28.3	167.9	139.6	28.3	195.1	181.9	13.2
西藏	18.9	17.0	1.9	14.8	12.9	1.9	30.0	30.0	
陕西	181.4	154.0	27.4	151.2	126.5	24.8	230.8	203.2	27.5
甘肃	95.2	83.1	12.1	85.4	75.8	9.6	84.0	71.6	12.4
青海	47.3	42.3	4.9	41.1	36.0	5.1	54.7	53.8	0.8
宁夏	62.0	39.1	23.0	54.0	31.7	22.3	60.1	45.7	14.5
新疆	209.8	192.6	17.3	168.8	154.7	14.1	225.3	209.2	16.1

8-14-32 各地区工伤保险情况

地 区	年末参加工伤保险人数(万人)	享受工伤待遇人数(万人)	基金收支情况(亿元)		
			基金收入	基金支出	累计结余
全 国	**20639.2**	**198.2**	**694.8**	**560.5**	**1128.8**
北 京	961.0	5.0	28.7	22.2	35.8
天 津	345.2	3.3	10.9	8.9	15.7
河 北	778.7	10.4	33.4	33.0	20.2
山 西	563.1	11.1	31.4	25.6	50.7
内蒙古	289.9	2.3	14.2	8.5	30.9
辽 宁	903.1	13.2	21.4	28.3	34.4
吉 林	415.6	4.6	14.4	10.4	18.8
黑龙江	505.5	6.3	21.7	20.4	31.4
上 海	920.5	6.9	32.2	28.2	52.1
江 苏	1540.1	14.3	73.3	61.1	69.6
浙 江	1899.4	22.6	48.3	40.4	65.0
安 徽	508.3	8.3	20.0	15.0	32.1
福 建	627.3	3.9	22.1	14.5	47.7
江 西	461.2	4.7	16.4	10.4	25.3
山 东	1421.5	11.8	45.1	35.0	60.6
河 南	805.7	4.6	23.8	18.0	47.8
湖 北	576.7	4.9	15.1	12.2	27.3
湖 南	747.9	8.7	32.1	24.0	43.8
广 东	3092.6	17.1	64.5	41.8	217.1
广 西	338.2	1.8	8.4	4.4	24.9
海 南	126.1	0.3	2.6	1.2	9.1
重 庆	426.1	8.1	16.9	18.0	6.3
四 川	709.7	8.6	29.1	22.3	48.1
贵 州	275.4	2.3	14.1	12.0	16.8
云 南	341.7	4.0	13.4	12.4	21.6
西 藏	24.3	0.1	0.9	0.3	2.2
陕 西	404.0	2.9	13.8	9.9	30.5
甘 肃	175.1	2.2	7.2	6.1	10.6
青 海	54.7	0.6	3.0	2.2	5.2
宁 夏	82.2	0.5	3.5	3.3	8.7
新 疆	318.2	2.8	13.0	10.5	18.4

注：工伤保险累计结余中含储备金。

8-14-33 各地区生育保险情况

地 区	年末参加生育保险人数(万人)	享 受待遇人数(万人次)	基金收支情况(亿元)		
			基金收入	基金支出	累计结余
全 国	**17038.7**	**613.4**	**446.1**	**368.1**	**592.7**
北 京	915.6	53.2	42.4	44.5	34.5
天 津	260.7	22.2	10.9	9.4	19.3
河 北	684.0	22.5	13.2	10.1	19.7
山 西	454.2	7.4	8.6	5.1	17.2
内蒙古	293.7	8.0	7.5	5.7	11.3
辽 宁	783.9	28.5	18.6	18.0	13.9
吉 林	367.0	14.0	5.6	4.6	10.5
黑龙江	356.1	7.8	6.7	5.6	12.4
上 海	717.5	24.0	43.2	37.6	6.7
江 苏	1374.6	93.6	40.0	34.2	75.0
浙 江	1248.9	46.1	31.5	26.7	31.3
安 徽	482.8	13.6	9.6	7.6	13.0
福 建	556.7	12.8	20.7	16.5	22.7
江 西	241.1	3.3	3.7	1.6	7.9
山 东	1046.5	56.2	32.6	31.5	37.9
河 南	590.2	15.7	14.0	9.9	25.9
湖 北	480.6	19.9	9.7	6.4	20.1
湖 南	537.6	17.0	10.2	6.4	20.7
广 东	2801.3	50.8	45.8	31.9	73.8
广 西	280.2	8.6	7.2	4.3	14.0
海 南	122.0	3.8	2.4	1.5	4.6
重 庆	347.5	12.5	8.4	6.7	9.7
四 川	730.4	21.7	16.3	13.4	24.7
贵 州	248.8	6.4	4.1	3.1	7.4
云 南	279.3	13.2	8.7	8.5	12.5
西 藏	22.8	0.5	0.8	0.6	1.2
陕 西	250.8	5.3	6.2	3.3	13.8
甘 肃	143.7	3.9	4.0	2.5	6.7
青 海	45.8	3.4	1.9	1.1	3.0
宁 夏	71.3	4.9	2.1	1.9	2.3
新 疆	303.0	12.7	9.4	7.9	19.0

【主要统计指标解释】

人民检察院直接立案侦查案件 指按照管辖的规定，由人民检察院直接立案侦查的贪污贿赂犯罪、渎职犯罪、国家机关工作人员利用职权实施的侵犯公民人身权利和民主权利的犯罪以及经省级人民检察院决定立案侦查的国家机关工作人员利用职权实施的其他重大犯罪案件。

要案 指县、处级以上的干部犯罪案件。该指标主要反映职务犯罪案件中县、处级以上干部被人民检察院依法立案侦查的情况。

批准逮捕 指人民检察院对公安机关、国家安全机关、监狱管理机关提请逮捕的犯罪嫌疑人进行审查，根据事实，依法作出逮捕决定。

决定逮捕 指人民检察院对直接立案侦查的案件，认为需要逮捕犯罪嫌疑人时，依据法律作出的逮捕决定。

青少年罪犯 指人民法院在报告期内判决发生法律效力的有罪判决中14周岁以上不满25周岁的罪犯。其中14周岁以上不满18周岁的罪犯为未成年罪犯。

行政案件 指公民、法人和其他组织不服行政机关作出的具体行政行为，向人民法院提起行政诉讼，人民法院依法审理的案件。

单独赔偿 指单独提起行政赔偿的案件。当事人对行政行为的合法性没有争议，就行政侵权造成的损害赔偿单独提起赔偿诉讼。

受理劳动争议案件数 指劳动争议仲裁委员会根据国家有关规定，对劳动争议当事人的申请予以审查，符合受理条件而正式立案、准备处理的劳动争议案件数。

城镇职工基本养老保险

1.参保职工人数 指报告期末按照国家法律、法规和有关政策规定参加城镇职工基本养老保险并在社保经办机构已建立缴费记录档案的职工人数，包括中断缴费但未终止养老保险关系的职工人数，不包括只登记未建立缴费记录档案的人数。

2.离退休人员人数 指报告期末参加城镇职工基本养老保险的离休、退休和退职人员的人数。

3.基金收入 指根据国家有关规定，由纳入基本养老保险范围的缴费单位和个人按国家规定的缴费基数和缴费比例缴纳的养老保险基金，以及通过其他方式取得的形成基金来源的收入。包括单位和职工个人缴纳的基本养老保险费、基本养老保险基金利息收入、上级补助收入、下级上解收入、转移收入、财政补贴和其他收入。

4.基金支出 指按照国家政策规定的开支范围和开支标准从养老保险基金中支付给参加基本养老保险的个人的养老金、丧葬抚恤补助，以及由于保险关系转移、上下级之间调剂资金等原因而发生的支出。包括离休金、退休金、退职金、各种补贴、医疗费、死亡丧葬补助费、抚恤救济费、社会保险经办机构管理费、补助下级支出、上解上级支出、转移支出、其他支出等。

5.基金累计结余 指截止报告期末基本养老保险基金收支相抵后的累计余额。

城乡居民基本养老保险

1.参保人数 指报告期末，参加城乡居民养老保险（在经办机构参保登记并已建立缴费记录以及制度实施当年已经年满60周岁并在经办机构参保登记）的总人数（不包括已经办理注销登记手续的人数）。

2.达到领取待遇年龄参保人数 指报告期末，实际参保人员中已经通过城乡居民养老保险待遇核定的已经年满60周岁的人数。

3. 基金收入 指根据国家有关规定，由参加城乡居民基本养老保险的个人按规定缴费的城乡居民基本养老保险基金，以及通过集体补助、财政补助等其他方式取得的形成基金来源的收入。包括个人缴费收入、集体补助收入、政府补贴收入、利息收入、转移收入、上级补助收入、下级上解收入和其他收入。

4.基金支出 指按照国家政策规定的开支范围和开支标准从城乡居民基本养老保险基金中支付给参加城乡居民基本养老保险的个人养老金待遇支出，以及由于参保人员跨统筹地区流动而发生的支出等。包括养老金待遇支出、转移支出、补助下级支出、上解上级支出、其他支出。

5.基金累计结余 指截止报告期末城乡居民基本养老保险基金收支相抵后的累计余额。

基本医疗保险

1.参保人数 指报告期末按国家有关规定参加相应基本医疗保险的人数。

2.基金收入 指由用人单位和个人按照国家规定的缴费基数、缴费比例或缴费标准缴纳的基本医疗保险基金，财政补助资金以及通过其他方式取得的形成基金来源的款项，包括：单位缴纳收入、个人缴纳收入、财政补助收入（含医疗救助补助个人收入）、财政补贴收入、利息收入和其他收入。

3.基金支出 指按照国家政策规定的开支范围和开支标准，从基本医疗保险基金中支付给参保人员的医疗保险待遇支出，以及其他支出。包括住院医疗费用支出、门急诊医疗费用支出、个人账户基金支出、其他支出。

4.基金累计结余 指截止报告期末基本医疗保险基金累计结余金额。

失业保险

1.参保人数 指报告期末按照国家法律、法规和有关政策规定参加了失业保险的城镇企业、事业单位的职工及地方政府规定参加失业保险的其他人员的人数。

2.基金收入 指报告期内筹集的失业保险基金的总额，包括失业保险费收入、利息收入、财政补贴收入、其他收入、转移收入、上级补助收入、下级上解收入。

3.基金支出 指报告期内为保障失业人员基本生活、促进其再就业等支出的基金总额，包括失业保险金支出、医疗补助金支出、丧葬补助金和抚恤金支出、职业培训和职业介绍补贴支出、农民合同制工人一次性生活补助支出、其他支出、转移支出、上级补助支出、下级上解支出。

4.基金累计结余 指截止报告期末失业保险基金收支相抵后的累计余额。

工伤保险

1.参加保险人数 指报告期末依据国家有关规定参加工伤保险的职工人数和有雇工的个体工商户的雇工数。

2.享受保险待遇人数 指年初至报告期末因工伤或职业病而享受工伤保险待遇的人数。为享受工伤医疗待遇中未评定等级的人数、享受伤残待遇人数以及享受因工死亡待遇人数之和。

3.基金收入 指根据国家有关规定，由参加工伤保险的单位按国家规定的缴费基数和缴费比例缴纳的工伤保险基金，以及通过其他形式取得的形成基金来源的款项。包括：单位缴纳的社会统筹基金收入、财政补贴收入、利息收入、其他收入。

4.基金支出 指按照国家政策规定的开支范围和开支标准从工伤保险基金中支付给参加工伤保险的人员及供养直系亲属工伤保险待遇支出及其他支出。包括工伤医疗费、伤残补助金、工亡补助金、护理费、丧葬补助费、工伤预防费用、职业康复费用和其他支出。

5.基金累计结余 指截止报告期末工伤保险基金累计结余金额。

生育保险

1.参保人数 指报告期末依据有关规定参加生育保险的人数。

2.基金收入 指根据国家有关规定，由参加生育保险的单位按照国家规定的缴费基数和缴费比例缴纳的生育保险基金，以及通过其他方式取得的形成基金来源的款项，包括：单位缴纳的基金收入、利息收入和其他收入。

3.基金支出 指按照国家政策规定的开支范围和开支标准，从生育保险基金中支付给参加生育保险的职工，因妊娠、分娩和计划生育手术而享受的待遇及其他支出。包括：生育津贴、医疗费用支出及其他支出。

4.基金累计结余 指截止报告期末生育保险基金累计结余金额。

9 第三产业复合性相关行业情况

9-1　旅游业

简要说明

一、主要内容

入境游客（外国人、港澳同胞和台湾同胞）、国内游客，以及国际、国内旅游收入等。

二、统计范围

国际旅游和国内旅游。

三、统计调查方法

国内游客、国际旅游（外汇）收入和国内旅游收入等指标采取抽样调查方法，其余指标均为全面调查统计取得。

四、资料来源

本篇资料由国家统计局贸易外经统计司根据公安部和国家旅游局的资料编制。

入境游客人数和国内居民出境人数来自公安部；各地区接待入境过夜游客人数、国内游客人数和国内旅游收入资料来自国家旅游局；国际旅游（外汇）收入，1994 年以前由国家统计局贸易外经统计司根据国际旅游者在华花费外汇券统计资料整理提供，1994 年及以后由国家旅游局整理提供。

9-1-1 历年入境游客

单位：万人次

年　份	合　计	#入境过夜游客	外国人	港澳台同胞	#台湾同胞
1978	180.92	71.60	22.96	156.15	
1979	420.39	152.90	36.24	382.06	
1980	570.25	350.00	52.91	513.90	
1981	776.71	376.70	67.52	705.31	
1982	792.43	392.40	76.45	711.70	
1983	947.70	379.10	87.25	856.41	
1984	1285.22	514.10	113.43	1167.04	
1985	1783.31	713.30	137.05	1637.78	
1986	2281.95	900.10	148.23	2126.90	
1987	2690.23	1076.00	172.78	2508.74	
1988	3169.48	1236.10	184.22	2977.33	43.77
1989	2450.14	936.10	146.10	2297.19	54.10
1990	2746.18	1048.40	174.73	2562.34	94.80
1991	3334.98	1246.40	271.01	3050.62	94.66
1992	3811.49	1651.20	400.64	3394.34	131.78
1993	4152.69	1898.20	465.59	3670.49	152.70
1994	4368.45	2107.00	518.21	3838.72	139.02
1995	4638.65	2003.40	588.67	4038.40	153.23
1996	5112.75	2276.50	674.43	4422.86	173.39
1997	5758.79	2377.00	742.80	5006.09	211.76
1998	6347.84	2507.29	710.77	5625.00	217.46
1999	7279.56	2704.66	843.23	6425.52	258.46
2000	8344.39	3122.88	1016.04	7320.80	310.86
2001	8901.29	3316.67	1122.64	7778.65	344.20
2002	9790.83	3680.26	1343.95	8446.88	366.06
2003	9166.21	3297.05	1140.29	8025.92	273.19
2004	10903.82	4176.14	1693.25	9210.57	368.53
2005	12029.23	4680.90	2025.51	10003.71	410.92
2006	12494.21	4991.34	2221.03	10273.19	441.35
2007	13187.33	5471.98	2610.97	10576.36	462.79
2008	13002.74	5304.92	2432.53	10570.21	438.56
2009	12647.59	5087.52	2193.75	10453.84	448.40
2010	13376.22	5566.45	2612.69	10763.53	514.06
2011	13542.35	5758.07	2711.20	10831.15	526.30
2012	13240.53	5772.49	2719.16	10521.37	534.02
2013	12907.78	5568.59	2629.03	10278.75	516.25
2014	12849.83	5562.20	2636.08	10213.75	536.59

9-1-2 历年入境游客增长速度

单位：%

年　份	合　计	#入境过夜游客	外国人	港澳台同胞	#台湾同胞
1979	132.4	113.5	57.8	144.7	
1980	35.6	128.9	46.0	34.5	
1981	36.2	7.6	27.6	37.2	
1982	2.0	4.2	13.2	0.9	
1983	19.6	-3.4	14.1	20.3	
1984	35.6	35.6	30.0	36.3	
1985	38.8	38.7	20.8	40.3	
1986	28.0	26.2	8.2	29.9	
1987	17.9	19.5	16.6	18.0	
1988	17.8	14.9	6.6	18.7	
1989	-22.7	-24.3	-20.7	-22.8	23.6
1990	12.1	12.0	19.6	11.5	75.2
1991	21.4	18.9	55.1	19.1	-0.1
1992	14.3	32.5	47.8	11.3	39.2
1993	9.0	15.0	16.2	8.1	15.9
1994	5.2	11.0	11.3	4.6	-9.0
1995	6.2	-4.9	13.6	5.2	10.2
1996	10.2	13.6	14.6	9.5	13.2
1997	12.6	4.4	10.1	13.2	22.1
1998	10.2	5.5	-4.3	12.4	2.7
1999	14.7	7.9	18.6	14.2	18.9
2000	14.6	15.5	20.5	13.9	20.3
2001	6.7	6.2	10.5	6.3	10.7
2002	10.0	11.0	19.7	8.6	6.4
2003	-6.4	-10.4	-15.2	-5.0	-25.4
2004	19.0	26.7	48.5	14.8	34.9
2005	10.3	12.1	19.6	8.6	11.5
2006	3.9	6.6	9.7	2.7	7.4
2007	5.5	9.6	17.6	3.0	4.9
2008	-1.4	-3.1	-6.8	-0.1	-5.2
2009	-2.7	-4.1	-9.8	-1.1	2.2
2010	5.8	9.4	19.1	3.0	14.6
2011	1.2	3.4	3.8	0.6	2.4
2012	-2.3	0.3	0.3	-2.9	1.5
2013	-2.5	-3.5	-3.3	-2.3	-3.3
2014	-0.5	-0.1	0.3	-0.6	3.9

9-1-3 按国籍分入境外国游客

单位：万人次

地 区	2007	2008	2009	2010	2011	2012	2013	2014
总计	**2610.97**	**2432.53**	**2193.75**	**2612.69**	**2711.20**	**2719.15**	**2629.03**	**2636.08**
亚洲	**1606.12**	**1455.10**	**1377.93**	**1619.72**	**1662.32**	**1662.22**	**1606.01**	**1633.13**
#朝鲜	11.37	10.18	10.56	11.64	15.23	18.06	20.66	18.44
印度	46.25	43.66	44.89	54.93	60.65	61.02	67.67	70.99
印度尼西亚	47.71	42.63	46.90	57.34	60.87	62.20	60.53	56.69
日本	397.75	344.61	331.75	373.12	365.82	351.82	287.75	271.76
马来西亚	106.20	104.05	105.90	124.52	124.51	123.55	120.65	112.96
蒙古	68.20	70.53	57.67	79.44	99.42	101.05	105.00	108.27
菲律宾	83.30	79.53	74.89	82.83	89.43	96.20	99.67	96.79
新加坡	92.20	87.58	88.95	100.37	106.30	102.77	96.66	97.14
韩国	477.68	396.04	319.75	407.64	418.54	406.99	396.90	418.17
泰国	61.16	55.43	54.18	63.55	60.80	64.76	65.17	61.31
非洲	**37.91**	**37.84**	**40.12**	**46.36**	**48.88**	**52.49**	**55.27**	**59.69**
欧洲	**621.68**	**612.33**	**459.11**	**567.93**	**593.78**	**594.82**	**568.81**	**551.43**
#英国	60.51	55.15	52.88	57.50	59.57	61.84	62.50	60.47
德国	55.67	52.89	51.85	60.86	63.70	65.96	64.93	66.26
法国	46.34	43.00	42.48	51.27	49.31	52.48	53.35	51.70
意大利	21.52	19.44	19.14	22.92	23.50	25.20	25.12	25.31
荷兰	19.41	18.09	16.69	18.91	19.75	19.55	18.86	18.04
葡萄牙	4.83	4.39	4.36	4.77	4.70	4.86	4.94	5.23
瑞典	14.51	13.77	12.58	15.45	17.01	17.16	15.90	14.20
瑞士	6.46	6.34	6.26	7.43	7.53	8.28	8.06	7.95
俄罗斯	300.39	312.34	174.30	237.03	253.63	242.61	218.63	204.58
拉丁美洲	**15.95**	**26.03**	**23.10**	**30.05**	**33.69**	**35.31**	**35.43**	**34.62**
北美洲	**256.15**	**232.12**	**226.01**	**269.49**	**286.42**	**282.64**	**276.95**	**276.03**
#加拿大	57.72	53.47	55.03	68.53	74.80	70.83	68.42	66.71
美国	190.12	178.64	170.98	200.96	211.61	211.81	208.53	209.32
大洋洲及太平洋岛屿	**72.85**	**68.88**	**67.24**	**78.93**	**85.93**	**91.49**	**86.34**	**81.01**
#澳大利亚	60.74	57.15	56.15	66.13	72.62	77.43	72.31	67.21
新西兰	10.87	10.52	10.04	11.61	12.09	12.83	12.86	12.66
其他	**0.31**	**0.23**	**0.22**	**0.21**	**0.19**	**0.19**	**0.22**	**0.18**

9-1-4 历年国际旅游(外汇)收入及增长速度

单位：亿美元

年 份	收入合计	商品收入	劳务收入	增长速度(%)	商品收入	劳务收入
1978	2.63	1.22	1.41			
1979	4.49	2.03	2.46	70.7	66.4	74.5
1980	6.17	3.15	3.02	37.4	55.2	22.8
1981	7.85	4.06	3.79	27.2	28.9	25.5
1982	8.43	4.31	4.12	7.4	6.2	8.7
1983	9.41	4.66	4.75	11.6	8.1	15.3
1984	11.31	5.65	5.66	20.2	21.2	19.2
1985	12.50	5.30	7.20	10.5	-6.2	27.2
1986	15.31	6.66	8.65	22.5	25.7	20.1
1987	18.62	7.78	10.84	21.6	16.8	25.3
1988	22.47	8.95	13.52	20.7	15.0	24.7
1989	18.60	6.30	12.30	-17.2	-29.6	-9.0
1990	22.18	7.75	14.43	19.2	23.0	17.3
1991	28.45	9.89	18.56	28.3	27.6	28.6
1992	39.47	12.90	26.57	38.7	30.4	43.2
1993	46.83	13.09	33.74	18.6	1.5	27.0
1994	73.23	26.45	46.78	56.4	102.1	38.6
1995	87.33	32.99	54.34	19.3	24.7	16.2
1996	102.00	34.50	67.50	16.8	4.6	24.2
1997	120.74	40.24	80.50	18.4	16.6	19.3
1998	126.02	41.39	84.63	4.4	2.9	5.1
1999	140.99	42.99	98.00	11.9	3.9	15.8
2000	162.24	47.54	114.70	15.1	10.6	17.0
2001	177.92	52.93	124.99	9.7	11.3	9.0
2002	203.85	58.71	145.14	14.6	10.9	16.1
2003	174.06	50.51	123.55	-14.6	-14.0	-14.9
2004	257.39	77.40	179.99	47.9	53.2	45.7
2005	292.96	91.26	201.70	13.8	17.9	12.1
2006	339.49	147.19	192.30	15.9	61.3	-4.7
2007	419.19	142.42	276.77	23.5	-3.2	43.9
2008	408.43	124.07	284.35	-2.6	-12.9	2.7
2009	396.75	127.63	269.12	-2.9	2.9	-5.4
2010	458.14	157.05	301.09	15.5	23.1	11.9
2011	484.64	154.54	330.09	5.8	-1.6	9.6
2012	500.28	149.01	351.26	3.2	-3.6	6.4
2013	516.64	153.10	363.54	3.3	2.7	3.5
2014	569.13	161.56	407.58	10.2	5.5	12.1

9-1-5　入境外国游客分组构成

单位：万人次

指　　标	2013		2014	
	人数	比重(%)	人数	比重(%)
总　　计	**2629.03**	**100.0**	**2636.08**	**100.0**
按性别分				
男	1702.07	64.7	1709.51	64.9
女	926.96	35.3	926.57	35.1
按年龄分				
14岁及以下	107.89	4.1	103.92	3.9
15-24岁	206.65	7.9	204.78	7.8
25-44岁	1209.16	46.0	1210.24	45.9
45-64岁	950.54	36.2	961.00	36.5
65岁以上	154.78	5.9	156.13	5.9
按事由分				
会议/商务	619.40	23.6	539.57	20.5
观光/休闲	1012.30	38.5	892.99	33.9
探亲/访友	19.91	0.8	60.33	2.3
服务员工	319.53	12.2	328.54	12.5
其他	657.89	25.0	814.66	30.9
按入境方式分				
船舶	261.39	9.9	252.35	9.6
飞机	1575.21	59.9	1578.77	59.9
火车	54.69	2.1	49.07	1.9
汽车	353.29	13.4	342.49	13.0
徒步	384.46	14.6	413.40	15.7

9-1-6　国际旅游(外汇)收入

单位：亿美元

指　　标	2007	2008	2009	2010	2011	2012	2013	2014
总　　计	**419.19**	**408.43**	**396.75**	**458.14**	**484.64**	**500.28**	**516.64**	**569.13**
商品收入	**142.42**	**124.07**	**127.63**	**157.05**	**154.54**	**149.01**	**153.10**	**161.56**
商品销售	104.94	85.34	91.49	115.90	118.56	111.54	111.82	113.28
餐饮	37.48	38.73	36.14	41.15	35.98	37.47	41.28	48.28
劳务收入	**276.77**	**284.36**	**269.12**	**301.09**	**330.09**	**351.26**	**363.54**	**407.58**
长途交通	111.43	124.87	117.41	130.91	151.17	172.78	174.57	195.95
民航	87.91	90.47	85.84	98.08	114.70	131.64	134.10	145.79
铁路	7.71	13.46	12.77	12.47	14.06	16.46	16.00	20.90
汽车	6.94	10.47	9.58	10.81	14.06	15.54	13.65	15.68
轮船	8.87	10.47	9.22	9.56	8.35	9.14	10.82	13.59
游览	18.00	22.02	20.80	21.07	25.32	25.55	30.92	32.54
住宿	59.38	48.60	44.34	51.95	50.98	52.11	59.76	69.50
娱乐	21.10	29.70	28.82	31.72	34.66	36.13	35.91	36.74
邮电通讯	7.61	10.02	9.55	14.60	10.36	7.91	7.92	11.04
市内交通	12.42	13.55	13.29	10.68	16.19	16.10	14.44	16.04
其他服务	46.83	35.60	34.91	40.15	41.41	40.68	40.01	45.77

9-1-7 各地区接待入境过夜游客情况

地 区	2013				2014			
	人数（万人次）	#外国人	人天数（万人天）	#外国人	人数（万人次）	#外国人	人天数（万人天）	#外国人
北 京	450.13	387.62	1901.78	1678.44	427.45	365.45	1812.22	1590.24
天 津	75.86	66.04	1183.26	974.42	76.63	67.49	1321.35	1087.68
河 北	84.27	69.99	282.72	241.04	75.61	60.26	256.80	218.59
山 西	53.84	38.88	113.06	81.65	56.56	36.13	142.71	90.83
内蒙古	161.61	155.31	490.86	466.17	167.31	160.22	498.12	471.21
辽 宁	256.04	173.61	741.01	520.84	260.70	200.62	748.83	542.53
吉 林	124.30	107.58	302.24	259.83	130.63	113.26	318.85	274.82
黑龙江	152.86	145.02	302.12	287.77	141.72	132.29	281.49	266.14
上 海	614.09	511.07	2016.53	1657.40	639.62	523.34	2073.23	1670.57
江 苏	288.03	193.44	1042.49	645.79	297.10	197.04	1096.46	679.94
浙 江	337.57	252.07	834.59	632.44	370.88	269.83	888.18	651.68
安 徽	271.95	167.11	727.95	446.71	280.18	160.83	651.29	371.21
福 建	294.02	114.51	1421.35	628.04	318.90	127.44	871.32	398.05
江 西	123.89	40.25	272.55	90.56	147.67	44.74	290.68	88.70
山 东	285.98	206.08	979.25	715.44	300.19	218.08	1026.33	776.43
河 南	127.38	73.02	302.62	185.23	124.76	71.82	302.46	184.32
湖 北	267.96	204.73	600.91	458.12	277.07	213.26	637.09	492.70
湖 南	230.66	87.71	435.21	170.05	219.55	100.07	418.16	206.30
广 东	3397.90	760.51	7141.53	1889.68	3355.43	775.18	7385.24	2042.55
广 西	281.74	150.89	551.64	299.37	295.76	146.75	590.99	296.89
海 南	75.64	50.05	190.51	150.38	66.14	42.15	148.51	110.09
重 庆	115.17	76.98	351.26	243.39	126.36	80.65	341.17	193.55
四 川	209.56	147.32	398.33	284.58	240.17	169.66	454.07	326.50
贵 州	62.40	27.15	94.29	40.91	65.31	28.49	98.90	42.96
云 南	287.88	212.51	568.95	412.27	286.56	206.16	556.81	391.59
西 藏	22.32	18.72	68.75	58.07	24.44	20.00	74.30	61.10
陕 西	253.47	178.92	722.46	542.77	266.30	185.83	778.35	576.09
甘 肃	9.78	6.25	12.60	8.14	4.88	2.89	6.40	3.97
青 海	4.65	4.13	12.23	10.90	5.15	4.06	16.28	13.01
宁 夏	2.54	1.50	7.61	4.51	3.37	1.51	10.10	4.53
新 疆	68.88	60.10	305.45	268.25	54.01	47.66	245.03	217.56

9-1-8 各地区入境过夜游客人均天花费额

单位：美元/人天

地区	人均天花费		外国人		香港同胞		澳门同胞		台湾同胞	
	2013	2014	2013	2014	2013	2014	2013	2014	2013	2014
北京	252.41	254.23	254.47	257.90	243.03	242.22	222.74	255.32	230.18	202.08
天津	209.92	213.77	207.27	214.40	202.09	222.37	281.48	199.46	220.84	205.15
河北	164.59	168.30	159.13	161.76	183.16	205.00	185.42	187.51	188.36	194.36
山西	173.58	175.24	162.70	179.34	217.80	160.84	195.10	133.88	187.42	159.74
内蒙古	194.20	196.24	192.90	196.75	185.58	185.07	182.59	198.03	228.09	200.40
辽宁	212.45	208.28	221.91	205.96	180.25	232.45	174.00	222.74	185.54	213.86
吉林	183.29	179.58	183.03	173.34	189.72	239.46	211.12	215.60	165.93	197.78
黑龙江	199.41	196.61	200.50	201.49	209.95	211.69	202.26	291.83	184.07	160.44
上海	259.31	268.70	259.87	263.46	251.45	299.52	251.25	281.61	263.40	297.79
江苏	224.05	229.36	223.27	229.52	224.10	229.35	231.21	219.02	225.67	229.97
浙江	218.26	216.90	216.12	218.75	228.98	206.52	247.89	217.04	213.47	211.88
安徽	192.49	193.44	192.31	193.99	190.83	188.11	203.26	181.86	194.19	191.51
福建	205.21	198.55	212.34	206.22	187.88	211.70	200.83	178.78	191.36	176.30
江西	163.99	169.44	169.65	167.65	156.37	170.23	140.82	176.90	168.73	171.74
山东	207.29	204.86	210.57	209.95	217.37	199.95	169.49	169.93	188.51	190.15
河南	162.83	160.21	162.69	168.63	172.42	134.45	139.47	167.43	165.98	131.22
湖北	194.44	192.34	198.51	199.33	180.46	187.31	214.61	153.36	191.31	185.88
湖南	197.02	193.60	198.04	195.77	190.97	185.41	194.14	149.80	191.91	182.93
广东	172.43	176.40	185.76	186.83	143.76	159.91	126.02	143.58	180.22	184.51
广西	185.30	189.74	196.97	197.21	181.75	183.05	143.72	165.62	164.96	180.76
海南	172.80	179.59	175.30	181.72	157.43	162.45	174.56	171.87	164.63	179.99
重庆	183.67	190.19	184.16	199.30	202.44	174.95	180.29	174.15	146.05	153.78
四川	185.15	185.59	182.83	187.70	191.07	186.81	215.77	183.97	186.08	173.80
贵州	181.05	180.65	192.31	208.16	176.40	157.70	181.27	148.45	176.46	147.06
云南	196.75	203.05	195.67	203.12	206.17	190.24	204.42	212.07	192.15	218.45
西藏	191.67	197.67	192.19	198.62	189.62	189.82	179.88	191.97	192.42	189.89
陕西	186.09	188.14	186.87	195.15	184.30	137.05	212.09	106.26	167.25	169.83
甘肃	160.29	160.40	180.70	160.69	124.14	168.66	103.57	158.00	132.04	152.15
青海	157.98	159.19	159.97	151.08	172.42	215.97	71.85	161.72	146.80	170.79
宁夏	158.84	166.11	159.26	164.23	174.21	178.05	146.23	98.54	153.65	217.04
新疆	165.87	176.49	177.18	176.69	134.56	171.88	137.20	196.31	136.92	168.96

9-1-9 国内旅游情况

年 份	国内游客（百万人次）	城镇居民	农村居民	旅游总花费（亿元）	城镇居民	农村居民
1994	524	205	319	1023.51	848.21	175.30
1995	629	246	383	1375.70	1140.10	235.60
1996	640	256	383	1638.38	1368.36	270.02
1997	644	259	385	2112.70	1551.83	560.87
1998	695	250	445	2391.18	1551.13	876.05
1999	719	284	435	2831.92	1748.23	1083.69
2000	744	329	415	3175.54	2235.26	940.28
2001	784	375	409	3522.37	2651.68	870.69
2002	878	385	493	3878.36	2848.09	1030.27
2003	870	351	519	3442.27	2404.08	1038.19
2004	1102	459	643	4710.71	3359.04	1351.67
2005	1212	496	716	5285.86	3656.13	1629.73
2006	1394	576	818	6229.70	4414.70	1815.00
2007	1610	612	998	7770.60	5550.40	2220.20
2008	1712	703	1009	8749.30	5971.75	2777.55
2009	1902	903	999	10183.69	7233.79	2949.90
2010	2103	1065	1038	12579.77	9403.81	3175.96
2011	2641	1687	954	19305.39	14808.61	4496.78
2012	2957	1933	1024	22706.22	17678.03	5028.19
2013	3262	2186	1076	26276.12	20692.59	5583.53
2014	3611	2483	1128	30311.86	24219.76	6092.11

【主要统计指标解释】

旅游人数

1. 入境游客：指报告期内来我国观光、度假、探亲访友、就医疗养、购物、参加会议或从事经济、文化、体育、宗教活动的外国人、港澳台同胞等入境游客。统计时，外国人、港澳台同胞每入境一次统计1人次。

2. 国内游客：指报告期内在中国（大陆）观光游览、度假、探亲访友、就医疗养、购物、参加会议或从事经济、文化、体育、宗教活动的中国（大陆）居民人数，其出游的目的不是通过所从事的活动谋取报酬。统计时，国内游客按每出游一次统计1人次。

国际旅游(外汇)收入　指入境游客在中国（大陆）境内旅行、游览过程中用于交通、参观游览、住宿、餐饮、购物、娱乐等全部花费。

国内旅游总花费　指国内游客在国内旅行、游览过程中用于交通、参观游览、住宿、餐馆、购物、娱乐等全部花费。

9 第三产业复合性相关行业情况

9-2 文化服务业

简要说明

一、主要内容

本篇资料反映2014年全国及分地区文化服务业的发展情况，主要内容包括文化服务业企业、事业和其他单位的资产、收入、税金、利润等指标。

二、统计范围

包括新闻出版发行、广播电影电视、文化艺术、文化信息传输、文化创意和设计、文化休闲娱乐以及文化产品生产的辅助生产等文化服务业。其中：

新闻出版发行服务业包括新闻服务、出版服务；

广播电影电视服务业包括广播电视服务、电影和影视录音服务；

文化艺术服务业包括文艺创作与表演服务、图书馆与档案馆服务、文化遗产保护服务、群众文化服务、文化研究和社团服务、文化艺术培训服务和其他文化艺术服务；

文化信息传输服务业包括互联网信息服务、增值电信服务（文化部分）和广播电视传输服务；

文化创意和设计服务业包括广告服务、文化软件服务、建筑设计服务和专业设计服务；

文化休闲娱乐服务业包括景区游览服务、娱乐休闲服务和摄影扩印服务；

文化产品生产的辅助生产包括版权服务、文化经纪代理服务、文化出租服务、会展服务和其他文化辅助生产等。

三、资料来源

本篇资料由国家统计局社会科技和文化产业统计司根据2014年文化产业年报资料整理提供，其中，2014年“文化及相关产业增加值及占GDP比重”数据由国家统计局核算司提供。

9-2-1 规模以上文化服务业企业基本情况

单位：万元

指　标	企业单位数(个)	年末从业人员(人)	资产总计	营业收入	营业利润	营业税金及附加	应交增值税
总　计	**18231**	**2399664**	**324117437**	**168293729**	**21812087**	**2256109**	**3924381**
按行业分							
新闻出版发行服务业	1217	223813	35710433	11618578	980877	141048	396940
广播电影电视服务业	1502	130343	27288151	11128403	1795965	142821	297924
文化艺术服务业	829	75531	8003552	2540778	286937	112572	28367
文化信息传输服务业	1396	409617	71429349	35730869	9503862	444095	1054957
文化创意和设计服务业	8929	1099693	101637623	90859150	7315796	929647	1875434
文化休闲娱乐服务业	2964	351996	59627995	8842779	921464	376555	103433
文化产品生产的辅助生产	1394	108671	20420333	7573173	1007186	109372	167328
按地区分							
北　京	3121	380179	59957674	44380353	3719791	434631	962933
天　津	495	69478	11645262	6391144	837310	87483	134617
河　北	315	39952	2758454	1148775	41918	21760	19502
山　西	148	19958	1936219	398745	-12784	8196	65344
内蒙古	110	9982	1938137	397511	-7826	7759	8364
辽　宁	487	86676	5319587	2915525	197916	30622	51103
吉　林	82	17286	2008984	631388	70397	5967	6692
黑龙江	58	9858	877060	298036	18665	6817	6591
上　海	1259	226395	42431387	25774179	2890006	246906	552710
江　苏	2733	314661	37542755	15864419	1651297	258822	276298
浙　江	1194	142532	30341000	15797163	5052099	163225	606435
安　徽	378	45636	5559127	2190615	205893	30628	34725
福　建	599	57599	6201954	2713006	235771	52610	52163
江　西	243	32253	2635852	1309832	183847	29448	15402
山　东	1001	94568	11352082	3670512	507474	96960	79798
河　南	683	97447	7777937	2661669	287929	64367	67919
湖　北	598	89984	10865648	4485161	542432	129558	93363
湖　南	565	64025	9746807	3450879	659535	48754	93772
广　东	2237	326935	41672195	22449025	3683940	320054	617556
广　西	183	34853	2333708	1058744	156553	21422	21560
海　南	83	15333	1764033	787067	136433	21924	13546
重　庆	348	57824	7162691	2556781	115379	37482	40349
四　川	473	51359	6331289	2370954	251481	53648	30459
贵　州	137	17321	1742601	679540	88507	14026	7009
云　南	197	31320	4228847	1053602	82014	19124	13866
西　藏	10	623	107329	20433	580	492	709
陕　西	289	36865	5574577	1562614	94024	27441	23683
甘　肃	79	9149	663096	240928	38487	3381	4862
青　海	15	2407	159459	61190	5915	694	733
宁　夏	29	4095	446893	163585	34541	2989	2173
新　疆	82	13111	1034795	810357	42562	8919	20147

9-2-2 规模以下文化服务业企业基本情况

单位：万元

指标	企业单位数（个）	年末从业人员（人）	资产总计	实收资本	营业收入	营业税金及附加
总计	**516897**	**4469432**	**283805178**	**102800658**	**104134877**	**3141966**
按行业分						
新闻出版发行服务业	3757	79791	10074354	2449818	2434286	57559
广播电影电视服务业	12225	178940	16125630	5514674	4894254	136861
文化艺术服务业	42874	356628	25802846	13214524	5660420	170422
文化信息传输服务业	19590	278822	23646159	6776957	7125169	181784
文化创意和设计服务业	252770	2128208	120426683	41153217	58467051	1680932
文化休闲娱乐服务业	118770	991169	55626973	18605869	15201588	643496
文化产品生产的辅助生产	66911	455874	32102534	15085599	10352109	270912
按地区分						
北京	72778	323827	31040798	16999872	9584055	111686
天津	12912	105186	16528245	8886884	3258321	81914
河北	16255	132902	8990314	2919977	2158692	64434
山西	7364	70077	2865404	938018	679765	16302
内蒙古	5060	113191	7016060	2446061	3212736	59344
辽宁	17264	89987	5298175	2021372	1627868	58142
吉林	4185	41285	2095848	448694	926449	20568
黑龙江	4436	37411	2442946	611828	627664	26158
上海	26355	248089	17302382	5627710	8624282	342335
江苏	47374	380574	28424191	11602870	12875966	339299
浙江	38240	294186	15938581	6166482	6159500	140345
安徽	27400	190385	7046881	3761206	3928185	98170
福建	15355	158598	6130000	3259966	3574380	98527
江西	6734	80524	3771863	1601581	1861551	76440
山东	32365	306186	40900339	4261717	8078646	295005
河南	15016	184864	8549705	3251962	2988718	117050
湖北	19844	172893	15921311	2945873	3275980	114456
湖南	21031	220037	7288989	3069208	4092466	91181
广东	53101	572993	20495640	9851244	10726853	327980
广西	10099	70664	2327580	837840	736990	34149
海南	2072	28613	3198274	550765	293515	15111
重庆	14201	140455	4910972	1371611	2970469	119766
四川	12767	144608	6851690	2059796	2692685	97097
贵州	5689	72768	5325240	1306505	1724690	71674
云南	7497	73824	4612383	1664538	1409276	56191
西藏	245	2520	85020	103584	92188	1667
陕西	10302	107528	5090439	2881861	4591429	160134
甘肃	5419	66892	1807646	803738	813316	56890
青海	771	8112	300324	132758	94998	3567
宁夏	1614	12996	685589	253765	199189	7802
新疆	3152	17257	562350	161372	254053	38584

9-2-3 文化服务业社团法人单位基本情况

单位：万元

指 标	法人单位数（个）	年末从业人员（人）	年末资产	非企业单位支出（费用）
总 计	**82026**	**921266**	**3991878**	**6677930**
按行业分				
新闻出版发行服务业	398	4725	49898	59807
广播电影电视服务业	689	10696	72612	176385
文化艺术服务业	53695	721936	3367000	5353363
文化信息传输服务业	1435	10972	38787	80453
文化创意和设计服务业	5558	42928	74616	64437
文化休闲娱乐服务业	18035	114287	258107	782889
文化产品生产的辅助生产	2216	15722	130859	160595
按地区分				
北 京	1393	17571	279834	366677
天 津	994	16002	31324	59652
河 北	3218	27417	84170	205796
山 西	2422	32098	43314	91364
内蒙古	1671	23997	59553	103918
辽 宁	2115	15117	60437	131466
吉 林	1094	11773	36225	104039
黑龙江	1759	14870	54860	50636
上 海	1519	13082	110961	352017
江 苏	5565	44761	405668	633412
浙 江	5275	42656	189927	387021
安 徽	3544	33289	98657	245567
福 建	3752	36900	109618	214949
江 西	1357	17253	44045	61840
山 东	4664	52574	417953	610176
河 南	8633	118967	615742	678149
湖 北	4385	33501	187279	447193
湖 南	6710	84230	251150	298943
广 东	4706	71564	323179	640136
广 西	2417	17379	16180	60826
海 南	177	3386	8197	12118
重 庆	2971	28288	92053	112231
四 川	5117	59004	155711	367476
贵 州	574	20309	17161	20853
云 南	2780	32176	50698	114777
西 藏	101	1170	20257	31389
陕 西	1425	23211	175871	176186
甘 肃	622	13934	14558	34258
青 海	409	7967	5442	32584
宁 夏	290	4020	11661	14064
新 疆	367	2800	20196	18218

9-2-4 文化服务业事业法人单位基本情况

单位：万元

指 标	法人单位数(个)	年末从业人员(人)	年末资产	非企业单位支出(费用)
总 计	**53599**	**1313166**	**30675547**	**75932801**
按行业分				
新闻出版发行服务业	3033	106631	2383400	7933416
广播电影电视服务业	5848	315490	9288207	21752674
文化艺术服务业	35221	584019	11675638	26564626
文化信息传输服务业	3586	82190	1567433	5269509
文化创意和设计服务业	1319	37692	957123	1671151
文化休闲娱乐服务业	3928	174456	4148711	11615657
文化产品生产的辅助生产	664	12688	655035	1125769
按地区分				
北 京	1410	83958	5304178	13163921
天 津	577	19469	694447	1320396
河 北	1929	62276	878959	1651066
山 西	1700	46045	460191	859205
内蒙古	1392	37181	1427748	2162087
辽 宁	1765	43348	825542	1955132
吉 林	1224	32304	450608	957379
黑龙江	1263	35282	539287	834445
上 海	630	21457	720807	2603873
江 苏	3169	75797	2220887	11463749
浙 江	2383	70345	1985574	4651265
安 徽	1695	37729	1054626	1748067
福 建	2052	35340	717787	1399879
江 西	1579	32108	498718	981188
山 东	2677	78016	1823239	4355218
河 南	3212	86422	1209993	3252658
湖 北	2702	57465	816786	2054574
湖 南	2819	62668	950020	1771097
广 东	2432	74359	2013780	5871090
广 西	2428	35897	514558	1110389
海 南	211	8169	149117	362831
重 庆	1264	19249	409237	608775
四 川	3910	62361	1385757	3333536
贵 州	2296	21044	318156	1007483
云 南	1977	32764	761243	1636169
西 藏	216	6441	113692	262992
陕 西	1749	45272	1302421	2147926
甘 肃	1097	38501	292001	970421
青 海	308	7293	109793	198195
宁 夏	268	10295	148924	383137
新 疆	1265	34311	577473	854659

9-2-5 文化及相关产业增加值及占GDP比重

年份	增加值(亿元)	占GDP比重(%)
2004	3440	2.15
2005	4253	2.30
2006	5123	2.37
2007	6455	2.43
2008	7630	2.43
2009	8786	2.52
2010	11052	2.75
2011	13479	2.85
2012	18071	3.48
2013	21351	3.63
2014	23940	3.76

注：1.2004-2011年按2004年颁布的《文化及相关产业分类》测算。
2.2004年、2008年、2013年根据经济普查数据测算，其他年份根据年报数据测算。
3.2004-2008年及2013年、2014年数据为全口径，2009-2012年仅包括法人单位数据。2013年法人单位数据为20081亿元。
4.2012-2014年按《文化及相关产业分类(2012)》新标准测算。按新标准调整2011年为15516亿元，占GDP比重为3.28%。
5.2014年为初步测算数据。

【主要统计指标解释】

资产总计 指企业过去的交易或者事项形成的、由企业拥有或者控制的、预期会给企业带来经济利益的资源。资产一般按流动性（资产的变现或耗用时间长短）分为流动资产和非流动资产。其中流动资产可分为货币资金、交易性金融资产、应收票据、应收账款、预付款项、其他应收款、存货等；非流动资产可分为长期股权投资、固定资产、无形资产及其他非流动资产等。

实收资本 指企业各投资者实际投入的资本（或股本）总额，包括货币、实物、无形资产等各种形式的投入。实收资本按投资主体可分为国家资本、集体资本、法人资本、个人资本、港澳台资本和外商资本。

营业收入 指企业经营主要业务和其他业务所确认的收入总额，包括主营业务收入和其他业务收入。

营业利润 指企业从事生产经营活动所取得的利润。

营业税金及附加 指企业因从事生产经营活动按税法规定缴纳的应从经营收入中抵扣的税金和附加，包括营业税、消费税、城市维护建设税、教育费附加等。

应交增值税 指企业按税法规定，从事货物销售或提供加工、修理修配劳务等增加货物价值的活动本期应交纳的税金，不含期初未抵扣税额。

非企业单位支出（费用） 指行政事业单位在业务活动中发生的各项资产耗费和损失等费用或社团、民办非企业单位、基金会及其他单位为完成各种目标所发生的费用，包括业务活动成本、管理费用、筹资费用和其他费用。

年末资产 指非企业单位占有或者使用的，能以货币计量的经济资源。包括流动资产、固定资产、债权和其他权利。

文化及相关产业 指为社会公众提供文化产品和文化相关产品的生产活动的集合。《文化及相关产业分类（2012）》规定文化及相关产业包括文化产品的生产、文化产品生产的辅助生产、文化用品的生产和专用设备的生产等。

文化及相关产业增加值 指一个国家（或地区）所有常住单位一定时期内进行文化及相关产业生产活动的最终成果。常住单位指在我国的经济领土上具有经济利益中心的经济单位。生产是指在机构单位的控制和组织下，利用劳动、资本、货物和服务投入，创造新的货物和服务产出的活动。

9 第三产业复合性相关行业情况

9-3 企业信息化和电子商务

简要说明

一、主要内容

企业生产经营中应用信息技术的基本情况和电子商务交易活动情况。

二、统计范围

规模以上工业、有资质的建筑业、限额以上批发和零售业、限额以上住宿和餐饮业、房地产开发经营业和规模以上服务业的法人单位。

三、调查方法

以联网直报的方式对统计范围内的企业进行全面调查。

四、企业标准

规模以上工业：年主营业务收入2000万元及以上的工业法人单位。

有资质的建筑业：有总承包、专业承包和劳务分包资质的建筑业法人单位。

限额以上批发和零售业：年主营业务收入2000万元及以上批发业、年主营业务收入500万元及以上的零售业法人单位。

限额以上住宿和餐饮业：年主营业务收入200万元及以上的住宿和餐饮业法人单位。

房地产开发经营业：全部房地产开发经营法人单位。

规模以上服务业：年末从业人员50人及以上，年营业收入1000万元及以上的服务业法人单位。

五、资料来源

本部分资料是国家统计局服务业司根据《企业一套表统计调查制度》调查的资料进行加工整理而得。

9-3-1 分地区企业信息化基本情况

单位：个

地区	企业数	使用计算机的企业	比重(%)	使用互联网的企业	比重(%)	有网站的企业	比重(%)
全国	**905722**	**897763**	**99.1**	**891171**	**98.4**	**443716**	**49.0**
北京	34669	34400	99.2	34205	98.7	17236	49.7
天津	18049	17860	99.0	17529	97.1	8640	47.9
河北	28268	28011	99.1	27803	98.4	13430	47.5
山西	14131	13939	98.6	13814	97.8	5626	39.8
内蒙古	11118	10999	98.9	10863	97.7	4719	42.4
辽宁	37159	36750	98.9	36277	97.6	16126	43.4
吉林	12012	11937	99.4	11848	98.6	5070	42.2
黑龙江	11749	11601	98.7	11456	97.5	4628	39.4
上海	33774	33552	99.3	33194	98.3	20696	61.3
江苏	103661	103203	99.6	102239	98.6	56663	54.7
浙江	80672	80028	99.2	79796	98.9	43957	54.5
安徽	35131	34961	99.5	34804	99.1	18880	53.7
福建	37791	37295	98.7	37040	98.0	17271	45.7
江西	17373	17272	99.4	17186	98.9	8634	49.7
山东	84059	83492	99.3	83144	98.9	38835	46.2
河南	49307	48570	98.5	48342	98.0	20200	41.0
湖北	38836	38584	99.4	38312	98.7	18509	47.7
湖南	29794	29437	98.8	29139	97.8	13870	46.6
广东	92383	91611	99.2	90832	98.3	50911	55.1
广西	13994	13785	98.5	13684	97.8	5602	40.0
海南	2915	2892	99.2	2874	98.6	1736	59.6
重庆	21137	20785	98.3	20669	97.8	8797	41.6
四川	34642	34359	99.2	34201	98.7	16893	48.8
贵州	11408	11178	98.0	11078	97.1	4444	39.0
云南	14194	14001	98.6	13902	97.9	5892	41.5
西藏	597	587	98.3	559	93.6	256	42.9
陕西	15364	15263	99.3	15138	98.5	7568	49.3
甘肃	7560	7505	99.3	7430	98.3	3315	43.8
青海	1960	1949	99.4	1931	98.5	873	44.5
宁夏	3254	3229	99.2	3202	98.4	1527	46.9
新疆	8761	8728	99.6	8680	99.1	2912	33.2

9-3-2 分地区企业信息化应用情况

单位：个

地　区	企业数	采用信息化管理的企业	比重(%)	通过互联网开展有关生产经营活动的企业	比重(%)	通过互联网进行宣传和推广的企业	比重(%)
全　国	**905722**	**870142**	**96.1**	**891171**	**98.4**	**711631**	**78.6**
北　京	34669	33086	95.4	34205	98.7	25610	73.9
天　津	18049	16972	94.0	17529	97.1	13221	73.3
河　北	28268	26531	93.9	27803	98.4	21237	75.1
山　西	14131	13320	94.3	13814	97.8	9418	66.6
内蒙古	11118	10581	95.2	10863	97.7	7877	70.8
辽　宁	37159	35633	95.9	36277	97.6	27290	73.4
吉　林	12012	11627	96.8	11848	98.6	8995	74.9
黑龙江	11749	11290	96.1	11456	97.5	8351	71.1
上　海	33774	32474	96.2	33194	98.3	26585	78.7
江　苏	103661	100659	97.1	102239	98.6	85954	82.9
浙　江	80672	78417	97.2	79796	98.9	64747	80.3
安　徽	35131	33755	96.1	34804	99.1	28564	81.3
福　建	37791	35854	94.9	37040	98.0	28690	75.9
江　西	17373	16722	96.3	17186	98.9	14018	80.7
山　东	84059	81970	97.5	83144	98.9	72503	86.3
河　南	49307	47313	96.0	48342	98.0	39461	80.0
湖　北	38836	37739	97.2	38312	98.7	32051	82.5
湖　南	29794	28823	96.7	29139	97.8	24288	81.5
广　东	92383	87223	94.4	90832	98.3	71147	77.0
广　西	13994	13415	95.9	13684	97.8	10394	74.3
海　南	2915	2814	96.5	2874	98.6	2310	79.2
重　庆	21137	20180	95.5	20669	97.8	15875	75.1
四　川	34642	33425	96.5	34201	98.7	27018	78.0
贵　州	11408	10787	94.6	11078	97.1	7992	70.1
云　南	14194	13641	96.1	13902	97.9	10286	72.5
西　藏	597	564	94.5	559	93.6	413	69.2
陕　西	15364	14619	95.2	15138	98.5	11759	76.5
甘　肃	7560	7236	95.7	7430	98.3	5770	76.3
青　海	1960	1885	96.2	1931	98.5	1393	71.1
宁　夏	3254	3142	96.6	3202	98.4	2478	76.2
新　疆	8761	8445	96.4	8680	99.1	5936	67.8

9-3-3 分地区电子商务应用情况

地 区	企业数（个）	有电子商务交易的企业（个）	比重（%）	有电子商务销售的企业（个）	比重（%）
全 国	**905722**	**64863**	**7.2**	**53363**	**5.9**
北 京	34669	4361	12.6	2934	8.5
天 津	18049	1275	7.1	993	5.5
河 北	28268	1250	4.4	1071	3.8
山 西	14131	521	3.7	429	3.0
内蒙古	11118	373	3.4	303	2.7
辽 宁	37159	1061	2.9	820	2.2
吉 林	12012	265	2.2	219	1.8
黑龙江	11749	344	2.9	264	2.2
上 海	33774	3115	9.2	2216	6.6
江 苏	103661	9013	8.7	7380	7.1
浙 江	80672	9667	12.0	8587	10.6
安 徽	35131	3123	8.9	2595	7.4
福 建	37791	2928	7.7	2572	6.8
江 西	17373	896	5.2	739	4.3
山 东	84059	4570	5.4	4011	4.8
河 南	49307	1965	4.0	1535	3.1
湖 北	38836	2146	5.5	1744	4.5
湖 南	29794	1854	6.2	1505	5.1
广 东	92383	8222	8.9	6961	7.5
广 西	13994	894	6.4	769	5.5
海 南	2915	327	11.2	288	9.9
重 庆	21137	1227	5.8	1003	4.7
四 川	34642	2198	6.3	1781	5.1
贵 州	11408	559	4.9	451	4.0
云 南	14194	785	5.5	627	4.4
西 藏	597	49	8.2	48	8.0
陕 西	15364	821	5.3	699	4.5
甘 肃	7560	380	5.0	309	4.1
青 海	1960	79	4.0	62	3.2
宁 夏	3254	222	6.8	173	5.3
新 疆	8761	373	4.3	275	3.1

9-3-3 续表

地 区	有电子商务采购的企业(个)	比重(%)	电子商务销售额(亿元)	B2B销售额(亿元)	B2C销售额(亿元)	电子商务采购额(亿元)
全 国	**31833**	**3.5**	**79657.94**	**68276.16**	**10622.55**	**48681.57**
北 京	2178	6.3	9012.41	6865.34	1997.31	7563.91
天 津	705	3.9	1946.50	1669.95	272.20	1400.55
河 北	559	2.0	1629.74	1531.87	82.93	1118.41
山 西	176	1.2	506.90	420.21	86.43	392.95
内蒙古	157	1.4	391.98	308.79	81.83	214.60
辽 宁	549	1.5	1720.21	1572.90	145.57	976.95
吉 林	120	1.0	545.20	460.37	73.84	250.07
黑龙江	161	1.4	210.79	181.79	28.29	643.96
上 海	1571	4.7	12436.97	10558.90	1856.68	6633.00
江 苏	5230	5.0	6234.58	5379.25	804.64	4677.66
浙 江	4524	5.6	4764.11	4055.89	651.28	1770.45
安 徽	1724	4.9	2108.41	1881.38	202.73	1377.14
福 建	1112	2.9	2098.94	1622.34	448.64	768.94
江 西	446	2.6	983.26	942.41	36.81	424.61
山 东	2218	2.6	5029.23	4545.93	430.77	3660.49
河 南	1042	2.1	2830.43	2655.87	129.87	1357.06
湖 北	1135	2.9	2275.98	1942.10	320.79	1344.94
湖 南	996	3.3	1918.85	1734.97	131.81	1036.04
广 东	3927	4.3	12992.59	11097.94	1815.80	8623.31
广 西	366	2.6	701.50	672.60	26.71	393.29
海 南	106	3.6	364.38	316.25	42.62	198.36
重 庆	498	2.4	2302.12	2007.84	174.93	484.41
四 川	941	2.7	1562.93	1221.27	338.84	1120.63
贵 州	256	2.2	860.47	711.45	144.87	436.80
云 南	333	2.3	2461.07	2315.70	143.09	402.19
西 藏	19	3.2	40.19	38.85	1.32	27.75
陕 西	308	2.0	824.54	707.34	107.53	472.84
甘 肃	179	2.4	340.19	332.77	7.05	390.42
青 海	38	1.9	60.37	42.50	17.50	49.39
宁 夏	96	3.0	127.76	115.34	12.01	84.04
新 疆	163	1.9	375.38	366.04	7.86	386.41

9-3-4 按行业分企业信息化基本情况

单位：个

行 业	企业数	使用计算机的企业	比重(%)	使用互联网的企业	比重(%)	有网站的企业	比重(%)
总 计	**905722**	**897763**	**99.1**	**891171**	**98.4**	**443716**	**49.0**
采矿业	15654	15411	98.4	15170	96.9	5193	33.2
制造业	347376	344716	99.2	342742	98.7	207469	59.7
电力、热力、燃气及水的生产和供应业	9211	9184	99.7	9075	98.5	4672	50.7
建筑业	92626	91467	98.7	90822	98.1	35185	38.0
批发和零售业	180535	179531	99.4	177863	98.5	71648	39.7
交通运输、仓储和邮政业	35187	34927	99.3	34656	98.5	13830	39.3
住宿和餐饮业	44921	44498	99.1	43949	97.8	20523	45.7
信息传输、软件和信息技术服务业	12542	12475	99.5	12433	99.1	9959	79.4
房地产业	98837	97193	98.3	96511	97.6	37038	37.5
租赁和商务服务业	28525	28309	99.2	28171	98.8	15406	54.0
科学研究和技术服务业	18110	18022	99.5	17916	98.9	10494	57.9
水利、环境和公共设施管理业	4318	4284	99.2	4255	98.5	2198	50.9
居民服务、修理和其他服务业	5172	5106	98.7	5037	97.4	2162	41.8
教育	3623	3612	99.7	3600	99.4	2035	56.2
卫生和社会工作	3722	3705	99.5	3682	98.9	2490	66.9
文化、体育和娱乐业	5363	5323	99.3	5289	98.6	3414	63.7

9-3-5 按行业分企业信息化应用情况

单位：个

行业	企业数	采用信息化管理的企业	比重(%)	通过互联网开展有关生产经营活动的企业	比重(%)	通过互联网进行宣传和推广的企业	比重(%)
总计	**905722**	**870142**	**96.1**	**891171**	**98.4**	**711631**	**78.6**
采矿业	15654	14942	95.5	15170	96.9	10259	65.5
制造业	347376	336015	96.7	342742	98.7	295107	85.0
电力、热力、燃气及水的生产和供应业	9211	9075	98.5	9075	98.5	6340	68.8
建筑业	92626	89109	96.2	90822	98.1	67106	72.4
批发和零售业	180535	172183	95.4	177863	98.5	132689	73.5
交通运输、仓储和邮政业	35187	33748	95.9	34656	98.5	25119	71.4
住宿和餐饮业	44921	42679	95.0	43949	97.8	35731	79.5
信息传输、软件和信息技术服务业	12542	12249	97.7	12433	99.1	11420	91.1
房地产业	98837	94332	95.4	96511	97.6	73040	73.9
租赁和商务服务业	28525	27214	95.4	28171	98.8	22191	77.8
科学研究和技术服务业	18110	17375	95.9	17916	98.9	14987	82.8
水利、环境和公共设施管理业	4318	4105	95.1	4255	98.5	3277	75.9
居民服务、修理和其他服务业	5172	4859	93.9	5037	97.4	3595	69.5
教育	3623	3486	96.2	3600	99.4	2999	82.8
卫生和社会工作	3722	3632	97.6	3682	98.9	3112	83.6
文化、体育和娱乐业	5363	5139	95.8	5289	98.6	4659	86.9

9-3-6 按行业分企业电子商务应用情况

行业	企业数(个)	有电子商务交易的企业(个)	比重(%)	有电子商务销售的企业(个)	比重(%)
总计	**905722**	**64863**	**7.2**	**53363**	**5.9**
采矿业	15654	180	1.1	103	0.7
制造业	347376	29938	8.6	25953	7.5
电力、热力、燃气及水的生产和供应业	9211	293	3.2	45	0.5
建筑业	92626	2277	2.5	708	0.8
批发和零售业	180535	11167	6.2	9434	5.2
交通运输、仓储和邮政业	35187	1402	4.0	1023	2.9
住宿和餐饮业	44921	10960	24.4	10718	23.9
信息传输、软件和信息技术服务业	12542	2365	18.9	1696	13.5
房地产业	98837	1566	1.6	375	0.4
租赁和商务服务业	28525	1834	6.4	1229	4.3
科学研究和技术服务业	18110	844	4.7	417	2.3
水利、环境和公共设施管理业	4318	445	10.3	389	9.0
居民服务、修理和其他服务业	5172	241	4.7	158	3.1
教育	3623	120	3.3	59	1.6
卫生和社会工作	3722	152	4.1	73	2.0
文化、体育和娱乐业	5363	1079	20.1	983	18.3

9-3-6 续表

行业	有电子商务采购的企业(个)	比重(%)	电子商务销售额(亿元)	B2B销售额(亿元)	B2C销售额(亿元)	电子商务采购额(亿元)
总计	**31833**	**3.5**	**79657.94**	**68276.16**	**10622.55**	**48681.57**
采矿业	138	0.9	154.53	153.44	0.49	940.08
制造业	16802	4.8	40314.37	38153.99	1950.81	24455.58
电力、热力、燃气及水的生产和供应业	262	2.8	72.59	67.63	4.31	4303.51
建筑业	2026	2.2	72.11	48.65	5.28	1521.44
批发和零售业	4885	2.7	27651.50	22769.89	4419.46	15794.98
交通运输、仓储和邮政业	767	2.2	2941.56	1870.54	1043.67	226.05
住宿和餐饮业	1842	4.1	240.54	46.97	188.81	21.00
信息传输、软件和信息技术服务业	1364	10.9	5750.28	3259.96	2457.85	898.51
房地产业	1340	1.4	71.92	15.60	56.76	57.09
租赁和商务服务业	1030	3.6	2068.43	1692.60	374.02	291.93
科学研究和技术服务业	614	3.4	173.30	135.42	36.14	143.84
水利、环境和公共设施管理业	157	3.6	28.77	14.02	14.63	2.68
居民服务、修理和其他服务业	132	2.6	10.02	2.74	7.45	2.66
教育	81	2.2	17.82	1.02	16.80	0.39
卫生和社会工作	108	2.9	2.43	0.59	1.83	7.80
文化、体育和娱乐业	285	5.3	87.78	43.12	44.24	14.04

【主要统计指标解释】

计算机（数） 指企业（单位）在生产经营中使用的计算机，包括台式机、笔记本电脑和平板电脑。

互联网 指在世界范围内的公共计算机网络。它提供一系列通信服务（包括万维网）的接入，并传送电子邮件、新闻、娱乐和数据文件等。

网站 指在公共互联网上，面向公众使用的，基于TCP/IP协议的计算机系统，以域名本身或者“WWW.+域名”为网址的web站点，由地址、软件、硬件和内容组成。

全年电子商务销售金额 指报告期内企业（单位）借助网络订单而销售的商品和服务总额。借助网络订单指通过网络接受订单。付款和配送可以不借助于互联网。

全年电子商务采购金额 指报告期内企业（单位）借助网络订单而采购的商品和服务总额。借助网络订单指通过网络发送订单。付款和配送可以不借助于互联网。

10 港澳台第三产业情况

10-1 香港第三产业情况

简要说明

一、本章资料反映香港特别行政区主要社会、经济发展情况。内容包括：土地、人口、就业、国民收入、国际收支平衡、工业、能源、建筑、运输、对外贸易、政府收支及金融、教育、房屋、卫生、社会保障等方面。

二、本章由香港特别行政区政府统计处向有关政府决策局／部门及公营机构搜集数据，国家统计局国际统计信息中心负责整理、编辑。

三、在统计工作方面，按中华人民共和国“香港特别行政区基本法”的有关原则，香港特别行政区保留其单独运作的统计系统，并负责编制和发布反映香港特别行政区情况的统计数据。由于香港和内地在使用统计名词及概念方面会有所不同，读者在比较两地数据时，请参考本章末的“主要统计指标解释”。

四、香港特别行政区是单独的关税地区，香港与内地之间的贸易，亦需办理进出口报关。在贸易统计方面，香港特别行政区对外贸易统计数据亦包括香港特别行政区与内地的贸易。

五、在外汇统计及与之有关的各方面，港币是香港特别行政区的法定货币，因此，除港币以外的货币（包括人民币）均视作外币。

六、更详细的统计资料及有关的技术细节，可参阅香港特别行政区政府统计处出版的《香港统计月刊》、《香港统计年刊》及各专题统计出版物。

七、本章节表中的符号使用说明：

本章节表中使用的符号含义如下：“-”表示不适用；“空格” 表示没有数字；“§” 表示数字少于单位的一半。

10-1-1 主要统计指标概况

项　　目		2010	2011	2012	2013	2014
香港陆地面积①	**(平方公里)**	**1104**	**1104**	**1104**	**1104**	**1105**
香港岛		81	81	81	81	81
九龙		47	47	47	47	47
新界		976	976	976	976	977
人口						
年中人口	(万人)	702.4	707.2	715.5	718.8	724.2
粗出生率	(‰)	12.6	13.5	12.8	7.9	8.6
粗死亡率	(‰)	6.0	6.0	6.1	6.0	6.2
婴儿死亡率	(‰)	1.7	1.3	1.5	1.8	1.6
(按每千名登记活产婴儿计算)						
劳工						
劳动人口	(万人)	363.1	370.3	378.5	385.9	387.6
劳动人口参与率	(%)	59.6	60.1	60.5	61.2	61.1
失业率	(%)	4.3	3.4	3.3	3.4	3.3
就业人数	(万人)	347.4	357.6	366.1	372.8	374.9
选定行业的就业人数	(万人)					
制造		13.3	13.3	13.4	12.6	13.0
建筑		26.5	27.7	29.1	30.9	30.7
进出口贸易及批发		54.7	53.9	56.4	51.5	50.2
零售、住宿及餐饮服务②		55.8	57.8	59.1	61.2	63.4
运输、仓库、邮政及速递服务、资讯及通讯		42.2	43.4	43.4	44.5	44.6
金融、保险、地产、专业及商用服务		64.1	67.6	68.7	72.0	73.4
公共行政、社会及个人服务		88.5	91.5	93.5	97.8	97.3
实际工资指数③(1992年9月=100)		113.5	117.9	118.9	118.7	115.7
对外贸易	**(亿港元)**					
商品贸易						
进口		33648	37646	39122	40607	42190
港产品出口		695	657	588	544	553
转口		29615	32716	33755	35053	36175
服务贸易						
服务出口④		6257	7107	7640	8123	8224
服务进口④		5469	5780	5943	5832	5876
国民收入及国际收支平衡						
本地生产总值						
按2012年环比物量计算⑤						
年增长率	(%)	6.8	4.8	1.7	3.1	2.5
本地生产总值	(亿港元)	19465	20402	20749	21387	21922
人均本地生产总值	(港元)	277114	288510	290011	297553	302712
按当年价格计算						
年增长率	(%)	7.1	8.9	5.3	5.0	5.5
本地生产总值	(亿港元)	17763	19344	20371	21387	22556
人均本地生产总值	(港元)	252887	273549	284720	297553	311479

10-1-1 续表 1

项　　目	2010	2011	2012	2013	2014
本地居民总收入					
按当年价格计算					
本地居民总收入　（亿港元）	18139	19873	20665	21792	23164
人均本地居民总收入　（港元）	258240	281019	288837	303190	319871
对外初次收入流量净值（亿港元）	376	528	295	405	608
国际收支平衡　（亿港元）					
经常帐户	1244	1075	322	322	422
资本及金融帐户	-888	-1132	-677	-863	-964
净误差及遗漏	-355	57	355	541	543
整体的国际收支	591 (盈余)	868 (盈余)	1889 (盈余)	579 (盈余)	1391 (盈余)
国际投资头寸⑥　（亿港元）					
国际投资头寸净值⑦	51711	55229	55918	58770	63988
对外金融资产	232300	240620	268580	291248	323416
对外金融负债	180589	185391	212662	232478	259429
消费价格指数					
(2009年10月至2010年9月=100)					
综合消费价格指数	100.7	106.0	110.3	115.1	120.2
甲类消费价格指数	100.8	106.4	110.3	115.9	122.4
乙类消费价格指数	100.6	105.8	110.4	114.9	119.8
丙类消费价格指数	100.6	105.8	110.1	114.3	118.3
工业生产					
工业生产指数　(2008年=100)	95.0	95.7	94.9	95.0	94.6
工业电力消费量　(万亿焦耳)	11080	11104	11282	11190	11281
工业煤气消费量　(万亿焦耳)	917	1086	1331	1612	1673
房屋及物业					
永久性居住屋宇单位⑧　(万个)					
公营租住房屋⑨	74.46	74.71	76.81	77.21	78.15
资助出售单位⑩	39.29	39.12	39.09	39.16	39.39
私人房屋⑩	142.34	145.49	147.06	148.40	149.65
总计	256.10	259.32	262.96	264.77	267.19
新落成私人楼宇					
楼宇数目　(栋)	278	397	601	678	466
实用楼面面积　(万平方米)					
住宅⑪	61.2	47.2	55.8	34.8	64.5
非住宅	52.8	51.9	83.7	48.3	45.4
获批准可动工兴建私人楼宇(栋)					
初次呈交	512	228	266	448	362
重大修改	259	186	114	522	219
政府收支、金融、保险（亿港元）					
政府储备结余⑫⑬	5954	6691	7339	7557	8285
政府收入总额⑬⑭	3765	4377	4422	4553	4787
政府开支总额⑬⑭	3014	3640	3773	4335	3962
货币供应量M3					
港元⑮	38782	40554	45456	48060	52362
外币⑯	32781	40257	44248	52792	58135
总计	71563	80811	89704	100852	110497
港汇指数(贸易总值(进口及整体出口)加权)　(2010年1月=100)⑰	99.5	94.6	94.9	94.9	96.0

10-1-1 续表 2

项目	2010	2011	2012	2013	2014
运输、通讯、旅游					
进出香港货物 (万吨)					
总卸下	17282	17519	17214	17942	20079
总装上	12882	13291	12738	12632	12553
集装箱吞吐量 (万标准集装箱)	2370	2438	2312	2235	2223
电话服务 (万条操作线路)	426	425	425	432	432
访港旅客⑱ (万人次)	3603.0	4192.1	4861.5	5429.9	6083.9
教育 (人)					
小学学生人数	331112	322881	317442	320918	329300
中学学生人数⑲	458131	472532	422134	398372	375603
大专院校学生人数⑳	166018	168692	196800	195147	190573
卫生					
医生 (人)	12620	12818	13006	13203	13417
注册中医 (人)	6241	6414	6565	6743	6898
病床 (张)	35522	36121	36579	36720	37322
社会保障					
综合社会保障援助⑫					
个案数目 (个)	282732	275383	267623	259422	251099
发放款项 (亿港元)	185	195	198	195	207
公共福利金⑫					
个案数目 (个)	642979	663237	693389	748797	778 941
发放款项 (亿港元)	91	97	106	189	186
交通意外伤亡援助⑫					
获批个案数目 (个)	7350	7203	7139	7430	7675

注：①面积为当年6月底的数据,包括不在区议会分区内的落马洲河套。
②住宿服务包括酒店、宾馆、旅舍及其他提供短期住宿服务的机构单位。
③实际工资指数是以名义工资指数扣除以2009/10年为基期的甲类消费价格指数而计算出来。
④数字已采纳《2010年国际服务贸易统计手册》内最新的国际建议，包括服务分类及编制方法，以及采用所有权转移原则来记录货品加工及转手商贸活动。因此服务出口及服务进口的数字与表 26-13 内相应的数字并不相同。
⑤以环比物量计算的本地生产总值及其组成部分的参照年，已由2012年重订为2013年。重订参照年会影响以环比物量计算的数值，但不会影响其变动率。
⑥期末头寸。
⑦国际投资头寸净值是对外金融资产总值与对外金融负债总值之间的差额。
⑧数字包括所有住宅屋宇单位及非住宅楼宇内已知作居所用途的屋宇单位，但不包括非住宅用途、酒店及院舍内供住院或在囚人士居住的屋宇单位。
⑨不包括房屋委员会售出的公营租住房屋单位。
⑩包括房屋委员会及香港房屋协会售出而不可在公开市场买卖的屋宇单位。可在公开市场买卖的资助出售单位则归类为私人永久性房屋。
⑪包括住宅楼宇内用作非住宅用途的实用楼面面积，例如：会所/娱乐设施、管理员办事处/宿舍、电机房等。
⑫数字是以相应的财政年度为根据。例如2014年的数字代表2014至2015财政年度数字。
⑬2014/15年的数字有待审计署署长核实。
⑭数额不包括“政府一般收入帐目与各基金之间的转拨”。
⑮所列数字已包括外币掉期存款。
⑯所列数字已扣除外币掉期存款。《中华人民共和国香港特别行政区基本法》说明，港元是香港特别行政区的法定货币外币指港元以外的其他货币，因而人民币亦视作外币。
⑰由2012年1月3日起公布的新系列。
⑱访港旅客数字包括经澳门访港的非澳门居民。
⑲数字涵盖日、夜校。
⑳是指香港城市大学、香港浸会大学、岭南大学、香港中文大学、香港教育学院、香港理工大学、香港科技大学和香港大学就读学生。数字包括大学教育资助委员会(教资会)资助课程及教资会资助院校本部和辖下持续进修部门开办的本地经评审自资课程的学生人数。

10-1-2 按当年价格计算的生产法本地生产总值

单位：亿港元

经济活动	2009	2010	2011	2012	2013
本地生产总值	**16592.45**	**17763.32**	**19344.30**	**20370.59**	**21386.60**
农业及渔业	**10.49**	**8.79**	**8.61**	**10.34**	**11.48**
工业	**1140.51**	**1214.97**	**1300.23**	**1395.06**	**1486.40**
采矿及采石	0.41	0.69	0.83	0.80	0.77
制造	287.14	304.10	305.78	306.00	301.56
电力、燃气和自来水供应及废弃物管理	350.32	344.86	338.77	353.82	351.19
建筑	502.64	565.31	654.84	734.45	832.88
服务业	**14667.24**	**16149.22**	**17701.66**	**18724.98**	**19476.70**
进出口贸易、批发及零售	3702.26	4133.08	4929.00	5115.37	5236.47
住宿及膳食服务①	487.89	564.18	664.21	720.44	754.13
运输、仓库、邮政及速递服务	992.08	1379.41	1200.34	1206.09	1254.65
资讯及通讯	478.93	550.24	629.52	708.66	761.45
金融及保险	2559.00	2837.52	3052.82	3193.12	3459.52
地产、专业及商用服务	1739.03	1884.76	2139.87	2324.16	2256.67
公共行政、社会及个人服务	2881.09	2952.57	3135.85	3376.78	3562.15
楼宇业权	1826.96	1847.45	1950.05	2080.36	2191.66
产品税	**546.89**	**687.07**	**694.01**	**635.75**	**753.14**
统计差额②	**1.4%**	**-1.7%**	**-1.9%**	**-1.9%**	**-1.6%**

注：以上的统计数字是按“香港标准行业分类2.0版”编制。
①住宿服务包括酒店、宾馆、旅舍及其他提供短期住宿服务的机构单位。
②统计差额是以当年价格计算，以支出法编制的本地生产总值与以生产法编制的本地生产总值之间的差额。这差额是由于在编制过程中数据来源及估算方法有所不同而引致的。统计差额是以占本地生产总值的百分比形式作表达。

10-1-3 按行业划分的就业人数

单位：万人

行业	2010	2011	2012	2013	2014
制造	13.3	13.3	13.4	12.6	13.0
建筑	26.5	27.7	29.1	30.9	30.7
进出口贸易及批发	54.7	53.9	56.4	51.5	50.2
零售、住宿及膳食服务①	55.8	57.8	59.1	61.2	63.4
运输、仓库、邮政及速递服务、资讯及通讯	42.2	43.4	43.4	44.5	44.6
金融、保险、地产、专业及商用服务	64.1	67.6	68.7	72.0	73.4
公共行政、社会及个人服务	88.5	91.5	93.5	97.8	97.3
其它	2.3	2.4	2.4	2.3	2.2
总计	**347.4**	**357.6**	**366.1**	**372.8**	**374.9**

注：数字是根据每年1月至12月进行的“综合住户统计调查”结果，以及由政府统计处与跨部门人口分布推算小组共同编制按区议会分区划分年中人口估计数字而编制。
①住宿服务包括酒店、宾馆、旅舍及其他提供短期住宿服务的机构单位。

10-1-4 按行业划分的名义和实际工资指数

(1992年9月=100)

行业主类	2010	2011	2012	2013	2014
名义工资指数					
制造	153.7	170.0	172.8	180.9	191.1
进出口贸易、批发及零售	173.5	188.1	195.1	198.8	204.7
运输	153.9	161.8	166.4	173.2	181.7
住宿及餐饮服务活动①	135.8	150.6	163.2	169.4	176.8
金融及保险活动	177.9	190.3	201.8	207.5	215.4
地产租赁及保养管理	167.1	186.6	199.8	219.2	223.6
专业及商业服务	162.0	185.8	192.7	208.3	221.3
个人服务	196.3	222.0	240.7	253.8	271.9
所有选定行业②	163.1	178.3	187.5	195.2	203.3
实际工资指数③					
制造	107.0	112.4	109.6	110.0	108.7
进出口贸易、批发及零售	120.7	124.3	123.7	120.9	116.5
运输	107.1	106.9	105.5	105.3	103.4
住宿及餐饮服务活动①	94.5	99.6	103.5	103.0	100.6
金融及保险活动	123.8	125.8	128.0	126.2	122.5
地产租赁及保养管理	116.3	123.3	126.7	133.2	127.2
专业及商业服务	112.8	122.8	122.2	126.6	125.9
个人服务	136.6	146.7	152.6	154.3	154.6
所有选定行业②	113.5	117.9	118.9	118.7	115.7

注：指有关年度12月份的数字。
①住宿服务包括酒店、宾馆、旅舍及其他提供短期住宿服务的机构单位。
②指“劳工收入统计调查”内工资统计调查所涵盖的所有行业，包括并没有列出其统计数字的电力及燃气供应业、污水处理及废弃物管理业与出版活动业。
③实际工资指数是以名义工资指数扣除以2009/10年为基期的甲类消费价格指数而计算出来。

10-1-5 商品进出口贸易总额

单位：亿港元

贸易种类	2010	2011	2012	2013	2014
进口	33648	37646	39122	40607	42190
港产品出口	695	657	588	544	553
转口	29615	32716	33755	35053	36175
整体出口	30310	33373	34343	35597	36728
贸易总额	63959	71018	73465	76204	78918
商品贸易差额	-3338	-4273	-4778	-5010	-5463

10-1-6 商品进口及港产品出口的主要供应地和目的地

单位：亿港元

贸易种类／主要国家／地区	2010	2011	2012	2013	2014
进口(供应地)	**33648**	**37646**	**39122**	**40607**	**42190**
中国内地	15298	16968	18409	19421	19870
中国台湾	2248	2409	2449	2619	3003
日本	3082	3186	3116	2863	2889
新加坡	2374	2546	2463	2464	2608
美国	1792	2114	2045	2197	2196
港产品出口(目的地)	**695**	**657**	**588**	**544**	**553**
中国内地	312	307	260	248	232
美国	84	72	68	54	45
中国台湾	28	30	27	24	30
新加坡	29	26	27	25	25
越南	10	11	14	18	21

10-1-7 商品转口的主要来源地和目的地

单位：亿港元

贸易种类／主要国家／地区	2010	2011	2012	2013	2014
转口(目的地)	**29615**	**32716**	**33755**	**35053**	**36175**
中国内地	15670	17167	18317	19245	19558
美国	3237	3236	3317	3259	3370
日本	1256	1336	1428	1340	1302
印度	735	929	763	830	925
中国台湾	658	823	781	749	763
转口(来源地)	**29615**	**32716**	**33755**	**35053**	**36175**
中国内地	18210	20150	21044	21599	21683
中国台湾	2026	2118	2186	2592	2880
日本	2169	2204	2281	2083	2058
韩国	1110	1191	1258	1399	1571
美国	968	1113	1095	1199	1251

10-1-8 按标准国际贸易分类划分商品进口和出口

单位：亿港元

标准国际贸易分类	2009	2010	2011	2012	2013	2014
进口	**26924**	**33648**	**37646**	**39122**	**40607**	**42190**
0 粮食及活动物	1004	1177	1389	1441	1615	1791
1 饮料及烟叶	161	203	248	250	254	266
2 除燃料外的非食用未加工材料	214	284	321	302	335	261
3 矿物燃料、润滑油及有关物质	901	1193	1462	1422	1375	1223
4 动物及植物油、脂肪及蜡	14	17	17	19	17	15
5 未列明的化学及有关产品	1409	1803	1902	1820	1727	1697
6 主要按材料分类的制成品	3132	3813	4331	4169	4340	4339
7 机械和运输设备	14894	19235	21128	22651	23919	25672
8 杂项制成品	5179	5908	6832	7031	7008	6911
9 未列入其他分类的货物及交易	14	15	15	16	17	17
港产品出口	**577**	**695**	**657**	**588**	**544**	**553**
0 粮食及活动物	16	20	24	25	27	29
1 饮料及烟叶	23	26	30	34	36	39
2 除燃料外的非食用未加工材料	35	61	74	63	57	57
3 矿物燃料、润滑油及有关物质	25	23	27	19	17	17
4 动物及植物油、脂肪及蜡	1	1	1	2	2	2
5 未列明的化学及有关产品	98	126	127	117	113	113
6 主要按材料分类的制成品	47	54	66	61	45	59
7 机械和运输设备	162	213	136	101	81	78
8 杂项制成品	164	164	166	159	161	155
9 未列入其他分类的货物及交易	5	7	6	7	5	4
转口	**24113**	**29615**	**32716**	**33755**	**35053**	**36175**
0 粮食及活动物	291	332	384	388	421	467
1 饮料及烟叶	78	93	109	109	117	128
2 除燃料外的非食用未加工材料	134	178	192	190	209	181
3 矿物燃料、润滑油及有关物质	33	31	46	67	58	49
4 动物及植物油、脂肪及蜡	3	4	3	3	3	2
5 未列明的化学及有关产品	1062	1306	1428	1397	1344	1267
6 主要按材料分类的制成品	2486	3154	3740	3446	3568	3682
7 机械和运输设备	14097	18019	19782	21100	22487	23852
8 杂项制成品	5904	6472	7004	7020	6812	6504
9 未列入其他分类的货物及交易	25	27	26	34	35	44

10-1-9 按服务组成部分划分的服务出口及进口

单位：亿港元

服务组成部分	2010	2011	2012	2013	2014
服务出口①					
制造服务	§	§	§	§	
保养及维修服务	26	24	25	24	
运输	2320	2501	2485	2424	
旅游	1725	2215	2565	3020	
建造筑	11	11	26	30	
保险及退休金服务	67	66	72	79	
金融服务	1016	1119	1207	1278	
知识产权使用费	31	36	40	45	
电子通讯、电脑及资讯服务	142	171	186	205	
其他商业服务	881	923	991	995	
个人、文化及康乐服务	33	37	37	18	
政府货品及服务	5	6	6	6	
总计	**6257**	**7107**	**7640**	**8123**	**8224**
服务进口①					
制造服务	1489	1395	1389	1160	
保养及维修服务	5	6	6	8	
运输	1220	1394	1426	1406	
旅游	1348	1481	1557	1645	
建造筑	4	6	25	27	
保险及退休金服务	93	93	95	104	
金融服务	275	302	305	327	
知识产权使用费	154	156	157	157	
电子通讯、电脑及资讯服务	87	98	113	128	
其他商业服务	777	831	849	850	
个人、文化及康乐服务	6	7	9	8	
政府货品及服务	12	11	12	12	
总计	**5469**	**5780**	**5943**	**5832**	**5876**
服务出口净额	**788**	**1327**	**1698**	**2291**	**2348**

注：①数字已采纳《2010年国际服务贸易统计手册》内最新的国际建议，包括服务分类及编制方法，以及采用所有权转移原则来记录货品加工及转手商贸活动。因此服务出口及服务进口的数字与表 26-13 内相应的数字并不相同。

10-1-10 按主要目的地和来源地划分的服务出口及进口

单位：亿港元

目的地／来源地	2010	2011	2012	2013	2014
服务出口①					
中国内地	1856	2341	2694	3171	
美国	1140	1146	1147	1157	
英国	490	491	482	484	
日本	379	372	394	362	
中国台湾	315	352	331	328	
其他	1976	2234	2302	2314	
所有目的地	**6156**	**6936**	**7351**	**7818**	**7936**
服务进口①					
中国内地	2525	2501	2529	2359	
美国	593	643	628	628	
日本	321	324	387	393	
英国	268	330	325	325	
新加坡	237	263	268	266	
其他	1502	1695	1771	1827	
所有来源地	**5446**	**5755**	**5909**	**5797**	**5834**

注：①由于非直接计算金融中介服务没有按地区细分数字，本统计表内的数字不包括非直接计算的金融中介服务数字。因此于本统计表内内所有目的地／来源地的数字与表26-30内所有服务的相应数字并不相同。然而，本统计表内的数字亦采纳《2010年国际服务贸易贸易统计手册》内最新的国际建议，包括服务分类及编制方法，以及采用所有权转移原则来记录货品加工及转手商贸活动。

10-1-11 按当年价格计算货物及服务进出口占本地生产总值比重

单位：%

指　　标	2000	2005	2010	2012	2013	2014
本地生产总值（亿港元）	**13375**	**14121**	**17763**	**20371**	**21254**	**22556**
对外商品贸易						
进口	122.86	163.66	189.43	192.05	189.87	187.05
出口						
港产品出口	13.59	9.65	3.91	2.89	2.54	2.45
转口	104.49	149.80	166.72	165.70	163.90	160.38
对外服务贸易						
服务出口	14.50	18.77	35.22	37.50	37.98	36.46
服务进口	14.5	18.11	30.79	29.17	27.27	26.05

10-1-12 按居住国家和地区划分的访港旅客人数

单位：万人次

居住国家和地区	2010	2011	2012	2013	2014
中国内地	2268.4	2810.0	3491.1	4074.5	4724.8
南亚及东南亚	350.1	375.1	365.2	371.8	361.5
中国台湾	216.5	214.9	208.9	210.0	203.2
北亚	220.8	230.5	233.3	214.1	233.0
欧洲、非洲及中东	217.4	219.4	222.8	225.4	221.8
美洲	175.0	182.1	177.8	166.6	167.9
澳大利亚、新西兰及南太平洋	76.9	75.8	74.1	71.7	71.5
中国澳门①	78.0	84.3	88.3	95.8	100.2
总计	**3603.0**	**4192.1**	**4861.5**	**5429.9**	**6083.9**
与上年比较的变动百分比(%)	**21.8**	**16.4**	**16.0**	**11.7**	**12.0**

注：①访港旅客数字包括经澳门访港的非澳门居民。

10-1-13 按居住国家和地区划分的访港旅客人均消费和逗留时间

国家和地区	2000	2005	2010	2011	2012	2013	2014
过夜旅客人均消费 (港元)	**4612**	**4663**	**6728**	**7470**	**7818**	**8123**	**7960**
中国内地	4868	4554	7453	8220	8565	8937	8703
南亚及东南亚	4268	4377	5251	6121	6501	6678	6735
中国台湾	4839	4916	5197	5860	5759	5730	5598
北亚	4571	4300	4976	5113	5234	4821	4502
欧洲、非洲及中东	4591	5331	6674	7147	7414	7400	7250
美洲	5076	5477	6476	7004	7266	7300	7151
澳大利亚、新西兰及南太平洋	3983	5068	7050	7849	7943	7959	7558
中国澳门	1622	2765	3824	4363	4304	3918	3875
入境不过夜旅客人均消费(港元)	**640**	**810**	**1846**	**2012**	**2121**	**2378**	**2414**
中国内地	1143	1247	2356	2439	2489	2721	2701
南亚及东南亚	437	244	543	716	604	676	709
中国台湾	500	195	610	627	521	565	596
北亚	340	204	377	506	503	518	442
欧洲、非洲及中东	347	301	560	593	411	465	438
美洲	369	320	329	465	451	379	455
澳大利亚、新西兰及南太平洋	377	547	573	714	623	532	474
中国澳门	721	1284	2299	2287	1783	2065	2058
过夜旅客逗留时间 (晚数)	**3.0**	**3.7**	**3.6**	**3.6**	**3.5**	**3.4**	**3.3**
中国内地	3.3	4.2	3.9	3.9	3.7	3.4	3.3
南亚及东南亚	3.1	3.2	3.2	3.2	3.2	3.3	3.4
中国台湾	2.3	2.5	2.5	2.5	2.6	2.6	2.6
北亚	2.4	2.2	2.2	2.3	2.3	2.3	2.3
欧洲、非洲及中东	3.6	3.3	3.9	4.0	4.0	4.1	4.1
美洲	3.4	3.4	3.9	3.9	4.0	4.0	4.0
澳大利亚、新西兰及南太平洋	3.5	3.4	3.8	3.8	3.9	3.9	3.9
中国澳门	2.7	2.3	2.2	2.2	2.2	2.2	2.2

10-1-14 按主要货物装卸地点划分的集装箱吞吐量

单位：万标准集装箱

项　目	2010	2011	2012	2013	2014
集装箱吞吐量	**2369.9**	**2438.4**	**2311.7**	**2235.2**	**2222.6**
集装箱码头					
抵港					
载货集装箱	722.0	738.0	745.2	749.5	790.9
空集装箱	120.9	135.5	136.2	121.0	111.3
离港					
载货集装箱	794.4	790.8	791.5	776.7	783.1
空集装箱	72.6	77.3	74.6	64.7	73.4
集装箱码头以外					
抵港					
载货集装箱	270.4	291.3	237.2	225.9	163.3
空集装箱	81.9	64.6	52.1	51.1	61.6
离港					
载货集装箱	213.5	249.5	191.3	173.3	166.7
空集装箱	94.4	91.4	83.6	73.2	72.3

注：一个标准集装箱单位等同一个20英尺集装箱的容量。

10-1-15 按运输方式划分的进出香港货物

单位：万吨

项　目	2010	2011	2012	2013	2014
卸下	**17282.1**	**17519.0**	**17214.0**	**17941.9**	**20078.9**
空运	147.9	144.2	146.4	148.8	158.5
水运	15426.3	15784.1	15469.9	16227.5	18418.5
海运	11444.7	12018.5	11744.8	11607.1	13052.7
河运	3981.6	3765.6	3725.1	4620.5	5365.7
道路运输	1705.0	1590.6	1597.8	1565.5	1501.9
铁路运输①	2.9	-	-	-	-
装上	**12881.8**	**13291.0**	**12738.3**	**12632.1**	**12553.4**
空运	264.9	249.6	256.2	263.9	279.1
水运	11355.2	11960.3	11458.3	11378.0	11355.2
海运	6755.7	7474.2	7141.2	6816.8	6679.3
河运	4599.5	4486.2	4317.2	4561.2	4675.8
道路运输	1261.0	1081.1	1023.7	990.2	919.1
铁路运输①	0.7	-	-	-	-

注：①数字不包括家畜。香港铁路有限公司已于2010年6月16日起，停办铁路货运业务。

10-1-16 通讯及互联网服务

项　　目	2010	2011	2012	2013	2014
邮递服务					
信件邮件　（亿件物品）	12.8	13.0	13.6	12.6	12.2
包裹　（万件）	132.9	139.2	146.8	136.1	120.1
电话服务①②（万条操作线路）					
住宅	240.7	241.2	240.4	247.8	248.3
商用	185.4	184.0	184.4	183.9	183.8
总计	426.0	425.2	424.7	431.7	432.1
图文传真②（万条操作线路）	**26.0**	**23.3**	**21.4**	**20.2**	**18.8**
对外电话通讯量　（万分钟）					
拨出③	772715	764610	788811	804303	821810
拨入④	258159	289563	263687	231873	220834
对外专用电报通讯量（万分钟）					
发出	5.2	3.7	1.1	0.5	0.1
收到	10.4	7.5	5.4	2.7	1.4
本地电报机电讯　（万分钟）	**20.5**	**18.8**	**9.0**	**6.3**	**2.7**
公共无线电传呼接收器②（个）	**104851**	**84495**	**62884**	**49789**	**41442**
移动电话用户系统②⑤⑥（个）	**6816033**	**7166085**	**7633930**	**7847299**	**7851393**
	(13416011)	(14930948)	(16392841)	(17194291)	(17371199)
互联网服务					
互联网服务商数目②⑦（个）	**184**	**185**	**186**	**197**	**201**
互联网服务商客户数目②⑧（个）					
拨号上网登记用户户口（不包括互联网储值卡）⑨	741511	788835	793811	462376	239427
拨号上网储值卡					
以私人租用线路接驳的已登记客户户口⑨	1580	1546	1565	1641	2329
宽带互联网用户户口⑨	2126962	2244514	2264545	2232031	2268576
互联网使用量⑧					
客户通过公共电话网络接驳⑩　（万分钟）	17868	16816	18506	22201	24804
客户通过宽带网络接驳（太字节）⑪	1652942	1924886	2232256	2581113	2946653

注：①数字包括直通内线式电话线、图文传真线及电文线路的直拨服务。由2007年12月起,也包括网际规约(IP)电话或网络电话(VoIP)服务的客户数目。②年底数字。③数字也包括图文传真及数据。④估计数字。
⑤数字不包括储值智能卡。包括储值智能卡的数字于括号内展示。 ⑥数字包括3G服务。而由2011年开始,数字包括4G服务。
⑦营办商数目包括所有持牌获准提供互联网接驳服务的营办商。
⑧数字为根据互联网服务供应商申报的估计数字，并不包括不属于持牌互联网服务供应商客户的使用者。
⑨已登记客户户口指互联网服务供应商的客户户口(包括免费的客户户口)。拥有超过一个客户登入识别码的登记客户户口只算作一个已登记的客户户口。数字不包括只获提供电邮地址的客户户口。
⑩不包括通过私人租用线路接驳及使用宽带服务的客户。
⑪1个太字节 = 8万亿比特

10-1-17 15岁及以上人口受教育程度

教育程度/性别	2010		2011		2012		2013		2014	
	人 数（万人）	百分比	人 数（万人）	百分比	人 数（万人）	百分比	人 数（万人）	百分比	人 数（万人）	百分比
总计										
男	281.90	46.26	283.98	46.07	286.87	45.87	288.16	45.71	289.12	45.54
女	327.49	53.74	332.46	53.93	338.47	54.13	342.30	54.29	345.79	54.46
未受教育/学前教育①										
男	7.94	1.30	7.56	1.23	6.41	1.02	6.22	0.99	6.22	0.98
女	24.53	4.03	23.59	3.83	21.61	3.46	21.42	3.40	21.31	3.36
小学										
男	44.55	7.31	42.58	6.91	42.66	6.82	41.86	6.64	41.14	6.48
女	57.90	9.50	56.98	9.24	57.95	9.27	57.61	9.14	56.07	8.83
初中										
男	48.56	7.97	47.54	7.71	47.32	7.57	47.48	7.53	47.48	7.48
女	46.62	7.65	46.65	7.57	46.90	7.50	46.96	7.45	48.41	7.62
高中										
男	100.97	16.57	102.42	16.61	102.75	16.43	100.55	15.95	99.79	15.72
女	120.80	19.82	124.03	20.12	126.68	20.26	125.83	19.96	125.25	19.73
高等教育										
非学位课程②										
男	22.48	3.69	22.83	3.70	24.18	3.87	24.89	3.95	24.82	3.91
女	22.51	3.69	22.68	3.68	23.26	3.72	24.39	3.87	24.79	3.90
学位课程③										
男	57.39	9.42	61.05	9.90	63.55	10.16	67.17	10.65	69.68	10.97
女	55.13	9.05	58.53	9.49	62.06	9.92	66.10	10.48	69.96	11.02

注：数字是根据每年1月至12月进行的“综合住户统计调查”结果，以及由政府统计处与跨部门人口分布推算小组共同编制按区议会分区划分年中人口估计数字而编制。“综合住户统计调查”涵盖全港陆上非住院人口，因而并不包括公共机构/社团院舍的住院人士及水上居民。
① 包括所有幼儿园及幼儿中心班级。
② 包括所有在香港或以外地区学院的证书、文凭、高级证书、高级文凭、专业文凭及其它同等程度的高等教育课程。
③ 包括所有在香港或以外地区学院的学士学位、研究生修课及专题研究课程。

10-1-18 研究及发展经费支出及人员情况

年 份	研究及发展经费支出(百万港元)			研究及发展人员数目①（人）			
	总计	资本支出	经常支出	总计	研究人员	技术人员	其他辅助人员
2000	6218	496	5722	9802	7728	1374	699
2005	10922	2228	8694	22054	18024	2346	1683
2008	12293	914	11379	22005	18450	2286	1269
2009	12833	813	12020	23281	19283	2463	1535
2010	13313	899	12414	24060	20582	2159	1319
2011	13945	1009	12935	24460	20381	2462	1617
2012	14816	1152	13664	25264	21236	2779	1249
2013	15613	1054	14559	26045	22466	2080	1499

注：① 研发人员的数目是以“相当于全日制的人数”计算。

10-1-19 香港国际收支平衡表

单位：亿港元

标准组成部分①	2010	2011	2012	2013	2014
经常账户②	**1244**	**1075**	**322**	**322**	**422**
货物	256	-582	-1467	-2166	-2337
服务	788	1327	1698	2291	2347
初次收入	376	528	295	405	608
二次收入	-176	-198	-203	-209	-196
资本及金融账户②	**-888**	**-1132**	**-677**	**-863**	**-964**
资本账户	-44	-20	-14	-16	-8
直接投资	-1220	19	-1026	-503	-3059
证券投资	-4425	-110	-316	-3861	1571
金融衍生工具	187	209	152	547	1039
其他投资	5206	-362	2417	3549	882
储备资产③	-591	-868	-1889	-579	-1391
净误差及遗漏④	**-355**	**57**	**355**	**541**	**543**
整体的国际收支	**591**	**868**	**1889**	**579**	**1391**
	(盈余)	**(盈余)**	**(盈余)**	**(盈余)**	**(盈余)**

注：由于在2013年年中进行了一项技术性修订工作，货物出口、服务输入及输出数字已作出修订。

①根据国际收支平衡表的会计常规，某标准组成部分的净贷方数字以正数显示，而净借方则以负数显示。

②经常账户差额的正数值显示盈余而负数值则显示赤字。在资本及金融账户方面，正数值显示资金净流入而负数值则显示资金净流出。由于对外资产的增加是属于借方记账而减少则属贷方记账，因此负数值的储备资产显示储备资产的增加，而正数值则显示减少。

③在国际收支平衡架构下储备及非储备资产的估计数字是指交易数字。因估值方式改变(包括价格变动及汇率变动)及重新分类所导致的影响并没计算在内。

④原则上，贷方和借方各项记账的净总和等于零。实际上，由于有关数据是从多个来源搜集得来，贷方和借方记账之间可能由于各种原因而出现差异。为令贷方记账的总和与借方记账的总和相等，须加进一个反映净误差及遗漏的平衡项目。

10-1-20 香港国际投资头寸（期末头寸）

单位：亿港元

概括组成部分	2010	2011	2012	2013	2014
资产	**232300**	**240620**	**268580**	**291248**	**323416**
直接投资	80780	87677	98726	104835	123818
证券投资	72260	64125	76515	86936	90652
金融衍生工具	4569	5392	6615	5680	6234
其他投资	54717	62420	63420	69669	77237
储备资产	19973	21005	23305	24128	25475
负债	**180589**	**185391**	**212662**	**232478**	**259429**
直接投资	90388	91983	105090	113467	130790
证券投资	32185	27928	37435	40458	40607
金融衍生工具	3898	4774	6387	5121	5641
其他投资	54118	60706	63750	73432	82390
国际投资头寸净值①	**51711**	**55229**	**55918**	**58770**	**63988**

注：①国际投资头寸净值是对外金融资产总值与对外金融负债总值之间的差额。

10-1-21 外币兑换率及港汇指数

单位：每单位外币兑换港元

项　　目	2010	2011	2012	2013	2014
年内平均数字①					
澳元	7.15	8.04	8.03	7.50	7.00
加拿大元	7.54	7.87	7.76	7.53	7.03
人民币	1.1503	1.2069	1.2304	1.2635	1.2590
欧元	10.31	10.84	9.97	10.30	10.30
印度卢比	0.170	0.168	0.146	0.134	0.127
日元	0.0888	0.0978	0.0973	0.0796	0.0734
马来西亚林吉特	2.42	2.55	2.51	2.46	2.37
新台币	0.255	0.274	0.268	0.269	0.263
菲律宾比索	0.175	0.177	0.186	0.185	0.179
英镑	12.01	12.48	12.29	12.13	12.78
韩圆	0.0067	0.0070	0.0069	0.0071	0.0074
新加坡元	5.71	6.20	6.21	6.20	6.12
瑞士法郎	7.47	8.82	8.27	8.37	8.48
泰铢	0.245	0.256	0.250	0.253	0.239
美元	7.769	7.784	7.756	7.756	7.754
特别提款权	11.85099	12.29413	11.87800	11.78501	11.78779
港汇指数(2010年1月=100)②					
贸易总值(进口及整体出口)加权	99.5	94.6	94.9	94.9	96.0
进口货值加权	99.2	93.9	94.2	94.7	96.0
整体出口货值加权③	99.8	95.4	95.6	95.1	95.9
年底数字④					
澳元	7.92	7.94	8.05	6.92	6.35
加拿大元	7.78	7.60	7.80	7.29	6.68
人民币	1.1816	1.2325	1.2460	1.2800	1.2479
欧元	10.39	10.06	10.22	10.70	9.43
印度卢比	0.173	0.147	0.142	0.126	0.125
日元	0.0956	0.1009	0.0901	0.0739	0.0648
马来西亚林吉特	2.52	2.45	2.53	2.36	2.22
新台币	0.275	0.264	0.272	0.267	0.252
菲律宾比索	0.178	0.180	0.191	0.178	0.178
英镑	12.04	12.06	12.51	12.78	12.06
韩圆	0.0069	0.0067	0.0073	0.0073	0.0071
新加坡元	6.06	5.99	6.34	6.13	5.86
瑞士法郎	8.31	8.28	8.47	8.73	7.84
泰铢	0.259	0.247	0.254	0.236	0.236
美元	7.775	7.766	7.751	7.754	7.756
特别提款权	11.98913	11.92751	11.91420	11.94116	11.23697
港汇指数(2010年1月=100)②					
贸易总值(进口及整体出口)加权	96.3	94.9	94.2	94.8	99.0
进口货值加权	95.6	94.3	93.7	94.9	99.4
整体出口货值加权③	97.2	95.5	94.9	94.7	98.5

注：《中华人民共和国香港特别行政区基本法》说明，港元是香港特别行政区的法定货币。外币指港元以外的其他货币，因而人民币亦视作外币。

①数字是指年内每日电汇或现钞收市中间兑换价的平均值。

②由2012年1月3日起公布的新系列。

③包括转口和港产品出口。

④数字是该年最后一个交易日的电汇或现钞收市中间兑换价。

10-1-22 货币供应量(年底数字)

单位：亿港元

项　　目	2010	2011	2012	2013	2014
法定纸币及硬币的流通量					
由商业银行发行	2267.05	2598.15	2916.75	3293.25	3421.65
由政府发行	91.82	101.83	102.50	108.91	113.45
总计	2358.87	2699.98	3019.25	3402.16	3535.10
由认可机构持有的法定纸币及硬币	170.81	216.96	200.60	263.37	234.24
由公众持有的法定纸币及硬币	2188.06	2483.02	2818.65	3138.79	3300.86
货币供应量：就外币掉期存款作出调整					
货币供应量 M_1					
港元	7300.93	7947.26	9209.20	10003.44	11166.75
外币	2871.34	3325.93	4564.39	5105.52	5908.77
总计	10172.27	11273.20	13773.59	15108.95	17075.52
货币供应量 M_2					
港元①	38667.88	40462.16	45373.84	47951.30	52258.01
外币②	32694.83	40113.14	44126.21	52613.07	57863.29
总计	71362.71	80575.30	89500.05	100564.37	110121.30
货币供应量 M_3					
港元①	38781.93	40554.04	45455.90	48060.12	52362.15
外币②	32780.67	40256.75	44248.07	52792.31	58134.87
总计	71562.60	80810.79	89703.96	100852.43	110497.02
货币供应量：未就外币掉期存款作出调整					
货币供应量 M_2					
港元	38665.67	40458.82	45371.30	47949.40	52256.82
外币	32697.04	40116.47	44128.75	52614.97	57864.48
总计	71362.71	80575.30	89500.05	100564.37	110121.30
货币供应量 M_3					
港元	38779.72	40550.71	45453.36	48058.22	52360.97
外币	32782.88	40260.09	44250.61	52794.21	58136.05
总计	71562.60	80810.79	89703.96	100852.43	110497.02

注：《中华人民共和国香港特别行政区基本法》说明，港元是香港特别行政区的法定货币。外币指港元以外的其他货币，因而人民币亦视作外币。
①所列数字已包括外币掉期存款。
②所列数字已扣除外币掉期存款。

10-1-23 股票价格指数、证券交易成交额及市场总值

项　　目	2010	2011	2012	2013	2014
香港上市①					
主板					
股票价格指数					
恒生指数②（1964年7月31日=100）					
最高	24988.6	24468.6	22718.8	24111.6	25363.0
最低	18971.5	16170.4	18056.4	19426.4	21137.6
收市	23035.5	18434.4	22656.9	23306.4	23605.0
分类指数					
(1984年1月13日=975.47)					
金融					
最高	37707.7	35843.9	31400.5	33930.2	34398.4
最低	28778.5	21253.7	24529.0	27524.7	28180.4
收市	33789.2	24903.0	31231.6	32225.4	33903.5
公用事业					
最高	43624.1	49317.8	52920.1	58399.8	56506.1
最低	35796.8	40531.1	43428.5	47185.8	44758.8
收市	41748.9	45400.9	51797.8	48375.9	54559.0
地产					
最高	33816.1	32369.5	31905.9	34485.1	32723.0
最低	23817.2	19362.7	22215.3	26407.3	25381.3
收市	29980.3	22812.2	31383.1	28504.9	30545.5
工商业					
最高	13611.3	13985.9	13163.7	14340.0	15801.4
最低	10167.5	9923.2	10816.5	10761.6	12665.7
收市	12974.4	11126.7	13136.2	14026.7	13221.3
恒生综合指数					
(2000年1月3日=2 000)					
最高	3519.3	3435.5	3116.6	3359.8	3460.9
最低	2621.3	2182.4	2491.0	2659.9	2958.3
收市	3248.2	2546.6	3113.1	3260.7	3267.3
恒生中国企业指数③					
(2000年1月3日=2 000)					
最高	14219.5	13770.7	11916.1	12354.2	12115.0
最低	10726.5	8058.6	8987.8	8640.9	9159.8
收市	12692.4	9936.5	11436.2	10816.1	11984.7
恒生香港中资企业指数					
(2000年1月3日=2 000)					
最高	4486.6	4460.4	4553.0	4773.7	4956.4
最低	3498.5	3079.3	3545.4	3661.7	3927.0
收市	4170.2	3682.2	4531.1	4553.6	4350.0
主板					
成交金额（亿港元）	170764.1	170911.2	132675.1	151857.9	169902.7
市场总值④(亿港元)	209422.8	174526.7	218717.3	239088.0	248924.2
创业板					
成交金额（亿港元）	1336.7	629.6	335.4	788.4	1654.6
市场总值④(亿港元)	1346.7	845.9	784.0	1340.0	1794.1

注：对于最高和最低指数，恒生指数有限公司是根据期内每日即市指数编制。
①恒生指数系列已于2010年3月8日重整，并按指数成份股的上市地域分类为香港上市、跨市场及内地上市。
②恒生指数采用流通市值加权法计算。每只成分股的比重上限设定由15%逐步降低至10%。此改变由2014年9月5日收市后会在12个月内通过五轮指数调整。
③H股指数采用流通市值加权法计算，并为每只成份股的比重上限设定为10%。
④年底数字。

10-1-24 按种类划分的日均产生的固体废物量

单位：吨(每日计)

种 类	2009	2010	2011	2012	2013
于堆填区弃置的固体废物					
都市固体废物①					
家居废物②	6 015	6 135	5 973	6 286	6 359
商业废物③	2 319	2 352	2 360	2 260	2 408
工业废物④	629	627	663	732	780
小计	8 963	9 114	8 996	9 278	9 547
整体建筑废物①⑤	3 121	3 584	3 331	3 440	3 591
特殊废物⑥	1 243	1 119	1 131	1 127	1 173
总计	**13 326**	**13 817**	**13 458**	**13 844**	**14 311**
弃置及回收的都市固体废物	6 450	6 930	6 300	5 559	5 494

注：①都市固体废物包括运往弃置设施的家居废物、商业废物及工业废物，但不包括建筑废物及已回收都市固体废物。
②家居废物包括使用后的住宅固体废物，以及由公共洁净服务收集的废物。
③商业废物包括所有类型的商业活动产生的固体废物。
④工业废物包括由工业活动产生的固体废物，但不包括化学废物及建筑废料。自2007年开始，运往堆填区处置并包括在工业废物类别的废弃混凝土已被重新归类于整体建筑废物，有关的数量已从工业废物类别中扣除。
⑤建筑废物包括由建筑及拆卸活动所产生的废物，但不包括可运往公众填土区作填海用途的物料。在堆填区弃置的整体建筑废物包括来自建筑地盘的建筑废物，以及在建筑地盘以外设立的混凝土配料厂和水泥/砂浆生产厂所产生的废弃混凝土。
⑥特殊废物包括弃置于堆填区的动物尸体、屠房废物、报废货物、滤水厂及污水处理后的污泥、污水处理厂的隔滤物、禽畜废物、医疗废物及化学废物。

【主要统计指标解释】

年中人口 是以“居住人口”方法编制，利用“居住人口”方法所编制的人口估计称为“居港人口”。“居港人口”包括“常住居民”和“流动居民”。“常住居民”指两类人士:（a）在统计时点之前的6个月内，在港逗留最少3个月，又或在统计时点之后的6个月内，在港逗留最少3个月的香港永久性居民，不论在统计时点他们是否身在香港；及（b）在统计时点身在香港的香港非永久性居民。至于“流动居民”，是指在统计时点之前的6个月内，在港逗留最少一个月但少于3个月，又或在统计时点之后的6个月内，在港逗留最少1个月但少于3个月的香港永久性居民，不论在统计时点他们是否身在香港。根据新的编制方法，旅客并不包括在香港人口内。

粗出生率 是指某一年内的活产婴儿数目相对该年年中每千名人口的比率。

粗死亡率 是指某一年内的死亡人数相对该年年中每千名人口的比率。

婴儿死亡率 是指某一年内一岁以下婴儿死亡人数相对该年每千名活产婴儿的比率。

劳动人口 是指15岁及以上陆上非住院人口，并符合就业人口或失业人口定义的人士。

劳动人口参与率 是指劳动人口占所有15岁及以上陆上非住院人口的比例。

就业人口 包括在统计前7天内有做工赚取薪酬或利润或有一份正式工作的15岁及以上人士。无酬家庭从业人员及在统计前7天内正休假的就业人士亦包括在内。

失业率 是指失业人士在劳动人口中所占的比例。

本地生产总值 是指一个经济体的所有居民生产单位，在一个指定的期间内(一般是1年或1季)，未扣除固定资本消耗的生产总值。

人均本地生产总值 是指把该经济体在某统计年的本地生产总值除以该经济体在同年的人口总数所得的数字。

本地居民总收入指一个经济体的居民透过从事各项经济活动而赚取的总收入，不论该等经济活动是否在该经济体的经济领域内或外进行。换言之，编制本地居民总收入应包括本地居民在该经济领域内或外从事各类经济活动的收入，并扣除非本地居民在该经济领域内从事经济活动的收入。本地居民总收入的计算方法如下：

本地居民总收入

= 本地生产总值 + 对外初次收入流量净值

= 本地生产总值 + 本地居民从经济领域外所赚取

的初次收入 - 非本地居民从经济领域内所赚取

的初次收入

初次收入 包括投资收益及雇员报酬。投资收益包括:直接投资收益、证券投资收益、其它投资收益及储备资产收益。

人均本地居民总收入 指把该经济体在某统计年的本地居民总收入除以该经济体在同年的人口总数所得的数字。

国际收支平衡 是一项统计报表，有系统地撮录在一个指定期间内（一般是1年或1季）某经济体与世界各地之间（即居民与非居民之间）进行的经济交易。完整的国际收支平衡表包括两大账户：(a)经常账户；及(b)资本及金融账户。

经常账户 量度居民与非居民之间关于货物、服务、初次收入和二次收入的流量。

货物 在国际收支平衡表内经常账户的货物主要包括一般商品、转手商贸活动下的货物净出口及非货币黄金。

服务 在国际收支平衡表内经常账户的服务主要包括运输服务、旅游服务、保险和退休金服务、金融服务、制造服务及其他服务。

初次收入账户 显示应收及应付的外地款额，作为向非居民提供／从非居民获得可予使用的劳动力、金融资源或自然资源的回报。在国际收支平衡经常账户内初次收入的概念及定义，与本地居民总收入的对外初次收入流量是相同的。

二次收入账户 记录居民与非居民之间的经常转移。经常转移指提供可能即时或短时间内被耗用的实质或金融资源而无同等经济价值作回报的交易。经常转移属单向性质，在国际收支平衡表内是一项用以抵销单边交易的记账。例子包括职工汇款、捐款、官方援助及退休金。

资本账户 量度有关资本转移及非生产、非金融资产（如商标和品牌）的获得和处置的对外交易。资本转移的例子包括债权人减免债务，和涉及获得或处置固定资产的现金转移。

金融账户 记录居民与非居民之间关于金融资产及负债的交易，显示某经济体的对外交易是如何融资的。金融账户内的交易按功能(即投资目的)归类为直接投资、证券投资、金融衍生工具、其它投资及储备资产。

直接投资 指某经济体的投资者对另一经济体内的企业所作的对外投资，并对该企业拥有持久利益及在其管理上具有相当程度的影响力或话语权。就统计计算而言，若投资者持有某企业10%或以上的表决权，便视作对该企业的管理具话语权。

证券投资 指对非本地股权证券及债务证券（如中长期债券、货币市场工具）所作的投资，直接投资或储备资产所包括的投资除外。与直接投资者相比，投资在非本地企业所发行的股权证券及债务证券的证券投资者，在该等企业并无持久利益或在管理方面没有影响力。凡持有一间企业不足10%的表决权均视为证券投资。

金融衍生工具 是一种与某个特定的金融工具、指标或商品挂钩的金融工具，使特定的金融风险本身能透过这种工具在金融市场进行交易。金融衍生工具包括期权类合约（如认股权证和期权）及远期类合约（如期货、利率掉期、货币掉期、远期利率协议、远期外汇合约）。

其他投资 指对非居民的其他金融申索和负债，但不属直接投资、证券投资、金融衍生工具或储备资产。其他投资包括不可转让的贷款、货币和存款、贸易信贷和预付款，以及其他资产／负债。

储备资产 是由一个经济体的金融当局（就香港而言，即香港金融管理局）控制的对外资产，并随时可供金融当局用来应付国际收支平衡的财务需要、干预外汇市场以调节该经济体的货币汇率，以及用作其他相关目的（如维持大众对货币及经济的信心，及作为向外地借贷的基础）。

国际投资头寸 是显示一个经济体在某特定时点的对外金融资产及负债存量的资产负债表。对外金融资产及负债的差额即为该经济体的国际投资头寸净值，代表其对世界各地的净申索或净负债。国际投资头寸与国际收支平衡的金融账户完全协调，同样也按投资类别分类。资产和负债分类为直接投资、证券投资、金融衍生工具及其他投资。国际投资头寸的资产方还包括储备资产。有关投资组成部分的详细解释，请参阅国际收支平衡表内金融账户组成部分的解释。

国际投资头寸净值 是对外金融资产总值与对外金融负债总值之间的差额。

工业生产指数 量度本地工业生产量的实际变动，即撇除价格变动因素后的本地生产量的变动情况。

实用楼面面积 指各层楼面面积总和，但不包括楼梯、公共通道空间、升降机等候处、盥洗室、厕所、厨房、及为楼宇提供升降机、空调系统、或类似设施而安装的机械所占用的空间。

获批准可动工兴建楼宇 是指获屋宇署签发“同意书”动工兴建的楼宇。这种“同意书”是发给私人发展计划（包括香港房屋协会的计划）及香港房屋委员会的私人机构参建居屋计划。

初次呈交 就一项建筑工程初次呈交建筑事务监督要求批准的图则。

重大修改 指经过大规模修改的建筑图则，而这些图则必须从根本上接受重新评估。

自置住房住户 是指住户拥有其居住屋宇单位的业权。

进口货物 是指在香港以外出产或制成的货物，输入香港供本地使用或转口，以及再进口的香港产品。其货值是以到岸价值计算。

港产品出口货物 是指香港的天然产品或在香港经过制造工序，以致其基本原料的形状、性质、式样或用途受到永久改变的产品。如果产品在香港只进行简单的稀释、包装、入樽、烘干、简单装配、分类、装饰等过程，则该产品并不能以香港作为来源地。其货值是以离岸价值计算。

转口货物 是指输出曾经自外地输入香港的货物，而这些货物并没有在香港经过任何制造工序，以致永久改变其形状、性质、式样或用途。其货值是以离岸价值计算。

直接投资 指某经济体的投资者对另一经济体内的企业所作的对外投资，并对该企业拥有持久利益及在其管理上具有相当程度的影响力或话语权。就统计计算而言，若投资者持有某企业10%或以上的表决权，便视作对该企业的管理具话语权。直接投资包括股权及投资基金份额，以及债务工具。股权及投资基金份额包括所持有的分行股本、附属公司及联营公司的股票、投资基金份额，以及收益再投资（即投资者应得但有关企业的分行、附属公司、联营公司或投资基金没有分发的利润）。债务工具主要涉及公司之间的债务交易，包括母公司与其分行、附属公司及联营公司之间的短期及长期借贷。

外商直接投资 指境外居民持有香港居民企业的直接投资。跨国企业在香港营运的分行或附属公司，是外商直接投资的典型例子。

对外直接投资 指香港居民投资者持有境外企业的直接投资。

直接投资头寸 指某一特定日子香港居民在境外投资的价值或接受外来投资的价值。

直接投资流动 指某一时段内香港居民于境外投资或接受外来投资的投入或撤走。

贷款基金 提供资金予如房屋贷款和教育贷款等贷款计划。基金收入主要来自政府一般收入帐目转拨的款项、偿还的贷款及贷款利息。

港汇指数 是量度港元相对其他主要贸易伙伴的货币汇率变动加权平均值的指数，作为反映港元相对各种选定货币强弱的整体指标。由2012年1月3日起公布的新系列港汇指数已取代旧港汇指数系列。新系列指数是以2010年1月为基期及包括15种货币(印度卢比亦被纳入新系列指数中)。

外币兑换率 指外币兑港元的电汇或现钞收市中间兑换价。

认可机构 包括持牌银行、有限制牌照银行及接受存款公司。持牌银行可接受任何金额及期限的存款。随着撤销利率限制的最后阶段在2001年7月3日生效，各类存款利率再无任何限制。至于有限制牌照银行，它们可接受金额不少于港币50万元的任何期限的定期存款。接受存款公司则可接受金额不少于港币10万元而期限不少于3个月的定期存款。有限制牌照银行及接受存款公司均无任何存款利率限制。

外币掉期存款 是指顾客在现货市场购买外币，然后存入认可机构，但同时订下远期合约，将该笔外币（本金加利息）在存款到期时售予认可机构。从分析角度来看，这类掉期存款应当作港元定期存款。

货币供应量（M_1） 是指市民持有的法定纸币和硬币加上持牌银行的客户活期存款。

货币供应量（M_2） 是指货币供应量M_1所包括的项目，加上持牌银行的客户储蓄及定期存款，再加上持牌银行发行而由非认可机构持有的可转让存款证。

货币供应量（M_3） 是指货币供应量M_2所包括的各项，加上有限制牌照银行及接受存款公司客户的存款，再加上以上两类认可机构发行而由非认可机构持有的可转让存款证。

恒生指数 是以流通市值加权法计算，每只成分股的比重上限设定由15%逐步降低至10%。此改变由2014年9月5日收市后，会在12个月内通过五轮指数调整。该指数内的五十只成份股划分为四个行业类别指数，包括工商、金融、地产及公用事业，其涵盖市值占香港联合交易所主板所有上市股份总市值大约百分之六十。

消费物价指数 量度住户一般所购买的消费商品和服务的价格水平随时间而变动的情况。消费物价指数的按年变动率被广泛地用作反映消费者所面对的通货膨胀的指标。不同的消费物价指数数列反映消费物价转变对不同开支组别的住户的影响。甲类、乙类及丙类消费物价指数分别根据较低、中等及较高开支范围的住户的开支模式编制而成。综合消费物价指数是根据以上所有住户的整体开支模式而编制，反映消费物价转变对整体住户的影响。每个项目的开支权数，是其在住户总开支中所占的比重。开支权数是根据住户开支统计调查的结果而制订的。并会每隔五年更新一次，以确保相应的消费物价指数能准确地反映不同开支范围住户的最新开支模式。

教育程度 是指某人在学校或其它教育机构修读达到的最高教育水平，不论他／她有否完成该课程。计算教育程度时，只包括正式课程，即须最少为期一个学年，入学须具备指定的学历资格（香港公开大学的非学位、副学位、学位及研究生课程除外），以及设有考试或指定评核成绩的程序。

社会保障计划 旨在帮助社会上需要经济或物质援助的人士，应付基本及特别需要。这个无须供款的社会保障制度，包括综合社会保障援助计划、公共福利金计划、暴力及执法伤亡赔偿计划、交通意外伤亡援助计划和紧急救济。

综合社会保障援助计划 是以入息补助方法，为那些在经济上无法自给的人士提供安全网，使他们的入息达到一定水平，以应付生活上的基本需要。申请人必须符合居港规定及通过入息及资产审查。

公共福利金计划 包括普通伤残津贴、高额伤残津贴、高龄津贴、长者生活津贴及广东计划。高龄津贴及伤残津贴其目的分别是为年龄在70岁或以上或严重残疾的香港居民，每月提供现金津贴，以应付因年老或严重残疾而引致的特别需要。至于在 2013年4月起实施的长者生活津贴，旨在为年龄在65岁或以上有经济需要的香港居民，每月提供特别津贴，以补助他们的生活开支。广东计划由2013年10月起实施。

交通意外伤亡援助计划 的目的是向道路交通意外受害人，或这些人士的受养人（如受害人因伤死亡）迅速提供经济援助，而无须考虑计划受惠人的经济状况，或有关交通意外是因谁人的过失而造成。援助金按意外受害人的伤亡情况支付；至于财物损失，则不在援助范围内。

10 港澳台第三产业情况

10-2　澳门第三产业情况

简要说明

一、本章资料反映澳门特别行政区主要社会、经济发展情况。内容包括：土地、人口、就业、国民经济核算、工业、能源、建筑、交通通讯、对外贸易、财政金融、物价、教育、卫生、房屋、社会保障等方面。

二、本章由澳门特别行政区政府统计暨普查局提供所有数据，国家统计局国际统计信息中心负责整理、编辑。

三、在统计工作方面，按中华人民共和国“澳门特别行政区基本法”的有关原则，澳门特别行政区保留其单独运作的统计系统，并负责编制和发布反映澳门特别行政区情况的统计数据。由于澳门和内地在使用统计名词及概念方面会有所不同，读者在比较两地数据时，请参考本章末的“主要统计指标解释”。

四、澳门特别行政区是单独的关税地区，澳门与内地之间的贸易，亦需办理进出口报关。在贸易统计方面，澳门特别行政区对外商品贸易统计数据亦包括澳门特别行政区与内地的贸易。

五、在外汇统计及与之有关的各方面，澳门元是澳门特别行政区的法定货币，因此，除澳门元以外的货币（包括人民币）均视作外币。

六、更详细的统计资料及有关的技术细节，可参阅澳门特别行政区政府统计暨普查局出版的《统计月刊》、《统计年鉴》及各专题统计出版物。

七、本章节表中的符号使用说明：“o”表示数据小于本表最小单位半数，“#”表示保密资料；“…”表示不适用。

10-2-1 主要统计指标概况

项目		2010	2011	2012	2013	2014
人口及生命统计						
年中人口	(万人)	53.7	55.0	56.8	59.2	62.2
出生率	(‰)	9.5	10.6	12.9	11.1	11.8
死亡率	(‰)	3.3	3.4	3.2	3.2	3.1
婴儿死亡率	(‰)	2.9	2.9	2.5	2.0	2.0
(按每千名出生登记活产婴儿计算)						
劳动、就业						
劳动人口	(万人)	32.4	33.6	35.0	36.8	39.5
劳动力参与率	(%)	72.0	72.5	72.4	72.7	73.8
失业率	(%)	2.8	2.6	2.0	1.8	1.7
就业不足率	(%)	1.7	1.1	0.8	0.6	0.4
就业人口	(万人)	31.5	32.8	34.3	36.1	38.8
建筑业		2.7	2.8	3.2	3.5	5.3
批发及零售业		4.1	4.3	4.2	4.5	4.5
酒店及饮食业		4.3	4.6	5.3	5.4	5.5
文娱博彩及其他服务业		7.5	8.2	9.0	9.3	9.4
对外商品贸易	**(亿澳门元)**					
出口		70	70	82	91	99
本地产品出口		24	24	23	20	20
再出口		46	46	59	71	79
进口		441	623	709	810	900
贸易价格比率	(2011=100)	99.3	100.0	97.7	97.6	97.1
工业生产						
工业电力消耗量	(亿千瓦小时)	1.6	1.7	1.5	1.5	1.6
私人建筑						
新建楼宇						
单位数目	(个)	4527	1387	2558	1316	3001
总建筑面积	(万平方米)	127	116	157	56	44
新动工楼宇						
单位数目	(个)	870	2159	1592	2241	1900
总建筑面积	(万平方米)	18	37	30	240	224
楼宇单位买卖数目	(个)	29617	27624	25419	19237	13230
不动产买卖契约数目	(宗)	12707	10935	12339	10527	10279
不动产按揭贷款数目	(宗)	15127	14447	16427	17093	32193
运输、通讯、旅游	**(万次)**					
进出澳门重型货运车		35.8	33.4	32.5	31.1	35.7
进出澳门的客船班		14.7	14.6	14.0	13.8	14.1
澳门国际机场的商业航班		3.5	3.5	3.9	4.5	4.8
登记车辆	(万辆)	19.7	20.6	21.7	22.8	24.0
电话线	(万条)	129.1	152.0	177.6	188.1	210.0
入境旅客	(万人次)	2497	2800	2808	2932	3153
酒店入住率	(%)	80	84	84	83	86
财政收支、货币、金融(亿澳门元)						
财政总收入		885	1230	1450	1759	1619
财政总支出		384	456	540	514	671
货币供应(广义货币供应量M2)						
总计		2431	2980	3749	4414	4875
澳门元		680	773	909	1064	1245
港元		1328	1623	2094	2354	2472
其他货币		422	583	746	995	1157
本地/私人部门贷款及垫款		1268	1616	1897	2517	3346

10-2-1 续表

项　　目		2010	2011	2012	2013	2014
消费物价指数						
（2013年10月至2014年9月=100）						
综合消费价格指数		80.50	85.17	90.37	95.35	101.11
甲类消费价格指数		79.56	83.94	89.32	94.76	100.99
乙类消费价格指数		79.87	84.65	89.99	94.83	100.42
房屋（期末）						
公共房屋	（套）	8174	8376	8267	12221	11344
教育	**（人）**					
幼儿教育学生		10804	11787	12669	13395	14552
小学生		23785	22646	22231	22862	24252
中学生		37224	35726	33921	32054	30088
高等教育学生		25539	26217	27776	29521	30771
医疗						
医生	（人）	1330	1438	1482	1514	1592
护士	（人）	1536	1606	1751	1854	1990
病床	（张）	1173	1222	1354	1366	1421
社会保障						
受益人数目	（人）	276348	337115	343634	348478	355679
供款单位数目	（人）	34294	19373	19885	20842	22339
总发放援助次数	（万次）	52.3	60.7	88.2	125.2	161.7
总发放金额	（万澳门元）	74840	110225	130563	219689	261171
治安						
罪案数目	（宗）	11649	12512	12685	13685	14016
囚犯数目	（期末）	929	1030	1112	1154	1205
本地生产总值						
按以环比物量(2013年)计算						
实际增长率	(%)	27.5	21.3	9.2	10.7	-0.4
本地生产总值	（亿澳门元）	2797.9	3393.6	3704.8	4099.6	4085.1
人均本地生产总值	（万澳门元）	52.1	61.8	65.1	69.2	65.8
当年价格						
名义增长率	(%)	33.4	29.4	16.9	19.3	8.1
本地生产总值	（亿澳门元）	2269.4	2937.4	3435.0	4099.6	4433.0
人均本地生产总值	（万澳门元）	42.3	53.5	60.4	69.2	71.4

10-2-2 本地生产总值(当年价格)

年　份	本地生产总值		实际增长率(%)	人均本地生产总值	
	(亿澳门元)	(亿美元)		(澳门元)	(美元)
1992	386.2	48.4	13.3	104122	13060
1993	443.4	55.6	5.2	115464	14491
1994	494.2	62.1	4.3	124558	15648
1995	554.2	69.5	3.3	135392	16992
1996	563.1	70.7	-0.4	135657	17029
1997	565.6	70.9	-0.3	135547	16997
1998	525.6	65.9	-4.6	124462	15599
1999	502.7	62.9	-2.4	117620	14718
2000	516.3	64.3	5.7	119911	14940
2001	523.3	65.1	2.9	120555	15007
2002	563.0	70.1	8.9	128433	15987
2003	635.8	79.3	12.6	142854	17809
2004	822.9	102.6	26.9	180108	22450
2005	944.7	117.9	8.6	198406	24767
2006	1165.7	145.7	14.4	234123	29263
2007	1450.8	180.5	14.3	278539	34661
2008	1662.7	207.3	3.4	307917	38391
2009	1701.7	213.1	1.7	317575	39775
2010	2269.4	283.6	27.5	422657	52818
2011	2937.4	366.3	21.3	534734	66687
2012	3435.0	429.9	9.2	603641	75551
2013	4099.6	513.1	10.7	691578	86564
2014	4433.0	555.0	-0.4	713514	89333

10-2-3 支出法本地生产总值

单位：亿澳门元

本地生产总值组成部分	2010	2011	2012	2013	2014
按当年价格计算					
私人消费支出	511.0	604.3	689.4	774.9	859.8
政府最终消费支出	183.8	209.5	238.0	267.4	313.3
固定资本形成总额	283.6	365.6	467.0	548.2	815.4
存货增加	17.4	42.8	39.0	29.7	32.9
货物出口	83.2	90.2	118.4	126.9	152.0
减:货物进口	520.3	715.2	824.8	981.3	1133.9
服务出口	2321.2	3194.8	3624.3	4283.5	4242.4
减:服务进口	610.5	854.7	916.2	949.7	848.9
本地生产总值	**2269.4**	**2937.4**	**3435.0**	**4099.6**	**4433.0**
人均本地生产总值 （澳门元）	**422657**	**534734**	**603641**	**691578**	**713514**
以环比物量(2013年)计算					
私人消费支出	602.7	669.1	727.0	774.9	820.4
政府最终消费支出	226.5	239.6	254.5	267.4	286.4
固定资本形成总额	359.1	419.9	503.3	548.2	740.9
存货增加	18.9	43.1	38.6	29.7	32.9
货物出口	91.0	90.5	117.8	126.9	153.2
减:货物进口	573.3	729.8	820.1	981.3	1145.2
服务出口	2775.8	3594.7	3829.3	4283.5	4015.4
减:服务进口	708.3	936.2	948.6	949.7	818.8
本地生产总值	**2797.9**	**3393.6**	**3704.8**	**4099.6**	**4085.1**
人均本地生产总值 （澳门元）	**521088**	**617779**	**651048**	**691578**	**657520**

10-2-4 生产法本地生产总值

单位：亿澳门元

经济活动	2008	2009	2010	2011	2012	2013
第二产业	**106.0**	**125.6**	**108.2**	**121.1**	**137.2**	**151.4**
采矿业	0.1	o	o	0.1	0.2	o
制造业	30.0	16.9	12.4	12.9	15.5	16.1
电力、煤气及水供应	13.3	14.6	15.5	15.9	17.4	18.8
建筑业	62.6	94.0	80.2	92.1	104.1	116.6
第三产业	**592.9**	**1028.2**	**1371.2**	**1750.6**	**2050.3**	**2509.0**
批发零售、维修、酒店、餐厅及酒楼业	75.6	162.1	218.8	285.4	339.1	400.5
运输、仓储及通信业	33.4	41.3	53.6	61.4	65.9	72.6
金融保险、不动产、租赁及商业服务	157.9	273.6	283.8	328.6	388.6	520.0
公共行政、社会服务及个人服务（包括博彩业）	325.9	551.1	814.9	1075.1	1256.6	1515.9
生产法本地生产总值（基本价格）	**698.9**	**1153.8**	**1479.3**	**1871.6**	**2187.4**	**2660.4**
加产品税	**193.2**	**471.2**	**730.7**	**1060.5**	**1217.7**	**1439.8**
生产法本地生产总值（市场价格）	**892.1**	**1625.0**	**2210.1**	**2932.2**	**3405.2**	**4100.2**
支出法本地生产总值（市场价格）	**944.7**	**1701.7**	**2269.4**	**2937.4**	**3435.0**	**4099.6**
统计差异(%)	**-5.6**	**-4.5**	**-2.6**	**o**	**o**	**o**

10-2-5 生产法本地生产总值结构

单位：%

经济活动	2008	2009	2010	2011	2012	2013
第二产业	**17.2**	**10.9**	**7.3**	**6.5**	**6.3**	**5.7**
采矿业	o	o	o	o	o	o
制造业	2.1	1.5	0.8	0.7	0.7	0.6
电力、煤气及水供应业	1.2	1.3	1.0	0.8	0.8	0.7
建筑业	14.0	8.1	5.4	4.9	4.8	4.4
第三产业	**82.8**	**89.1**	**92.7**	**93.5**	**93.7**	**94.3**
批发零售、维修、酒店、餐厅及酒楼业	12.3	14.0	14.8	15.3	15.5	15.1
运输、仓库及通信业	3.4	3.6	3.6	3.3	3.0	2.7
金融、保险、不动产、租赁及商业服务	22.8	23.7	19.2	17.6	17.8	19.5
公共行政、社会服务及个人服务（包括博彩业）	44.2	47.8	55.1	57.4	57.4	57.0
以基本价格计算的本地生产总值	**100.0**	**100.0**	**100.0**	**100.0**	**100.0**	**100.0**

10-2-6 按行业划分的就业人口

单位：万人

行业	2010	2011	2012	2013	2014
总数	**31.48**	**32.76**	**34.32**	**36.10**	**38.81**
制造业	1.52	1.28	1.03	0.90	0.74
水电及气体生产供应业	0.09	0.13	0.15	0.15	0.11
建筑业	2.71	2.82	3.23	3.53	5.25
批发及零售业	4.14	4.34	4.23	4.47	4.52
酒店及饮食业	4.28	4.61	5.30	5.43	5.48
运输、仓储及通信业	1.82	1.60	1.60	1.59	1.92
金融业	0.73	0.81	0.82	0.93	1.07
不动产及工商服务业	2.75	2.80	2.43	2.76	3.04
公共行政及社保事务	2.14	2.30	2.51	2.57	2.55
教育	1.15	1.23	1.31	1.43	1.48
医疗卫生及社会福利	0.81	0.85	0.86	0.91	1.01
文娱博彩及其他服务业	7.54	8.20	8.95	9.34	9.40
家务工作	1.74	1.68	1.80	2.03	2.19
其他及不详	0.07	0.10	0.09	0.06	0.07

10-2-7 按行业划分的月工作收入中位数

单位：澳门元

行业	2010	2011	2012	2013	2014
总数	**9000**	**10000**	**11300**	**12000**	**13300**
制造业	5700	6500	7500	8500	9000
水电及气体生产供应业	16000	17500	16000	18000	21000
建筑业	9500	10100	11700	12000	13000
批发及零售业	7500	8000	9000	10000	10000
酒店及饮食业	7000	7500	8300	8800	10000
运输、仓储及通信业	8500	10000	11000	12300	13000
金融业	13000	12000	14000	16000	17000
不动产及工商服务业	6500	7000	8000	9000	9500
公共行政及社保事务	19500	20700	25000	27200	30000
教育	14000	15000	16000	19000	20000
医疗卫生及社会福利	10000	12000	15000	18200	16000
文娱博彩及其他服务业	12000	13000	14500	15300	17000
家务工作	2900	3000	3100	3400	3500

10-2-8 主要商品进出口总额及占本地生产总值比重

单位：亿澳门元

贸易种类	2010	2011	2012	2013	2014
商品进出口总额	**510.8**	**692.6**	**790.9**	**901.1**	**998.7**
出口	69.6	69.7	81.6	90.9	99.1
本地产品出口	23.9	23.9	22.8	20.1	20.2
再出口	45.7	45.8	58.7	70.8	78.9
进口	441.2	622.9	709.3	810.1	899.5
进出口差额	-371.6	-553.2	-627.7	-719.2	-800.4
出口/进口比率 (%)	15.8	11.2	11.5	11.2	11.0
占本地生产总值比重 (%)					
出口	3.1	2.4	2.4	2.2	2.2
本地产品出口	1.1	0.8	0.7	0.5	0.5
再出口	2.0	1.6	1.7	1.7	1.8
进口	19.4	21.2	20.6	19.8	20.3

10-2-9 按主要原产地和目的地划分的商品进出口

单位：亿澳门元

主要国家/地区	2010	2011	2012	2013	2014
进口（原产地）					
中国内地	137.2	191.2	232.0	264.1	298.4
中国香港	46.3	75.9	82.1	105.0	92.3
欧盟	99.6	155.1	166.5	187.9	218.5
日本	38.1	39.1	42.4	48.0	50.2
中国台湾	10.8	13.3	14.0	13.2	13.5
美国	26.2	37.3	36.8	40.8	58.6
出口（目的地）					
美国	7.8	5.6	5.1	3.6	2.9
欧盟	4.1	3.8	3.2	2.8	3.1
中国内地	11.0	11.0	13.7	16.1	15.5
中国香港	30.0	31.1	41.0	48.6	58.1

10-2-10 按标准国际贸易分类划分的商品进口和出口

单位：百万澳门元

标准国际贸易分类	2005			2010			2014		
	进口	出口	出进口比率(%)	进口	出口	出进口比率(%)	进口	出口	出进口比率(%)
总数	**31340**	**19823**	**63.3**	**44118**	**6960**	**15.8**	**89952**	**9915**	**11.0**
0 粮食及活动物	2012	67	3.3	4142	108	2.6	8935	192	2.1
1 饮料及烟叶	1863	256	13.7	3409	473	13.9	4423	667	15.1
2 除燃料外的非食用未加工材料	196	54	27.6	196	73	37.2	423	172	40.6
3 矿物燃料、润滑油及有关物质	3041	808	26.6	5285	#	#	7992	#	#
4 动物及植物油、脂肪及蜡	57	o	…	124	1	0.8	155	1	0.5
5 未列明的化学及有关产品	1514	183	12.1	3026	269	8.9	6708	601	9.0
6 主要按材料分类的制成品	8129	2716	33.4	3107	1011	32.5	6156	858	13.9
7 机械和运输设备	7839	1616	20.6	10473	1025	9.8	21265	2672	12.6
8 杂项制成品	6672	14124	211.7	14281	3182	22.3	33721	3364	10.0
9 未列入其他分类的货物及交易	17	o	…	75	#	#	174	#	#

10-2-11 按居住国家和地区划分的入境旅客人数

单位：万人次

居住国家和地区	2010	2011	2012	2013	2014
总数	**2496.5**	**2800.2**	**2808.2**	**2932.5**	**3152.6**
亚洲	2427.3	2728.7	2735.7	2860.9	3081.3
中国内地	1322.9	1616.3	1690.2	1863.2	2125.2
中国香港	746.6	758.3	708.1	676.6	642.7
中国台湾	129.3	121.5	107.2	100.1	95.4
日本	41.4	39.6	39.6r	29.1	29.9
马来西亚	33.8	32.5	30.2r	29.1	25.0
菲律宾	24.8	26.9	28.4r	27.4	26.3
韩国	33.2	39.9	44.5r	47.4	55.5
新加坡	25.7	28.1	20.6r	19.0	19.6
其他	69.7	65.8	66.9	68.9	61.7
美洲	29.7	31.1	30.7	28.9	28.6
欧洲	24.4	25.2	26.3	27.3	26.9
大洋洲	12.8	12.8	12.9	12.5	**12.2**
非洲及其他	2.3	2.5	2.7	2.9	3.5

10-2-12　按居住国家和地区划分的旅客人均消费

单位：澳门元

国家和地区	2000	2005	2010	2012	2013	2014
人均消费①	**1367**	**1523**	**1518**	**1864**	**2030**	**1958**
中国内地	2401	3078	2039	2385	2563	2354
中国香港	934	898	811	906	911	900
中国台湾	942	1336	677	1356	1517	1616
日本	1187	952	1394	1497	1637	1846
东南亚	1876	1458	1319	1405	1525	1627
欧洲	1117	824	1148	1109	1120	1212
美洲	1078	1317	1064	1086	1098	1253
大洋洲	1165	1042	1254	1268	1233	1418
其他	1425	996	1581	1501	1355	1474
非购物消费①	**754**	**851**	**745**	**950**	**1033**	**1005**
中国内地	839	1221	749	1008	1113	1037
中国香港	730	689	656	739	749	756
中国台湾	605	895	495	960	1102	1216
日本	481	670	1240	1338	1496	1636
东南亚	1450	948	951	1025	1145	1250
欧洲	864	691	1011	1010	994	1065
美洲	838	1038	878	927	926	1058
大洋洲	919	800	1022	1087	1063	1210
其他	1129	754	1311	1304	1179	1284
购物消费	**612**	**672**	**773**	**914**	**998**	**953**
中国内地	1561	1856	1290	1377	1450	1317
中国香港	204	209	155	167	162	144
中国台湾	336	441	182	396	415	400
日本	706	282	154	159	140	210
东南亚	426	509	369	380	380	377
欧洲	252	132	136	99	126	147
美洲	240	279	185	159	172	195
大洋洲	246	242	232	181	170	208
其他	296	242	270	197	176	190

注：①不包括博彩消费。自2010年开始，旅客消费是经统计推算的结果，而前期的为样本值。

10-2-13 零售业销售额

单位：亿澳门元

项　目	2010	2011	2012	2013	2014
销售总额	**306.42**	**431.58**	**535.17**	**667.99**	**678.97**
百货公司	44.23	62.94	82.77	94.82	103.42
超级市场	21.22	26.16	33.46	37.78	41.86
汽车	22.11	29.69	35.67	41.43	40.52
钟表金饰	78.34	123.09	157.78	204.70	180.98
成人服装	28.01	39.24	51.68	65.34	68.33
车用燃料	7.80	10.04	11.90	12.03	12.51
家用燃料	6.10	6.63	7.09	7.32	7.83
家庭电器	6.43	6.85	8.41	9.04	11.79
药房	7.91	11.63	14.01	17.36	18.60
其他	84.27	115.31	132.40	178.17	193.13

10-2-14 按出入境方式统计的对外商品贸易

单位：万吨

项　目	2010	2011	2012	2013	2014
入境①					
海路	169.2	238.4	362.8	466.8	480.0
空路	1.4	1.0	0.6	0.6	0.6
陆路	100.4	89.4	112.1	123.5	126.8
其他②	7630.7	7947.0	8566.4	8661.7	9287.1
总数	**7901.6**	**8275.8**	**9041.9**	**9252.6**	**9894.5**
出境①					
海路	20.8	26.7	21.9	21.1	20.0
空路	2.8	2.0	1.1	0.9	0.9
陆路	10.2	19.6	19.5	5.6	7.7
其他②	13.3	12.9	14.1	15.8	17.2
总数	**47.0**	**61.2**	**56.5**	**43.6**	**45.8**

注：①包括转运货物。
②包括邮递及以管道运输方式进出澳门的货物。

10-2-15 海路集装箱总吞吐量

单位：标准集装箱

项　目	2010	2011	2012	2013	2014
入境	55390	64490	73056	78991	87545
出境	35090	37199	46705	45724	51925
转口	838	300	165	259	69

10-2-16 通信服务

项　目	2010	2011	2012	2013	2014
邮递服务（万件）					
信件邮件	3136	3331	3224	3311	3379
包裹	0.8	0.8	0.8	0.8	0.7
电话服务（万户）					
固网电话用户	16.8	16.6	16.3	15.8	15.4
移动电话用户	45.9	52.5	56.5	59.7	63.9
储值卡	66.3	82.8	104.9	112.5	121.8
对外电话通讯量（万分钟）					
拨出	31026	34880	38817	39703	38863
拨入	23134	24976	26459	28154	26915
互联网					
登记用户（万户）	17.0	20.9	23.1	26.3	30.5
总使用时数（万小时）	42277	52761	67840	81403	95255

10-2-17 按受教育程度统计14岁及以上人口

项目	2001人口普查		2006中期人口统计		2011人口普查	
	人数(万人)	构成(%)	人数(万人)	构成(%)	人数(万人)	构成(%)
总计	**34.97**	**100.0**	**43.36**	**100.0**	**49.20**	**100.0**
男	16.45	47.0	20.97	48.4	23.35	47.5
女	18.52	53.0	22.39	51.6	25.85	52.5
从未入学/学前教育	2.10	6.0	2.06	4.7	1.63	3.3
男	0.48	1.4	0.50	1.1	0.37	0.7
女	1.62	4.6	1.56	3.6	1.26	2.6
小学	13.64	39.0	13.28	30.6	12.14	24.7
男	6.63	19.0	6.59	15.2	5.78	11.8
女	7.01	20.0	6.69	15.4	6.35	12.9
初中	9.45	27.0	12.07	27.8	12.30	25.0
男	4.43	12.7	6.00	13.8	6.10	12.4
女	5.02	14.3	6.07	14.0	6.19	12.6
高中	6.63	18.9	10.43	24.0	14.09	28.6
男	3.32	9.5	5.16	11.9	6.73	13.7
女	3.31	9.5	5.27	12.1	7.36	15.0
高等教育						
高等专科	0.75	2.1	0.64	1.5	0.99	2.0
男	0.29	0.8	0.26	0.6	0.46	0.9
女	0.46	1.3	0.38	0.9	0.53	1.1
大学	2.39	6.8	4.86	11.2	8.02	16.3
男	1.29	3.7	2.44	5.6	3.88	7.9
女	1.10	3.2	2.42	5.6	4.13	8.4
特殊教育	0.02	0.1	0.03	0.1	0.04	0.1
男	0.01	o	0.02	o	0.03	o
女	0.01	o	0.01	o	0.02	o

10-2-18 外币兑换率

单位：一单位外币兑换的澳门元

项　目	2010	2011	2012	2013	2014
年内平均数字					
澳元	7.3560	8.2814	8.2701	7.7322	7.2164
欧元	10.6088	11.1685	10.2612	10.6081	10.6224
韩圆	0.0069	0.0072	0.0071	0.0073	0.0076
美元	8.0022	8.0186	7.9899	7.9892	7.9871
新台币	0.2540	0.2731	0.2701	0.2691	0.2636
英镑	12.3650	12.8609	12.6559	12.4911	13.1709
港元	1.0300	1.0300	1.0300	1.0300	1.0300
日元	0.0913	0.1006	0.1002	0.0820	0.0757
马来西亚林吉特	2.4884	2.6241	2.5868	2.5389	2.4446
新西兰元	5.7722	6.3496	6.4663	6.5499	6.6394
人民币	1.1818	1.2387	1.2662	1.3008	1.2968
新加坡元	5.8747	6.3855	6.3931	6.3864	6.3090
瑞士法郎	7.6883	9.0878	8.5141	8.6178	8.7428
年底数字					
澳元	8.1437	8.1308	8.3038	7.1194	6.5373
欧元	10.6642	10.3673	10.5628	11.0314	9.7141
韩圆	0.0071	0.0069	0.0075	0.0076	0.0073
美元	8.0158	8.0047	7.9840	7.9868	7.9899
新台币	0.2749	0.2644	0.2749	0.2668	0.2519
英镑	12.3732	12.3308	12.9053	13.1758	12.4363
港元	1.0300	1.0300	1.0300	1.0300	1.0300
日元	0.0984	0.1030	0.0930	0.0761	0.0668
马来西亚林吉特	2.5996	2.5257	2.6070	2.4294	2.2867
新西兰元	6.1826	6.1888	6.5772	6.5600	6.2545
人民币	1.2103	1.2619	1.2828	1.3174	1.2852
新加坡元	6.2205	6.1591	6.5314	6.3062	6.0452
瑞士法郎	8.5753	8.5111	8.7496	9.0068	8.0784

10-2-19 货币供应

单位：亿澳门元(年底数字)

项　目	2010	2011	2012	2013	2014
狭义货币供应量M_1	**347.3**	**362.4**	**476.2**	**589.4**	**618.6**
分类一：澳门元	158.8	178.7	207.3	260.9	300.4
港元	173.4	175.4	260.9	318.6	303.3
其他货币	15.1	8.3	8.0	9.9	14.9
分类二：流通货币(澳门元)	54.1	60.8	74.6	89.8	108.6
活期存款	293.2	301.6	401.6	499.6	510.0
广义货币供应量$M_2$①	**2430.5**	**2979.6**	**3749.3**	**4414.1**	**4874.7**
分类一：澳门元	680.4	772.9	909.2	1064.3	1245.5
港元	1328.1	1623.3	2094.2	2354.5	2472.1
其他货币	422.1	583.4	745.9	995.4	1157.2
分类二：狭义货币供应量$M_1$②	347.3	362.4	476.2	589.4	618.6
准货币负债③	2083.2	2617.2	3273.1	3824.7	4256.1
储蓄存款	899.4	844.3	1063.8	1167.4	1330.7
通知存款	6.5	4.1	4.1	4.1	4.5
定期存款	1176.7	1765.4	2202.6	2652.7	2920.4

注：① $M_2=M_1+$准货币负债。
② 货币供应量M_1只包括流通货币及活期存款。储蓄存款则变为准货币负债的组成部分。
③ 准货币负债：包括储蓄存款、通知存款、定期存款、其他存款及存款证明书。

【主要统计指标解释】

本地生产总值 反映每年在澳门特区生产的货物和提供各种服务的总量。本年鉴中的本地生产总值用支出法及生产法估算，支出法等于私人消费支出、政府最终消费支出、固定资本形成总额、库存变化和货物及服务出口净值（出口减进口）的总和。而生产法等于各经济行业的增加值总额的总和，这种方法可以评估澳门特区的产业结构。

婴儿死亡率 参考期内年龄在1岁或以下的死亡人数与出生活婴数目的千分比。

出生率 参考期内出生活婴数目与平均人口之千分比。

死亡率 参考期内死亡人数与平均人口之千分比。

幼儿、小学、中学教育 指有系统的，且主要专为儿童及青少年开办的，由幼儿教育至中学教育的课程；中学教育包括职业技术教育。

幼儿教育 为期3年，对象是年龄3-5岁的儿童。在报名当年的12月31日年满3岁的幼儿可报读幼儿教育第一年。

小学教育 为期6年，完成幼儿教育或在报名当年的12月31日年满6岁的儿童可报读小学教育第一年。就读小学的最高年龄为15岁。

中学教育 由两个阶段组成：初中教育及高中教育。大学预科不纳入中学教育。

1) 初中教育　为期3年，合格完成小学教育者可以入读。就读初中最大年龄为18岁，但在特别情况下，经教育机构决定，可以逾越此年限。

2) 高中教育　为期3年，合格完成初中教育者可以入读。就读高中最大年龄为21岁，但在特别情况下，经教育机构决定，可以逾越此年限。

高等教育 指透过理论、实践等在科学、文化及技术领域提供的培训教育；高等教育包括大学教育及高等专科教育。

劳动人口 在参考期内可参与生产商品或提供服务的年龄在16岁及以上人士。包括就业人士及失业人士。

就业人口 在参考期内为赚取报酬、利润或家庭收入而工作最少一小时的年龄在16岁及以上人士。包括没有上班但与雇主保持正式工作联系的雇员，以及因某些原因而暂时没有上班的公司东主或股东。

就业不足人口 在参考期内不论其职业身份，非自愿地工作少于35小时，并可随时接受更多的工作或正在寻找更多工作的就业人士。

劳动力参与率 劳动人口占年龄在16岁及以上人士的百分比。

失业率 失业人口占劳动人口的百分比。

就业不足率 就业不足人口占劳动人口的百分比。

旅客 指任何非以澳门特区为常居地的人士，连续在澳门的逗留时间少于一年，其旅游目的并非受雇于澳门特别行政区的居民实体。

酒店入住率 入住客房数量与可供应客房数量之百分比。

进口 将来自外地的货物输入澳门特区，但再进口和转运制度下输入者除外。

出口 将货物输出澳门特区，但暂时出口和转运制度下输出者除外。

本地产品出口 将原产地为澳门特区的任何货物输出澳门特区。

再出口 指原进口的货物未经加工输出澳门特区；或虽加工，但不能取得澳门特区产地资格。

转运 货物经过澳门特区而运到下一目的地。

原产地 农业产品种植之国家／地区、矿产开采之国家／地区、工业产品生产之国家／地区，被视为原产地国家／地区。若工业产品的制造工序于两个或以上的国家／地区进行，应以进行最后转变成型工序的国家／地区为原产地，再包装、分类及混合等工序不能构成最后转变成型工序；当产品入口国对相关货物产地来源有特定规定时，应遵从有关规定。

目的地 目的地是指货物实际最后到达的国家或地区(不论在运输途中有或没有中断)。如有中间国家或地区，只要不在中间国家或地区内进行商业交易，最后到达的国家或地区都可被视为目的地。

贸易价格比率指数 即货物出口单位价格指数与货物进口单位价格指数之比率。

单位 包括住宅、商业、办公室、工业、停车位、酒店及其他单位。

建筑面积 相等于所有楼层楼面面积之总和。楼面面积从外墙起量度，包括大堂、楼梯、升降机所占面积以及所有公用地方面积。

居民消费价格指数 反映澳门特区住户于购买一篮子之指定商品或服务时，在不同时间该等商品或服务之价格变动。

狭义货币供应量M_1 为流通货币及活期存款之和。

广义货币供应量M_2 指狭义货币供应量M_1加上准货币负债。准货币负债指储蓄存款、通知存款、定期存款、其他存款和存款证明书。

财务活动 由财务资产及财务负债组成。

10 港澳台第三产业情况

10-3 台湾第三产业情况

简要说明

一、本章资料反映台湾省主要社会、经济发展情况，重点反映第三产业情况。内容包括：人口、就业、国民经济核算、工业、交通通讯、对外贸易、财政金融、物价、教育、社会保障等方面。

二、本章资料来自台湾省行政院主计处统计资料，国家统计局国际统计信息中心负责整理、编辑，表内另有说明除外。

三、由于台湾省和内地在使用统计名词及概念方面会有所不同，读者在比较两地数据时，请参考本章末的“主要统计指标解释”。

四、更详细的统计资料及有关的技术细节，可参阅台湾省行政院主计处出版的《统计月报》、《统计年鉴》及各专题统计出版物。

五、本章节表中的符号使用说明：“①”等表示本表下有注解。

10-3-1 主要统计指标概况

指标		2010	2011	2012	2013	2014
人口						
户籍登记人口数①	(万人)	2316	2323	2332	2337	2343
人口自然增长率	(‰)	0.91	1.88	3.23	1.85	1.98
人口密度①	(人/平方公里)	640	642	644	646	647
性别比①	(女=100)	100.9	100.6	100.2	99.9	99.7
劳动、就业						
劳动力人口	(万人)	1107	1120	1134	1145	1154
劳动力参与率	(%)	58.1	58.2	58.4	58.4	58.5
男		66.5	66.7	66.8	66.7	66.8
女		49.9	50.0	50.2	50.5	50.6
工业就业人口比率	(%)	35.9	36.3	36.2	36.2	36.1
服务业就业人口比率	(%)	58.8	58.6	58.8	58.9	58.9
失业率	(%)	5.2	4.4	4.2	4.2	4.0
工业及服务业月人均薪资(新台币元)		44359	45508	45589	45664	47300
工业		42754	43746	44011	44076	45378
服务业		45656	46933	46850	46921	48815
生活环境						
月人均用电量	(千瓦小时)	147	150	145	146	151
月人均用水量	(立方米)	11.0	11.0	11.0	11.1	11.4
公共安全						
刑案发生率	(件/10万人)	1607	1499	1364	1281	1309
犯罪人口率	(人/10万人)	1164	1123	1126	1094	1118
刑案破获率	(%)	79.7	79.5	84.0	86.6	86.0
少年疑犯人数(12-17岁)	(人)	11102	13103	15078	12038	10969
火灾发生次数	(次)	2186	1772	1574	1451	1417
死伤人数	(人)	391	385	428	281	368
机动车肇事率	(件/万辆)	102	107	112	127	144
道路交通事故伤亡人数						
死亡	(人)	2047	2117	2040	1928	1819
受伤	(人)	293764	315201	334082	373568	413229
保险						
全民健保参保人数	(万人)	2307	2320	2328	2346	2362
社保参保人数	(万人)					
公务员和教师		60	59	59	59	59
劳工		940	973	971	975	992
农民		151	148	145	141	135

10-3-1 续表 1

指标		2010	2011	2012	2013	2014
工业						
受雇者劳动生产力指数(2011年＝100)		97.1	100.0	99.3	99.4	103.1
工业生产指数	(2011年＝100)	95.8	100.0	99.8	100.4	106.8
制造业		95.5	100.0	99.7	100.2	106.9
建筑业		93.0	100.0	107.1	111.1	122.8
工业生产价值	(新台币亿元)	149384	155638	150615	149453	155480
商业及对外贸易						
营利事业家数①	(万家)	121.4	124.4	126.9	129.8	132.1
营利事业销售额	(新台币亿元)	363712	380032	377480	385387	403681
货物进出口额	(亿美元)	5258	5897	5717	5753	5877
出口		2746	3083	3012	3054	3137
进口		2512	2814	2705	2699	2740
出（入)超		234	268	307	355	397
对日出（入)超		-339	-340	-286	-239	-218
对美出（入)超		61	106	94	74	74
对内地及港出（入)超		772	788	751	770	749
外销订单	(亿美元)	4067	4361	4410	4429	4728
运输通信						
交通运输客运人数	(亿人)					
铁路		7.8	8.6	9.3	9.7	10.2
公路		11.1	11.6	11.9	12.2	12.4
航空	(万人)					
省内		973	1048	1068	1055	1056
省外		3111	3213	3590	3939	4439
高速公路收费站通行车辆数	(万辆次)	55506	57123	57351	58978	518435④
每百人机动车辆数①	(辆)	93.8	95.7	95.8	92.3	90.9
港埠货物装卸量	(万计费吨)	65540	67900	69080	70575	74851
旅游	**(万人次)**					
出省旅游人数		942	958	1024	1105	1185
来台湾旅客人数		557	609	731	802	991
财政、金融						
赋税实征净额②	(新台币亿元)	16222	17646	17967	18341	19761
直接税	(%)	62.1	62.1	60.3	59.5	59.8
间接税	(%)	37.9	37.9	39.7	40.5	40.2
外汇存底①	(亿美元)	3820.1	3855.5	4031.7	4168.1	4189.8
汇率③						
1美元	(新台币)	30.42	30.32	29.08	29.82	31.68
1日元	(新台币)	0.3753	0.3925	0.3383	0.2855	0.2663
货币总计数$M_2$①	(新台币亿元)	309544	324519	335744	355189	376968
年增率	(%)	5.5	4.8	3.5	5.8	6.1
存款①	(新台币亿元)	310063	323022	333004	350624	371339
放款与投资①	(新台币亿元)	228037	241729	255488	267206	281106

10-3-1 续表 2

指标	2010	2011	2012	2013	2014
再贴现率① (年息百分比率)	1.625	1.875	1.875	1.875	1.875
股价指数 (1966年＝100)	7950	8156	7481	8093	8992
国际收支余额 (亿美元)	401.7	62.4	154.8	113.2	130.2
经常帐户	384.4	399.1	490.2	553.1	654.2
资本帐户	-1.2	-1.2	-0.8	0.1	-0.8
金融帐户	-3.4	-320.3	-316.5	-439.2	-527.7
价格指数年增长率(2006年=100)(%)					
批发	5.5	4.3	-1.2	-2.4	-0.6
消费者	1.0	1.4	1.9	0.8	1.2
进口	7.0	7.7	-1.3	-4.5	-2.1
出口	2.0	0.1	-1.6	-2.1	0.1
国民经济核算 (新台币亿元)					
本地居民生产总值	145489	147006	151411	156462	166214
本地生产总值	141192	143122	146869	152212	160818
居民消费	74977	77990	80351	82493	85551
固定资本形成总额	33359	33469	32821	33712	34716
商品及服务出口	100135	104197	103454	105803	112717
减：商品及服务进口	90154	94569	92520	91945	95992
GDP增长率 (%)	10.6	3.8	2.1	2.2	3.8
农业	2.2	4.5	-3.2	3.5	3.4
工业	20.3	6.1	3.3	1.6	5.6
服务业	5.8	3.0	1.3	2.2	2.3
产业结构 (%)					
农业	1.6	1.7	1.7	1.7	1.9
工业	34.0	33.0	32.8	33.2	34.1
服务业	64.4	65.3	65.6	65.1	64.0
人均本地居民生产总值 (新台币元)	628706	633822	650660	670226	710407
人均本地居民生产总值 (美元)	19864	21507	21967	22513	23390
居民储蓄总值 (新台币亿元)	48218	46249	46110	49056	52573
储蓄率 (%)	33.14	31.46	30.45	31.35	31.76

注：①为年底数。②为年度资料。③卖出汇率，且为年底数。④从2013年12月30日起，国道高速公路由计次收费改为计程电子收费。

10-3-2 本地生产总值部门构成

单位：%

年份	本地生产总值(新台币亿元)	农业	工业	制造业	水、电、燃气业及污染治理业	建筑业	服务业	批发、零售业	金融及保险业	不动产业	咨讯及通讯传播业
2006	122435	1.61	31.33	26.46	1.84	2.72	67.06	17.88	7.28	8.54	3.39
2007	134071	1.43	33.60	29.21	1.69	2.54	63.68	16.47	7.04	8.32	3.16
2008	131510	1.53	31.75	27.97	0.99	2.62	65.67	17.12	6.94	8.58	3.31
2009	129617	1.66	31.60	26.88	2.14	2.45	65.54	16.82	6.15	8.96	3.40
2010	141192	1.59	33.89	29.20	1.97	2.59	64.21	16.62	6.17	8.47	3.25
2011	143122	1.72	33.02	28.66	1.56	2.68	65.27	17.07	6.39	8.47	3.23
2012	146869	1.65	32.39	28.06	1.61	2.62	64.86	16.69	6.35	8.46	3.15
2013	152212	1.68	32.82	28.05	1.99	2.67	64.35	16.72	6.37	8.42	3.04
2014	160818	1.84	33.40	28.51	2.11	2.68	62.73	16.15	6.48	8.09	2.86

10-3-3 本地居民生产总值

年份	本地居民生产总值			人均本地居民生产总值	
	新台币亿元	实际年增长率 %	亿美元①	新台币元	美元①
2004	117374	6.4	3511	518280	15503
2005	120311	3.8	3739	529313	16449
2006	125552	5.5	3860	550099	17446
2007	137398	6.1	4184	599536	18256
2008	134656	-2.0	4270	585519	18564
2009	133757	-0.7	4046	579574	17531
2010	145489	8.8	4597	628706	19864
2011	147006	1.0	4988	633822	21507
2012	151411	3.0	5112	650660	21967
2013	156462	3.3	5256	670226	22513
2014	166214	5.8	5473	710407	23390

注：①按当年汇率折算。

10-3-4 劳动力和就业状况

项目	2010	2011	2012	2013	2014
劳动力总计 (万人)	1107.0	1120.0	1134.1	1144.5	1153.5
男	624.2	630.4	636.9	640.2	644.1
女	482.8	489.6	497.2	504.3	509.4
就业人数 (万人)	1049.3	1070.9	1086.0	1096.7	1107.9
男	588.0	600.6	608.3	611.6	616.6
女	461.3	470.2	477.7	485.1	491.3
就业者行业构成 (%)	100.0	100.0	100.0	100.0	100.0
农、林、渔、牧业	5.2	5.1	5.0	4.8	4.8
工业	35.9	36.3	36.2	34.6	34.7
矿业及土石采取业	0.04	0.04	0.04	0.03	0.03
制造业	27.3	27.5	27.4	26.1	26.1
电力及燃气供应业	0.3	0.3	0.3	0.3	0.3
用水供应及污染整治业	0.7	0.7	0.8	0.7	0.7
建筑业	7.6	7.8	7.8	7.5	7.6
服务业	58.8	58.6	58.8	56.4	56.6
批发及零售业	16.6	16.5	16.6	15.9	15.8
运输及仓储业	3.9	3.8	3.8	3.7	3.8
金融及保险业	4.1	4.0	3.9	3.7	3.6
咨讯及通讯传播	2.0	2.0	2.1	2.0	2.1
住宿及餐饮业	6.9	6.8	6.9	6.8	6.9
教育服务业	5.9	5.9	5.8	5.5	5.6
公共行政	3.7	3.6	3.5	3.3	3.3
失业人数 (万人)	57.7	49.1	48.1	47.8	45.7
失业率 (%)	5.2	4.4	4.2	4.2	3.9

10-3-5 服务业就业人员月平均工资

单位：新台币元

年份	服务业月平均工资					
		批发、零售业	运输、仓储业	金融、保险业	不动产业	专业、科学及技术服务
2006	44350	39380	48338	69054	38313	51740
2007	45329	39463	49080	75828	37858	53264
2008	45326	39956	49540	71528	40324	54542
2009	43923	40081	47835	67724	38680	49983
2010	45656	41766	48902	74242	41018	52995
2011	46933	42562	50186	76951	41958	55322
2012	46850	41822	50196	77989	39588	56479
2013	46921	42274	49808	77871	40298	55507
2014	48815	44422	50028	83092	42914	57414

10-3-6 货物进出口额

年 份	按新台币计算（亿元）			按美元计算（亿美元）		
	进出口总额	出口	进口	进出口总额	出口	进口
2006	138837	72793	66043	4267	2240	2027
2007	152997	80879	72118	4659	2467	2193
2008	155615	80104	75511	4961	2556	2404
2009	124661	67089	57572	3780	2037	1744
2010	166003	86568	79435	5258	2746	2512
2011	173220	90416	82804	5897	3083	2814
2012	169215	89000	80215	5717	3012	2705
2013	170584	90428	80156	5753	3054	2699
2014	177783	94899	82884	5877	3137	2740

10-3-7 出口与进口货物分类

单位：亿美元

年 份	出 口				进 口			
	出口额	农产品	农产加工品	工业产品	进口额	资本设备	原材料	消费品
2006	2240.2	3.5	18.5	2218.2	2027.0	315.0	1541.9	156.2
2007	2466.8	4.1	18.7	2444.0	2192.5	323.3	1691.8	163.2
2008	2556.3	5.4	21.7	2529.2	2404.5	294.2	1922.4	172.7
2009	2036.7	5.0	18.5	2013.3	1743.7	228.5	1337.4	161.4
2010	2746.0	7.5	21.6	2716.9	2512.4	385.8	1902.0	203.6
2011	3082.6	9.0	26.6	3047.0	2814.4	364.2	2184.3	242.1
2012	3011.8	8.9	30.6	2972.3	2704.7	340.0	2090.8	252.8
2013	3054.4	8.7	30.6	3015.1	2699.0	357.6	2041.4	268.3
2014	3136.9	9.0	31.6	3096.3	2740.3	369.4	2037.8	292.0

10-3-8 货物出口去向和进口来源

单位：亿美元

项　目	2009	2010	2011	2012	2013	2014
出口去向						
中国香港	294.5	378.1	400.8	379.3	394.3	425.3
日　本	145.0	180.1	182.3	189.9	192.2	199.0
韩　国	73.0	106.8	123.8	118.4	120.8	126.9
新加坡	86.1	121.0	168.8	200.9	195.2	205.4
马来西亚	40.6	59.5	68.9	65.6	81.8	86.1
泰　国	38.3	52.9	61.4	65.7	63.4	60.9
法　国	13.7	17.0	17.4	15.6	14.9	15.3
德　国	47.0	65.1	68.7	56.5	56.3	61.4
意大利	17.9	24.5	24.6	18.3	17.2	18.9
英　国	29.8	36.2	46.2	50.7	43.2	41.9
加拿大	14.6	19.5	25.7	25.1	24.1	24.4
美　国	235.5	314.7	363.6	329.8	325.6	348.7
澳大利亚	23.5	31.3	36.5	36.5	37.7	35.6
印度尼西亚	32.3	45.1	48.4	51.9	51.5	38.4
菲律宾	44.3	59.8	69.6	88.8	97.7	95.3
越　南	59.9	75.3	90.3	84.3	89.3	99.9
沙特阿拉伯	6.7	10.0	16.9	18.5	18.2	20.3
荷　兰	42.3	52.6	45.8	44.1	44.5	49.3
进口来源						
中国香港	11.2	16.3	16.8	26.6	16.6	16.9
日　本	362.2	519.2	522.0	475.7	431.6	416.9
韩　国	105.1	160.6	178.6	150.7	157.7	147.9
新加坡	48.1	76.4	79.5	81.1	85.4	83.8
马来西亚	45.5	77.0	86.0	78.4	81.2	87.9
泰　国	26.8	38.3	43.9	37.0	37.5	43.0
法　国	17.8	22.5	27.3	29.6	26.6	27.2
德　国	56.7	82.6	94.3	77.5	82.5	93.9
意大利	18.3	19.5	23.0	20.3	21.1	22.4
英　国	12.3	16.7	19.3	18.4	17.7	18.1
加拿大	11.5	15.3	20.2	16.2	14.8	15.2
美　国	181.5	253.8	257.6	236.0	252.0	274.2
澳大利亚	59.7	89.2	109.1	92.9	79.0	73.3
印度尼西亚	51.8	60.2	74.3	73.3	71.5	73.9
菲律宾	16.1	23.2	24.1	21.0	22.0	20.7
越　南	9.2	12.8	18.5	22.9	26.3	25.6
沙特阿拉伯	86.6	118.6	138.5	147.9	156.0	136.8
荷　兰	18.6	32.0	29.4	36.2	46.6	32.1

10-3-9 旅游人数及外汇收入

指　　标		2010	2011	2012	2013	2014
离境旅游人数	**（万人次）**	**941.5**	**958.4**	**1024.0**	**1105.3**	**1184.5**
来台旅游人数	**（万人次）**	**556.7**	**608.7**	**731.2**	**801.6**	**991.0**
华　侨		233.2	249.9	248.0	392.1	522.3
外国人		323.6	358.9	383.2	409.6	468.7
旅游收入总额	**（亿美元）**	**162.6**	**215.9**	**212.7**	**214.3**	
来台旅客						
旅游外汇收入	（亿美元）	87.19	110.65	117.69	123.00	
平均每人停留时间	（夜）	7.1	7.1	6.9	6.9	
旅客人均每日消费	（美元）	222	258	234	224	

10-3-10 铁路和公路客货运量

年　份	铁　　路				公　　路			
	客运量（亿人）	客运周转量（亿人公里）	货运量（亿吨）	货物周转量（亿吨公里）	客运量（亿人）	客运周转量（亿人公里）	货运量（亿吨）	货物周转量（亿吨公里）
2006	5.54	123.52	0.19	9.97	10.14	163.86	5.94	312.18
2007	6.03	157.69	0.17	8.90	10.21	159.79	6.18	305.47
2008	6.90	190.66	0.17	9.33	10.54	157.83	6.04	301.60
2009	7.19	192.77	0.14	7.76	10.39	158.82	5.97	290.71
2010	7.79	209.31	0.15	8.73	11.10	163.07	6.28	296.32
2011	8.64	228.26	0.15	8.53	11.64	170.40	6.38	295.51
2012	9.25	242.08	0.14	8.33	11.92	175.85	6.53	298.51
2013	9.72	253.23	0.11	7.29	12.19	179.10	5.51	384.74
2014	10.24	263.40	0.11	6.83	12.39	183.77	5.42	378.52

10-3-11 港口客运量及货运量

年 份	客运量(万人)			货运量(万吨)		
	总计	进港	出港	总计	进港	出港
2006	31.47	14.85	16.62	27423	19720	7702
2007	42.58	20.61	21.98	29234	21404	7830
2008	50.66	24.21	26.45	28126	20838	7288
2009	57.58	27.77	29.80	24871	18354	6517
2010	66.96	32.53	34.44	24649	18212	6437
2011	66.48	32.43	34.04	24442	18139	6303
2012	69.91	34.59	35.32	23892	17876	6016
2013	99.11	49.17	49.94	24347	18189	6158

10-3-12 港口集装箱及货物装卸量

年 份	折合20英尺标准集装箱(万TEU)			装卸量(万收费吨)		
	总计	进港	出港	总计	装货量	卸货量
2006	1311	652	659	70651	27972	42679
2007	1373	689	684	71026	28818	42208
2008	1298	649	649	66828	27153	39675
2009	1171	588	583	60575	24435	36140
2010	1274	635	639	65540	26584	38956
2011	1342	674	669	67900	27547	40353
2012	1388	694	694	69080	28455	40625
2013	1404	706	698	70576	28970	41606

10-3-13 民航客运量及货运量

年 份	客运量（万人次）	国际线	省内线	过境	货运量（万吨）	国际线	省内线
2004	4412	2076	2100	237	182.3	125.5	4.1
2005	4427	2249	1929	249	181.9	121.6	3.7
2006	4373	2377	1736	259	181.0	120.8	4.0
2007	3977	2443	1271	263	170.9	119.1	4.0
2008	3524	2320	985	218	158.7	103.5	3.7
2009	3438	2309	923	205	144.5	93.3	3.7
2010	3946	2774	973	199	186.8	116.4	3.7
2011	4139	2909	1048	181	173.8	110.9	3.6
2012	4542	3287	1068	188	168.4	110.2	3.6
2013	4882	3618	1055	209	168.4	108.3	3.6

资料来源：台湾“交通部民航局”。

10-3-14 邮政及电信营运量

项 目	2010	2011	2012	2013	2014
邮政					
函件 （亿件）					
收寄	27.3	27.8	27.1	27.0	27.6
投递	30.1	31.7	31.7	31.5	30.5
包裹 （万件）					
收寄	2635.2	2721.4	2794.6	2560.0	2356.2
投递	2932.6	3019.2	3060.1	2815.9	2590.8
电信					
市内电话用户数 （万户）	1269.6	1267.9	1241.1	1222.9	1205.5
公共电话话机数 （万部）	8.8	8.2	7.8	7.5	7.0
移动电话用户数 （万户）	2784.0	2886.2	2944.9	2970.1	2653.5
无线寻呼机用户数 （万户）	109.5	91.2	57.5		
数字式低功率无线电话用户数 （万户）	91.7	81.7	77.4	72.4	68.3
综合业务数字网用户 数(万户)	10.6	12.3	11.8	10.9	10.4
国际互联网用户数 （万户）	588.8	609.2	698.8	753.6	794.5
国际电话去话分钟数（万分钟）	465085	466671	494147	380053	296081

10-3-15 入学率和教育经费

单位：%

年 份	粗入学率(6-21岁)			每千人口高等教育学生数②	15岁以上人口识字率③	教育经费占GNP比重	政府教育经费占政府支出比重
	初等教育(6-11岁)	中等教育(12-17岁)	高等教育①(18-21岁)				
2004	100.8	98.3	78.1	58.8	97.2	5.6	19.7
2005	100.3	97.9	82.0	58.7	97.3	5.7	20.0
2006	99.5	99.1	83.6	59.1	97.5	5.6	21.2
2007	100.8	98.7	85.3	59.2	97.6	5.4	20.8
2008	100.7	99.2	83.2	59.4	97.8	5.7	20.5
2009	101.4	99.0	82.2	58.7	97.9	6.1	19.9
2010	99.7	100.3	83.8	58.6	98.0	5.6	20.1
2011	100.4	100.0	83.4	58.5	98.2	5.7	20.6
2012	101.4	99.0	84.4	58.2	98.3	5.7	20.5
2013	99.5	100.3	83.9	57.4	98.4	5.6	19.6
2014				56.9	98.5		

注：① 不含五专前三年、研究所及进修教育。②不含五专前三年。③年底资料。

10-3-16 科技人员数和科研开发经费

年 份	科技人员数(人)				科研开发经费			每万人口研究人员数(人)	研究人员平均一年使用经费(新台币万元)
	总计	研究人员	技术人员	支援人员	金额(新台币亿元)	占GDP比重(%)	政府投入经费所占比重(%)		
2006	212483	126168	67715	18600	3070.37	2.51	31.4	55.2	243
2007	228551	135918	72709	19924	3313.86	2.57	29.9	59.2	244
2008	240876	143862	77117	19897	3514.05	2.78	28.2	62.4	244
2009	256019	154818	80163	21038	3671.74	2.94	28.9	67.0	237
2010	272563	164874	86667	21022	3949.60	2.91	27.5	71.2	240
2011	287565	173654	91579	22332	4132.93	3.01	26.2	74.8	238
2012	295179	178632	94663	21884	4312.96	3.06	24.8	76.6	241
2013	299178	178920	98158	22100	4548.91	2.99	23.5	76.5	254

10-3-17 金融概况

年 份	货币供应量（新台币亿元）	流动性负债（新台币亿元）	储备货币（新台币亿元）	主要金融机构存款（新台币亿元）	主要金融机构放款与投资（新台币亿元）	再贴现率（年息%）	汇率(卖出价)（新台币/美元）
2006	82226	350416	18832	258115	201539	2.75	32.65
2007	82200	368449	19475	260525	206269	3.38	32.49
2008	81537	388270	21254	278702	213315	2.00	32.91
2009	105116	416730	23040	294486	214823	1.25	32.08
2010	114571	445203	25018	310063	228037	1.63	30.42
2011	118302	469541	27209	323022	241729	1.88	30.32
2012	124184	496032	29021	333004	255488	1.88	29.08
2013	134708	530162	31208	350624	267206	1.88	29.82
2014	143101	568154	32633	371339	281106	1.88	31.68

10-3-18 国际收支

单位：亿美元

年 份	A.经常帐户					B.资本帐户			合计	C.金融帐户	
	合计	商品贸易净额	服务净额	收入净额	经常转移净额	合计	收入	支出	(A+B)	合计	对外直接投资
2006	250.0	228.9	-35.4	95.8	-39.4	-1.2		-1.2	248.8	-196.2	-74.0
2007	377.8	290.7	-16.4	101.3	-37.8	-1.0		-1.0	336.9	-389.5	-111.1
2008	263.9	173.6	18.5	99.8	-28.0	-3.3		-3.4	260.5	-16.6	-102.9
2009	419.5	295.8	19.9	125.2	-21.5	-1.0		-1.0	418.6	134.7	-58.8
2010	384.6	251.0	24.9	135.8	-27.1	-1.2		-1.2	383.5	-3.6	-115.7
2011	399.3	265.5	38.9	131.8	-36.9	-1.2		-1.2	398.1	-320.5	-127.7
2012	489.5	299.2	63.5	153..0	-26.2	-0.8		-0.9	488.6	-316.7	-131.4
2013	552.6	354.5	85.6	142.4	-30.0	0.1	1.0	-1.0	552.6	-429.3	-142.9
2014	653.4	414.9	111.6	154.7	-27.9	-0.1	0.3	-1.1	652.6	-530.5	-125.9

10-3-18 续表

单位：亿美元

年 份	C.金融帐户							合计	D.误差	国际收支余额	E.准备与
	外商直接投资	证券投资		衍生性金融产品		其他投资					
		资产	负债	资产	负债	资产	负债	(A至C)	与遗漏	(A至D)	相关项目
2006	74.2	-407.8	218.1	19.3	-29.0	-12.7	15.5	52.6	8.3	60.9	-60.9
2007	77.7	-449.7	49.0	36.9	-39.8	-68.5	115.9	-52.7	12.5	-40.2	40.2
2008	54.3	35.3	-157.8	79.4	-63.5	106.2	32.4	243.9	18.8	262.7	-262.7
2009	28.1	-317.0	213.7	53.4	-44.9	256.6	3.5	553.3	-11.9	541.3	-541.3
2010	24.9	-334.9	128.2	45.0	-39.2	123.2	164.9	379.9	21.9	401.7	-401.7
2011	-19.6	-195.0	-161.9	57.8	-47.4	-79.9	253.2	77.6	-15.2	62.4	-62.4
2012	32.1	-453.0	32.1	45.3	-42.0	47.5	152.7	171.9	-17.1	154.8	-154.8
2013	36.0	-368.1	79.8	58.5	-50.8	-495.3	453.5	123.3	-10.1	113.2	-113.2
2014	28.4	-571.1	128.9	56.9	-54.1	-146.1	152.5	122.1	8.0	130.2	-130.2

【主要统计指标解释】

就业人口 于资料标准周内，年满15岁从事有酬工作者或工作在15小时以上的无酬家属工作者。

失业人口 于资料标准周内，年满15岁同时具有无工作、随时可以工作及正在寻找工作者。此外尚包括等待恢复工作者及已找到职业而未开始工作也无报酬者。

就业人员工资 包括经常性工资、加班费及其他非经常性工资。

劳动生产力指数 劳动生产力是指在单位时间内，每一劳工所能生产的产量。此项指数可衡量劳动生产力的变动趋势。

初等教育 小学教育。

中等教育 初中、高中、高职及五专前三年。

高等教育 大专院校（扣除五专前三年）及研究所硕士、博士班教育。

各级教育粗入学率 为（各该级教育学生人数/各该级教育学龄人口数）×100；其中高等教育学龄学生人数仅含大专院校扣除五专前三年及研究所（含硕士、博士班）的学生人数。

本地居民生产总值(GNP) 为某一期间本地常住居民提供生产要素从事生产所创造的附加值或报酬（不论在地区内或国外），即等于地区内生产总值加国外要素所得收入净额。

本地生产总值(GDP) 为某一期间本地及非本国常住居民提供生产要素在地区内从事生产所创造的附加值。

经济增长率 指某一期间的实际本地生产总值的增长率。

储蓄率 据居民储蓄总值与本地居民生产总值之比。

商业与对外贸易 包括进口与出口。出口货物以通关放行装船（机） 离岸日为统计时间，以离岸价格（F.O.B.）计价；进口货物经办妥通关手续，或存入保税关栈的货物，以其提出关栈报运进口放行日为统计时间，以到岸价格（C.I.F.）计价。出口国别是以出口货物的出口商所申报的运销地分列，其运销地有数处得随时变更者，以最终的运销地为准；进口国别是按原产国别分列。

客运周转量 指于某特定时间内，铁路、公路客运运输所运送旅客运程的总和，或每架次飞机所载运的旅客人数与其航行里程乘积之和。可用以推算该时间内的客运收入。

货运周转量 指于某特定时间内，铁路、公路、航空货运运输所运送货物的重量与其运程乘积之和。可用以推算该时间内的货运收入。

批发价格 指企业间相互交易的地区内生产物品出厂价格及进出口物品的价格，以反映生产厂商出售原材料、半成品及制成品等价格变动情况。

消费价格 以台湾地区（包括城市和农村）为范围所编制的零售价格指数，以此衡量台湾地区一般家庭为消费需要所购买的商品与服务价格水平的变动情况。

进口及出口价格 以台湾地区进出口商品为调查价格范围，以此衡量进出口商品价格水平的变动情况。

道路交通事故 指造成人员死亡或受伤的案件，死亡人数包括立即死亡及事故发生后24小时内死亡。

社会保险 社会保险是包括全民健康保险（1995年3月开办）、劳工保险、就业保险(2003

年1月开办)、公务人员保险、退休人员保险、私立学校教职员保险、农民健康保险及军人保险。

储备货币 包括存款货币机构与中华邮政公司储汇处的准备金及社会大众持有的通货二项。

流动性负债 指金融机构及债券型基金的流动性负债，包括金融机构以外部门持有通货，金融机构收受企业及个人的各种存款、货币市场共同基金与信托资金，保险业提列的人寿保险准备，以及企业及个人持有金融债券、央行发行的国库券与储蓄券；自1994年1月资料起，尚加计企业及个人持有上列机构的附买回交易余额与外国人持有的新台币存款；自1999年1月资料起，尚包括企业及个人持有债券型基金。

存款货币 指企业及个人在货币机构的支票存款、活期存款及活期储蓄存款。

货币总计数 M_{1a}指通货净额加企业及个人(含非营利团体)在货币机构的支票存款及活期存款；M_{1b}是通货净额加存款货币，或M_{1a}加个人（含非营利团体）在货币机构的活期储蓄存款（目前仅个人及非营利团体可以开设储蓄存款帐户）。M_2指M_{1b}加准货币。

附录一

世界及主要国家第三产业统计资料摘要

简要说明

一、本章选取了四十余个国家和地区主要宏观经济指标和第三产业方面统计指标，力求反映国家或地区经济概貌同时重点介绍第三产业情况。如需了解这些国家和地区其他指标，请参阅国家统计局国际统计信息中心编辑的《国际统计年鉴》。

二、中国数据未包括中国香港特别行政区、中国澳门特别行政区和中国台湾省的相关数据。

三、所有国家和地区的数据均来自于有关国际组织，每张表均附有资料来源。

四、经过有关国际组织调整，数据口径基本一致。

五、一些数据的合计数或相对数，因受进位的影响，不一定等于分项的累加。

六、本章中使用的符号含义如下：“空格”表示无该项数据或该项统计数据不详；“…”表示数据不够本表最小单位数的一半；“|”表示因统计口径的调整，与之前数据不严格可比。

附录1-1 国内生产总值

单位：亿美元

国家和地区	2000	2005	2008	2009	2010	2011	2012	2013	2014
世 界	**332762**	**470337**	**629828**	**597047**	**654892**	**725722**	**740416**	**761240**	**778688**
中 国	12053	22686	45584	50594	60397	74924	84616	94906	103601
中国香港	1717	1816	2193	2140	2286	2485	2626	2757	2909
中国澳门	61	118	207	213	284	366	430	513	555
孟加拉国	534	694	916	1025	1153	1286	1334	1500	1738
文 莱	60	95	144	107	124	167	170	161	173
柬埔寨	37	63	104	104	112	128	141	152	167
印 度	4766	8342	12241	13654	17085	18358	18318	18618	20669
印度尼西亚	1650	2859	5102	5396	7551	8930	9179	9105	8885
伊 朗	1013	1920	3560	3627	4226	5766	5579	4938	4153
以色列	1315	1412	2139	2065	2329	2584	2572	2906	3042
日 本	47312	45719	48492	50351	54954	59056	59545	49196	46015
哈萨克斯坦	183	571	1334	1153	1480	1880	2035	2319	2122
韩 国	5616	8981	10022	9019	10945	12025	12228	13056	14104
老 挝	17	27	54	58	72	83	94	112	118
马来西亚	938	1435	2308	2023	2475	2893	3050	3132	3269
蒙 古	11	25	56	46	72	104	123	125	120
巴基斯坦	740	1095	1701	1682	1774	2138	2246	2323	2469
菲律宾	810	1031	1742	1683	1996	2241	2502	2721	2846
新加坡	958	1274	1922	1924	2364	2754	2899	3022	3079
斯里兰卡	163	244	407	421	496	592	594	672	749
泰 国	1227	1764	2726	2637	3189	3457	3660	3873	3738
越 南	336	576	991	1060	1159	1355	1558	1712	1862
埃 及	998	897	1628	1890	2189	2360	2628	2720	2865
尼日利亚	464	1122	2081	1695	3691	4117	4610	5150	5685
南 非	1364	2578	2868	2959	3753	4166	3974	3661	3498
加拿大	7395	11641	15426	13708	16140	17888	18327	18390	17867
墨西哥	6836	8663	11013	8949	10511	11712	11867	12622	12827
美 国	102848	130937	147186	144187	149644	155179	161632	167681	174190
阿根廷	2842	2229	4060	3785	4628	5598	6077	6221	5402
巴 西	6572	8921	16946	16646	22094	26152	24132	23921	23461
委内瑞拉	1171	1455	3156	3294	3938	3165	3813	3713	5100
捷 克	615	1360	2352	2057	2070	2273	2068	2088	2055
法 国	13684	22037	29235	26938	26470	28625	26814	28102	28292
德 国	19472	28576	37469	34130	34122	37519	35332	37303	38526
意大利	11422	18535	23919	21862	21267	22781	20752	21369	21443
荷 兰	4134	6724	9313	8581	8364	8937	8231	8535	8695
波 兰	1719	3044	5302	4365	4767	5244	4962	5261	5480
俄罗斯	2597	7640	16608	12226	15249	19048	20161	20790	18606
西班牙	5954	11573	16350	14991	14317	14945	13557	13930	14043
土耳其	2666	4830	7303	6146	7312	7748	7889	8232	7995
乌克兰	313	861	1800	1172	1364	1632	1758	1833	1318
英 国	15487	24121	27917	23090	24079	25920	26149	26782	29419
澳大利亚	4150	6933	10550	9263	11413	13881	15344	15604	14538
新西兰	526	1151	1319	1205	1453	1661	1744	1884	

资料来源：世界银行WDI数据库。

附录1-2 国内生产总值增长率

单位：%

国家和地区	2000	2005	2008	2009	2010	2011	2012	2013	2014
中　国	8.4	11.4	9.6	9.2	10.6	9.5	7.8	7.7	7.4
中国香港	7.7	7.4	2.1	-2.5	6.8	4.8	1.7	3.1	2.5
中国澳门	5.7	8.6	3.4	1.7	27.5	21.3	9.2	10.7	-0.4
孟加拉国	5.3	6.5	6.0	5.1	5.6	6.5	6.5	6.0	6.1
文　莱	2.9	0.4	-1.9	-1.8	2.6	3.4	1.0	-1.8	5.3
柬埔寨	8.8	13.3	6.7	0.1	6.0	7.1	7.3	7.4	7.0
印　度	3.8	9.3	3.9	8.5	10.3	6.6	5.1	6.9	7.4
印度尼西亚	4.9	5.7	6.0	4.6	6.2	6.2	6.0	5.6	5.0
伊　朗	5.1	4.6	1.5	2.3	6.6	4.0	-6.6	-1.9	1.5
以色列	8.9	4.3	3.5	1.9	5.8	4.2	3.0	3.3	2.8
日　本	2.3	1.3	-1.0	-5.5	4.7	-0.5	1.8	1.6	-0.1
哈萨克斯坦	9.8	9.7	3.3	1.2	7.3	7.5	5.0	6.0	4.3
韩　国	8.8	3.9	2.8	0.7	6.5	3.7	2.3	2.9	3.3
老　挝	5.8	7.1	7.8	7.5	8.5	8.0	8.0	8.5	7.5
马来西亚	8.9	5.3	4.8	-1.5	7.4	5.2	5.7	4.7	6.0
蒙　古	1.2	7.3	8.9	-1.3	6.4	17.3	12.3	11.7	7.8
巴基斯坦	4.3	7.7	1.7	2.8	1.6	2.8	3.5	4.4	5.4
菲律宾	4.4	4.8	4.2	1.2	7.6	3.7	6.8	7.2	6.1
新加坡	8.9	7.5	1.8	-0.6	15.2	6.2	3.4	4.4	2.9
斯里兰卡	6.0	6.2	6.0	3.5	8.0	8.3	6.3	7.3	7.4
泰　国	4.8	4.6	2.5	-2.3	7.8	0.1	6.5	2.9	0.7
越　南	6.8	7.6	5.7	5.4	6.4	6.2	5.3	5.4	6.0
埃　及	5.4	4.5	7.2	4.7	5.1	1.8	2.2	2.1	2.2
尼日利亚	5.3	3.5	6.3	6.9	7.8	4.9	4.3	5.4	6.3
南　非	4.2	5.3	3.2	-1.5	3.0	3.2	2.2	2.2	1.5
加拿大	5.1	3.2	1.2	-2.7	3.4	3.0	1.9	2.0	2.5
墨西哥	5.3	3.0	1.4	-4.7	5.1	4.1	4.0	1.4	2.1
美　国	4.1	3.4	-0.3	-2.8	2.5	1.6	2.3	2.2	2.4
阿根廷	-0.8	9.2	3.1	0.1	9.5	8.4	0.8	2.9	0.5
巴　西	4.4	3.2	5.0	-0.2	7.6	3.9	1.8	2.7	0.1
委内瑞拉	3.7	10.3	5.3	-3.2	-1.5	4.2	5.6	1.3	-4.0
捷　克	4.3	6.4	2.7	-4.8	2.3	2.0	-0.8	-0.7	2.0
法　国	3.9	1.6	0.2	-2.9	2.0	2.1	0.2	0.7	0.2
德　国	3.0	0.7	1.1	-5.6	4.1	3.6	0.4	0.1	1.6
意大利	3.7	1.0	-1.1	-5.5	1.7	0.6	-2.8	-1.7	-0.4
荷　兰	4.4	2.3	2.1	-3.3	1.1	1.7	-1.6	-0.7	0.9
波　兰	4.3	3.6	3.9	2.6	3.7	4.8	1.8	1.7	3.4
俄罗斯	10.0	6.4	5.3	-7.8	4.5	4.3	3.4	1.3	0.6
西班牙	5.3	3.7	1.1	-3.6	0.0	-0.6	-2.1	-1.2	1.4
土耳其	6.8	8.4	0.7	-4.8	9.2	8.8	2.1	4.2	2.9
乌克兰	5.9	2.7	2.3	-14.8	4.2	5.2	0.2		-6.8
英　国	3.8	2.8	-0.3	-4.3	1.9	1.7	0.7	1.7	2.6
澳大利亚	3.9	3.2	3.7	1.7	2.0	2.3	3.7	2.5	2.5
新西兰	2.8	3.4	-1.6	-0.3	1.4	2.2	2.2	2.5	

资料来源：世界银行WDI数据库。

附录1-3 国内生产总值产业构成

单位：%

国家和地区	第一产业			第二产业			第三产业		
	2000	2013	2014	2000	2013	2014	2000	2013	2014
中　国	14.7	9.4	9.2	45.4	43.7	42.6	39.8	46.9	48.2
中国香港	0.1	0.1		12.4	7.2		87.5	92.7	
中国澳门				14.7	6.2①		85.3	93.8①	
孟加拉国	23.8	16.3	15.9	23.3	27.6	27.9	52.9	56.1	56.2
文　莱	1.0	0.7		63.7	68.2		35.3	31.0	
柬埔寨	37.8	33.6	29.8	23.0	25.6	27.3	39.1	40.9	42.9
印　度	23.0	18.0	17.0	26.0	30.7	30.1	51.0	51.3	53.0
印度尼西亚	15.6	13.7	13.7	45.9	43.6	42.9	38.5	42.6	43.3
伊　朗	13.7			36.7			49.5		
日　本	1.6	1.2		31.1	26.2		67.3	72.6	
哈萨克斯坦	8.7	4.9	4.6	40.5	36.9	36.0	50.8	58.2	59.4
韩　国	4.4	2.3	2.3	38.1	38.4	38.2	57.5	59.3	59.4
老　挝	45.2	26.5	27.5	16.6	33.1	31.3	38.2	40.4	41.2
马来西亚	8.6	9.3	9.1	48.3	40.5	40.5	43.1	50.2	50.4
蒙　古	30.9	15.4	15.8	25.0	35.5	37.2	44.1	49.1	47.0
缅　甸	57.2	36.4②		9.7	26.0②		33.1	37.6②	
巴基斯坦	25.9	25.1	25.1	23.3	21.1	21.3	50.7	53.8	53.6
菲律宾	14.0	11.2	11.3	34.5	31.1	31.2	51.6	57.7	57.5
新加坡	0.1			34.8	25.1		65.1	74.9	
斯里兰卡	19.9	10.8	9.9	27.3	32.5	33.8	52.8	56.8	56.3
泰　国	9.0	12.0	11.6	42.0	42.5	42.0	49.0	45.5	46.3
越　南	22.7	18.4	18.1	34.2	38.3	38.5	43.1	43.3	43.4
埃　及	16.7	14.5	14.5	33.1	39.2	39.9	50.1	46.3	45.6
尼日利亚	26.0	21.0	20.2	52.2	22.0	20.7	21.8	57.0	59.1
南　非	3.3	2.3	2.5	31.9	29.9	29.5	64.8	67.8	68.0
加拿大	2.3	1.5②		32.5	27.7②		64.5	70.8②	
墨西哥	3.5	3.5	3.5	34.9	34.4	33.8	61.6	62.1	62.7
美　国	1.2	1.4		23.2	20.5		75.6	78.1	
阿根廷	5.1	7.4	8.2	28.1	28.8	28.8	66.9	63.8	63.0
巴　西	5.5	5.6	5.6	26.5	24.4	23.4	68.0	70.0	71.0
委内瑞拉	4.2	5.5①		49.7	49.3①		46.1	42.1②	
捷　克	3.4	2.6	2.6	37.2	36.7	37.9	59.4	60.7	59.5
法　国	2.3	1.6	1.7	23.3	19.7	19.4	74.3	78.7	78.9
德　国	1.1	0.9	0.8	30.8	30.7	30.7	68.2	68.4	68.6
意大利	2.8	2.3	2.2	27.1	23.4	23.4	70.0	74.2	74.4
荷　兰	2.5	2.0	2.0	25.4	22.2	21.4	72.2	75.9	76.6
波　兰	3.3	3.3		32.8	33.2		63.9	63.5	
俄罗斯	6.4	4.0		37.9	36.3		55.6	59.8	
西班牙	4.1	2.8	2.5	30.7	23.3	23.1	65.1	73.9	74.4
土耳其	11.3	8.3	8.0	31.3	26.6	27.1	57.4	65.1	64.9
乌克兰	17.1	10.2	11.8	36.3	26.2	25.4	46.6	63.6	62.8
英　国	0.9	0.7	0.6	26.9	20.1	19.8	72.2	79.2	79.6
澳大利亚	3.4	2.5	2.5	26.8	26.8	27.1	69.8	70.7	70.4
新西兰	8.3	6.9③		25.3	23.4③		66.4	69.7③	

注：①2012年数据。②2010年数据。③2011年数据。
资料来源：世界银行WDI数据库。

附录1-4　按生产法计算的第三产业行业增加值

单位：亿本币

国家和地区	2000	2005	2008	2009	2010	2011	2012
中　　国							
按当年价格计算							
国内生产总值	**89468**	**184937**	**314045**	**335353**	**401513**	**473104**	**519470**
增加值总额（按基本价格计算）	**89468**	**184937**	**314045**	**335353**	**401513**	**473104**	**519470**
第三产业							
批发、零售贸易；机动车及个人、家庭用品修理业	8159	13966	26182	28985	35746	43445	49394
旅馆和饭店业	2146	4196	6616	7118	8069	9173	10464
运输、仓储和通讯	5409	10666	16363	16727	19132	22433	24660
金融中介	4087	6087	14863	17768	20981	24958	28723
房地产、租赁及商务活动		11646	20347	24846	30567	36191	40198
公共管理和国防；社会基本保障							
教育;卫生和社会工作;其他团体、社会和个人服务活动	10273						
按2005年价格计算							
国内生产总值		**184937**	**260813**	**284845**	**314603**		
增加值总额（按基本价格计算）		**184937**	**260813**	**284845**	**314603**		
第三产业							
批发、零售贸易；机动车及个人、家庭用品修理业		13966	23237	26049	29772		
旅馆和饭店业		4196	5674	5985	6584		
运输、仓储和通讯		10666	14074	14662	16098		
金融中介		6087	11081	13100	14415		
房地产、租赁及商务活动		11646	16339	17749	19186		
印　　度							
按当年价格计算							
国内生产总值	**208950**	**356718**	**563006**	**647783**	**779531**	**897495**	
增加值总额（按基本价格计算）	**190300**	**325093**	**538756**	**620341**	**739106**	**849700**	
第三产业							
批发、零售贸易；机动车及个人、家庭用品修理业	25236	49376	81789	92811	114709	139167	
旅馆和饭店业	1915	4666	8289	8837	10860	12639	
运输、仓储和通讯	14083	28452	42092	47768	53593	60481	
金融中介	11848	18021	29959	33252	41133	48069	
房地产、租赁及商务活动	12038	28429	56274	65142	77926	93258	
公共管理和国防；社会基本保障	12372	20834	31735	41594	45982	52427	
教育;卫生和社会工作;其他团体、社会和个人服务活动	15331	25979	40104	48375	57814	66871	
按2004年价格计算							
国内生产总值		**354324**	**441635**	**479085**	**529611**	**563138**	
增加值总额（按基本价格计算）		**330824**	**422496**	**458646**	**502135**	**533313**	
第三产业							
批发、零售贸易；机动车及个人、家庭用品修理业		48696	63209	68601	76567	81622	
旅馆和饭店业		5148	6438	6566	7285	7501	
运输、仓储和通讯		28308	39722	45555	51864	56176	
金融中介		19866	31835	35452	40724	46075	
房地产、租赁及商务活动		30534	39867	43154	45917	50602	
公共管理和国防；社会基本保障		18989	24779	29052	29224	30806	
教育;卫生和社会工作;其他团体、社会和个人服务活动		26000	30814	33025	35697	38029	

附录1-4　续表 1　　　　单位：亿本币

国家和地区	2000	2005	2008	2009	2010	2011	2012
印度尼西亚①							
按当年价格计算							
国内生产总值	**1265**	**2774**	**4949**	**5606**	**6447**	**7419**	**8229**
增加值总额（按基本价格计算）	**1265**	**2774**	**4949**	**5604**	**6423**	**7419**	**8229**
第三产业							
批发、零售贸易；机动车及个人、家庭用品修理业；旅馆和饭店业	199	432	691	744	881	1024	1149
运输、仓储和通讯	62	181	312	352	417	491	549
金融中介；房地产、租赁及商务活动	80	231	368	404	463	535	599
公共管理和国防；社会基本保障	69	135	258	319	354	433	486
教育;卫生和社会工作;其他团体、社会和个人服务活动	52	141	224	256	301	156	182
按2000年价格计算							
国内生产总值	**1390**	**1751**	**2082**	**2179**	**2314**	**2465**	**2619**
增加值总额（按基本价格计算）	**1390**	**1758**	**2088**	**2179**	**2314**	**2465**	**2619**
第三产业							
批发、零售贸易；机动车及个人、家庭用品修理业；旅馆和饭店业	224	294	364	369	401	437	473
运输、仓储和通讯	65	109	166	192	217	241	265
金融中介；房地产、租赁及商务活动	115	169	204	211	221	236	253
公共管理和国防；社会基本保障	69	74	84	89	93	98	100
教育;卫生和社会工作;其他团体、社会和个人服务活动	60	87	109	117	125	44	48
日　本①							
按当年价格计算							
国内生产总值	**511**	**502**	**504**	**471**	**482**	**471**	
增加值总额（按基本价格计算）	**530**	**522**	**517**	**481**	**479**	**468**	
第三产业							
批发、零售贸易；机动车及个人、家庭用品修理业；旅馆和饭店业	70	69	70	64	66	67	
运输、仓储和通讯	33	34	53	49	49	48	
金融中介	31	35	25	24	24	23	
房地产、租赁及商务活动	106	60	56	57	57	57	
公共管理和国防；社会基本保障	26	28	31	30	30	30	
教育;卫生和社会工作;其他团体、社会和个人服务活动	91	136	120	116	116	116	
按2005年价格计算							
国内生产总值		**504**	**518**	**490**	**512**	**509**	
增加值总额（按基本价格计算）		**501**	**515**	**483**	**504**	**502**	
第三产业							
批发、零售贸易；机动车及个人、家庭用品修理业；旅馆和饭店业		75	66	63	65	66	
运输、仓储和通讯		51	54	50	51	51	
金融中介		31	28	27	28	27	
房地产、租赁及商务活动		54	57	58	58	59	
公共管理和国防；社会基本保障		30	30	31	31	31	
教育;卫生和社会工作;其他团体、社会和个人服务活动		113	122	117	117	118	

附录1-4 续表 2

单位：亿本币

国家和地区	2000	2005	2008	2009	2010	2011	2012
韩　　国①							
按当年价格计算							
国内生产总值	**522.0**	**810.5**	**1026.5**	**1065.0**	**1173.3**	**1235.2**	**1272.5**
增加值总额(按基本价格计算)	**521.7**	**721.5**	**919.7**	**958.8**	**1053.9**	**1113.5**	**1146.0**
第三产业							
批发、零售贸易；机动车及个人、家庭用品修理业	48.2	51.7	80.8				
旅馆和饭店业	15.0	18.9	22.5				
运输、仓储和通讯	34.9	52.4	60.5				
金融中介	36.1	60.5	65.1				
房地产、租赁及商务活动	62.9	90.5	126.3				
公共管理和国防；社会基本保障	22.4	45.4	59.4				
教育	25.5	41.6	60.9				
卫生和社会工作	10.5	23.1	38.5				
其他团体、社会和个人服务活动	19.3	21.2	33.4				
雇人的私人住户	1.1	1.0	0.2				
按2005年价格计算							
国内生产总值	**694.6**	**865.2**	**978.5**	**981.6**	**1043.7**	**1082.1**	**1104.2**
增加值总额(按基本价格计算)	**621.0**	**775.9**	**881.4**	**886.2**	**941.2**	**973.7**	**994.1**
第三产业							
批发、零售贸易；机动车及个人、家庭用品修理业	62.2	66.7	74.0	73.8			
旅馆和饭店业	16.4	18.3	20.1	19.7			
运输、仓储和通讯	37.8	54.3	62.2	60.7			
金融中介	37.9	53.4	64.6	67.1			
房地产、租赁及商务活动	95.1	112.1	122.4	121.8			
公共管理和国防；社会基本保障	43.3	48.2	52.9	54.7			
教育	38.1	46.5	51.6	52.2			
卫生和社会工作	23.5	28.6	34.2	37.2			
其他团体、社会和个人服务活动	20.5	26.9	31.1	30.9			
雇人的私人住户	0.3	0.2	0.2	0.2			
马来西亚							
按当年价格计算							
国内生产总值	**3432**	**5224**	**7425**	**6799**	**7660**	**8845**	**9412**
增加值总额(按基本价格计算)	**3593**	**5334**	**7545**	**6937**	**7800**	**8757**	**9311**
第三产业							
批发、零售贸易；机动车及个人、家庭用品修理业	400	553	849	836	930	1202	1279
旅馆和饭店业	79	112	161	169	181	235	254
运输、仓储和通讯	223	360	462	466	508	553	597
金融中介	326	441	595	620	660	644	704
房地产、租赁及商务活动	157	212	300	315	348	430	470
公共管理和国防；社会基本保障	226	344	532	551	585	679	798
教育	16	24	37	41	45	62	68
卫生和社会工作	15	28	40	44	48	64	70
其他团体、社会和个人服务活动	175	215	245	257	270	257	267
雇人的私人住户	6	9	11	12	12	12	13
按2005年价格计算							
国内生产总值		**5436**	**6396**	**6299**	**6767**	**7114**	**7515**
增加值总额(按基本价格计算)		**5372**	**6320**	**6229**	**6690**	**7027**	**7415**
第三产业							
批发、零售贸易；机动车及个人、家庭用品修理业		629	866	880	953	1020	1069
旅馆和饭店业		117	148	154	165	175	185
运输、仓储和通讯		364	449	455	493	525	562
金融中介		407	543	567	614	656	707
房地产、租赁及商务活动		253	328	340	366	386	413
公共管理和国防；社会基本保障		357	446	461	489	549	601
教育		29	45	49	52	56	60
卫生和社会工作		36	45	47	50	52	55
其他团体、社会和个人服务活动		200	218	223	232	242	249
雇人的私人住户		9	10	10	10	11	11

附录1-4 续表 3

单位：亿本币

国家和地区	2000	2005	2008	2009	2010	2011	2012
菲 律 宾							
按当年价格计算							
国内生产总值	**33547**	**54440**	**74232**	**80261**	**90035**	**97063**	**105649**
增加值总额(按基本价格计算)	**33547**	**54440**	**74232**	**80261**	**90035**	**97063**	**105649**
第三产业							
批发、零售贸易；机动车及个人、家庭用品修理业	4730	7769	10882	13595	15638	16959	18684
旅馆和饭店业	630	959	1300	1295	1452	1613	1788
运输、仓储和通讯	1990	4139	5088	5611	5862	6273	6853
金融中介	1491	2634	4049	5445	6224	6841	7637
房地产、租赁及商务活动	2753	5056	7150	8841	9791	11051	12365
公共管理和国防；社会基本保障	3198	4139	5196	3236	3723	4043	4555
教育	778	1434	1782	3421	3552	3856	4116
卫生和社会工作	458	888	1166	1149	1255	1397	1586
其他团体、社会和个人服务活动	1407	2287	3099	1718	2127	2259	2715
按2000年价格计算							
国内生产总值	**35807**	**44813**	**52371**	**52972**	**57015**	**59090**	**63117**
增加值总额(按基本价格计算)	**35807**	**44813**	**52371**	**52972**	**57015**	**59090**	**63117**
第三产业							
批发、零售贸易；机动车及个人、家庭用品修理业		7403	8637	8756	9487	9805	10544
旅馆和饭店业				906	989	1072	1149
运输、仓储和通讯	2192	3609	4240	4234	4278	4460	4821
金融中介	1871	2573	3227	3403	3747	3944	4268
房地产、租赁及商务活动	3337	4195	5261	5479	5889	6382	6864
公共管理和国防；社会基本保障	1845	2121	2272	2410	2551	2600	2758
教育				2565	2618	2727	2773
卫生和社会工作				710	756	818	911
其他团体、社会和个人服务活动				1206	1479	1551	1813
新 加 坡							
按当年价格计算							
国内生产总值	**1598**	**1944**	**2664**	**2576**	**3037**		
增加值总额(按基本价格计算)	**1486**	**1833**	**2511**	**2427**	**2859**		
第三产业							
批发、零售贸易；机动车及个人、家庭用品修理业	205	288	479	436	472		
旅馆和饭店业	34	36	55	50	63		
运输、仓储和通讯	184	231	343	319	348		
金融中介	172	209	342	350	342		
房地产、租赁及商务活动	287	315	380	372	400		
公共管理和国防；社会基本保障							
教育;卫生和社会工作;其他团体、社会和个人服务活动	163	208	254	259	307		
雇人的私人住户	67	69	136	137	118		
按2005年价格计算							
国内生产总值	**1652**	**2088**	**2505**	**2486**	**2846**		
增加值总额(按基本价格计算)	**1571**	**1993**	**2402**	**2381**	**2730**		
第三产业							
批发、零售贸易；机动车及个人、家庭用品修理业	224	344	420	394	454		
旅馆和饭店业	40	41	48	47	51		
运输、仓储和通讯	220	288	342	321	337		
金融中介	150	214	290	302	339		
房地产、租赁及商务活动	172	208	280	293	310		
公共管理和国防；社会基本保障							
教育;卫生和社会工作;其他团体、社会和个人服务活动	163	205	225	237	271		
雇人的私人住户	53	61	62	62	61		

附录1-4 续表 4　　　　单位：亿本币

国家和地区	2000	2005	2008	2009	2010	2011	2012
泰　国							
按当年价格计算							
国内生产总值	**49227**	**70929**	**90805**	**90416**	**107344**	**111888**	**122214**
增加值总额(按基本价格计算)	**49227**	**70929**	**90805**	**90416**	**107344**	**111888**	**122214**
第三产业							
批发、零售贸易；机动车及个人、家庭用品修理业	8476	10420	12883	12726	15686	16329	17692
旅馆和饭店业	2752	3469	4402	4397	3119	3466	4089
运输、仓储和通讯	3959	5196	6453	6473	7349	7485	8080
金融中介	1458	2649	3546	3688	5807	6377	7246
房地产、租赁及商务活动	1618	1985	2167	2158	6881	7375	8301
公共管理和国防；社会基本保障	2110	3261	3991	4161	6392	6829	7286
教育	1965	2810	3844	4149	4160	4475	5010
卫生和社会工作	967	1352	1688	1772	1713	1833	1997
其他团体、社会和个人服务活动	738	1237	1234	1234	1700	1856	2038
雇人的私人住户	**70**	**85**	**97**	**101**	**183**	**205**	**226**
按2002年价格计算							
国内生产总值	**52459**	**68474**	**77004**	**76342**	**82004**	**82509**	**88331**
增加值总额(按基本价格计算)	**52459**	**68474**	**77004**	**76342**	**82004**	**82509**	**88331**
第三产业							
批发、零售贸易；机动车及个人、家庭用品修理业	8881	10441	11759	11455	12505	12534	13244
旅馆和饭店业	2036	2351	2786	2739	2995	3334	3813
运输、仓储和通讯	4132	5770	6903	6814	7284	7506	8270
金融中介	2273	3464	3527	3923	4076	4277	4881
房地产、租赁及商务活动	3653	5621	6331	5876	6291	6602	7329
公共管理和国防；社会基本保障	3142	3686	4223	4386	4560	4752	4851
教育	2114	2448	2657	2738	2873	2902	2993
卫生和社会工作	810	1115	1235	1319	1389	1473	1572
其他团体、社会和个人服务活动	1199	1599	1404	1353	1423	1515	1631
雇人的私人住户	73	184	165	180	183	187	191
越　南①							
按当年价格计算							
国内生产总值	**442**	**838**	**14850**	**16584**	**1981**	**2535**	**29507**
增加值总额(按基本价格计算)	**442**	**838**	**14850**	**16584**	**1981**	**2535**	**29507**
第三产业							
批发、零售贸易；机动车及个人、家庭用品修理业	63	114	212	245	289	370	432
旅馆和饭店业	14	29	57	67	81	105	122
运输、仓储和通讯	17	37	66	72	85	101	115
金融中介	8	15	27	32	37	48	56
房地产、租赁及商务活动	2	5	54	60	71	86	92
公共管理和国防；社会基本保障	12	23	41	47	55	70	82
教育	15	27	38	43	50	67	84
卫生和社会工作	6	12	19	22	24	27	34
其他团体、社会和个人服务活动	15	27	46	53	63	78	91
雇人的私人住户	18	1	3	3	3	4	5
按1994年价格计算							
国内生产总值	**274**	**393**	**490**	**517**	**552**	**584**	**614**
增加值总额(按基本价格计算)	**274**	**393**	**490**	**517**	**552**	**584**	**614**
第三产业							
批发、零售贸易；机动车及个人、家庭用品修理业	45	64	81	87	94		108
旅馆和饭店业	9	13	19	19	21	22	24
运输、仓储和通讯	11	15	21	23	25	27	28
金融中介	6	8	11	12	13	13	14
房地产、租赁及商务活动	12	15	16	17	17	17	17
公共管理和国防；社会基本保障	8	10	13	14	15	16	17
教育	9	13	17	18	19	20	22
卫生和社会工作	4	6	7	8	8	9	9
其他团体、社会和个人服务活动	9	13	16	17	18	19	20
雇人的私人住户	1	1	1	1	1	1	1

附录1-4　续表 5　　　　单位：亿本币

国家和地区	2000	2005	2008	2009	2010	2011	2012
埃　　及							
按当年价格计算							
国内生产总值	**3587**	**5682**	**8955**	**10423**	**12066**	**13711**	**15755**
增加值总额(按基本价格计算)	**3324**	**5843**	**8554**	**9941**	**11506**	**13099**	**15711**
第三产业							
批发、零售贸易；机动车及个人、家庭用品修理业	539	631	934	1134	1338	1410	
旅馆和饭店业	54	177	324	344	400	407	
运输、仓储和通讯	301	574	924	1011	1104	1166	1308
金融中介	401	461	632	718	827	820	
房地产、租赁及商务活动	110	173	233	266	303	885	
公共管理和国防；社会基本保障	532	527	797	986	1149	1337	1540
教育		149	95	111	128	179	
卫生和社会工作	11	74	110	130	148	161	
其他团体、社会和个人服务活动	285	229	131	154	181	155	
按1996年价格计算							
国内生产总值	**3202**						
增加值总额(按基本价格计算)	**2968**						
第三产业							
批发、零售贸易；机动车及个人、家庭用品修理业							
旅馆和饭店业	50						
运输、仓储和通讯	276						
金融中介；房地产、租赁及商务活动	239						
房地产、租赁及商务活动							
公共管理和国防；社会基本保障	483						
南　　非							
按当年价格计算							
国内生产总值	**9221**	**15711**	**22565**	**24081**	**26738**	**29327**	**31390**
增加值总额(按基本价格计算)	**8382**	**14011**	**20278**	**21800**	**24234**	**26350**	**28203**
第三产业							
批发、零售贸易；机动车及个人、家庭用品修理业；旅馆和饭店业	1227	1950	2715	2985	3608	4058	4555
运输、仓储和通讯	809	1395	1898	1993	2228	2456	2574
金融中介	686	1310	2151	2045	2254	2516	2789
房地产、租赁及商务活动	876	1645	2235	2603	2820	2954	3190
公共管理和国防；社会基本保障	1332	2086	2933	3444	3919	4297	4668
教育;卫生和社会工作;其他团体、社会和个人服务活动	282	545	740	850	926	991	1070
雇人的私人住户	232	340	448	492	562	588	635
按2005年价格计算							
国内生产总值	**13018**	**15711**	**18146**	**17869**	**18430**	**19093**	**19564**
增加值总额(按基本价格计算)	**11582**	**14011**	**16198**	**15981**	**16473**	**17038**	**17454**
第三产业							
批发、零售贸易；机动车及个人、家庭用品修理业；旅馆和饭店业	1616	1950	2197	2171	2253	2353	2443
运输、仓储和通讯	1028	1395	1625	1640	1673	1725	1767
金融中介；房地产、租赁及商务活动	2167	2955	3752	3790	3872	4055	4205
公共管理和国防；社会基本保障	1913	2086	2334	2425	2500	2605	2677
教育;卫生和社会工作;其他团体、社会和个人服务活动	484	545	631	626	626	640	656
雇人的私人住户	275	340	390	387	390	400	406

附录1-4 续表 6

单位：亿本币

国家和地区	2000	2005	2008	2009	2010	2011	2012
巴　西							
按当年价格计算							
国内生产总值	**11013**	**19376**	**30322**	**32394**	**37701**	**41430**	**43921**
增加值总额(按基本价格计算)	**10215**	**18218**	**25805**	**27944**	**32272**	**35309**	**37251**
第三产业							
批发、零售贸易；机动车及个人、家庭用品修理业	1692	3084	4770	5171			
旅馆和饭店业	182	300	458	544			
运输、仓储和通讯	533	873	2270	2340	2659	2886	3087
金融中介	534	1400	1754	2022	2424	2625	2668
房地产、租赁及商务活动	1635	2382	2103	2338	2528	2784	3057
公共管理和国防；社会基本保障	1600	2847	2558	2858			
教育	536	822	1274	1446			
卫生和社会工作	399	657	1004	1136			
其他团体、社会和个人服务活动	411	672	888	1020			
按上年价格计算							
国内生产总值	**11109**	**20028**	**27990**	**30222**			
增加值总额(按基本价格计算)	**9636**	**17156**	**23970**	**25716**			
第三产业							
批发、零售贸易；机动车及个人、家庭用品修理业；旅馆和饭店业	1623	3153	4788	5251			
旅馆和饭店业		283	442	474			
运输、仓储和通讯	587	1478	2129	2233			
金融中介	693	1020	1978	1891			
房地产、租赁及商务活动	1177	1583	1979	2158			
公共管理和国防；社会基本保障	1438	1620	2283	2661			
教育		771	1077	1271			
卫生和社会工作		643	937	1035			
其他团体、社会和个人服务活动		610	823	940			
加 拿 大							
按当年价格计算							
国内生产总值	**10610**	**13738**	**16034**	**15290**	**16246**	**17600**	**18200**
增加值总额(按基本价格计算)	**9999**	**12805**	**15092**	**14732**	**15641**		
第三产业							
批发、零售贸易；机动车及个人、家庭用品修理业	1096	1495					
旅馆和饭店业	234	283					
运输、仓储和通讯	697	918					
金融中介	661	768					
房地产、租赁及商务活动	1837	2482					
公共管理和国防；社会基本保障	565	716					
教育	468	596					
卫生和社会工作	602	803					
其他团体、社会和个人服务活动	289	365					
按2002年价格计算							
国内生产总值	**11005**	**12478**	**13203**	**12837**	**13250**		
增加值总额(按基本价格计算)	**10256**	**11620**	**12307**	**11920**	**12349**		
第三产业							
批发、零售贸易；机动车及个人、家庭用品修理业	1106	1388	1573	1509			
旅馆和饭店业	246	260	272	267			
运输、仓储和通讯	724	851	910	884			
金融中介	613	704	817	818			
房地产、租赁及商务活动	1963	2352	2589	2619			
公共管理和国防；社会基本保障	581	650	705	721			
教育	505	554	604	614			
卫生和社会工作	660	727	792	812			
其他团体、社会和个人服务活动	303	345	370	373			

附录1-4 续表 7

单位：亿本币

国家和地区	2000	2005	2008	2009	2010	2011	2012
墨 西 哥							
按当年价格计算							
国内生产总值	**54917**	**92206**	**121534**	**118932**	**130291**	**143515**	**155615**
增加值总额(按基本价格计算)	**50446**	**89718**	**120569**	**116011**	**127301**	**141452**	**150783**
第三产业							
批发、零售贸易；机动车及个人、家庭用品修理业	8191	14854	19610	18510	21253	24148	
旅馆和饭店业	2466	2379	2740	2635	2834	3043	
运输、仓储和通讯	5568	8227	10607	10733	11915	12602	
金融中介	1145	3323	4792	5000	5342	5706	
房地产、租赁及商务活动	4910	15312	19140	19120	19763	20985	
公共管理和国防；社会基本保障	1993	3534	4598	5048	5475	5912	
教育	2872	4368	5591	5927	6297	6778	
卫生和社会工作	1613	2599	3379	3577	3813	4123	
其他团体、社会和个人服务活动	5688	1046	1321	1377	1498	1575	
雇人的私人住户		435	527	557	600	654	
按2003年价格计算	73975	81208	89260	83907	88374	91836	
国内生产总值	73975	81208	89260	83907	88374	91836	
增加值总额(按基本价格计算)	70913	78604	87249	82263	86740	90452	
第三产业							
批发、零售贸易；机动车及个人、家庭用品修理业	11460	13118	14769	12788	14176	15424	
旅馆和饭店业	2334	2215	2327	2149	2217	2273	
运输、仓储和通讯	5912	7453	8722	8404	8875	9230	
金融中介	1819	2979	4388	4486	5069	5544	
房地产、租赁及商务活动	11684	13619	14964	14458	14603	15088	
公共管理和国防；社会基本保障	3383	3195	3289	3414	3520	3445	
教育	3769	3871	3980	4000	4004	4077	
卫生和社会工作	2261	2304	2506	2526	2547	2594	
其他团体、社会和个人服务活动	900	954	1031	1028	1067	1082	
雇人的私人住户		406	438	444	458	483	
美 国							
按当年价格计算							
国内生产总值	**98988**	**125643**	**142193**	**138983**	**144194**	**149913**	**162446**
增加值总额(按基本价格计算)	**92361**	**116950**	**132336**	**129348**	**134214**	**139551**	**151790**
第三产业							
批发、零售贸易；机动车及个人、家庭用品修理业	13039	15641	16727	16130	16750	17508	
旅馆和饭店业	2830	3643	4049	3948	4186	4431	
运输、仓储和通讯	6215	7442	8354	7971	8174	8629	
金融中介；房地产、租赁及商务活动	31121	41046	47345	46681	48215	49721	
金融中介	7620	10285	10415	10936	11573	11593	
房地产、租赁及商务活动	23501	30761	36930	35745	36642	38128	
公共管理和国防；社会基本保障	7020	9463	11090	11556	11924	12164	
教育	4833	6379	7576	7893	8032	8162	
卫生和社会工作	5921	8333	10063	10624	11027	11369	
其他团体、社会和个人服务活动	4256	5140	5563	5567	5853	6097	
雇人的私人住户	138	153	191	175	154	165	
按2005年价格计算	111581	125643	130972	126900	129920	132259	
国内生产总值	**111581**	**125643**	**130972**	**126900**	**129920**	**132259**	
增加值总额(按基本价格计算)	**105095**	**116950**	**121520**	**117510**	**120284**	**122324**	
第三产业							
批发、零售贸易；机动车及个人、家庭用品修理业	13571	15641	15887	14687	15460	15693	
旅馆和饭店业	3278	3643	3651	3390	3612	3804	
运输、仓储和通讯	6129	7442	8215	7539	7769	8159	
金融中介	8411	10285	9776	10385	10158	10094	
房地产、租赁及商务活动	26793	30761	33855	32373	33041	33989	
公共管理和国防；社会基本保障	8809	9463	9805	10013	10135	10099	
教育	6044	6379	6589	6637	6596	6556	
卫生和社会工作	7089	8333	9222	9393	9557	9727	
其他团体、社会和个人服务活动	5179	5140	5024	4844	4998	5108	
雇人的私人住户	160	153	172	155	136	144	

附录1-4 续表 8

单位：亿本币

国家和地区	2000	2005	2008	2009	2010	2011	2012
法　国							
按当年价格计算							
国内生产总值	**14201**	**17180**	**19332**	**18858**	**19367**	**20014**	**20323**
增加值总额(按基本价格计算)	**13057**	**15399**	**17351**	**17012**	**17410**	**17938**	**18209**
第三产业							
批发、零售贸易；机动车及个人、家庭用品修理业	1308	1615	1775	1723			
旅馆和饭店业	362	367	408	416			
运输、仓储和通讯	822	998	1117	1131			
金融中介	662	753	809	873			
房地产、租赁及商务活动	3248	4226	5035	4934			
公共管理和国防；社会基本保障	1090	1182	1300	1348			
教育	655	842	912	938			
卫生和社会工作	832	1304	1514	1576			
其他团体、社会和个人服务活动	396	546	626	633			
雇人的私人住户	94	88	102	103			
按2005年价格计算							
国内生产总值	**15866**	**17180**	**17992**	**17426**	**17726**	**18086**	**18088**
增加值总额(按基本价格计算)	**14268**	**15399**	**16183**	**15703**	**15944**	**16287**	**16309**
第三产业							
批发、零售贸易；机动车及个人、家庭用品修理业							
旅馆和饭店业							
运输、仓储和通讯							
金融中介							
房地产、租赁及商务活动							
公共管理和国防；社会基本保障							
教育							
卫生和社会工作							
其他团体、社会和个人服务活动							
雇人的私人住户							
德　国							
按当年价格计算							
国内生产总值	**39820**	**22244**	**24738**	**23742**	**24950**	**26099**	**26664**
增加值总额(按基本价格计算)	**37047**	**20064**	**22170**	**21171**	**22352**	**23349**	**23868**
第三产业							
批发、零售贸易；机动车及个人、家庭用品修理业	1988	2082	2314				
旅馆和饭店业	233	331	380				
运输、仓储和通讯	1114	1162	1280				
金融中介	819	958	842				
房地产、租赁及商务活动	4803	4980	5750				
公共管理和国防；社会基本保障	1168	1217	1269				
教育	781	928	981				
卫生和社会工作	1163	1468	1585				
其他团体、社会和个人服务活动	924	973	1037				
雇人的私人住户	26	68	73				
按2005年价格计算							
国内生产总值	**21592**	**22244**	**24079**	**22840**	**23757**	**24548**	**24718**
增加值总额(按基本价格计算)	**19217**	**20064**	**21895**	**20666**	**21580**	**22293**	**22463**
第三产业							
批发、零售贸易；机动车及个人、家庭用品修理业							
旅馆和饭店业							
运输、仓储和通讯							
金融中介							
房地产、租赁及商务活动							
公共管理和国防；社会基本保障							
教育							
卫生和社会工作							
其他团体、社会和个人服务活动							
雇人的私人住户							

附录1-4　续表 9　　　　　　　　　　　　　　　　单位：亿本币

国家和地区	2000	2005	2008	2009	2010	2011	2012
意 大 利							
按当年价格计算							
国内生产总值	**11665**	**14364**	**15751**	**15197**	**15519**	**15799**	**15669**
增加值总额(按基本价格计算)	**10821**	**12917**	**14175**	**13686**	**13904**	**14135**	**14021**
第三产业							
批发、零售贸易；机动车及个人、家庭用品修理业	1420	1513	1551				
旅馆和饭店业	381	483	541				
运输、仓储和通讯	799	978	1031				
金融中介	658	619	764				
房地产、租赁及商务活动	2157	2834	3179				
公共管理和国防；社会基本保障	581	837	913				
教育	544	624	679				
卫生和社会工作	512	738	829				
其他团体、社会和个人服务活动	371	366	395				
雇人的私人住户	83	120	147				
按2005年价格计算							
国内生产总值		**14364**	**14754**	**13943**	**14184**	**14248**	**13910**
增加值总额(按基本价格计算)		**12917**	**13290**	**12547**	**12765**	**12844**	**12566**
第三产业							
批发、零售贸易；机动车及个人、家庭用品修理业							
旅馆和饭店业							
运输、仓储和通讯							
金融中介							
房地产、租赁及商务活动							
公共管理和国防；社会基本保障							
教育							
卫生和社会工作							
其他团体、社会和个人服务活动							
雇人的私人住户							
荷　　兰							
按当年价格计算							
国内生产总值	**4023**	**5134**	**5945**	**5732**	**5868**	**5990**	**5993**
增加值总额(按基本价格计算)	**3711**	**4562**	**5282**	**5109**	**5241**	**5366**	**5380**
第三产业							
批发、零售贸易；机动车及个人、家庭用品修理业	492	592	668				
旅馆和饭店业	72	85	90				
运输、仓储和通讯	271	332	350				
金融中介	234	351	327				
房地产、租赁及商务活动	744	906	1170				
公共管理和国防；社会基本保障	275	325	362				
教育	154	213	240				
卫生和社会工作	270	400	466				
其他团体、社会和个人服务活动	120	140	154				
雇人的私人住户	15	20	22				
按2005年价格计算							
国内生产总值	**4808**	**5134**	**5616**	**5410**	**5493**	**5545**	**5475**
增加值总额(按基本价格计算)	**4258**	**4562**	**5003**	**4838**	**4920**	**4979**	**4922**
第三产业							
批发、零售贸易；机动车及个人、家庭用品修理业							
旅馆和饭店业							
运输、仓储和通讯							
金融中介							
房地产、租赁及商务活动							
公共管理和国防；社会基本保障							
教育							
卫生和社会工作							
其他团体、社会和个人服务活动							
雇人的私人住户							

附录1-4 续表10　　　单位：亿本币

国家和地区	2000	2005	2008	2009	2010	2011	2012
俄 罗 斯							
按当年价格计算							
国内生产总值	**73022**	**216254**	**414447**	**390636**	**463085**	**559672**	**622184**
增加值总额（按基本价格计算）	**65273**	**189761**	**353892**	**341612**	**400401**	**477189**	**530167**
第三产业							
批发、零售贸易；机动车及个人、家庭用品修理业		36494	73659	66934	80210	91152	98358
旅馆和饭店业		1706	3590	3395	4033	4669	5289
运输、仓储和通讯	5915	19251	32102	32584	36625	41147	45988
金融中介	912	7590	15398	17227	17735	19561	23708
房地产、租赁及商务活动	6157	18482	39799	43028	49015	55094	63082
公共管理和国防；社会基本保障	3161	9591	18844	20740	24235	26731	33646
教育	1794	4941	9687	10464	12260	13878	15788
卫生和社会工作	1460	5663	11918	13056	14873	17586	19652
其他团体、社会和个人服务活动	100	3260	6144	5702	7006	7926	8479
按2008年价格计算							
国内生产总值		**334105**	**412768**	**380486**	**397622**	**414578**	**428821**
增加值总额（按基本价格计算）		**285678**	**351827**	**328096**	**341503**	**354595**	**366785**
第三产业							
批发、零售贸易；机动车及个人、家庭用品修理业		50964	71377	67206	71102	73369	76179
旅馆和饭店业		2653	3580	3045	3242	3455	3583
运输、仓储和通讯		26913	32583	29789	31421	33453	34746
金融中介		8371	15378	15615	15661	16211	19167
房地产、租赁及商务活动		26877	39594	37823	40088	40977	43890
公共管理和国防；社会基本保障		17194	18844	18834	18785	18178	18326
教育		9564	9707	9571	9402	9328	9359
卫生和社会工作		11566	11978	11956	11994	12128	12491
其他团体、社会和个人服务活动		5249	6215	4972	5079	5057	4878
西 班 牙							
按当年价格计算							
国内生产总值	**6105**	**9093**	**10878**	**10469**	**10456**	**10463**	**10293**
增加值总额（按基本价格计算）	**5727**	**8125**	**9970**	**9722**	**9548**	**9598**	**9442**
第三产业							
批发、零售贸易；机动车及个人、家庭用品修理业	646	871	1061				
旅馆和饭店业	464	610	722				
运输、仓储和通讯	463	563	663				
金融中介	300	377	534				
房地产、租赁及商务活动	806	1341	1754				
公共管理和国防；社会基本保障	352	485	616				
教育	271	389	482				
卫生和社会工作	312	449	589				
其他团体、社会和个人服务活动	186	305	376				
雇人的私人住户	63	71	79				
按2000年价格计算							
国内生产总值	**6299**	**7396**	**8036**	**7728**	**7712**	**7716**	**7590**
增加值总额（按基本价格计算）	**5696**	**6631**	**7242**	**6975**	**6963**	**7008**	**6913**
第三产业							
批发、零售贸易；机动车及个人、家庭用品修理业	640	734	818				
旅馆和饭店业	434	476	497				
运输、仓储和通讯	418	475	519				
金融中介	263	394	506				
房地产、租赁及商务活动	848	1018	1143				
公共管理和国防；社会基本保障	355	412	467				
教育	279	323	359				
卫生和社会工作	290	359	416				
其他团体、社会和个人服务活动	204	251	279				
雇人的私人住户	58	67	69				

附录1-4　续表 11　　　　　　　　　　　　　　　　　　　　单位：亿本币

国家和地区	2000	2005	2008	2009	2010	2011	2012
英　国							
按当年价格计算							
国内生产总值	**9589**	**12340**	**14621**	**14174**	**14856**	**15369**	**15584**
增加值总额(按基本价格计算)	**8745**	**11486**	**13121**	**12803**	**13279**	**13609**	**13790**
第三产业							
批发、零售贸易；机动车及个人、家庭用品修理业	1039	1321					
旅馆和饭店业	260	327					
运输、仓储和通讯	693	811					
金融中介	461	939					
房地产、租赁及商务活动	1945	2665					
公共管理和国防；社会基本保障	427	549					
教育	481	623					
卫生和社会工作	554	815					
其他团体、社会和个人服务活动	382	535					
雇人的私人住户	40	53					
按2006年价格计算							
国内生产总值	**11424**	**12923**	**13631**	**12967**	**13142**		
增加值总额(按基本价格计算)	**10190**	**11476**	**12148**	**11568**	**11748**		
第三产业							
批发、零售贸易；机动车及个人、家庭用品修理业							
旅馆和饭店业							
运输、仓储和通讯							
金融中介							
房地产、租赁及商务活动							
公共管理和国防；社会基本保障							
教育							
卫生和社会工作							
其他团体、社会和个人服务活动							
澳大利亚							
按当年价格计算							
国内生产总值	**6893**	**9675**	**12552**	**12847**	**14067**	**14861**	**15212**
增加值总额(按基本价格计算)	**6282**	**8880**	**11719**	**11978**	**13132**	**13926**	**14232**
第三产业							
批发、零售贸易；机动车及个人、家庭用品修理业	721	998	1113				
旅馆和饭店业	158	201	285				
运输、仓储和通讯	503	671	1061				
金融中介	449	692	1246				
房地产、租赁及商务活动	1393	1881	2284				
公共管理和国防；社会基本保障	256	378	613				
教育	305	411	502				
卫生和社会工作	393	569	703				
其他团体、社会和个人服务活动	216	318	329				
按2006年价格计算							
国内生产总值	**8581**	**10123**					
增加值总额(按基本价格计算)	**7906**	**9310**					
第三产业							
批发、零售贸易；机动车及个人、家庭用品修理业	833	1010					
旅馆和饭店业	173	201					
运输、仓储和通讯	538	682					
金融中介	579	704					
房地产、租赁及商务活动	1688	2007					
公共管理和国防；社会基本保障	350	387					
教育	396	424					
卫生和社会工作	482	602					
其他团体、社会和个人服务活动	284	330					

注：①万亿本币。
资料来源：联合国数据库。

附录1-5 按行业分类的第三产业就业人员

单位：万人

国家和地区	2000	2005	2009	2010	2011	2012	2013
中　　国①							
按第三版ISIC分类							
就业人员	**11612.5**	**11404.0**	**12573.0**	**13051.5**	**14413.3**	**15236.4**	**18108.4**
第三产业							
批发、零售贸易；机动车及个人、家庭用品修理业	977.0	597.9	579.6	595.3	707.4	773.9	963.1
旅馆和饭店业		181.2	202.1	209.2	242.7	265.1	304.4
运输、仓储和通讯	659.0	613.9	634.4	631.1	662.8	667.5	846.2
金融中介	294.0	359.3	449.0	470.1	505.3	527.8	537.9
房地产、租赁及商业活动	93.0	365.0	481.4	521.7	535.2	566.0	795.6
公共管理和国防；社会基本保障	1091.0	1240.8	1394.3	1428.5	1467.6	1541.5	1567.0
教育	1500.0	1483.2	1550.4	1581.8	1617.8	1653.4	1687.2
卫生和社会工作	476.0	508.9	595.8	632.5	679.1	719.3	770.0
印度尼西亚							
按第三版ISIC分类							
就业人员	**8984.0**	**9536.0**	**10707.0**	**10959.0**	**10817.0**	**11301.0**	**11276.0**
第三产业							
批发、零售贸易；机动车及个人、家庭用品修理业	1523.0	1675.0	1773.0	1839.0			
旅馆和饭店业	326.0	116.0	422.0	410.0			
运输、仓储和通讯	455.0	570.0	617.0	549.0	509.0	507.0	510.0
金融中介	47.0	110.0	144.0	166.0	259.0	269.0	150.0
房地产、租赁及商业活动	41.0	59.0	74.0	75.0			140.0
公共管理和国防；社会基本保障	284.0	259.0	291.0	341.0			499.0
教育	241.0	287.0	389.0	473.0			
卫生和社会工作	44.0	65.0	88.0	109.0			
其他团体、社会和个人服务活动	182.0	145.0	398.0	427.0			537.0
雇人的私人住户	206.0	270.0	226.0	241.0			
域外组织和机构			1.0				
未分类经济活动		6.0	7.0	5.0			
日　　本							
按第四版ISIC分类							
就业人员			**6282.0**	**6257.0**	**6289.0**	**6270.0**	**6311.0**
第三产业							
批发、零售贸易；机动车及摩托车修理业托车修理业			1088.0	1090.0		1075.0	1089.0
运输和贮存			366.0	366.0		361.0	370.0
住宿和餐饮业			380.0	387.0	382.0	376.0	384.0
信息和通讯业			193.0	196.0	190.0	188.0	192.0
金融和保险业			199.0	192.0		189.0	191.0
房地产业			83.0	83.0		85.0	83.0
专业、科技活动			195.0	198.0	208.0	205.0	207.0
企业管理和商务服务业			425.0	419.0		345.0	282.0
公共行政和国防;强制性社会保障			225.0	224.0		228.0	232.0
教育			287.0	288.0	294.0	295.0	299.0
卫生和社会福利业			621.0	653.0	678.0	706.0	735.0
艺术、娱乐和文娱活动			77.0	79.0		77.0	77.0
其它服务活动			210.0	205.0		208.0	214.0
家庭作为雇主的活动；家庭自用、未加区分的生产货物及服务活动							
域外组织和机构的活动			2.0	2.0		3.0	3.0
未分类经济活动			61.0	61.0		64.0	92.0
韩　　国②							
按第三版ISIC分类							
就业人员	**2116.0**	**2286.0**	**2351.0**	**2383.0**	**2424.0**	**2468.0**	**2507.0**
第三产业							
批发、零售贸易；机动车及个人、家庭用品修理业	383.0	375.0					
旅馆和饭店业	192.0	206.0					
运输、仓储和通讯	126.0	143.0					
金融中介	75.0	75.0					
房地产、租赁及商业活动	136.0	204.0					

附录1-5　续表 1　　　　单位：万人

国家和地区	2000	2005	2009	2010	2011	2012	2013
韩　　国②(续)							
公共管理和国防；社会基本保障	76.0	79.0					
教育	119.0	157.0	183.0	180.0	169.0	174.0	175.0
卫生和社会工作	43.0	65.0					
其他团体、社会和个人服务活动	125.0	173.0					
雇人的私人住户	19.0	13.0					
域外组织和机构	2.0	2.0					
马来西亚②							
按第三版ISIC分类							
就业人员	**932.0**	**1005.0**	**1090.0**	**1113.0**	**1228.0**	**1272.0**	
第三产业							
批发、零售贸易；机动车及个人、家庭用品修理业		162.0	183.0				
旅馆和饭店业		67.0	80.0				
运输、仓储和通讯	42.0	54.0	59.0				
金融中介		25.0	27.0				
房地产、租赁及商业活动		46.0	60.0				
公共管理和国防；社会基本保障		73.0	81.0				
教育		61.0	73.0				
卫生和社会工作		21.0	27.0				
其他团体、社会和个人服务活动		23.0	30.0				
雇人的私人住户		26.0	26.0				
域外组织和机构							
菲 律 宾②							
按第三版ISIC分类							
就业人员	**2745.0**	**3231.0**	**3500.0**	**3604.0**	**3719.0**	**3762.0**	**3792.0**
第三产业							
批发、零售贸易；机动车及个人、家庭用品修理业		615.0	674.0	703.0			
旅馆和饭店业		86.0	101.0	106.0			
运输、仓储和通讯	199.0	245.0	268.0	272.0	278.0		
金融中介		34.0	37.0	40.0	43.0		
房地产、租赁及商业活动		73.0	106.0	115.0	126.0		
公共管理和国防；社会基本保障		148.0	175.0	185.0			
教育		98.0	114.0	118.0	120.0		122.0
卫生和社会工作		38.0	42.0	45.0			
其他团体、社会和个人服务活动		78.0	88.0	91.0	93.0		
雇人的私人住户		152.0	188.0	193.0			
新 加 坡							
按第三版ISIC分类							
就业人员	**209.0**	**165.0**	**187.0**		**200.0**	**204.0**	
第三产业							
批发、零售贸易；机动车及个人、家庭用品修理业	29.0	30.0					
旅馆和饭店业	11.0	10.0					
运输、仓储和通讯	23.0	23.0					
金融中介	10.0	10.0					
房地产、租赁及商业活动	20.0	21.0					
泰　　国②							
按第三版ISIC分类							
就业人员	**3300.0**	**3630.0**	**3771.0**	**3804.0**	**3846.0**	**3894.0**	
第三产业							
批发、零售贸易；机动车及个人、家庭用品修理业		530.0					
旅馆和饭店业		230.0					
运输、仓储和通讯	95.0	108.0					
金融中介		34.0					
房地产、租赁及商业活动		65.0					
公共管理和国防；社会基本保障		110.0					
教育		112.0			128.0	117.7	
卫生和社会工作		61.0					

附录1-5　续表 2　　　　单位：万人

国家和地区	2000	2005	2009	2010	2011	2012	2013
泰　　国②(续)							
其他团体、社会和个人服务活动		72.0					
雇人的私人住户		24.0					
未分类经济活动		5.0					
越　　南							
按第三版ISIC分类							
就业人员	**3837.0**				**5088.0**	**5169.0**	
第三产业							
批发、零售贸易；机动车及个人、家庭用品修理业	412.0						
旅馆和饭店业	51.0						
运输、仓储和通讯	113.0						
金融中介	11.0						
房地产、租赁及商业活动	11.0						
公共管理和国防；社会基本保障	59.0						
教育	92.0						
卫生和社会工作	27.0						
其他团体、社会和个人服务活动	72.0						
雇人的私人住户	9.0						
埃　　及②							
按第三版ISIC分类							
就业人员	**1720.0**	**1934.0**	**2298.0**	**2383.0**	**2335.0**	**2360.0**	**2397.0**
第三产业							
批发、零售贸易；机动车及个人、家庭用品修理业	201.0	214.0					
旅馆和饭店业	27.0	37.0					
运输、仓储和通讯	113.0	132.0					
金融中介	19.0	17.0					
房地产、租赁及商业活动	31.0	40.0					
公共管理和国防；社会基本保障	183.0	185.0					
教育	179.0	191.0	208.0	208.0	212.0	224.0	230.0
卫生和社会工作	53.0	50.0					
其他团体、社会和个人服务活动	34.0	46.0					
雇人的私人住户	5.0	5.0					
未分类经济活动		3.0					
南　　非							
按第三版ISIC分类							
就业人员	**1224.0**	**1230.0**	**1346.0**	**1306.0**	**1326.0**	**1352.0**	
第三产业							
批发、零售贸易；机动车及个人、家庭用品修理业	248.0	302.0					
旅馆和饭店业							
运输、仓储和通讯	58.0	62.0					
金融中介、房地产、租赁及商务活动	98.0	130.0					
雇人的私人住户	115.0	107.0					
未分类经济活动	10.0	3.0					
巴　　西							
按第三版ISIC分类							
就业人员	**6563.0**	**8718.9**	**9268.9**		**9349.3**	**9471.3**	**9665.9**
第三产业							
批发、零售贸易；机动车及个人、家庭用品修理业	1089.9	1550.3	1648.4		1666	1683.6	1718.7
旅馆和饭店业	307.2	318.7	362.3		456.9	452.3	447.4
运输、仓储和通讯	331.9	396.7	443.6		510.8	526.6	540.6
金融中介	82.4	100.7	113.2		121.8	123.5	133.4
房地产、租赁及商业活动	376.4	493.7	601.4		689.9	707.3	684.6
公共管理和国防；社会基本保障	352.3	426.7	475.4		508.1	517.9	535.6
教育	382.2	468.4	523.9		507.4	524.5	574.9
卫生和社会工作	215.2	297.7	344.2		355.3	385.9	416.7
其他团体、社会和个人服务活动	239.2	330.1	392.8		353.8	376.1	378.5
雇人的私人住户	501.6	666.6	722.3		665.3	641.9	647.4
域外组织和机构	0.3	0.7	0.4		0.4	0.5	0.5
未分类经济活动	83.6	19.8	20.2		13.0	7.1	6.4

附录1-5 续表 3

单位：万人

国家和地区	2000	2005	2009	2010	2011	2012	2013
加 拿 大②							
按第三版ISIC分类							
就业人员	**1476**	**1617**	**1681**	**1704**	**1731**	**1751**	
第三产业							
批发、零售贸易；机动车及个人、家庭用品修理业	255	284	293	294			
旅馆和饭店业	94	100	106	106			
运输、仓储和通讯	112	115	106	103	108	110	
金融中介	61	71	77	79	76	79	
房地产、租赁及商业活动	173	199	215	223	229	227	
公共管理和国防；社会基本保障	77	83	93	95			
教育	97	111	119	122	122	129	
卫生和社会工作	151	173	195	203			
其他团体、社会和个人服务活动	66	74	91	90	90	93	
雇人的私人住户	8	6	8	7			
墨 西 哥							
按第四版ISIC分类							
就业人员	**3804.5**	**4079.2**	**4290.7**	**4386.7**	**4689.2**	**4900.3**	**4927.5**
第三产业							
批发、零售贸易；机动车及摩托车修理业	834.2	933.3			921	971.5	1066.3
运输和贮存					192.5	196.5	202.6
住宿和餐饮业	180.1	243.8			321.1	338.8	347.9
信息和通讯业	158.4	184.7			37.5	38.2	42.7
金融和保险业	28.4	30.7			41.3	53.1	50.8
房地产业	128.8	182.9			27.1	30	16.2
专业、科技活动	174.3	191.7			113.2	110.4	121.5
企业管理和商务服务业					113.7	122.3	133
公共行政和国防;强制性社会保障					236.9	244.4	237.9
教育					254.4	261.2	272.9
卫生和社会福利业					135.3	149.5	140.8
艺术、娱乐和文娱活动					42.1	44.9	43.6
其它服务活动					244.1	271.9	165.5
域外组织和机构的活动					0.3	0.6	0.5
未分类经济活动					28.6	35.1	29.7
美 国②							
按第三版ISIC分类							
就业人员	**13521**	**14173**	**13988**	**13906**			
第三产业							
批发、零售贸易；机动车及个人、家庭用品修理业	2241	2140					
旅馆和饭店业	1007	931					
运输、仓储和通讯	829	618					
金融中介	568	704					
房地产、租赁及商业活动	1884	1746					
公共管理和国防；社会基本保障	1059	653					
教育	1171	1226					
卫生和社会工作	1272	1691					
其他团体、社会和个人服务活动；雇人的私人住户；境外组织和团体；未分类经济活动		1319					
法 国							
按第四版ISIC分类							
就业人员			**2564**	**2569.1**	**2575.1**	**2574.9**	**2574.9**
第三产业							
批发、零售贸易；机动车及摩托车修理业			339.9	335.2	324.1	325.9	324.7
运输和贮存			134.9	134.1	133.5	134.1	139.9
住宿和餐饮业			90.3	95.9	97.7	97.3	95.5
信息和通讯业			72.3	73.9	75.6	74.5	70.1
金融和保险业			87.3	86.6	87	84.7	84.9
房地产业			30.7	30.5	31.7	30.9	37.1
专业、科技活动			127.1	127.9	139.5	140.6	140.2
企业管理和商务服务业			88.7	91.4	92.9	97.7	96.4
公共行政和国防;强制性社会保障			261.1	257.5	251.3	245	235.4
教育			174.4	175	173	184.3	184.2
卫生和社会福利业			326.8	336.9	340.6	347.3	362.4
艺术、娱乐和文娱活动			34.6	34.1	37.4	36.3	41.1

附录1-5　续表 4　　　　　　　　　　　　　　　　　　　　　单位：万人

国家和地区	2000	2005	2009	2010	2011	2012	2013
法　国(续)							
其它服务活动			68.1	71.8	72.6	70.1	69.8
域外组织和机构的活动			1.7	2.1	2.9	2.3	2.4
未分类经济活动			11.9	12.6	10.7	11.4	**20.6**
德　国							
按第四版ISIC分类							
就业人员			**3847.1**	**3873.8**	**3878.7**	**3912.6**	**3953.1**
第三产业							
批发、零售贸易；机动车及摩托车修理业			519.7	526.4	523.2	521.5	567.9
运输和贮存			182.0	181.9	183.4	186.9	191.3
住宿和餐饮业			148.9	148.8	147.2	150.5	150.9
信息和通讯业			122.5	123.3	123.8	128.0	115.3
金融和保险业			132.3	132.1	128.9	129.1	127.9
房地产业			27.6	26.7	26.9	27.1	22.2
专业、科技活动			190.4	192.3	200.8	198.7	214.1
企业管理和商务服务业			193.5	202.8	203.8	206.7	192.8
公共行政和国防;强制性社会保障			277.2	280.8	274.5	275.9	278.7
教育			237.0	237.1	241.9	247.3	254.6
艺术、娱乐和文娱活动			452.7	468.5	476.6	487.3	485.7
其它服务活动			53.6	55.2	52.9	55.1	**53.3**
域外组织和机构的活动			113.9	111.8	110.8	110.1	117.5
未分类经济活动			2.9	3.2	2.7	2.6	2.0
意 大 利							
按第三版ISIC分类							
就业人员	**2093.0**	**2241.0**	**2270.0**	**2253.0**	**2260.0**	**2257.0**	**2219.0**
第三产业							
批发、零售贸易；机动车及个人、家庭用品修理业	338.0	342.0					
旅馆和饭店业	81.0	106.0					
运输、仓储和通讯	117.0	123.0					
金融中介	67.0	64.0					
房地产、租赁及商业活动	148.0	236.0					
公共管理和国防；社会基本保障	194.0	144.0					
教育	151.0	154.0	157.0	154.0	154.0	149.0	149.0
卫生和社会工作	129.0	155.0					
其他团体、社会和个人服务活动	90.0	109.0					
雇人的私人住户	20.0	30.0					
域外组织和机构	2.0	2.0					
荷　兰							
按第三版ISIC分类							
就业人员	**786.0**	**811.0**	**860.0**	**837.0**	**837.0**	**842.0**	
第三产业							
批发、零售贸易；机动车及个人、家庭用品修理业	125.0	115.0					
旅馆和饭店业	27.0	32.0					
运输、仓储和通讯	45.0	49.0					
金融中介	27.0	27.0					
房地产、租赁及商业活动	93.0	97.0					
公共管理和国防；社会基本保障	49.0	53.0					
教育	47.0	55.0	59.2	57.1	56.3	56.0	
卫生和社会工作	105.0	120.0					
其他团体、社会和个人服务活动	33.0	32.0					
俄 罗 斯							
按第三版ISIC分类							
就业人员	**6507.0**	**6817.0**	**6700.0**	**6980.0**	**7086.0**	**7155.0**	
第三产业							
批发、零售贸易；机动车及个人、家庭用品修理业	789.0	1038.0	1056.0	1088.0			
旅馆和饭店业	92.0	130.0	143.0	137.0			
运输、仓储和通讯	548.0	625.0	653.0	650.0	669.0	671.0	

附录1-5　续表 5　　　　单位：万人

国家和地区	2000	2005	2009	2010	2011	2012	2013
俄 罗 斯(续)							
金融中介	84.0	96.0	124.0	131.0	143.0	146.0	
房地产、租赁及商业活动	203.0	404.0	447.0	445.0	475.0	473.0	
公共管理和国防；社会基本保障	482.0	482.0	556.0	572.0			
教育	591.0	620.0	651.0	656.0	651.0	662.0	
卫生和社会工作	439.0	470.0	548.0	549.0			
其他团体、社会和个人服务活动	484.0	225.0	263.0	265.0	277.0	274.0	
雇人的私人住户	2.0	3.0	3.0	2.0			
西 班 牙②							
按第三版ISIC分类							
就业人员	**1544.0**	**1921.0**	**1911.0**	**1872.0**	**1842.0**	**1763.0**	**1714.0**
第三产业							
批发、零售贸易；机动车及个人、家庭用品修理业	251.0	289.0					
旅馆和饭店业	100.0	129.0					
运输、仓储和通讯	93.0	114.0					
金融中介	41.0	47.0					
房地产、租赁及商业活动	112.0	171.0					
公共管理和国防；社会基本保障	97.0	120.0					
教育	85.0	111.0	118.0	121.0	121.0	121.0	116.0
卫生和社会工作	83.0	113.0					
其他团体、社会和个人服务活动	60.0	81.0					
雇人的私人住户	43.0	68.0					
域外组织和机构		1.0					
英　　国							
按第三版ISIC分类							
就业人员	**2726.0**	**2867.0**	**2906.0**	**2912.0**	**2928.0**	**2960.0**	**2995.0**
第三产业							
批发、零售贸易；机动车及个人、家庭用品修理业	422.0	436.0					
旅馆和饭店业	116.0	125.0					
运输、仓储和通讯	186.0	196.0					
金融中介	118.0	123.0					
房地产、租赁及商业活动	302.0	327.0					
公共管理和国防；社会基本保障	169.0	200.0					
教育	219.0	256.0	296.0	310.0	306.0	307.0	309.0
卫生和社会工作	299.0	348.0					
其他团体、社会和个人服务活动	152.0	158.0					
雇人的私人住户	14.0	12.0					
域外组织和机构	2.0	1.0					
未分类经济活动	7.0	7.0					
澳大利亚②							
按第三版ISIC分类							
就业人员	**895.0**	**997.0**	**1092.0**	**1121.0**	**1136.0**	**1148.0**	
第三产业							
批发、零售贸易；机动车及个人、家庭用品修理业	176.0	177.0	184.0	187.0			
旅馆和饭店业	46.0	69.0	74.0	76.0			
运输、仓储和通讯	59.0	63.0	72.0	71.0			
金融中介	33.0	37.0	40.0	40.0			
房地产、租赁及商业活动	106.0	121.0	131.0	141.0			
公共管理和国防；社会基本保障	46.0	61.0	68.0	70.0			
教育	61.0	72.0	81.7	85.0			
卫生和社会工作	85.0	102.0	122.0	127.0			
其他团体、社会和个人服务活动	44.0	46.0	53.0	52.0			
雇人的私人住户	1.0						
未分类经济活动	0.2	2.0					

注：①中国数据来自《中国统计年鉴》，指城镇单位的就业人员数。②不包括军人。
资料来源：国际劳工组织数据库。

附录1-6　按行业分类的第三产业雇员每月平均工资

单位：本币

国家和地区	2000	2005	2009	2010	2011	2012	2013
中　　国							
按第三版ISIC分类							
雇员每月收入①	**780.9**	**1516.7**	**2687.0**	**3044.9**	**3483.3**	**3897.4**	**4290.3**
第三产业							
批发、零售贸易；机动车及个人、家庭用品修理业	599.2	2583.6	4525.9	5153.4	6151.9	6789.6	7394.8
运输、仓储和通讯	1026.6	1742.6	2942.9	3372.2	3923.2	4449.3	4832.8
金融中介	1123.2	2435.8	5033.2	5845.5	6759.1	7478.6	8304.4
房地产、租赁及商业活动	1051.3	3457.2	5644.7	6286.3	7484.4	8327.2	9465.5
公共管理和国防；社会基本保障②	836.9	1686.2	2943.8	3186.8	3505.2	3839.5	4104.9
教育③	790.2	1521.6	2878.6	3247.3	3599.5	3977.8	4329.2
卫生和社会工作④	910.8	1734.0	2971.8	3352.7	3850.5	4380.3	4831.6
中国香港							
按第四版ISIC分类							
雇员每月收入			**10500.0**	**11000.0**	**11000.0**	**12000.0**	**12500.0**
第三产业							
批发和零售贸易；机动车辆和托车的修理			11000.0	11000.0	12000.0	12000.0	13000.0
运输和储存			11000.0	11000.0	11500.0	12000.0	13000.0
住宿和餐饮业			8000.0	8000.0	8500.0	9000.0	10000.0
信息和通讯业			16000.0	17000.0	18000.0	18000.0	20000.0
金融和保险业			20000.0	20000.0	20000.0	21000.0	22500.0
房地产业			9000.0	9000.0	9800.0	10500.0	11000.0
专业和科技活动			10000.0	10500.0	10800.0	11500.0	12000.0
企业管理和商务服务业							
公共行政和国防；强制性社会保障			22000.0	22500.0	23000.0	25000.0	26300.0
教育			20000.0	20000.0	20000.0	21000.0	20000.0
卫生和社会福利业			13000.0	13000.0	14000.0	15000.0	15000.0
中国澳门							
按第三版ISIC分类							
雇员每月收入			**8500.0**	**8900.0**	**10000.0**	**11000.0**	**12000.0**
第三产业							
批发、零售贸易；机动车及个人、家庭用品修理业	4533.0	4888.0	6800.0	7000.0	8000.0	8500.0	10000.0
旅馆和饭店业	4099.0	4468.0	6500.0	7000.0	7400.0	8000.0	8500.0
运输、仓储和通讯	5649.0	6455.0	9000.0	8500.0	10000.0	10300.0	12000.0
金融中介	7726.0	8691.0	12000.0	12500.0	12000.0	13800.0	16000.0
房地产、租赁及商业活动	3957.0	4198.0	6000.0	6000.0	6800.0	7600.0	8000.0
公共管理和国防；社会基本保障	13742.0	14521.0	19600.0	19500.0	20700.0	25000.0	27200.0
教育	9095.0	9503.0	13000.0	13600.0	15000.0	16000.0	19000.0
卫生和社会工作	9137.0	9705.0	10300.0	10000.0	12000.0	14000.0	18000.0
以 色 列							
按第三版ISIC分类							
雇员每月收入			**7947.0**	**8100.0**	**8325.0**		
第三产业							
批发、零售贸易；机动车及个人、家庭用品修理业			6429.0	6877.0	7142.0		
旅馆和饭店业			4668.0	4240.0	4687.0		
运输、仓储和通讯			8116.0	7915.0	8151.0		
金融中介			11471.0	12565.0	11837.0		
房地产、租赁及商业活动			10317.0	9877.0	10440.0		
公共管理和国防；社会基本保障			10525.0	11149.0	10884.0		
教育			6411.0	6708.0	7042.0		
卫生和社会工作			6909.0	7094.0	7128.0		

附录1-6 续表 1

单位：本币

国家和地区	2000	2005	2009	2010	2011	2012	2013
哈萨克斯坦							
按第三版ISIC分类							
雇员每月收入	**14374.0**	**33807.0**					
第三产业							
批发、零售贸易；机动车及个人、家庭用品修理业	12961.0	33500.0					
旅馆和饭店业	15979.0	47400.0					
运输、仓储和通讯	18788.0	49000.0					
金融中介	36140.0	79500.0					
房地产、租赁及商业活动	16672.0	50700.0					
公共管理和国防；社会基本保障	11758.0	31200.0					
教育	8512.0	20300.0					
卫生和社会工作	7267.0	18000.0					
其它社团、社会和个人服务	12857.0	39100.0					
域外组织和机构		137500.0					
印度尼西亚							
按第三版ISIC分类							
雇员每月收入⑤			**1322.4**	**1411.0**	**1529.2**	**1580.9**	**1917.2**
第三产业							
批发、零售贸易；机动车及个人、家庭用品修理业			1102.9	1154.3			1564.7
旅馆和饭店业			1105.5	1171.2			1590.9
运输、仓储和通讯			1514.3	1599.8			2218.7
金融中介			2235.6	2158.3			2960.4
房地产、租赁及商业活动			1869.1	1883.7			2393.1
公共管理和国防；社会基本保障			2102.9	2186.7			2907.4
教育			1583.5	1637.3			2261.1
卫生和社会工作			1787.8	1772.9			2426.8
日　本							
按第四版ISIC分类							
雇员每月收入⑤			**294.5**	**296.2**	**296.8**	**297.7**	**295.7**
第三产业							
批发和零售贸易；机动车辆和摩托车的修理		306.1	297.0	297.7	289.0	296.4	293.3
运输和储存			255.1	261.5	257.8	262.4	258.5
住宿和餐饮业		239.4	237.5	236.8	236.8	235.2	232.6
信息和通讯业		358.1	358.6	363.3	378.4	392.8	376.2
金融和保险业	355.0	373.3	368.6	364.0	390.6	366.8	363.4
房地产业	335.6	334.0	313.1	314.6	321.6	310.8	316.7
专业和科技活动			364.2	380.5	372.5	368.5	372.4
教育		393.1	391.4	386.2	389.2	386.5	385.5
卫生和社会福利业		276.5	272.1	272.1	273.1	274.4	272.8
韩　国							
按第四版ISIC分类							
雇员每月收入⑤			**2270.3**	**2360.5**	**2454.3**	**2566.6**	
第三产业							
批发和零售贸易；机动车辆和摩托车的修理			2216.0	2338.5	2389.0	2480.7	
运输和储存			1958.5	2039.7	2195.4	2355.9	
住宿和餐饮业			1564.1	1582.1	1653.2	1705.0	
信息和通讯业			2942.2	3058.4	3171.3	3196.5	
金融和保险业			3011.4	3135.8	3344.2	3515.0	
房地产业			1728.5	1733.4	1832.0	1871.2	
专业和科技活动			2943.9	2974.3	3119.3	3305.8	
企业管理和商务服务业			2025.6	2055.4	2094.7	2086.3	
教育			2707.3	2775.8	2980.7	2991.0	
卫生和社会福利业			2008.6	2100.8	2125.3	2266.7	

附录1-6 续表 2 单位：本币

国家和地区	2000	2005	2009	2010	2011	2012	2013
蒙　古							
按第三版ISIC分类							
雇员每月收入	**62.3**	**101.2**	**300.5**	**341.5**			
第三产业							
批发、零售贸易；机动车及个人、家庭用品修理业	51.1	73.0	214.0	231.6			
旅馆和饭店业	62.9	116.1	239.7	267.1			
运输、仓储和通讯	78.4	112.4	294.7	369.0			
金融中介	47.3	163.9	600.3	696.7			
房地产、租赁及商业活动	50.5	68.3	264.9	277.3			
公共管理和国防；社会基本保障	56.7	106.2	332.0	351.1			
教育	59.2	92.8	297.3	311.6			
卫生和社会工作	43.7	84.6	298.4	319.1			
菲 律 宾							
按第三版ISIC分类							
雇员每日收入		**245.4**	**290.7**	**306.5**	**317.4**	**333.8**	
第三产业							
批发、零售贸易；机动车及个人、家庭用品修理业	219.4	217.5	257.5	274.6	275.8		
旅馆和饭店业	200.0	221.8	264.5	280.8	280.1		
运输、仓储和通讯	251.6	284.4	371.9	385.8	396.9		
金融中介	364.5	446.1	515.6	530.0	528.6		
房地产、租赁及商业活动	229.0	320.2	426.2	456.7	475.4		
公共管理和国防；社会基本保障		396.2	433.4	449.7	498.1		
教育	290.3	441.0	522.4	567.0	618.5	677.6	
卫生和社会工作	245.2	373.2	434.3	464.6	470.5		
新 加 坡							
按第四版ISIC分类							
雇员每月收入			**3872.0**	**4089.0**	**3249.0**	**3480.0**	**3705**
第三产业							
批发和零售贸易；机动车辆和摩托车的修理			3418.0	3546.0	2830.0	3000.0	3141
运输和储存			3914.0	3953.0	2416.0	2500.0	2675
住宿和餐饮业			1463.0	1506.0	1764.0	1740.0	1800
信息和通讯业			5253.0	5338.0	4987.0	4838.0	5414
金融和保险业			6890.0	7656.0	5588.0	5751.0	6090
房地产业			3273.0	3051.0	3500.0	3915.0	3857
专业和科技活动			4957.0	5003.0	4423.0	4640.0	5000
企业管理和商务服务业			2344.0	2529.0	1733.0	1810.0	1972
公共行政和国防；强制性社会保障					4328.0	4500.0	5000
卫生和社会福利业					3119.0	3141.0	3480
泰　国							
按第四版ISIC分类							
雇员每月收入					**10340.0**	**11184.0**	**12255**
第三产业							
批发和零售贸易；机动车辆和摩托车的修理					9113.0	10143.0	11099
运输和储存					14168.0	15276.0	16530
住宿和餐饮业					7355.0	8429.0	9247
信息和通讯业					26149.0	23967.0	26407
金融和保险业					22774.0	22295.0	24747
房地产业					13117.0	14587.0	15295
专业和科技活动					18917.0	18017.0	21803
企业管理和商务服务业					8739.0	11128.0	11537
公共行政和国防；强制性社会保障					13194.0	13966.0	15071
教育					19502.0	19747.0	20556
卫生和社会福利业					13746.0	14179.0	16199

附录1-6 续表 3

单位：本币

国家和地区	2000	2005	2009	2010	2011	2012	2013
埃　及							
按第四版ISIC分类							
雇员每月收入					**2136.0**	**2564.0**	
第三产业							
批发和零售贸易；机动车辆和摩托车的修理					1516.0	1636.0	
运输和储存					2824.0	3680.0	
住宿和餐饮业					1580.0	1344.0	
信息和通讯业					1672.0	2216.0	
金融和保险业					6240.0	8100.0	
房地产业					1492.0	1112.0	
专业和科技活动					1936.0	2364.0	
企业管理和商务服务业					1612.0	2168.0	
教育					640.0	848.0	
卫生和社会福利业					1816.0	1676.0	
南　非							
按第二版ISIC分类							
雇员每月收入							**8193.9**
第三产业							
批发、零售业、旅馆和饭店业	3722.0	4818.5					
运输、仓储和通讯	5636.0	10422.0					
金融保险、房地产和商务服务	8828.0	7443.5					
社会和个人服务	6073.0	8383.8					
加拿大							
按第三版ISIC分类							
雇员每周收入	**655.6**	**737.3**	**803.9**	**820.7**	**840.1**	**866.6**	
第三产业							
批发、零售贸易；机动车及个人、家庭用品修理业	538.5	573.3	598.9	608.6	624.6	637.5	
旅馆和饭店业	273.3	288.5	382.7	386.2	396.7	417.7	
运输、仓储和通讯	747.6	859.5	885.0	924.4	929.4	937.7	
金融中介	844.3	933.9	959.4	949.2	987.2	1041.3	
房地产、租赁及商业活动	697.6	777.2	858.9	871.7	904.4	941.8	
公共管理和国防；社会基本保障	781.2	925.5	1092.6	1118.7	1140.0	1170.3	
教育	673.9	779.6	922.1	960.8	982.9	1013.6	
卫生和社会工作	562.4	667.4	782.9	790.1	816.6	829.3	
其它团体、社会和个人服务	459.3	551.1	628.6	626.9			
墨西哥							
按第三版ISIC分类							
雇员每月收入	**2938.5**	**4173.8**					
第三产业							
批发、零售贸易；机动车及个人、家庭用品修理业	2538.4	3726.7					
旅馆和饭店业	2166.9	3330.9					
运输、仓储和通讯	3694.6	4795.9					
金融中介	6597.4	7773.7					
房地产、租赁及商业活动	3874.9	4658.1					
公共管理和国防；社会基本保障	4236.7	5812.4					
教育	4418.7	5938.1					
卫生和社会工作	4086.1	5929.8					
其它团体、社会和个人服务	2883.7	4031.9					
雇人的私人住户	1225.8	1980.9					

附录1-6　续表 4　　　　　　　　　　　　　　　　　　　　　　　　　　　　单位：本币

国家和地区	2000	2005	2009	2010	2011	2012	2013
美　国							
按第三版ISIC分类							
雇员每小时收入							
第三产业							
运输、仓储和通讯							
金融中介							
教育			18.9				
卫生和社会工作	14.0	17.1					
法　国							
按第三版ISIC分类							
雇员每月收入	**1396.3**	**2516.0**			**2745.0**		
第三产业							
批发、零售贸易；机动车及个人、家庭用品修理业	1257.4	2319.0					
旅馆和饭店业	959.9						
运输、仓储和通讯	1530.2	2372.0					
金融中介	1998.1	3720.0					
房地产、租赁及商业活动	1559.2	2653.0					
公共管理和国防；社会基本保障	1502.3						
教育	1508.5	2117.0			2804.0		
卫生和社会工作	1258.2						
德　国							
按第四版ISIC分类							
雇员每月收入			**3456.0**	**3543.0**	**3661.0**	**3749.0**	**3794.0**
第三产业							
批发和零售贸易；机动车辆和摩托车的修理			3247.0	3326.0	3413.0	3578.0	3542.0
运输和储存			2923.0	2960.0	3033.0	3113.0	3114.0
住宿和餐饮业			1970.0	1997.0	2045.0	2105.0	2107.0
信息和通讯业			4749.0	4865.0	4993.0	5039.0	5104.0
金融和保险业			4873.0	5078.0	5235.0	5381.0	5473.0
房地产业			3778.0	3850.0	3928.0	4024.0	4233.0
专业和科技活动			4555.0	4638.0	4787.0	4608.0	4637.0
企业管理和商务服务业			2217.0	2207.0	2275.0	2290.0	2358.0
公共行政和国防；强制性社会保障			3228.0	3258.0	3332.0	3427.0	3499.0
教育			3976.0	4010.0	4035.0	4072.0	4157.0
卫生和社会福利业			3320.0	3370.0	3468.0	3550.0	3623.0
荷　兰							
按第三版ISIC分类							
雇员每月收入	**5220.0**	**2836.0**			**2266.0**		
第三产业							
批发、零售贸易；机动车及个人、家庭用品修理业	4684.0	2523.0					
旅馆和饭店业	3792.0	2018.0					
运输、仓储和通讯	4937.0	2575.0					
金融中介	6257.0	3613.0					
房地产、租赁及商业活动	5905.0	3164.0					
公共管理和国防；社会基本保障	5776.0	3058.0					
教育	6029.0	3221.0			2438.0		
卫生和社会工作	5285.0	2972.0					
其它团体、社会和个人服务活动	5018.0	2773.0					

附录1-6　续表 5　　　　单位：本币

国家和地区	2000	2005	2009	2010	2011	2012	2013
波　兰							
按第四版ISIC分类							
雇员每月收入	**1893.7**	**2360.6**		**3543.5**	**3403.5**		
第三产业							
批发和零售贸易；机动车辆和摩托车的修理				3102.6	2774.3		
运输和储存				3274.4	3063.6		
住宿和餐饮业				2582.0	2104.3		
信息和通讯业				6447.8	5852.8		
金融和保险业				5832.8	5818.9		
房地产业				3580.6	3523.9		
专业和科技活动				4989.5	4209.1		
企业管理和商务服务业				2277.1	2311.3		
公共行政和国防；强制性社会保障				4336.5	4320.1		
教育				3488.2	3576.7		
卫生和社会福利业				3315.6	3226.1		
俄 罗 斯							
按第三版ISIC分类							
雇员每月收入	**2223.0**	**8555.0**	**18638.0**	**20952.0**	**22717.0**		**28702.0**
第三产业							
批发、零售贸易；机动车及个人、家庭用品修理业	1585.0	6552.0	15959.0	18406.0	25044.0		30747.0
旅馆和饭店业	1640.0	6033.0	12470.0	13466.0	21394.0		25066.0
运输、仓储和通讯	3220.0	11351.0	22401.0	25590.0	28261.0		34405.0
金融中介	5232.0	22728.0	42373.0	50120.0			
房地产、租赁及商业活动	2457.0	10237.0	22610.0	25623.0	30227.0		38365.0
公共管理和国防；社会基本保障	2712.0	10999.0	23960.0	25121.0			
教育	1240.0	5430.0	13294.0	14075.0	15430.0		22084.0
卫生和社会工作	1333.0	5906.0	14820.0	15724.0	16754.0		23700.0
其他团体、社会和个人服务	1548.0	6291.0	15070.0	16371.0			
域外组织和机构	4620.0	18922.0	40749.0	43769.0			
西 班 牙							
按第三版ISIC分类							
雇员每小时收入							
第三产业							
批发、零售贸易；机动车及个人、家庭用品修理业	8.0	9.6					
旅馆和饭店业	6.4	7.6					
运输、仓储和通讯	10.9	12.7					
金融中介	18.5	22.8					
房地产、租赁及商业活动	8.5	10.8					
教育	12.4	15.4					
卫生和社会工作	11.8	14.4					
其他团体、社会和个人服务	8.8	10.2					

附录1-6　续表 6　　　　单位：本币

国家和地区	2000	2005	2009	2010	2011	2012	2013
英　国							
按第四版ISIC分类							
雇员每月收入			**2090.0**	**2119.0**	**2117.0**	**2130.0**	
第三产业							
批发和零售贸易；机动车辆和摩托车的修理			1575.0	1602.0	1597.0	1618.0	
运输和储存			2273.0	2306.0	2299.0	2385.0	
住宿和餐饮业			1044.0	1045.0	1034.0	1044.0	
信息和通讯业			3071.0	3116.0	3122.0	3190.0	
金融和保险业			3248.0	3423.0	3621.0	3484.0	
房地产业			2139.0	2195.0	2107.0	2145.0	
专业和科技活动			2912.0	2921.0	2959.0	2940.0	
企业管理和商务服务业			1643.0	1629.0	1617.0	1610.0	
公共行政和国防；强制性社会保障			2362.0	2504.0	2411.0	2461.0	
教育			1888.0	1930.0	1944.0	1952.0	
卫生和社会福利业			1927.0	2001.0	1977.0	1999.0	
其他服务活动			1748.0	1711.0	1698.0	1715.0	
澳大利亚							
按第三版ISIC分类							
雇员每小时工资							
第三产业							
批发和零售贸易；机动车辆和摩托车的修理	16.5						
旅馆和饭店业	14.7						
运输、仓储和通讯	20.4						
金融中介	21.1						
房地产、租赁及商业活动	19.6						
公共管理和国防；社会基本保障	22.7						
教育	21.7						
卫生和社会工作	19.5						
新 西 兰							
按第四版ISIC分类							
雇员每月收入			**3830.0**	**3940.0**			
第三产业							
批发和零售贸易；机动车辆和摩托车的修理							
运输和储存			4230.0	4360.0			
住宿和餐饮业			1880.0	1930.0			
信息和通讯业			5740.0	5920.0			
金融和保险业			6190.0	6500.0			
房地产业			3830.0	3890.0			
专业和科技活动			5010.0	5120.0			
企业管理和商务服务业			3000.0	3040.0			
公共行政和国防；强制性社会保障			5270.0	5470.0			
教育			3820.0	3960.0			
卫生和社会工作			3670.0	3770.0			
其他服务活动			2840.0	2870.0			

注：①指城镇单位就业人员平均工资。②指国家机关、社会组织。③包括文化艺术、广播电视。
　　④包括体育活动。⑤千本币。
资料来源：中国数据来自《中国统计年鉴》。国际劳工组织数据库。

附录1-7 货物进口总额

单位：亿美元

国家和地区	2000	2005	2008	2009	2010	2011	2012	2013	2014
世　界	**67250**	**108700**	**165720**	**127820**	**155110**	**185080**	**186150**	**189040**	**190240**
中　国	2251	6600	11326	10059	13963	17435	18184	19500	19603
中国香港	2140	3002	3930	3522	4414	5109	5535	6214	6006
中国澳门	26	45	59	48	56	79	90	103	114
孟加拉国	89	139	239	218	278	362	342	371	422
文　莱	11	15	26	25	25	36	36	36	34
柬埔寨	19	39	65	58	68	93	114	128	135
印　度	515	1429	3210	2572	3502	4645	4897	4654	4604
印度尼西亚	436	757	1275	938	1357	1774	1917	1866	1782
伊　朗	139	400	574	508	654	618	571	490	520
以色列	377	471	677	493	612	758	754	749	753
日　本	3795	5159	7625	5520	6941	8554	8858	8332	8223
哈萨克斯坦	50	174	379	284	311	369	464	488	412
韩　国	1605	2612	4353	3231	4252	5244	5196	5156	5255
老　挝	5	9	14	15	21	24	31	30	33
马来西亚	820	1143	1564	1238	1646	1875	1964	2059	2089
蒙　古	6	12	36	21	33	66	67	64	52
缅　甸	24	19	43	44	48	90	92	120	178
巴基斯坦	109	254	423	317	378	440	442	447	476
菲律宾	370	495	604	459	585	637	654	651	671
新加坡	1346	2001	3198	2458	3108	3658	3797	3730	3663
斯里兰卡	63	88	140	101	135	203	192	180	197
泰　国	619	1182	1792	1337	1829	2288	2500	2504	2280
越　南	156	368	807	700	848	1068	1138	1320	1493
埃　及	146	225	484	450	529	589	692	583	675
尼日利亚	87	208	500	339	442	560	510	560	637
南　非	297	623	1016	741	968	1244	1272	1264	1219
加拿大	2448	3224	4190	3299	4027	4636	4749	4743	4749
墨西哥	1795	2282	3183	2415	3102	3611	3805	3910	4116
美　国	12593	17327	21695	16053	19692	22660	23365	23291	24094
阿根廷	252	287	575	388	568	743	680	737	653
巴　西	586	776	1824	1337	1915	2370	2334	2506	2391
捷　克	320	765	1420	1051	1267	1521	1414	1443	1522
法　国	3389	5041	7168	5609	6111	7200	6744	6815	6792
德　国	4972	7771	11851	9264	10548	12549	11632	11916	12174
意大利	2388	3848	5619	4151	4871	5588	4886	4795	4717
荷　兰	2183	3638	5809	4432	5164	5990	5869	5897	5868
波　兰	490	1016	2088	1495	1781	2106	1991	2076	2181
俄罗斯	449	1254	2919	1918	2486	3238	3355	3413	3080
西班牙	1561	2888	4208	2932	3270	3766	3373	3406	3560
土耳其	545	1168	2020	1409	1855	2408	2366	2517	2422
乌克兰	140	361	855	455	609	826	846	768	543
英　国	3481	5193	6578	5191	5911	6771	6906	6558	6829
澳大利亚	715	1253	2003	1655	2016	2437	2609	2421	2376
新西兰	139	262	344	256	306	371	383	396	425

资料来源：世界贸易组织数据库。

附录1-8　货物出口总额

单位：亿美元

国家和地区	2000	2005	2008	2009	2010	2011	2012	2013	2014
世　界	**64580**	**105090**	**161600**	**125550**	**153010**	**183330**	**184080**	**188260**	**189350**
中　国	2492	7620	14307	12016	15778	18984	20487	22090	23428
中国香港	2027	2921	3702	3294	4007	4556	4929	5352	5241
中国澳门	25	25	20	10	9	9	10	11	12
孟加拉国	64	93	154	151	192	244	251	291	304
文　莱	39	63	103	72	89	125	130	115	105
柬埔寨	14	31	47	42	51	67	78	93	108
印　度	424	996	1948	1649	2264	3029	2968	3149	3174
印度尼西亚	654	870	1396	1197	1578	2035	1900	1826	1763
伊　朗	287	563	1137	788	1013	1320	1040	825	888
以色列	314	428	613	479	584	678	631	668	681
日　本	4793	5949	7814	5807	7698	8232	7986	7151	6839
哈萨克斯坦	88	279	712	432	600	843	865	847	782
韩　国	1723	2844	4220	3635	4664	5552	5479	5596	5727
老　挝	3	6	11	11	18	22	23	23	27
马来西亚	982	1416	1994	1572	1986	2281	2275	2283	2341
蒙　古	5	11	25	19	29	48	44	43	58
缅　甸	16	38	69	67	87	92	89	112	150
巴基斯坦	90	161	203	175	214	254	246	251	247
菲律宾	381	413	491	384	515	483	521	567	618
新加坡	1378	2297	3382	2698	3519	4095	4084	4103	4098
斯里兰卡	54	64	85	74	86	102	94	102	112
泰　国	690	1109	1778	1524	1933	2226	2292	2285	2276
越　南	145	324	627	571	722	969	1145	1320	1505
埃　及	53	129	262	231	264	305	294	285	271
尼日利亚	210	505	863	567	840	1140	1150	1030	980
南　非	300	516	808	617	914	1088	996	959	911
加拿大	2766	3605	4565	3161	3875	4513	4556	4583	4743
墨西哥	1664	2142	2913	2297	2983	3496	3706	3800	3975
美　国	7819	9011	12874	10560	12785	14825	15457	15796	16232
阿根廷	263	404	700	557	682	841	803	817	719
巴　西	551	1185	1979	1530	2019	2560	2426	2420	2251
捷　克	291	781	1468	1130	1330	1629	1570	1623	1738
法　国	3276	4634	6162	4848	5238	5965	5687	5810	5832
德　国	5518	9709	14462	11200	12589	14740	14051	14518	15109
意大利	2405	3731	5428	4069	4473	5233	5013	5183	5287
荷　兰	2331	4064	6379	4979	5743	6671	6554	6716	6724
波　兰	318	894	1705	1365	1597	1887	1854	2050	2167
俄罗斯	1050	2438	4716	3034	4006	5220	5293	5233	4967
西班牙	1153	1926	2815	2273	2544	3066	2953	3178	3228
土耳其	278	735	1320	1021	1139	1349	1525	1518	1576
乌克兰	146	342	670	398	515	685	685	643	542
英　国	2854	3909	4722	3549	4160	5066	4728	5410	5068
澳大利亚	639	1061	1873	1543	2126	2704	2564	2526	2402
新西兰	133	217	306	249	314	377	373	394	416

资料来源：世界贸易组织数据库。

附录1-9　服务贸易进口总额

单位：亿美元

国家和地区	2000	2005	2008	2009	2010	2011	2012	2013	2014
世　界	**14638**	**23838**	**36336**	**32978**	**36945**	**41364**	**42881**	**45361**	**47405**
中　国	359	833	1580	1580	1929	2378	2810	3300	3821
中国香港	246	338	469	436	702	741	765	768	781
中国澳门	8	23	56	47	75	105	114	118	107
孟加拉国	15	20	35	32	45	52	53	61	76
文　莱	8	9	12	12	14	15	15	14	15
柬埔寨	3	6	9	8	9	13	15	17	20
印　度	189	468	878	794	1140	1242	1290	1252	1241
印度尼西亚	154	218	280	226	260	312	336	344	332
伊　朗	22	104	171	169	169	182	162	124	
以色列	118	135	190	173	184	202	207	200	217
日　本	1139	1326	1673	1469	1629	1738	1828	1690	1899
哈萨克斯坦	18	74	109	99	112	108	127	120	126
韩　国	332	590	954	795	965	1020	1078	1092	1140
老　挝	0	0	1	1	3	3	3	5	
马来西亚	166	218	301	273	322	379	422	444	437
蒙　古	2	5	6	5	8	18	20	20	20
缅　甸	3	5	6	6	8	11	14	15	
巴基斯坦	21	72	93	59	66	73	76	72	76
菲律宾	52	58	83	87	117	120	140	160	196
新加坡	300	551	872	824	1010	1138	1243	1291	1296
斯里兰卡	16	21	30	25	31	40	25	34	37
泰　国	153	266	457	363	448	520	529	550	530
越　南	33	44	79	80	98	117	124	130	148
埃　及	72	95	163	128	130	131	156	149	165
尼日利亚	31	64	226	165	199	225	225	207	225
南　非	57	118	165	144	181	193	172	160	151
加拿大	436	649	876	809	970	1060	1114	1111	1056
墨西哥	162	203	240	227	225	261	268	293	318
美　国	2050	2738	3752	3533	3774	4045	4225	4368	4545
阿根廷	90	74	131	119	143	173	178	183	169
巴　西	156	224	444	441	595	730	778	832	870
捷　克	53	102	173	153	178	202	202	202	214
法　国	597	1060	1402	1643	1809	2022	2026	2300	2438
德　国	1367	2109	2917	2598	2618	2940	2869	3231	3268
意大利	544	884	1257	1040	1106	1164	1061	1079	1117
荷　兰	518	836	1113	1075	1342	1509	1445	1526	1653
波　兰	89	154	296	235	306	335	330	341	360
俄罗斯	162	378	736	598	732	894	1067	1258	1189
西班牙	329	668	1049	881	680	711	651	645	719
土耳其	85	103	167	155	185	195	194	226	234
乌克兰	26	70	158	111	122	128	140	155	120
英　国	965	1584	1953	1632	1723	1817	1845	1912	1888
澳大利亚	186	299	476	421	506	609	644	663	619
新西兰	44	82	97	78	101	120	123	124	129

资料来源：世界贸易组织数据库。

附录1-10 服务贸易出口总额

单位：亿美元

国家和地区	2000	2005	2008	2009	2010	2011	2012	2013	2014
世　界	**14910**	**25137**	**38431**	**34807**	**38204**	**42845**	**44281**	**46665**	**48616**
中　国	301	739	1464	1285	1705	1840	2152	2065	2222
中国香港	404	636	922	844	805	912	984	1054	1070
中国澳门	33	86	178	188	290	398	454	536	531
孟加拉国	3	5	9	9	13	15	13	15	15
文　莱	2	6	9	9	11	12	11	11	11
柬埔寨	4	11	16	15	19	26	31	34	39
印　度	160	522	1067	921	1166	1379	1450	1482	1541
印度尼西亚	51	126	147	126	163	213	231	223	225
伊　朗	14	49	76	79	87	80	65	64	
以色列	156	174	241	225	254	274	312	337	339
日　本	683	1080	1464	1258	1285	1345	1311	1327	1581
哈萨克斯坦	9	20	40	38	39	41	46	51	56
韩　国	308	483	894	725	822	897	1023	1025	1058
老　挝	1	2	4	4	5	5	6	8	
马来西亚	138	195	303	287	319	361	378	397	380
蒙　古	1	4	5	4	5	6	10	7	6
缅　甸	5	2	3	3	3	7	12	22	
巴基斯坦	13	20	25	25	29	34	32	33	34
菲律宾	34	45	97	110	178	189	204	226	241
新加坡	284	555	990	751	1006	1165	1252	1298	1329
斯里兰卡	9	15	20	19	25	31	38	47	55
泰　国	138	197	327	299	341	413	493	586	550
越　南	27	42	70	57	74	86	95	104	109
埃　及	97	144	247	213	236	190	213	179	190
尼日利亚	18	14	18	18	26	23	21	19	15
南　非	49	110	124	117	136	144	147	138	138
加拿大	393	544	667	636	753	837	885	885	848
墨西哥	133	156	176	148	152	156	161	201	210
美　国	2824	3643	5190	4934	5429	6034	6306	6629	6856
阿根廷	48	65	120	108	133	153	149	144	140
巴　西	90	149	288	262	301	364	381	375	398
捷　克	67	118	217	193	219	249	242	238	239
法　国	800	1215	1642	1895	2007	2355	2363	2537	2630
德　国	796	1574	2508	2342	2202	2427	2355	2553	2672
意大利	559	883	1136	929	993	1090	1067	1119	1137
荷　兰	514	901	1230	1114	1239	1362	1303	1412	1561
波　兰	104	162	351	286	353	408	411	449	456
俄罗斯	96	247	506	420	486	573	615	691	657
西班牙	522	940	1421	1225	1121	1300	1221	1282	1352
土耳其	202	265	348	337	360	406	427	463	503
乌克兰	38	89	173	130	177	206	214	219	143
英　国	1184	2041	2814	2546	2688	3013	3052	3154	3290
澳大利亚	194	304	445	398	456	507	521	523	521
新西兰	43	86	92	80	114	131	130	133	145

资料来源：世界贸易组织数据库。

附录1-11 外汇储备和黄金储备

国家和地区	外汇储备（亿美元）				黄金储备（万盎司）			
	2000	2010	2013	2014	2000	2010	2013	2014
中　　国	1655.7	28473.4	38213.2	38430.2	1270.0	3389.0	3389.0	3389.0
中国香港	1075.4	2686.5	3110.6	3283.8	6.7	6.7	6.7	6.7
中国澳门	33.2	237.3	161.5	164.4				
孟加拉国	14.9	99.0	165.8	208.0	10.9	43.4	43.5	44.3
文　　莱	3.6	12.1	30.4	31.4			14.7	14.7
柬 埔 寨	5.0	31.5	44.1	55.3	40.0	40.0	40.0	40.0
印　　度	372.6	2678.1	2677.0	2959.5	1150.2	1793.2	1793.2	1793.2
印度尼西亚	282.8	899.7	934.3	1060.7	310.1	235.0	251.0	251.0
以 色 列	231.6	692.7	795.9	843.4				
日　　本	3472.1	10362.6	12029.2	12001.6	2454.7	2460.2	2460.2	2460.2
哈萨克斯坦	15.9	246.9	185.9	210.2	184.0	216.4	462.0	616.6
韩　　国	958.6	2869.3	3356.5	3536.0	43.9	46.4	335.8	335.8
老　　挝	1.4	6.3	6.4	8.0	1.7	28.5	28.5	28.5
马来西亚	274.3	1023.3	1304.9	1117.7	117.0	117.0	117.0	115.0
蒙　　古	1.8	21.2	20.3	14.8	8.5	6.5	12.6	9.2
缅　　甸	2.2	57.1			23.1	23.4		
巴基斯坦	15.0	131.2	43.1	110.5	209.1	207.0	207.2	207.3
菲 律 宾	129.8	539.9	737.9	702.6	722.9	495.4	622.2	627.9
新 加 坡	795.1	2236.8	2704.8	2545.6	409.6	409.6	409.6	409.6
斯里兰卡	9.8	66.3	65.2	72.4	33.7	34.6	73.8	74.2
泰　　国	319.3	1656.6	1590.2	1490.6	236.7	320.0	490.0	490.0
越　　南	34.2	120.5	254.8	338.0				
埃　　及	129.1	323.5	123.4	108.0	243.2	243.1	243.1	243.1
尼日利亚	99.1	323.4	428.5	342.4	68.7	68.7	68.7	68.7
南　　非	57.9	354.2	419.4	414.9	590.0	401.6	402.2	402.5
加 拿 大	290.2	448.9	584.3	627.6	118.4	10.9	9.6	9.6
墨 西 哥	351.4	1148.8	1686.1	1851.8	24.9	22.7	395.8	394.6
美　　国	312.4	520.8	476.0	419.4	26161.1	26149.9	26149.9	26149.9
阿 根 廷	244.1	466.2	249.8	260.4	1.9	176.0	198.5	198.5
巴　　西	324.3	2805.7	3490.3	3548.1	211.8	108.1	216.1	216.1
委内瑞拉	126.3	91.9	20.6		1024.0	1176.0	1182.0	
捷　　克	130.2	403.4	538.9	523.5	44.6	40.8	34.9	34.0
法　　国	321.1	362.1	274.1	286.6	9724.5	7830.1	7830.0	7830.0
德　　国	496.7	373.6	387.3	372.1	11151.9	10934.4	10890.0	10880.5
意 大 利	224.2	356.8	355.2	333.1	7882.9	7882.9	7882.9	7882.9
荷　　兰	70.0	89.0	116.9	97.6	2931.5	1969.1	1969.1	1969.1
波　　兰	263.2	863.2	993.4	940.6	330.6	330.9	330.9	330.9
俄 罗 斯	242.6	4329.5	4564.5	3277.3	1235.9	2535.5	3328.3	3884.5
西 班 牙	295.2	133.1	281.7	328.9	1682.9	905.4	905.4	905.3
土 耳 其	223.1	790.5	1092.5	1053.4	373.9	373.3	1671.0	1701.1
乌 克 兰	11.0	333.2	187.6	66.2	45.4	88.5	136.0	76.0
英　　国	341.6	493.4	695.6	764.0	1567.4	997.5	997.5	997.5
澳大利亚	167.8	327.9	425.3	446.8	256.3	256.7	256.7	256.7
新 西 兰	36.2	151.3	144.1	140.7				

资料来源：国际货币基金组织IFS数据库。

附录1-12 外商直接投资

单位：亿美元

国家和地区	外商直接投资				对外直接投资			
	2000	2010	2013	2014	2000	2010	2013	2014
世　界	**13632.2**	**13282.2**	**14671.5**	**12282.8**	**11661.5**	**13661.5**	**13058.6**	**13543.4**
中　国	407.2	1147.3	1239.1	1285.0	9.2	688.1	1010.0	1160.0
中国香港	545.8	705.4	742.9	1032.5	540.8	862.5	807.7	1427.0
中国澳门		28.3	45.1	30.5		-4.4	8.0	4.6
孟加拉国	5.8	9.1	16.0	15.3		0.2	0.3	0.5
文　莱	5.5	4.8	7.8	5.7	0.3	0.1	-1.4	
柬埔寨	1.5	13.4	18.7	17.3	0.1	0.2	0.5	0.3
印　度	35.9	274.2	282.0	344.2	5.1	159.5	16.8	98.5
印度尼西亚		137.7	188.2	225.8		26.6	66.5	70.8
伊　朗	1.9	36.5	30.5	21.1	0.1	1.7	1.5	6.1
以色列	69.6	54.6	118.0	64.3	33.4	80.1	46.7	39.8
日　本	83.2	-12.5	23.0	20.9	315.6	562.6	1357.5	1136.3
哈萨克斯坦	12.8	115.5	102.2	95.6		78.9	22.9	36.2
韩　国	115.1	95.0	127.7	99.0	48.4	282.8	283.6	305.6
老　挝	0.3	2.8	4.3	7.2			-0.4	
马来西亚	37.9	90.6	121.2	108.0	20.3	134.0	141.1	164.5
蒙　古	0.5	16.9	21.4	5.1		0.6	0.4	1.0
缅　甸	0.9	66.7	5.8	9.5				
巴基斯坦	3.1	20.2	13.3	17.5	0.1	0.5	2.1	1.2
菲律宾	22.4	13.0	37.4	62.0	1.3	6.2	36.5	69.9
新加坡	155.2	550.8	647.9	675.2	66.5	333.8	288.1	406.6
斯里兰卡	1.7	4.8	9.3	9.4		0.4	0.7	0.7
泰　国	34.1	91.5	140.2	125.7	-0.2	44.7	121.2	76.9
越　南	12.9	80.0	89.0	92.0		9.0	19.6	11.5
埃　及	12.4	63.9	41.9	47.8	0.5	11.8	3.0	2.5
尼日利亚	13.1	61.0	56.1	46.9	1.7	9.2	12.4	16.1
南　非	8.9	36.4	83.0	57.1	2.7	-0.8	66.5	69.4
加拿大	668.0	284.0	705.7	538.6	446.8	347.2	505.4	526.2
墨西哥	183.0	260.8	446.3	228.0	3.6	150.5	131.4	52.0
美　国	3140.1	1980.5	2307.7	924.0	1426.3	2777.8	3283.4	3369.4
阿根廷	104.2	113.3	113.0	66.1	9.0	9.7	11.0	21.2
巴　西	327.8	485.1	640.0	625.0	22.8	115.9	-35.0	-35.4
委内瑞拉	47.0	18.5	70.4		5.2	17.8	21.5	
捷　克	49.9	61.4	36.4	59.1	0.4	11.7	40.2	-5.3
法　国	275.0	138.9	428.9	151.9	1619.5	481.6	250.0	428.7
德　国	1982.8	656.4	181.9	18.3	565.6	1254.5	301.1	1122.3
意大利	133.8	91.8	250.0	114.5	66.9	326.6	307.6	234.5
荷　兰	638.6	-71.8	320.4	302.5	756.3	683.6	569.3	408.1
波　兰	94.5	128.0	1.2	138.8	0.2	61.5	-33.0	52.0
俄罗斯	27.1	431.7	692.2	209.6	31.8	526.2	865.1	564.4
西班牙	395.8	398.7	417.3	229.0	582.1	378.4	258.3	306.9
土耳其	9.8	90.9	123.6	121.5	8.7	14.7	35.3	66.6
乌克兰	6.0	65.0	45.0	4.1		7.4	4.2	1.1
英　国	1219.0	589.5	476.8	722.4	2354.0	466.3	-149.7	-596.3
澳大利亚	141.9	364.4	542.4	518.5	28.6	198.0	-30.6	-3.5
新西兰	13.5	10.3	15.9	33.9	6.1	7.2	5.3	

资料来源：联合国贸发会议FDI数据库。

附录1-13 货币汇率(年平均价)

单位：1美元合本币数

国家和地区	2000	2005	2009	2010	2011	2012	2013	2014
中 国	8.28	8.19	6.83	6.77	6.46	6.31	6.20	6.14
中国香港	7.79	7.78	7.75	7.77	7.78	7.76	7.76	7.75
中国澳门	8.03	8.01	7.98	8.00	8.02	7.99	7.99	7.99
孟加拉国	52.14	64.33	69.04	69.65	74.15	81.86	78.10	77.64
文 莱	1.72	1.66	1.46	1.36	1.26	1.25	1.25	1.27
柬埔寨	3840.75	4092.50	4139.33	4184.92	4058.50	4033.00	4027.25	4037.50
印 度	44.94	44.10	48.41	45.73	46.67	53.44	58.60	61.03
印度尼西亚	8421.78	9704.74	10389.94	9090.43	8770.43	9386.63	10461.24	11865.21
伊 朗	1765.03	8963.96	9864.30	10254.18	10616.31	12175.55	18414.45	25941.66
以色列	4.08	4.49	3.93	3.74	3.58	3.86	3.61	3.58
日 本	107.77	110.22	93.57	87.78	79.81	79.79	97.60	105.95
哈萨克斯坦	142.13	132.88	147.50	147.35	146.62	149.11	152.13	179.19
韩 国	1130.96	1024.12	1276.93	1156.06	1108.29	1126.47	1094.85	1052.96
老 挝	7887.64	10655.17	8516.05	8258.77	8030.06	8007.76	7860.14	8048.96
马来西亚	3.80	3.79	3.53	3.22	3.06	3.09	3.15	3.27
蒙 古	1076.67	1205.25	1437.80	1357.06	1265.52	1357.58	1523.93	1817.94
缅 甸	6.52	5.82	5.58	5.64	5.44	640.65	933.57	984.35
巴基斯坦	53.65	59.51	81.71	85.19	86.34	93.40	101.63	101.10
菲律宾	44.19	55.09	47.68	45.11	43.31	42.23	42.45	44.40
新加坡	1.72	1.66	1.46	1.36	1.26	1.25	1.25	1.27
斯里兰卡	77.01	100.50	114.95	113.06	110.57	127.60	129.07	130.57
泰 国	40.11	40.22	34.29	31.69	30.49	31.08	30.73	32.48
越 南	14167.75	15858.92	17065.08	18612.92	20509.75	20828.00	20933.42	21148.00
埃 及	3.47	5.78	5.55	5.62	5.93	6.06	6.87	7.08
尼日利亚	101.70	131.27	148.90	150.30	154.74	157.50	157.31	
南 非	6.94	6.36	8.47	7.32	7.26	8.21	9.65	10.85
加拿大	1.49	1.21	1.14	1.03	0.99	1.00	1.03	1.11
墨西哥	9.46	10.90	13.51	12.64	12.42	13.17	12.77	13.29
美 国	1.00	1.00	1.00	1.00	1.00	1.00	1.00	1.00
阿根廷	1.00	2.90	3.71	3.90	4.11	4.54	5.46	8.07
巴 西	1.83	2.43	2.00	1.76	1.67	1.95	2.16	2.35
委内瑞拉	0.68	2.09	2.15	2.58	4.29	4.29	6.05	6.28
捷 克	38.60	23.96	19.06	19.10	17.70	19.58	19.57	20.76
法 国	1.09	0.80	0.72	0.76	0.72	0.78	0.75	0.75
德 国	1.09	0.80	0.72	0.76	0.72	0.78	0.75	0.75
意大利	1.09	0.80	0.72	0.76	0.72	0.78	0.75	0.75
荷 兰	1.09	0.80	0.72	0.76	0.72	0.78	0.75	0.75
波 兰	4.35	3.24	3.12	3.02	2.96	3.26	3.16	3.16
俄罗斯	28.13	28.28	31.74	30.37	29.38	30.84	31.84	38.38
西班牙	1.09	0.80	0.72	0.76	0.72	0.78	0.75	0.75
土耳其	0.63	1.34	1.55	1.50	1.68	1.80	1.90	2.19
乌克兰	5.44	5.13	7.79	7.94	7.97	7.99	7.99	11.89
英 国	0.66	0.55	0.64	0.65	0.62	0.63	0.64	0.61
澳大利亚	1.73	1.31	1.28	1.09	0.97	0.97	1.04	1.11
新西兰	2.20	1.42	1.60	1.39	1.27	1.23	1.22	1.21

资料来源：世界银行WDI数据库。

附录1-14　铁路货运和客运周转量

国家和地区	铁路货运周转量(亿吨公里)			铁路客运周转量(亿人公里)		
	2000	2011	2012	2000	2011	2012
世　界	**37.54**	**57.08**		**13.89**		
高收入国家	**106.58**	**96.96**	**92.75**	**56.94**	**66.35**	**69.07**
中等收入国家	**28.33**	**32.91**	**29.03**	**12.00**	**15.34**	**18.34**
中　国	13336.06	25626.35	25183.10	4414.68	8156.99	7956.39
孟加拉国	7.77	7.10	7.10	39.41	73.05	73.05
柬 埔 寨	0.92			0.45		
印　度	3052.01	6257.23	6257.23	4306.66	9785.08	9785.08
印度尼西亚		71.66	71.66		202.83	202.83
伊　朗	141.79	210.08	226.04	71.19	178.77	171.72
以 色 列	11.73	10.99	10.99	7.81	19.27	19.27
日　本	223.13	202.55	202.55	2407.93	2445.91	2445.91
哈萨克斯坦	1249.83	2235.84	2358.46	102.15	165.95	184.98
韩　国	108.03	99.96	99.96	280.97	216.03	216.03
马来西亚	9.07	15.35	30.71	13.12	9.65	32.93
蒙　古	42.93	114.18	114.18	10.70	13.99	13.99
巴基斯坦	37.54	17.57	17.57	184.95	206.19	206.19
泰　国	33.84	24.55	24.55	99.35	75.04	75.04
越　南	19.02	41.01	39.59	32.00	45.71	45.58
埃　及	39.80	15.92	15.92	349.60	408.37	408.37
尼日利亚	1.05			3.63		
南　非	1066.05	1133.42	1133.42	118.90		
加 拿 大		2540.69	3525.35		28.86	27.81
墨 西 哥		691.85	691.85	0.82	4.49	4.49
美　国	21421.45	25245.85	25245.85		95.18	95.18
阿 根 廷		121.11	121.11		85.88	85.88
巴　西	1538.63	2677.00	2677.00			
捷　克	172.20	138.72	114.23	72.66	66.35	69.07
法　国	554.48	232.42	316.16	698.60	880.64	856.34
德　国	806.34	1119.80	1058.94	743.88	792.28	802.10
意 大 利	228.34	115.45	112.49	448.49	405.54	386.76
荷　兰	38.19			147.60	168.08	170.98
波　兰	555.62	371.89	329.04	242.26	157.24	147.20
俄 罗 斯	13732.00	21272.12	22223.88	1671.00	1398.42	1446.12
西 班 牙	120.42	80.19	75.07	197.84	226.81	223.87
土 耳 其	97.61	107.35	106.91	58.32	58.82	45.98
乌 克 兰	1728.40	2438.66	2377.22	517.67	505.69	492.03
英　国	180.90	192.30		382.00	627.29	643.24
澳大利亚	340.50	596.49	596.49	12.65	18.29	

资料来源：世界银行WDI数据库。

附录1-15 空运货物周转量和客运量

国家和地区	空运货物周转量（万吨公里）			航空客运量（万人）		
	2000	2012	2013	2000	2012	2013
世　　界	**11825721**	**17504290**	**17558045**	**167406**	**289404**	**302330**
高收入国家	**10202281**	**14099906**	**14042748**	**137652**	**188260**	**192816**
中等收入国家	**1556316**	**3266183**	**3374051**	**28976**	**98882**	**107218**
低收入国家	**67125**	**138201**	**141246**	**778**	**2261**	**2297**
中　　国	390008	1556875	1605373	6189	31848	35280
中国香港	511151	946842	943996	1438	3225	3421
中国澳门	2190	1907	2007	153	156	177
孟加拉国	19387	15232	14637	133	220	209
文　　莱	14023	12823	15245	86	104	120
柬 埔 寨		7	5		51	77
印　　度	54765	157923	161746	1730	7215	7532
印度尼西亚	40854	88034	95905	992	7941	8510
伊　　朗	7372	6623	6453	872	1769	1887
以 色 列	88570	81091	82892	444	538	534
日　　本	867205	704578	745588	10912	9891	10591
哈萨克斯坦	1175	5398	6692	46	406	485
韩　　国	765134	1229068	1178527	3433	3997	4108
老　　挝	167	97	141	21	88	115
马来西亚	186384	194396	199093	1656	3917	4632
蒙　　古	844	949	1021	25	63	64
缅　　甸	77	383	379	44	166	188
巴基斯坦	34031	28608	25353	529	797	780
菲 律 宾	28995	53328	56953	576	2854	2931
新 加 坡	600489	689937	651252	1670	2914	3055
斯里兰卡	25571	40542	38502	176	462	479
泰　　国	171288	275844	264447	1739	3639	4071
越　　南	11733	50355	53350	288	1698	1829
埃　　及	27806	35627	36991	452	908	991
尼日利亚	882			51	472	375
南　　非	68757	117467	117842	800	1757	1691
加 拿 大	189611	196000	194631	4177	7047	7153
墨 西 哥	30986	76389	68911	2089	3291	3881
美　　国	3017198	3911134	3710713	66533	73670	74310
阿 根 廷	29665	18012	17172	892	938	984
巴　　西	172790	136345	163303	3129	9475	9592
委内瑞拉	3310	567	520	430	774	762
捷　　克	3222	1110	1992	223	359	389
法　　国	522434	462615	438346	5258	6468	6673
德　　国	712771	723698	733406	5796	10598	10502
意 大 利	174841	79512	87749	3042	3107	2523
荷　　兰	436734	601459	575088	2090	3167	3325
波　　兰	7783	9183	9463	234	491	464
俄 罗 斯	104141	413214	330510	1769	5873	6599
西 班 牙	87950	113185	95405	3971	4809	4577
土 耳 其	38504	193368	234921	1219	6335	7435
乌 克 兰	1220	7578	1451	95	583	538
英　　国	516087	624354	603161	7044	11542	11830
澳大利亚	173074	273170	268177	3258	6636	7088
新 西 兰	81714	97502	96561	1078	1394	1372

资料来源：世界银行WDI数据库。

附录1-16 电话主线和移动电话普及率

国家和地区	电话主线(条/千人)			移动电话(部/千人)		
	2000	2012	2013	2000	2012	2013
世　界	**159.6**		**161.6**	**120.8**	**885.6**	**931.4**
高收入国家	**510.6**		**424.3**	**423.9**	**1192.4**	**1217.7**
中等收入国家	**83.4**		**118.7**	**43.9**	**853.5**	**903.2**
低收入国家	**6.1**		**9.0**	**3.0**	**438.3**	**509.6**
中　国	114.1	206.0	192.7	66.6	807.6	887.1
中国香港	578.8	606.1	630.0	796.9	2292.5	2373.5
中国澳门	409.5	286.4	279.7	326.6	2897.8	3040.8
孟加拉国	3.8	6.3	7.3	2.1	628.2	744.3
文　莱	246.2	171.8	135.8	286.3	1139.5	1122.1
柬埔寨	2.5	40.4	27.8	10.7	1285.3	1338.9
印　度	30.8	24.7	23.1	3.4	699.2	707.8
印度尼西亚	31.2	155.2	160.8	17.6	1142.2	1253.6
伊　朗	145.2	380.3	383.3	14.6	761.0	842.5
以色列	494.4	467.1	448.1	731.7	1206.8	1228.5
日　本	492.8	508.4	503.9	531.2	1109.1	1163.2
哈萨克斯坦	122.6	265.0	266.7	13.5	1858.2	1847.0
韩　国	562.4	619.5	615.7	583.3	1094.3	1110.0
老　挝	7.7	17.6	100.3	2.4	647.0	681.4
马来西亚	197.7	156.5	152.6	218.7	1413.3	1447.2
蒙　古	48.7	61.6	61.9	64.5	1207.0	1241.8
缅　甸	6.0	11.4	10.0	0.3	70.6	128.3
巴基斯坦	21.1	32.3	35.0	2.1	670.6	701.3
菲律宾	39.6	40.8	32.0	83.1	1054.5	1045.0
新加坡	496.5	378.5	364.2	701.2	1521.3	1559.2
斯里兰卡	40.9	162.5	127.2	22.8	916.3	955.0
泰　国	88.5	91.4	90.4	49.0	1272.9	1400.5
越　南	32.3	113.6	101.3	9.8	1450.2	1349.7
埃　及	81.1	101.9	83.1	20.6	1199.2	1215.1
尼日利亚	4.5	2.5	2.1	0.2	668.0	732.9
南　非	110.9	79.5	91.6	186.0	1305.6	1456.4
加拿大	679.6	519.4	497.4	284.3	795.7	806.1
墨西哥	123.4	174.1	168.3	135.5	833.5	848.2
美　国	681.5	440.2	422.3	384.7	960.1	970.8
阿根廷	213.8	243.1	233.1	175.8	1565.7	1625.3
巴　西	177.3	223.4	222.8	132.9	1250.0	1353.1
委内瑞拉	104.2	255.9	255.7	223.2	1020.5	1016.1
捷　克	378.0	198.8	186.6	424.0	1268.5	1277.3
法　国	575.6	619.2	607.8	490.6	973.8	985.0
德　国	609.8	618.4	588.7	577.2	1115.9	1209.2
意大利	476.5	355.2	343.1	741.3	1596.3	1588.2
荷　兰	623.4	424.0	425.2	678.1	1179.7	1161.6
波　兰	285.8	159.9	138.7	175.9	1415.5	1490.8
俄罗斯	218.5	300.6	284.7	22.2	1453.3	1528.4
西班牙	424.5	410.9	407.1	602.4	1083.6	1068.9
土耳其	289.1	186.0	180.9	255.4	914.6	929.7
乌克兰	213.1	271.1	261.5	16.7	1303.4	1380.7
英　国	598.4	525.7	528.8	737.1	1247.6	1246.1
澳大利亚	524.4	456.9	443.4	444.6	1055.9	1068.4
新西兰	474.6	421.4	410.6	399.7	1103.6	1057.8

资料来源：世界银行WDI数据库。

附录1-17　互联网服务商

单位：个/百万人

国家和地区	2005	2007	2009	2010	2011	2012	2013	2014
世　界	**64.9**	**111.1**	**113.2**	**155.2**	**184.2**	**181.9**	**160.5**	**190.4**
高收入国家	**296.2**	**527.4**	**566.2**	**748.0**	**887.4**	**881.7**	**781.4**	**929.8**
中等收入国家	**2.1**	**4.5**	**5.1**	**7.5**	**10.0**	**10.6**	**10.1**	**13.8**
低收入国家	**0.1**	**0.3**	**0.4**	**0.5**	**0.7**	**1.0**	**0.9**	**1.2**
中　国	0.3	0.9	1.2	1.9	2.4	3.1	3.9	7.0
中国香港	162.3	288.6	353.9	456.3	570.5	636.7	623.6	790.6
中国澳门	55.5	98.5	138.0	213.2	243.5		310.7	340.6
孟加拉国		0.1	0.2	0.3	0.6	0.7	0.8	0.9
文　莱	13.6	30.9	43.1	64.9	113.2	111.6	117.3	148.9
柬埔寨	0.1	0.9	1.6	1.7	2.5	3.0	2.0	3.0
印　度	0.6	1.2	1.5	2.2	2.9	3.6	3.9	5.7
印度尼西亚	0.5	1.0	1.3	2.0	3.4	4.0	4.1	6.3
伊　朗	0.3	0.3	0.3	0.7	1.0	1.3	1.3	2.1
以色列	162.8	272.7	289.2	396.7	470.1	396.3	270.4	254.3
日　本	257.7	470.4	517.6	646.7	743.9	750.0	736.7	911.7
哈萨克斯坦	0.9	2.0	3.2	5.2	6.3	7.4	9.4	14.5
韩　国	20.0	690.8	918.5	1128.1	2496.1	2751.5	1994.9	2178.4
老　挝	0.3	0.2	0.5	0.8	1.2	0.9	1.0	2.0
马来西亚	14.6	27.0	33.2	41.7	54.6	65.7	66.8	87.7
蒙　古	3.2	8.7	8.2	10.7	13.8	19.3	22.2	28.8
缅　甸				0.1	0.1	0.1	0.1	0.5
巴基斯坦	0.3	0.5	0.6	1.0	1.1	1.3	1.3	1.8
菲律宾	2.4	4.6	5.3	6.7	7.5	8.6	8.1	10.8
新加坡	275.4	390.3	420.8	529.7	607.3	635.3	609.4	822.3
斯里兰卡	1.8	3.2	3.5	4.5	6.0	7.7	9.0	11.4
泰　国	4.8	9.3	10.0	13.7	17.3	19.6	18.1	23.5
越　南	0.1	1.1	1.9	3.1	4.7	6.7	8.2	11.9
埃　及	0.5	1.1	1.6	2.4	3.1	3.7	3.5	5.1
尼日利亚	0.2	0.8	0.8	1.2	1.7	1.7	1.7	2.3
南　非	20.3	36.3	39.8	61.6	72.5	81.9	86.1	115.6
加拿大	569.1	908.4	987.2	1242.7	1374.2	1237.9	1035.3	1210.0
墨西哥	7.8	14.5	15.9	19.8	25.8	28.1	26.5	34.5
美　国	785.2	1174.8	1235.1	1445.0	1562.5	1473.1	1304.4	1548.2
阿根廷	10.8	18.3	19.8	26.1	33.6	41.8	42.9	54.2
巴　西	14.2	23.9	26.0	40.7	54.1	54.3	57.4	70.0
委内瑞拉	4.6	6.7	7.4	7.4	8.0	10.7	11.1	12.1
捷　克	41.6	151.1	186.3	319.7	389.0	518.8	563.9	691.6
法　国	76.1	165.5	203.1	296.4	354.6	409.3	486.9	683.5
德　国	274.2	549.8	640.9	872.0	1022.5	1110.8	1070.6	1420.0
意大利	44.7	94.4	111.4	157.6	195.3	212.9	201.9	249.2
荷　兰	327.1	1105.0	1414.1	2276.7	2750.3	2805.9	2382.1	2635.1
波　兰	22.0	84.7	123.0	211.6	270.8	303.4	313.0	429.7
俄罗斯	2.4	7.3	10.5	20.2	26.9	39.0	51.1	84.4
西班牙	81.2	168.7	191.3	230.9	281.6	290.9	269.2	316.8
土耳其	18.1	60.1	69.4	99.8	143.6	116.8	50.4	57.4
乌克兰	1.3	4.3	6.0	13.2	17.7	23.5	26.5	45.5
英　国	464.7	899.0		1384.1	1577.0	1467.3	1193.3	1291.2
澳大利亚	498.1	999.0	1222.4	1784.6	2027.8	1721.1	1252.5	1348.6
新西兰	489.9	982.2	1062.4	1495.4	1605.2	1474.3	1108.0	1211.2

资料来源：世界银行WDI数据库。

附录1-18 国际互联网用户

单位：个/千人

国家和地区	2000	2005	2009	2010	2011	2012	2013	2014
世 界	**67.7**	**158.0**	**258.0**	**292.0**	**318.2**	**351.5**	**379.9**	**406.9**
高收入国家	**261.0**	**517.9**	**638.8**	**675.7**	**689.3**	**742.1**	**781.4**	**806.1**
中等收入国家	**15.0**	**71.5**	**177.6**	**215.1**	**248.1**	**280.0**	**307.8**	**340.5**
低收入国家	**1.0**	**9.5**	**23.8**	**32.9**	**37.2**	**44.1**	**56.1**	**62.9**
中 国	17.8	85.2	289.0	343.0	383.0	423.0	458.0	493.0
中国香港	278.3	569.0	694.0	720.0	722.0	729.0	742.0	745.6
中国澳门	136.1	348.6	540.0	552.0	602.0	613.1	658.0	697.8
孟加拉国	0.7	2.4	31.0	37.0	45.0	50.0	66.3	96.0
文 莱	90.0	364.7	490.0	530.0	560.0	602.7	645.0	687.7
柬埔寨	0.5	3.2	5.3	12.6	31.0	49.4	68.0	90.0
印 度	5.3	23.9	51.2	75.0	100.7	125.8	151.0	180.0
印度尼西亚	9.3	36.0	69.2	109.2	122.8	145.2	149.4	171.4
伊 朗	9.3	81.0	138.0	159.0	190.0	227.3	299.5	393.5
以色列	208.7	251.9	631.2	675.0	688.7	708.0	708.0	714.5
日 本	299.9	669.2	780.0	782.1	790.5	795.0	897.1	905.8
哈萨克斯坦	6.7	29.6	182.0	316.0	506.0	533.2	540.0	548.9
韩 国	447.0	735.0	816.0	837.0	837.6	840.7	847.7	843.3
老 挝	1.1	8.5	60.0	70.0	90.0	107.5	125.0	142.6
马来西亚	213.9	486.3	559.0	563.0	610.0	658.0	669.7	675.0
蒙 古	12.6	105.3	100.0	102.0	125.0	164.0	200.0	270.0
缅 甸		0.7	2.2	2.5	9.8	10.7	16.0	21.0
巴基斯坦		63.3	75.0	80.0	90.0	99.6	109.0	138.0
菲律宾	19.8	54.0	90.0	250.0	290.0	362.4	370.0	396.9
新加坡	360.0	610.0	690.0	710.0	710.0	720.0	810.0	820.0
斯里兰卡	6.5	17.9	87.8	120.0	150.0	182.9	219.0	258.0
泰 国	36.9	150.3	201.0	224.0	236.7	264.6	289.4	348.9
越 南	2.5	127.4	265.5	306.5	350.7	394.9	439.0	483.1
埃 及	6.4	127.5	200.0	216.0	256.0	264.0	294.0	317.0
尼日利亚	0.6	35.5	200.0	240.0	284.3	328.0	380.0	426.8
南 非	53.5	74.9	100.0	240.0	339.7	410.0	465.0	490.0
加拿大	513.0	716.6	803.0	803.0	830.0	830.0	858.0	871.2
墨西哥	50.8	172.1	263.4	310.5	371.8	397.5	434.6	443.9
美 国	430.8	679.7	710.0	716.9	697.3	793.0	842.0	873.6
阿根廷	70.4	177.2	340.0	450.0	510.0	558.0	599.0	647.0
巴 西	28.7	210.2	392.2	406.5	456.9	485.6	510.4	576.0
委内瑞拉	33.6	125.5	327.0	373.7	402.2	490.5	549.0	570.0
捷 克	97.8	352.7	644.3	688.2	704.9	734.3	741.1	797.1
法 国	143.1	428.7	715.8	772.8	778.2	814.4	819.2	837.5
德 国	302.2	687.1	790.0	820.0	812.7	823.5	841.7	861.9
意大利	231.1	350.0	488.3	536.8	543.9	558.3	584.6	619.6
荷 兰	439.8	810.0	896.3	907.2	914.2	928.6	939.6	931.7
波 兰	72.9	388.1	589.7	623.2	619.5	623.1	628.5	666.0
俄罗斯	19.8	152.3	290.0	430.0	490.0	638.0	679.7	705.2
西班牙	136.3	478.8	624.0	658.0	676.0	698.1	716.4	761.9
土耳其	37.6	154.6	364.0	398.2	430.7	451.3	462.5	510.4
乌克兰	7.2	37.5	179.0	233.0	287.1	352.7	410.0	434.0
英 国	268.2	700.0	835.6	850.0	853.8	874.8	898.4	916.1
澳大利亚	467.6	630.0	742.5	760.0	794.9	790.0	830.0	845.6
新西兰	473.8	627.2	797.0	804.6	812.3	820.0	827.8	855.0

资料来源：世界银行WDI数据库。

附录1-19　国际旅游收支

单位：亿美元

国家和地区	国际旅游支出			国际旅游收入		
	2000	2012	2013	2000	2012	2013
世　界	**5384.90**	**11885.50**	**12749.40**	**5691.49**	**12967.47**	**13811.09**
高收入国家	**4623.47**	**8706.29**		**4558.82**	**9385.20**	
中等收入国家	**729.28**	**3111.77**		**1099.14**	**3448.52**	
低收入国家	**26.86**	**71.14**		**34.16**	**155.93**	
中　国	141.69	1098.98	1382.98	173.18	549.37	564.01
中国香港	125.02	200.77	212.15	81.98	370.98	425.70
孟加拉国	4.71	9.00	12.97	0.50	1.07	1.30
柬埔寨	0.52	4.06	4.69	3.45	26.63	28.95
印　度	36.86	141.07	138.40	35.98	183.40	190.42
印度尼西亚	31.97	90.55	102.80	49.75	94.63	103.02
伊　朗	6.71	75.17		6.77	13.46	
以色列	37.33	48.51	51.76	46.11	61.78	64.52
日　本	426.43	409.67	322.44	59.70	161.97	168.65
哈萨克斯坦	4.83	20.22	20.33	4.03	15.72	17.17
韩　国	79.45	229.34	240.06	85.27	188.51	192.87
老　挝	0.08	2.41	4.01	1.14	4.61	6.13
马来西亚	25.43	115.45	119.50	58.73	202.51	210.26
蒙　古	0.54	4.20	4.58	0.43	4.80	2.28
缅　甸	0.30	2.65	1.31	1.95	5.50	9.34
巴基斯坦	5.74	18.52	16.18	5.51	10.16	9.29
菲律宾	18.41	71.40	84.00	23.34	49.63	56.00
新加坡	45.35	236.44	245.78	51.42	189.34	190.57
斯里兰卡	3.83	12.19	18.08	3.88	17.56	25.06
泰　国	32.18	78.64	83.85	99.35	377.40	460.42
越　南		18.56	20.50		68.50	75.30
埃　及	12.06	30.37	34.66	46.57	108.23	72.53
尼日利亚	6.10	92.80		1.86	6.41	
南　非	26.84	71.44	64.90	33.38	112.01	104.68
加拿大	151.25	430.10	351.70	130.35	206.96	176.56
墨西哥	63.65	107.35	119.70	91.33	133.20	143.11
美　国	914.73	1298.81	1367.07	1209.12	2006.14	2147.72
阿根廷	54.60	82.55	81.50	31.95	56.39	50.32
巴　西	45.48	262.02	293.61	19.69	68.90	70.21
委内瑞拉	16.47	32.02		4.69	9.04	
捷　克	12.76	43.79	46.55	29.73	77.57	78.02
法　国	267.03	500.22	531.57	385.34	638.84	660.64
德　国	576.01	938.44	1052.67	249.43	516.33	551.72
意大利	181.69	327.98	335.04	287.06	430.36	461.90
荷　兰	136.49	203.66	207.58	112.85	201.99	226.67
波　兰	34.17	91.29	94.14	61.28	118.41	124.76
俄罗斯	88.48	480.96	595.04	34.29	178.76	201.98
西班牙	77.10	211.01	225.65	326.56	632.53	676.08
土耳其	17.13	46.05	52.68	76.36	314.55	348.63
乌克兰	5.61	55.36	63.00	5.63	59.88	59.46
英　国	470.09	660.04	680.94	299.78	457.30	494.04
澳大利亚	87.80	351.22	349.98	130.16	343.26	333.76
新西兰	12.35	37.15	38.51	22.72	71.42	74.96

资料来源：世界银行WDI数据库。

附录1-20 国际旅游人数

单位：万人

国家和地区	国外游客到达人数			出国旅游人数		
	2000	2012	2013	2000	2012	2013
世　界	**70648.4**	**107161.2**	**112320.0**	**85034.7**	**116040.4**	**121497.2**
高收入国家	**50134.6**	**65835.9**		**56654.8**	**70330.8**	
中等收入国家	**18152.7**	**38389.3**		**16233.8**	**32874.3**	
低收入国家	**771.1**	**1979.4**				
中　国	3122.9	5772.5	5568.6	1047.3	8318.3	9818.5
中国香港	881.4	2377.0	2566.1	461.1	8527.6	8441.4
中国澳门	519.7	1357.7	1426.8	14.4	129.1	144.6
孟加拉国	19.9	12.5	14.8	112.8		
文　莱	98.4	20.9	22.5			
柬埔寨	46.6	358.4	421.0	4.1	79.2	87.2
印　度	264.9	657.8	696.8	441.6	1492.0	1662.6
印度尼西亚	506.4	804.4	880.2	220.5	745.4	797.3
伊　朗	134.2	383.4	476.9	228.6		
以色列	241.7	288.6	296.2	353.0	434.9	475.7
日　本	475.7	835.8	1036.4	1781.9	1849.1	1747.3
哈萨克斯坦	147.1	480.7	492.6	124.7	906.6	1014.4
韩　国	532.2	1114.0	1217.6	550.8	1373.7	1484.6
老　挝	19.1	214.0	251.0			
马来西亚	1022.2	2503.3	2571.5	3053.2		
蒙　古	13.7	47.6	41.8			
缅　甸	41.6	105.9	204.4			
巴基斯坦	55.7	96.6				
菲律宾	199.2	427.3	468.1	167.0		
新加坡	606.2	1109.8	1189.9	444.4	804.8	864.7
斯里兰卡	40.0	100.6	127.5	52.4	126.9	126.2
泰　国	957.9	2235.4	2654.7	190.9	572.1	597.0
越　南	214.0	684.8	757.2			
埃　及	511.6	1119.6	917.4	296.4	567.8	578.2
尼日利亚	81.3	48.6	60.0			
南　非	587.2	918.8	953.7	383.4	503.1	516.8
加拿大	1962.7	1634.4	1659.0	1918.2	3227.6	3297.7
墨西哥	2064.1	2340.3	2415.1	1107.9	1558.1	1591.1
美　国	5123.8	6665.7	6976.8	6132.7	6069.6	6156.9
阿根廷	290.9	558.7	557.1	495.3	726.6	754.4
巴　西	531.3	567.7	581.3	322.8	846.6	866.6
委内瑞拉	46.9	98.8	98.6	95.4	173.4	193.1
捷　克	477.3	890.8	900.4		541.9	530.4
法　国	7719.0	8305.1	8472.6	1988.6	2545.0	2624.3
德　国	1898.3	3041.1	3154.5	7440.0		
意大利	4118.1	4636.0	4770.4	2199.3	2881.0	2779.8
荷　兰	1000.3	1168.0	1278.3	1389.6	1862.8	1809.4
波　兰	1740.0	1484.0	1580.0	5667.7	930.0	1005.0
俄罗斯	2116.9	2817.7	3079.2	1837.1	4781.3	5406.9
西班牙	4640.3	5746.4	6066.1	410.0	1218.5	1124.6
土耳其	958.6	3569.8	3779.5	528.4	580.3	752.6
乌克兰	643.1	2301.3	2467.1	1342.2	2143.3	2376.1
英　国	2321.2	2928.2	3116.9	5683.7	5653.8	5851.0
澳大利亚	493.1	603.2	638.2	349.8	821.2	876.8
新西兰	178.0	247.3	262.9	128.3	216.9	219.3

资料来源：世界银行WDI数据库。

【主要统计指标解释】

国内生产总值 指生产活动总成果，等于所有常住单位创造的增加值的总和（包括产出价值中未包括的产品税，不包括各项产品补贴），等于按购买者价格计算的货物和服务最终使用价值（不包括中间消费）减去进口的货物和服务价值，或等于常住生产单位初次收入分配的总和。

按当年价格计算的国内生产总值 是按报告期价格计算的国内生产总值，即名义国内生产总值。

不变价格国内生产总值 指国内生产总值的物量绝对量。不变价格国内生产总值等于按基期价格衡量的价值。理论上，价值量中的价格和数量应该是对应的，但是不变价格国内生产总值采用基期价格替代当期价格。实践中两种主要方法都在计算。

第三产业 第三产业即服务业。

在《国际标准产业分类》第三版中指第50类至第99类，包括批发零售贸易业（包括旅馆和饭店业）、交通运输业、政府、金融、专业服务和个人服务，例如教育、卫生、房地产服务，还包括虚拟的银行服务费、进口税和加工或调整数据时的统计误差。

在《国际标准产业分类》第四版中指第45类至第99类，包括批发和零售业；汽车和摩托车的修理、运输和储存、食宿服务活动、信息和通信、金融和保险活动、房地产活动、专业、科学和技术活动、行政和辅助活动、公共管理和国防；强制性社会保障、教育、人体健康和社会工作活动、艺术、娱乐和文娱活动、其他服务活动、家庭作为雇主的活动；家庭自用、未加区分的物品生产和服务活动、国际组织和机构的活动。

增加值总额 等于总产出减去中间消耗。用于衡量单个生产者、行业或部门生产活动对国内生产总值的贡献。增加值总额是国民核算账户（SNA）中初次收入形成的来源，因此被（从生产账户）结转到初次收入分配账户中进行反映。

按基本价格计算的增加值总额 等于按基本价格计算的总产出减去按购买者价格计算的中间消耗。基本价格等于生产者出售一个单位的货物和服务得到的收入，减去由此应付的税金，加上收到的补贴。基本价格作为生产或销售的价格单位，不包括生产者的运输费用。

按要素成本计算的增加值总额 等于按市场价格计算的增加值总额减间接税与产品补贴。

按生产者价格计算的增加值总额 等于按生产者价格计算的总产出减去按购买者价格计算的中间消耗。

就业人员 为一定年龄以上，在特定短期（一周或一天）内，属于下列类型的所有人：

（1）有酬从业人员，包括两类：①正在工作的人，指在参考期内做某些工作以得到现金或实物形式工资或薪金的人员；②有工作岗位但目前不工作的人，指现在有工作，却在短期内暂时不上班，但同时与工作单位有正式联系的人。这种正式联系，可以按照如下的一项或多项标准，根据各国的不同情况予以判断：1）持续领到工资或薪金；2）保证在暂时的不上班状态终止后返回该岗位，或对返回的时间有协议；3）在不工作的这段时间里，该从业者能得到补偿而无须接受其他工作。军人应被包括在有酬从业人员中。

（2）自营就业者，包括两类：①正在工作，指在短期时间内以利润或家庭收入为目的，从事某些工作得到现金或实物的人；②拥有企业而不工作的人，指自己拥有企业（如商业企业，农场，服务性企业），在一定时期内因特殊原因暂不工作的人。

工资　定期以现金或以实物形式支付给雇员的报酬，包括对雇员工作时间、完成的工作量和未工作的有酬时间（如年休假，法定假日）支付的劳动报酬。工资不包括雇主为其雇员支付的社会保险和养老金缴款、雇员因此而得到的收益、解雇和辞职时加发的工资。

贸易体系　是指贸易国家进行对外货物贸易统计所采用的统计制度。它有总贸易体系（又称一般贸易体系）和专门贸易体系（又称特殊贸易体系）两种类型。总贸易体系数值大于相应的专门贸易体系数值。

总贸易体系以货物通过国境作为统计进出口的标准。专门贸易体系则以货物通过关境或结关作为统计进出口的标准。

总贸易体系和专门贸易体系说明的是不同的问题。前者说明一国在国际商品流通中所处的地位和所起的作用；后者说明一国作为生产者和消费者在国际贸易中的地位。

出口　即货物离开一国的统计疆界。在总贸易体系中，一国的统计疆界与它的经济领土是一致的。在专门贸易体系中，一国的统计疆界只包括一部分经济领土，一般这部分与货物自由贸易区是一致的。自由贸易地区是一国经济疆界的一部分，在此间货物可以无进口税限制地流通。一般采用离岸价。

进口　指货物进入一国统计疆界。在总贸易体系中，进口包括直接为国内使用的进口，流入入境加工仓库的进口，注入海关仓库和自由区的进口；在专门贸易体系中，进口包括直接进入国内市场为国内使用的商品的进口，由海关仓库和自由区进入国内市场的进口，以及流向入境加工仓库的进口。一般采用到岸价。

服务贸易　服务（原为非要素服务）指无形商品的经济产出。它可以在同一时间产生、转让和消费。商品服务的出口（贷方和收入）和进口（借方和支付）来自于国际收支统计中的国际服务交易统计，其概念、定义和分类与国际货币基金组织1993年《国际收支手册》第五版一致。

外汇储备　一国当局可以使用和控制的外汇资产，它可直接用来弥补国际收支不平衡或间接用来平衡国际收支。

黄金储备（货币黄金）　一国当局拥有的、作为储备资产的黄金。

国际旅游支出　是指出境游客在他国的旅游消费，包括在国际旅行时，搭乘他国运输工具所支付的交通费（有些国家不包括这项交通费）。除非特别声明外，国际旅游支出包括境外一日游客（不过夜游客）在访问地的消费。

国际旅游收入　是指入境游客（过夜旅客）在本国的旅游消费，包括国际旅行时，入境游客搭乘本国运输工具所付给本国的交通费（有些国家不包括这项交通费）。国际旅游收入包括目的地国接受的所有商品和服务的支付。除特别声明外，国际旅游收入可以包括入境一日游游客（不过夜游客）在本国的消费。

附录二

中国服务业采购经理指数及世界主要经济体的情况

简要说明

一、调查内容

服务业企业主管企业运营的负责人对企业经营活动、采购及相关业务活动情况的判断，主要包括对业务总量、新订单（客户需求）、存货、投入价格、收费价格、企业员工、供应商配送、业务活动预期等情况的判断。

二、调查范围

涉及《国民经济行业分类》（GB/T4754-2011）中第三产业的23个行业大类。

三、调查方法

服务业采购经理调查采用PPS抽样调查方法。

四、季节调整说明

该调查是一项月度调查，受季节因素影响，数据波动较大。现发布的服务业采购经理调查各分类指数均为经季节调整后的数据。

五、资料来源

中国服务业采购经理指数资料是国家统计局服务业统计司根据《采购经理调查制度》收集的调查资料加工整理而得；世界主要经济体服务业采购经理指数资料主要来自于美国供应管理协会、摩根大通、Markit经济研究机构等官方网站和各有关国际组织。

附录2-1 中国服务业采购经理指数(经季节调整)

单位：%

月份	商务活动指数	新订单指数	投入价格指数	收费价格指数	业务活动预期指数
2014.1	51.5	49.6	54.4	50.0	57.7
2	53.8	50.5	52.5	48.5	57.8
3	52.8	50.1	53.4	49.3	60.2
4	53.4	50.7	52.4	49.0	60.1
5	54.4	52.5	54.8	49.2	58.8
6	53.5	50.4	56.5	51.1	58.7
7	53.2	50.5	53.6	49.5	60.0
8	53.6	50.6	52.5	47.9	59.6
9	52.5	49.4	50.1	46.8	59.5
10	52.6	49.6	51.8	48.4	58.0
11	52.6	49.4	50.1	47.1	58.3
12	53.3	49.6	50.1	46.9	58.7

附录2-2 世界主要经济体采购经理指数相关情况

单位：%

月份	中国	美国	欧元区	日本	德国	英国	法国	俄罗斯	巴西
2014.1	51.5	54.0	51.6	51.2	53.1	58.3	48.9	50.2	49.6
2	53.8	51.6	52.6	49.3	55.9	58.2	47.2	50.8	50.8
3	52.8	53.1	52.2	52.2	53.0	57.6	51.5	47.7	51.0
4	53.4	55.2	53.1	46.4	54.7	58.7	50.4	46.8	50.4
5	54.4	56.3	53.2	49.3	56.0	58.6	49.1	46.1	50.6
6	53.5	56.0	52.8	49.0	54.6	57.7	48.2	49.8	51.4
7	53.2	58.7	54.2	50.4	56.7	59.1	50.4	49.7	50.2
8	53.6	59.6	53.1	49.9	54.9	60.5	50.3	50.3	49.2
9	52.5	58.6	52.4	52.5	55.7	58.7	48.4	50.5	51.2
10	52.6	57.1	52.3	48.7	54.4	56.2	48.3	47.4	48.2
11	52.6	59.3	51.1	50.6	52.1	58.6	47.9	44.5	48.5
12	53.3	56.2	51.6	51.7	52.1	55.8	50.6	45.8	49.1

注：美国为非制造业采购经理指数(经年终修订后的数据)，其他国家均为服务业商务活动指数。

【主要统计指标解释】

商务活动指数 指根据企业报告期内完成的业务活动总量的变化情况汇总而成的扩散指数。国际上通常用商务活动指数来反映服务业经济发展的总体情况，一般来说该指数高于50%，反映服务业经济上升或扩张；低于50%，反映服务业经济下降或收缩。

新订单指数 指根据企业报告期内签定的订单量、合同量或其它需求总量的变化情况汇总而成的扩散指数。

投入价格指数 指根据企业报告期内主要投入价格水平的变化情况汇总而成的扩散指数。

收费价格指数 指根据企业报告期内销售（或收费）价格水平的变化情况汇总而成的扩散指数。

业务活动预期指数 指根据企业对未来业务活动整体水平预测的变化情况汇总而成的扩散指数。